Axel Drecoll
Der Fiskus als Verfolger

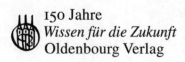
150 Jahre
Wissen für die Zukunft
Oldenbourg Verlag

Studien zur Zeitgeschichte

Herausgegeben vom Institut für Zeitgeschichte

Band 78

R. Oldenbourg Verlag München 2009

Axel Drecoll

Der Fiskus als Verfolger

Die steuerliche Diskriminierung der Juden
in Bayern 1933–1941/42

R. Oldenbourg Verlag München 2009

Bibliografische Information Der Deutschen Nationalbibliothek

Die Deutsche Nationalbibliothek verzeichnet diese Publikation in der Deutschen Nationalbibliografie; detaillierte bibliografische Daten sind im Internet über <http://dnb.d-nb.de> abrufbar.

© 2009 Oldenbourg Wissenschaftsverlag GmbH, München
Rosenheimer Straße 145, D-81671 München
Internet: oldenbourg.de

Umschlaggestaltung: Dieter Vollendorf

Umschlagabbildung: Steuer-Warte, Nr. 10, 15. Jg., 17. 5. 1936; der Führer nimmt die Ehrengabe der deutschen Beamtenschaft entgegen, im Bilde links: Reichsbeamtenführer Hermann Neef und Josef Reusch, sein Stellvertreter

Gedruckt auf säurefreiem, alterungsbeständigem Papier (chlorfrei gebleicht).
Satz: Schmucker-digital, Feldkirchen b. München
Druck: Memminger MedienCentrum, Memmingen
Bindung: Buchbinderei Klotz, Jettingen-Scheppach

ISBN 978-3-486-58865-1

Inhalt

Vorwort IX

Einleitung.. 1

Erster Teil
Partei und Staat: Motive, Akteure, Methoden 23

Erstes Kapitel: „Arisierung", berufliche Verdrängung und fiskalische
Entziehung: Inhaltliche Deutung der Begriffe 25

Zweites Kapitel: NSDAP und wirtschaftliche Verfolgung 31

I.   Parteirevolution „von unten"................................. 31

   1. München und Nürnberg 31
   2. Die ländlichen Regionen 40

II. Wirtschaftliche Verfolgung als Mittel gauspezifischer Regional-
   politik? Zur Bedeutung der Gauleiter und ihrer Entourage 42

   1. Der Gau Franken 43
   2. Der Gau München-Oberbayern 51
   3. Die ländliche Region Unterfrankens 55

III. Gescheiterte Zähmung? Zum Interaktionsverhältnis von Region
   und Reichsgewalten bei der wirtschaftlichen Verfolgung der Juden
   1933–1938... 60

IV. Die endgültige Ausplünderung: Die „Arisierungsstellen" und die
   Enteignung jüdischen Vermögens 1938–1941.................... 66

   1. Die „Arisierungsstelle" in München......................... 68
   2. Die „Holzaktion" in Nürnberg............................. 75
   3. Der „Rhönfonds" in Unterfranken.......................... 84

Drittes Kapitel: Regional- und Kommunalverwaltung 93

I.   München.. 93

   1. Kennzeichnung und Boykott 93
   2. Ausplünderung: Zur Rolle der IHK und des „Arbeitskreises
   für Judenangelegenheiten".................................. 102

II. Nürnberg 106

    1. Kennzeichnung und Boykott............................. 106

    2. Ausplünderung: Zur Rolle von GWB und IHK 107

III. Kommunalverwaltung im ländlichen Bereich..................... 109

Viertes Kapitel: Finanzverwaltung und Judenverfolgung 123

I.   Überwachung und Entziehung von Emigrantenvermögen
    1933–1937/38 125

    1. Impulse von oben 125
    „Reichsfluchtsteuer" und Devisengesetzgebung (126) – Debatten in der
    Ministerialbürokratie (129)

    2. Entziehungspraxis im Vergleich............................ 136
    Die Devisenstellen München und Nürnberg (136) – Sicherung und
    Entziehung der „Reichsfluchtsteuer" in München, Nürnberg und Unter-
    franken (146)

II. Die Einziehung konventioneller Steuern 1933–1938 159

    1. Instrumente fiskalischer Entziehung........................ 159

    2. Impulse von oben 162
    Das „Steueranpassungsgesetz" (164) – Debatten im Ministerium (165)

    3. Fachbeamte ohne Parteibuch: Merkmale der Personalstruktur
    am Beispiel des Landesfinanzamts München und des Finanzamts
    München-Nord... 167

    4. Entziehungspraxis vor Ort................................ 171
    München (171) – Nürnberg (177) – Unterfranken (182)

    5. Der „Doppelstaat" im Lichte fiskalischer Überwachung und
    Entziehung.. 184

III. Die systematische „Ausschaltung": Finanzverwaltung, „Arisierung"
    und Ausplünderung der jüdischen Bevölkerung 1937/38–1941 188

    1. Zur Bedeutung der Zäsur 1938 188

    2. Zollfahndung, Devisenstellen und die Ausplünderung
    jüdischen Vermögens 189
    Der institutionelle Rahmen: Göring, Heydrich und die Bedeutung des
    Devisenfahndungsamts (189) – Der legislative Rahmen: Paragraph 37a
    Devisengesetz (192) – Überwachungs- und Entziehungspraxis vor
    Ort (197)

    3. Die Entziehung von Steuern und Sonderabgaben 210
    Impulse von oben (210) – Entziehungspraxis (214)

    4. Finanzverwaltung und „Arisierung"........................ 222
    München (222) – Nürnberg (232) – Unterfranken (236)

Zweiter Teil
Im Netz der Verfolger 243

Erstes Kapitel: Die Verdrängung aus dem Beruf 1933–1938/39 249

I.   Der ländliche Bereich: Die „Ausschaltung" jüdischer Viehhändler . . .   249

1. Die unterfränkische Region   250
2. Ländliche Gemeinden in Oberbayern.   257
Der Fall Emanuel L. (262) – Der Fall Adolf F. (264) –
Der Fall Willy H. (265)
3. Nürnberg und Mittelfranken.   266

II. Der Textil- und Hopfenhandel.   268

1. Textilhandel in München   268
2. Der Textil- und Hopfenhandel in Nürnberg   276

III. Jüdische Ärzte in München und Nürnberg   282

Zweites Kapitel: Das endgültige Aus: Die Jahre 1938–1941/42   293

I.   Die vollständige Ausplünderung und ihre Nutznießer   293

II. Wirkung und Wahrnehmung der Ausplünderung 1938–1941/42.   302

III. Reaktionen   309

Zusammenfassung   315

Abkürzungen   329

Quellen und Literatur   333

Personenregister.   361

Vorwort

Diese Studie ist die gekürzte und überarbeitete Fassung meiner Dissertation, die im Sommersemester 2005 von der Ludwig-Maximilians-Universität München angenommen wurde.

Ich bin vielen Personen dankbar, die zur Entstehung der Arbeit beigetragen haben. Zu allererst meinem Doktorvater Prof. Dr. Hans Günter Hockerts, dessen stetige Anregungen und Unterstützungen für das Gelingen dieser Arbeit unverzichtbar waren. Ohne seine fachliche Betreuung schon lange vor der Promotion hätte ich mich auf das Abenteuer Dissertation wohl nie eingelassen. Auch Herr Prof. Martin H. Geyer hat bereits mein Studium begleitet und anschließend das Korreferat für die vorliegende Arbeit übernommen. Auch ihm sei für seine zahlreichen Hilfestellungen herzlich gedankt.

Das Bayerische Staatsministerium für Finanzen hat als Kooperationspartner die Finanzierung des Projektes „Die Finanzverwaltung und die Verfolgung der Juden in Bayern" übernommen, in dessen Rahmen meine Studie entstanden ist. Aber nicht nur das. Mitarbeiter der Bayerischen Finanzverwaltung haben uns bereitwillig ihre Archive geöffnet und dem Projektteam mit Rat und Tat zur Seite gestanden, wenn wir uns auf die Aktensuche in die Behördenkeller begaben. Dass eine derartige Kooperationsbereitschaft und ein solches Interesse an der Sache alles andere als selbstverständlich sind, ist mir bewusst. Hierfür danke ich stellvertretend dem Regierungsdirektor in der Bundesfinanzdirektion Südost Heinz Walker und seinem Team.

Auch die Generaldirektion der Bayerischen Archive unter der Leitung von Prof. Dr. Hermann Rumschöttel hat das Projekt als Partner tatkräftig unterstützt. All die vielen Mitarbeiter der staatlichen, aber auch städtischen Archive namentlich aufzuführen, von deren Hilfe ich profitieren konnte, würde zu weit führen. Stellvertretend danke ich Dr. Margit Ksoll-Marcon, Dr. Michael Stephan, Dr. Bernhard Grau, Ursula Schmidt-Fölkersamb, Dr. Herbert Schott, Gunther Friedrich, Dr. Andreas Heusler und Gerhard Jochem.

Wissenschaft entsteht im Dialog. Den durfte ich in erster Linie im Rahmen des Projekts mit meinem Kollegen Christiane Kuller und Tobias Winstel führen. Sie standen mir mit Rat und Tat zur Seite, vor allem aber sind sie über die Jahre zu Freunden geworden, ein doppelter Gewinn. Viele weitere wachsame Augen haben mit kritischen Blick den Weg vom ersten Manuskript zum fertigen Text begleitet. Dr. Bernhard Gotto, Dr. Winfried Süß, Dr. Dietmar Süß und Nicole Kramer haben ihre wissenschaftliche Expertise eingebracht, Mathias Irlinger hat es auf sich genommen, die erste Schlacht gegen das Chaos in den Formalia zu schlagen. Die Endredaktion haben dann Dr. Petra Weber und Angelika Reizle vom Institut für Zeitgeschichte München-Berlin und Gabriele Jaroschka vom Oldenbourg Verlag übernommen.

Das Institut für Zeitgeschichte unter der Leitung von Prof. Dr. Dr. h.c. mult. Horst Möller hat das Buch in die Reihe „Studien zur Zeitgeschichte" aufgenommen. Großen Dank schulde ich dem IfZ und seinem Direktor aber vor allem dafür, mir seit dem Jahr 2005 bis heute eine berufliche Heimat geboten zu haben.

Meine Eltern haben mich bei meinem wissenschaftlichen Werdegang und auf meinem privaten Lebensweg engagiert und kritisch, häufig genug auch aufopferungsvoll, vor allem aber stets mit Liebe gefördert. Das bedeutet mir viel. Was ich meiner Frau Enken und meiner Tochter Lena verdanke, ist in Worten nicht zu messen.

Widmen möchte ich dieses Buch Prof. Dr. h.c. Johannes Wilhelm Rohen, der nicht nur diese Studie kritisch begleitet hat. Als Lehrmeister und väterlicher Freund hat er so manches zu dem beigetragen, was ich heute bin.

München, im September 2008   Axel Drecoll

Einleitung

Ziele und Aufbau der Untersuchung

Als der Münchner Universitätsprofessor Otto N. am 24. Juli 1939 nach England emigrierte, war der einstmals vermögende Chefarzt ein armer Mann. 1933 verlor der Internist seine Anstellung am Krankenhaus München-Schwabing. Durch ständige Übergriffe verschiedener Parteigliederungen reduzierten sich seine Einnahmen als freiberuflich tätiger Arzt bereits in den ersten Jahren des NS-Regimes drastisch. 1938 zogen ihn die Finanzbehörden zur „Judenvermögensabgabe" in Höhe von 47 000 Reichsmark heran, vor der Ausreise musste er circa 40 000 Reichsmark „Reichsfluchtsteuer" zahlen. Sein restliches Vermögen – etwa 200 000 Reichsmark – blockierten Finanzamt und Devisenstelle durch Sicherungsanordnung, unmittelbar nachdem die Fiskalbehörden von den Ausreiseplänen der Familie erfahren hatten. 96 Prozent davon fielen beim Umtausch in Devisen an die Finanzverwaltung. Nach der Ausbürgerung des Arztes konfiszierte der Fiskus auch die restlichen vier Prozent. Sein Grundbesitz wurde vom Staat eingezogen und vom Oberfinanzpräsidium an private Erwerber veräußert.[1]

Das Schicksal des Arztes verweist auf einige spezifische Merkmale der wirtschaftlichen Diskriminierung der Juden im „Dritten Reich". Für die Verfolgten standen spätestens ab 1938 am Ende des wirtschaftlichen „Ausschaltungsprozesses" das berufliche Aus, der soziale Abstieg und der vollständige finanzielle Ruin. Zugleich mit der zunehmenden Verarmung der jüdischen Bevölkerung stieg der Gewinn der Profiteure. Das Vermögen der rund 550 000 Juden, die 1933 in Deutschland lebten, wird auf rund 16 Milliarden Reichsmark geschätzt. Man geht davon aus, dass sie rund ein Viertel ihres Vermögens ins Ausland retten konnten. Um den restlichen, weit größeren Teil begann ein Bereicherungswettlauf zwischen konkurrierenden Unternehmen, zwischen Privatpersonen, gesellschaftlichen Gruppen und Organisationen, zwischen verschiedenen Institutionen der Reichsverwaltung – allen voran der Finanzverwaltung – und unterschiedlichen Parteidienststellen.[2] Die wirtschaftliche Verfolgung der jüdischen Bevölkerung war damit zweifellos der Teil der Judenverfolgung, an dem die meisten Akteure beteiligt waren.[3] Bereits ab dem Frühjahr 1933 begann der Angriff auf die jüdische Wirtschaftstätigkeit mit behördlichen Diskriminierungen, Boykottaktionen und physischen Übergriffen. Diese standen nicht nur am Anfang der antisemitischen Politik der NS-Regierung, sondern bildeten bis zur vollständigen Ausplünderung der Juden auch eine tragende Säule antisemitisch motivierter Verfolgung.[4]

---

1   Eidesstattliche Erklärung des Arztes im Rahmen seines Entschädigungsverfahrens; BLEA/BEG/17792; Bescheid über die „Judenvermögensabgabe" des Finanzamts München-Nord; ebd.; Brief eines Bücherrevisors an das Finanzamt München-Süd vom 20. 7. 1940; OFD Nürnberg/BA/1274.
2   Junz, Money, S. 86 f.
3   Van Laak, Die Mitwirkenden, S. 232.
4   Die Reichsregierung schreckte bis 1938 wegen außen- und wirtschaftspolitischer Beweggründe vor gesetzlichen Maßnahmen weitgehend zurück, so dass die wirtschaftliche Ver-

Die Ausplünderung und Entrechtung des jüdischen Arztes verweist auf ein zentrales Element der vorliegenden Untersuchung. Bei der wirtschaftlichen Verfolgung der jüdischen Bevölkerung nahm die Finanzverwaltung eine zentrale Stellung ein. Sie war der größte Profiteur der Entziehung jüdischer Vermögenswerte. Ihre regionalen Gliederungen erfassten, katalogisierten, entzogen und verwerteten die enteigneten Besitztümer, gleichgültig, ob deren Inhaber emigriert, deportiert oder noch im Reich zu Tode gekommen waren. Die Analyse fiskalischer Ausplünderung führt also – vom Standpunkt des monetären Gewinns aus betrachtet – zum eigentlichen Kern der wirtschaftlichen Verfolgung der Juden im „Dritten Reich".

Der Fokus auf die Rolle einer staatlichen Administration bei der „Judenverfolgung" lenkt die Aufmerksamkeit zunächst auf die Spezifika eines traditionellen bürokratischen Apparates bei der Ausplünderung und verweist auf grundlegende methodische Überlegungen, die im Bereich der Verwaltungsgeschichte anzusiedeln sind: zu fragen ist, wie sich die Gliederungen der Finanzverwaltung in den Dienst des Regimes stellten, welche legislativen und strukturellen Voraussetzungen ihr Handeln normierten und über welche Ermessensspielräume die einzelnen Funktionsträger verfügten. Als Analyse einer staatlichen Administration ist die Untersuchung damit auch eine Geschichte von Behörden, ihres organisatorischen Aufbaus und ihrer gesetzlichen Verankerung.[5]

Die Frage nach der konkreten Ausformung des Verwaltungshandelns im Verfolgungsprozess ist wiederum zwangsläufig mit der nach Kontinuitäten über die Zäsur von 1933 hinweg und nach den durch die „Machtergreifung" hervorgerufenen Brüchen verbunden.[6] Denn folgt man Max Webers Typologie für bürokratische Organisationen, so gehören zu den grundsätzlichen Strukturmerkmalen der Verwaltung die Regelgebundenheit und Regelmäßigkeit des Handelns, dessen Ausrichtung auf sachliche Zwecke, ein gut ausgebildetes Personal und dessen Treuepflicht gegenüber dem Dienstherrn genauso wie klar abgesteckte Kompetenzbereiche oder eine monokratisch ausgerichtete Amtshierarchie.[7] Auch wenn der von Weber konstruierte Idealtypus keinesfalls Deckungsgleichheit mit der administrativen Praxis beanspruchen kann, so ist seine Gültigkeit gerade für die Finanzbehörden offensichtlich. Angesichts der weitreichenden Eingriffsmöglichkeiten gehörten zu den traditionellen Fundamentalregeln der Steuerverwaltung die strikte Gesetzesbindung, behördeninterne Handlungsnormierung und Handlungskontrolle.[8] Die Gleichmäßigkeit der Besteuerung der Steuerpflichtigen nach

---

folgung bis zu diesem Jahr der Initiative lokaler Parteigliederungen überlassen blieb; hierzu und zur Beteiligung an der „Ausschaltung" der Juden aus dem Wirtschaftsleben Barkai, Boykott, S. 25 f.; ders., Unternehmer, S. 228, 231 und 236; Bruns-Wüstefeld, Geschäfte, S. 73 ff.; Bajohr, Prozess; ders., Verfolgung; ders., „Arisierung" in Hamburg, S. 9 und 265 ff.; Barkai, Volksgemeinschaft.

5 Matzerath, Bürokratie, S. 107; Eibach, Verfassungsgeschichte, S. 151; Rebentisch, Einleitung, S. 10; Nolzen, Editorial, S. 8.

6 Auch hervorgehoben von Gotto, Kommunalpolitik, S. 1 f.

7 Weber, Wirtschaft, S. 551–556; Ellwein, Staat, S. 16; Mayntz, Soziologie, S. 1–5.

8 Franz-Xaver Kaufmann unterscheidet fünf reine Typen der Handlungskoordination. Neben dem Marktprinzip, der Solidarität, der Professionalität und dem Korporatismus ge-

dem Prinzip der wirtschaftlichen Leistungsfähigkeit – dieser Gedanke fasst die beiden bislang geltenden Leitsätze zusammen[9] – warf die Finanzverwaltung zwar während des „Dritten Reiches" im Hinblick auf die jüdische Bevölkerung zunehmend über Bord, gleichzeitig unterzog das Regime allerdings zentrale Bereiche der Steuergesetzgebung über mehrere Jahre hinweg keinen weitreichenden Veränderungen.[10] Für die Finanzbeamten bestand damit ein potentielles Dilemma. Auf der einen Seite dem Sachlichkeits- und Gleichheitsprinzip verpflichtet, durchbrach die Ideologie des NS-Regimes solche Grundsätze und machte die rassische Ungleichheit zum beherrschenden Leitmotiv ihrer Weltanschauung. Um die Frage beantworten zu können, wie und in welchem Zeitraum der Nationalsozialismus Verwaltungshandeln nach dem Primat der Ideologie zu verändern vermochte, müssen mehrere Ebenen des Verwaltungshandelns und deren Schnittstellen in den Blick genommen werden. Die Entscheidungen auf zentraler Ebene schufen grundlegende Handlungsvoraussetzungen für regionale Exekutivorgane. Hier sind zunächst die Rahmenbedingungen des Verwaltungshandelns näher zu untersuchen: Inwiefern wurden die Gesetze des liberalen Rechtsstaates – etwa durch vorgeschaltete Leitsätze – ideologisch überformt und wo gerieten sie mit neuen, explizit ideologisch begründeten Normen in Konflikt? Und wie gestaltete sich die Beziehung zwischen lokaler Institution, Mittelbehörden und Reichsregierung und welche Rolle spielte die diesem Verhältnis zugrunde liegende bürokratische Organisationsform für den Verfolgungsprozess?

Für die Beamten bestand prinzipiell die Möglichkeit, die Lücken formeller Regelungen zu nutzen, um dank des hohen Professionalisierungsgrades, einer entsprechenden Einstellung und der etablierten Routine zu einer „ergebnisorientierten", „spontanen" Selbstanpassung zu kommen und dadurch die antisemitischen Staatsziele des neuen Systems zu erfüllen.[11] Inwieweit die Beamten diese ideologischen Vorgaben adaptierten oder in alten Handlungsmustern verharrten, lässt sich zeigen, wenn man nach dem Vorhandensein und der Ausfüllung von Handlungsspielräumen im Einzelfall fragt.

Ein zweites Charakteristikum verdeutlicht die Verfolgung und Ausplünderung des Dr. Otto N. Die Geschichte der wirtschaftlichen Verfolgung ist zugleich die eines vielschichtigen Interaktionsgefüges verschiedener Herrschaftsträger, die danach trachteten, auf einem ideologisch und strategisch bedeutsamen Politikfeld Einfluss und Ressourcen zu mobilisieren. Die Enteignungsmaschinerie des Fiskus

---

hört hierzu auch die Hierarchie, die auf Rechtspflichten, Befehlen, Planung, Herrschaft, Furcht und Ehrgeiz, einer direktiven Erfolgskontrolle sowie Rigidität und Repressivität beruht; Kaufmann, Sozialpolitik.

[9] Weingarten, Finanzverwaltung, S. 1; Mayntz, Soziologie, S. 47.

[10] Hierzu grundsätzlich Ellwein, Staat, S. 91.

[11] Zur prinzipiellen Ausnutzung von Handlungsspielräumen siehe Mayntz, Soziologie, S. 117 ff.; Niklas Luhmann bezeichnete diese Handlungsweise als „brauchbare Illegalität" im Dienste einer flexiblen Verwaltung; Luhmann, Funktion, S. 304. Überwiegend wird betont, dass die Beamten sich den allgemeinen Vorgaben des Antipluralismus nach und nach angepasst haben und daher mit der Zeit auch die antisemitischen Zielvorgaben erfüllten, ohne dass diese explizit vorangetrieben werden mussten; Mehl, Reichsfinanzministerium, S. 18 ff.; Ellwein, Staat, S. 185 ff.; Rebentisch, Einleitung, S. 18 ff.

konnte nur durch die enge Verzahnung mit Gestapo, SS und anderen Institutionen von Partei und Staat erfolgreich laufen. Andererseits standen private Profiteure, etwa Immobilienmakler, beim Enteignungswettlauf um das jüdische Vermögen in Konkurrenz zum Fiskus. Hier wurde nicht selten um den schnellen Zugriff auf Wertgegenstände, Bares oder Immobilien geradezu gekämpft. Eine Analyse des Anteils der Finanzverwaltung an der Verfolgung der Juden im „Dritten Reich" ist daher nur mit Blick auf die Gesamtheit der an der Entziehung jüdischen Vermögens beteiligten Personen oder Institutionen möglich, wobei nicht nur fiskalische, sondern auch andere Entziehungs- und Interaktionsformen herausgearbeitet werden können. Eine derartige Untersuchung legt nicht nur den Blick auf die Kontrollmechanismen gegenüber der jüdischen Bevölkerung frei. Sie ist auch für die Analyse der Willensbildungsprozesse in den Finanzbehörden selbst notwendig. Zunächst wird dadurch der Blick auf gesetzlich vorgeschriebene und regional initiierte und damit beiderseitig intendierte Formen der Zusammenarbeit gelenkt, die das Netzwerk der Verfolger stabilisieren und den Verfolgungsprozess verschärfen konnten; darüber hinaus richtet sich der Fokus auch auf Konfliktpotential, das etwa das Bestreben der schnell expandierenden Gauapparate, die staatliche Administration unter ihre Kontrolle zu bringen, hervorrief. Auch derartige Konfliktstrukturen konnten den „Ausschaltungsprozess" radikalisieren, die Analyse des Interaktionsverhältnisses von NSDAP-Gliederungen und Finanzverwaltung verweist damit in jedem Fall auf den funktionalen Zusammenhang von Parteigewalt und bürokratischer Enteignung bei der wirtschaftlichen Verfolgung der jüdischen Bevölkerung.

Die vorliegende Untersuchung betritt damit ein noch wenig bearbeitetes Feld. Die zentrale Rolle der traditionellen Verwaltung bei der Judenverfolgung gerät erst allmählich verstärkt ins Blickfeld der Forschung; dies gilt vor allem für die ersten Jahre der NS-Herrschaft und darüber hinaus für den gesamten Untersuchungsgegenstand Finanzverwaltung in Bayern, über deren Verfolgungsapparat bisher lediglich wenige kürzere Teilstudien vorliegen.[12] Sie knüpft aber gleichzeitig an Diskussionen über das Verhältnis des staatlich administrativen Apparates und der NSDAP an, die bereits seit längerer Zeit die Forschung prägten und auch heute noch Forschungsanstöße geben. Das Verhältnis zwischen staatlicher Verwaltung auf der einen und der NSDAP auf der anderen Seite ist zentraler Bestandteil einer historischen Debatte, deren Protagonisten noch während des Zweiten Weltkrieges Interpretationsmuster für das Verständnis der Herrschaftsstrukturen des „Dritten Reiches" entwickelt haben. Besondere Bedeutung erlangte dabei das klassische Doppelstaatsmodell von Ernst Fraenkel. Fraenkel unterschied zwischen dem normengebundenen Handeln (Normenstaat) auf der einen und dem ohne jegliche Normenbindung agierenden Handeln (Maßnahmestaat) auf der anderen Seite.[13] Darauf aufbauend entwickelte die historische Forschung verschiedene Theorien zur Funktionsweise des NS-Systems. Im Gegensatz zur Theorie des „Doppelstaats" entwarf Franz Neumann das Modell eines vierpoligen Macht-

---

[12] Zum Forschungsstand siehe S. 15–18.
[13] Fraenkel, Doppelstaat.

gefüges, das vorwiegend von Gesetzlosigkeit und Anarchie bestimmt gewesen sei.[14] Die gegensätzlichen Beziehungen zwischen Staat und Partei, die unterschiedlichen Machtstellungen und Einflussmöglichkeiten der verschiedenen Herrschaftsträger untereinander fasste die Wissenschaft seitdem vielfach unter dem Begriff Polykratie zusammen.[15] Das Verhältnis von Maßnahme- und Normenstaat sowie die Bedeutung bürokratischer Verfahrensweisen bei der Judenverfolgung sind auch zwei zentrale Fragestellungen der vorliegenden Untersuchung. Nicht zuletzt Hans Mommsens Erklärungsmodell eines dynamischen, „kumulativen Radikalisierungsprozesses", der der Judenverfolgung- und ermordung zugrunde lag, haben die Überlegungen zu diesem Ansatz angestoßen. Es kann hier freilich nicht darum gehen, die zäh geführte und ausführlich dokumentierte Diskussion zwischen Strukturalisten und Intentionalisten neu zu beleben. Während sich dieser Streit auf die Rolle von Hitler und seiner Paladine bei der „Endlösung" bezog, ist die Frage nach einer „kumulativen Radikalisierung" mit Blick auf die Interaktion der mittleren und unteren Verwaltungsebenen mit den Gliederungen der NSDAP allerdings weiterhin vielversprechend.[16]

Darüber hinaus bezieht die Arbeit auch das Modell Ernst Fraenkels als kritisch zu überprüfenden Erklärungsansatz für die Bewertung der Interaktion der Akteure und der Radikalisierungstendenzen innerhalb der Verfolgerinstitutionen mit ein. Die Forschung hat den Doppelstaat oftmals als Dualismus zwischen den auf der Grundlage von Normen handelnden staatlichen Institutionen einerseits und

---

[14] Neumann, Behemoth, S. 541; einen guten Überblick dazu bietet Ruck, Verwaltung, S. 7–11.

[15] Unter Polykratie wird „eine Vielzahl von weitgehend autonomen, miteinander konkurrierenden Herrschaftsträgern" verstanden; Wunder, Literatur, S. 270; Hüttenberger, Polykratie, S. 420; es herrscht inzwischen die Meinung vor, die Herrschaftswirklichkeit im „Dritten Reich" sei ein organisiertes Chaos gewesen, das durch das Nebeneinander und Konkurrieren von etablierten Verwaltungsinstitutionen und Parteiämtern und den daraus entstehenden regionalen Teilherrschaften und konkurrierenden Zuständigkeiten gekennzeichnet war; Hildebrand, Monokratie oder Polykratie, S. 22 f.; Benz, Verhältnis. Die Fragestellungen nach bürokratischen Strukturen und Polykratie sind in letzter Zeit wieder verstärkt in den Fokus der Forschung gerückt; Nolzen/Gruner, Editorial; Bajohr, „Arisierung" in Hamburg, S. 208 ff.; Schulte, Konvergenz; einen Überblick bietet Ruck, Verwaltung, S. 5–11; im Kontext der Gesundheitspolitik wurden polykratische Strukturen bei Süß, Volkskörper herausgearbeitet.

[16] Mommsen, Nationalsozialismus, S. 66–70; ders., Realisierung; ders., Stellung, S. 56 ff.; ders., Radicalisation, S. 82; einen guten Überblick bietet Kershaw, NS-Staat, S. 150 ff.; mit dem Verhältnis von Partei und Staat im Allgemeinen beschäftigt sich Rebentisch, Führerstaat, S. 17; Ruck, Verwaltung, S. 25 ff.; Mommsen, Beamtentum, S. 30 ff.; Nolzen/Gruner, Editorial; Hüttenberger, Polykratie; Matzerath, Bürokratie, S. 107. Im Zusammenhang mit der Interaktion verschiedener Herrschaftsträger wurde auch in letzter Zeit wieder der Begriff der Polykratie in der einschlägigen Forschung diskutiert; Süß, Volkskörper, v. a. S. 43. In Bezug auf die regionale Ebene werden in jüngeren Studien allerdings auch systemstabilisierende Faktoren des NS-Herrschaftssystems betont. Für die Kommunen einschlägig: Mecking/Wirsching, Stadtverwaltung; Gotto, Kommunalpolitik; in Bezug auf die Gauleiter auch Moll, Steuerungsinstrument. Die Frage nach dem Verhältnis von Maßnahmen- und Normenstaat war auch schon bei neueren Analysen der Finanzverwaltung eine zentrale Fragestellung; Mehl, Reichsfinanzministerium, S. 8 ff.; Füllberg-Stollberg, Sozialer Tod, S. 50 ff.

der Partei andererseits aufgefasst.[17] Gegen eine solche Interpretation hat sich aber bereits Fraenkel gewandt.[18] Für ihn waren maßnahme- und normenstaatliche Prinzipien fundamentale Strukturen, die viele NS-Organisationen gleichermaßen kennzeichneten. Gerade die dadurch entstandene Mischung aus Willkür und Effizienz sei Charakteristikum der NS-Diktatur gewesen.[19] Angesichts der zunehmenden Radikalisierung und Entgrenzung der NS-Judenpolitik und des charakteristischen Nebeneinanders von willkürlichen ad hoc-Maßnahmen und geregelten Verwaltungsverfahren bei der Judenverfolgung stellen sowohl der Ideologisierungsgrad als auch die Beziehungen zwischen der normensetzenden Reichsregierung, der Partei, den Mittelbehörden und den lokalen Behörden Kategorien für die Beurteilung des Handelns der einzelnen Fiskalinstitutionen und ihrer Beamten dar.

Tatort der Raubzüge und Diskriminierungen war die Region. Dort kooperierten und konkurrierten die zahlreichen Täter und Akteure und dort prallten die verschiedenen Interessen aufeinander, wenn es um die Verteilung der Beute ging. Die Konfliktlinien verliefen dabei zum einen zwischen den Machthabern innerhalb der Parteigaue beziehungsweise der staatlich-administrativen Verwaltungseinheiten. Spannungen und Kontroversen gab es zum anderen zwischen „oben" und „unten", also zwischen Zentrum und Peripherie, wenn es darum ging, sich das erste Zugriffsrecht auf jüdisches Vermögen zu sichern. Die Analyse der mit der „Arisierung" und Ausplünderung verbundenen Verteilungskämpfe ermöglicht daher einen methodischen Zugang, der nach regionalspezifischen Interessenlagen und Ausprägungen des Verfolgungsprozesses fragt und die durch den zentralistischen Führerstaat gesetzten Grenzen einer solchen Politik in den Blick nimmt. Räumlich begrenzte Fallbeispiele sollen im Folgenden also den Untersuchungsraum für Fragestellungen bieten, die über den lokalen Kontext hinaus auf generalisierbare Funktionsmechanismen des NS-Staates verweisen; die Studie versteht sich mithin auch als moderne Regionalgeschichte.[20]

Aufgrund des außerordentlich umfangreichen Quellenmaterials ist eine flächendeckende Untersuchung ganz Bayerns schon aus arbeitsökonomischen Gründen weder möglich noch sinnvoll. Die Studie setzt vielmehr regionale Schwerpunkte; sie begreift sich zunächst als eine Ortsgeschichte, die nach regio-

---

17 Ruck, Verwaltung, S. 7; Barkai, Boykott, S. 33.
18 „Um Mißverständnisse auszuschalten", so der Autor des Doppelstaates, „möchte ich auch hier ausdrücklich betonen, daß ich nicht das Nebeneinander von Staats- und Parteibürokratie im Auge habe, wenn ich vom ‚Doppelstaat' spreche. Staat und Partei werden in zunehmendem Maße identisch und die dualistische Organisationsform bleibt nur aus historischen und politischen Gründen aufrechterhalten." Fraenkel, Doppelstaat, S. 51; Wildt, Ordnung, S. 52.
19 Fraenkel, Doppelstaat, S. 55. Eine Auseinandersetzung mit dem Model Fraenkels in Bezug auf die Beteiligung der Finanzverwaltung an der Verfolgung der Juden bietet auch Füllberg-Stolberg, Bürgerlicher Tod.
20 Zur modernen Regionalgeschichte und der Bedeutung der Gaue im zentralistischen „Führerstaat" haben Schaarschmidt, Grundfragen, und John, Gaue, einen guten Überblick über den Stand der Forschung geliefert. Auf die regionalgeschichtliche Relevanz hat Ende der 1990er Jahre bereits Frank Bajohr aufmerksam gemacht; ders., „Arisierung" in Hamburg, S. 15.

nalen Prägungen und Verhaltensweisen auf Seiten der Verfolger und Verfolgten in den Städten München und Nürnberg fragt und damit nicht nur die beiden Hochburgen des Antisemitismus, sondern auch die beiden größten jüdischen Gemeinden Bayerns in die Untersuchung einbezieht.[21] Zusätzlich nimmt sie die ländliche Region um die beiden unterfränkischen Städte Bad Kissingen und Hammelburg als typisches Beispiel für einen ländlichen Bereich mit hoher jüdischer Population in den Blick.[22] Hier wies das jüdische Erwerbsleben, besonders wegen der Dominanz des jüdischen Viehhandels, einige Besonderheiten auf.[23] Die Berücksichtigung der drei geographischen Untersuchungsräume ermöglicht neben dem regionalgeschichtlichen auch einen komparativen Ansatz, der in der bisherigen Forschung zwar gefordert, aber auf diesem Themenfeld kaum zur Anwendung gekommen ist.[24] Der Vergleich bietet die Möglichkeit, wirtschaftliche Verfolgungsmaßnahmen in den einzelnen Untersuchungsräumen zu profilieren und so spezifische Prozesse und Strukturen herauszuarbeiten. Zudem können Gemeinsamkeiten der wirtschaftlichen Verdrängung in den verschiedenen Städten und Regionen aufgezeigt und überregional wirksame strukturelle Voraussetzungen für die wirtschaftliche Verfolgung der Juden dargelegt werden.[25]

Die Geschichte der wirtschaftlichen Verfolgung wurde bisher weitgehend als eine Geschichte der Akteure geschrieben. Ein solcher Ansatz berücksichtigt kaum, dass die wirtschaftliche Verdrängung neben dem materiellen Verlust auch den Verlust der sozialen Existenz der Verfolgten nach sich gezogen hat. Die wirtschaftlichen Verfolgungsmaßnahmen prägten den Alltag der Betroffenen entscheidend mit. Insofern ist eine Analyse der mit der wirtschaftlichen Verdrängung verbundenen Erlebnisse und Erfahrungen der Opfer immer auch ein Stück weit Alltagsgeschichte der Juden in der NS-Zeit.[26] Die vorliegende Untersuchung

---

21 Zu Forschungstendenzen der Regional- und Lokalgeschichte etwa Smith, Lokalgeschichte; Szejnmann, Chancen.

22 Als Region Bad Kissingen wird hier der Raum Bad Kissingen und Hammelburg mit den umliegenden Kleingemeinden definiert, da hier die jüdische Population ausnehmend hoch war; Ophir/Wiesemann, Gemeinden, S. 262–284 und 380–425.

23 Jüdisches Leben und Judenverfolgung im ländlichen Bereich sind erst relativ spät in den Blickpunkt der Forschung gerückt und bisher auch erst Gegenstand einiger weniger Studien; Forschungsüberblick bei Hoffmann,Verfolgung; Wildt, Gewaltpolitik; Wiesemann, Juden auf dem Lande; Verse-Hermann, „Arisierungen".

24 Schaarschmidt, Grundfragen, S. 16; Bajohr, „Arisierung" in Hamburg, S. 19; ein Dissertationsprojekt Maren Janetzkos untersucht allerdings die „Arisierung" in drei Regionen Bayerns vergleichend. Das Gesamtforschungsprojekt, in dem die Studie entsteht, ist das von Dieter Ziegler geleitete Projekt „Die ‚Arisierung' jüdischer Unternehmen im Deutschen Reich und dem Reichsgau Sudentenland 1933–1945". Siehe hierzu Janetzko, „Arisierung".

25 Zum historischen Vergleich siehe vor allem Haupt/Kocka, Vergleich. Kocka und Haupt unterscheiden zwischen kontrastierenden und die Übereinstimmung fördernden sowie synchronen und diachronen Vergleichen. Die vorliegende Untersuchung wird den Vergleich zeitlich synchron und vorwiegend kontrastierend verwenden; Haupt/Kocka, Vergleich, S. 11 und 31.

26 Alf Lüdtke prägte den Begriff der „Alltagsgeschichte" und verband damit eine Konzeption, die die alltägliche Routine des Handelns und die Formen, in denen sich der „kleine Mann" die Welt aneignete, zum Mittelpunkt der Betrachtungen macht. Eine derartige methodische Herangehensweise verdeutlicht, dass auch die „gewöhnlichen" Menschen nicht

kann allerdings das Konzept der Alltagsgeschichte nicht als grundlegenden methodischen Zugang verwenden. Dies liegt zum einen in den quellentechnischen Schwierigkeiten begründet[27], zum anderen war die wirtschaftliche Verdrängung aber auch nur ein Teilaspekt der zahlreichen Formen der Judenverfolgung. Die verschiedenen Verfolgungserfahrungen bündelten sich bei den Überlebenden nach dem Krieg zu einem Trauma mit multiplen Ursachen, wobei die Erinnerung an körperliche Gewalt und physische Schmerzen oftmals die erlittene wirtschaftliche Verfolgung überlagerte.[28] Angesichts des ungeheuerlichen Ausmaßes der Judenvernichtung schwiegen nach dem Krieg etliche Verfolgte über die von ihnen als vergleichsweise geringfügig eingestuften wirtschaftlichen und sozialen Schädigungen.[29] Um dennoch den täterzentrierten Interpretationsansatz um alltagsgeschichtliche Aspekte ergänzen zu können, werden zunächst die vorhandenen Dokumente der untersuchten Quellenbestände, die Einblicke in die Erfahrungsgeschichte der Opfer erlauben, in die Untersuchung einbezogen und ausgewertet. Darüber hinaus bietet auch die Analyse überschaubarer Untersuchungsräume die Möglichkeit, die Erfahrungen der Betroffenen in einen konkreten Kontext einzuordnen.[30] Um ein möglichst breites Spektrum der durchschnittlichen erwerbstätigen jüdischen Bevölkerung in den Blick nehmen zu können, greift die Studie schließlich auf verschiedene Berufsgruppen zurück, in denen Juden am häufigsten vertreten waren. Hierbei handelt es sich neben den sogenannten Freien Berufen vor allem um den Textilhandel, den insbesondere in urbanen Regionen zahlreiche jüdische Erwerbstätige betrieben, sowie um jüdische Viehhändler und Metzger, die in den ländlichen Gebieten Süddeutschlands das Berufsbild erheblich mitprägten. Der Vergleich dieser Berufsgruppen erlaubt es, auf die sozialen und materiellen Unterschiede einzugehen, die innerhalb der jüdischen Bevölkerung vorherrschten, denn gerade die Profession bestimmte den sozialen Status und war mitentscheidend für die finanziellen Möglichkeiten der Betroffenen. Beide Determinanten beeinflussten wiederum nicht nur den Zeitpunkt der Auswanderung und damit auch das Ausmaß der Ausplünderung, sie bestimmten auch Art und Umfang möglicher Gegenstrategien der Verfolgten. Eine solche Herangehensweise erscheint schon deshalb geboten, da die Forschung bisher hauptsächlich jüdische Kaufhäuser und große Einzelhandelsgeschäfte untersucht hat, dabei allerdings Angehörige der Unter- und Mittelschicht weitgehend ausgeklammert blieben. Schließlich können so auch auf Seiten der Verfolger berufsspezifische Diskri-

---

nur Objekte des Handelns der Entscheidungsträger, sondern auch handelnde Subjekte mit „Eigensinn" waren; Lüdtke, Alltagsgeschichte; ders., Eigen-Sinn. Für alltagsgeschichtliche Untersuchungen der Juden in der Zeit des „Dritten Reiches" plädiert auch Kaplan, Einleitung, S. 9 f.

27 Zur Quellenbasis S. 11–15.

28 Die psychiatrische Forschung bezeichnet durch belastende Lebensereignisse oder einschneidende Lebensveränderungen hervorgerufene Traumata als Anpassungsstörungen; Faust, Gesundheit; zu den Traumata auch Stoffels, Terrorlandschaften; Baeyer/Häfner/Kisker, Psychiatrie.

29 Für die psychischen Probleme der Überlebenden im Umgang mit dem eigenen Überleben prägte Wiliam Niederland den Begriff des „Überlebenssyndroms" bzw. der „Überlebensschuld"; Niederland, Folgen, S. 231 f.

30 Lüdtke, Alltagsgeschichte, S. 26.

minierungsmaßnahmen herausgearbeitet und von der Vermögenslage der Verfolgten abhängige Unterschiede in der fiskalischen Einziehungspraxis aufgezeigt werden.

Grundsätzlich ist die Studie in zwei Teile gegliedert. Der erste richtet seinen Blick auf die Verfolger und beginnt mit der Rolle der NSDAP bei der Judenverfolgung. Besonderes Augenmerk gilt hier der bisher immer noch unzureichend aufgearbeiteten Bedeutung der Gauleiter, ihrer Cliquen und Netzwerke, die als dynamisierende Elemente den Prozess der wirtschaftlichen Verfolgung vorantrieben.[31] Beruhte ihre Machtstellung in der Frühphase des NS-Regimes vorwiegend auf den Cliquen aus der „Kampfzeit", erhielten die Gaue und ihre Leiter ab 1938 durch ihre Einbindung in das staatliche Genehmigungsverfahren bei der „Arisierung" administrativ steuernde Funktionen. Anhand der Personalpolitik der Gauleiter und der Verfolgungspraxis der NSDAP-Funktionäre zielt die vergleichende Analyse auf die Entwicklung der Gaupolitik, auf die Bedeutung von Personenverbünden und bürokratischen Strukturen innerhalb der für die wirtschaftliche Verfolgung verantwortlichen Parteidienststellen.[32] Um der Frage nach der Bedeutung der wirtschaftlichen Verfolgung auf dem Feld der Gaupolitik und den regionalen Ausprägungen und Ausformungen der NS-Herrschaft nachgehen zu können, bezieht die Untersuchung auch den Verwendungszusammenhang des Raubgutes ein, das nicht selten der Profilierung der Gaue und der Stabilisierung der Netzwerkstrukturen ihrer Leiter dienten.[33]

Mit den Stadt- und Bezirksverwaltungen beziehungsweise den Industrie- und Handelskammern wendet sich die Studie anschließend einem zweiten zentralen Bestandteil des Interaktionsgefüges bei der wirtschaftlichen Verfolgung zu. Neben regionalspezifischen Charakteristika der Verfolgungspraxis der kommunalen Herrschaftsträger gilt hier das besondere Interesse der Ausprägung des Herrschaftsgeflechts. Angesichts des potentiellen Konkurrenzverhältnisses bei der Ausplünderung ist hier nach polykratischen Konfliktstrukturen genauso zu fragen wie nach Steuerungsmechanismen, die Regellosigkeit und Chaos auf regionaler Ebene überwinden konnten; gerade über die institutionellen Grenzen hinausragende Netzwerkstrukturen halfen, so die Annahme, Interessen auszubalancieren und Gegensätze auszugleichen.[34]

---

[31] Noakes, Viceroys, S. 118; Szejnmann, Verwässerung, S. 233; John, Gaue, S. 23.

[32] Auf die „Bürokratisierung" innerhalb der NSDAP ist in letzter Zeit mehrfach hingewiesen worden; Heinz, NSDAP, S. 6; Nolzen, Funktionäre, S. 37; ders., Legitimation, S. 504; Arbogast, Herrschaftsinstanzen, S. 32; einschlägig hierzu ist auch das Model der „charismatisch aufgeladenen Polykratie" bei Hachtmann, Arbeitsfront; grundsätzliche Überlegungen zu einer systematischen Theorie des NS-Herrschaftssystems auf der Gauebene hat Rüdiger Hachtmann auch jüngst angestellt; ders., „Neue Staatlichkeit".

[33] Die Fragestellung greift eine Anregung Michael Schneiders auf, der dafür plädiert, Regionalität als konstitutives Element verstärkt in den Blick zu nehmen; Schneider, Nationalsozialismus, S. 430; Szejnmann, Chancen; vgl. auch die verschiedenen Beiträge in Möller/Wirsching/Ziegler, Nationalsozialismus.

[34] Die Bedeutung stabiler Herrschaftsstrukturen auf regionaler Ebene ist in letzter Zeit besonders hervorgehoben worden; Gotto, Kommunalpolitik, S. 9; Mecking/Wirsching, Stadtverwaltung, S. 18 f.; Gotto, Selbststabilisierung; Hachtmann/Süß, Kommissare; Ruck, Zentralismus, S. 118.

Die institutionengeschichtliche Analyse der Finanzverwaltung als weiterer und maßgeblicher Akteur im Interaktionsgeflecht der Verfolger steht am Ende des ersten Teils. Aufbauend auf den vorangegangenen Ergebnissen stehen hier, wie bereits angedeutet, Thesen auf dem Prüfstand, die die „Atomisierung" und „Aushöhlung" der staatlichen Verwaltung nach der „Machtergreifung" durch den prinzipiellen Dualismus von Staat und NSDAP und deren zunehmenden Einfluss im NS-Herrschaftssystem behaupten.[35] Angesichts der weit in die Kriegsjahre hineinreichenden zentralen Rolle der Finanzverwaltung im Verfolgungsprozess, grenzt sich die vorliegende Untersuchung von derartigen Paradigmen ab. Vielmehr richtet sich der Blick auch auf die Überlebensfähigkeit zentralstaatlicher Steuerungselemente und auf Funktionalität ausgerichtete Verfahrensweisen im NS-Regime. Die Untersuchung fiskalischer Verfolgung impliziert damit am Ende die Frage nach Mechanismen, mit denen sich eine staatliche Administration mit ihren regionalen Gliederungen in den Dienst des NS-Regimes stellte. Denn die umfassende und „effiziente" Überwachung, Sicherung und Entziehung jüdischen Vermögens war – so die Hypothese der Arbeit – letztlich nur möglich, da die Finanzbehörden die Umsetzung ideologisch begründeter Zielsetzungen mit dem Streben nach professioneller „Ressourcenmobilisierung für das Regime" verbanden.[36]

Teil II dieser Studie wendet sich dann der Geschichte der Wirkung der Verfolgungsmaßnahmen auf die Verfolgten zu und fragt gleichzeitig nach der Bedeutung des sozialen Umfelds der Betroffenen bei der beruflichen Verdrängung und Ausplünderung. Die Gliederung des Teilbereichs folgt systematisch den ausgewählten Berufsgruppen der Betroffenen – jüdische Vieh-, Textil- und Hopfenhändler sowie jüdische Ärzte, um Charakteristika des Verfolgungsprozesses und deren Wirkung auf die Betroffenen vergleichend gegenüberstellen zu können. Chronologisch unterscheidet Teil II zwischen 1933–1938, der Phase der sogenannten wilden „Arisierungen" und den Jahren 1938–1941/42, in denen die jüdische Bevölkerung nach der beruflichen „Ausschaltung" nun flächendeckend und umfassend ausgeplündert wurde. Die Schwerpunktsetzung des zweiten Teils steckt den zeitlichen Rahmen der gesamten Untersuchung ab. Die vorliegende Studie beginnt mit der „Machtergreifung" der NSDAP im Jahr 1933 und schließt mit dem Beginn der massenhaften Ermordung der jüdischen Bevölkerung, also mit den Deportationen in den Jahren 1941 und 1942.[37]

---

35 Mommsen, Beamtentum, S. 30 ff.; Rebentisch, Führerstaat, S. 17; Kershaw, Führer, S. 104; Wunder, Geschichte, S. 147; ders., Literatur, S. 272 ff.
36 In Bezug auf die Kommunalverwaltung vgl. Mecking/Wirsching, Stadtverwaltung, S. 19.
37 Der massenhafte Besitzwechsel durch Versteigerungen der letzten Gegenstände von Deportierten und auch einigen Emigranten in den letzten Kriegsjahren bleibt daher unberücksichtigt. Der Kriegsverlauf schuf allerdings auch für die Nichtjuden im Reich zunehmend eine Sondersituation, in der der Kauf jüdischen Vermögens nicht ohne weiteres als Zustimmung zu den Zielen des Regimes gewertet werden kann. Die letzten Jahre der NS-Herrschaft prägte auch insofern eine Sondersituation, als die jüdische Bevölkerung bereits emigriert, deportiert oder ermordet worden war, die Erwerber mit deren Schicksal also nicht mehr direkt konfrontiert waren; vgl. hierzu auch Rusinek, Gesellschaft, S. 115. Nicht nur die Studie von Götz Aly, sondern auch zahlreiche andere Studien, die den umfangreichen Profit der Deutschen betonen, beziehen sich allerdings auf die Zeit des Zwei-

Quellenlage

Die vorliegende Studie beruht fast ausschließlich auf archivalischem Quellenmaterial. Sie stützt sich dabei auf mehrere Überlieferungsebenen, von denen als erste die Akten der regionalen Gliederungen der Reichsfinanzverwaltung zu nennen sind. Dabei handelt es sich primär um von den Finanzämtern angelegte sogenannte Veranlagungssteuerakten „rassisch" Verfolgter, Prüfungs- oder Strafsachenangelegenheiten der Devisenstellen oder Einzelfallakten der entsprechenden Sachgebiete in den Landesfinanzämtern beziehungsweise Oberfinanzdirektionen.[38] Die Dichte des vorhandenen Schriftgutes ist sehr unterschiedlich. Für alle drei Untersuchungsräume sind die Steuerakten der Finanzämter in weiten Teilen vorhanden. Die vergleichende Perspektive im Hinblick auf die Praxis der Vermögensentziehung dieser Fiskalbehörden stößt daher auf keine Quellenprobleme. Vor allem das in den Steuerakten vorhandene Schriftgut zur „Reichsfluchtsteuer" mit den darin enthaltenen Sicherungsverfügungen lässt Rückschlüsse auf die Ausnutzung von Handlungsspielräumen der einzelnen Beamten zu.

Die Überwachungs- und Prüfungstätigkeit der Devisenstellen, die auch in der antijüdischen Praxis der Finanzverwaltung in anderen Städten eine große Rolle spielte, lässt sich für Mittelfranken gut nachvollziehen.[39] Vollständig archiviert sind hier die Einzelfallakten der Buch- und Betriebsprüfungsstelle der Devisenstelle Nürnberg. In München und Würzburg geben hingegen lediglich die in den Steuerakten der Finanzämter erhaltenen Verfügungen der Devisenstelle Aufschluss über deren Handlungspraxis. Die Einzelfallakten der Zollfahndungsstellen sind in allen drei Untersuchungsräumen dagegen nicht mehr erhalten.

Die Überlieferung der Generalakten ist generell uneinheitlich. Es ist daher in manchen der Untersuchungsräume nur sehr schwer möglich, einen Überblick über Personalstrukturen und interne Entscheidungsprozesse in den Finanzbehörden zu gewinnen. Während etwa in München Geschäftsverteilungspläne des Landesfinanzamts beziehungsweise des Oberfinanzpräsidiums erhalten geblieben sind und Organigramme für die Betriebsprüfungsabteilungen oder die Devisenstellen vorliegen, existieren in dieser Hinsicht weder Generalakten für den Bezirk des Oberfinanzpräsidiums Nürnberg noch für den Würzburgs. Ähnliches gilt für die Personalakten der zuständigen Beamten. Überlieferungslücken konnten ge-

---

ten Weltkrieges und hier besonders auf die Jahre ab 1941, als massenhaft Raubgut aus den besetzten Gebieten Ost- und Westeuropas ins Reich gelangte und oftmals als Unterstützung für deutsche Bombengeschädigte Verwendung fand. Vgl. etwa die Pionierstudie von Dreßen, „Aktion 3"; zu den Versteigerungen vgl. auch die umfangreiche Studie von Rummel/Rath, Reich, S. 145 ff.; zu den zahlreichen Profiteuren auch Meinl/Zwilling, Raub, S. 177 ff.; Bajohr, „Arisierung" in Hamburg, S. 325 ff. Aly beziffert die Anzahl der Deutschen, die profitierten (einschließlich Österreich), sogar auf 95 %; Aly, Volksstaat, S. 48. Der Profit an Raubgut ist Götz Aly zufolge allerdings ein Beleg für die die Bevölkerung überzeugende Fürsorglichkeit des Regimes; Aly, Volksstaat, S. 38.

[38] Zum kritischen Umgang mit Steuerakten und einschlägigen Beständen in Bayern siehe Stephan, Steuer-, Devisen- und Einziehungsakten.

[39] Mit der Devisenstelle Hamburg setzt sich Bajohr, „Arisierung" in Hamburg, S. 208–216, auseinander.

rade in dieser Hinsicht aber durch entsprechende Bestände des Reichsfinanzministeriums geschlossen werden.

Die Bestände des Reichsfinanzministeriums im Bundesarchiv Berlin sind wegen der ungeteilten Kompetenz der Finanzverwaltung in Etatfragen und der strikten hierarchischen Gliederung innerhalb der Finanzverwaltung der zweite zentrale Bestand. Dies gilt für Vorschläge und Konzeptionen einer antisemitischen
Steuergesetzgebung genauso wie für Anordnungen und Beschlüsse der Zentralbe-
hörde in Bezug auf die konkrete Umsetzung antisemitischer Fiskalpolitik in den
Regionen. Entscheidend ist diese Überlieferung aber auch für genuin bayerische
Aspekte der Fiskalpolitik. Die regelmäßigen Berichte der Amtsvorsteher beziehungsweise die zahlreichen Besprechungen mit Vertretern der jeweiligen Sachgebiete informieren nicht nur über Behördeninterna der Reichsfinanzverwaltung
vor Ort, sie können, falls durch Vorträge oder Besprechungsnotizen überliefert,
auch Aufschluss über den Radikalisierungsgrad der Beamten geben. Dasselbe gilt
auch für das Schriftgut über Erlassentscheidungen der „Reichsfluchtsteuer" und
der „Judenvermögensabgabe" im Bundesarchiv.

Ergänzt wird dieser Bestand durch die Akten des bayerischen Finanzministeriums im Hauptstaatsarchiv München. Aufschlussreich sind hier vor allem Perso-
nalfragen, etwa in Form der teilweise erhalten gebliebenen Personalakten höherer
Beamter.

Insgesamt ist die Überlieferungsdichte der Primärquellen der Reichsfinanzverwaltung im „Dritten Reich" als relativ gut zu bezeichnen, wenngleich einige erhebliche Lücken die Aussagekraft des Materials einschränken. Dies gilt vor allem
für den Vergleich der antisemitischen Praxis der verschiedenen Behörden, der
nicht in allen Bereichen systematisch angestellt werden kann. Hinzu kommen
einige generelle quellenkritische Problemstellungen. Zunächst lassen die stark
standardisierten Quellen kaum Rückschlüsse auf individuelle Verhaltensformen
und dahinterstehende Motive der Beamten und Angestellten zu. Aussagen über
den Ideologisierungsgrad des Personals müssen oftmals aus Personal- oder
Spruchkammerakten herausgefiltert werden. Dies führt zu einem weiteren Problem bei der Aktenauswertung. Auch eindeutig ideologisch begründete Verwal-
tungsmaßnahmen sind einerseits nur eingeschränkt aussagefähig, da die Beamten
sich mit der Zeit daran gewöhnten, nur im Sinne der Staatspolizei einwandfrei zu
formulieren. Das systemkonforme Argumentieren war für die Behörden im NS-
Staat ein Mittel zur Durchsetzung rationaler Verwaltungsnormen.[40] Andererseits
führte die in der Verwaltungssprache zum Vorschein kommende Zweckrationalität und Routine zu Euphemismen und verschleierte Tatbestände, etwa wenn innerhalb der Finanzverwaltung von der „Evakuierung in den Osten" die Rede war,
ein Vorgang, der tatsächlich die Deportation und zigtausendfache Ermordung der
jüdischen Bevölkerung in den Konzentrations- und Vernichtungslagern bezeichnete.[41] Schließlich handelt es sich bei diesen Quellen ganz überwiegend um „Tä-

---

40 Rebentisch, Einleitung, S. 22.
41 Generell zu quellenkritischen Aspekten von Verwaltungsschriftgut im Nationalsozialis-
    mus siehe Hilberg, Quellen.

terakten". Erfahrungsgeschichtliche Erkenntnisse über die Perspektive der Opfer können aus ihnen kaum entnommen werden.

Probleme der Überlieferungslage und Quelleninterpretation können teilweise durch Sekundärüberlieferungen behoben werden. Hier ist zunächst das Schriftgut von Prozessen in den ersten Jahren der Bundesrepublik Deutschland zu nennen. Neben dem Straftatbestand Hausfriedensbruch im Rahmen des Pogroms vom 9. November 1938 verfolgten die bayerischen Gerichte auch die Beteiligung an der Deportation der jüdischen Bevölkerung strafrechtlich. Durch breite und plastische Schilderungen beteiligter Akteure und Betroffener ist das Schriftgut vor allem im Hinblick auf die enge Zusammenarbeit von Finanzverwaltung und Geheimer Staatspolizei von zentraler Bedeutung, da vorwiegend deren Beamte ins Visier der polizeilichen Ermittlung gerieten.[42] Daneben komplettieren die Verfahrensakten im Rahmen der Spruchkammerprozesse die oft nur spärlichen Angaben der Personalakten.

Als dritte Überlieferung von herausgehobener Bedeutung für die empirische Fundierung des Argumentationsgangs erwiesen sich die Wiedergutmachungsakten der Restitutionsbehörden und des Landesentschädigungsamts. Der Aktenbestand dient wegen der teilweise ausführlichen Zeugenaussagen und der beigelegten Dokumente als wichtige Ergänzung zu den oben genannten Primärquellen. Die Auswertung dieses Aktenmaterials, sei es das Schriftgut der Strafprozesse gegen die Täter oder das der Wiedergutmachung für die Opfer, ist allerdings nicht unproblematisch. Die Inhalte der Zeugenaussagen sind in beiden Quellengattungen wegen der vor Gericht geltenden Verfahrensregeln begrenzt und verfolgen jeweils ein klares Ziel: das des Schuld- oder Unschuldsbeweises in den Strafprozessen beziehungsweise der Anspruchsdurchsetzung in den Wiedergutmachungsverfahren. Einige Verfolgungstatbestände werden daher besonders eindringlich und zuweilen auch in ihrer Wirkung übertrieben dargestellt, während andere völlig vernachlässigt werden. Hinzu kommt die zeitliche Distanz zwischen Verhandlung und tatsächlichem Verfolgungsgeschehen, die im Falle der Wiedergutmachung über 30 Jahre betragen konnte.[43] Dennoch sind die Wiedergutmachungsakten gerade für eine Betrachtung der Verfolgung aus der Perspektive der Opfer unverzichtbar. Vor allem die Entschädigungsakten können dank der oftmals ausführlichen Antragsbegründungen Auskunft über das subjektive Empfinden und

---

[42] Entsprechende Prozesse sind sowohl in München und Nürnberg als auch in Würzburg geführt worden und in den jeweiligen Staatsarchiven gelagert. Die Deportation der jüdischen Bevölkerung ist jüngst in einer Dokumentation dargestellt worden; Staatsarchiv Würzburg, Wege. Im Staatsarchiv Würzburg ist in Bezug auf die Strafprozessakten auch der einzig überlieferte Prozess gegen einen Gauwirtschaftsberater in Bayern hervorzuheben. Besonders aufschlussreich ist dieses Verfahren, da der Gauwirtschaftsberater vor seinem Parteiamt als Buch- und Betriebsprüfer im Landesfinanzamt Würzburg beschäftigt war. An dieser Stelle sei Frau Edith Raim, die als Mitarbeiterin im Institut für Zeitgeschichte im Projekt „Die Verfolgung von NS-Verbrechen durch deutsche Justizbehörden seit 1945" arbeitet, für die wertvollen Hinweise herzlich gedankt.

[43] Das letzte Entschädigungsgesetz, das sogenannte Bundesentschädigungsschlussgesetz, welches zahlreiche neue Ansprüche legitimierte, wurde erst 1965 verabschiedet. Für quellenkritische Anmerkungen zu Entschädigungsakten vgl. Bischoff/Höötmann, Erschließung; Grau, Rückerstattungsakten.

die individuelle Wertung der Vermögensentziehung durch die Betroffenen geben. Detailliert informieren die Akten auch über die Lebenssituation und die finanziellen Verhältnisse der Opfer vor und nach der Verfolgungssituation. Fragen nach der sozialen Herkunft, dem allgemeinen Lebensstandard und deshalb auch nach der Höhe der erlittenen Verluste lassen sich durch die Analyse der Entschädigungsakten verhältnismäßig präzise beantworten. Dieser Aktenbestand erwies sich auch deshalb als besonders wertvoll, da die meisten Betroffenen, deren Hinterbliebene oder die Jewish Restitution Successor Organisation (IRSO) tatsächlich ihren Anspruch auf Restitution oder Entschädigung einforderten und diese Bestände vollständig archiviert sind.[44]

Die Wiedergutmachungsakten sind auch im Hinblick auf einen zweiten Überlieferungsstrang der Quellen von entscheidender Bedeutung. Sie bieten wichtige Erkenntnisse über die Rolle der Partei bei der wirtschaftlichen Verdrängung der jüdischen Bevölkerung. Die Akten der Gauleitungen und speziell der Gauwirtschaftsberater sind in Bayern nahezu vollständig vernichtet. Für alle drei Untersuchungsräume existieren lediglich vereinzelte Akteineinheiten. Ähnliches gilt für die Verfolgungspraxis der Städte. Hier sind lediglich in München größere Teile der Überlieferung erhalten geblieben. In Nürnberg kann das vorhandene Schriftgut lediglich Teilaspekte der wirtschaftlichen Verdrängung beleuchten.

Auf eine dichte Überlieferung kann sich die Studie im Hinblick auf die Rolle der Bezirksregierungen stützen. Deren frühe Beteiligung an der „Ausschaltung" jüdischer Viehhändler durch die Aufsicht über Gewerbelegitimationen ist für die Regierungsbezirke Bad Kissingen und Hammelburg gut nachzuzeichnen.

Als aufschlussreich erwiesen sich darüber hinaus die Einzelfallakten der Polizeidirektion München. Ausschlaggebend sind vor allem Korrespondenzen mit der Finanzverwaltung sowohl hinsichtlich der engen Zusammenarbeit von Zollfahndung, Devisenstellen und Geheimer Staatspolizei bei der Überwachung und Entziehung von Emigrantenvermögen als auch in Bezug auf die Kooperation von Gestapo und Vermögensverwertungsstellen bei der Entziehung und Verwertung jüdischen Vermögens im Rahmen der Deportation. Einblick in die zentrale Rolle der Münchner Kommunalverwaltung bei der Ausplünderung bieten zudem die Akten der dortigen Industrie- und Handelskammer sowie des Gewerbeamts der Stadtverwaltung.

Die Studie stützt sich vorwiegend auf die Einzelfallakten der in die Untersuchung einbezogenen Berufsgruppen in den jeweiligen Untersuchungsräumen. Angesichts des enormen Umfanges der Einzelfallakten – allein an Entschädigungsakten existieren in Bayern weit mehr als 300 000 Einheiten – war an eine vollständige Aufarbeitung aller Erwerbstätigen nicht zu denken. Es wurden immer mindestens zehn Prozent von Angehörigen der jeweiligen Berufsgruppe untersucht, um nicht nur eine qualitative, sondern in Ansätzen auch quantitative Analyse des wirtschaftlichen „Ausschaltungsprozesses" zu ermöglichen. Auch wenn die Ergebnisse keine repräsentative Gültigkeit beanspruchen können, so handelt es sich doch um „gesättigte Verlaufstypen", aus denen sich Indikatoren

---

[44] Quellenkritische Überlegung für den Umgang mit Memoiren bei der „Arisierungs"-Forschung bietet Marrenbach, Memoiren.

gewinnen lassen, mit denen wiederum verallgemeinerbare Ergebnisse durchaus möglich sind.[45] Insgesamt umfasst das Sample etwa 600 jüdische Erwerbstätige, wobei in den meisten Fällen die Bestände der Finanzämter und des Entschädigungsamts sowie der Wiedergutmachungsbehörden und darüber hinaus das Schriftgut der Devisen- und Polizeistellen, der Vermögensverwertungsstelle und der Bezirksregierungen hinzugezogen wurden.

Berufliche Verdrängung, „Arisierung" und fiskalische Entziehung: Anmerkungen zum Forschungsstand

Bis weit in die 1980er Jahre hinein hat sich die Forschung über die Vernichtung der jüdischen Bevölkerung im „Dritten Reich" auf die Rolle der Weltanschauungseliten konzentriert und damit die Verantwortung für den Massenmord auf Adolf Hitler und den engeren Führungszirkel der NSDAP begrenzt.[46] Angeregt durch grundlegende Forschungsarbeiten in den 1990er Jahren, die durch die Öffnung der Archive Osteuropas neue Themen und Fragestellungen aufgreifen konnten, sowie durch öffentlichkeitswirksame mediale Aufarbeitungen im Rahmen der ersten Wehrmachtsausstellung wurde die Aufmerksamkeit der Medien und der wissenschaftlichen Welt zunehmend auch auf die Beteiligung „ganz gewöhnlicher Deutscher" an der Shoa gelenkt.[47] Mit der Hinwendung zum „Fußvolk der Endlösung" weitete sich die Perspektive über die Betrachtung der Weltanschauungseliten hinaus auf die Beteiligung der Bevölkerungen an der Verfolgung und Vernichtung der Juden.[48] Galt das Hauptaugenmerk dieser neueren Arbeiten dem Prozess der Judenvernichtung im Deutschen Reich und in Europa, so befasste sich die Forschung seit Ende der 1980er Jahre verstärkt mit der wirtschaftlichen Verdrängung und Ausplünderung der jüdischen Bevölkerung als einem funktional mit der Vernichtung zusammenhängenden Verfolgungsprozess.[49] Als Pionierstudie gilt Frank Bajohrs Untersuchung über „Arisierung" in Hamburg, die 1998 erschien. Diese Forschungen erlebten einen erneuten Aufschwung, als Ende der 1990er Jahre neues Quellenmaterial aus der Provenienz der Finanzbehörden zugänglich wurde.

---

[45] Niethammer, Oral History, S. 208.
[46] Einen guten Überblick über Tendenzen der Forschung bieten Herbert, Vernichtungspolitik; Kühne, Vernichtungskrieg; Paul, Psychopathen, S. 39. Zu verschiedenen Aspekten des Völkermords vgl. auch Matthäus/Mallmann, Deutsche.
[47] Grundlegend hierzu Pohl, Judenverfolgung; ders., „Judenpolitik"; Sandkühler, „Endlösung"; Herbert, Best. In der medialen Öffentlichkeit wurden dann vor allem die fragwürdigen Thesen Goldhagens diskutiert; Goldhagen, Vollstrecker. Zur Wehrmachtsausstellung siehe Hamburger Institut für Sozialforschung, Vernichtungskrieg; dass., Verbrechen.
[48] Paul, Psychopathen, S. 39.
[49] Frank Bajohr nimmt auf die von Raul Hilberg beschriebenen vier Schritte der Vernichtung – Definition, Enteignung, Konzentration und Ausrottung – Bezug; Bajohr, „Arisierung" in Hamburg, S. 10; Hilberg, Vernichtung. Ein Standardwerk zu wirtschaftlichen Verdrängungsmaßnahmen entstand 1988: Barkai, Boykott; ders., „Schicksalsjahr"; Kratzsch, Gauwirtschaftsapparat; vgl. auch die beiden in den 1960er und 1970er Jahren erschienenen Pionierstudien zur wirtschaftlichen Verdrängung der jüdischen Bevölkerung: Adam, Judenpolitik und Genschel, Verdrängung.

Die wissenschaftliche Auseinandersetzung mit den vielfältigen Formen der Ausplünderung jüdischen Vermögens hat die Forschungsperspektiven vor allem im Hinblick auf die Bandbreite der Täter und die Verfolgungsmechanismen des NS-Staates entscheidend erweitern können. Hier sollen drei Aspekte besonders hervorgehoben werden:

Erstens die unerwartet große Vielfalt der an der wirtschaftlichen Verdrängung beteiligten Akteure und Profiteure. Neben bereits bekannten Verfolgungsinstitutionen wie SA, SS und Gestapo fiel das Augenmerk hier auf Täter, die bisher kaum oder gar nicht in Zusammenhang mit der Judenverfolgung gesehen worden waren. So waren der Gauwirtschaftsapparat der NSDAP oder die Industrie- und Handelskammern, Regierungspräsidien, Bezirksämter, Stadt- und Kommunalverwaltungen sowie Wirtschaftsverbände massiv an der wirtschaftlichen Verdrängung beteiligt.[50]

Zweitens wurde auch die Verwicklung von Teilen der Bevölkerung in die Judenverfolgung zur NS-Zeit erstmalig genauer untersucht. Die Beteiligung „ganz normaler Deutscher" an der wirtschaftlichen Verdrängung durch direkten Kauf jüdischen Besitzes oder durch indirekten Profit, etwa bei der Vermittlung derartiger Geschäfte oder auch nur bei der Schätzung von Wertgegenständen, führte zu der These, es habe sich um einen „gesamtgesellschaftlichen Prozess" gehandelt, der ohne die Mitwirkung von Millionen Deutscher nicht denkbar gewesen wäre.[51] Bisherige Forschungsergebnisse deuten zudem daraufhin, dass die große Mehrheit der Deutschen schwieg, als ihre jüdischen Mitbürger der wirtschaftlichen Verfolgung ausgesetzt wurden. Viele nahmen die Entrechtung auch wohlwollend zur Kenntnis und beteiligten sich aktiv an den antisemitischen Aktionen. Verschwindend gering war im Vergleich dazu die Anzahl derer, die am Schicksal ihrer jüdischen Mitbürger Anteil nahmen und dagegen protestierten.[52]

Drittens weisen neuere Arbeiten auf die Bedeutung regionaler Institutionen hin. Wegen der bis 1938 weitgehend fehlenden gesetzlichen Grundlage für die Entziehung jüdischen Vermögens kam es zunächst zu einer Flut von regional initiierten, aber gesetzlich nicht legitimierten Verdrängungsmaßnahmen. Abhängig

---

[50] Ein guter Überblick bei Laak, Die Mitwirkenden; Schmidt, „Arisierungspolitik"; Kingreen, Raubzüge; vgl. auch die verschiedenen Beiträge in Fritz Bauer Institut, „Arisierung"; Baumann/Heusler, München arisiert; Mönninghoff, Enteignung; Ludwig, Boykott; Eizenhöfer, Stadtverwaltung; Hofmann, Verdrängung; Janetzko, Verdrängung. Auf die internationale Dimension der Raubzüge machten aufmerksam: Aalders, Geraubt; Goschler/Ther, Entgrenzte Geschichte; Center for Advanced Holocaust Studies/United States Holocaust Memorial Museum, Confiscation; zu Nürnberg vgl. den kurzen Aufsatz von Friedrich, Wohnungsschlüssel; für Unterfranken vgl. Schultheis, Juden.

[51] Bajohr, Verfolgung; ders., Prozess. Siehe hierzu auch die Debatte um Götz Alys Volksstaat, etwa bei Hachtmann, Knallfrösche; Aufmerksamkeit erweckte in letzter Zeit auch die besondere Verwicklung von Banken und Versicherungsgesellschaften in den wirtschaftlichen Verfolgungsprozess: James, Deutsche Bank; ders., Die Dresdner Bank und die „Arisierung"; ders., Economic War against the Jews; Ziegler, Verdrängung; Lorentz, Commerzbank; Feldman, Allianz; Herbst, Commerzbank; Laube, Mitteilung; Loose, Kredite für NS-Verbrechen.

[52] Kulka, Population, S. 273. Zur Haltung der deutschen Bevölkerung zur Judenverfolgung vgl. auch Longerich, „Davon haben wir nichts gewusst!".

von den regionalen Gegebenheiten und der Machtstellung der Parteifunktionäre vor Ort wurden einzelne Städte oder Regionen zu Vorreitern der Verfolgung, noch bevor entsprechende gesetzliche Maßnahmen – teilweise auch als Reaktion auf bereits geschaffene Tatsachen – erlassen wurden. Erst nach einer reichsweit einheitlichen Regelung ab 1938 wurden diese regionalen Unterschiede zusehends eingeebnet. Sie blieben aber in Ansätzen bis zur vollständigen Entziehung jüdischer Vermögenswerte bestehen.[53]

Im Zusammenhang mit der wirtschaftlichen Verdrängung der jüdischen Bevölkerung ist die Frage nach dem Anteil und der Praxis der staatlichen Verwaltung bisher allerdings eher sporadisch gestellt worden.[54] Trotz ihrer zentralen Bedeutung haben die fiskalischen Entziehungsmaßnahmen erst seit einigen Jahren Eingang in die wissenschaftliche Literatur gefunden.[55] Für Bayern liegen bisher lediglich einige kürzere Teilstudien vor.[56]

In erfahrungsgeschichtlicher Hinsicht hat bisher vor allem Saul Friedländer einen täterzentrierten Ansatz mit der Perspektive der Opfer verbunden.[57] Die Anregungen Friedländers haben auch in die „Arisierungs"-Forschung Eingang gefunden. Ins Blickfeld gerieten hier vor allem Gegenstrategien der Betroffenen zur Rettung von Vermögenswerten.[58] Die Bedeutung wirtschaftlicher Verfol-

---

53 Regionalstudien liegen vor von Kratzsch, Gauwirtschaftsapparat; Bajohr, „Arisierung" in Hamburg; Baumann/Heusler, München arisiert; Bruns-Wüstefeld, Geschäfte; Fichtl, Wirtschaft; Rappl, „Arisierungen" in München; Bopf, „Arisierung" in Köln; Selig, „Arisierung"; ders., Leben; ders., Boykott; Geist/Küvers, Tatort; Wollenberg, Enteignung; Brucher-Lembach, Hunde.

54 Nur sehr selten wurde bisher die fiskalische Entziehungspraxis in den Gesamtzusammenhang der „Arisierung" gestellt, etwa bei Bajohr, „Arisierung" in Hamburg. Dies gilt ganz allgemein für die Vermögensentziehung während der Deportation, die erst in letzter Zeit verstärkt das Interesse der Forschung auf sich ziehen konnte. Entsprechende Studien liegen vor von Rummel/Rath, Reich; Friedenberger, Finanzamt; Schmid, Zusammenarbeit; Meinl, Finanzbeamte. Für die Rolle des Fiskus bei der Deportation in Bayern ist Kuller, Grundsatz einschlägig.

55 Für Westfalen liegen Untersuchungen von Kenkmann/Rusinek, Verfolgung, sowie Leesch, Geschichte, vor. Die Rolle des Reichsfinanzministeriums wurde untersucht von Mehl, Reichsfinanzministerium, die zentrale Rolle des Finanzamts Moabit-West bei Friedenberger, Finanzamt; siehe auch die Überblicksdarstellung bei Friedenberger, Reichsfinanzverwaltung; Rummel/Rath, Reich; für die Devisenstelle Hamburg siehe Bajohr, „Arisierung in Hamburg", S. 189–223; zur Rolle der Devisenstellen bei der Verfolgung auch Franke, Rolle; siehe auch die Aufsätze von Kuller, Finanzverwaltung; Füllberg-Stolberg, Rolle; Meinl/Zwilling, Raub; Schleusener, Kunsthändler; kurz vor Drucklegung der vorliegenden Studie ist erschienen: Friedenberger, Ausplünderung. Vgl. darüber hinaus Lefèvre, Enteignung; Blaich, Grundsätze; Schmid, „Finanztod"; Schauer, Steuergesetzgebung; Meinl, Vermögen; Dreßen, „Aktion 3".

56 Kuller, Finanzverwaltung; dies., Grundsatz; zu den Beamten des bayerischen Innenministeriums vgl. Forstner, Beamten. Im Erscheinen begriffen ist darüber hinaus eine Studie von Christiane Kuller über Entziehung – Verwaltung – Verwertung. Der Zugriff der Finanzverwaltung auf das Vermögen der Juden in Bayern.

57 Friedländer, Verfolgung; ders., Vernichtung; Barkai, Boykott. Letzterer rückt ebenfalls die Perspektive der jüdischen Betroffenen in den Mittelpunkt. Zum Problem einer Beschreibung des Alltags im NS vgl. auch Peukert, Volksgenossen, S. 21 ff.

58 Bajohr, „Arisierung" in Hamburg, S. 136–174; Bopf, „Arisierung" in Köln, S. 109–111, 172–176 und 325.

gungsmaßnahmen für die Lebensgeschichte der Opfer ist von der Forschung bisher kaum aufgegriffen worden. Lediglich Harald Welzer hat den Versuch unternommen, die psychosozialen Folgen der wirtschaftlichen Verdrängung zu analysieren.[59] Wohl aber gibt es psychiatrische und psychologische Gutachten, die im Rahmen der Entschädigung für NS-Unrecht entstanden sind, so wie einige neuere medizinische und sozialpsychologische Arbeiten über die Auswirkungen verschiedener Aspekte des Terrors, die in die Untersuchung miteinbezogen werden.[60]

Ideologie und Propaganda

Zahlreiche Arbeiten, die sich mittlerweile mit der wirtschaftlichen Verfolgung der jüdischen Bevölkerung beschäftigen, richten ihren Blick vor allem auf ökonomische Beweggründe und den materiellen Nutzen der Akteure. Die Bedeutung der Ideologie wird meist mit einem kurzen Hinweis auf eine „typisch mittelständische" Variante des Antisemitismus abgehandelt, die in weiten Kreisen der erwerbstätigen Bevölkerung Anklang gefunden habe.[61] Für die häufig gestellte Frage „Wie konnte das geschehen?" oder – in Bezug auf die „Ausschaltung" der Juden aus dem Wirtschaftsleben – „Wie konnten sich so viele beteiligen?" ist aber gerade die Relation von weltanschaulich bedingter Motivation und ökonomischem Nutzenkalkül, also die Frage nach dem Verhältnis von Ideologie und Interesse von besonderer Signifikanz.

Die Schwierigkeiten, die sich bei der Unterscheidung ideeler und materieller Motive ergeben, sind zahlreich und seit langem Gegenstand sozialwissenschaftlicher wie historischer Untersuchungen.[62] Gerade bei der Frage nach der Bedeutung der Ideologie für die Akteure der wirtschaftlichen Verfolgung sind verschiedene Probleme evident: Zu fragen ist nach dem Diffusionsgrad einer diskriminierenden Idee und nicht nur nach der Wirkungsmächtigkeit von Weltbildern auf eine klar abgrenzbare Trägergruppe.[63] Hinzu kommen die meist nur unpräzise formulierten Vorstellungen der Nationalsozialisten, die eine Identifizierung sozialer Konsequenzen, die der „Weltanschauung" zuzurechnen sind, zusätzlich erschweren. Inwieweit Ideen und inwieweit ökonomische Interessen handlungsleitend wirkten, ist daher oftmals kaum zu beantworten, zumal die Folgen abhängig vom historischen Kontext vollkommen unterschiedlich sein konnten.[64] Es kann daher auch nicht darum gehen, ein abgeschlossenes Bild der Wirkung von Ideolo-

---

59 Welzer, Vorhanden/Nicht-Vorhanden, S. 287.
60 Niederland, Folgen; Baeyer/Häfner/Kisker, Psychiatrie; Stoffels, Terrorlandschaften.
61 Bajohr, „Arisierung" in Hamburg, S. 33 ff.; auf den Zusammenhang zwischen Antisemitismus und mittelständischer Politik hat auch Brucher-Lembach, Hunde, S. 26 und 54, kurz verwiesen.
62 Mit der Unterscheidung von Ideen und Interessen als Handlungsantriebe hat sich Max Weber auseinandergesetzt; Weber, Wirtschaftsethik, S. 85 ff.; ders., Wirtschaft, S. 245; grundlegend zu Webers Arbeiten über das Verhältnis von Idee und Interesse: Lepsius, Interessen.
63 So Lepsius, Interessen, S. 35.
64 Weber, Wirtschaftsethik, S. 109; Lepsius, Interessen, S. 36.

gie bei der wirtschaftlichen Verfolgung im Nationalsozialismus zu entwerfen. Bei der Untersuchung der konkreten Umsetzung, also der sozialen Praxis der „Ausschaltung" der Juden aus dem Wirtschaftsleben, sollen die Vorstellungen über ihre besondere „Stellung" in der „deutschen" Ökonomie aber dennoch aus drei Gründen als Analysekategorie einbezogen werden.

Erstens fungierte die NS-Ideologie, so die grundsätzliche Annahme, bei der Ausplünderung der jüdischen Bevölkerung als „Weichensteller". Im Bereich der wirtschaftlichen Verfolgung zeigt sich zwar die handlungsleitende Bedeutung des Strebens nach materiellem Profit. Dass sich derartige Interessen aber überhaupt gegen die jüdische Bevölkerung richteten, dafür war die ideologische Auffassung von einer spezifisch „deutschen" im Gegensatz zu einer „jüdischen" Wirtschaftsweise ausschlaggebend. Mithin konnte sich das Streben nach Effizienz im Sinne ökonomischer Nutzenmaximierung ohne weiteres mit ideologischen Zielsetzungen verbinden, genauso wie das Streben nach der Verwirklichung weltanschaulicher Vorgaben die Gelegenheitsstrukturen für die Verfolgung materieller Interessen schuf.[65]

Mit zunehmender Dauer des NS-Regimes etablierte sich zweitens die antisemitische „NS-Weltanschauung" nicht nur bei Parteiinstitutionen, sondern auch bei den Institutionen der staatlichen Verwaltung als Kommunikationsmedium ersten Ranges, dessen richtiger Gebrauch nicht nur zum Machterhalt, sondern auch zur Machterweiterung beitragen konnte. Sätze wie die „vollständige Ausschaltung der Juden aus dem Wirtschaftsleben" oder die „Entjudung des Erwerbslebens" prägten auch deshalb den Behördenjargon der Reichsfinanzverwaltung.

Auch außerhalb der Parteibüros und der Amtsstuben der staatlichen Verwaltung konnte eine derartige „Veralltäglichung" antisemitischer Ideen drittens vorhandene Zweifel an der Berechtigung des eigenen Handelns auszuräumen helfen, indem die möglicherweise auftretende Spannung zwischen Gewissen und Handeln beim Profit an jüdischem Vermögen durch entsprechende Wertvorstellungen überbrückt werden konnte.[66] Hier zeigte sich die normative Kraft des Faktischen besonders deutlich: Die ordnungsschaffende Funktion staatlichen Handelns hatte ganz erhebliche negative Auswirkungen auf das Rechts- und Unrechtsempfinden der Gesellschaft. Wer nicht eigentlich Antisemit war, konnte sich – wegen des hohen moralischen Kredits, den die behördliche Obrigkeit genoss – relativ guten Gewissens auf antisemitische Praktiken des Staates verlassen oder sie sogar zum Vorbild nehmen.

Die enge Verquickung von Ideologie und ökonomischem Interesse offenbart sich bereits in der Konstruktion des Stereotyps einer besonderen und generalisierbaren Wirtschaftstätigkeit der jüdischen Bevölkerung. Die antisemitische Propaganda konstruierte eine Wechselwirkung zwischen der wirtschaftlichen Sonderstellung der jüdischen Erwerbstätigen und den negativen Auswirkungen der Weltwirtschaftskrise und dem dadurch hervorgerufenen erheblichen Konkurs- und

---

65 Zur Funktion von Ideen als „Weichensteller" vgl. Max Weber; Weber, Wirtschaftsethik, S. 101; Lepsius, Interessen, S. 42f.

66 „Der Glaube an Ideen", so Rainer Lepsius, „überwölbt den Widerspruch der Interessen"; Lepsius, Interessen, S. 38.

Konkurrenzdruck.[67] Sie verlieh ihren Behauptungen insofern einen Legitimitäts-
anstrich, als sie gerade auf die Bereiche verwies, in denen Juden besonders häufig
vertreten waren: den gewerblichen Einzelhandel, den Finanz- und Medizinsektor
sowie den Handel mit Agrarprodukten, Erwerbssektoren, bei denen die Auswirkungen der Wirtschaftskrise besonders deutlich zu spüren waren.[68] Die begriffli-
che Konstruktion der „deutschen Wirtschaft" erfolgte dabei nicht nur durch Abgrenzung zu der als „typisch jüdisch" diffamierten. Das Versprechen, die Juden
aus der Wirtschaft „auszuschalten", schuf vielmehr auch eine spezifische Erwar-
tungshaltung: die Verheißung einer materiellen Besserstellung der „Volksgemeinschaft". Die Konstruktion der „Wirtschaft der Volksgemeinschaft" war somit
nicht nur sprachlich eine Privation der jüdischen Bevölkerung, sie schloss faktisch
den Raub bereits mit ein.[69]

Pseudowissenschaftliche und mit zahlreichen antisemitischen Plattitüden ange-
reicherte Werke von Feder, Rosenberg oder Straßer dürfen freilich nicht darüber
hinwegtäuschen, dass die NS-Ideologie auf Fragen nach der konkreten Ausformung der wirtschaftlichen Verdrängung der jüdischen Bevölkerung oder nach
ganz allgemeinen wirtschaftspolitischen Zielsetzungen allenfalls vage Antworten
parat hatte.[70] Ideologie sollte auch aus diesem Grund nicht nur als Deutungsrah-
men für konkrete Handlungsanleitungen, sondern ebenso als Postulat utopischer
Endziele verstanden werden.[71] Gerade die nebulöse, abstrakte und schlagwortar-
tige Formulierung leitender Gesichtspunkte ermöglichten die Zustimmung eines
heterogenen Publikums, da nur so Widersprüche überwölbt und unterschiedliche
Wertorientierungen integriert werden konnten.[72]

Zusammenfassend lässt sich die Funktion antisemitischer Stereotype im Bereich der Wirtschaft im Wesentlichen mit zwei funktionalen Merkmalen beschrei-

---

67 Auf die Wechselwirkung zwischen wirtschaftlicher Sonderstellung der Juden und Ver-
    drängungsmaßnahmen hat bereits eindringlich Helmut Genschel hingewiesen; Genschel,
    Verdrängung, S. 42.
68 Vorstellungen über den geldgierigen, wuchernden Shylock schlugen sich ebenfalls in Pro-
    grammen und Pamphleten nieder und führten zu der häufig wiederholten Formel „Bre-
    chung der jüdischen Zinsknechtschaft" und der „jüdisch-kapitalistischen Wirtschaftsord-
    nung". Der jüdische Wucherer Shylock in Shakespeares „Der Kaufmann von Venedig"
    aus dem 16. Jahrhundert prägte in besonderem Maße das Bild des geldgierigen jüdischen
    Wucherers; den Forschungsüberblick vgl. bei Reuveni, Juden, S. 47–58. Niederschlag fan-
    den derartige Vorstellungen etwa in dem weit verbreiteten „Handbuch zur Judenfrage"
    von Theodor Fritsch, aber auch im Parteiprogramm der NSDAP; Fritsch, Handbuch,
    S. 361–368; Das Parteiprogramm der NSDAP, Punkt 11; Feder, Brechung der Zinsknecht-
    schaft, S. 16 f.
69 Zur Konstruktion von „Wir-Gruppen" durch Bezeichnung von „Fremdgruppen" siehe
    Koselleck, Semantik, S. 213. Zur Bedeutung antisemitischer Kommunikation Holz, Anti-
    semitismus, v. a. S. 16–23.
70 Hitler selbst hatte bereits in „Mein Kampf" auf die Notwendigkeit hingewiesen, zuerst
    das weltanschauliche Gesamtbild zu Ende zu zeichnen, bevor man sich wirtschaftlichen
    Dingen zuwenden könne; Hitler, Kampf, S. 680. Zu den unklaren wirtschaftspolitischen
    Vorstellungen vgl. vor allem Herbst, Krieg, S. 26 ff.; Barkai, Wirtschaftssystem, S. 27–33;
    van Laak, Die Mitwirkenden, S. 232.
71 Nolzen, Broszat, S. 438 f., der sich in seiner Analyse auf die Thesen des Buches „Der Staat
    Hitlers" von Martin Broszat bezieht.
72 Zur prinzipiellen Bedeutung von Ideologie vgl. Luhmann, Wahrheit, S. 444 ff.

ben. Das erste ist eine *Klammerfunktion*: Die Vorstellung vom Konnex zwischen spezifisch jüdischer Wirtschaftstätigkeit auf der einen und akuten ökonomischen Krisensituationen auf der anderen Seite spiegelt eine antisemitische Ideenwelt wider, die traditionelle antijüdische Stereotype mit antikapitalistischen und modernisierungsfeindlichen Tendenzen sowie „ganzheitlichen" und rassistischen Konzeptionen verband. Die Verbindung verbreiteter antisemitischer Vorurteile mit der Kritik an der rapiden Ausbreitung der kapitalistischen Wirtschaftsordnung und den daraus resultierenden weitreichenden Umwälzungen haben den am Ausgang des 19. Jahrhunderts aufkommenden „rassischen" und „völkischen" Ideen überhaupt erst zum Durchbruch verholfen.[73] Die Spezifika des jüdischen Berufslebens überzeugten eine breitere Masse zudem von der vermeintlichen Evidenz abstrakter rassistischer und biologistischer Konzeptionen, die sich in der Anprangerung des „Schacherns" und „Wucherns" jüdischer Händler oder in den angeblich „abartigen Sexualpraktiken" jüdischer Ärzte manifestierten. Darüber hinaus konnten die antisemitische Propaganda und die Übergriffe auf Juden als propagandistisches Mittel mit identitätsstiftender Wirkung genutzt werden. Aus Elementen der Realität konstruierten die Antisemiten verzerrte und übertriebene Vorstellungen, die es ihnen ermöglichten, Grenzen zwischen sich selbst und den Juden zu ziehen und durch die Betonung von Unterschieden oder Gegensätzen die eigenen Werte herauszustellen und dadurch die eigene Identität zu stärken, gelegentlich auch neu zu definieren.[74] Die antisemitische Ideologie und die damit zusammenhängende Gewalt gegen Juden dienten der Etablierung einer „Volksgemeinschaft" und bildeten insofern ein Mittel nicht nur zur „rassischen" Separation, sondern auch zur Stabilisierung der Diktatur bis zur endgültigen Ausplünderung, Vertreibung und Vernichtung der jüdischen Bevölkerung.[75] Die Inklusion des „Volkskörpers" erfolgte dabei durch Exklusion der „Fremdkörper" auf wirtschaftlichem Gebiet, die durch die ständige Polemik gegen die angebliche Ausbeutung der „Volksgenossen" durch die Juden Popularität gewinnen sollte.[76]

Eine *Stimulationsfunktion* war damit eng verbunden. Gerade die unpräzisen ideologischen und wirtschaftspolitischen Vorstellungen ermöglichten den Gauleitern und der regionalen Parteibasis, mit eigenen Strategien und aus eigener Initiative gegen die jüdische Wirtschaftstätigkeit vorzugehen. Über die rein ideologisch begründete Motivation hinaus verfolgte die antisemitische Rhetorik gegen jüdische Wirtschaftstätigkeit aber meist auch instrumentelle Ziele. So stand hinter den Forderungen nach Vergesellschaftung der Warenhäuser und Enteignung der „Börsen- und Bankjuden" nicht nur das Bestreben, Interessen des Mittelstands und der linken Arbeiterschaft miteinander in Einklang zu bringen. Sie bildeten immer auch eine Legitimationsgrundlage für die persönliche Bereicherung, was

---

[73] Genschel, Verdrängung, S. 32 ff.; vgl. auch die von Uhlig beschriebene Angst des traditionellen Einzelhandels vor der kapitalistischen Wirtschaftsweise der Warenhäuser in Uhlig, Warenhäuser, S. 11 ff.; Bajohr, „Arisierung" in Hamburg, S. 27 f.
[74] Burrin, Warum die Deutschen?, S. 23.
[75] Nolzen, Party, S. 273 ff.; Burrin, Warum die Deutschen?, S. 13; Echternkamp, Kampf, S. 12; Nolzen, NSDAP, S. 101 ff.
[76] Zur Bedeutung von Inklusion und Exklusion vgl. auch Müller, Nationalismus, S. 26 ff.; Prollius, Kultur, S. 397; Nolzen, Legitimation, S. 517.

sich in den zahlreichen Korruptionsaffären im Rahmen der wirtschaftlichen Verdrängungsmaßnahmen zeigte. In der „Ausschaltung" der Juden aus dem Wirtschaftsleben sahen regionale Parteiführer eine berechtigte „Wiedergutmachung" für die angeblich schädliche Wirkung der Juden während der Weimarer Republik. Auf diese Weise konnten sie ihren Einsatz entlohnt sehen und den materiellen Bedürfnissen zahlreicher anderer NS-Anhänger Genüge tun.[77] Rassismus und Antisemitismus trugen schließlich auch deshalb wesentlich zu einer Radikalisierung der Ausplünderung der jüdischen Bevölkerung bei, da sie – angesichts der unablässigen Wiederholung entsprechender Parolen durch den NS-Propagandaapparat – Kategorien für die Wahrnehmung der Umwelt boten, die wiederum Kriterien für die Entscheidungsfindung darstellen konnten, auch wenn solche Kategorien den Akteuren nicht immer voll zum Bewusstsein gekommen sind.[78]

---

[77] Auf die Funktion der Ausplünderung der jüdischen Bevölkerung als Wiedergutmachung für „Alte Kämpfer" hat vor allem Frank Bajohr aufmerksam gemacht; Bajohr, Parvenüs, S. 20 ff.

[78] Peukert, Rassismus, S. 72 und 76. Peukert hebt zudem hervor, dass der Appell an ideologische Grundüberzeugungen immer dann an Bedeutung gewonnen habe, wenn die Wahl zwischen verschiedenen Optionen bestanden habe. Hier habe die Ideologie dann eine radikalisierende Funktion gehabt; ebd., S. 77. Angeregt von den Thesen Peukerts hat zuletzt Süß verschiedene Ausprägungen des Rassismus unterschieden; Süß, Volkskörper, S. 21; zur Bedeutung der Ideologie vgl. auch Kroll, der mit einem ideengeschichtlichen Ansatz herausstellt, dass alles, was gedacht wird, immer schon einen Teil der Wirklichkeit darstelle; Kroll, Utopie, S. 17.

Erster Teil
Partei und Staat: Motive, Akteure, Methoden

Erstes Kapitel: „Arisierung", berufliche Verdrängung und fiskalische Entziehung: Inhaltliche Deutung der Begriffe

Der Begriff „Arisierung" unterliegt unterschiedlichen, zum Teil sogar widersprüchlichen Definitionskonzepten. Das ist nicht zuletzt auf die Übernahme eines zeitgenössischen Begriffs zurückzuführen, dessen Bedeutung auch in der nationalsozialistischen Ideologie immer schwammig blieb. „Arisierung" – zumindest darin besteht Übereinstimmung – beschreibt die Aspekte der wirtschaftlichen Verdrängung der jüdischen Bevölkerung in der NS-Zeit. Welche Formen des Verfolgungsprozesses dieser Begriff jedoch tatsächlich umfasst, bleibt unklar. Während ihn einige Interpretationsmodelle relativ eng und spezifisch als Übergang jüdischen Vermögens in nichtjüdische („arische") Hände definieren, fassen ihn andere möglichst weit, um auf den ganzen Umfang der wirtschaftlichen Verfolgung aufmerksam zu machen, so dass „Arisierung" dann auch den Ent- und Aneignungsprozess von Arbeitskraft im Rahmen der NS-Zwangsarbeit umschließt.[1]

Tatsächlich zog jede Art der Verfolgung – vom Boykott jüdischer Geschäfte bis hin zur Deportation in die Vernichtungslager – auch immer materielle Konsequenzen nach sich. Prinzipiell war damit die Judenverfolgung im „Dritten Reich" immer auch ein Akt der „Arisierung".[2] So wichtig es ist, auf die zahlreichen Ausplünderungsformen und die Beteiligung verschiedener Profiteursgruppen aus Staat, Partei und Gesellschaft bei der Judenverfolgung aufmerksam zu machen, so unscharf bleibt allerdings ein derart umfassender Bedeutungsinhalt im wissenschaftlichen Diskurs.[3] Eine präzisere Definition von „Arisierung", die auch die Herausarbeitung der Charakteristika fiskalischer Überwachungs- und Entziehungspraxis ermöglicht, kann hingegen beim Eigentumsbegriff ansetzen.

Die wirtschaftliche Verfolgung der jüdischen Bevölkerung war, wie bereits dargestellt, integraler Bestandteil eines Konzeptes, das den Aufbau einer „Volksgemeinschaft" durch Exklusion der als rassisch minderwertig definierten Gruppen anstrebte. Rassistische Motivation zur „Ausschaltung" und Vertreibung ließ sich

---

[1] Einen besonders weit gefassten Begriff enthält der Sammelband des Fritz Bauer Instituts, „Arisierung", vgl. v. a. dort die Einleitung von Irmtrud Wojak und Peter Hayes, S. 7–14; vgl. auch Baumann/Heusler, Einleitung, in: Dies., München arisiert, S. 10–16; Bajohr, „Arisierung" in Hamburg, S. 9. In der Enzyklopädie des Holocaust wird der Begriff hingegen bestimmt als „die Übertragung unabhängiger Wirtschaftsunternehmen in jüdischem Besitz auf ‚arische' Eigentümer in Deutschland und den besetzten Ländern"; Gutmann, Enzyklopädie, S. 78. Einen guten Überblick über Genese des Begriffs, zeitlichen Ablauf und Forschungsstand bieten Rappl, Flagge; van Laak, Die Mitwirkenden, S. 253.

[2] Rappl, Flagge, S. 20.

[3] Constantin Goschler und Philipp Ther verwenden daher je nach Zusammenhang verschiedene Begriffe wie etwa Liquidation, Enteignung oder Ausplünderung; Goschler/Ther, Entgrenzte Geschichte, S. 10.

mit materiellen Anreizen verknüpfen und mit NS-spezifischen Vorstellungen über „Arbeit" und „Eigentum" ideologisch begründen. Aus den ideologischen Vorurteilen von „Jude und Arbeit" leiteten sich zwei Prämissen ab, die wesentliche Legitimationsgrundlagen für den späteren „Ausschaltungs-" und Ausplünderungsprozess darstellten. Dies war zunächst der als typisch jüdisch bezeichnete Grundsatz „Eigennutz geht vor Gemeinwohl". Jeder Besitz der jüdischen Bevölkerung, wie Grund und Boden, Immobilien, Maschinen oder Fabriken, diente so gesehen lediglich der Befriedigung des „egoistischen Machttriebs".[4] Behauptungen eines Gegensatzes zwischen dieser „raffenden" jüdischen und der „schaffenden" „arischen" Form des Wirtschaftens war eng mit dem NS-typischen Eigentumsbegriff verbunden. In Abkehr vom liberalen, im Bürgerlichen Gesetzbuch verankerten Eigentumsbegriff bezog sich Eigentum im nationalsozialistischen Sinne nicht mehr auf die Beziehung zwischen Person und Sache, sondern auf den Zustand der Gemeinschaft. Der Schutz des Eigentums war damit zwar nicht aufgehoben, als schutzwürdig sah das NS-Regime aber nur dasjenige Eigentum an, das der Gesamtheit des „Volkskörpers" diente. Dem Individuum wurde Eigentum mithin nicht um seiner selbst, sondern um der Gemeinschaft willen zugesichert.[5] Innerhalb dieses ideologischen Rasters konnte den Juden daher als „Volksschädlingen" das Recht auf Eigentum versagt werden; die meisten wirtschaftlichen Verdrängungsmaßnahmen nach 1933 hatten dann auch die Aneignung von Eigentum zum Ziel.

Zwischen zwei unterschiedlichen Aspekten des Eigentums gilt es dabei zu unterscheiden. Erstens: Im *bürgerlich-rechtlichen* Sinn ist Eigentum als „umfassendes Recht zu tatsächlichen und rechtlichen Herrschaftshandlungen an beweglichen und unbeweglichen Sachen" definiert. Der Eigentumsbegriff nach dem Bürgerlichen Gesetzbuch hat damit einen ausschließlich materiellen Bedeutungsinhalt und bezieht sich nur auf körperliche Sachen.[6]

Zweitens: Im *öffentlich-rechtlichen* Sinn umfasst der Eigentumsbegriff grundsätzlich alle vermögenswerten Rechte. Hierunter fallen neben den rein materiellen auch bestimmte Rechtsansprüche beziehungsweise Anwartschaften, die der Autonomie, Rechtssicherheit und Zukunftssicherung des Eigentums dienen. Das gilt etwa für die Anwartschaft auf Rentenzahlungen oder an Patenten. Der erweiterte Eigentumsbegriff genießt zwar erst seit der Gründung der Bundesrepublik einen besonderen und in der Verfassung verankerten Schutz[7], in historisch-soziologi-

---

4   Hitlers Rede auf einer Parteiversammlung in Rosenheim am 31. 8. 1920; abgedruckt in Jäckel, Hitler, S. 219; sowie die Rede auf der NSDAP-Versammlung am 13. 8. 1920; abgedruckt in ebd., S. 192 und 197.

5   Feder, Staat, S. 20 ff. Über die Eingriffsmöglichkeiten des Staates in das Recht auf Eigentum des einzelnen Bürgers bestand in der Rechtslehre des Nationalsozialismus Uneinigkeit. Während Theoretiker wie Feder oder Rosenberg die oben geschilderte Auffassung vertraten, ging die nationalsozialistische „Linke" in ihren Vorstellungen noch erheblich weiter. So wollte eine Gruppe um Gregor Straßer jedes spekulative Eigentum verstaatlichen und bedrohte Schieber und Spekulanten mit der Todesstrafe; zur rechtlichen Entwicklung des Eigentumsbegriffs im Nationalsozialismus siehe v. a. Brahm, Eigentum, S. 15–35.

6   §§ 903 ff. und 90 ff. BGB.

7   Art. 14 GG.

scher Perspektive hat sich der Eigentumsbegriff aber spätestens im Zuge markt-wirtschaftlicher Entwicklungen zunehmend entdinglicht. Neben materiellen Be-sitztümern umfasste er auch die Garantie zukünftiger Einkünfte, etwa bei der Rente. Der Kern des Eigentumsbegriffs in der Marktwirtschaft lässt sich demnach mit dem Bedeutungsinhalt „Recht auf ein Minimum vorhandener oder zukünfti-ger materieller Mittel zur Gewährleistung der persönlichen Sicherheit" umschrei-ben.[8]

Die Forschung hat sich bisher vor allem mit der Entziehung materieller Vermö-genswerte beschäftigt, also mit Eigentum im bürgerlich-rechtlichen Sinn. Der Profit „ganz normaler" Deutscher und die Dynamik der wirtschaftlichen Verfol-gung, die auch Teile der Bevölkerung vorantrieben, sowie regionale Besonderhei-ten wurden meist anhand der Aneignung großer gewerblicher Betriebe unter-sucht. Anhand solcher Einzelbeispiele lässt sich der Prozess der wirtschaftlichen Verfolgung eindrucksvoll darstellen und leicht zu identifizierende Täter- und Profiteursgruppen können eindeutig zugeordnet werden.[9] Die Verwendung des Begriffs *Arisierung* in dieser Hinsicht entspricht auch einem zeitgenössischen Sprachgebrauch, der damit den Transfer jüdischen Eigentums in nichtjüdischen Besitz bezeichnete und auf diese Weise besonders die Bedeutung des „arischen" Erwerbers hervorhob.[10]

Ein zweiter Bereich, der der wirtschaftlichen Verfolgung zugeteilt werden kann, ist die *berufliche Verdrängung*. Die damit verbundenen Boykottaktionen und die vor allem ab 1938 einsetzende systematische „Ausschaltung" der Juden aus dem Erwerbsleben hingen zwar unmittelbar mit dem Eigentumstransfer zusammen und waren oftmals dessen Voraussetzung. Eine analytische Trennung dieser bei-den Bereiche hilft aber, verschiedene Aspekte der wirtschaftlichen Verfolgung gesondert hervorzuheben. Zunächst wird so die ganze Dimension der Unrechts-maßnahmen für die Betroffenen deutlich. Das nationalsozialistische Regime raubte den jüdischen Erwerbstätigen nicht nur materiellen Besitz. Durch die mit der Verdrängung aus dem Beruf einhergehende Entziehung der Zukunftssiche-rung und damit der Lebenschancen verletzte der NS-Staat fundamentale Rechte, die der jüdischen Bevölkerung in dem Sinne gehörten, der oben als öffentlich-rechtlich bezeichnet wurde. Während zumindest formal der Übergang materiellen Besitzes von jüdischen in nichtjüdische Hände bis 1938 im Zuständigkeitsbereich der Vertragspartner lag, machten die früh einsetzenden Aktionen zur beruflichen Verdrängung schnell deutlich, dass das mit dem Eigentum verbundene Recht auf zukünftige Einkünfte, auf Sicherheit und freie persönliche Entfaltung dem Zwang zur Unterwerfung unter den Willen des NS-Regimes gewichen war.

Der Blick auf die berufliche Verdrängung zeigt zudem Unterschiede auf, die sich je nach verfolgter Berufsgruppe ergeben konnten. Dies betraf sowohl den

---

[8] Horwitz, Eigentum, S. 33–44.
[9] Einzelbeispiele bei Bajohr, „Arisierung" in Hamburg; Bajohr, Prozess, S. 17; Heusler, Styler. Einige wenige Arbeiten haben sich allerdings mit der Verfolgung anderer Berufs-gruppen oder bestimmten Maßnahmen der Akteure auseinandergesetzt: Sachsse, Atelier; Gruner, Grundstücke; Kingreen, Raubzüge; für Österreich Felber u. a., Ökonomie.
[10] Van Laak, Die Mitwirkenden, S. 253; Bajohr, „Arisierung" in Hamburg, S. 9.

zeitlichen Verlauf als auch die daran beteiligten Akteure. Der Ausschluss der jüdischen Ärzte aus ihrer Erwerbssparte unterschied sich gerade in den Jahren 1933–1938 von der „Arisierung" großer Betriebe. So spielte etwa bei den jüdischen Ärzten die Entziehung materieller Werte oftmals eine untergeordnete Rolle. Weder der Gauwirtschaftsapparat der Partei noch eine nennenswerte Anzahl privater Profiteure schaltete sich in die Verdrängung der häufig einfach eingerichteten ärztlichen Praxen ein. Hier liquidierten die Betroffenen – angesichts der immer auswegloseren Situation im Reich – ihre Unternehmen selbst. Im Falle der jüdischen Ärzte waren die Akteure der Verfolgung vorwiegend öffentliche, das heißt staatliche oder kommunale Verwaltungseinheiten, wie etwa die Krankenkassen, deren Handeln zwar die „Ausschaltung", nicht aber den direkten Profit zum Ziel hatte.[11] Generell gesagt: Je nach Art des Eigentums unterschieden sich Tätergruppen, Zeitpunkt und Charakter der wirtschaftlichen Verfolgung.

Von der beruflichen Verdrängung und der „Arisierung" unterschied sich die *fiskalische Entziehung* jüdischen Vermögens in zweifacher Hinsicht.[12] Im Unterschied zu den bisher beschriebenen Maßnahmen hatten Sondersteuern und -abgaben vorwiegend den Zugriff auf das Privatvermögen aller Betroffenen zum Ziel, betrafen also die gesamte steuerpflichtige jüdische Bevölkerung gleichermaßen.[13] Auf der Ebene der Akteure und Profiteure waren hier vorwiegend die regionalen Gliederungen der Reichsfinanzverwaltung und damit nur staatliche Instanzen be-

---

[11] Gesetzliche Enteignungsmaßnahmen, die den Ausschluss aus dem Beruf zum Ziel hatten, richteten sich bis 1938 fast ausschließlich gegen jüdische Angehörige der freien Berufe, also gegen Ärzte und Rechtsanwälte, und gegen jüdische Beamte. Von kommunalen Enteignungsmaßnahmen waren aber auch Gewerbetreibende betroffen, etwa in München, wo sie bereits früh Restriktionen unterlagen; Rappl, „Arisierungen" in München, S. 132–140; Drecoll, „Entjudung"; ders., Finanzverwaltung. Begrifflich ist Enteignung Entzug des Eigentums im Sinne des Grundgesetzes. Da zum Eigentum aber auch das Recht zur Ausübung eines eingerichteten Gewerbebetriebes gehört, ist mithin die Verweigerung der Ausübung als Enteignung zu bezeichnen. Auch die berufliche Verdrängung der Ärzte wird in diesem Zusammenhang als Enteignung verstanden, da sie – ähnlich wie bei den Gewerbebetrieben – den Betroffenen das Recht auf die Ausübung der Praxis entzog, dem Vorgang zumindest also enteignungsgleiche Bedeutung zukam. Darüber hinaus zog die berufliche Enteignung – etwa beim „Gesetz zur Wiederherstellung des Berufsbeamtentums" – auch den Verlust von Pensionsansprüchen nach sich; zu den juristischen Bestimmungen vgl. Kauffmann/Weber, Rechtswörterbuch, S. 345 und 374.

[12] Der Begriff Entziehung steht wie die „Arisierung" in einem zeitgenössischen Kontext. So wurden etwa die Aktenbestände der Vermögensverwertungsstellen beim Oberfinanzpräsidium München, die die Entziehung, Verwaltung und Verwertung jüdischen Vermögens zum Inhalt hatten, Einziehungs- oder Entziehungsakten genannt. Auch das „Bundesrückerstattungsgesetz" von 1957 griff den Begriff der Entziehung auf, indem es von der Rückgabe entzogener Vermögensgegenstände sprach; BGBl. I, 19. 7. 1957, S. 734; Kauffmann/Weber, Rechtswörterbuch, S. 1067.

[13] Fiskalische Entziehungsmaßnahmen führten zu konkreten Vermögensenteignungen, etwa im Rahmen der „rassisch" motivierten „Judenvermögensabgabe" 1938, allerdings nicht – wie bei der „Arisierung" – im Sinne einer unmittelbaren Enteignung sogenannter körperlicher Gegenstände, sondern durch die mittelbare Enteignung durch steuerliche Sonderbehandlung. Fiskalische Entziehung umfasste darüber hinaus auch zahlreiche andere Verfolgungsmaßnahmen, wie etwa die vorbeugende Sicherung von Vermögenswerten, mithin eine wesentliche Beschränkung des mit dem Eigentum verbundenen Herrschaftsrechts an einer Sache; siehe hierzu auch Kauffmann/Weber, Rechtswörterbuch, S. 343 und 374.

teiligt. Im Gegensatz zu den willkürlichen, nicht selten mit physischer Gewalt verbundenen Maßnahmen der Partei waren die Betroffenen bei der fiskalischen Entziehung mit einem Verfolgungsapparat konfrontiert, der vorwiegend auf gesetzlicher Basis arbeitete und weitgehend gleichförmig und „leise" die Juden ihres Vermögens beraubte.

Die Unterscheidung zwischen „Arisierung", beruflicher Verdrängung und fiskalischer Entziehung lässt eine vergleichende Untersuchung verschiedener Berufsgruppen auf Seiten der Betroffenen sinnvoll erscheinen; sie akzentuiert zudem die Frage nach dem Wirkungsgrad von Ideologie und Propaganda auf der Akteursebene. Wie und durch wen wurde die propagandistische Mobilisierung in die Tat umgesetzt? Wie wirkte sich die durch die herrschende Weltanschauung hervorgerufene Dynamik auf die innere Verwaltung aus? Wie gestaltete sich die Konfrontation zwischen totalitärer Bewegung und ordnungsstaatlichen Stabilisierungsfaktoren? Und schließlich: Welche Interaktionsverhältnisse zwischen der nach völliger Durchdringung von Staat, Gesellschaft und Wirtschaft strebenden NSDAP, der Finanzverwaltung und privaten Akteuren sind zu beobachten?[14]

---

[14] Zu dieser Fragestellung siehe v. a. auch Nolzen, Broszat, S. 446 ff.; ders., Organisation, S. 67 ff.

Zweites Kapitel:
NSDAP und wirtschaftliche Verfolgung

I. Parteirevolution „von unten"

Ideologischer Fanatismus entlud sich in Bayern bereits in den Märztagen des Jahres 1933 in gewaltsamen Ausschreitungen, die, in wellenförmigem Verlauf, immer wieder die jüdische Wirtschaftstätigkeit erschütterten. Die sogenannte Parteirevolution von unten, die im Frühjahr 1933 nicht nur Süddeutschland, sondern das gesamte Reichsgebiet erfasste, lässt bereits zu Beginn der NS-Herrschaft Grundmuster erkennen, die die wirtschaftliche Verfolgung bis zur endgültigen „Ausschaltung" im Jahr 1938 prägen sollten.[1] Der Expansionsdrang der NSDAP zur Erweiterung des eigenen Machtbereichs und der umfassenden Kontrolle über die „Volksgemeinschaft" manifestierte sich besonders deutlich in den frühen Bestrebungen der Partei zur „Ausschaltung" der Juden aus dem Wirtschaftsleben.[2] Die berufliche Verdrängung und Ausplünderung war nicht nur von hoher ideologischer Bedeutung, sie war für regionale Parteigliederungen auch Mittel zur Ausweitung des eigenen Kompetenzbereiches. Denn die ideologisch motivierte Stoßrichtung des Vorgehens gegen jüdische Wirtschaftstätigkeit verband sich mit deren Intention, durch das Mittel der „Gegnerbekämpfung" die alte legale Ordnung auszuhebeln, eigene radikale Zielsetzungen durchzusetzen und sich gegebenenfalls durch Exklusion der Juden selbst wieder einen Platz auf dem Arbeitsmarkt zu sichern.

1. München und Nürnberg

Die „Parteirevolution von unten" war daher im Bereich der wirtschaftlichen Verfolgung kein Phänomen von kurzer Dauer. Beispielhaft für die lang anhaltenden gewaltsamen Übergriffe sind die Boykottaktionen in München und Nürnberg. Sie verweisen nicht nur auf die von den regionalen NSDAP-Gliederungen ausgehende Dynamik, sondern auch auf Gemeinsamkeiten, die für den Verfolgungsprozess über Stadtgrenzen hinweg bestimmend waren. Zwar ist eine gleichmäßige Erfassung wegen der uneinheitlichen Quellenlage nicht möglich. Die nachweis-

---

[1] Longerich, Politik, S. 27; Bopf, „Arisierung", S. 34 ff.; Bajohr, „Arisierung" in Hamburg, S. 27 ff.; Genschel, Verdrängung, S. 43 ff.; Bruns-Wüstefeld, Geschäfte, S. 62; Fichtl, Wirtschaft, S. 36 ff. Der Begriff „Parteirevolution von unten" wurde durch Martin Broszat geprägt, der der Dynamik der Parteibasis besondere Bedeutung zumaß; Broszat, Staat, S. 442. Martin Broszats funktionalistische Interpretation des „Dritten Reiches" wird bei Nolzen, Broszat analysiert.
[2] Zu den frühen Expansionsbestrebungen der NSDAP vgl. Arbogast, Herrschaftsinstanzen, S. 31 ff.; Nolzen, Legitimation, S. 504 und 515; ders., Organisation, S. 68; Heinz, NSDAP, S. 6.

baren Aktionen weisen jedoch Ähnlichkeiten der Verfolgungspraxis in den beiden größten bayerischen Städten auf. Wie im gesamten Reichsgebiet richteten sich die Angriffe vor allem gegen jüdische Warenhäuser und Einheitspreisgeschäfte. Mitglieder von NS-Organisationen stellten vor jüdischen Geschäften Posten auf, die Inhaber und Kunden anpöbelten, manchmal auch fotografierten, um die Fotos anschließend im „Stürmer" veröffentlichen zu lassen.[3] Im Frühjahr 1935 eskalierte die Situation in der Münchner Innenstadt, als eine allgemeine Boykottwelle die Juden in ganz Bayern und im gesamten Reichsgebiet erfasste.[4] Vorangetrieben durch die Propaganda von „Stürmer"-Verkäufern und die Unterstützung der Deutschen Arbeitsfront mobilisierten organisierte SA- und SS-Trupps Angriffe auf prominente jüdische Geschäfte. Im Mai sammelten sich erste Menschenmengen vor den Kaufhäusern Uhlfelder und Epa, den Textilhäusern Isidor Bach, Bamberger & Hertz sowie bei der ELKO GmbH. Als NS-Schlägertrupps Kunden anpöbelten und verletzten und gleichzeitig in die Geschäfte eindringende Parteigenossen die sofortige Schließung verlangten, wurde die Polizei zu Hilfe gerufen. Bereits einige Tage später lebten die Unruhen erneut auf. Ziel der Attacken waren wieder die großen jüdischen Geschäfte in prominenter Lage.[5] Ab 15 Uhr drangen organisierte Gruppen in die Geschäfte ein, warfen die Kunden raus und erzwangen mit Gewalt die Schließung der Läden und Unternehmen. Nachdem die Polizei zunächst tatenlos zugesehen hatte, griff sie erst am frühen Abend ein. Als die Beamten einige der Aktivisten verhaften wollten, kam es zu handgreiflichen Auseinandersetzungen. Erst gegen 19 Uhr konnte die Ruhe in der Münchner Fußgängerzone wieder hergestellt werden.[6]

Auch in Nürnberg waren besonders die Warenhäuser und Einheitspreisgeschäfte Ziel verschiedener Übergriffe der Parteigliederungen. So verhaftete etwa der durch die NS-Hago eingesetzte kommissarische Betriebsrat des Kaufhauses Schocken im April 1933 zusammen mit der SA und einem Beauftragten der Nationalsozialistischen Betriebszellenorganisation die Direktion des Betriebes, und der kommissarische Betriebsrat übernahm die Leitung des Unternehmens. Proteste des Kaufhauses beim Regierungspräsidium blieben erfolglos, da dieses sich für nicht zuständig erklärte.[7] Ständigen Boykotten waren auch die Kaufhäuser Weißer Turm, Tietz und Zum Strauß ausgesetzt, deren Inhaberin ebenfalls Jüdin war. Bereits 1933 war daher die Belegschaft der Kaufhäuser an ihren Mann mit der Bitte herangetreten, als „Arier" die Kaufhäuser zu übernehmen, um der rund 700-

---

3   Zu der reichsweiten Entwicklung vgl. v. a. Longerich, Politik, S. 27; für München siehe Schreiben der Polizeidirektion München an das bayerische Innenministerium vom 26. 5. 1935; BayHStAM/StK/6411.

4   Der gut dokumentierte Boykott in München im Mai 1935 hat relativ breiten Eingang in die Literatur gefunden; Rappl, „Arisierungen" in München, S. 35 ff.; Hanke, Geschichte, S. 127 ff.; Kershaw, Antisemitismus. Zur Zerstörung der Israelitischen Kultusgemeinde München vgl. auch den kurz vor der Drucklegung der vorliegenden Studie erschienenen Aufsatz von Stefanie Hajak, Adresse.

5   Brief der SA an das bayerische Innenministerium vom 29. 5. 1935; BayHStAM/StK/5618.

6   Briefe der Polizeidirektion an das bayerische Innenministerium vom 20. und 26. 5. 1935; BayHStAM/StK/6411; Vernehmung des SS-Hauptsturmführers Friedrich Walter Müller vom 28. 5. 1935; BayHStAM/StK/5618.

7   Uhlig, Warenhäuser, S. 87.

köpfigen Belegschaft die Arbeitsplätze zu erhalten. Entsprechende Verträge wurden dann aber durch die Gauleitung boykottiert, da die Partei ihn als „Renomiergoy" und „Judenfreund" einstufte.[8]

Die durch Boykotte und diffamierende Kennzeichnung jüdischer Erwerbstätigkeit vorangetriebene Stigmatisierung und Isolierung im Frühjahr 1933 bildete auch in Nürnberg nur den Scheitelpunkt einer antisemitischen Welle, die wiederholt über die jüdische Bevölkerung hereinbrach. Insbesondere das einträgliche Weihnachtsgeschäft, also die traditionell umsatzstärkste Zeit für den Einzelhandel, bot der Nürnberger Parteispitze die Möglichkeit, jüdische Unternehmen nachhaltig zu schädigen. Im Dezember 1934 organisierte etwa Gauleiter Julius Streicher einen ausgedehnten Boykott jüdischer Geschäfte, den nicht nur die Partei, sondern offensichtlich auch die Polizei mittrug.[9] Hieran beteiligten sich nicht nur die Gauleitungen, SA und SS sowie NS-Mittelstandsorganisationen wie die NS-Hago und der „Kampfbund für den gewerblichen Mittelstand"[10], sondern auch Ortsgruppen, Blockleiter sowie die NS-Bauernschaft und das NSKK.[11]

Wie sich die „Parteirevolution von unten" auf das Interaktionsverhältnis von Partei und staatlicher Verwaltung bei der wirtschaftlichen Verfolgung auswirkte, lässt sich ebenfalls anhand der beiden Gauhauptstädte München und Nürnberg verdeutlichen: Lokale Funktionsträger der NSDAP drängten zum einen frühzeitig in die Schlüsselpositionen der Regierungs- und Kommunalverwaltung, sie etablierten zum anderen Parallelverwaltungen und traten durch eigenmächtige Aktionen in Konkurrenz zu den staatlichen Autoritäten vor Ort.

Beispielhaft für die frühe Machtusurpation der NSDAP-Funktionäre und die damit verbundenen Gewaltaktionen ist das Vorgehen gegen Juden auf Messen und Märkten. Die Eingriffe sind hier im Rahmen der reichsweit zahlreich agierenden Sonderbeauftragten und -kommissare zu sehen, die sich in der Anfangsphase des Reiches durch die „Gleichschaltung" und „Nationalisierung" etablieren konnten.[12] In Bayern hatte sich im März 1933 unter anderem das „Staatskommissariat

---

8 Verhandlungen vor der Gestapo-Prüfungskommission wegen der „Holzaktion" in Nürnberg vom 20. 2. und 28. 2. 1939; StAN/Staatspolizeistelle Nürnberg-Fürth/Arisierungsakten/53; Ausführungen eines Rechtsanwalts im Entschädigungsverfahren vom 28. 6. 1950; BayHStAM/EG/42307.

9 Rundbrief des RWM Schacht an die Landesregierungen vom 12. 12. 1934; BayHStAM/StK/6410.

10 Der 1932 von Adrian von Renteln gegründete „Kampfbund für den gewerblichen Mittelstand" war nicht nur aktiv an den Boykottaktionen der Märztage beteiligt, sondern auch maßgeblich in die Gleichschaltung der Einzelhandelsorganisationen involviert. Renteln selber wurde im Mai 1933 Präsident des Industrie- und Handelstages. Im August 1933 wurde der Kampfbund aufgelöst und in die NS-Hago überführt; Broszat, Staat, S. 208–211; Esenwein-Rothe, Wirtschaftsverbände, S. 25 ff.; Uhlig, Warenhäuser, S. 89 ff. Die frühe Kennzeichnung wurde auch in anderen Regionen des Reiches vorangetrieben, so etwa in Württemberg und Hohenzollern, wo 1935 ein Verzeichnis jüdischer Geschäfte von der dortigen Industrie- und Handelskammer angelegt wurde; WABW/A 5/Bü 370.

11 Zur Rolle der NSKK bei der Judenverfolgung vgl. Hochstetter, Motorisierung, S. 403 ff.; zur Rolle der Ortsbauernführer Münkel, Agrarpolitik; dies., NS-Agrarpolitik vor Ort.

12 So gab es etwa in Hamburg einen „Staatskommissar für das Schreber- und Kleingartenwesen"; Bajohr, „Arisierung" in Hamburg, S. 71; zu allgemeinen Aspekten auch Rebentisch, Führerstaat, S. 553; Broszat, Staat, S. 439.

für Landwirtschaft" unter Erwin Luber gebildet. Als eine seiner ersten Amtshandlungen ordnete Luber ein Verbot für den Ankauf von Waren aller Art aus
„jüdischer Hand" für das Ministerium und alle ihm untergliederten Stellen an. Im
April 1933 präzisierte der Staatskommissar seinen Erlass: Größere Aufträge von
behördlicher Seite bedurften nun seiner Genehmigung, während kleinere Aufträge unter strikter Berücksichtigung „arischer" Firmen von den einzelnen Land-
wirtschaftsstellen selbst erteilt werden konnten.[13] Gleichzeitig trieb Luber die
Erstellung von Listen nichtjüdischer Lieferanten für landwirtschaftliche Bedarfs-
stoffe voran, die an die genossenschaftlichen Warenzentralen weitergegeben werden konnten.[14] Für antisemitische Übergriffe auf den Märkten sorgten dann meist
die durch Staatskommissar Röhm eingesetzten Sonderbeauftragten der SA. Vor
allem von März bis Juni 1933 meldeten verschiedene Ortschaften im Münchner
Umland Aktionen gegen jüdische Händler und spontane Verbote für Juden auf
Wochenmärkten, Messen und Jahrmärkten.[15]

Die zahlreichen Sonderrichtlinien verschiedener Behörden über die Vergabe
von Aufträgen und Erhebungen über den „rassischen Charakter" von Zulieferfir-
men führten zu so gravierenden Stockungen und Stornierungen beim Warenverkehr, dass sich die bayerische Staatskanzlei schließlich zum Eingreifen veranlasst
sah. Die bayerische Regierung hob die Sonderverordnung des Staatskommissars
für die Landwirtschaft vom März 1933 im September desselben Jahres wieder auf.
Grundsätzlich sollten zwar „christliche" Firmen bei der Vergabe von Aufträgen
bevorzugt werden, Entscheidungen hierüber durften aber nur die zuständigen
amtlichen Stellen treffen. Wörtlich hieß es im bayerischen Staatsanzeiger:
„Schnüffeleien nach dem wahren Charakter einer Firma haben von Seiten der Ver-
gabestellen auf jeden Fall zu unterbleiben."[16]

Derartige Konflikte verdeutlichten das bereits früh einsetzende Kompetenzgerangel, wenn es um die für die eigene Machtstellung so wichtige Deutungshoheit
über die „Judenfrage" im deutschen Wirtschaftsleben ging.[17] Sie dürfen daher
auch nicht über durchaus vorhandene antisemitische Intentionen in den zuständigen Ministerien hinwegtäuschen. Zwar war die Intervention der bayerischen Re-

---

[13] Ministerialerlass des Staatskommissars für Landwirtschaft vom 26. 3. 1933 und Schreiben
des Staatskommissars für die Landwirtschaft an die Landwirtschaftsstelle Regensburg
vom 3. 4. 1933; BayHStAM/ML/3399.
[14] Schreiben der Genossenschaftlichen Warenzentrale Regensburg des bayerischen Bauern-
vereins an das bayerische Wirtschaftsministerium vom 12. 4. 1933; ebd.
[15] Schreiben des bayerischen Wirtschaftsministeriums an das bayerische Innenministerium
vom 26. 5. 1933; BayHStAM/ML/3399; zu den Übergriffen vgl. auch Schreiben des
bayerischen Wirtschaftsministeriums an die bayerische Regierung vom 5. 10. 1937;
BayHStAM/StK/6411; Schreiben des bayerischen Wirtschaftsministeriums an das Innenministerium über die Zustände im März 1933 vom 19. 4. 1933; BayHStAM/ML/3399.
[16] „Bayerischer Staatsanzeiger" Nr. 205 vom 6. 9. 1933; ebd.
[17] Martin Broszat unterscheidet in diesem Zusammenhang einen „ordnungsstaatlichen Flügel" der bayerischen Regierung, u. a. präsentiert durch Ministerpräsident Siebert und
Reichsstatthalter Epp, die versuchten, die zentralistischen und autoritär-bürokratischen
Kräfte des neuen Regimes zu stärken, und einen Flügel der „Aktivisten der Bewegung",
u. a. vertreten durch Himmler und Gauleiter Wagner; Broszat, Reichszentralismus, S. 186;
Heinz, Gaupartikularismus, S. 214.

gierung in diesem Fall aufgrund der „wirtschaftlichen Schwierigkeiten" und des „absoluten Vorrangs" des Arbeitslosenproblems vor allen anderen Maßnahmen erfolgt. Die inzwischen eingerichtete Abteilung Landwirtschaft des bayerischen Wirtschaftsministeriums unter Ministerpräsident Siebert gab aber ihre judenfeindliche Einstellung nur wenige Monate später klar zu erkennen, als sie die jüdische Handelssprache auf Messen und Märkten in Bayern verbot. Einzelne Gestüte und Höfe mussten nun Rechenschaftsberichte über ihr Verkaufsgebaren ablegen. Zudem unterstützte das Ministerium andere Ressorts beim Vorgehen gegen jüdische Viehhändler oder forderte sie zu solchen Restriktionen auf.[18] Auch in den Folgejahren forcierte das bayerische Wirtschaftsministerium Angriffe auf die jüdische Wirtschaftätigkeit, etwa bei der Kenntlichmachung jüdischer Geschäfte.[19]

Eine weitere Sonderbehörde der NSDAP zur Kennzeichnung jüdischer Geschäftätigkeit entstand in Bayern unter Federführung des Nürnberger Gauleiters Julius Streicher. Spezielle Verzeichnisse jüdischer Gewerbetreibender hatte die Partei bereits in den 1920er Jahren in Franken angelegt, die der Gauleiter als Vorsitzender des „Zentralkomitees für den Boykott vom 1. April 1933" nutzte, um damit gegen „Tarnungen" und „Täuschungsmanöver" jüdischer Betriebe vorgehen zu können.[20] Zusammen mit der NS-Hago erstellte das Zentralkomitee Bescheinigungen über den „tatsächlichen Charakter" der Nürnberger Betriebe, die nichtjüdischen Firmen vorbehalten blieben.[21] Daraufhin überprüfte auch die NS-Hago Firmen und deren Gesellschafter, um sie dann gegebenenfalls als „jüdisch" einzustufen.[22] Zudem unterwarf die Gauleitung jüdische Firmen in Nürnberg bereits 1933 einer besonderen Kennzeichnungspflicht. Hierfür verschickte sie

---

[18] So wies das Landwirtschaftsministerium auf den Viehhändler Emanuel L. hin, der in den 1920er Jahren eine Reihe von Grundstücken durch Zwangsversteigerungsverfahren an sich gebracht hatte. Dem Justizministerium wurde wegen des Verdachts des „Kapitalschmuggels" geraten, das Vermögen des Viehhändlers zu beschlagnahmen; Schreiben des bayerischen Wirtschaftsministeriums, Abteilung Landwirtschaft, an das bayerische Justizministerium vom 8. 9. 1933; zu den Maßnahmen des Ministeriums siehe auch Schreiben an das bayerische Wirtschaftsministerium vom 12. 7. 1933; Schreiben der Abteilung Landwirtschaft des bayerischen Wirtschaftsministeriums an die Vertretung Bayerns im Reich vom 8. 9. 1933 und Schreiben der Abteilung Landwirtschaft an die staatlichen Lehranstalten für Wein- und Obstbau, Neustadt an der Haardt und Veitshöchheim, vom 16. 5. 1936; BayHStAM/ML/3399.
[19] Schreiben des Referats I an das Referat II im bayerischen Wirtschaftsministerium über Sonderbezeichnungen der als jüdisch identifizierten Einzelhandelsgeschäfte vom 16. 12. 1936; BayHStAM/MWi/37.
[20] Verzeichnisse in StAN/NS-Mischbestand/Sammlung Streicher/140.
[21] Schreiben der NSDAP-Gauleitung Franken an das Zentralkomitee für die Boykottbewegung; ebd.; Schreiben eines Obmannes der NS-Hago an den Vorsitzenden des „Zentralkomitees zur Bekämpfung der jüdischen Greuel- und Boykotthetze" vom 5. 2. 1934; ebd.
[22] Eine lange Auseinandersetzung zog sich etwa Anfang 1934 um den „Charakter" der Fa. H. und S. AG hin. Der dortige Betriebszellenobmann weigerte sich, die Firma als „arisch" einzustufen, da einer der persönlich haftenden Gesellschafter und zwei leitende Angestellte Juden waren. Der Betriebszellenobmann war gleichzeitig Obmann der NS-Hago, weshalb die Angelegenheit dann auch beim Zentralkomitee besprochen wurde; Briefwechsel in ebd.

Judensterne, die die Geschäftsinhaber an den Schaufenstern anbringen sollten.[23] Derartige Kennzeichnungen forcierte die NS-Hago im Rahmen der Reichsparteitage auch in den Folgejahren. Sie vergab als eine Art nationalsozialistisches Gütesiegel Schilder mit der Aufschrift „Deutsches Geschäft", um die dann ein regelrechter, von Denunziationen begleiteter Wettkampf des Einzelhandels einsetzte.[24] Von März bis April 1934 kam es darüber hinaus im Zuge der Werbewoche der NS-Hago zu Boykottaktionen gegen jüdische Geschäfte in Franken, die die nationalsozialistischen Aktivisten mit Aufenthaltsbeschränkungen für Juden in verschiedenen fränkischen Ortschaften verbanden.[25] Wie im gesamten Reichsgebiet hatten Mitglieder der NS-Hago auch hier bereits seit dem Frühjahr 1933 Boykotte organisiert, die vor allem während der in Nürnberg zelebrierten Reichsparteitage extreme Ausmaße annahmen.[26] Im März 1934 beschwerte sich daraufhin der Verband der deutschen Wäscheindustrie, Bezirksgruppe Bayern, in einem Schreiben an die IHK München über kursierende Gerüchte, denen zufolge Käufer in jüdischen Geschäften fotografiert würden, weswegen Warenbestellungen aus Nürnberg bereits annulliert worden seien.[27] Auch die jüdische Kultusgemeinde führte Klage darüber, dass die Werbewoche der NS-Hago zum Zweck des Boykotts gegen jüdische Geschäfte missbraucht werde.[28] Die IHK erhob daraufhin Einspruch und forderte in einem Rundschreiben von März 1934 die Kreis- und Ortsgruppenamtsleiter dazu auf, die Boykottaktionen gegen Juden einzustellen.[29]

Das sich hier bereits andeutende, noch sehr spannungsreiche Verhältnis von Partei und ordnungsstaatlicher Verwaltung führte letztlich zu einer wechselseitigen Beeinflussung, an deren Ende nicht nur ein institutioneller Wandel, sondern auch eine Veränderung der sozialen Praxis der Funktionsträger auf beiden Seiten stand.[30] Auf Seiten der Partei machte der rasche Versuch der „Machtusurpation der NSDAP von der Straße aus" bereits im Frühjahr 1933 deutlich, dass die „Entjudung" der Wirtschaft wie kaum eine andere Unterdrückungsmaßnahme eine lokale Relevanz erlangte.[31] Das Beispiel Nürnberg veranschaulicht darüber hinaus in besonderem Maße die integrierende Wirkung der NS-Ideologie, die eine Verbindung antisemitischer und antikapitalistischer Vorstellungen mit der Hoffnung

---

[23] Erinnerungen des jüdischen Geschäftsmannes Kurt Aufochs; StadtAN/F5/QNG/544.
[24] Vgl. etwa die Querelen um einen nichtjüdischen Metzger, dem im Rahmen der Reichsparteitage auf Druck der Konkurrenz hin das Schild „Deutsches Geschäft" verweigert wurde und der daraufhin Boykotten ausgesetzt war; Schreiben des bayerischen Wirtschaftsministeriums an die bayerische Staatskanzlei vom 7. 2. 1936; BayHStAM/StK/6411.
[25] Schreiben des RWM Schacht an die Regierung von Ansbach vom 26. 3. 1934; BayHStAM/StK/6410; Schreiben des Wirtschaftsministeriums an die bayerische Staatskanzlei vom 3. 12. 1934; ebd.
[26] Schreiben des Reichswirtschaftsministeriums an die bayerische Staatskanzlei vom 7. 2. 1936; BayHStAM/StK/6411.
[27] Schreiben des Verbands der Wäscheindustrie vom 14. 3. 1934; BWA/K1/XXI 16a/1. Akte.
[28] Schreiben des bayerischen Wirtschaftsministeriums vom 26. 3. 1934; ebd.
[29] Rundschreiben der NS-Hago 13/34; ebd.
[30] Nolzen, Broszat, S. 443 ff.; Broszat, Staat, S. 438 f. Broszat ging davon aus, dass die Angriffe der NSDAP letztlich zu einer Auflösung des bürokratischen Verwaltungshandelns geführt hätten.
[31] Neigenfind, Kreiswirtschaftsberater, S. 385.

auf Verbesserung der eigenen wirtschaftlichen Situation ermöglichte. Die kombinierte Vorstellung einer ökonomischen und „rassischen" Gesundung des „Volkskörpers" durch Exklusion der Juden entfaltete bei den Parteiaktivisten schon im Frühjahr 1933 ihre Wirkung. Denn unverzüglich nutzte die Partei die Judenverfolgung auch zur Verfolgung ökonomischer Zielsetzungen. So forderte die NSDAP die Inhaber der Kaufhäuser dazu auf, monatlich 2000 Reichsmark an die Gauleitung zu zahlen. Sie brandmarkte Einheitspreisgeschäfte und Warenhäuser darüber hinaus offiziell als „jüdisch" und strich demzufolge sämtliche öffentlichen Aufträge, um sie dem Einzelhandel vor Ort zukommen zu lassen. 1934 erzwang die Partei schließlich die endgültige Schließung eines Kaufhauses, welches die Gauleitung als „nichtarisch" eingestuft hatte. Dabei setzte sich die Nürnberger Parteispitze auch über Anweisungen der Reichsregierung hinweg. Die Interventionen des Kaufhausinhabers bei der Landesregierung in München blieben zunächst erfolglos. Aber selbst als dieser eine Bestätigung des Reichswirtschaftsministeriums in Händen hielt, die seinen Betrieb als „arisch" einstufte, boykottierte ihn die Gauleitung.[32] Auch die Kennzeichnungsaktivitäten des Zentralkomitees für den Boykott am 1. April 1933 verbanden sich mit ökonomischen Zielsetzungen, die dann allerdings 1934 zur Einstellung der Tätigkeiten des Komitees führten. Korruptionsvorwürfe hatte es sowohl gegenüber den Parteigenossen in den Betrieben als auch gegenüber den Funktionären des Zentralkomitees gegeben. Zum Ärger der Gauleitung stellten Mitarbeiter des Komitees beispielsweise jüdischen Betrieben gegen ein entsprechendes Entgeld Bescheinigungen aus, die diese als „Deutsche Geschäfte" auswiesen. In ganz erheblichem Maße war der Leiter des Zentralkomitees, Hans Doll, in derartige Machenschaften verwickelt, der sich vierstellige Beträge auf sein privates Konto für entsprechende Bescheinigungen hatte überweisen lassen. Den bei der NS-Hago hauptamtlich eingestellten Parteigenossen Göller stellte eine „jüdische" Firma zum Schutz vor wirtschaftlicher Verfolgung als Prokuristen ein, der daraufhin ebenfalls versuchte, entsprechende Bescheinigungen zu erhalten.[33] Im Januar 1934 gab die „Fränkische Tageszeitung" schließlich bekannt, dass Bescheinigungen vom Zentralkomitee nicht mehr ausgestellt und auch keine Gültigkeit mehr besitzen würden. Die Kennzeichnung jüdischer Betriebe war davon aber nicht betroffen. Stattdessen übernahm die Gauamtsleitung der NS-Hago in Nürnberg die Verantwortung für das Firmen-Register, bei der gegen eine Gebühr von 50 Pfennigen der „Charakter" einer Firma erfragt werden konnte.[34] Im September 1935 wies Julius Streicher zusätzlich die Nürnberger Polizeidirektion an, ein Verzeichnis der in Nürnberg lebenden Juden zu erstellen.[35]

---

[32] Verhandlungen vor der Gestapo-Prüfungskommission wegen der „Holzaktion" in Nürnberg vom 20. 2. und 28. 2. 1939; StAN/Staatspolizeistelle Nürnberg-Fürth/Arisierungsakten/53; Ausführungen eines Rechtsanwalts im Entschädigungsverfahren Theodor H. vom 28. 6. 1950; BayHStAM/EG/42307.

[33] Schreiben der NS-Hago an das Zentralkomitee vom 5. 2. 1934 und 6. 2. 1934 sowie Bericht des Zentralkomitees über den Fuld-Konzern; StAN/NS-Mischbestand/Sammlung Streicher/140.

[34] Bekanntmachung der „Fränkischen Zeitung" vom 4. 1. 1934.

[35] Ophir/Wiesemann, Gemeinden, S. 210.

Bereicherungsversuche waren nicht nur im Umfeld der Nürnberger Gauleitung und der NS-Hago zu verzeichnen. Ein Mitglied eines Münchner SS-Sturms, Wilhelm R., verdeutlicht exemplarisch die Bereicherungsversuche von Angehörigen der Münchner Schutzstaffel. Der SS-Angehörige war Mitte der 1920er Jahre arbeitslos geworden und 1929/30 der SS beigetreten. 1933 fand er eine Anstellung beim „Völkischen Beobachter". Im April 1933 nahm sein SS-Sturm eigenmächtig Hausdurchsuchungen bei Juden vor und bestahl die Betroffenen. Opfer eines derartigen Raubzuges war auch ein jüdischer Fabrikbesitzer – der ehemalige Chef des SS-Mannes Wilhelm R. – bei dem die Plünderer eindrangen, Schmuck und Bargeld entwendeten und den Unternehmer zwangen, in seine Fabrik zu fahren und auch noch den dortigen Geldschrank zu leeren.[36]

Lassen sich die hier dargestellten Charakteristika der „Parteirevolution von unten" mit den Stichworten Mobilisierung, Machterweiterung sowie Bereicherung zusammenfassen, so soll schließlich noch ein weiterer handlungsleitender Faktor hervorgehoben werden: Die Erniedrigung der jüdischen Bevölkerung durch willkürlichen Raub ihres Vermögens verband sich mit Demütigungen und schweren Verletzungen aufgrund körperlicher Gewaltanwendung. Zumindest auf Seiten der Parteiaktivisten blieben in den beiden großen bayerischen Städten diejenigen Funktionsträger maßgeblich für die „Entjudung" der Wirtschaft verantwortlich, die auch die Angriffe auf Leib und Leben der jüdischen Bevölkerung massiv vorantrieben.

Der antisemitische Handlungsdrang dieser Parteiangehörigen schlug sich in Nürnberg wie andernorts auch „in eruptiven, pogromartigen Straßenaktionen nieder, angeführt von wilden antisemitischen Hetzern wie Julius Streicher und durchgeführt von Parteiformationen und SA-Trupps".[37] Dass dabei körperliche Gewalt stimulierend wirkte, zeigen die von der Nürnberger SA ausgehenden Übergriffe gegen Juden besonders deutlich. Der vor dem Landgericht Nürnberg-Fürth im Dezember 1948 Angeklagte Philipp Wurzbacher kann dabei als Paradebeispiel eines fränkischen SA-Führers und deren Methoden gelten. „Er stammt aus kleinen Verhältnissen", so die Urteilsbegründung des Landgerichts, „und ist durch den Umsturz nach oben gespült worden. Wohl äußerlich an Drill, aber nicht an die Maßhaltung gewöhnt, ungeistig, unbeherrscht und grausam ist es erklärlich [sic], daß er im Rausch des damaligen Geschehens die erstmalige Situation genutzt hat, sich auszutoben. Verroht, jeder menschlichen Regung unzugänglich und in der Wahl seiner Mittel ebenso erfinderisch wie sadistisch, stellt er den Typ eines rücksichtslosen Kraft- und Gewaltmenschen dar, in seiner Person selbst eine Geißel für seine Opfer und noch in ihrer Qual voll Hohn und Spott."[38] Kommunisten, Juden, Kunden jüdischer Geschäfte, sie alle wurden durch SA-Angehörige brutal misshandelt, gefoltert und mitunter bis zur Besinnungslosigkeit geprügelt.

Ein Zentrum ritualisierter Gewaltanwendung der SA war die Nürnberger Kaiserburg. In mittelalterlicher Manier banden Angehörige der SA hier Gefangene an

---

36 Urteil der 3. Strafkammer des LG München I vom 18. 6. 1954; IfZ/Gm 07.94/9.
37 Herbert, Best, S. 204; Fichtl, Wirtschaft, S. 36.
38 Urteilsbegründung des LG Nürnberg-Fürth vom 17. 12. 1948 im Strafverfahren gegen den SA-Mann Wurzbacher; StAN/Staatsanwaltschaft beim LG Nürnberg-Fürth/2264.

einem in der Luft hängenden, mit zwei Seilen befestigten Brett mit dem Rücken nach oben fest. In der Art eines Femegerichts traten mit Kapuzen maskierte SA-Männer mit Kreuzen auf die Opfer zu, bevor sie diese brutal folterten.[39] Auch andernorts traten sadistische Neigungen deutlich hervor. Im Juni 1933 trieben Gewalttäter mehrere Dutzend Juden, wohl vor allem Geschäftsleute, die Angehörige der B'Nei B'Rith Loge waren, auf einem SA-Brigadesportplatz zusammen. Sie zwangen die Opfer, mit dem Mund Gras zu rupfen und zusammenzutragen. Andere mussten Gruben schaufeln, die von wieder anderen immer wieder zugeschüttet wurden. Anschließend wurden die jüdischen Geschäftsleute in einem Barackenlager inhaftiert.[40]

Die Betonung des Zusammenhangs von Raub und physischen Übergriffen ist vor allem aus drei Gründen für das Verständnis der wirtschaftlichen Verfolgung bedeutungsvoll. Für die Betroffenen waren erstens soziale Deprivationserfahrungen, ökonomische Schädigungen und physische Verletzungen Teile eines Erlebniszusammenhanges und insofern untrennbar miteinander verbunden. Zweitens wirkte auf Seiten der Akteure neben ökonomischen Interessen und antisemitischen Feindbildern auch das ungehemmte Ausleben derartiger Gewaltexzesse als nicht zu unterschätzendes integratives und motivierendes Moment.[41] Drittens waren Ausplünderung, körperliche Übergriffe, Zerstörungen von Eigentum oder Boykotte gegen jüdische Erwerbstätigkeit zusammengehörige Teile einer antisemitischen Politik mit durchaus rationalem Kalkül. Dies zeigt sich nicht nur in Nürnberg, wo Gauleiter Streicher und dessen Entourage derartige Übergriffe gegen Juden forcierten. Auch in München trieb Gauleiter Wagner Parteiangehörige zu Ausschreitungen gegen Juden an. Demzufolge war die Mobilisierung der Parteibasis bei den Ausschreitungen im Frühjahr 1933 Auftakt einer bewusst kalkulierten Politik der regionalen Parteispitze, die dann – im Einklang mit der Reichsleitung – einen Höhepunkt in der Pogromnacht vom 9./10. November 1938 und

---

[39] Urteil des LG Nürnberg-Fürth gegen einen Gestapobeamten vom 29. 11. 1948; StAN/ Staatsanwaltschaft beim LG Nürnberg-Fürth/143.

[40] Zeugenaussagen von ehemals verfolgten Juden; Feststellung der Kripo Nürnberg vom 15. 11. 1945; StAN/Staatsanwaltschaft beim LG Nürnberg-Fürth/2264; Erinnerungen eines jüdischen Justizrats; StadtAN/F5/494; Manuskript des ehemaligen Geschäftsführers der Israelitischen Kultusgemeinde, Bernhard Kolb, über „Die Juden in Nürnberg. Tausendjährige Geschichte einer Judengemeinde von ihren Anfängen bis zum Einmarsch der amerikanischen Truppen" vom 20. 4. 1945, S. 28; StadtAN/F5/404a; veröffentlicht auch unter http://home.t-online.de/home/RIJONUE/kolb04.html (3. 4. 2004).

[41] Die neuere Forschung hat hinsichtlich der Anwendung körperlicher Gewalt v. a. die Wechselwirkung zwischen Hilflosigkeit des Opfers und Machterfahrung des Täters betont; Popitz, Phänomene, S. 45; Sofsky, Traktat, S. 56–58 und 70 ff.; ders., Ordnung; vgl. auch die Überblicke bei Nedelmann, Gewaltsoziologie; Popitz, Phänomene; eine gute Übersicht bietet auch Reichardt, der Deprivationserfahrungen wie Abstieg oder Frustrationen, Konformitätsdruck oder situationsbedingte Eigenarten als Analysekriterien einbezieht; Reichardt, Kampfbünde, S. 37 ff. Dabei sollte Gewalt aber offenbar nicht nur als sinnstiftendes Element für Angehörige der NS-Gliederungen dienen. Vielmehr lässt sich Gewalt auch als „kollektive soziale Praxis" begreifen, die die Nationalsozialisten bewusst einsetzten, um die „Volksgemeinschaft" durch Exklusion des „Fremdvölkischen" herzustellen; Wildt, Gewaltpolitik, S. 25 ff.; ders., Stadt, S. 102.

ihren Abschluss in den Gewaltexzessen in den Jahren 1939 bis 1941 fand.[42] Die wirtschaftliche Verfolgung war damit Teil einer antisemitischen Politik, die von Beginn des NS-Regimes an betrieben wurde, um die Realisierung ideologischer Zielsetzungen erfüllen und die Entstehung einer breiten Massenbasis fördern zu können.[43]

2. Die ländlichen Regionen

Neben den beiden bayerischen Großstädten erstreckten sich die Aktionen zur „Ausschaltung" der Juden aus dem Wirtschaftsleben auf die ländlichen Gemeinden in ganz Bayern und wurden hier, wie im städtischen Umfeld, zu einem großen Teil von Angehörigen der NS-Mittelstandsorganisationen initiiert. Dies galt auch für die unterfränkische Region Bad Kissingen/Hammelburg. So berichtete etwa die Gendarmeriestation Hammelburg an das Bezirksamt der Stadt, dass es immer wieder zu Pöbeleien gegen Käufer in jüdischen Geschäften komme. Da der „Hauptstänkerer" Reinhard E. Mitglied des „Kampfbundes für den gewerblichen Mittelstand" und zugleich SA-Mann sei, traue sich niemand, gegen ihn vorzugehen.[44] Die Motivation für derartige Aktionen holten sich die örtlichen Funktionäre offensichtlich bei sogenannten Aktionswochen des Kampfbundes beziehungsweise bei der NS-Hago. Im Rahmen einer Werbeaktion für die „zweite Arbeitsschlacht" vom 23. März bis 7. April 1933 kam es zu Boykottaktionen gegen jüdische Geschäfte. Vor jüdischen Läden wurden Posten aufgestellt und die Geschäfte mit Stinkbomben, Sprengkörpern und mitunter sogar mit Tränengas attackiert.[45]

Neben derartigen gezielten, von der NS-Hago initiierten und durchgeführten Aktionen kam es auch im dörflichen Umfeld zur Kennzeichnung jüdischer Erwerbstätigkeit, um Geschäftsbeziehungen zwischen Juden und Nichtjuden zu unterbinden. Im Frühjahr 1934 denunzierte beispielsweise der Lehrer und Ortsgruppenleiter in Waizenbach Kunden von jüdischen Geschäften auf Plakaten als „Volksverräter".[46] Auch in einigen anderen Orten bei Bad Kissingen stellten die Ortsbauernführer derartige Schilder auf.[47] In Dittlofsroda zwangen die örtlichen Parteifunktionäre die Bevölkerung, nicht mehr beim jüdischen Fleischer, sondern in einer „arisch" geführten Metzgerei des Nachbardorfes einzukaufen. Die Um-

---

[42] Siehe hierzu auch Erster Teil, Zweites Kapitel, IV.1.–3. der vorliegenden Untersuchung.

[43] Vgl. hierzu den grundlegenden Aufsatz von Armin Nolzen über die Funktion von Gewalt bei der Judenverfolgung 1933–1939; Nolzen, Party, S. 274.

[44] Schreiben des Gendarmeriebezirks Hammelburg an das Bezirksamt vom 15. 9. 1933; StAW/LRA Hammelburg/5038.

[45] Rundschreiben der Regierung von Unterfranken an die Bezirkspolizeidirektionen vom 26. 3. 1934; StAW/Sammlung Schumacher/9/1. Zu den Aktionen der NS-Hago in Hammelburg vgl. auch Schäfer, Eindringen, S. 374 ff.

[46] Schreiben der Gendarmeriestation Neuwirtshaus an das Bezirksamt Hammelburg vom 19. 4. 1934; StAW/LRA Hammelburg/5039.

[47] Schreiben der Gendarmeriestation Burkhardroth an das Bezirksamt Bad Kissingen vom 29. 8. 1935; StAW/Sammlung Schumacher/7/3.

satzeinbußen waren so groß, dass die jüdischen Inhaber schon 1935 ihr Geschäft schließen mussten.[48]

Betrachtet man die Strategien zur Verdrängung jüdischer Erwerbstätiger in Unterfranken, so werden im Vergleich zu München und Nürnberg allerdings auch regionale Unterschiede bei der wirtschaftlichen „Ausschaltung" deutlich. Dies gilt zunächst im Hinblick auf physische Übergriffe, von denen die jüdische Bevölkerung in der Region Bad Kissingen/Hammelburg in den ersten Jahren der NS-Herrschaft offensichtlich weit weniger betroffen war. Darüber hinaus gilt dies für spontane Boykottaktionen und Kennzeichnungen, die ebenfalls deutlich seltener auftraten als in den beiden bayerischen Städten. Derartige Unterschiede verweisen nicht nur auf ein Stadt-Land-Gefälle bei Quantität und Intensität der Verfolgung. Vorhandene Differenzen lassen sich auch beim Vergleich der ländlichen Regionen nachweisen. Denn in zahlreichen Gemeinden in der Umgebung von München griffen Dorfbewohner früh und oft zu Gewaltmaßnahmen gegen jüdische Viehhändler.[49]

Zu exzessiven Gewaltausbrüchen kam es vor allem in den mittelfränkischen Gemeinden. Welche integrative Wirkung die Mischung aus Angriffen gegen die jüdische Wirtschaftstätigkeit und körperlicher Gewalt auch bei Teilen der Bevölkerung entfalten konnte, zeigt das Beispiel der mittelfränkischen Kleinstadt Gunzenhausen, in der etwa 184 Juden wohnten.[50] Ein Jahr nach den gewaltsamen Unruhen im Frühjahr 1933 fand hier ein Pogrom gegen die jüdische Bevölkerung statt. Nachdem ein SA-Führer die jüdischen Wirtsleute inhaftiert, misshandelt und eine aufpeitschende Rede vor einer Menschenmenge gehalten hatte, kam es zu Ausschreitungen, in deren Verlauf sich der Ort am Palmsonntag 1934 zu einem wahren „Hexenkessel" entwickelte. In Gruppen von bis zu 100 Personen zogen Gunzenhausener Bürger durch die Stadt, warfen Schaufenster der jüdischen Geschäfte ein und beschimpften die jüdische Bevölkerung wüst. Der Mob zerrte die jüdischen Bürger schließlich aus ihren Häusern und misshandelte sie zum Teil schwer. Während einige Juden zu Tode geprügelt wurden, wählten andere im Angesicht der johlenden Menge den Freitod. Insgesamt sollen an den brutalen Übergriffen etwa 1000–1500 Personen beteiligt gewesen sein, also ein Viertel bis ein Fünftel sämtlicher Einwohner der Kleinstadt.[51]

---

[48] Eidesstattliche Versicherung im Entschädigungsverfahren des Metzgers Moses G. vom 29. 5. 1957; BayHStAM/BEG/48636.

[49] Zu den Übergriffen gegen jüdische Erwerbstätige in den Gemeinden um München vgl. Schreiben des bayerischen Wirtschaftsministeriums an das bayerische Innenministerium vom 19. 4. 1933; BayHStAM/ML/3399; Schreiben der NSDAP-Gauleitung München-Oberbayern an das Bezirksamt München vom 24. 10. 1935; StAM/LRA/58128; Schreiben eines Rechtsanwalts an das BLEA vom 7. 2. 1957 und Zeugenvernehmung des Amtsgerichts Wolfratshausen am 24. 4. 1963; BayHStAM/EG/93581; Vermerk der Polizeidirektion München vom 6. 7. 1933; StAM/Polizeidirektion/12544.

[50] Exemplifizierend wurde das Beispiel Gunzenhausen in der Literatur öfter aufgegriffen; vgl. hierzu und im Folgenden v. a.: Kershaw, Antisemitismus, S. 295 f.; Ophir/Wiesemann, Gemeinden, S. 189.

[51] Allerdings blieb der Pogrom in Gunzenhausen auch im stark antisemitisch geprägten Mittelfranken in seinen exzessiven Ausmaßen eine Ausnahmeerscheinung. Die Rädelsführer der SA wurden sogar vor Gericht gestellt, das sie in der ersten Instanz verurteilte, auf-

Offensichtlich war die antisemitische Atmosphäre in der unterfränkischen Region weniger aufgeheizt als in einigen oberbayerischen und mittelfränkischen Gemeinden.[52] Je nach den regionalen Bedingungen konnte das Pendel also mehr oder weniger stark zuungunsten der jüdischen Bevölkerung ausschlagen. Ausschlaggebend war hierfür sicherlich auch die Haltung der Parteispitze und der Garde der „Alten Kämpfer". Inwieweit die antisemitische Einstellung der Gauleiter Einfluss auf den Radikalisierungsgrad der lokalen Parteifunktionäre hatte, geht aus den Quellen zwar nicht eindeutig hervor, sie liefert aber eine Erklärung für die Gewaltexzesse in Mittelfranken und die Übergriffe in unmittelbarer Nähe zur „Hauptstadt der Bewegung" München. Die dortigen Parteiführer Streicher und Wagner waren nicht nur besonders leidenschaftliche Antisemiten, sie verfügten im Gegensatz zum unterfränkischen Gauleiter Hellmuth auch über entscheidenden Einfluss in der Parteihierarchie. Das Augenmerk auf einige maßgeblich an dem wirtschaftlichen „Ausschaltungsprozess" beteiligte Parteifunktionäre darf allerdings nicht zu der Annahme verleiten, die Verfolgung sei nur von wenigen NSDAP-Funktionsträgern durchgeführt worden. Wie bereits gezeigt, mobilisierten Boykotte, Übergriffe und Plünderungen zahlreiche Angehörige nahezu aller Parteigliederungen. Es führt aber die stark personenbezogene Ausprägung der „Ausschaltung" vor Augen, die seit dem Frühjahr 1933 immer wieder zutage trat.

II. Wirtschaftliche Verfolgung als Mittel gauspezifischer Regionalpolitik? Zur Bedeutung der Gauleiter und ihrer Entourage

In allen drei Gauen diente jüdisches Vermögen als ein regionalpolitisches Machtmittel in der Hand der Gauleiter. Die durch die Ausplünderung der Juden freigewordenen Gelder und Sachwerte galten als eine Möglichkeit zur infrastrukturellen Verbesserung der jeweiligen Region. In Unterfranken war es der „Dr. Hellmuth Plan", der aus dem „tausendjährigen Notstandsgebiet" Rhön durch den Anbau von Saatgut ein „Kartoffelsanatorium" machen sollte. Über spezielle Konten bezuschusste der dortige Gauwirtschaftsberater tatsächlich das Projekt aus „Arisierungsmitteln".[53] Ähnliches galt für München und Nürnberg. In beiden Städten diente der Raub jüdischen Vermögens nach Darstellung der lokalen Gliederungen

---

grund eines Revisionsverfahrens kamen sie aber letztlich auf freien Fuß; Schreiben eines RR an einen MinDir. vom 26. 3. 1934; BayHStAM/MA/106410; Schreiben des Bezirksamts Gunzenhausen an die Bayerische Politische Polizei vom 11. 11. 1935; StAN/LRA Gunzenhausen/Abg. 1961/4603; Halbmonatsbericht des Regierungspräsidenten von Ober- und Mittelfranken vom 21. 7. 1934; Broszat/Fröhlich/Wiesemann, Bayern, S. 440; Kershaw, Antisemitismus, S. 295 f.

52 Die IRSO war der Meinung, die Viehhändler in Oberbayern hätten sich generell keiner Beliebtheit erfreut, und diese Tatsache sei dann von den Nazis aufgegriffen worden; Schreiben der IRSO an die WB I vom 14. 1. 1952; StAM/WB I/a/3065/Nr. 10.

53 Zur propagandistischen Aufarbeitung vgl. etwa Krauß, Not, S. 301 ff. Zum „Hellmuth-Plan" allgemein siehe Hohmann, Landvolk; zu „Hellmuth-Plan" und „Arisierung" vgl. Erster Teil, Zweites Kapitel, IV.3. der vorliegenden Studie.

der NSDAP dem Ausbau der Infrastruktur, etwa in Form einer Gau-Universität oder speziellen Gauschulen.[54]

Auch wenn derartige Angaben über die Verwendung jüdischen Vermögens oft nur den Raubzug zu eigenen Gunsten verdecken sollten, so verweisen sie doch auf einen wichtigen Aspekt der Verfolgung: ihre Bindung an konkrete lokale und regionale Zusammenhänge. Sie erklärt auch die besondere Aufmerksamkeit, die die Gauleiter der wirtschaftlichen Verfolgung schenkten. Otto Hellmuth versuchte ebenso wie Julius Streicher und Adolf Wagner auch um den Preis erheblicher Kompetenzüberschreitungen, die Federführung bei der wirtschaftlichen Verfolgung in den Händen zu behalten. Die Frage, inwieweit sich die drei Gauleiter bei der „Ausschaltung" der Juden aus dem Wirtschaftsleben dabei durchsetzen konnten, ist unter mehreren Aspekten bedeutungsvoll. Zunächst zielt sie auf die regionale Ausprägung der „Judenpolitik". Angesichts der oftmals als „Bürokratisierung" beschriebenen und durch Massenzulauf gekennzeichneten Entwicklung der NSDAP in den ersten Jahren des Regimes waren die Funktionsträger der Gauleitungen Teil eines komplexen, auch innerparteilich wirksamen Interaktionsgeflechts rivalisierender Regionalinteressen, in dem die Gauleiter den eigenen Machtanspruch gegen zahlreiche Konkurrenten erst einmal durchsetzen mussten.[55] Einfluss auf den Prozess der wirtschaftlichen Verfolgung hatten daher sowohl ihre Stellung im institutionellen Gefüge des Staates und in der Parteihierarchie als auch das Gewebe der Netzwerke aus „Alten Kämpfern" und Getreuen, die sie umgaben. Der Führungsanspruch der Gauleiter bei der NS-Judenverfolgung weist darüber hinaus weit über regionale Grenzen hinaus. Denn die für mehrere Gaue bereits festgestellte Dynamik der regionalen Parteispitze im Verfolgungsprozess konnte die Gauleiter auch in Konflikt mit der eher auf wirtschaftliche Rücksichtnahme bedachten Reichsregierung bringen. Die Machtstellung der Gauleiter hatte schließlich auch Einfluss auf die Verwendung der „Arisierungsgelder". Sie konnten – je nach Durchsetzungsfähigkeit der Parteispitze – vorwiegend der Befriedigung regionaler Sonderinteressen dienen und somit ein gau- oder ortsspezifisches Lokalkolorit etablieren.[56]

1. Der Gau Franken

In Nürnberg verbanden sich Personenkult, Judenhass und demonstratives regionales Selbstbewusstsein in der Person Julius Streichers. In besonderem Maße zielte die Außendarstellung hier auf die exponierte Stellung Frankens im NS-Herrschaftssystem, begründet mit den großen „Verdiensten" Streichers in der „Judenfrage".[57] Unterstrichen durch die selbstgewählte Bezeichnung „Franken-

---

54 Erster Teil, Zweites Kapitel, IV.1. und 2. der vorliegenden Studie.
55 Zur Bürokratisierung der Partei in der Anfangsphase des Regimes vgl. Nolzen, Organisation, S. 68; ders., Funktionäre, S. 70.
56 Zur Diskussion über den „regionalen Blickwinkel" auf die Herrschaft der NSDAP vgl. auch Blessing, Diskussionsbeitrag, S. 48; Ziegler, Gaue, S. 139 ff.
57 Preiß, Franken; vgl. aber auch die von Reinhold Schaffer 1936 verfasste Schrift über die Geschichte der Juden in Nürnberg; StadtAN/E/10/25/4.

Führer" präsentierte sich der Nürnberger Gauleiter selbst und nicht den Reichs-kanzler als Identifikationsfigur und gleichzeitig als Erlöser von der „jüdischen Gefahr".[58] Dieses offen zur Schau gestellte regionale Selbstbewusstsein hatte für den Prozess der wirtschaftlichen Ausgrenzung einschneidende Folgen. Julius Streicher gehörte zum Typ des „Tyrannen", der seine Macht vor allem auf die in der „Kampfzeit" erworbenen Meriten stützte.[59]

Der 1890 in Fleinhausen bei Nürnberg geborene Gauleiter, von Beruf eigentlich Lehrer, hatte 1921 mit der Parteimitgliedsnummer 17 die NSDAP-Ortsgruppe in Nürnberg gegründet und sich seitdem immer wieder Verdienste um die „Bewe-gung" erworben, die Hitler bis Anfang 1940 mit einer Art Nibelungentreue und in den 1920er Jahren sogar mit einer Erwähnung in „Mein Kampf" belohnte.[60] Seine Bedeutung in der Frühphase der NSDAP und die Rückendeckung Hitlers ver-stärkten Streichers Abgrenzungsbestrebungen gegenüber der Reichsleitung der NSDAP. Er hatte daher auch nach der „Machtergreifung" hohe, aber eben nicht eines der höchsten Parteiämter inne, obwohl er, wie viele andere Gauleiter auch, zu Hitlers Paladinen der ersten Stunde gehörte.[61] Diese ambivalente Stellung im NS-Herrschaftsgefüge beflügelte seinen wohl pathologisch zu nennenden Anti-semitismus zusätzlich. Die „Gegnerverfolgung" war für Streicher nicht nur Ob-session, sondern auch Legitimation seiner Macht im Regime. Wie es der Gauleiter einmal formulierte, war der „Kampf gegen das Judentum" seine hauptsächliche Lebensaufgabe. Nicht nur er selbst, auch andere Parteigrößen des Gaues verwie-sen auf die besondere Bedeutung Frankens für die „Judenfrage" und leiteten aus dieser Tatsache spezielle Befugnisse ab. Nürnberg hatte damit nicht nur als „Stadt der Reichsparteitage", sondern auch als „Hauptstadt des Antisemitismus" eine zentrale Bedeutung, wodurch sie und ihr Gauleiter sich deutlich von anderen Städten des Reiches abhoben.[62]

Streichers Sonderstellung äußerte sich auch in seiner besonderen Beziehung zu den mittelfränkischen Verwaltungsbehörden. Im Gegensatz zu anderen bayeri-schen Gauleitern wollte Streicher nach der Machtergreifung kein Staatsamt über-

[58] Hiemer, Giftpilz, S. 64; Bauer, Bilderbuch; Gotto, Gauleiter, S. 89.
[59] Zu den Gauleitern und zur regionalgeschichtlichen Relevanz des NS im Allgemeinen vgl. Hüttenberger, Gauleiter; Noakes, Viceroys, S. 118–126; Szejnmann, Verwässerung; Schneider, Nationalsozialismus, S. 426 f.; Düwell, Gauleiter, S. 171; Heinz, Gaupartikula-rismus, S. 213; Schaarschmidt, Regionalität; John, Gaue.
[60] Besonders hob Hitler die Verdienste Streichers in der Anfangszeit der Bewegung hervor. V.a. Streicher sei es zu verdanken, dass aus den vielen völkischen Splittergruppen eine handlungsfähige Partei hervorgegangen sei; Hitler, Kampf, S. 575. Zum frühen Wirken Streichers vgl. auch Hamprecht, Aufstieg, S. 111 ff.; Müller, Geschichte, S. 187 ff.; vgl. auch die kurzen Überblicke bei Pätzold, Julius Streicher; Auerbach, Wurzeln, S. 77 f.
[61] Die Autarkiebestrebungen und die Frontstellung der Gauleiter zur Zentralgewalt werden v. a. von Hüttenberger herausgehoben; Hüttenberger, Gauleiter, S. 59 und 74; zur sakro-sankten Stellung der Gauleiter siehe auch Roth, Parteikreis, S. 111. Für die bayerischen Gauleiter siehe Ziegler, Gauleiter, S. 434.
[62] Baird, Testament; eidesstattliche Aussage Leopold S.s vor dem Nürnberger Kriegsverbre-chertribunal am 11. 12. 1945; StAN/KV-Anklagedokumente/PS/3368/Umdrucke eng-lisch.

nehmen.[63] Seiner Abneigung gegenüber der staatlichen Verwaltung und der „Verbohrtheit" ihrer Beamtenschaft, die seiner Meinung nach der Dynamik der Bewegung bei der Judenverfolgung entgegenstanden, ließ der Gauleiter immer wieder freien Lauf.[64] Diese fehlende institutionelle Rückendeckung durch ein Staatsamt beeinflusste die wirtschaftlichen „Ausschaltungsprozesse" in zweifacher Weise. Sie verstärkte erstens generell den vehement vertretenen Anspruch auf die absolute Vormachtstellung in Franken[65], den er unter anderem durch antisemitischen Aktionismus zu begründen suchte und der ihm wegen der brutalen Vorgehensweise den Beinamen „Blutiger Zar von Franken" einbrachte. Es gelang ihm zweitens auch, die staatliche Regionalverwaltung und damit wichtige Genehmigungsinstanzen bei der „Entjudung" der Wirtschaft vollständig unter die Kontrolle der NSDAP zu zwingen und sie – wie dies ein Weggefährte Streichers nach dem Krieg formulierte – zu „willenlosen Werkzeugen" zu machen, ohne sich selber in die staatliche Autoritätshierarchie einzufügen. Eindrucksvolles Beispiel für Streichers Umgang mit den Verwaltungsbehörden ist sein Verhältnis zu dem ihm treu ergebenen Regierungspräsidenten Hans Dippold, den er in aller Öffentlichkeit wüst beschimpfte und während eines Reichsparteitags unter den Augen der Spitze der Reichspartei körperlich züchtigte.[66]

Die Bedeutung, die sich der Gauleiter in der „Judenfrage" selbst zumaß, entsprach der Außenwirkung, die die antisemitischen Aktionen in Mittelfranken erzeugten. So war die Kritik der Reichsministerien an den Zuständen in Nürnberg stets mit der Person des Gauleiters verbunden. In den Tagebucheinträgen von Joseph Goebbels taucht der Name Julius Streicher als unliebsamer Störenfried

---

[63] Die Gauleiter von Mainfranken und Schwaben, Hellmuth und Wahl, waren jeweils Regierungspräsidenten, der oberbayerische Gauleiter Wagner war bayerischer Innen- und Kultusminister; Ziegler, Gauleiter, S. 439 ff.; Ziegler, Selbstverständnis, S. 100.

[64] So konstatierte er in einer Rede am 8. Juli 1933: „Es gibt immer noch Beamte, die glauben, die Bekämpfung der Juden nicht mitmachen zu brauchen oder die diese Bekämpfung sabotieren, Beamte mit verkalkten Hintern, die noch nicht glauben, die Juden schützen zu müssen. Dort wird immer auf Paragraphen verwiesen. Wir können uns nicht an Paragraphen halten, wir haben uns nur an den Auftrag des Führers zu halten, die Juden zu bekämpfen und nicht zu unterstützen." Zitiert nach Diehl-Thiele, Partei, S. 94.

[65] Dies wurde bereits dadurch deutlich, dass er nicht in der Verwaltungshauptstadt des Regierungsbezirkes Ansbach residierte, sondern in der von ihm selbst ernannten „Gauhauptstadt" Nürnberg; Ziegler, Gauleiter, S. 443.

[66] Spruch der Spruchkammer München, Außenstelle Nürnberg, vom 1. 8. 1950 im Zuge der Verhandlung gegen Karl Holz; StAN/Spruchkammer Nürnberg-Lager/H 151; eidesstattliche Erklärung Prof. Friedrich L.s vor dem Nürnberger Kriegsverbrechertribunal am 28. 11. 1945; StAN/KV-Anklagedokumente/PS/3250/Umdrucke englisch; Deutinger, Regierungspräsidenten, S. 391. Nachdem am 16. April 1933 bereits Gustav Rohmer in den Ruhestand versetzt wurde, musste auch dessen Nachfolger Georg Hofmann 1934 den Hut nehmen, da er zu den parteiinternen Gegnern Streichers gehörte. Bezüglich des ehemaligen Regierungspräsidenten Mittelfrankens Georg Hofmann siehe BayHStAM/MF/Personalakten Georg Hofmann; Brief des Präsidenten der IHK Nürnberg an das bayerische Wirtschaftsministerium vom Juli 1937; BayHStAM/StK/6715; eidesstattliche Erklärungen Prof. Friedrich L.s vom 28. 11. 1945 und Georg G.s vom 11. 12. 1945 vor dem Nürnberger Kriegsverbrechertribunal; StAN/KV-Anklagedokumente/PS/3250/Umdrucke englisch und 3345/Umdrucke englisch.

wiederholt auf. Im März 1936 echauffierte sich der Propagandaminister über den Nürnberger Gauleiter im Zusammenhang mit den „niveaulosen Tiraden des Stürmer".[67] Im Juli 1936 vertraute er anlässlich einer Rede des Nürnberger Gauleiters seinem Tagebuch an: „Eine Burleske! Ja, er ist und bleibt ein enfant terrible."[68] Anlässlich Streichers Umgang mit der Presse wurde Goebbels deutlicher, als er seinen Notizen hinzufügte: „Streicher muss zur Ordnung gerufen werden [...]. Er ist ein ewiger Rabautz."[69] Zu solchen Unmutsäußerungen führte vor allem die erhebliche Öffentlichkeitswirksamkeit, die Streicher mit seinen brutalen Aktionen erzeugte. Entsprechend gereizt reagierte etwa der Reichsinnenminister auf die Inhaftierung der Geschäftsleute und Mitglieder der B'nei B'Rith Loge im Sommer 1933 in Nürnberg, die auch in der amerikanischen Presse Aufmerksamkeit erregten.[70] Ähnlich verärgert zeigte sich Reichswirtschaftsminister Hjalmar Schacht auf Streichers Weihnachtsboykott zum Jahreswechsel 1934/35. Im November desselben Jahres machte Schacht die Landesregierungen auf die Bedeutung und Notwendigkeit eines ungestörten Weihnachtsgeschäftes aufmerksam.[71] Als der Nürnberger Gauleiter keine Anstalten machte, derartigen Hinweisen Folge zu leisten, wandte sich der Minister erneut an die Landesregierungen, um eigenmächtige Aktionen zu unterbinden.[72] Sogar das bayerische Wirtschaftsministerium rügte im Dezember 1934 die permanenten Übergriffe in Franken.[73]

Aber nicht nur bei Kabinettsmitgliedern verhärtete sich der Eindruck eines machtbesessenen und unkontrollierbaren Störenfrieds. Auch in Teilen der Nürnberger Bevölkerung prägte offensichtlich die Allmacht des Gauleiters das Gesicht der NSDAP und weniger der weit entrückte „Führer". So vermittelte Streicher den Eindruck, er selbst sei der alleinige Herrscher von Franken und sein Wort stehe im Zweifelsfall auch über dem der Reichsspitze der NSDAP.[74] Wie sehr Streicher tatsächlich die „Judenpolitik" und damit einen entscheidenden Faktor der gesamten Gaupolitik in Franken dominieren konnte und wie sehr sich dort latent schwelende Konfliktstrukturen an der Person des Gauleiters entzündeten, zeigen die Jahre 1939 und 1940 besonders deutlich. Vor allem aufgrund seiner eigenmächtigen Vorgehensweise bei dem Raub jüdischen Vermögens, das er ausschließlich für die fränkischen Gliederungen der NSDAP zu nutzen trachtete, war

---

[67] Eintrag vom 4. 3. 1936; Goebbels, Tagebücher, Teil I, Band III/2, S. 32.

[68] Eintrag vom 5. 7. 1936; ebd. S. 125.

[69] Eintrag vom 5. 11. 1936; ebd. S. 238.

[70] Brief des Reichsinnenministers an die bayerische Staatskanzlei vom 5. 8. 1933; BayHStAM/StK/6410.

[71] Rundbrief Schachts an die Landesregierungen vom 13. 11. 1934; BayHStAM/MWi/35.

[72] Rundbrief Schachts an die Landesregierungen vom 12. 12. 1934; BayHStAM/StK/6410.

[73] Schreiben des bayerischen Wirtschaftsministeriums an die bayerische Staatskanzlei vom 3. 12. 1934; BayHStAM/StK/6410.

[74] So erinnert sich ein Zeitzeuge, Streicher habe 1935 konstatiert, er gebe in Franken die Befehle und niemand anderer. Darüber hinaus habe der Gauleiter die Auffassung vertreten, er lasse sich nicht einmal vom Führer abwählen, dies könne nur das Volk; eidesstattliche Versicherung Leopold S.s während des Nürnberger Kriegsverbrecherprozesses vom 11. 12. 1945; StAN/KV-Anklagedokumente/PS/3368/Umdrucke englisch; zur Bedeutung der Gauleiter für die Bevölkerung der Regionen siehe auch Düwell, Gauleiter, S. 162.

er nicht nur führenden Nationalsozialisten ein Dorn im Auge.[75] Auch regionale Spitzen aus Staat und Partei, allen voran Kräfte innerhalb der Gestapo, arbeiteten in Nürnberg verdeckt auf seine Absetzung hin. Im Herbst 1939 erreichte das Kompetenzgerangel im Rahmen der wirtschaftlichen Verfolgung durch eine von Göring gegen Streicher eingesetzte Sonderkommission einen vorläufigen Höhepunkt, der Nürnberg nicht nur zu einem Sonderfall bei der wirtschaftlichen Verfolgung machte, sondern letztlich Streichers Sturz im Jahr 1941 herbeiführte.[76]

Fragt man nach einer gauspezifischen Prägung der wirtschaftlichen Verfolgung, so ist also zunächst auf die hier deutlich zutage tretende, stark auf die Einzelpersönlichkeit des Gauleiters ausgerichtete Herrschaftspraxis bei der Judenverfolgung auf Seiten der NSDAP zu verweisen. Dieser Eindruck verstärkt sich bei der Betrachtung der neben Streicher für die Ausplünderung der jüdischen Bevölkerung zuständigen Parteifunktionäre. Ähnlich wie in anderen Gauen auch scharte Julius Streicher einen engen Kreis von Vertrauten um sich, der ihm nicht nur die eigenen Machtansprüche innerhalb der NSDAP und gegenüber der fränkischen Bevölkerung durchzusetzen verhalf, sondern der auch bei den ausgedehnten Raubzügen eine maßgebliche Rolle spielte.[77] Eine genaue Bestimmung dieser Entourage stößt zwar auf Schwierigkeiten, da die Anzahl der Personen, die das Netzwerk um Julius Streicher spannten, nicht vollständig zu identifizieren ist und auch die Intensität der Bindung an den „Frankenführer" nicht immer klar zum Vorschein kommt. Einige besondere Merkmale lassen sich aber dennoch ausmachen.[78]

Bei der Ausplünderung der jüdischen Bevölkerung vertraute Streicher vor allem Weggefährten, die oftmals in der unmittelbaren Umgebung von Nürnberg geboren, aufgewachsen und in fast jedem Fall ihre ersten Sporen für die NSDAP oder andere völkische Bewegungen lange vor 1933 erworben hatten. Den Kern dieser Entourage bildeten der stellvertretende Gauleiter von Nürnberg, Karl Holz, und der Adjutant Streichers, Hans König. Im Volksmund wurde diese Gruppe ihrer Machtfülle entsprechend „Dreigestirn am Frankenhimmel" genannt.[79] Karl Holz' Parteiprofil – durchaus typisch für die Funktionsträger der NSDAP in Franken – wies Ähnlichkeiten mit dem seines Vorgesetzten Julius Streicher auf. Der am 27. Dezember 1895 geborene gelernte Buchhändler trat der

---

[75] Zu Streichers Verhältnis zu den anderen Gauleitern Bayerns vgl. auch Ziegler, Gauleiter, S. 443.

[76] Zur „Holzaktion" vgl. Erster Teil, Zweites Kapitel, IV.2. der vorliegenden Studie.

[77] Auf die Bedeutung der sogenannten Gauclique für die Machtsicherung und den Machterhalt der Gauleiter ist bereits häufig hingewiesen worden; Schmidt, Motiven; Düwell, Gauleiter, S. 171; Heinz, NSADP, S. 8; Noakes, Viceroys, S. 136.

[78] Es wurden die Daten von 23 Parteifunktionären ermittelt, die zentral in den Ausplünderungsprozess eingeschaltet waren, wobei sich die Erhebungen v.a. auf den Bestand des ehemaligen BDC im BAB beziehen, bzw. auf die durch die Gestapo-Prüfungskommission erhobenen Daten.

[79] Spruch der Spruchkammer München, Außenstelle Nürnberg, vom 1. 8. 1950; StAN/Spruchkammer Nürnberg-Lager/H 151; eidesstattliche Erklärung Georg G.s vor dem Nürnberger Tribunal vom 7. 12. 1945; StAN/KV-Anklagedokumente/PS/3345/Umdrucke englisch; Artikel des Journalisten Fritz Nadler von 1967: Zwischen Synagogenabbruch und Reichskristallnacht 1938; StadtAN/F5/408.

NSDAP mit der Mitgliedsnummer 77 bei. Ab 1925 fungierte der spätere Träger des Goldenen Parteiabzeichens als Landtagsabgeordneter und zwei Jahre später als Stellvertreter des Gauleiters.[80] Was ihn aber vor allem mit dem Gauleiter verband, war die finanzielle Abhängigkeit von der Partei. Nachdem er bereits seit den 1920er Jahren hauptamtlich für die Partei gearbeitet hatte, avancierte er 1933 zum Hauptschriftleiter des „Stürmer" und bestritt – wie Streicher auch – mit antisemitischer Propaganda seinen Lebensunterhalt. In dieser Position brachte er es auf ein jährliches Einkommen von fast 77 000 Reichsmark.[81]

Einige der später maßgeblich an der „Arisierung" jüdischen Vermögens beteiligten Akteure, die zur engeren Führungsspitze der Partei gehörten, hatten vor der „Machtergreifung" ebenfalls mit gravierenden wirtschaftlichen Schwierigkeiten zu kämpfen.[82] „Altparteigenossen" wie der Hauptstellenleiter der NSDAP Eugen Leissing, der Gauinspektor Friedrich Ritter oder der SA-Standartenführer Philipp Wurzbacher konnten erst wieder ab 1933 auf einen gesicherten Lebensunterhalt vertrauen, als ihnen die Partei durch hauptamtliche Tätigkeiten den Broterwerb sicherte. So entwickelte sich eine für die Protagonisten der Judenverfolgung durchaus typische Karriere: Der berufliche Einstieg in die bereits 1933 maßgeblich in die wirtschaftliche Verfolgung involvierte SA oder NS-Hago; dann, nach deren Übernahme in die DAF 1935, Stellungen als „Fachwalter" oder „Gauobmänner" der Arbeitsfront, Positionen, in denen sie in den Jahren 1938 und 1939

---

[80] Spruch der Spruchkammer München vom 1. 8. 1950; Schreiben des Ministers für politische Befreiung in Bayern an das Amtsgericht Nürnberg vom 20. 5. 1952; Schreiben des Präsidenten der Berufungskammer München an Anna Holz vom 1. 6. 1951; StAN/Spruchkammer Nürnberg-Lager/H 151.

[81] Daneben betrieb Holz noch eine „Großdeutsche Buchhandlung", in der er vorwiegend völkisches Schrifttum vertrieb; Spruch der Spruchkammer München vom 1. 8. 1950; Schreiben des Ministers für politische Befreiung in Bayern an das Amtsgericht Nürnberg vom 20. 5. 1952; Schreiben des Präsidenten der Berufungskammer München an Anna Holz vom 1. 6. 1951; ebd.; Lebenslauf Karl Holz', August 1939 und Personalstandsbogen; IfZ/Fa 223/39.

[82] Eine dieser Personen etwa war Gauinspektor Friedrich Ritter. Seit 1925 Mitglied der NSDAP, wurde er 1930 arbeitslos und kam unmittelbar nach der „Machtergreifung", ohne entsprechende Berufsausbildung, hauptamtlich zur DAF; zum Lebenslauf Ritters vgl. Denkschriften von Streicher und Holz mit Beilagen vom April 1939; StAN/KV-Anklagedokumente/PS/406/Fotokopie; Gestapo-Vorführungsnote vom 10. 3. 1939; StAN/Staatspolizeistelle Nürnberg-Fürth/Arisierungsakten/53; Dienstleistungszeugnis Ritters vom 18. 4. 1935; BAB (ehemals BDC)/Ritter, Friedrich. Das Gleiche galt für den späteren Gauobmann der DAF Eugen Leissing. Der im November 1930 der Partei beigetretene SS-Mann war bis in die 1930er Jahre selbständiger Baumwollgroßhändler, musste aber 1933 sein Geschäft liquidieren, bis ihn dann bei der Eingliederung der NS-Hago in die DAF diese als Gaufachabteilungsleiter hauptamtlich übernahm; vgl. die verschiedenen Verhandlungen mit der Gestapo-Prüfungskommission im Frühjahr 1939; BAB/R 58/3514; StAN/Staatspolizeistelle Nürnberg-Fürth/Arisierungsakten/53; Denkschriften von Streicher und Holz mit Beilagen vom April 1939; StAN/KV-Anklagedokumente/PS/406/Fotokopie. Auch einer der führenden SA-Größen Nürnbergs, der Standartenführer Philipp Wurzbacher, Parteimitglied seit 1927, wurde 1928 arbeitslos und verdingte sich nach der Machtergreifung als hauptamtlicher SA-Führer; Urteilsbegründung des LG Nürnberg-Fürth vom 17. 12. 1948; StAN/Staatsanwaltschaft beim LG Nürnberg-Fürth/2264; Formblatt: Werdegang in der Partei; BAB (ehemals BDC)/Wurzbacher, Philipp.

die Ausplünderung maßgeblich mitplanten und durchführten. Dieses Profil nutzte Streicher offensichtlich für eigene Zwecke. Nach der Machtergreifung sicherte er seine Stellung in der Partei durch ein System der „Spenden" und schwarzen Kassen, band so seine alten Weggefährten weiter an sich und versorgte sie gleichzeitig mit einflussreichen Parteipositionen.[83] Neben der Finanzierung des Patronagesystems nutzte der Gauleiter sein einflussreiches Parteiamt und seine prominente Stellung bei der „Judenfrage" auch für die Finanzierung seines eigenen luxuriösen Lebensstils. Eine seiner Haupteinnahmequellen waren der „Stürmer" und die „Fränkische Tageszeitung", deren Gründer und Alleininhaber der Gauleiter selber war.[84] Da sich die Bestreitung seines Lebensunterhaltes im Hinblick auf die Herausgabe des „Stürmer" unzertrennlich mit dem Antisemitismus verknüpfte, war es selbst für Zeitzeugen nicht immer klar ersichtlich, ob die antijüdischen Aktionen des Gauleiters Ausgeburt seiner ideologischen Überzeugungen waren oder aber seiner exzessiv ausgelebten Vergnügungssucht entsprangen.[85] Neben dem „Stürmer" nutzte Streicher auch andere Unternehmen wie etwa das Fränkische Überlandwerk, um Parteigenossen mit Posten zu versorgen und Geld für die Partei einzunehmen. So zahlte das städtische Werk bis 1945 insgesamt 418 274,87 Reichsmark auf ein Konto der Nürnberger NSDAP, über das der Gauleiter Verfügungsmacht besaß. Zwei Direktoren des Werkes galten als aktive Nationalsozialisten, die bevorzugt „Altparteigenossen" in den Betrieb aufnahmen und diese darüber hinaus mit Sonderurlauben und Zulagen begünstigten.[86] Nach Aussagen ehemaliger Weggefährten finanzierte Streicher seinen Hang zum Luxus schließlich auch durch massive Steuerhinterziehung, die sich allein in den Jahren 1935 bis 1938 in einer Größenordnung von 260 000 Reichsmark bewegte.[87] Obgleich sich Streicher mit einem derartigen Patronagesystem im NS-Regime in bester Gesellschaft befand, sprengten die Auswüchse in Franken gepaart mit den vom Gauleiter vehement vorgetragenen Machtansprüchen selbst den für die Parteispitze noch tolerierbaren Rahmen. Besonders deutlich zeigte sich dies im Zuge der Ermittlungen der Gestapo-Sonderkommission, die auch nicht davor zurückschreckte, hohe Amtsträger der fränkischen NSDAP und enge Vertraute Streichers zu inhaftieren. Korruptionsaffären und im Einzelfall sogar Verfahren vor

---

[83] So beispielsweise Eugen Leissing, Gauinspektor Ritter, der Kreisobmann der DAF Emmert, der Gaufachwalter Johann-Heinrich Schätzler, Gauobmann Georg Peßler; vgl. die verschiedenen Verhandlungen mit der Gestapo-Prüfungskommission im Frühjahr 1939; BAB/R 58/3514; StAN/Staatspolizeistelle Nürnberg-Fürth/Arisierungsakten/53; Denkschriften von Streicher und Holz mit Beilagen vom April 1939; StAN/KV-Anklagedokumente/PS/406/Fotokopie.
[84] Aussagen des Geschäftsführers der „Fränkischen Tageszeitung" Max F. während der Nürnberger Prozesse vom 5. 12. 1945, der offensichtlich auch die Steuererklärungen Streichers bearbeitete; StAN/KV-Anklagedokumente/PS/3346/Umdrucke englisch.
[85] Eidesstattliche Erklärung Prof. Friedrich L.s vor dem Nürnberger Tribunal vom 28. 11. 1945; StAN/KV-Anklagedokumente/PS/3250/Umdrucke englisch.
[86] Schreiben des Betriebsrats des Fränkischen Überlandwerkes an die Spruchkammer Lauf vom 5. 10. 1946; StAN/Spruchkammer Lauf an der Pegnitz/L-29.
[87] Aussagen des Geschäftsführers der „Fränkischen Tageszeitung" Max F. während der Nürnberger Prozesse vom 5. 12. 1945; StAN/KV-Anklagedokumente/PS/3346/Umdrucke englisch.

dem Parteigericht hatte es allerdings schon wesentlich früher gegeben. Allein im Mai und Juli 1935 schwebten gegen acht Angehörige der Nürnberger Arbeitsfront Verfahren beim Obersten Parteigericht wegen Korruption, Parteispendenerpressung und der persönlichen Bereicherung aus schwarzen Spendenkassen.[88]

Will man im Zusammenhang mit den äußerst brutalen Übergriffen gegen die jüdische Bevölkerung und den hemmungslosen Bereicherungen an ihrem Vermögen überhaupt von „Eliten" innerhalb der Nürnberger NSDAP reden, so prägte die mit der wirtschaftlichen „Ausschaltung" befasste Parteielite ideologische Linientreue, Bewährung in der Vergangenheit und – von einigen Ausnahmen abgesehen – unbedingte Loyalität zum Gauleiter genauso wie die finanzielle Abhängigkeit von der NSDAP. Derartige Merkmale galten nicht nur für die Funktionsträger innerhalb der DAF.[89] Ideologische Linientreue und vor allem die bedingungslose Unterordnung unter den Willen Julius Streichers waren auch für den Gauwirtschaftsapparat der fränkischen NSDAP kennzeichnend. Diese Gemengelage erklärt zunächst, dass die Initiative immer wieder von einzelnen Parteigenossen ausging und die wirtschaftliche „Ausschaltung" der jüdischen Bevölkerung primär zu einem Produkt des Aktionismus von Parteifunktionären machte, während Routinisierung und Bürokratisierung, die in anderen Handlungsfeldern der Partei eine wesentliche Funktion einnahmen, kaum eine Rolle spielten.[90]

Wie die Viten der Parteifunktionäre vom Schlage eines Philipp Wurzbacher verdeutlichen, fand darüber hinaus die beispiellose Ausplünderung im Rahmen der sogenannten Holz-Aktion zum Jahreswechsel 1938/39 zwar ihren Höhepunkt, in ihren Grundzügen war sie aber bereits im Jahr 1933 angelegt, wofür die zahlreichen und äußerst brutalen Übergriffe gegen die jüdische Bevölkerung in diesem Jahr eindrucksvolle Beispiele liefern. Zwar gab es auch in Nürnberg polykratische Konfliktstrukturen und eine durch die Rivalität hervorgerufene Verschärfung der „Judenpolitik".[91] Im Gau Franken war es aber neben derartigen kumulativen Radikalisierungstendenzen vor allem die Mischung aus Ideologie und materiellem Interesse der Funktionsträger der Partei, die die entscheidenden Impulse für Ausgrenzung, Raub und Vertreibung gab.[92]

Damit werden zugleich auch die Gauspezifika Frankens deutlich, die nicht nur in dem stark fränkisch gefärbten Führungspersonal und dessen selbst für NS-Maßstäbe äußerst brutalen Herrschaftspraxis wurzelten, sondern auch in der auf die regionalen Bedürfnisse abgestimmten Verteilung der Raubgüter zu suchen

---

[88] Brief des OPG an Georg G. vom 8. 7. 1935 und Schreiben der Reichsleitung der NSDAP an das OPG vom 15. 5. 1935; BAB (ehemals BDC)/Holz, Karl.

[89] Zu personeller Zusammensetzung und Arbeitsweise der DAF-Mitglieder vgl. v. a. Hachtmann, Arbeitsfront, S. 75.

[90] Zu ähnlichen Mechanismen in der DAF allgemein vgl. ebd.

[91] Erster Teil, Zweites Kapitel, IV.2. und Viertes Kapitel, III.2. der vorliegenden Studie.

[92] In Bezug auf die Judenverfolgung im gesamten Reichsgebiet hat Hans Mommsen das Modell der „kumulativen Radikalisierung" entwickelt, das von einer – durch die Rivalität verschiedener Herrschaftsinstanzen hervorgerufenen – Impulskette ausgeht, die die Judenverfolgung nach und nach aller rechtlichen, moralischen und institutionellen Barrieren entkleidete und sich potenzierend fortzeugte. Auch Hans Mommsen hat allerdings darauf hingewiesen, dass die „Arisierung" die verschiedenen Interessengruppen weitgehend zufriedenstellen konnte; Mommsen, Stellung, S. 56; ders. Radicalisation.

sind. Es wäre jedoch irreführend, Streichers unter dem Motto „Franken voran" propagierten antisemitischen Aktionismus und sein ausferndes Patronagesystem vorwiegend als Politik der regionalen Sonderinteressen zu werten. Sie war zwar innerparteilich stark auf die regionalen Gegebenheiten ausgerichtet, in der grundlegenden Stoßrichtung stimmte sie mit den Zielen des NS-Staates aber nahtlos überein. Die extrem judenfeindliche Politik des Gauleiters entfaltete insgesamt reichsweit eine dynamisierende Wirkung, blieb aber immer an den Staatszielen des Nationalsozialismus orientiert, so dass Konflikte auf diesem Politikfeld punktuell durchaus vorhanden, aber eben nicht grundlegender Natur waren.[93]

2. Der Gau München-Oberbayern

Während sich die NSDAP im Gau Franken mit Leidenschaft der Umsetzung antisemitischer Obsessionen hingab, trug auch die benachbarte oberbayerische NSDAP ihr regionales Selbst- und Sendungsbewusstsein zur Schau. Voller Stolz verwies die Münchner Partei nicht nur auf die landschaftliche Schönheit und die Bedeutung der Kunst im Gau, sondern vor allem auf seine Bedeutung als „Wiege der Bewegung". Das Prädikat „Geburtsort der NSDAP" machte München und Oberbayern nicht nur zum „Traditionsgau", sondern verlieh auch dem dortigen Gauleiter eine herausgehobene Stellung, den man mit der Geschichte des Gaues „untrennbar verbunden" wähnte.[94] Diesen Attributen entsprechend legte die Partei in ihrer Außendarstellung Wert auf die Tatsache, „daß die ältesten und bewährtesten Kämpfer der Bewegung an den entscheidenden Stellen stehen müssen, wobei Charakterwerte vor dem toten Wissen den Vorrang haben".[95] Hinter diesem im „Buch der Deutschen Gaue" kreierten Erscheinungsbild verbargen sich mehr als nur bloße Worthülsen. Unangefochtene Schlüsselfigur der wirtschaftlichen Verfolgung war Gauleiter Adolf Wagner. Er gehörte wie Julius Streicher zu den frühen Paladinen Hitlers, zu dem er bis zu seinem Tod im Jahr 1944 eine enge Beziehung aufrechterhalten konnte.[96] Bereits 1923 hatte er sich der Partei angeschlossen. Im September 1928 ernannte ihn Hitler zunächst zum Gauleiter der Oberpfalz, später übernahm er die Führung des neugegründeten Gaus Großmünchen. 1930 wurde er schließlich Leiter des Gaus München-Oberbayern. Der 1890 in Lothringen geborene studierte Bergbauingenieur war nicht nur bekannt für sein bulliges Auftreten und seine brutale, bisweilen vulgäre Ausdrucksweise, sondern auch für sein bedingungsloses Streben nach Macht.[97] Für das Verständnis der regionalen Initiativen zur Ausschaltung der Juden aus dem Wirtschaftsleben ist die Schlüsselstellung Wagners wichtig, verband er doch seine herausragende Machtstellung im Gau mit guten Kontakten zur Reichsspitze und wichtigen

---

[93] Zur Politik der Gauleiter allgemein vgl. Schneider, Nationalsozialismus, S. 429.
[94] Roßmaier, München-Oberbayern, S. 33; zum Selbstverständnis der Gauleiter auch Ziegler, Bayern, S. 259ff.; zur Bedeutung der Parteizentrale in München vgl. den kurz vor der Drucklegung dieser Studie erschienenen Aufsatz von Reibel, Parteizentrale.
[95] Zimmermann, Traditionsgau, S. 315.
[96] Ziegler, Gauleiter, S. 444.
[97] Zu Gauleiter Wagner vgl. die kurzen Überblicke bei Ziegler, NS-Akteure, S. 231; Hüttenberger, Gauleiter, S. 219.

Funktionen in der bayerischen Regierung, die es ihm ermöglichten, von der Partei getragene Aktionen auch administrativ abzudecken. Bereits im März 1933 wurde Wagner zum Innenminister und 1936 zudem noch zum Kultusminister ernannt. Angesichts der relativ schwachen Stellung des Reichsstatthalters Epp avancierte Wagner damit de facto zum einflussreichsten Politiker in Bayern. Im Hinblick auf die wirtschaftliche Verfolgung hatte die doppelte Spitzenstellung Wagners entscheidende Auswirkungen. Zunächst war der Gauleiter nicht auf seine Hausmacht in der Partei angewiesen, um seinen Einfluss auf die staatlichen Behörden geltend machen zu können. Die legale Grundlage seiner staatlichen Macht entschärfte von vornherein den etwa in Franken schwelenden Konflikt zwischen Partei und Staat. Darüber hinaus war Wagner als Innenminister in der Lage – dies sollte sich vor allem ab 1938 entscheidend bemerkbar machen –, die staatlichen und parteiinternen Genehmigungsinstanzen in seiner Person zusammenzufassen und damit das Heft des Handelns auf gesetzlicher Grundlage selbst in der Hand zu behalten.

Als Prototyp für die im Dunstkreis des Gauleiters tätigen „Alten Kämpfer" kann der 1883 in Mittelfranken geborene Pferdeknecht und Pferdehändler Christian Weber gelten. Weber, der es während der „Kampfzeit" auf 152 Strafverhandlungen vor Gericht gebracht hatte, erhielt wegen seiner „Verdienste" nach der Neugründung der Partei 1925 die Mitgliedsnummer 15. Durch die Machtübernahme der Nationalsozialisten an die Spitze der regionalen Partei und Verwaltung gelangt, brachte es der Träger des Blutordens und des Goldenen Parteiabzeichens 1933 zum Kreistagspräsidenten von Oberbayern und ein Jahr später zur Mitgliedschaft im Vorstand des bayerischen und deutschen Gemeindetages. 1937 wurde er durch den Münchner Oberbürgermeister Fiehler zum Sonderbeauftragten für Wirtschaftsangelegenheiten ernannt. Als Leiter des „Amts für den neunten November 1923" vertrat er auch offiziell die Interessen der „Alten Kämpfer". So konnte Weber die Möglichkeiten nutzen, die sich ihm nicht nur zur eigenen, sondern auch zur Bereicherung seiner alten Parteigenossen boten, um diese dann in der Münchner Stadtverwaltung unterzubringen.[98]

Die Vita Christian Weber enthält typische Merkmale der in den wirtschaftlichen Verfolgungsprozess involvierten Parteifunktionäre in München. Er war das Musterbeispiel eines brutalen Schlägers und glühenden Antisemiten, der nach der „Machtergreifung" vor allem durch seinen ausschweifenden Lebensstil und seine Korruptionsaffären von sich reden machte. Seine luxuriösen Vorlieben finanzierte er nicht zuletzt durch den Raub jüdischen Vermögens.[99] Ähnlich wie Weber waren viele Parteigenossen, die später maßgeblich an der wirtschaftlichen „Ausschaltung" der Juden beteiligt waren, erst durch die „Machtergreifung" zu Geld gekommen und damit ihren wirtschaftlichen Schwierigkeiten entronnen. Sie waren bereits in den 1920er Jahren durch antisemitische Übergriffe aufgefallen oder bereits in dieser Dekade in Korruptionsaffären verwickelt gewesen. Derartige Merkmale charakterisieren auch zahlreiche Mitarbeiter der in München 1938 gegründeten „Vermögensverwertungs"-GmbH, die ab diesem Jahr mit der Verwertung

---

[98] Zu Christian Weber vgl. v. a. Martin, Aspekte.
[99] Zur Korruption im NS-Staat vgl. v. a. Bajohr, Parvenüs.

jüdischen Vermögens in München betraut war.[100] Ihr langjähriger Leiter Hans Wegner etwa war seit 1929 Parteigenosse, Mitglied der SA und der DAF. Bereits 1924 fiel Wegner wegen politisch motivierter Randale auf und war bereits zu diesem Zeitpunkt mehrfach vorbestraft. Sein Parteifreund und späterer enger Mitarbeiter Franz Mugler gehörte seit 1930 der Partei an und war ebenfalls als Obersturmführer Angehöriger der SA und als Ortswalter Mitglied der DAF. Von 1931 bis 1936 arbeitslos, übernahm ihn der NS-Dentistenverband Ende 1936. Hier machte er sich vor allem durch Zechtouren und seine korrupte Lebensweise einen Namen.[101]

Vergleicht man die Karriereverläufe der Parteifunktionäre in den Städten Nürnberg und München, so fallen zunächst grundlegende Parallelen auf. Neben ideologischer Linientreue und mangelndem wirtschaftlichen Sachverstand waren die Parteiangehörigen materiell von ihrer Stellung in der Partei und im Verfolgungsapparat abhängig. Wie noch zu zeigen sein wird, blieb daher die „Ausschaltung" der Juden aus dem Wirtschaftsleben auch in München auf Seiten der maßgeblichen Parteiinstitutionen ein vorwiegend von der Einzelinitiative gesteuerter und nach ökonomischen Gesichtspunkten dilettantisch durchgeführter Prozess. Diese Feststellung ist wichtig, zeigt sie doch einmal mehr die in mehreren Gauen nachweisbare Bedeutung ideologischer Motivationen, die sich ohne weiteres mit materiellen Interessen in Einklang bringen ließen. Der jüdischen Bevölkerung trat daher auf Seiten der NSDAP vor allem der antisemitische Aktionismus einzelner Parteifunktionäre und weniger ein bürokratisch organisierter Apparat entgegen. Dabei zielten die antisemitischen Übergriffe nicht nur auf die wirtschaftliche „Ausschaltung". Oftmals waren die hierfür zuständigen Parteifunktionäre gleichzeitig auch für andere Aspekte der Judenverfolgung verantwortlich, etwa für die Überwachung der Einhaltung antisemitisch motivierter Gesetze und Verordnungen oder die Aufsicht über die ab 1940 errichteten „Sammellager für Juden".[102]

Regionale Spezifika zeigten sich in München – ähnlich wie in Nürnberg – nicht nur bei der Verteilung der „Arisierungs-Gelder", sie äußerten sich auch in der Be-

---

[100] Die Vermögensverwertungs-GmbH München war eine durch den Gauleiter ins Leben gerufene Gesellschaft, die v. a. für die „Arisierung" jüdischer Grundstücke zuständig war. Ihr gehörten etwa 30 Mitarbeiter an. Die meisten Mitarbeiter waren unter betriebswirtschaftlichen Gesichtspunkten für die Durchführung ihrer Aufgaben nicht ausreichend qualifiziert; Abschlußbericht, S. 8; StAM/NSDAP/37; vgl. auch die unveröffentlichte Magisterarbeit von Seitz, Grundstücksarisierungen, S. 21 ff.

[101] Von zehn Mitgliedern der VVM, also einem Drittel der Angestellten – darunter alle der leitenden Funktionen –, wurden die Lebensläufe meist durch die Spruchkammerakten rekonstruiert. Einen ähnlichen Lebenslauf hatten die späteren Mitarbeiter der „Arisierungsstelle" Schrott und Westermeyer, die bis 1934/35 arbeitslos waren und sich beide nach ihren eigenen Angaben durch die Parteizugehörigkeit eine bessere wirtschaftliche Situation versprachen; Angaben auf dem Fragebogen der US-Militärregierung von Hans Wegner; StAM/Spruchkammer/Karton 1919; Fragebogen vom 2. 1. 1946 von Franz Mugler und Urteil der Strafkammer am LG Berlin wegen Untreue vom 19. 5. 1942; StAM/Spruchkammer/Karton 1222; Vernehmung Schrotts am 15. 12. 1948 und Vernehmung Westermeyers am selben Tag; ebd.; Urteil des LG München vom 11. 7. 1950; StAM/Staatsanwaltschaften/17856.

[102] Zu den Sammellagern in München vgl. v. a. Stadtarchiv, Deportation.

tonung der Bedeutung des eigenen Gaues, was sich bei Wagner etwa in der groß-
spurigen Forderung manifestierte, nicht nur die Federführung bei der „Judenverfolgung", sondern überhaupt sämtliche Führungsaufgaben von Preußen nach
Bayern zu verlegen, um dessen bis 1938 anhaltender Bedeutung als deutsch-öster-
reichisches Grenzland gebührend Rechnung zu tragen.[103]

Beide Gauhauptstädte waren damit traditionelle Zentren der nationalsozialistischen Bewegung und gleichzeitig Hochburgen des Antisemitismus. Die Ver-
waltungsspitze beider Städte war seit 1933 mit aktiven und einflussreichen Nationalsozialisten besetzt. In beiden Städten konnte sich schließlich auch das
erhebliche antisemitische Aggressionspotential der Parteibasis ungehindert entfalten. Angesichts ihres Status als „Heimatstadt" der Bewegung, Zentrum der
„Alten Kämpfer" und Sitz zahlreicher Institutionen der Parteileitung – etwa des
Reichsschatzmeisters oder des Stellvertreters des Führers – war der Nährboden
in München in zweifacher Hinsicht besonders fruchtbar für antisemitische Ausschreitungen. Erstens institutionell durch die einflussreiche Stellung vieler
Münchner Parteifunktionäre sowohl innerhalb der regionalen Verwaltung als
auch innerhalb der Reichsregierung und zweitens durch eine besonders judenfeindliche Stimmung, die bereits in den 1920er Jahren durch die NS-Propaganda
geschürt und in zahlreichen Boykottaktionen und Übergriffen gegen Juden auch
zum Ausbruch gekommen war.[104] Wegen des relativ geringen Anteils überregional operierender Industrieunternehmen und der dadurch nur geringen Anbindung der lokalen Wirtschaft an den Weltmarkt waren in München darüber hinaus wesentlich weniger marktpolitische Rücksichtnahmen zu gegenwärtigen,
als dies in anderen Gauen – etwa in Hamburg – der Fall war.[105] Unterschiede ergaben sich auch aufgrund der Stellung des Gauleiters zur Spitze der staatlichen
Bürokratie, ein Verhältnis, das in München bereits kurz nach der Machtübernahme nahezu symbiotischen Charakter angenommen hatte und wiederum auf
die Bedeutung der obersten Parteiführer im Prozess der wirtschaftlichen Verfolgung verweist.

Aufgrund der hier beschriebenen Charakteristika nahmen die Städte München
und Nürnberg hinsichtlich des Ausmaßes von Gewalt und Raub gegen Juden eine
Sonderstellung ein, und die vehement vorgetragenen Bestrebungen der Parteispitze gaben der Gaupolitik ein regionalspezifisches Gepräge; dennoch zeigten
sich auch in den anderen Gauen des Reiches ähnliche Vorgehensweisen. So bildeten Gewalt und Ideologie den roten Faden in der Politik des Hamburger Gauleiters Karl Kaufmann, die in Terrorwellen gegen „Regimegegner" mündete. Ihre
Durchsetzung war innerparteilich auch durch ein System von Korruption und
Nepotismus abgesichert.[106]

---

103 Broszat, Reichszentralismus, S. 190.
104 Zu den Ausschreitungen in den 1920er Jahren vgl. Dirk, Kriminalität, S. 108 ff.
105 Zur Situation in Hamburg, die als Hafenstadt mit besonderer Anbindung zum internationalen Markt auf weltweite Wirtschaftsbeziehungen Rücksicht zu nehmen hatte, vgl.
Bajohr, „Arisierung" in Hamburg, S. 59 ff.
106 Bajohr, Gauleiter, S. 272 ff. Zu reichsweiten Tendenzen siehe auch Noakes, Viceroys,
S. 132 ff.; Schmidt, Motiven; Benz, Verhältnis, S. 206; Roth, Ausbeutung.

Damit wird einerseits die häufig betonte regionale Bedeutung der wirtschaftlichen Verfolgung deutlich: In beiden Gauen war die Ausplünderung der Juden sowohl personalpolitisches Machtmittel in der Hand der Gauleiter als auch Unterpfand für eine verbesserte Stellung des Gaues im Gesamtreich. Eine Vorreiterrolle in der Judenverfolgung – und hier vor allem bei der „Ausschaltung" der Juden aus dem Wirtschaftsleben – stärkte also die Position in der Konkurrenz zwischen den Gauen. Andererseits wusste man sich aber nicht nur in Nürnberg, sondern auch in München und Hamburg im Einklang mit den prinzipiellen Zielsetzungen des Regimes und wählte – ungeachtet der Differenzen in der Intensität – überall ähnliche Mittel zu deren Durchsetzung. Die Bedeutung der Gauleiter und ihrer Cliquen für die wirtschaftliche Ausplünderung der Juden lag also vor allem in dem „Wann" und dem „Wie" bei der Durchführung, sie selbst war jedoch nicht Ausdruck für das Verfolgen regionalspezifischer Partikularinteressen.

3. Die ländliche Region Unterfrankens

Auch in Unterfranken waren es der Gauleiter und langgediente „Altparteigenossen", die den Zeitpunkt, den Beteiligungskreis sowie Art und Umfang der wirtschaftlichen Verfolgung bestimmten. Sowohl auf Gau- als auch auf Kreisebene sind hier in Einzelfällen den Zuständen in München und Nürnberg durchaus entsprechende Tendenzen festzustellen. Dies gilt für den Führungsstil von Mitgliedern der NS-Hago genauso wie für „Sonderbeauftragte" der SA bei den Bezirksämtern, die durch ihre Funktion innerhalb der NSDAP und den damit verbundenen antisemitischen Aktionismus ihre materielle Situation zu sichern und zu verbessern trachteten, weshalb es immer wieder zu Korruptionsvorwürfen kam. Auch in Hammelburg/Bad Kissingen gingen frühe Impulse für die Verfolgung der jüdischen Bevölkerung von der NS-Handels- und Handwerksorganisation aus, deren Mitglieder später in der Arbeitsfront oder anderen NS-Organisationen ebenfalls eine wichtige Rolle bei der Ausplünderung spielten. Deutlich wird dies etwa bei dem ab 1934 hauptamtlich bei der DAF tätigen Kreisobmann Ludwig Popp, der ab 1938 ebenfalls als Kreisleiter der NSDAP fungierte.[107] Gegen seinen Vorgesetzten, Michael Langguth, Gauamtsleiter der NS-Hago in Mainfranken, lief 1933 ein Gerichtsverfahren wegen Steuerhinterziehung und Korruption. In einem Spruchkammerverfahren von 1947 charakterisierte ihn ein Zeuge als einen typischen Repräsentanten der nationalsozialistischen Gewaltherrschaft: „Von Amtsanmaßung über Rechtsbeugung bis zur verbrecherischen Handlung reichte das Register seines Könnens."[108] Ähnliche Charakteristika kennzeichneten auch den ehrenamtlichen Bürgermeister von Hammelburg, den Gaurechtsstellenleiter Raimund Rüth oder den Sonderbeauftragten der SA beim Bezirksamt Hammelburg Adolf Stumpf.[109]

---

[107] Antrag auf Besoldungsfestlegung vom 1. 4. 1934 und Lebenslauf Ludwig Popps; BAB (ehemals BDC)/Popp, Ludwig, *20. 4. 1902.
[108] Schreiben der Bekleidungsfabrik K. & S. vom 10. 11. 1947; StAM/Spruchkammer/Karton 1012.
[109] Bis 1935 kam es gegenüber dem Sonderbeauftragten immer wieder zu Korruptionsvor-

Dennoch verweisen einige Aspekte in der ländlichen Region auf bedeutsame Unterschiede im Prozess der wirtschaftlichen Verfolgung. Als Ursache hierfür sind regionalspezifische Besonderheiten zu nennen, sowohl auf Seiten der maßgeblichen NS-Funktionäre als auch im Hinblick auf die Anzahl und Erwerbsstruktur der jüdischen Bevölkerung. Gauleiter Hellmuth, promovierter Zahnarzt und kurz nach dem Ersten Weltkrieg in verschiedenen Freikorps und Kampfbünden aktiv, leitete den Gau Unterfranken seit 1928. Er war somit zwar auch ein früher Anhänger Hitlers und Altparteigenosse in Franken. Seit dem 5. Juli 1934 verfügte er zudem neben seinem Parteiamt auch noch über das Amt des Präsidenten der Regierung von Unterfranken und Aschaffenburg. Im Gegensatz zu Adolf Wagner oder Julius Streicher fehlte ihm aber der direkte Zugang zu den Schaltstellen der Macht. Auch kam seinem Gau keine ähnlich herausragende Stellung zu wie „München-Oberbayern" oder Streichers „Franken".[110] Inwieweit diese vergleichsweise schwache Stellung dazu führte, dass Hellmuth über weit weniger Eskapaden stolperte als seine Kollegen in München-Oberbayern und Franken und Rechtsbrüche bei der wirtschaftlichen Verfolgung geschickt zu verschleiern trachtete, kann zwar nur vermutet werden. Definitiv zeigte sich der unterfränkische Gauleiter bei der ökonomischen Verfolgung der Juden aber zurückhaltender, griff nicht so oft in deren „Ausschaltung" aus der Wirtschaft ein und überließ die Federführung ab 1938 dem Gauwirtschaftsapparat. Dessen Leiter, der promovierte Volkswirtschaftler Hans Vogel, verfügte damit, ungeachtet der nur geringen institutionellen Verankerung des Gauwirtschaftsberaters innerhalb des Parteiapparates und seiner lediglich schwammig formulierten Kompetenzen, dank seiner wirtschaftlichen Kenntnisse und mit dem Gauleiter im Rücken über eine nahezu uneingeschränkte Machtstellung bei der „Entjudung" der unterfränkischen Wirtschaft. Sein Kollege Buchner hingegen spielte in München nur eine untergeordnete Rolle bei der „Arisierung" und auch Gauwirtschaftsberater Strobl verfügte in Franken durch die zahlreichen Interventionen Streichers über wesentlich geringere Handlungsspielräume. So konnte Vogel im Jahr 1938 ein engmaschiges und auf seine Person ausgerichtetes Netz aus Genehmigungsinstanzen, Sonderbeauftragten und Sachverständigen spannen, die an der „Arisierung" beteiligt waren.[111]

Betroffen hiervon waren in der ländlichen Region Bad Kissingen/Hammelburg vor allem jüdische Viehhändler, die einen Großteil der erwerbstätigen jüdischen Bevölkerung ausmachten. Neben Funktionären aus dem Gauwirtschaftsapparat traten hier Parteifunktionäre wie Ortsbauernführer als Verfolgungsinstanzen auf,

---

würfen; Aussage von Stumpf gegenüber dem Gaugericht Mainfranken vom 9. 4. 1935; StAM/Spruchkammer/Karton 465; Schreiben der Spruchkammer Hammelburg vom 12. 7. 1948; ebd.; Spruchkammerverfahren gegen Hermann Heinritz, den Geschäftsführer der DAF und Kreisleiter der NSDAP in Bad Brückenau; StAM/Spruchkammer/Karton 665; Spruchkammerverfahren gegen den Kreisleiter der NSDAP in Bad Kissingen Karl Renner; StAW/Spruchkammer Bad Kissingen/1840/Renner, Karl, *13. 8. 1869; zu Renner siehe auch Roth, Parteikreis, S. 426 ff.

110 Zu Gauleiter Hellmuth vgl. BayHStAM/Personalakten/Dr. Otto Hellmuth sowie die kurzen Ausführungen bei Hüttenberger, Gauleiter, S. 214.

111 „Anordnung des Gauwirtschaftsberaters zur Überführung jüdischer Betriebe auf deutsche Betriebsführer" vom 13. 5. 1938; StAW/Gau Mainfranken/288.

die in den Gauhauptstädten als Tätergruppen kaum eine Rolle spielten. Während in Oberbayern die „Judenfrage" in den ländlichen Regionen eher abstrakter Natur war, da dort in vielen Gemeinden keine Juden ansässig waren[112], weckte bei den Bauernführern in Unterfranken ein stark „jüdisch" dominierter Viehhandel Vorurteile. Im Hammelburg war einer der maßgeblichen Funktionsträger des Reichsnährstandes der Kreisbauernführer Georg Happ, der gleichzeitig als Stadtrat der NSDAP in Hammelburg fungierte und zeitweise auch das Amt des dortigen Ortsgruppenleiters bekleidet hatte.[113] Zwar war auch Happ – ähnlich wie die Parteifunktionäre in München und Nürnberg – einer der Nationalsozialisten der ersten Stunde, er betrieb jedoch vor, während und auch nach der Zeit des Nationalsozialismus eine eigene Landwirtschaft, weshalb er in keine finanzielle Abhängigkeit von der NSDAP geriet.[114]

Vor allem aber die zahlreichen und engen Geschäftsverbindungen zwischen nichtjüdischen Kunden und jüdischen Viehhändlern sind wohl die Ursache dafür, dass es in der unterfränkischen Region nicht zu ähnlichen radikalen Übergriffen gegen die jüdische Bevölkerung kam, wie dies in Nürnberg oder Gunzenhausen der Fall war.[115] Damit blieben die jüdischen Viehhändler zwar bis 1938 von pogromartigen Ausschreitungen weitgehend verschont, dies darf aber nicht über die zahlreichen Versuche Happs und anderer Funktionäre des Reichsnährstandes hinwegtäuschen, die jüdischen Viehhändler zur Aufgabe ihres Gewerbes zu zwingen. Die Kompetenzen der Ortsbauernführer gegenüber jüdischen Viehhändlern gingen unter anderem auf eine Intervention des dem Reichsnährstand unterstehenden Reichsverbands des nationalen Viehhandels, Gau Bayern, zurück, nach der bei der Prüfung der „Unzuverlässigkeit" sowohl die Kreisbauernführer als auch die Organisationen des Viehhandelsverbands zu hören waren.[116] Die Aussagen der Bauernführer verschärften die berufliche Verdrängung jüdischer Viehhändler in mehrfacher Weise. Dies geschah zunächst durch die hochgradig ideologisch geprägte Gutachtertätigkeit. Dabei machten die Gutachter in der Regel aus ihrer generellen Ablehnung des „jüdischen Viehhandels" kein Hehl. Die Wirksamkeit der „Blut- und Bodenideologie", die keine Juden im Landproduktenhandel geschweige denn als Landeigentümer duldete, zeigt sich in den Gutachten deutlich. Die Viehhändler wurden als „Hofjuden" bezeichnet, die mit ihrem „oberflächlich guten Benehmen" die Kundschaft lediglich „täuschen" würden. Rechtliche Hindernisse für eine Verweigerung der Handelslegitimation wurden als „Kniffe" ei-

---

112 Rundschreiben des Bezirksamts Ebersberg vom 11. 6. 1937; StAM/LRA/67171; vgl. auch die zahlreichen Fehlanzeigen bei entsprechenden Anträgen, etwa die Anfrage der Gauleitung vom 1. 2. 1938 im Bezirk Aichach; StAM/LRA/99849.

113 Schreiben des öffentlichen Klägers der Spruchkammer Hammelburg vom 20. 10. 1948; StAW/Spruchkammer Hammelburg/578.

114 Vgl. die in diesem Punkt relativ glaubwürdige Aussage Happs gegenüber der Spruchkammer Hammelburg, dort eingegangen am 22. 10. 1948; ebd.

115 Hierzu auch Zweiter Teil, Erstes Kapitel, I.1. der vorliegenden Studie.

116 Rundschreiben des Reichsverbands des nationalen Viehhandels, Gau Bayern, an die bayerischen Bezirksverwaltungsbehörden vom 3. 9. 1934; StAW/LRA Hammelburg/ 3569.

nes „liberalistischen Staates" diffamiert, mit der sich die deutsche Bauernschaft nicht abgeben könne.[117] Betrachtet man die Verwendung der Erlöse aus der Ausschaltung der jüdischen Bevölkerung aus dem Wirtschaftsleben in Unterfranken, so wird auch hier der starke Regionalbezug deutlich erkennbar. Der ökonomische Nutzen der wirtschaftlichen Verfolgung für den Gau Unterfranken manifestierte sich in der sogenannten Rhön-Spessart-Werbestelle. In den Jahren 1936/37 hatte Gauleiter Hellmuth einen Steuerberater mit der Errichtung der Dienststelle beauftragt, die durch den Einsatz von Spendengeldern der Förderung der wirtschaftlichen Notstandsgebiete im Rhön-Spessart-Raum dienen sollte.[118] Als Vogel 1938 die Werbestelle übernahm, etablierte er eine Ausgleichsabgabe, die bei der „Arisierung" zu bezahlen war. Von insgesamt drei Sonderkonten aus finanzierten Gauleiter und Regierungspräsident Hellmuth und Gauwirtschaftsberater Vogel so landwirtschaftliche Darlehen für die Krisenregionen Unterfrankens.[119] Die Abgabe an den Fonds betrug durchschnittlich zehn Prozent des Kaufpreises.[120] Über die Werbestelle liefen bis Ende 1938 über eine Million Reichsmark. Noch 1945 wiesen die Konten fast 700 000 Reichsmark auf.[121] Hellmuth trachtete letztlich danach, durch den Erlös aus dem Raub jüdischen Vermögens bei der Parteispitze den Eindruck eines Mustergaues zu vermitteln, in dem durch Vertreibung der Juden und dem „Umbau" der Bevölkerung nach „rassenpolitischen" Grundsätzen aus dem „Notstandsgebiet" Rhön eine blühende Landschaft entstehen sollte.[122] Neben der „Arisierungsabgabe" für die Werbestelle vereinnahmte zudem die Deutsche Arbeitsfront drei Prozent der Veräußerungserlöse als „Gebühr".[123] Schließlich profitierte auch die Gestapo von der „Arisierung" durch Erpressungen der Betroffe-

---

117 Schreiben des Bezirksbauernführers Hammelburg an das Bezirksamt Hammelburg vom 8. 5. 1935; StAW/LRA Hammelburg/3589; Schreiben des Bezirksbauernführers an das Bezirksamt Hammelburg im Falle des Viehhändlers Arnold H. vom 3. 11. 1935; StAW/ LRA Hammelburg/3577; Schreiben des Bezirksbauernführers an das Bezirksamt Hammelburg im Falle des Viehhändlers Karl A. vom 31. 12. 1934; StAW/LRA Hammelburg/ 3593. Zur Verfolgung jüdischer Viehhändler siehe auch Erster Teil, Drittes Kapitel, III. der vorliegenden Studie.

118 Bereits seit Februar 1933 existierten Pläne des GWB Hasslinger für eine Verbesserung der wirtschaftlichen Lage in der Rhön, die zu diesem Zeitpunkt allerdings offensichtlich noch nicht mit einer Enteignung der Juden verbunden waren. Konkret sah der frühe Plan vor, Erwerbslose umzusiedeln und das freigewordene Land an Bauern zu verteilen, Überlegungen, die zunächst auch durch eine Regierungsdelegation des Reichsministers für Ernährung und Landwirtschaft gutgeheißen wurden; Schreiben des Landwirtschaftsministeriums an die bayerischen und thüringischen Behörden vom 24. 8. 1934 und Schreiben des thüringischen Ministerpräsidenten Marschler an das OPG vom 16. 9. 1934; IfZ/Fa 223/31.

119 Vernehmung der Mitarbeiterin der Werbestelle Barbara S. am 25. 7. 1950; StAW/Staatsanwaltschaft Würzburg/558/I.

120 Aussage des Justizrats Dr. R. vor dem LG Würzburg am 13. 7. 1950; ebd.

121 Vernehmung des Kreiswirtschaftsberaters Hermann Wiblishauser am 18. 7. 1950; ebd.

122 Vgl. hierzu auch die – oftmals leider nur unzureichend belegte – Studie von Hohmann, Landvolk.

123 Aktennotiz des GWB vom 25. 5. 1938, enthalten in StAW/Staatsanwaltschaft Würzburg/ 558/I.

nen.[124] Der Plan zur Verbesserung der Wirtschaftsstruktur der Rhön scheiterte jedoch, unter anderem, weil er nach wirtschaftspolitischen Gesichtspunkten vollkommen unsinnig und ohnehin viel zu teuer war.[125]

Neben derartigen strukturfördernden Verwendungen der „Arisierungserlöse" für die „Volksgemeinschaft" floss jüdisches Vermögen aber auch in Unterfranken in die Hände der Parteigliederungen und verdienter „Altparteigenossen". Vogel selbst erwarb im März 1941 eines von zwei noch nicht veräußerten „Judenhäusern" in Würzburg. Wie er seinem Tagebuch anvertraute, stemmte er sich zwar dagegen, jüdisches Vermögen zu erwerben, der Frau und den beiden Kindern wegen sei er aber dazu gezwungen.[126]

Die besonderen personellen Strukturen in den Gauen, dies zeigt der Vergleich mit der „Arisierungspraxis" in den bayerischen Großstädten in der Zeit vor dem Pogrom, beeinflussten den Verlauf der wirtschaftlichen „Ausschaltung" der Juden auch in Unterfranken und gaben ihm eine regionalspezifische Prägung. Dies betraf nicht nur die Stellung des Gauwirtschaftsberaters bei der „Arisierung", sondern auch die institutionelle Verankerung des Gauleiters. In Mainfranken wie in München konnten die Gauleiter ihre Staatsämter für eine Interessenbündelung nutzen, während der Gauleiter Nürnbergs weiterhin auf seine durch Brutalität begründete und gesetzlich nicht fundierte Machtstellung vertrauen musste, ein Umstand, der letztlich entscheidend zu seinem Sturz beitrug. Bei der Verwendung der Erlöse aus der wirtschaftlichen Verfolgung wird schließlich ebenfalls der starke Regionalbezug sowohl in dem mit jüdischem Vermögen gestrickten und stabilisierten Netzwerk des Gauleiters als auch in den ebenso finanzierten infrastrukturellen Maßnahmen zugunsten der Gaue deutlich. Kann damit erneut die regionalgeschichtliche Relevanz und die Bedeutung personalistischer Elemente des NS-Herrschaftssystems bei der Judenverfolgung hervorgehoben werden, so dürfen die regionalen Spezifika – dies sei noch einmal betont – nicht über die zahlreichen Gemeinsamkeiten hinwegtäuschen. Zielsetzung und letztlich Ergebnis der wirtschaftlichen Verfolgung – die vollständige „Ausschaltung" der Juden aus dem Wirtschaftsleben – waren identisch und wurden insgesamt auch in ähnlichen zeitlichen Etappen durchgeführt. Hinzu kommen Ähnlichkeiten, die bei einem reichsweiten Vergleich der Herrschaftspraxis festzustellen sind. Die Bedeutung der Personalpolitik für den Machterhalt der Gauleiter, deren Funktion als Sprecher und Prediger der Ideologie, das Hochhalten lokaler Traditionen, dies alles waren Wesensmerkmale regionaler Herrschaftspraxis mit überregionaler Gültigkeit und sind daher wohl weniger als gautypisch denn als typisch für die Durchsetzung politischer Macht auf Gauebene innerhalb eines hierarchisch gegliederten Führerstaates zu werten.[127]

---

124 Eidesstattliche Versicherung Karl R.s; ebd.
125 Nach Aussagen von Vogel selbst kam es zu Streitereien mit Ministerpräsident Siebert und Staatssekretär Backe aus dem Landwirtschaftsministerium. Offenbar waren also auch hier Kompetenzstreitigkeiten für die Differenzen ausschlaggebend; Vorladung Vogels am 26. 9. 1950; ebd.
126 Einträge vom 30. 3. und 2. 4. 1941; StAW/Gau Mainfranken/78.
127 Zu generellen Merkmalen der Gauleiter vgl. Hüttenberger, Gauleiter, aber auch Noakes, Viceroys.

III. Gescheiterte Zähmung? Zum Interaktionsverhältnis von Region und Reichsgewalten bei der wirtschaftlichen Verfolgung der Juden 1933–1938

Eine mögliche Erklärung für die Bedeutung der regionalen Dynamik bietet die zögerliche Haltung der Reichsregierung bei der „Ausschaltung" der Juden aus dem Wirtschaftsleben. Während sich der aufgestaute Handlungsdrang lokal und regional Bahn brach, zeigte sich die Reichsregierung zögerlicher. Wie bereits gezeigt, gingen tatsächlich maßgebliche Impulse der wirtschaftlichen Verfolgung von der Region aus, auf die die Reichsregierung in Berlin zunächst mit Unwillen reagierte. Massiven Widerspruch riefen etwa die Übergriffe in München im Mai 1935 hervor. Sowohl das polnische Generalkonsulat als auch der Generalkonsul in New York und das Auswärtige Amt informierten das Reichswirtschaftsministerium über die Unruhen in der bayerischen Landeshauptstadt.[128] Auch englischsprachige Zeitungen berichteten über die antisemitische Stimmung.[129] Nachdem das bayerische Innenministerium unter Gauleiter Wagner und Ministerpräsident Siebert zunächst versucht hatte, die Geschehnisse herunterzuspielen, Reichswirtschaftsminister Hjalmar Schacht aber durch Eingaben der polnischen Regierung und der geschädigten jüdischen Geschäftsinhaber über ausreichend Informationsmaterial verfügte, forderte der Minister ultimativ das schärfste Vorgehen gegen die Rädelsführer.[130] Besonders deutlich brachte auch der Reichsinnenminister seine Bedenken zum Ausdruck, als er in einem Rundbrief an die Landesregierungen noch einmal unerlaubte Eingriffe in die Wirtschaft mit Hinweis auf eine Anordnung des Führers verbot. Wer sich künftig darüber hinwegsetze, so Frick, werde als Provokateur, Rebell und Staatsfeind angesehen. Auch die Nachlässigkeit zuständiger Beamter werde auf das Schärfste geahndet.[131]

Dabei gingen die Parteiführer in den Regionen offensichtlich davon aus, die neuen „rassischen" Normen der NS-Ideologie hätten „überkommene" Wertvorstellungen des alten Rechtssystems obsolet gemacht. Die Gauleiter wussten sich in Übereinstimmung mit den ideologischen Vorgaben und glaubten daher, mit eigenmächtigen Vorgehensweisen „dem Führer entgegenzuarbeiten".[132] Das Unverständnis der regionalen Parteiführer über die zögerliche Haltung der Reichsregierung brachte der bei einer Konferenz im September 1935 im Reichswirtschaftsministerium anwesende oberbayerische Gauleiter Wagner deutlich zum Ausdruck. Seiner Meinung nach handelte es sich um eine Divergenz zwischen Staat und Partei. 80 Prozent des Volkes würden auf eine Lösung der „Judenfrage"

---

128 Brief des RWM an Siebert vom 24. 6. 1935; BayHStAM/StK/6411.
129 „Manchester Guardian" vom 20. 6. 1935.
130 Schreiben des RWM an Siebert vom 24. 5. 1935, 24. 6. 1935 und 5. 6. 1935 sowie die Beschwerdenote des polnischen Generalkonsulats an die bayerische Staatskanzlei vom 29. 5. 1935; BayHStAM/StK/6411.
131 Schreiben Fricks an die Landesregierungen vom 20. 8. 1935; ebd.
132 Auf die Bereitschaft der Parteigenossen, dem „Führer" entgegenzuarbeiten, verweist v. a. Ian Kershaw. Er sieht hierin ein wesentliches Funktionsprinzip des Nationalsozialismus; Kershaw, Hitler.

drängen. Auch das ihm unterstehende bayerische Innenministerium war der Auffassung, der antisemitische Kampf werde von der Reichsregierung nicht mit der nötigen Härte durchgeführt und wirtschaftspolitische Gründe für eine Zurückhaltung würden bei der Bevölkerung nicht ausreichend verstanden.[133] In eine ähnliche Richtung argumentierten einzelne Referate des bayerischen Wirtschaftsministeriums zur Jahreswende 1936/37. Hier griff man die Frage der Kennzeichnung jüdischer Betriebe auf und äußerte Unverständnis über die außenpolitischen Rücksichtnahmen, die gegenüber „rassischen" Beweggründen noch immer ausschlaggebend seien.[134] In einem weiteren Schreiben Anfang Januar 1937 verwies ein Mitarbeiter des Ministeriums auf die Unklarheit und Unsicherheit der Ministerialbürokratie in Fragen der wirtschaftlichen Stellung der jüdischen Bevölkerung, die die NSDAP und ihre Gliederungen zu einem umso „zielbewussteren" Vorgehen animiere.[135]

Derartige Auffassungen teilte die Reichsregierung nur bedingt. Reichsjustizminister Gürtner sprach sich etwa für eine standhafte Haltung der Ministerialbürokratie aus. Regionale Alleingänge, so der Minister, würde es immer wieder geben, solange an der Basis die Meinung vorherrsche, Ausschreitungen würden von der Reichsregierung eigentlich gerne gesehen, allein, sie könne eben nicht so handeln wie sie wolle.[136]

In Berlin gab es angesichts der regional initiierten Übergriffe und Alleingänge offenbar tatsächlich Unklarheiten in der Frage, inwieweit liberale Rechtsnormen – etwa das Recht auf Eigentum – bei Juden weiterhin gelten würden und inwieweit hier nach „rassischen" Gesichtspunkten zu verfahren sei. Diese zeigten sich deutlich bei der Verabschiedung der „Nürnberger Gesetze" im September 1935. Sowohl in Nürnberg als auch in München riefen sie Enttäuschung hervor, da entgegen allen vorherigen Ankündigungen die wirtschaftliche Verdrängung wieder nicht in einen gesetzlichen Rahmen gegossen worden war.[137] Im Dezember 1936 lehnte der Reichswirtschaftsminister Maßnahmen gegen jüdische Firmen aus arbeitsmarktpolitischen Gründen ab.[138] Noch im April desselben Jahres hatte Schacht jedoch betont, dass es letztlich Aufgabe der bayerischen Landesregierung sei, auf eine Klärung der „Judenfrage" im Wirtschaftsleben hinzuwirken, da die Einstellung der Reichsregierung den Sonderregelungen einzelner Landesregierungen nicht entgegenstehe.[139] Ähnlich hatte sich das Wirtschaftsministerium im August desselben Jahres geäußert, als es angesichts der Störungen des Wirtschaftslebens eine stärkere Dezentralisierung der Zuständigkeit für diese Fälle forderte.

---

133 Schreiben des bayerischen Innenministeriums an den Ministerpräsidenten vom 29. 5. 1935; BayHStAM/StK/6411.
134 Schreiben des Referats I an Referat II im bayerischen Wirtschaftsministerium vom 16. 12. 1936; BayHStAM/MWi/37.
135 Schreiben der Abteilung I im bayerischen Wirtschaftsministerium vom 11. 1. 1937; ebd.
136 Vermerk über die Besprechung im RWM vom 22. 8. 1935; IfZ/Fa/71 2.
137 Schreiben des Referats I an das Referat II im bayerischen Wirtschaftsministerium vom 6. 12. 1936 und Schreiben der IHK Nürnberg an das RWM vom Frühjahr 1936; BayHStAM/MWi/37.
138 Ebd.
139 Schreiben des RWM an das bayerische Wirtschaftsministerium vom 28. 4. 1936; ebd.

Insbesondere sollten sich die Ober- und Regierungspräsidenten stärker um diese Angelegenheiten kümmern. Schacht selber wollte nur noch bei besonders gravierenden Vorkommnissen in Kenntnis gesetzt werden.[140]

Die Stellungnahmen gegen regionale Alleingänge dürfen allerdings nicht über die längerfristigen Intentionen der Berliner Regierung hinwegtäuschen. Es kann inzwischen als erwiesen angesehen werden, dass auch Reichswirtschaftsminister Schacht keine schützende Hand über die jüdische Bevölkerung hielt.[141] In Bezug auf das Ziel der „Ausschaltung" der Juden aus der Wirtschaft bestand grundsätzliche Übereinstimmung. Offenbar hatte der Reichswirtschaftsminister selbst die offizielle Kennzeichnung jüdischer Betriebe schon 1934 in Aussicht gestellt.[142] Lediglich im Hinblick auf das Tempo existierte Uneinigkeit mit den Gauleitern und der bayerischen Regierung. Offenbar versuchten Wagner und die regionalen Parteigliederungen zusammen mit der hochideologisierten Bayerischen Politischen Polizei, durch antisemitischen Aktionismus die Ministerialbürokratie zum Handeln zu bewegen und damit die endgültige „Ausschaltung" durch entsprechende Gesetze voranzutreiben.[143]

Dabei wusste sich Wagner im Einklang mit Bestrebungen der Reichsspitze der Partei, die bereits im Frühjahr 1933 „Ausschaltungsmaßnahmen" initiiert und gefördert hatte. An die vorwiegend regional eingeleiteten Übergriffe vom März 1933 knüpfte der von Adolf Hitler und Joseph Goebbels zentral geplante und dann von Hitler persönlich angeordnete Boykott vom 1. April 1933 gegen jüdische Geschäfte, Rechtsanwälte und Ärzte an. Begründet wurde diese Aktion als Abwehrmaßnahme gegen die „jüdische Greuelhetze" und Reaktion des „Volkszorns" auf angebliche antideutsche Aktivitäten im Ausland. Die in der Forschung intensiv besprochene, hinsichtlich der Ausdehnung und Auswirkung allerdings unterschiedlich bewertete Aktion begann an einem Samstag um 10 Uhr morgens und bestand vor allem in der Plakatierung jüdischer Geschäfte und deren Belagerung durch Parteimitglieder. Obwohl Berlin den in den meisten Städten und Regionen des Reiches wohl friedlich verlaufenen Boykott initiiert hatte, oblag die konkrete Durchführung vor allem den regionalen Gliederungen des „Kampfbundes" und den NS-Berufsverbänden der Ärzte und Rechtsanwälte. Zum sogenannten Zentralkomitee zur Abwehr der jüdischen Greuel- und Boykotthetze gehörten weder nationalsozialistische Regierungsmitglieder noch Angehörige des engsten Führungszirkels der NSDAP.[144] Dem Boykott in München kam insofern eine Son-

---

[140] Schreiben des RWM an die Reichsstatthalter, Ober- und Regierungspräsidenten vom 24. 8. 1936; ebd.

[141] Bajohr, „Arisierung" in Hamburg, S. 217 ff.

[142] Am 16. Dezember 1936 machte das Referat II das Referat I im bayerischen Wirtschaftsministerium darauf aufmerksam, dass Schacht vor zwei Jahren die baldige Kenntlichmachung jüdischer Geschäfte zugesagt habe; BayHStAM/MWi/37.

[143] Nolzen, Party, S. 277, der als eine Funktion der Parteigewalt gegen Juden den Druck auf die Ministerialbürokratie herausstellt.

[144] Mitglieder des Komitees waren Julius Streicher, sein Stellvertreter Karl Holz, Robert Ley, Heinrich Himmler, der Leiter des NS-Beamtenbunds Jakob Sprenger, Walter Darré, Adrian von Renteln, der Leiter des NS-Juristenbundes Hans Frank sowie der Leiter des NS-Ärztebundes Gerhard Wagner; Mitgliederliste des „Zentralkomitees zur Abwehr der

derstellung zu, als die reichsweite Zentrale in der Barer Straße der „Hauptstadt der Bewegung" München eingerichtet worden war.[145] Bereits am 30. März 1933 ordnete der Vorsitzende des Zentralkomitees, der fränkische Gauleiter Julius Streicher, an, dass die Leiter der regionalen Gaukomitees die Führer des „Kampfbundes" seien und Transparente gegen jüdische Gewerbetreibende, Ärzte und Rechtsanwälte bei den Aufmärschen mitgeführt werden sollten.[146] Ähnlich wie in den übrigen Städten des Reiches wurde der Boykott auch in München von Reden und Aufmärschen begleitet. In der bayerischen Landeshauptstadt scheint es dabei nicht zu größeren gewalttätigen Übergriffen gekommen zu sein.[147] Noch am 1. April 1933 erließ Streicher ein Dekret, das eine Pause des Boykotts bis zum folgenden Mittwoch 10 Uhr anordnete, „damit man", so die offizielle Begründung, „dem internationalen Judentum die Chance zur Besserung geben könne".[148] Der Boykott wurde dann auch reichsweit nicht wieder aufgenommen. Dabei handelte es sich bei dieser Aktion nicht um einen Boykott im eigentlichen Sinne. Das antijüdische Vorgehen wurde zentral angeordnet und gesteuert und stieß bei dem überwiegenden Teil der Bevölkerung auf Ablehnung. Die vorherrschende skeptische Zurückhaltung der Bevölkerung war dann wohl auch der Grund für den raschen Abbruch dieser Aktion.[149]

Was aber hatte die Parteispitze zu dem reichsweiten Boykott gegen jüdische Erwerbstätige bewogen? Die möglichen Gründe reichen von einer „Demonstration der Stärke" über die Abwehr antinationalsozialistischer Bestrebungen im Ausland bis hin zu einer „Ventilfunktion", um die hohe Gewaltbereitschaft der Parteibasis und der mittelständischen Organisationen in kontrollierbare Bahnen zu lenken.[150]

Bereits vom Frühjahr 1933 an, dies ist zunächst wichtig zu betonen, war die wirtschaftliche „Ausschaltung" der jüdischen Bevölkerung ein wichtiges Ziel sowohl der Reichs- wie auch der Regionalführungen der NSDAP. Ungeachtet dieser grundlegenden Einigkeit gab die Berliner Politik in den ersten drei Jahren der NS-Herrschaft jedoch der Konsolidierung der Wirtschaft den Vorrang, dem sich andere Ziele unterzuordnen hatten. Dieses Primärziel schloss allerdings nicht aus,

---

jüdischen Greuel- und Boykotthetze" vom 29. 3. 1933; StAN/KV-Anklagedokumente/ PS/2156/Fotokopie.

[145] Zum Boykott in München und Nürnberg und zu dessen Organisation siehe v. a. Hanke, Geschichte, S. 85; Selig, Boykott, S. 186; Jäckle, Schicksale, S. 14; Rappl, „Arisierungen" in München, S. 128; Müller, Geschichte, S. 212 f.

[146] Parteikorrespondenz vom 30. 3. 1933; StAN/KV-Anklagedokumente/PS/1920/Fotokopie.

[147] Siehe hierzu v. a. Müller, Geschichte, S. 212 f.; Hanke, Geschichte, S. 83 ff.

[148] Dekret Nr. 7 vom 1. 4. 1933; StAN/KV-Anklagedokumente/PS/SEA/2192.

[149] Kuller/Drecoll, Volkszorn, S. 81 ff.

[150] Helmut Genschel sieht in dem Boykott v. a. fünf Intentionen: der antideutschen Hetze entgegenzuwirken, die Stärke und Entschlossenheit der Machthaber hervorzuheben, den revolutionären Eifer der SA und SS zu befriedigen, dem Bürgertum zu zeigen, dass nun etwas gegen die Juden unternommen wird und schließlich weitere Anhänger im mittelständischen Milieu zu gewinnen; Genschel, Verdrängung, S. 55 f.; die „Ventilfunktion" des Boykotts wird auch in neueren Arbeiten betont: Bajohr, „Arisierung" in Hamburg, S. 44; Fichtl, Wirtschaft, S. 50; insbesondere auch in Longerich, Politik, S. 32 f.

dass alle möglichen Variationen des Antisemitismus zur Mobilisierung einer breiteren Masse der Bevölkerung getestet und bei Misserfolg, wie im Falle des Boykotts, auch wieder fallen gelassen wurden. Hierauf deuten auch die frühen Gesetzesmaßnahmen zur wirtschaftlichen Verfolgung der Juden hin, die wirtschaftspolitisch vergleichsweise ungefährlich waren. So erging zum Beispiel bereits am 22. April 1933 eine durch Hitler und Reichsärzteführer Wagner mitinitiierte „Verordnung über die Zulassung der Ärzte bei den Krankenkassen", die im Rahmen der umfangreichen Neubestimmungen durch das „Gesetz zur Wiederherstellung des Berufsbeamtentums" verabschiedet wurde.[151] Ebenfalls im April 1933 beschränkte die Reichsregierung die Zulassung jüdischer Rechtsanwälte. Wie die jüdischen Ärzten verloren auch sie ihre Zulassung, wenn sie nicht bestimmte Ausnahmekriterien, wie etwa die Teilnahme am 1. Weltkrieg erfüllten.[152] Das „Gesetz zur Wiederherstellung des Berufsbeamtentums" zwang unter anderem „nichtarische" Beamte in den Ruhestand, sofern sie nicht unter die von Hindenburg durchgesetzten Ausnahmeregelungen fielen.[153] In zwei Durchführungsverordnungen vom Mai 1933 wurde die Gruppe der Betroffenen auf das Lehrpersonal an Hochschulen und auf öffentliche Angestellte und Arbeiter erweitert.[154] Gegen unzulässige, regional gesteuerte Eingriffe in die Wirtschaft wandten sich das Innen- und Wirtschaftsministerium sowie die obersten Parteibehörden aus taktischen Gründen, weil man wirtschafts- und arbeitsmarktpolitische Schwierigkeiten sowie akute Zwangslagen berücksichtigen wollte, die sich durch die nationale Devisen- und Rohstoffknappheit ergeben hatten.[155] Dass die Politik der Reichsregierung sowohl in Bezug auf allgemeine Fragen zur „Ausschaltung" der Juden aus dem Wirtschaftsleben als auch in Bezug auf die regionalen Alleingänge von taktischer Zurückhaltung geprägt war, kam in einer Sitzung auf höchster Ebene im Spätsommer 1935 besonders deutlich zum Ausdruck. An diesem Treffen nahmen neben Schacht und Frick auch Justizminister Gürtner und Finanzminister Schwerin von Krosigk teil. Schacht und Frick betonten hier einmal mehr die Notwendigkeit, nur auf gesetzlicher Grundlage gegen die jüdische Wirtschaftstätigkeit vorzugehen.[156] Dementsprechend kam es nach der Besprechung zu einem Schriftwechsel zwischen dem Innenminister und dem Wirtschaftsminister, der eine Veränderung

---

[151] Art. II Abs. 1 dieser neuen Verordnung bestimmte, dass die berufliche Tätigkeit sowohl von „nichtarischen" als auch von Ärzten, die sich im „kommunistischen Sinne" betätigt hatten, für beendet erklärt wurde; RGBl. I (1933), S. 222 f.

[152] Bei den sogenannten Hindenburgschen Ausnahmeregelungen handelte es sich um eine aktive Fronttätigkeit oder um eine nachgewiesene Tätigkeit in dem entsprechenden Beruf bereits vor 1914; RGBl. I (1933), S. 188 f.

[153] Den entscheidungsbefugten Institutionen stand jedoch die Möglichkeit zu, ein Ruhegehalt zu gewähren, allerdings nur, wenn eine zehnjährige Dienstzeit nachgewiesen werden konnte; §§ 2, 3 und 8 des Gesetzes; RGBl. I (1933), S. 175.

[154] Art. 2 der „Dritten Durchführungsverordnung" bzw. § 1 der „Zweiten Durchführungsverordnung"; RGBl. I (1933), S. 245–252 und 233 ff.

[155] Schreiben des Deutschen Industrie- und Handelstages an das Reichswirtschaftsministerium vom 27. 7. 1933 und Schreiben des Reichswirtschaftsministeriums an den Industrie- und Handelstag vom 8. 9. 1933; BayHStAM/ML/3399.

[156] Vermerk über die Besprechung im Reichswirtschaftsministerium vom 22. 8. 1935; IfZ/Fa/71 2.

der geltenden gesetzlichen Bestimmungen propagierte. Ins Auge gefasst war unter anderem eine drastische Einschränkung der Gewerbefreiheit für Juden, ein Kenntlichmachen jüdischer Firmen und deren Ausschluss von öffentlichen Aufträgen sowie ein generelles Verbot jüdischer Händler für Vieh- und andere Märkte. Darüber hinaus sollte Juden der Erwerb von Grundbesitz sowie die Teilnahme an der handwerklichen Meisterprüfung untersagt werden.[157] Derartige Überlegungen waren schon im September 1933 in den beiden Ministerien angestellt worden, wurden aber ungeachtet der grundsätzlichen Zustimmung der beiden Minister wegen außenpolitischer Bedenken erst 1938 in gesetzliche Formen gegossen.[158] Eine derartige, in den Augen der regionalen Parteiführer äußerst widersprüchliche Politik der Reichsregierung und der Weltanschauungselite der NSDAP lässt sich auch anhand zahlreicher anderer Beispiele verdeutlichen. Immer wieder brandmarkte sie das Einkaufen in jüdischen Geschäften und bei jüdischen Händlern. Mit Erlass vom 11. April 1934 wurde Parteigenossen nicht nur das Einkaufen in jüdischen Läden, sondern der Verkehr mit Juden überhaupt verboten.[159] Reichsinnenminister Frick machte in einem Rundbrief vom 17. Januar 1934 deutlich, dass Bestimmungen, die das Vorgehen gegen jüdische Wirtschaftstätigkeit weitgehend unterbanden, nicht immer den nationalsozialistischen Auffassungen entsprächen. Regionale Initiativen schloss Frick nicht generell aus, behielt sich aber seine Zustimmung vor. Kategorisch wandten sich die Reichsministerien allerdings gegen regionale Alleingänge. Der Reichsinnenminister hatte in einem Schreiben vom Januar 1934 daher eindringlich darauf hingewiesen, dass Aktionen gegen Juden vor allem im Rahmen ihrer Wirtschaftstätigkeit nur innerhalb der geltenden gesetzlichen Bestimmungen erfolgen dürften und die ausführenden Organe keinesfalls befugt seien, die ihnen gesetzten Grenzen eigenmächtig zu überschreiten.[160]

Vor allem Avraham Barkai hat darauf hingewiesen – und diese These ist seitdem auch immer wieder aufgegriffen worden –, dass man keinesfalls von einem Konflikt zwischen Maßnahmen- und Normenstaat, das heißt zwischen Partei und Staat ausgehen könne.[161] Vielmehr gab es eine Synthese zwischen dem Fußvolk der Partei und der Reichsregierung aufgrund gleicher Zielsetzungen. Die Aktionen waren dieser Interpretation gemäß aufeinander abgestimmt und taktisch flexibel in der Handhabung. Für diese Art der Verdrängungspolitik war der Boykott der Startschuss.[162] Offensichtlich angestoßen durch die Feststellungen Barkais

---

157 Schreiben Fricks an Schacht vom 3. 9. 1935; ebd.
158 Zu der Besprechung des Reichsinnenministers mit dem Reichswirtschaftsministerium vgl. die Note von Stuckart an den MinRat Lösender im Reichsinnenministerium vom 23. 9. 1933; ebd.
159 Anordnung des „Stellvertreters des Führers", Rudolf Heß, verbreitet durch einen Rundbrief der Bayerischen Politischen Polizei vom 8. 5. 1935; StAM/Gestapo/63.
160 Schreiben des Reichsinnenministers an die obersten Reichsbehörden und Landesregierungen; IfZ/Fa/1-1; BayHStAM/MF/71645.
161 In der Forschungsliteratur zur Verwaltungsgeschichte des NS-Staates ist diese dort besonders langlebige These mittlerweile auch widerlegt worden; siehe v. a. Roser, NS-Kommunalpolitik.
162 Barkai, Boykott, S. 33; Fichtl, Wirtschaft, S. 49; Longerich, Politik, S. 33.

wurde erst kürzlich die These vertreten, „dass die Regierung nicht unbewusst halbherzig agierte, sondern vorausschauend die antisemitischen Potentiale innerhalb der Partei und der Verwaltung pflegte, um diese später instrumentalisieren zu können".[163] Das vorausschauende Taktieren mit dem Ziel, antisemitische Potentiale der Basis zu testen oder zu entwickeln, darf aber auch nicht überbetont werden. Was in der Rückschau wie taktisch flexible Manöver und langfristige Planungen erscheinen mag, war oftmals nicht mehr als situatives Handeln. Wegen der antisemitischen Grundlinie, die von den regionalen Hoheitsträgern der Partei geteilt wurde, entstanden ungeachtet der weitgehenden Konzeptlosigkeit der Reichsregierung im Umgang mit regionalen Alleingängen bei der Judenverfolgung dennoch folgerichtige Aktionen, denen aber kein abgestimmter Handlungsplan zugrunde lag. Wie bereits erwähnt, hatte Berlin erhebliche Mühe, den Aktionismus der Gauleiter zu bremsen, und es kam immer wieder zu handfesten Konflikten mit der Reichsregierung. Dies hatte sich auch schon beim Boykott vom 1. April 1933 gezeigt, als man eindringlich darauf hinwies, dass Gewalt unter allen Umständen zu vermeiden sei.[164] Initialzündung und Motor der ökonomischen Verfolgung der Juden waren eindeutig die Hoheitsträger der NSDAP in den Regionen. Gerade bei der „Entjudung" der Wirtschaft manifestierte sich die erhebliche Eigendynamik der regionalen Parteigliederungen und vor allem der selbstherrlichen Gauleiter. Die notwendigerweise mehr auf Vorsicht bedachte Berliner Reichsregierung nahm zwar auf der einen Seite die Beschleunigung des Verfolgungsprozesses in einigen Bereichen auch dann billigend in Kauf, wenn sie geltendem Recht widersprach, und forcierte diese Entwicklung durch die Gesetzgebung auch selber, griff aber auf der anderen Seite immer wieder regulierend in den Prozess ein. So konnte sie generelle Entwicklungslinien weitgehend in der Hand behalten, Initiative und Durchführung der „Ausschaltung" der Juden aus dem Wirtschaftsleben lagen in der Regel aber in den Händen der Gaue und ihrer Leiter.

Insgesamt entstand damit in den ersten Jahren des Regimes ein Wechselspiel von lokalen und reichsweiten Aktionen, von Zentrum und Peripherie. Erneut wird deutlich, dass die wirtschaftliche Verfolgung der Juden ein zumindest in Teilbereichen bewusst gesteuerter Prozess und nicht nur Ergebnis unkontrollierter Radikalisierungstendenzen war.

IV. Die endgültige Ausplünderung: Die „Arisierungsstellen" und die Enteignung jüdischen Vermögens 1938–1941

In den Jahren 1937/38 änderte sich die Politik der NS-Regierung. Während sie vorher aufgrund außen- und wirtschaftspolitischer Rücksichtnahmen die Ausplünderung der jüdischen Bevölkerung noch verzögert hatte, bewirkten institu-

---

163 Bopf, „Arisierung" in Köln, S. 97.
164 Anordnung des Zentralkomitees Nr. 3 vom 31. 3. 1933: Die Schließung jüdischer Geschäfte oder Gewaltanwendung sind unter allen Umständen zu unterlassen. Anordnung Nr. 5: Betreten jüdischer Geschäfte durch SS oder SA ist strengstens untersagt; StAN/ KV-Anklagedokumente/PS/2154/Fotokopie.

tionelle Veränderungen und legislative Verschärfungen ab Ende 1937 eine aggressive NS-Expansionspolitik, in deren Zusammenhang auch die wahre Flut von Gesetzen und Verordnungen zur „Ausschaltung" der Juden aus dem Wirtschaftsleben zu sehen ist, die ab Frühjahr 1938 über die jüdische Bevölkerung hereinbrach.[165] Damit trieb die Reichsregierung nun ihrerseits deren Ausgrenzung und Ausplünderung voran.[166] Bis Herbst 1938 erfolgte die endgültige berufliche „Ausschaltung" der jüdischen Erwerbstätigen.[167] Parallel dazu machte die NS-Ministerialbürokratie den Verkauf jüdischen Eigentums genehmigungspflichtig und beteiligte verschiedene Institutionen von Partei und Staat am „Arisierungsprozeß". An dem Genehmigungsverfahren waren neben staatlichen Instanzen auch die Gauleiter, der Reichsnährstand und die Deutsche Arbeitsfront beteiligt.[168] Nach dem Pogrom vom 9. November 1938 erreichte dann die wirtschaftliche Verfolgung dann eine neue Radikalisierungsstufe.[169] Unmittelbar nach den Ausschreitungen im Rahmen des Pogroms leitete Göring den ausschließlichen und umfassenden Zugriff des Staates auf jüdische Vermögenswerte ein.[170] Den Alleinanspruch der Reichsregierung hatte er bereits im Oktober 1938 in einer Bespre-

---

[165] Im November 1937 entließ Hitler Schacht und ersetzte ihn letztlich durch den ihm treu ergebenen Walther Funk; Außenminister Neurath wurde im Februar 1938 entlassen; Hildebrand, Reich, S. 644 ff. Zu den einzelnen Gründen für die enorme Radikalisierung der Judenverfolgung im Jahr 1938 vgl. ausführlich Longerich, Politik, S. 155 ff.

[166] Wie anhand des Einflusses des Devisenfahndungsamts und § 37a des Devisengesetzes noch aufgezeigt wird, wurden wesentliche Grundlagen der vollständigen Ausschaltung bereits 1937 gelegt, die Gesetzesflut zur endgültigen wirtschaftlichen Verdrängung der Juden erfolgte dann allerdings erst im Jahr 1938; zu der Verschärfung der Judenpolitik 1936/37 und den zwei Phasen der Radikalisierung 1938 vgl. auch die Gliederungen bei Bajohr, „Arisierung" in Hamburg; Longerich, Politik, S. 155 ff.

[167] „Verordnung gegen die Unterstützung der Tarnung jüdischer Gewerbebetriebe" vom 22. 4. 1938; RGBl. I (1938), S. 404; „Dritte Verordnung zum Reichsbürgergesetz" vom 14. 6. 1938; RGBl. I (1938), S. 627; „Gesetz zur Änderung der Gewerbeordnung für das Deutsche Reich" vom 6. 7. 1938; RGBl. I (1938), S. 823 f.; „Vierte Verordnung zum Reichsbürgergesetz" vom 25. 7. 1938; RGBl. I (1938), S. 969; und „Fünfte Verordnung zum Reichsbürgergesetz" vom 27. 9. 1938; RGBl. I (1938), S. 1403 f.

[168] Schreiben des RWM an die Ober- und Regierungspräsidenten vom 5. 7. 1938, das hierbei auf die Durchführungsverordnung zur „Verordnung über die Anmeldung jüdischen Vermögens" Bezug nahm; StAW/LRA Miltenberg/2541. Die bayerischen Regierungspräsidenten avancierten bereits durch die Verordnung über die Anmeldung jüdischen Vermögens zu Genehmigungsinstanzen; vgl. § 6 (1) der „Verordnung über die Anmeldung des Vermögens von Juden" vom 26. 4. 1938; RGBl. I (1938), S. 415.

[169] Die Vorgeschichte und die Planungen im Rahmen der „Reichskristallnacht" werden in der Sekundärliteratur breit und relativ einheitlich geschildert; Friedländer, Reich, S. 257 f.; Longerich, Politik, S. 198 f.; Bajohr, „Arisierung" in Hamburg, S. 266 f.; Adam, Judenpolitik, S. 184 f.; Bruns-Wüstefeld, Geschäfte, S. 97 f.; Barkai, Boykott, S. 147; Graml, Reichskristallnacht.

[170] Die „Erste Verordnung zur Ausschaltung der Juden aus dem deutschen Wirtschaftsleben" untersagte jüdischen Erwerbstätigen den Betrieb von Einzel- und Versandgeschäften sowie Handwerksgeschäften nach dem 1. Januar 1939. „Verordnung zur Ausschaltung der Juden aus dem deutschen Wirtschaftsleben" vom 12. 11. 1938; RGBl. I (1938), S. 1580. Die „Verordnung über den Einsatz jüdischen Vermögens" vom 3. Dezember 1938 stellte schließlich auch den jüdischen Privatbesitz unter umfassende staatliche Kontrolle; RGBl. I (1938), S. 1709.

chung mit führenden Vertretern des NS-Regimes unmissverständlich klarge-
macht: Die Exportgewinne mussten gesteigert werden, um die Rüstung anzukur-
beln. Die „Judenfrage" sollte zwar „mit allen Mitteln angefasst" werden: „sie
müssten auch aus der Wirtschaft raus"; die „Arisierung" sei aber allein Sache des
Staates und nicht der Partei.[171] Ähnlich argumentierte Göring nach dem Pogrom,
als er noch einmal forderte, die Übernahme jüdischer Betriebe dürfe nur auf
streng gesetzlicher Grundlage erfolgen.[172] Alle Verordnungen, die die Judenfrage
beträfen, sollten mit ihm abgesprochen werden, jede selbständige Aktion habe zu
unterbleiben.[173] Derartige Mahnungen hatten eine eindeutige Stoßrichtung: Sie
zielten auf die vorhergegangenen Einzelaktionen der Gauleiter, die in Zukunft in
jedem Fall zu unterbleiben hatten.[174]

Für den Prozess der wirtschaftlichen Verfolgung bedeutete die neue Linie der
Reichsregierung einschneidende Veränderungen. Zum einen verfügten die Gauleiter und andere regionale Parteigliederungen als Genehmigungsinstanzen nun über
die Autorität gesetzlich legitimierter Entscheidungsträger und konnten sich auf
entsprechende Kompetenzen berufen. Zum anderen hatte Göring aber regionalen
Alleingängen eine deutliche Absage erteilt. Im Zusammenhang mit diesem neu
entstandenen Interaktionsverhältnis sind bei der Untersuchung der regionalen
Entwicklung der Verfolgungspolitik ab 1938 vor allem zwei Fragen von Interesse:
erstens die nach personellen oder organisatorischen Veränderungen angesichts der
neuen legislativen Einbindung, die den Parteigliederungen vor Ort administrativ-
steuernde Funktionen zuwies, und zweitens die nach der Durchsetzungsfähigkeit
regionaler Sonderinteressen auf einem Politikfeld, das regionale Entscheidungsträger zwar einband, aber zumindest de jure nunmehr klar der zentralen Steuerung unterlag.

1. Die „Arisierungsstelle" in München

Den ersten Schritt in Richtung eines umfassenden Vermögensentzuges im Zuge
des Pogroms unternahm in München die Deutsche Arbeitsfront. Sie versuchte damit erneut, an ihrer Führungsposition bei der wirtschaftlichen Ausplünderung
festzuhalten und avancierte tatsächlich kurzzeitig zu einer der zentralen Institutionen der wirtschaftlichen Verfolgung. Am 10. November gründete die Arbeitsfront in München die Vorbereitungsstelle für die Liquidation jüdischer Betriebe in

---

[171] Mitschrift der Konferenz vom 14. 10. 1938 im Reichsluftfahrtministerium; StAN/KV-
Anklagedokumente/PS/1449/Umdrucke deutsch.
[172] Rechtswidrige Geschäfte, die nach dem 1. November 1938 getätigt worden waren, sollten
rückgängig gemacht werden; Schreiben Görings an die Obersten Reichsbehörden vom
10. 12. 1938; StAN/KV-Anklagedokumente/NG/1250/Fotokopie.
[173] Schreiben Görings an die Obersten Reichsbehörden vom 14. 12. 1938; BayHStAM/MF/
71645.
[174] So meinte Göring am 12. November in einer Sitzung im Reichsluftfahrtministerium,
Richtlinien seien zwingend notwendig, da die Gauleiter sich sonst selbständig machen
würden. Auch hätten sich Parteigenossen bereichert, was er in Zukunft unterbinden
würde. Stenographische Niederschrift von der Besprechung über die Judenfrage vom
12. 11. 1938; StAN/KV-Anklagedokumente/PS/1816/Fotokopie.

der Landwehrstraße. Die DAF nutzte hierbei ihr enges Netz an Vertrauens- und Betriebsobmännern, um die Kassenbestände, andere Barmittel und Schecks sowie sonstige Wertgegenstände aus den jüdischen Firmen sicherzustellen, während sich deren Inhaber in Haft befanden. Die Leitung der Vorbereitungsstelle übernahm der Vorsitzende der Gaufachabteilung „Der Deutsche Handel" der DAF, Leinfelder, der sämtliche Beträge auf ein Sperrkonto der Bank der deutschen Arbeit überweisen ließ oder in der Dienststelle deponierte. Insgesamt richtete die Vorbereitungsstelle 106 Sicherungskonten ein. Nach Abzug von Lohnfortzahlungen, die die DAF den nichtjüdischen Beschäftigten der betroffenen Firmen bezahlte, und geringer Unterstützungsleistungen an die jüdischen Inhaber verblieben ihr allein von den Konten 184 951,70 Reichsmark. Zudem entzog sie Barmittel in Höhe von 76 394,42 Reichsmark. Nach Abzug der Zahlungen verbuchte die DAF aus diesen Mitteln insgesamt 52 433,61 Reichsmark.[175]

Die Arbeitsfront konnte in München ihre Führungsposition allerdings nicht lange behaupten und wurde bereits nach wenigen Wochen wieder aufgelöst. Dies lag zum einen an den „chaotischen Zuständen bei der Vorbereitungsstelle", die ein 1940 als Buchprüfer eingesetzter Beamter der Bayerischen Gemeindebank scharf rügte. Bargeld hatte die DAF in Briefumschlägen ohne Quittung aufbewahrt und auch die Kontoführung war höchst undurchsichtig.[176] Zum anderen besaß die DAF bei ihren Aktionen offensichtlich nicht die volle Rückendeckung des Gauleiters. Dieser nahm Ende November 1938 die Zügel selbst in die Hand und gründete die Vermögensverwertungs-GmbH München als Auffanggesellschaft für jüdischen Besitz. Die Gesellschaft verfügte über mehr als 30 Mitarbeiter, die sich neben der Geschäftsführung auf eine Abteilung für Grundstückswesen, eine Geschäfts- und Rechtsabteilung, auf eine allgemeine Verwaltungs- und eine Häuserverwaltungsabteilung verteilten. Neben Rechtsanwälten und Notaren arbeiteten hier auch Ingenieure und Makler.[177] Offiziell diente die GmbH gemeinnützigen Zwecken. Gegenstand des Unternehmens waren der Erwerb, die Verwaltung und die anschließende Veräußerung jüdischen Vermögens. Tatsächlich verfügte die Gesellschaft über ein Stammkapital von 20 000 Reichsmark, wobei 5000 Reichsmark ihr erster Geschäftsführer, der Kaufmann Matthäus Dötsch, hielt. Weitere 5000 Reichsmark stammten vom Dispositionsfond des Gauleiters, der am 20. Januar 1939 alle Geschäftsanteile selbst übernahm. Die GmbH war damit de facto eine Gesellschaft in den Händen des Gauleiters.[178] Die Methoden bei der Entziehung jüdischer Vermögenswerte waren radikal. Die Mitarbeiter der Dienststelle nutzten die Inhaftierung zahlreicher jüdischer Unternehmer in Dachau, um die Vermögenswerte unter ihre Kontrolle zu bringen. Im Dezember 1938 erzwangen die mit der GmbH eng zusammenarbeitenden Rechtsanwälte Wolf und Kügle im

---

[175] Bericht über die Prüfung der Rechnungslegung der Vorbereitungsstelle für die Liquidation der jüdischen Betriebe der Revisoren der Reichsleitung vom 7. 11. 1940; StAM/NSDAP/37.

[176] Ebd.

[177] Abschlussbericht über die Tätigkeit der Vermögensverwertungs-GmbH München vom 25. 1. 1939, S. 15 f.; StAM/Staatsanwaltschaften/17856.

[178] Prüfung der Vermögensverwertungs-GmbH München vom 16. 11. 1940, Prüfungszeitraum 22. 11. 1938–31. 8. 1940; StAM/NSDAP/37.

Konzentrationslager mittels zweier Musterschriftstücke die Unterschriften von 176 Juden, die damit den unwiderruflichen Auftrag erteilten, ihre Liegenschaften, Geschäfte und sonstigen Vermögenswerte zu „arisieren" oder zu liquidieren.[179] Die Dienststelle übernahm zudem die Vermögenswerte der „Vorbereitungsstelle" und bediente sich weiterhin der Mithilfe der DAF, um Juden zur Veräußerung ihres Vermögens zu zwingen.[180]

Allein der Verkehrswert der von der GmbH entzogenen jüdischen Grundstücke, etwa ein Sechstel des nach wie vor in den Händen der jüdischen Bevölkerung des Gaugebiets befindlichen Grundbesitzes, belief sich auf 6,8 Millionen Reichsmark. Nach Abzug der durch die Entziehung übernommenen Belastungen und Verbindlichkeiten rechnete man mit einem Erlös von etwa acht Millionen Reichsmark. Den Gesamtwert der Immobilien von Münchner Juden schätzten die Mitarbeiter der GmbH auf etwa 50 Millionen Reichsmark.[181]

Der Zusammenhang von ideologischer Motivation und dem damit verbundenem Aktionismus der lokalen Parteigliederungen nach dem Pogrom von November 1938 auf der einen und utilitaristischen Zielsetzungen auf der anderen Seite lässt sich anhand der GmbH besonders gut nachzeichnen. Der Befehl der Gauleitung lautete zunächst auf vollständige ökonomische „Ausschaltung" der Juden, wobei das Vermögen zum Wiederaufbau der Münchner Wirtschaft verwendet werden sollte: „Die in den Händen der Juden befindlichen Vermögenswerte", so der Schlussbericht über die Tätigkeit der Vermögensverwertungs-GmbH München, „stellen nach nationalsozialistischer Anschauung einen Teil des deutschen Volksguts dar, um den größtenteils im Laufe der Zeit deutsche Volksgenossen, wenn auch unter dem Schein des Rechts, gebracht wurden. Eine individuelle Wiedergutmachung ist im ganzen gesehen unmöglich." Daher sollten den Juden die Vermögenswerte weggenommen und dem „Volkskörper" zugeführt werden. Des Gegensatzes zwischen geltenden und kurz bevorstehenden zentralen Regelungen war man sich offensichtlich bewusst. Den Zwang zu schnellem Handeln begründete die GmbH mit der laschen Haltung der staatlichen Verwaltung, die der Sachlage nicht gerecht werde: „Bezeichnend ist, dass nicht der Jude die Behauptung aufstellte, unter Druck gehandelt zu haben, sondern dass sich eine Anzahl Juden auf der Dienststelle freiwillig zur Abgabe der Vollmacht meldeten, um ihre Auswanderung zu beschleunigen. Dagegen haben die mit bürokratischen Hemmungen beseelten, der Kategorie der ewigen ‚Wenn und Abersager' Angehörenden die Frage der Rechtmäßigkeit in die öffentliche Debatte geworfen und nicht der Jude."[182]

---

[179] Urteil des LG München im Prozess gegen Hans Wegner vom 11. 7. 1950; Aussage des Notars Hans D., der sich aufgrund fehlender rechtlicher Grundlagen geweigert hatte, entsprechende Musterschriftstücke notarisch zu beglaubigen; Aussage vom 15. 12. 1949; StAM/Staatsanwaltschaften/17856.

[180] Zeugenaussage Leo S.s am 11. 10. 1949 im Rahmen des Strafprozesses gegen Wegner; ebd.; Bericht des Reichsschatzmeisters Schwarz vom 11. 10. 1940; StAM/NSDAP/37.

[181] Ebd., S. 17.

[182] Abschlussbericht über die Tätigkeit der Vermögensverwertungs-GmbH vom 25. 1. 1939, S. 2; StAM/Staatsanwaltschaften/17856.

Alle bisher geschilderten Charakteristika, die den wirtschaftlichen Verfolgungsprozess auf Seiten der regionalen Parteigliederungen prägten – die dominante Rolle des Gauleiters und seiner Entourage, die Ausweitung des eigenen Kompetenzbereiches und das Streben nach materiellem Profit – kumulierten sich in der von Adolf Wagner 1938 ins Leben gerufenen Dienststelle. Während sich die Aktionen vor der radikal verschärften „Judenpolitik" weitgehend auf Ad-hoc-Aktionen und Übergriffe beschränkt hatten und zur vollständigen Ausplünderung bis 1937/38 der organisatorische Unterbau gefehlt hatte, zeigte sich bei der GmbH eine deutliche Tendenz hin zu einer besser organisierten und damit effizienteren Form der Ausplünderung. Bei den Führungskräften setzte Wagner allerdings weiterhin vornehmlich auf seine in der „Gegnerbekämpfung" erprobten und treuen Altparteigenossen, die nicht immer die erforderliche sachliche Kompetenz mitbrachten.[183] Anlass zur Kritik hatte etwa das dilettantische Geschäftsgebaren des Geschäftsführers der GmbH Dötsch geboten.[184] Zudem hatten die eigenwilligen Praktiken der GmbH zugunsten der Parteikasse Gauleiter Wagner offensichtlich in Schwierigkeiten mit der Parteizentrale und der Reichsregierung gebracht.[185] Mit dem eklatanten Verstoß gegen reichsweite Regelungen zeigten sich daher kurzfristig auch die Grenzen gauspezifischer Verfolgungspolitik. Mit den umfassenden Regelungen im Rahmen der „Verordnung zur Ausschaltung der Juden aus dem Wirtschaftsleben" vom 3. Dezember 1938 war einer privatrechtlichen Gesellschaft wie der GmbH der rechtliche Boden endgültig entzogen. Die Dienststelle hatte innerhalb kürzester Zeit den Besitz von 400 Münchner Juden enteignet. Die Regierung von Oberbayern hatte aber als Genehmigungsinstanz ihre Zusage verweigert, so dass die Verträge hinfällig geworden waren.[186] Bereits am 22. April 1939 löste Gauleiter Wagner daher die Vermögensverwertungs-GmbH München wieder auf.[187] Während er damit formal seinen alleinigen Verfü-

---

183 Der Mitarbeiter Ludwig Schrott etwa hatte zwar die Handelsschule besucht, war aber seit Anfang der 1930er Jahre arbeitslos und arbeitete vor seiner Anstellung bei der GmbH als Hausverwalter in einem HJ-Heim; Urteil der 3. Strafkammer des LG München vom 11. 7. 1950; StAM/Staatsanwaltschaften/17856.

184 Dötsch hatte das Kapital nahezu vollständig aufgebraucht. Er wurde daraufhin von dem neuen Geschäftsführer Dziewas abgelöst. Noch Anfang 1939 rechnete man mit einem Verlust von rund 600 000 RM. Ein Bericht des Gaurevisors kam zu dem Schluss, dass das Weiterwirtschaften auf dieser Basis „nicht mehr zu verantworten" sei; Bericht des Gaurevisors für den stellvertretenden Gauleiter Nippold, o.D.; StAM/NSDAP/37.

185 Schreiben der Vermögensverwertungs-GmbH an den Gaurevisor Alois Brand, in dem sich die Dienststelle ausdrücklich für die Schwierigkeiten entschuldigte, die man dem Gauleiter bereitet habe; Schreiben vom 27. 2. 1939. Am 11. 10. 1940 schrieb Reichsschatzmeister Schwarz an Wirtschaftsminister Funk, es gebe immer noch Unklarheiten über Beträge der Vermögensverwertungs-GmbH, weshalb Buchprüfer die Sache in die Hand nehmen sollten; StAM/NSDAP/37.

186 Letztlich hatte die Dienststelle nur ein Grundstück weiterveräußern können; Prüfung der Vermögensverwertungs-GmbH München vom 16. 11. 1940; ebd.

187 Siehe hierzu Spruchkammerurteil Wegner vom 20. 12. 1948; StAM/Spruchkammer/Karton 1919. Die Spruchkammer stellte fest, die Vermögensverwertungs-GmbH München habe sich bei der Verwertung des jüdischen Vermögens nicht einschränken wollen, sei jedoch in dieser Form gegenüber den Verwertungsinstitutionen des Fiskus gerade als private Gesellschaft nahezu rechtlos gewesen, weshalb man eine allgemeine Unterdrü-

gungsanspruch über jüdische Vermögenswerte zunächst aufgeben musste, zeigte sich hier das grundsätzliche Spannungsverhältnis zwischen dem von Göring formulierten alleinigen Zugriffsrecht des Staates und den Machtbestrebungen der regionalen Parteifunktionäre deutlich. Denn bereits wenige Monate nach Auflösung der GmbH, am 28. September 1939, erweckte sie der Gauleiter in veränderter Gestalt als „Treuhänder gemäß Beschluss des Regierungspräsidenten und Dienststelle des Beauftragten des Gauleiters" wieder zu neuem Leben. Die neue Dienststelle, in München meist einfach „Arisierungsstelle" genannt, sollte sich im Rahmen der wirtschaftlichen Verdrängung der Juden jetzt vor allem um die Verwaltung von Liegenschaften kümmern. Mit ihrer Etablierung war dem Gauleiter und dem neuen Dienststellenleiter Hans Wegner ein geschickter Schachzug gelungen. Sie machten sich die Verordnungen Görings zu Nutze, die sowohl die Partei in der Person des Gauleiters, als auch die Verwaltungsbehörden durch die Regierungspräsidenten an der Verwertung jüdischer Grundstücke beteiligte.[188] Wagner hatte seine Doppelfunktion als Innenminister der Landesregierung und als Gauleiter der Partei dazu benutzt, sowohl die Beteiligung der Verwaltung als auch die der Partei in den beiden Dienststellen, die in Personalunion durch Wegner geleitet und damit de facto vereinigt wurden, auch formal zusammenzufassen. Die neue Dienststelle konnte damit ihren Zuständigkeits- und Tätigkeitsauftrag sowohl vom obersten staatlichen Organ als auch vom höchsten politischen Hoheitsträger ableiten.[189]

Die Tätigkeit der „Arisierungsstelle" bezog sich aber nicht ausschließlich auf die Entziehung und Verwertung von Grundbesitz. Auch hier diente die wirtschaftliche Verfolgung als Instrument für weitergehende Machtansprüche in der „Judenfrage". So arbeitete Wegner bei der ab 1939 einsetzenden umfassenden „Entmietung" der jüdischen Bevölkerung eng mit den zuständigen Referaten von Oberbürgermeister Fiehler zusammen.[190] Die „Entmietung" von Wohnungen benutzte die Dienststelle gleichzeitig zum Raub jüdischen Eigentums, was sie auf zwei Ebenen realisierte. Zum einen zwang sie die jüdische Bevölkerung durch

---

ckungsstelle habe schaffen wollen. Eine Beurteilung dieser Vorgänge ist jedoch äußerst schwer, da als Überlieferung nur die spärlichen Informationen in der Spruchkammerakte Wegner und in dem Tätigkeitsbericht 1942 der Nachfolgeorganisation dienten. Der Tätigkeitsbericht der „Arisierungsstelle" ist – allerdings nicht kommentiert oder ausgewertet – in einer vom Stadtarchiv München herausgegebenen Studie über die Deportationen in München abgedruckt; Stadtarchiv, Deportation, Dokument 22 [ohne Seitenangabe].

188 Siehe hierzu die „Verordnung über den Einsatz jüdischen Vermögens" vom 12. 3. 1938, die dem Regierungspräsidenten die Einsetzung von Treuhändern für Grundstücke ermöglichte; RGBl. I (1938), S. 1709. Siehe auch „Durchführung der auf Grund der Verordnung über die Anmeldung des Vermögens von Juden erlassenen Anordnung der BVP" vom 5. 7. 1938, die bei Veräußerung von Grundstücken oder Gewerbebetrieben die Anhörung des Gauleiters erforderlich machte; Walk, Sonderrecht, S. 231.

189 Tätigkeits- und Abschlußbericht, S. 1; siehe auch die kurze Beschreibung Hankes, die auf Material der Gedenkstätte Yad Vashem fußt; Hanke, Geschichte, S. 237.

190 Tätigkeits- und Abschlußbericht, S. 14; Haerendel, Schutzlosigkeit; dies., Wohnungspolitik; zur Funktion des Treuhänders und zur Bedeutung, die der IHK auch nach dem Pogrom noch bei der „Arisierung" gewerblichen Vermögens zukam: Selig, „Arisierung", S. 60ff.

eine „Instandsetzungsabgabe" dazu, die angeblichen Kosten der Renovierung selber zu tragen.[191] Zum anderen beschlagnahmte sie große Teile der Einrichtung, nachdem sie die jüdischen Mieter zum Auszug gezwungen hatte.[192] Von ihrem Büro in der Widenmayerstraße aus übernahm die Dienststelle schließlich generell die Überwachung der jüdischen Bevölkerung und etablierte eine Art „Judenpolizei", was sie auch in mehrfachen Konflikt mit der Gestapo brachte. Sie kümmerte sich um die Einhaltung antisemitischer Vorschriften, indem sie jüdische Wohnungen nach Edelmetall-, Schmuck- und Wertsachen durchsuchte. Darüber hinaus überprüfte die „Arisierungsstelle" das Tragen des „Judensterns" und überwachte die öffentlichen Verkehrsmittel, deren Benutzung der Münchner jüdischen Bevölkerung seit dem 14. Oktober 1941 verboten worden war.[193] Damit waren Wegner und seine Gefolgsleute nicht nur für die Ausplünderung, sondern auch für die vollständige Isolation der jüdischen Bevölkerung verantwortlich, die sie auch durch den Einsatz gezielter körperlicher Gewalt vorantrieben.[194] Besonders krasse Formen nahmen die Übergriffe im Sammellager Milbertshofen an, in dem Betroffene barfuß die Latrinengruben reinigen mussten und die Wegner eigenhändig mit Feuerwehrschläuchen und Stöcken bis zur Unkenntlichkeit verprügelte.[195] Der vom Gauleiter eingesetzte Treuhänder sicherte sich mit derartigen Methoden weitreichende Kontrollmöglichkeiten über die Münchner Juden und deren Besitz. Neben der Verwertung in eigener Regie beteiligte sich Wegner zudem durch die Erhebung von „Verwaltungsgebühren" an dem Raub von Vermögenswerten.[196] Die scheinlegale Konstruktion „Treuhänder gemäß Beschluss des Regierungspräsidenten" und der Einfluss des Münchner Gauleiters Wagner beziehungsweise dessen Nachfolgers Giesler hatten der Dienststelle ungeachtet der Haltung der Reichsregierung und der offensichtlichen Kompetenzanmaßungen Wegners das Überleben gesichert. Allein bis zum Oktober 1940 erwirtschaftete die „Arisierungsstelle" einen Gewinn von 722 406,40 Reichsmark.[197]

Vergleicht man die ausgedehnten Raubzüge und die umfassenden Kontrollfunktionen der „Arisierungsstelle" mit grundsätzlichen Tendenzen im Zuge der

---

[191] Schreiben der Süddeutschen Bank an das BLEA vom 28. 3. 1957; BayHStAM/BEG/ 13406; Verfolgungsschilderung von Hedwig B., 24. 2. 1955; BayStAM/BEG/16877.
[192] Zeugenaussage Dieter L.s am 26. 7. 1947; StAM/Spruchkammer/Karton 1919.
[193] Tätigkeits- und Abschlußbericht, S. 29.
[194] Auf der Dienststelle verprügelte Wegner die Betroffenen regelmäßig mit einer Reitpeitsche. „Ausgeschlagene Zähne und Faustschläge", so gab ein Betroffener 1947 an, „waren dort keine Seltenheit. Beschimpfungen wüstester Art alltäglich." Urteil der 3. Strafkammer des LG München vom 11. 7. 1950; StAM/Staatsanwaltschaften/17856; eidesstattliche Versicherung Dieter L.s vom 26. 7. 1947; ebd.
[195] Ermittlungsbericht gegen Wegner und Spruch der Spruchkammer München vom 20. 12. 1948; StAM/Spruchkammer/Karton 1919.
[196] Wegner fungierte als Gutachter des Gauleiters für alle „Arisierungsverträge" und erhielt hierfür eine Gebühr von 3% der Kaufsumme. Zudem erhielt er weitere 3% Gebühren als Genehmigungsinstanz für die „Arisierung"; Prüfung des Treuhänders gem. Beschluss des Regierungspräsidenten von Revisoren und Buchprüfern am 16. 11. 1940; StAM/ NSDAP/37.
[197] Nach der endgültigen Deportation und Ermordung der Münchner Juden wurde die Dienststelle 1943 aufgelöst; ebd.

„Parteirevolution von unten" im Frühjahr 1933, so wird deutlich: die mit der wirtschaftlichen Verfolgung verbundenen Zielsetzungen – neben der Umsetzung ideologischer Vorgaben diente sie als ein Schlüsselelement für Expansions- und Kontrollbestrebungen der Partei – sind nach 1938 im Wesentlichen gleich geblieben. Durch die sich radikal verschärfende Judengesetzgebung in ein zunehmendes Konkurrenzverhältnis zur Reichsregierung um jüdisches Vermögen geraten und zugleich in ein staatlich legitimiertes Genehmigungsverfahren eingebunden, veränderten sich die Mittel der regionalen Parteidienststellen zur Durchsetzung dieser Ziele allerdings in Richtung eines expandierenden und wirkungsvoll organisierten Apparates unter Federführung des Gauleiters. So erklärt sich auch die nicht nur äußerst brutale, sondern in den Jahren 1938–1941 auch äußerst schnell vollzogene vollständige Ausplünderung der jüdischen Bevölkerung. Insgesamt war Gauleiter Wagner in der Lage, zumindest partiell auch weiterhin eine gauspezifische „Arisierungspolitik" durchzusetzen, die stark von der Initiative der regionalen Parteifunktionäre geprägt blieb. Das häufig verwendete Bild der „wilden Arisierungen" im „gesetzesfreien Raum" in der Zeit 1933–1937/38 darf also nicht den Eindruck erwecken, eine völlig willkürliche und unkontrollierte Verfolgungspraxis sei einer zentral gesteuerten und bürokratisch umgesetzten „Ausschaltung" der jüdischen Bevölkerung gewichen. Staatliche Verwaltungsbehörden und Parteiinstanzen zogen zwar bei der grundlegenden antisemitischen Zielsetzung an einem Strang, die Umsetzung blieb aber ein umstrittenes Feld, auf dem auch in den Jahren ab 1938 Positionskämpfe ausgetragen wurden. Der Pogrom vom 9. November 1938 und die damit im Zusammenhang stehenden zahlreichen Gesetze und Verordnungen wirkten daher in zweifacher Weise als Katalysator der weiterreichenden Ausplünderung. Zunächst sahen die lokalen Parteigliederungen im Pogrom den Startschuss und eine Legitimation für die radikale Vertreibung der Juden sowie regional initiierte Ausplünderungen. Darüber hinaus versuchten regionale Gliederungen der NSDAP angesichts der neuen legislativen Regelungen, durch eigene Aktionen der zentralen Reglementierung zuvorzukommen. Die dem Gauleiter gesetzlich zugewiesenen Kompetenzen bei der „Arisierung" von Vermögenswerten gab diesem zwar auch administrativ-steuernde Funktionen. Die Einbindung in ein gesetzliches Genehmigungsverfahren führte aber nur partiell zu einer Veränderung der administrativen Strukturen und zu der von Göring geforderten Verfahrenskontrolle durch die maßgeblichen Berliner Ministerien. Fragt man nach Strukturen, Funktionen, Netzwerken oder Bürokratisierungstendenzen bei der „Arisierung", so muss festgestellt werden: Entscheidend für den Ausplünderungsprozess blieb die starke Stellung des Gauleiters und seines Netzwerkes, bürokratische Strukturen oder neue Eliten spielten in München auf Seiten der Parteiinstitutionen hingegen kaum eine Rolle. Innerhalb des für die „Arisierung" verantwortlichen Personenkreises waren weiterhin Werte wie unbedingte Loyalität, Bewährung in der Vergangenheit und ideologische Linientreue ausschlaggebend.[198]

---

[198] Rüdiger Hachtmann beschreibt am Beispiel der DAF diese Merkmale einer NS-Verwaltung als „charismatisch aufgeladene Polykratie"; Hachtmann, Arbeitsfront, S. 71; zu

2. Die „Holzaktion" in Nürnberg

Noch viel deutlicher tritt die grundlegende Kontinuität in Organisation und Aktion der maßgeblichen regionalen Parteigliederungen und die Bedeutung personalistischer Herrschaftsbeziehungen bei der wirtschaftlichen Verfolgung in Nürnberg zutage. Hier begann die Partei mit der systematischen „Arisierung" gewerblichen Vermögens Ende 1937. Auch hier war es die Deutsche Arbeitsfront, die an vorderster Front gegen die jüdische Bevölkerung aktiv war. Am 1. Dezember 1937 erhielt der Makler Johann-Heinrich Schätzler von der DAF durch Gauleiter Julius Streicher den Auftrag, das prominente Einkaufsviertel in der Nürnberger Königs- und Karolinenstraße von jüdischen Geschäften zu „reinigen".[199] Noch im selben Monat, am 16. Dezember, organisierte Streicher einen umfassenden Weihnachtsboykott jüdischer Geschäfte, in dessen Verlauf sich SA-Wachen mit übermannshohen gelben Plakaten vor die Eingänge jüdischer Warenhäuser und Einzelhandelsgeschäfte postierten und so mit den üblichen antisemitischen Aktionen den Einkauf zu verhindern suchten.[200]

Im Gegensatz zu München nutzte der Gauleiter den weitverzweigten Apparat der Arbeitsfront und deren Einfluss in den Betrieben längerfristig, um das gewerbliche Vermögen der jüdischen Bevölkerung unter seine Kontrolle zu bringen. Die verschiedenen Fachgruppen der DAF waren dabei für die „Säuberung" ihres Spezialgebiets zuständig. Für die Industriebetriebe war federführend der entsprechende Kreisobmann Schulz zuständig, der Gauamtsleiter der DAF, Matthias Schröder, kümmerte sich um die Großhandelsbetriebe. Der Kreisobmann Emmert und ein weiterer Vertreter des Gauhandwerkswalters, Albert Mörtel, bestimmten die Richtlinien für die „Entjudung" des Handwerks. Ludwig Köhler war schließlich für die „Ausschaltung" des jüdischen Einzelhandels eingesetzt.[201] Wie bereits erwähnt, waren die meisten der hauptverantwortlichen Parteigenossen bereits 1933 in der DAF oder früher Mitglieder der Nürnberger Gliederungen der NS-Hago gewesen und dann direkt in die DAF übernommen worden. Es handelte sich also meist um „Alte Kämpfer" der ersten Stunde, die nicht nur langjährige Weggefährten des Gauleiters waren, sondern angesichts der frühen führenden Stellung der NS-Hago bei der Boykottierung jüdischer Geschäfte auch seit 1933 gegen die jüdische Wirtschaftstätigkeit vorgingen.[202] Innerhalb der DAF bil-

---

generellen Überlegungen bezüglich einer Theorie des NS-Herrschaftssystems auch ders., „Neue Staatlichkeit".

[199] Teil IV des Berichts der von Göring eingesetzten Prüfungskommission über die „Arisierungen" in Franken, S. 235; StAN/KV-Anklagedokumente/PS/1757.

[200] Bericht des Kaufhausinhabers Theodor H. vor der Sonderkommission der Gestapo vom 20. 2. 1939; StAN/Staatspolizeistelle Nürnberg-Fürth/Arisierungsakten/53.

[201] Ebd., S. 101 ff.; Bericht der Gestapo-Prüfungskommission vom 3. 4. 1939; StAN/Staatspolizeistelle Nürnberg-Fürth/Arisierungsakten/45.

[202] Der Fachgruppenwalter der DAF, Johann-Heinrich Schätzler, etwa, war seit Mai 1933 Parteimitglied. Im Oktober 1934 wurde er Leiter der Fachgruppe Haus- und Grundstückswesen in der NS-Hago. Als diese 1935 in die DAF aufging, wurde er dort Leiter der Unterabteilung Haus und Heim; Teil IV des Berichts der Gestapo-Prüfungskommission, S. 237; StAN/KV-Anklagedokumente/PS/1757. Der Gauobmann der DAF, Georg Peßler, war ebenfalls seit 1933 bei der NS-Hago, genau wie der Gaubetriebsgemein-

dete sich in Form von eigenen Arbeitskreisen und den Betriebsführern in den jüdischen Unternehmen eine Art „Ausschaltungsverwaltung" heraus, die sich mit den potentiellen Erwerbern und den Übernahmebedingungen auseinandersetzte.[203]

Besonderes Augenmerk der Parteigenossen galt den jüdischen Kaufhäusern in der Nürnberger Innenstadt, die ihnen nicht nur aus ideologischen Gründen ein Dorn im Auge waren, sondern auch zahlreiche Möglichkeiten des eigenen Profits boten. Das eigenmächtige Vorgehen, das die Funktionsträger der Nürnberger Partei dabei an den Tag legten, führte, wie bereits in den Jahren zuvor, zu erheblichen Konflikten mit der Reichsregierung. Prägnantes Beispiel hierfür ist das Vorgehen gegen das Kaufhaus „Weißer Turm". Das bereits 1933 häufig durch die NS-Hago boykottierte Kaufhaus war auch erklärtes Ziel des Weihnachtsboykotts im Dezember 1937. Der nichtjüdische Ehemann der jüdischen Inhaberin, Theodor H., fuhr aufgrund der Übergriffe hilfesuchend ins Reichswirtschaftsministerium nach Berlin, wo ihm auch Unterstützung zugesagt wurde. Im Mai 1938 erhielt Theodor H. allerdings einen Brief des Gauwirtschaftsberaters Strobl mit der darin enthaltenen Auflage, sich unverzüglich von seiner jüdischen Ehefrau zu trennen. Obgleich Theodor H. unmittelbar darauf die Scheidung einreichte, erhielt er die Androhung weiterer Boykottaktionen im Zuge des Reichsparteitags vom September 1938. Auch ein durch Reichswirtschaftsminister Funk erstellter Ausweis, der dem Kaufhaus den „arischen" Charakter bescheinigte, konnte die Nürnberger Parteiaktivisten nicht aufhalten. Wegen erneuter Boykottaktionen der Nürnberger NSDAP erlitt das Kaufhaus weiterhin erhebliche Umsatzeinbußen. Schließlich setzte Gauwirtschaftsberater Strobl auch in der Führungsstruktur des Kaufhauses erhebliche Veränderungen durch. Ein Obmann der DAF, Eugen Leissing, musste als Geschäfts- und Betriebsführer mit einem monatlichen Gehalt von 1250 Reichsmark und für einen Zeitraum von zehn Jahren eingestellt werden. Über diese stattliche Vergütung hinaus ergaunerte sich das Mitglied der Arbeitsfront weitere Geldbeträge und Mobilien. Als neuer Geschäftsführer erzwang sich Leis-

---

schaftswalter Georg Leissing; Verhandlung der Gestapo-Prüfungskommission vom 16. 3. 1939; BAB/R 58/3514. Der Gaufachgruppenwalter der DAF, Fachgruppe Groß- und Außenhandel, Fritz Schäfer, hatte diese Position seit dem 1. Januar 1935 für den Bereich Nürnberg-Stadt; Verhandlung der Gestapo-Prüfungskommission vom 14. 3. 1939; StAN/Staatspolizeistelle Nürnberg-Fürth/Arisierungsakten/40. Ähnliches galt für Gauamtsleiter Matthias Schröder, der seit 1934 der NS-Hago angehörte; ebd. Gauinspektor Ritter, gleichzeitig Personalwalter der DAF, gehörte der Partei bereits seit 1925 an; Lebenslauf Ritters in: Denkschriften von Streicher und Holz mit Beilagen vom April 1939; StAN/KV-Anklagedokumente/PS/406/Fotokopie. Albert Mörtel von der Handwerksorganisation der DAF war seit 1933 in der NS-Hago; Verhandlung der Gestapo-Prüfungskommission vom 21. 3. 1939; StAN/Staatspolizeistelle Nürnberg-Fürth/Arisierungsakten/45.

203 Beim Einzelhandel gehörten dieser Gruppe neben deren Leiter Ludwig Köhler, Gauinspektor der DAF Haberkern, Fekl aus der Fachabteilung für den Einzelhandel der DAF, Rauh von der Unterabteilung Groß-, Ein- und Ausfuhrhandel und dessen Geschäftsführer Schoenekäs an. Der Großhandel wurde neben dem Gauwirtschaftsberater durch Gauamtsleiter Schröder und Gaufachgruppenwalter Schäfer „arisiert"; Teil II des Berichts der Gestapo-Prüfungskommission, S. 101 ff.; StAN/KV-Anklagedokumente/PS/1757.

sing nicht nur eine vierprozentige Gewinnbeteiligung, er nahm sich neben einem luxuriösen Dienstwagen auch regelmäßig dreistellige Reichsmarkbeträge als „Spesen" aus den Kaufhauskassen.

Kontrolle errang der Gauwirtschaftsapparat über das Kaufhaus auch durch einen dreiköpfigen Verwaltungsrat, bestehend aus SA-Gruppenführer Hans Günter von Obernitz, Gauinspektor Friedrich Ritter und dem Kreisobmann der DAF, Emmert, der durch Otto Strobl eingesetzt worden war. Sämtliche Mitglieder des Verwaltungsrats erhielten ein monatliches Salär von 400 Reichsmark. Zudem erhielt Streichers Gau-Apparat das Recht, den Aufsichtsrat für das Kaufhaus zu ernennen und abzulösen. Als Begründung für ihr Vorgehen gab die Gauleitung später an, nur sie bestimme in Franken, welcher Betrieb als „arisch" zu gelten habe. Daher erhielten Leissing und der Verwaltungsrat auch die Aufgabe, in dem Unternehmen nach Vorwänden zu suchen, um Theodor H. nach Dachau zu bringen. Dem Treiben der DAF setzte erst eine Berliner Sonderkommission 1939 ein Ende. Der fachlich vollkommen ungeeignete Leissing hatte sich parallel vom Kaufhaus und der DAF bezahlen lassen, das Personal bedroht und war zudem betrunken zum Dienst erschienen. Angehörige der Gestapo nahmen ihn daher in Haft und setzten anschließend wieder Theodor H. als alleinigen Geschäftsführer ein.[204]

Eine deutliche Verschärfung erfuhr die Verdrängung der jüdischen Bevölkerung aus der Wirtschaft ebenfalls am 10. November 1938 im Rahmen der sogenannten Reichskristallnacht. Allein in Mittelfranken zerstörten die Parteigliederungen im Verlauf dieser Aktion 17 Synagogen und 115 jüdische Geschäfte. 39 jüdische Läden wurden geschlossen und in 594 jüdischen Wohnungen die Inneneinrichtung vollständig zerstört oder beschädigt.[205] Auch in Nürnberg waren es offensichtlich zwei Beweggründe, die Gauleiter Julius Streicher und die Funktionäre der Nürnberger Partei nach dem 9. und 10. November zu einer raschen, vollständigen und eigenmächtigen Ausplünderung der Nürnberger Juden veranlassten. Zunächst handelte es sich hierbei um die während des Pogroms staatlich initiierte und geschürte Gewalt, die Streicher und seinen Stellvertreter Karl Holz zu der Annahme verleiteten, bei der Verfolgung der Juden seien nun endgültig alle rechtlichen Dämme gebrochen. Schwerwiegender dürfte sich allerdings der antisemitische Radikalismus und das daraus resultierende Sendungsbewusstsein des Gauleiters ausgewirkt haben, an dem bereits vor dem Pogrom alle Interventionsversuche der Reichsregierung zerschellt waren. Streichers Auffassung gemäß standen die Erlöse aus jüdischem Vermögen dem Gau Franken und nicht der Reichskasse zu. Daher sah er sich schon vor der „Verordnung zur Ausschaltung der Juden aus dem Wirtschaftsleben" vom 3. Dezember 1938, also der umfassenden staatlichen Regulierung des „Ausschaltungsprozesses", zum Handeln veranlasst. In den Begründungen der Gauleitung, die in vielen Aspekten Ähnlichkeiten mit

---

[204] Siehe hierzu die zahlreichen Schriftstücke im Rahmen der Untersuchung der Gestapo-Prüfungskommission im Februar und März 1939; StAN/Staatspolizeistelle Nürnberg-Fürth/Arisierungsakten/53.
[205] Monatsbericht des Regierungspräsidenten von Oberfranken und Mittelfranken für November 1938 vom 8. 12. 1938; HStAM/MA/106678.

den Ausführungen der „Vermögensverwertungsstelle" in München aufwiesen, schlug sich das offen zur Schau gestellte Selbstbewusstsein des fränkischen Parteiapparates deutlich nieder. Da die Juden, so Karl Holz, die Grundstücke in der Inflationszeit für zehn Prozent des tatsächlichen Wertes erworben hätten und darüber hinaus ihre Immobilien tarnen und „Judenknechten" schenkungsweise überlassen würden, habe man handeln müssen. Wegen der besonderen Verdienste des Gaues in der „Judenfrage" und den speziellen Aufgaben als „Stadt der Reichsparteitage" müsse man auch besonders entlohnt werden.[206] Auch die Entschädigung von „Altparteigenossen" spielte in der späteren Rechtfertigungsstrategie des Gauleiters eine Rolle. Im Nachhinein meinte Streicher, mancher Parteigenosse habe halt gehofft, endlich mal ein menschenwürdiges Leben führen zu können.[207]

Unmittelbar nach dem Pogrom zwang die Gauleitung sämtliche jüdischen Betriebs- und Grundstückseigner, ihren Besitz für fünf bis zehn Prozent des Einheitswertes zu verkaufen.[208] Entzogen wurden auch Kraftfahrzeuge und Möbelstücke.[209] Die Erlöse wurden dabei nicht an die ehemaligen Inhaber, sondern auf ein Sperrkonto der Partei überwiesen.[210] Erhoben wurde darüber hinaus eine „Spende" von einem bis drei Prozent des Kaufpreises, die an die Gauleitung überwiesen werden musste.[211] Die „Arisierung" der jüdischen Betriebe verlief in ähnlicher Weise. Auch hier hatte der Käufer eines jüdischen Betriebes 25 Prozent des Kaufpreises auf ein Sperrkonto zugunsten der Partei zu bezahlen. Dem Veräußerer wurde – wie bei den Grundstücken – bis zur Endabrechnung nichts bezahlt.[212] Prinzipiell übernahm der Erwerber nur den Einheitswert des Grundstückes eines Betriebes und das Warenlager; für Einrichtungsgegenstände, Außenstände und Façonwert der Firma bezahlte die Partei nichts.[213] Jüdische Firmen wurden also, wie dies selbst Mitglieder der SS 1939 einräumten, „regelrecht ausgeschlachtet".[214] Auf diese Weise gelang es den Spitzenfunktionären der Nürnberger Partei, etwa 570 Grundstücke mit einem Weiterveräußerungswert von 12 bis 15 Millionen Reichsmark an sich zu reißen.[215] Darüber hinaus erzwang die Gauleitung etwa 72 „Arisierungen" auf dem Gebiet des Großhandels und der Industrie. Insgesamt enteignete sie die Inhaber von über 200 jüdischen Firmen, die daraufhin als „ent-

---

[206] Teil I des Berichts der Gestapo-Prüfungskommission, S. 16 und 30; StAN/KV-Anklagedokumente/PS/1757.

[207] Denkschrift Julius Streichers vom 14. 4. 1939; StAN/KV-Anklagedokumente/PS/404/ Fotokopie.

[208] Teil I des Abschlussberichts der Gestapo-Prüfungskommission über die „Arisierung" im Gau Franken; StAN/KV-Anklagedokumente/PS/1757, S. 18.

[209] Vernehmung des Grundstücksmaklers Johann-Heinrich Schätzler am 1. 4. 1939 im Rahmen der Überprüfung der „Arisierungsaktion"; StAN/Staatspolizeistelle Nürnberg-Fürth/Arisierungsakten/40.

[210] Ebd.

[211] Teil III des Berichts der Gestapo-Prüfungskommission, Dok. 143; StAN/KV-Anklagedokumente/PS/1757.

[212] Teil II des Berichts der Gestapo-Prüfungskommission, Dok. 102–107; ebd.

[213] Ebd., Dok. 128.

[214] Ebd.

[215] Ebd., Dok. 65.

judet" galten.[216] Schließlich eignete sich die Partei noch etwa 40 Fahrzeuge von jüdischen Haltern an – meist zugunsten von Mitarbeitern der Gauleitung.[217]

Zur Durchführung dieses Raubzuges hatte Streicher auf seine altbewährten Seilschaften zurückgegriffen. Die Durchführung der Aktion oblag fast ausschließlich Mitgliedern der DAF, die in ihrer Funktion als Sachbearbeiter der Abteilung „Haus und Heim" die jüdischen Eigentümer zur Veräußerung zwangen.[218] Die Federführung hatte als Stellvertreter von Holz der Gaufachschaftswalter Heinrich Wolf inne. Der Immobilienhändler Georg Nagel von der Arbeitsfront fungierte als „Beauftragter für die Stadt Nürnberg".[219] Die Möbel verwertete Gauamtsleiter Schröder. Für die „Arisierung" und Liquidierung der Betriebe war eine Kommission des Gauwirtschaftsberaters und der DAF zuständig. Möbel und Einrichtungsgegenstände der jüdischen Firmen stellten Angestellte der Arbeitsfront noch in den Räumen der jüdischen Firmen sicher und veräußerten sie weiter.[220] Weitere Verhandlungen und Veräußerungen wurden von der Zentrale, dem Amtssitz der DAF in der Essenweinstraße, aus getätigt. Die „Arisierung" und Liquidierung der 62 noch in Nürnberg vorhandenen jüdischen Handwerksbetriebe übernahm federführend Kreisobmann Emmert von der Abteilung „Das Deutsche Handwerk". Die Gaufachgruppenwalter dieses Bereichs begaben sich mit vorgefertigten Formularen in die betroffenen Betriebe und stellten nach geleisteter Unterschrift die Einrichtungsgegenstände sicher. Innungsobermeister der Handwerkskammer schätzten deren Wert, um sie anschließend zu veräußern. Die „Abwicklung" der Betriebe erfolgte durch die Gaufachgruppenwalter.[221] Die „Arisierung" der Kraftwagen übernahm schließlich SA-Standartenführer Hutzler, Referent der Kanzlei des Gauleiters und gleichzeitig Leiter der SA-Wache bei der „Arisierungsstelle".[222]

Die Überschreibung der zahlreichen jüdischen Grundstücke auf den Namen von Karl Holz in den Grundbüchern trieb Gaurechtsberater und Oberstaatsanwalt beim Landgericht Nürnberg Denzler voran, der gleichzeitig persönlicher juristischer Berater des Adjutanten des Gauleiters König war.[223] Ähnlich wie Regierungspräsident Dippold wagte Oberlandesgerichtspräsident Hösch offensichtlich nicht, sich Streicher in den Weg zu stellen. Seiner Meinung nach hatten – rein rechtlich gesehen – die Verträge keine bindende Wirkung. Er habe aber keine Be-

---

[216] Bericht des Polizeipräsidenten Martin an ORR G. vom Reichswirtschaftsministerium vom 18. 5. 1940; StAN/Staatspolizeistelle Nürnberg-Fürth/Arisierungsakten/37.

[217] Teil II des Berichts der Gestapo-Prüfungskommission, Dok. 125 und 245; StAN/KV-Anklagedokumente/PS/1757.

[218] Bericht des Finanzamts Nürnberg-West, RR Dr. H. an den OFP Nürnberg, vom 9. 3. 1939; StAN/OFP Nürnberg-Land/8a.

[219] Durchsuchungsbericht der Gestapo beim Grundstücksmakler Nagel vom 10. 2. 1939; StAN/Staatspolizeistelle Nürnberg-Fürth/Arisierungsakten/41.

[220] Teil II des Berichts der Gestapo-Prüfungskommission, S. 106; StAN/KV-Anklagedokumente/PS/1757.

[221] Bericht der Gestapo-Prüfungskommission vom 3. 4. 1939; StAN/Staatspolizeistelle Nürnberg-Fürth/Arisierungsakten/45.

[222] Teil IV des Berichts der Gestapo-Prüfungskommission, S. 245 f.; StAN/KV-Anklagedokumente/PS/1757.

[223] Ebd., S. 290.

denken, da jeder im Gau gewissen Zwängen unterliege.[224] Gleiches galt wohl auch für die Nürnberger Polizeibeamten, die sich nach Schilderungen ihres Präsidenten Benno Martin „unter derartigem Druck befanden, daß sie um ihre Existenz fürchteten, wenn sie in dieser Angelegenheit Erklärungen machen sollten".[225]

Angesichts der Brutalität Streichers und seiner Gefolgschaft waren derartige Bedenken nicht unbegründet. Während eines Verhörs mit der Gestapo gab einer der betroffenen Juden am 16. Januar 1939 ein prägnantes Beispiel für die Vorgehensweise der dortigen Parteifunktionäre: „Am 12. 11. 1938, etwa um 15.30 Uhr wurde ich durch einen Kriminalpolizeibeamten von meiner Wohnung mittels Kraftwagen abgeholt und zur Deutschen Arbeitsfront in die Essenweinstraße 1 gebracht. Ich kann mich entsinnen, daß auch einige NSKK-Leute in Uniform mit im Kraftwagen saßen. Dort angekommen, wurde ich in einen verhängten Keller geführt. Erwähnen muß ich noch, daß gleichzeitig mein Freund Ludwig R., der sich bei mir aufhielt, festgenommen und mit zur DAF verbracht wurde. Im weiteren Verlauf mußten wir dort unseren Rock und Weste ausziehen und sämtliche Gegenstände aus allen Taschen entfernen. Hierauf wurden wir mit dem Gesicht zur Wand gestellt. Mein Freund und ich wurden anschließend gefragt, wann wir erschossen werden wollten! Mein Freund sagte: ,Sofort'. Ich dagegen äußerte: ,daß ich zuerst noch einmal meine Frau sprechen möchte und dann können sie schießen.' Hierauf folgten Kniebeugen, ferner mußte ich mit den etwa 7 Anwesenden, ebenfalls Juden, einen Sprechchor einstudieren, der etwa sinngemäß wie folgt lautete: ,Am 7. 11. 1938 wurde in Paris ein Deutscher von einem Juden ermordet, auch wir gehören dieser Mörderrasse an.' Ich selbst war etwa im ganzen 6–7 Stunden bei der DAF. Erwähnen muß ich noch, daß wir zwischendurch auch zum photographieren geschickt wurden und zwar in den 2. Stock. Es wurden dort zuerst Aufnahmen in Zivil gemacht, hernach mußten wir uns nackt ausziehen und wurden dann so in dieser Aufmachung im Bilde festgehalten. Anschließend führte man mich wieder in den Keller. Da fällt mir eben noch ein, daß ich während meines Aufenthaltes im Keller einmal von einem Herrn gefragt wurde: ,Wie geben sie ihr Anwesen ab, das heißt um welchen Preis?' Ich sagte nichtsahnend den normalen Preis von RM 120000." Makler Nagel zwang den jüdischen Kaufmann noch während des Verhörs zur Abgabe seines Grundstücks an den Gau für 10560 Reichsmark. Um 22.30 am selben Tag entließ die DAF den Geschäftsmann, um ihn allerdings am 14. November erneut zu verhaften. Jetzt musste er sein Anwesen urkundlich abtreten und Eigentumsvormerkungskosten in Höhe von 105,58 Reichsmark bezahlen.[226]

Die fast vollständige Ausplünderung der Nürnberger Juden, die bereits durch die der „Holzaktion" vorangegangenen Boykotte und Übergriffe wirtschaftlich

---

[224] Schilderung des Landgerichtsdirektors G. an den Oberstaatsanwalt vom 5. 2. 1939; StAN/KV-Anklagedokumente/NG/616/Fotokopie.

[225] Schreiben Martins an die Reichsregierung 1939; IfZ/MA/612/80281-82.

[226] Protokoll der Gestapo-Prüfungskommission vom Verhör des Kaufmanns am 16. 1. 1939; StAN/Staatspolizeistelle Nürnberg-Fürth/Arisierungsakten/39; vgl. auch die zahlreichen weiteren Schilderungen der Betroffenen in dieser Akte.

erheblich geschwächt worden waren[227], ging mit einer Bereicherung einher, die nicht nur bei den im Kaufhaus „Weißer Turm" eingesetzten Parteigenossen fast skurrile Formen annahm. Neben dem Gauleiter, der mit der „Holzaktion" seinen aufwendigen Lebensstil zu finanzieren gedachte[228], und seinen Weggefährten, die sich an jüdischem Vermögen bereicherten[229], profitierten auch zahlreiche Trittbrettfahrer. Einer von ihnen war der wegen Betruges vorbestrafte Volkswirt Wilhelm H. Er verfügte über Kontakte zu einer Wahrsagerin, die den Spitzen der Nürnberger Partei die Zukunft voraussagte. Diese vermittelte ihm eine Beteiligung an zahlreichen „Arisierungsgeschäften". Der Kaufmann H. wiederum beteiligte die Wahrsagerin und eine Cafébesitzerin mit vierstelligen Reichsmarkbeträgen.[230] Die „Arisierungsgewinne" sollten aber auch strukturfördernd im Sinne der „Volksgemeinschaft" eingesetzt werden. So plante der Gau sie für die Finanzierung neuer Gebäude, darunter auch einer Hochschule ein.[231]

Ähnlich wie in München blieben somit die Macht und der antisemitische Aktionismus des Gauleiters und seiner „Clique" auch unter der veränderten Konstellation nach 1938 für die wirtschaftliche „Ausschaltung" der Juden maßgeblich, wobei sich je nach regionalen Gegebenheiten die in den Verfolgungsprozess involvierten NSDAP-Gliederungen – durch den Beteiligungsgrad der DAF wird dies besonders deutlich – unterscheiden konnten. Wie das Nürnberger Beispiel darüber hinaus verdeutlicht, konnte es im Zuge der wirtschaftlichen Verfolgung weiterhin zu erheblichen Spannungen zwischen Reich und Region kommen, die sich im Falle Streichers im Sturz der Führungsspitze der fränkischen NSDAP entluden. Zwar stellen die Zustände im Gau Franken auch im Vergleich mit anderen Gauen des Reiches einen Sonderfall dar, wegen des massiven Eingriffs der Spitze der Reichspartei und der Ministerialbürokratie lassen sich aber die Möglichkeiten und Grenzen gauspezifischer „Judenpolitik" in den Jahren 1938–1941 anhand des Beispiels der „Holzaktion" exemplarisch aufzeigen. Zunächst stellte die Vorgehensweise des Gauleiters und der Nürnberger NSDAP selbst nach Maßstäben des NS-Staates einen eklatanten Rechtsbruch dar. Nach der „Verordnung über die Anmeldung jüdischen Vermögens" vom 26. April 1938 bedurfte jede Veräußerung von jüdischem land- oder forstwirtschaftlichem Besitz der Genehmigung der höheren Verwaltungsbehörden. Bereits am 2. August 1938 hatte der Reichswirtschaftsminister zudem angeordnet, dass die letztgültige Entscheidung über die „Arisierung" bei den staatlichen Stellen liege. Seit 1935

---

227 Teil II des Berichts der Gestapo-Prüfungskommission, S. 129; StAN/KV-Anklagedokumente/PS/1757.
228 Aussage eines Verlegers vor der Gestapo-Prüfungskommission vom 19. 3. 1939; BAB/R 3001/3381.
229 So erhielten die Makler der DAF 3% der Erlöse als „Aufwandsentschädigung". Darüber hinaus wurden auch jüdische Weingeschäfte ausgeplündert und die Flaschen für Feierlichkeiten der Partei verwendet; „Arisierung" der Weinhandlung Selma O., 6. 3. 1939; StAN/Staatspolizeistelle Nürnberg-Fürth/Arisierungsakten/32; Verhör des Kreisobmannes Emmert vor der Prüfungskommission am 23. 2. 1939; BAB/R 58/3514.
230 Teil I des Berichts der Gestapo-Prüfungskommission; ebd.
231 Aussage des DAF-Mitglieds Nagel vor der Gestapo-Prüfungskommission am 24. 2. 1939; StAN/Staatspolizeistelle Nürnberg-Fürth/Arisierungsakten/41.

waren Grundstückserwerbe durch die Gliederungen der Partei schließlich dem Reichsschatzmeister zur Genehmigung vorzulegen. Gleiches galt für Rechtsgeschäfte, die einen Gegenstand im Wert von mehr als 10 000 Reichsmark beinhalteten.[232]

Waren schon die Boykottaktionen in Nürnberg zum Teil gegen den Willen der Reichsregierung durchgeführt worden, so führte bei dem Raub jüdischen Vermögens die Trias aus ungesetzlichem Vorgehen, sadistischen Methoden und Korruption zu einem Konflikt mit der Spitze von Partei und Staat, der schließlich mit der Absetzung des Gauleiters endete. Unter Obersturmbannführer Meisinger vom Reichssicherheitshauptamt begann am 10. Februar 1939 eine Untersuchungskommission, bestehend aus 14 Mitgliedern der Polizei sowie des Wirtschafts- und Finanzministeriums, die Vorgänge in Nürnberg zu untersuchen.[233] Die Sonderkommission überprüfte insgesamt 206 Fälle von „Entjudungen", wobei sie letztlich drei Fälle als eindeutig nachweisbare „Korruption" wertete.[234] Zahlreiche Nürnberger Parteigenossen wurden verhaftet und das durch die Plünderungen eingenommene Geld eingezogen, die Verantwortung für die Abwicklung der weiteren Enteignung jüdischen Vermögens in die Hände der Gestapo gelegt.[235] Unter den Verhafteten befanden sich vor allem Mitglieder der Parteispitze in Nürnberg, unter anderem Gauschatzmeister Rudi Höllerich, der im Frühjahr 1939 aus seinem Amt ausscheiden musste[236], SS-Obersturmbannführer Friedrich Ritter, dem das SS-Hauptamt Dienstgrad und Mitgliedschaft in der SS aberkannte[237], Gauwirtschaftsberater Strobl, den man von seinen Posten als Gauwirtschaftsberater und Präsident der IHK beurlaubte[238], sowie der DAF-Funktionär Johann-Heinrich Schätzler, gegen den ein OPG-Verfahren angestrengt und den das Parteigericht letztlich wegen „jüdischen Bluteinschlags seiner Großmutter" aus der Partei ausschloss.[239] Schließlich wurde auch gegen den Gauleiter Julius Streicher 1940 ein Ehrengerichtsverfahren durchgeführt. Ein Gremium aus sechs Gauleitern kam zu dem Urteil, Streicher sei für die Menschenführung ungeeignet. Wohl auf Anweisung Hitlers selber hatte sich Streicher daraufhin auf seinen Gutshof Pleikershof

---

232 Teil I des Berichts der Gestapo-Prüfungskommission, S. 2–12; StAN/KV-Anklagedokumente/PS/1757.

233 Brief des Gauschatzmeisters Höllerich an den Reichsschatzmeister Schwarz vom 15. 2. 1939; StAN/NS-Mischbestand/Gauleitung/181.

234 Bericht über die im Gau Franken erfolgten „Arisierungen"; BAB (ehemals BDC)/Wurzbacher, Philipp.

235 Bericht des Oberlandesgerichtspräsidenten vom 11. 1. 1940; BAB/3001/3381.

236 Schreiben des Reichsschatzmeisters an Höllerich vom 4. 5. 1939; BAB (ehemals BDC)/Höllerich, Rudi, *14. 4. 1902. Höllerich wurde dann allerdings wieder in sein Amt eingesetzt, der Umgang mit dem Gauleiter war ihm verboten; Aktenvermerk über eine Belehrung Höllerichs in der Parteikanzlei vom 6. 4. 1940; ebd.

237 Schreiben des SS-Hauptamts vom 4. 3. 1940; BAB (ehemals BDC)/Ritter, Friedrich.

238 1940 wurde Strobl dann zwar kurzfristig wieder in seine Ämter berufen, schied am 31. August 1940 allerdings wegen gesundheitlicher Gründe endgültig aus; Schreiben an die Reichsleitung der NSDAP vom 14. 6. 1940; Schreiben des RWM vom 3. 3. 1939; BAB (ehemals BDC)/Strobl, Otto, *19. 9. 1887.

239 Untersuchungen im Falle Schätzler vom 25. 7. 1939 und Notiz des OPG vom 10. 10. 1942; BAB (ehemals BDC)/Schätzler, Johann-Heinrich, *21. 5. 1877.

in der Nähe von Fürth zurückzuziehen und seine Amtsgeschäfte ruhen zu lassen.[240] Während man seinen Stellvertreter Holz an die Front schickte, übernahm der ehemalige Kreisleiter Zimmermann zunächst die Amtsgeschäfte des Gauleiters.[241]

Auf den ersten Blick überrascht das harte Vorgehen gegen den Gauleiter, zumal die Gauleitung in München gegen dieselben Gesetze verstoßen und kurzzeitig auch Konflikte mit der Reichsregierung heraufbeschworen hatte, die sich auch in einer deutlichen Kritik an den Zuständen in München äußerte.[242] Der dortige Gauleiter Wagner behielt aber bis zu seinem Tod 1942 seine Machtstellung in Oberbayern. Die genaueren Hintergründe von Streichers Sturz sind heute nur schwer zu eruieren. Offensichtlich waren aber nicht die Gesetzesübertretungen die eigentliche Ursache für den Sturz des Gauleiters. Vielmehr konnte sich dieser nicht, wie Wagner in München, neben dem Parteiamt auch auf die institutionelle Macht eines Staatsamts stützen und war daher umso mehr auf persönliche Loyalitäten angewiesen. Sein herrschaftliches Gebaren und sein brutales Auftreten hatten ihm nicht nur in seinem Gau Feinde und Neider geschaffen. Streichers Lokalrivalen, der Polizeipräsident Benno Martin und der Oberbürgermeister Williy Liebl, hatten bereits vor der „Holzaktion" belastendes Material über die ständigen Eskapaden des Gauleiters gesammelt. Anfang 1937 etwa wollte die Gruppe um Martin eine Abtreibungsaffäre, in die der Adjutant des Gauleiters König verwickelt war, zunächst durch Postkarten, dann durch Flugblätter im Rahmen des Reichsparteitages publik machen.[243] Streicher vermochte seinen ehemaligen Weggefährten König allerdings rechtzeitig zum Suizid zu zwingen, bevor dieser unliebsame Details über die Machenschaften seines Vorgesetzten preisgeben konnte.[244] Oberbürgermeister Liebl nutzte vor allem seine guten Kontakte zu Goebbels, um dem Propagandaminister Dinge „durchaus unerfreulicher Natur" über Streicher zu berichten und auf den „wahren Saustall", wie der Propaganda-

---

[240] Grieser, Mann, S. 195 f.

[241] Bericht des Oberlandesgerichtspräsidenten vom 8. 5. 1940; BAB/3001/3381.

[242] Wie Goebbels seinem Tagebuch am 28. August 1942 anvertraute, beklagte sich Reichsschatzmeister Schwarz über eine Reihe von Münchner Korruptionserscheinungen. Kurze Zeit später notierte Goebbels über ein Gespräch mit dem neuen Gauleiter Giesler, die Zustände im Gau seien nicht erfreulich, da Wagner die Dinge habe schleifen lassen und sich mit einer Kamarilla umgeben habe, die falsch orientiert gewesen sei. „Es ist schon nicht leicht", so Goebbels, „in München für die Integrität und Sauberkeit der nationalsozialistischen Lehre und Haltung zu wirken. Hier liegt einiges im argen. Man kann schon verstehen, dass große Teile der Bevölkerung sich nicht mehr nach dem Gauleiter Wagner zurücksehnen. Wer weiß, wozu es gut ist, wenn er sein Amt nicht mehr antreten kann." Goebbels-Tagebücher, Einträge vom 28., 29. und 30. 8. 1942, S. 411–424.

[243] Auf die Beteiligung Martins bei der Affäre weist der Bericht der Gestapo-Prüfungskommission lediglich hin; Bericht der Gestapo-Prüfungskommission; IMT, S. 150–154; auf die Involvierung des Polizeipräsidenten verweisen allerdings auch die Aussagen der Wahrsagerin Maria O., die in engem Kontakt mit Mitgliedern der Führungsspitze der Nürnberger Partei stand; Brief an König vom 29. 5. 1938; Aussage Hans R.s im August 1939; BAB (ehemals BDC)/Martin, Benno; Grieser, Mann, S. 170 f. Gieser kann die Urheberschaft Martins und seiner Mitarbeiter nachzeichnen.

[244] Bericht der Gestapo-Prüfungskommission; IMT, S. 150–154.

minister in seinem Tagebuch die Zustände in Franken beschrieb, hinzuweisen.[245] Während frühere Skandalisierungsversuche an der fast uneingeschränkten Machtstellung des Gauleiters scheiterten, brachte die Korruption im Zusammenhang mit der wirtschaftlichen Verfolgung der Juden nach dem Pogrom 1938 offensichtlich das Fass zum Überlaufen. Martin war es schließlich gelungen, durch Berichte, geschickt gestreute Gerüchte und gezielt lancierte Indiskretionen die Parteispitze, vor allem Hermann Göring, gegen Streicher zu mobilisieren.[246]

Der Sturz des Gauleiters war also letztlich ein von langer Hand vorbereiteter Coup, bei dem die „Holzaktion" nur ein Glied in der Argumentationskette darstellte.[247] Entscheidend für die Gruppe um Martin war der Zugang zu den Schaltstellen der Macht, wo sie die Klaviatur aus persönlichen Beziehungen, Animositäten und öffentlichkeitswirksamen Aktionen geschickt zu spielen verstanden. Zu den Gegnern Streichers gehörten Reichsjustizminister Gürtner, Heydrich, Reichsschatzmeister Schwarz und schließlich wohl auch Göring und Himmler.[248] Die Ursache für das harte Durchgreifen gegen Streicher waren mithin keine grundsätzlichen Erwägungen, die Machtverteilung zugunsten der Reichsregierung zu verschieben. Die Absetzung des Gauleiters beruhte aller Wahrscheinlichkeit nach auch auf polykratischen Strukturkonflikten innerhalb des NS-Regimes. Aktionismus und Eigenmächtigkeiten der einflussreichen Gauleiter bei der wirtschaftlichen Verfolgung der Juden war man also auch nach 1938 offensichtlich so lange bereit zu tolerieren, solange diese nicht an den Stühlen führender Parteigenossen zu sägen begannen.

3. Der „Rhönfonds" in Unterfranken

Wie sehr die wirtschaftliche Verfolgung auch nach 1938 von regionalen Machtkonstellationen abhängig blieb, kann abschließend auch das Beispiel Unterfranken verdeutlichen. In Unterfranken verschärften, ähnlich wie dies in München

---

[245] Goebbels-Tagebücher, Bd. 1/6, Eintrag vom 1. 5. 1939, S. 334. Der Nürnberger Kreisleiter Zimmermann war der Meinung, v. a. Göring habe Martin unterstützt; Aussage Zimmermanns im Spruchkammerverfahren gegen Martin, Protokoll vom 18. 4. 1950; StAM/Spruchkammer/Karton 1122.

[246] Goebbels notierte in seinem Tagebuch am 1. Mai 1939: „Göring äußert sich schärfstens gegen Streicher, der auch tolle und gemeine Sachen gemacht hat. Er hat die Verbindung mit ihm abgebrochen." Goebbels-Tagebücher, Bd. 6, August 1938 bis Juni 1939, S. 334. Zur Bedeutung Martins beim Sturz des Gauleiters siehe v. a. Grieser, Mann, S. 179 ff.

[247] In die Aktion waren Reichsschatzmeister Schwarz und wohl auch Heinrich Himmler, Hermann Göring, Rudolf Heß und andere verwickelt. Auch die Spruchkammer, die mit der Entnazifizierung Martins befasst war, mutmaßte, dass es sich um eine Rivalität zwischen SS und der Nürnberger Gauleitung gehandelt haben könnte; vgl. die zahlreichen Zeugenaussagen und den Spruch vom 30. 6. 1950; StAM/Spruchkammer/Karton 1122. Wer letztlich für die Absetzung hauptverantwortlich war, bleibt allerdings unklar.

[248] Zu den erklärten Gegnern des Gauleiters gehörten neben dem Polizeipräsidenten Benno Martin v. a. der Oberbürgermeister Willy Liebl. Beide hatten bereits lange vor der Holzaktion auf den Sturz des Gauleiters hingewirkt; vgl. v. a. die zahlreichen Aussagen im Spruchkammerverfahren gegen Martin; StAM/Spruchkammer/Karton 1122; Nachlass Streichers; BAB/A L/127; Akte von Karl Holz; BAB (ehemals BDC)/Holz, Karl; siehe hierzu ausführlich Kuller/Drecoll, Volkszorn; Grieser, Mann.

und Nürnberg der Fall war, vor allem die regionalen Partei-Institutionen die wirtschaftliche Verfolgung durch zunehmende Boykotte, durch die Kennzeichnung jüdischer Betriebe und die systematische Entziehung des Vermögens der jüdischen Bevölkerung. Dabei kooperierten sie eng mit den lokalen Verwaltungsbehörden. Offensichtlich richteten sich die „Arisierungsbestrebungen" auch hier zwar vorwiegend gegen jüdische Warenhäuser, im Einzelfall aber auch gegen den Handel im Allgemeinen, wobei die Gaubetriebsgemeinschaft „Handel" der DAF, die ihren Einfluss in den Betriebsgemeinschaften auch für die „Arisierung" nutzte, eine wichtige Rolle spielte.[249] Die Federführung in Unterfranken übernahm Gauwirtschaftsberater Hans Vogel mit den ihm untergeordneten Institutionen, während sich der Gauleiter aus den laufenden „Entjudungsverfahren" weitgehend heraushielt und sich auch in organisatorischen Fragen wesentlich zurückhaltender zeigte als Julius Streicher oder Adolf Wagner. Vogel etablierte in Unterfranken eine straffe und hierarchisch gegliederte Organisation, die den Verfahrensablauf der „Entjudung" bis ins kleinste Detail regelte: Über alle laufenden Verhandlungen war der Kreiswirtschaftsberater regelmäßig zu informieren. Der Kreiswirtschaftsberater hatte seinerseits den Gauwirtschaftsberater über Sitz und Namen des jüdischen Betriebes, über den Erwerbszweig, über Verkaufswilligkeit und Jahresbilanzen Bericht zu erstatten. Der Gauwirtschaftsberater entschied dann letztinstanzlich über Kaufpreis, wirtschaftspolitische Auflagen oder Auswahl der Käufer, wenn er nicht ausdrücklich die Entscheidungsbefugnis an ihm untergebene Funktionsträger delegierte. Die Gewährleistung einer „einheitlichen Form" und die Kontrolle des „jüdischen Kapitalflusses" bildeten die Hauptkriterien für die Auswahl der Opfer. Die Beauftragten vor Ort waren die jeweiligen Kreiswirtschaftsberater, die die Verhandlungen selbst führten oder an die ihnen untergebenen Apparate delegieren konnten. Jede Dienststelle der Partei war angewiesen, sich vor dem Erwerb jüdischen Vermögens mit dem Kreiswirtschaftsberater in Verbindung zu setzen.[250]

Die Bedingungen für die Übernahme jüdischer Unternehmen legte Vogel minutiös fest. Juden mussten sich an die Kreiswirtschaftsberater wenden, wollten sie ihre Betriebe verkaufen. Dieser legte dann den Preis fest und machte dem jüdischen Inhaber zur Auflage, mit niemand anderem als ihm selbst zu verhandeln. Bei der Festsetzung der Preise war der Leiter der Fachgruppe der gewerblichen Wirtschaft zu hören. Die vom jüdischen Inhaber veranlagten Preise galten generell als etwa 25 bis 30 Prozent zu hoch angesetzt. Bei Grundstücken und Gebäuden war der Einheitswert die maßgebliche Größe. Es sollte bei der Festsetzung der Preise auch berücksichtigt werden, dass der „Jude" ab der „Systemzeit" keine Anschaffungen mehr gemacht und immer nur auf den Umsatz spekuliert habe. Auch

---

[249] Vgl. exemplarisch die Verhandlungen über die „Arisierung" des Kaufhauses Zapf in Würzburg, an denen neben dem Kreiswirtschaftsberater und der DAF auch die IHK, der Stadtrat und das Gewerbeamt beteiligt waren; StAW/Gau Mainfranken/803; vgl. aber auch die anderen Beispiele in der Akte sowie Schreiben der NSDAP-Gauleitung Mainfranken an die Gauamtsleiter und Kreisleiter vom 7. 4. 1938; StAW/Gau Mainfranken/288.

[250] Anordnung des Gauwirtschaftsberaters zur Überführung „jüdischer Betriebe" auf „deutsche" Betriebsführer vom 13. 5. 1938; StAW/Gau Mainfranken/288.

die Kriterien, die die Erwerber zu erfüllen hatten, oblagen letztlich Vogels Entscheidung. Der Käufer musste in der Lage sein, den Betrieb noch weiterzuführen, daher musste er die Art seiner Finanzierung dem Gauwirtschaftsapparat der Partei offenlegen. Nichtjüdische Arbeiter und Angestellte mussten unter gleichen Bedingungen weiterbeschäftigt werden, wobei Ausnahmen nur mit Zustimmung der DAF möglich waren. Als Grundsatz galt also nicht die Liquidierung, sondern die Weiterführung der Betriebe in vollem Umfang, wobei Sondergewinne, mit Ausnahme der „Alten Kämpfer", nicht dem Käufer, sondern dem Gau in Form einer Abgabe zukommen sollten.[251] Bei Anzeichen für eine geplante Veräußerung erhielten die Inhaber von Betrieben, aber auch die Besitzer von Immobilien per Formblatt die Anweisung, sich im Büro des Kreiswirtschaftsberaters oder bei der Gemeinde einzufinden. Durch die Beamten des Reichsnährstands, der Gendarmeriestationen, durch die Bürgermeister oder die DAF verfügte der Gauwirtschaftsberater über ausreichende Informationsquellen, durch die er auf mögliche Veräußerungen hingewiesen wurde. Bei Nichterscheinen oder Unpünktlichkeit verhängte der Gauwirtschaftsberater eine „Gehorsamsstrafe", etwaige Einwände – wie etwa fehlende Veräußerungsabsicht – mussten rechtzeitig im Büro des Gauwirtschaftsberaters eingehen.[252] Die Vorprüfung übernahm dabei immer Vogel selbst. Schätzungen, Preise oder Gutachten sammelte der Kreiswirtschaftsberater. Kaufverträge genehmigte der Gauwirtschaftsberater erst dann, wenn der Käufer die Bezahlung per Quittung nachweisen konnte.[253]

Mit der federführenden Funktion des Gauwirtschaftsberaters Vogel erlebte die „Arisierung" jüdischer Betriebe einen erheblichen Professionalisierungs- und Systematisierungsschub. Der promovierte Volkswirt hatte 1936 das Amt des Wirtschaftsberaters und Kreiskassenrevisors übernommen, war aber bis zu seiner hauptamtlichen Anstellung als Gauwirtschaftsberater 1938 als Regierungsrat in der Betriebsprüfungsstelle des Landesfinanzamts Würzburg tätig.[254]

In seinem antisemitischen Eifer unterschied sich Vogel zunächst nicht wesentlich von den maßgeblichen NSDAP-Protagonisten in Franken und München-Oberbayern. „Die Juden hetzen gegen Deutschland" – notierte der Parteifunktio-

---

[251] Geheime Richtlinien des Gauwirtschaftsberaters an die Kreiswirtschaftsberater für die Durchführung der „Arisierung" vom 4. 6. 1938; ebd.

[252] Vorladung des Viehhändlers Arnold H. aus Hammelburg am 14. 7. 1938; StAW/WB IV/a/2556.

[253] Schreiben des stellvertretenden Gauleiters an die Kreisleiter und Kreiswirtschaftsberater vom 4. 1. 1939; StAW/Staatsanwaltschaft Würzburg/558/II.

[254] Briefumschlag mit verschiedenen Ausweisen von Vogel; StAW/Gau Mainfranken/71; Tagebucheintrag Vogels vom 3. 1. 1938; StAW/Gau Mainfranken/73. Auch sein Vorgänger Kurt Hasslinger war Steuer- und Wirtschaftsberater und erst 1933 in die Partei eingetreten. Er war bis 1937 kommissarischer Wirtschaftsberater in Mainfranken; Arbeitsblatt der Spruchkammer Uffenheim, 7. 1. 1948; StAW/Spruchkammer/3505a; BAB (ehemals BDC)/Hasslinger, Kurt, *26. 10. 1902. Kreiswirtschaftsberater in Hammelburg war Michael Gemperlein, über den allerdings keine weiteren Informationen ermittelt werden konnten. In Bad Kissingen waren die beiden Wirtschaftsberater der 1900 geborene Kaufmann Max Nägle sowie Dr. Wilhelm Feineis, der das Amt bis 1936 und ab 1942 ausübte; Personalbogen Nägle; BAB (ehemals BDC)/Nägle, Max, *7. 8. 1900; Brief Staatsarchiv Würzburg vom 30. 6. 2006/Privatbesitz.

när in einem Tagebucheintrag vom Februar 1937 – und trachten danach, die „deutsche Seele zu vernichten." Die schädliche „Spekulationswirtschaft" führte der Gauwirtschaftsberater auf den jüdisch-liberalistischen Einfluss zurück.[255] Über die „Judenfrage in der Wirtschaft" referierte Vogel zudem auf Einladung Ministerpräsident Sieberts auf Lehrgängen der Kommission für Wirtschaftspolitik.[256] Sein Antisemitismus paarte sich allerdings mit der Fähigkeit zu äußerst effizientem Vorgehen und einer Einstellung zur „Judenfrage", die zwar auf rassischem Gedankengut gründete, aber in ihrer äußeren Form „korrekt" erschien und die „Lösung der Judenfrage" „Fachmännern", nicht wilden Schlägern überlassen wollte. Auf die Bedeutung von Wirtschaftsfachmännern im Prozess der wirtschaftlichen Verfolgung verwies der Gauleiter selbst, etwa in einem Schreiben vom April 1938, das eindringlich Vogels große Erfahrungen und ausgezeichnete Einblicke in die Wirtschaft Unterfrankens hervorhob. „Ich glaube", so Vogel, „dass es den Kreisleitern nur angenehm sein wird, wenn ein Fachmann diese umfangreiche Arbeit abnimmt und es Ihnen damit erspart bleibt, mit Juden zu verhandeln."[257] Hatten sich in München und Nürnberg die maßgeblichen Parteiinstitutionen weitgehend dem ungeregelten und sprunghaften Führungsstil ihrer Gauleiter angepasst, so lässt sich in Unterfranken angesichts der Fachkompetenz des Personals und den klar geregelten und strikt auf den Anordnungen des Gauwirtschaftsberaters beruhenden Verfahrensweisen am ehesten von einer „Bürokratisierungstendenz" innerhalb der Partei sprechen.

Für die Durchsetzung seiner Entscheidungen bediente sich Gauwirtschaftsberater Vogel – wie in München und Nürnberg auch – maßgeblich der weitverzweigten Organisation der DAF. Ihm direkt untergeordnet war der mit besonderen Zuständigkeiten versehene Kreisleiter und Kreiswalter der Arbeitsfront, Ludwig Popp, der 1938 durch den Kreisobmann der DAF Würzburg, Heinrich Riedel, abgelöst wurde. Beide waren lange vor der „Machtergreifung" Parteimitglieder geworden und bereits vor Übernahme durch die DAF 1935 Mitglieder der NS-Hago gewesen.[258] Für die Textilbranche war Eduard Huth verantwortlich, Gaufachabteilungswalter der „Fachabteilung Textil und Leder" der Arbeitsfront. Auch er war bereits seit 1933 aktives Mitglied der NSBO und langjähriges Parteimitglied.[259] Außer mit der DAF kooperierte Vogel auch eng mit der Gestapo bei der Ausplünderung jüdischen Vermögens. Beamte der Geheimen Staatspolizei waren nicht nur als zusätzliche Bedrohung bei den Verkaufsverhandlungen anwesend, sie konnten durch die Schutzhaft auch direkt die Veräußerung der Betriebe

[255] Eintrag vom 14. 2. 1937; StAW/Gau Mainfranken/72.
[256] Einladung zum fünften großen Lehrgang der Kommission für Wirtschaftspolitik vom 24.–29. 1. 1938; BayHStAM/StK/6729.
[257] Schreiben der Gauleitung Mainfranken an die Gauamtsleiter und Kreisleiter vom 7. 4. 1938; StAW/Gau Mainfranken/288.
[258] Ludwig Popp, gelernter Buchdrucker, seit 1929 NSDAP-Mitglied und seit 1935 Kreiswalter der DAF. Heinrich Riedel war seit 1931 NSDAP-Mitglied und seit 1938 Kreisobmann der Arbeitsfront; Vorladung Ludwig Popps am 24. 7. 1950 und Vernehmung Heinrich Riedels am 18. 7. 1950; StAW/Staatsanwaltschaft Würzburg/558/I.
[259] Vernehmung Eduard Huths am 24. 7. 1950; ebd.

und sonstigen Vermögenswerte erzwingen.[260] Die Gestapo blieb in die Verkaufsverhandlungen eingeschaltet und schlug auch von sich aus potentielle Erwerber
jüdischen Vermögens vor.[261]

Mit dem Zugriff auf die Abteilungen der DAF war es dem Gauwirtschaftsberater gelungen, einen Konkurrenten im Wettlauf um das jüdische Vermögen seiner
Kontrolle zu unterstellen. Offensichtlich hatte die DAF auch hier versucht, nach
Eingliederung der Handels- und Handwerks- sowie der Betriebszellenorganisation in die Arbeitsfront im Jahr 1935 und nach der zunehmenden innen- und
außenpolitischen Konsolidierung des Reiches 1936 die „Arisierung" ab 1937 in
eigener Initiative und als „Wiedergutmachung" für ihre oft altgedienten Kämpfer
voranzutreiben. Nach Aussagen von betroffenen jüdischen Erwerbstätigen ließ
sich die DAF ab 1937 Veräußerungsverträge jüdischer Firmen zur Genehmigung
vorlegen. Die Arbeiter und Angestellten sollten an dem Betrieb beteiligt werden,
während jüdische Arbeitnehmer von allen Leistungen ausgeschlossen blieben. Bereits zu diesem Zeitpunkt musste bei geplanter Übernahme eines jüdischen Betriebes mit Popp und Riedel verhandelt werden, die meist 100 Reichsmark pro Be-
schäftigungsjahr für jeden Betriebsangehörigen als „Gebühr" verlangten.[262] Ein
führender Mitarbeiter des Gauwirtschaftsapparates führte im Jahr 1950 aus, der
Gauleiter und sein Gauwirtschaftsberater hätten auch deshalb bereits Anfang
1938 so massiv in die wirtschaftliche „Ausschaltung" der Juden eingegriffen, um
die „wilden Arisierungen" der DAF in geordnete Bahnen zu lenken.[263] Diese Behauptung ist nicht vollkommen aus der Luft gegriffen. Die Aussagen bestätigt ein
Schreiben der NSDAP-Gauleitung Mainfranken an die Gauamts- und Kreisleiter
vom 7. April 1938, in dem der Gauleiter noch einmal auf die Verfahrensweisen bei
der „Entjudung" hinwies: „Es ist festgestellt worden, dass sich eine Reihe von
Dienststellen mit der Überführung jüdischer Betriebe in arische Hände beschäftigen, die für die Bewältigung einer so wichtigen und teilweise auch schwierigen
Aufgabe gar nicht berufen und vielfach auch nicht befähigt sind. Um Einheitlich-
keit in diese Verhandlungen zu bringen und unter allen Umständen zu vermeiden,
dass sich 3 oder 4 Stellen ohne gegenseitige Verständigung mit einer einzigen Angelegenheit beschäftigen, hat der Gauleiter mit der Durchführung der Übernahme
jüdischer Betriebe durch Arier den Gauwirtschaftsberater Pg. Vogel beauftragt."
Und weiter heißt es: „Ich bitte den Gauobmann, von dieser Anordnung die DAF-
Dienststellen in Kenntnis zu setzen. Von allen Verhandlungen, die bisher von der
Kreisverwaltung der DAF, ohne Verständigung des Gauwirtschaftsberaters
durchgeführt worden sind, ist dem Gauwirtschaftsberater auf dem Dienstweg
über Kreisleitung-Kreiswirtschaftsberater unverzüglich Mitteilung zu machen.
Das Gleiche gilt für irgendwelche bei Gaudienststellen der DAF gestellte Anträge,

---

260 Aussage des Justizrats Dr. R. am 13. 7. 1950; ebd; Vernehmungsniederschrift des Verhörs
   von der Stenotypistin Elisabeth B. vom 12. 8. 1950; ebd.
261 Eidesstattliche Versicherung Karl R.s im Prozess gegen den Gauwirtschaftsberater Vogel,
   o. D.; ebd.
262 Aussage des Justizrats Dr. R. am 13. 7. 1950, der mehrere jüdische Unternehmen als
   Rechtsanwalt betreut hatte; ebd.
263 Vernehmung des Kreiswirtschaftsberaters Hermann Wiblishauser am 8. 9. 1950; ebd.

die dem Gauwirtschaftsberater unmittelbar zugeleitet werden müssen, der dann seinerseits die Kreisleitung entsprechend in Kenntnis setzt. Der Gauleiter legt auf die genaue Beachtung dieser Anordnung den größten Wert."[264]

Das Schreiben der Gauleitung verweist auch auf vorhandene Rivalitäten zwischen den Parteigliederungen bei der „Arisierung" jüdischen Vermögens untereinander. Durch das Machtwort des Gauleiters konnten diese Konflikte ab 1938 zugunsten des Gauwirtschaftsberaters offenbar ausgeräumt werden. Unter der Aufsicht des Gauwirtschaftsberaters hatte die DAF nun die Aufgabe, auf die Belegschaft Druck auszuüben, um jüdische Betriebe so von innen heraus zur Veräußerung zu zwingen. Nach erfolgter „Arisierung" hatte sich die Arbeitsfront um die Übernahme der „nichtjüdischen Gefolgschaft" zu kümmern und durch Sonderabgaben für das Wohl der Arbeiterschaft zu sorgen.[265]

Auch in der Region Bad Kissingen/Hammelburg leitete der Pogrom vom 9. November 1938 eine Radikalisierung der Judenverfolgung ein. In der Kurstadt selber zerstörten Angehörige von Parteigliederungen 16 Geschäfte mit einem Gesamtschaden von etwa 55 000 Reichsmark. 21 jüdische Angestellte und Arbeiter waren durch die Aktion erwerbslos geworden.[266] Wie in den meisten Gebieten des Reiches war auch hier die SA maßgeblich für die Übergriffe auf die jüdische Bevölkerung verantwortlich.[267] In der Verfahrensweise bei der „Arisierung" änderte sich durch die personelle Verschränkung von Gauleiter und Regierungspräsident aber offenbar nicht viel. Für die „Arisierung" von Großhandelsgeschäften und Industriebetrieben war grundsätzlich die Genehmigung des Gauwirtschaftsberaters einzuholen. Bei der Veräußerung von Grundbesitz und Gebrauchsgegenständen war das Gutachten eines eng mit dem Ortsgruppenleiter der Partei zusammenarbeitenden Sachverständigen maßgeblich.[268] Vogel selbst bestätigte nach dem Krieg, dass die „Arisierungspraktiken" auf Initiative der Gauverantwortlichen entstanden und die Verordnungen nach dem Pogrom daher lediglich eine „längst gängige Praxis" sanktionierten. Bereits vor den entsprechenden Gesetzen habe „Gewohnheitsrecht" bestanden.[269]

Ob Differenzen mit der Reichsregierung das Vorgehen Vogels einschränkten und letztlich die Arbeit der „Werbestelle" zum Erliegen brachten, ist unklar. Nach Aussagen von Vogel selbst kam es zu Streitereien mit Ministerpräsident Siebert und Staatssekretär Backe aus dem Reichslandwirtschaftsministerium. Tatsächlich finden sich keine Hinweise auf grundsätzliche Erwägungen Berlins hinsichtlich

---

[264] Schreiben der NSDAP-Gauleitung Mainfranken an die Gauamts- und Kreisleiter vom 7. 4. 1938; StAW/Gau Mainfranken/288.

[265] Aktennotiz der Gauleitung vom 25. 5. 1938; Vernehmung Heinrich Riedels am 18. 7. 1950; Vorladung Ludwig Popps am 24. 7. 1950; Vernehmung Hermann Wiblishausers am 18. 7. 1950; StAW/Staatsanwaltschaft Würzburg/558/I.

[266] Aufstellung der Kriminalpolizei Bad Kissingen vom 14. 11. 1938; StAW/LRA Bad Kissingen/3101.

[267] Vgl. hierzu ausführlich das Strafverfahren der Großen Strafkammer des LG Schweinfurt, Urteil am 14. 12. 1949; IfZ/Gs/03.04.

[268] Anweisung des stellvertretenden Gauleiters an die Kreisleiter und Kreiswirtschaftsberater vom 4. 1. 1939; StAW/Staatsanwaltschaft Würzburg/588/II.

[269] Vernehmung Vogels am 7. 10. 1950; ebd.

des Tempos oder der Umsetzung der Ausplünderung, die für die Differenzen und damit letztlich für das Ende des Rhönfonds ausschlaggebend waren.[270]

Insgesamt setzten damit in München, Nürnberg und Unterfranken um die Jahreswende 1937/38, begünstigt durch die Gesetzgebung der Reichsregierung, die systematische Überwachung und Entziehung von jüdischem Vermögen ein. Mehrere Institutionen – auf Seiten der Partei neben dem Gauwirtschaftsapparat vor allem die Deutsche Arbeitsfront – beteiligten sich je nach regionalen Gegebenheiten in unterschiedlicher Intensität an dem Bereicherungswettlauf.

Die ausgewählten Beispiele verdeutlichen nicht nur die von der Region ausgehenden Impulse und die Unterschiede in der Verfolgungspraxis, die die Gauspezifika der wirtschaftlichen „Ausschaltung" der Juden deutlich vor Augen führen. Es zeigt sich darüber hinaus die zentrale Stellung, die die „Entjudung" im gesamten Feld der Gaupolitik einnahm. Diese besondere Bedeutung der „Arisierung" hob auch Gauwirtschaftsberater Vogel explizit hervor, als er im Sommer 1938 seinem Tagebuch anvertraute: „Seit 1. 7. 1938 bin ich nun ganz beim Gau. In engster Zusammenarbeit mit dem Gauleiter werden die großen Probleme der Jetztzeit gelöst. Die größte und auch die schwierigste Arbeit sind die Arisierungen. Der Ausschluss der Juden aus der Wirtschaft ist vordringlich. Lange und schwierige Verhandlungen schließen so manches jüdisches Geschäft für alle Zeit ab."[271]

In allen drei Gauen verbanden sich ideologische Motive mit dem Bestreben, Macht und Ressourcen auf einem Politikfeld zu akkumulieren, dem eine hohe strategische Bedeutung zukam. Nach dem Ende außen- und wirtschaftspolitischer Rücksichtnahmen in den Jahren 1937 und 1938 bestimmten machtstrategische Gesichtspunkte auch das Verhältnis zwischen Zentrum und Region. Nun trachteten vermehrt Angehörige der Führungsspitze von Staat und Partei, allen voran Hermann Göring, danach, ihren Einfluss durch eine Profilierung auf dem Feld der wirtschaftlichen Verfolgung der jüdischen Bevölkerung zu vergrößern und gleichzeitig die Erlöse der Ausplünderung für die Staatskasse zu sichern. Dies führte jedoch weder zu einem Ende der „wilden Arisierungen" zugunsten einer zentralen Steuerung noch zu einer zügellosen regionalen Kraftentfaltung. Das Verhältnis von Reich und Region bis zur endgültigen Ausplünderung, Vertreibung und Ermordung der jüdischen Bevölkerung in den Jahren 1941/42 war vielmehr durch ein fragiles System mühsam ausbalancierter Interessen gekennzeichnet. Aufbauend auf einem gemeinsamen ideologischen Fundament brach es nur in Ausnahmefällen durch radikale Intervention Berlins zusammen. Die Umstände, die zum Sturz Julius Streichers führten, sind zudem ein Hinweis auf ähnlich instabile regionale Interaktionssysteme im Verfolgungsprozess. Nicht nur die Gauleiter und ihre Spitzenfunktionäre waren auf diesem Politikfeld aktiv. Zahlreiche andere Institutionen wie Stadt- und Regionalverwaltungen, die Bayerische Politische Polizei oder Gendarmeriestationen beteiligten sich an der wirtschaftlichen „Ausschaltung" der jüdischen Bevölkerung genauso wie am Bereicherungswett-

---

270 Vorladung Vogels am 26. 9. 1950; StAW/Staatsanwaltschaft Würzburg/558/I.
271 Eintrag vom 20. 4. 1938; StAW/Gau Mainfranken/73.

lauf um deren Vermögen. Ziel der folgenden Überlegungen ist es daher, nicht nur die Rolle der Regional- und Kommunalverwaltung bei der wirtschaftlichen Verfolgung der Juden zu analysieren, sondern darüber hinaus auch die besondere Ausprägung regionaler Herrschaftsgefüge und insbesondere das Zusammenspiel von staatlicher Verwaltung und parteilichen Hoheitsträgern in den Blick zu nehmen.

Drittes Kapitel:
Regional- und Kommunalverwaltung

I. München

1. Kennzeichnung und Boykott

Unmittelbar nach der Übernahme der Regierungsgeschäfte durch die neue bayerische NSDAP-Regierung im Frühjahr 1933 setzten in München die ersten landes- und kommunalpolitisch gesteuerten Verfolgungsmaßnahmen gegen die jüdische Bevölkerung ein, die in engem Zusammenhang mit den antisemitischen Ausschreitungen nach der „Machtergreifung" zu sehen sind.[1] Zunächst setzte sich das Personalkarussell in der „Gauhauptstadt" und „Hauptstadt der Bewegung" heftig in Bewegung und brachte besonders verdiente und linientreue „Alte Kämpfer" in die kommunalen Spitzenpositionen.[2] Unter deren Federführung und im Einklang mit den Zielen der „Parteirevolution von unten" trieb die Stadt vor allem die Kennzeichnung und den Boykott jüdischer Wirtschaftstätiger voran. Sie tat dies allerdings mit der behördlichen Autorität und den administrativen Mitteln einer Kommunalverwaltung, die damit die Wirkung der brutalen „radauantisemitischen" Übergriffe und Boykotte vom März und April 1933 auf bürokratischem Wege verschärfte. Unter dem Dach gemeinsamer ideologischer Überzeugungen knüpften die lokalen Parteigrößen so frühzeitig ein Netz aus unterschiedlichen

---

[1] Die Rolle der Gliederungen der NSDAP und der kommunalen Verwaltung bei der „Entjudung" der Münchner Wirtschaft v. a. seit dem Jahr 1938 ist durch die in den letzten Jahren vermehrt publizierten Studien gut beleuchtet worden; Modert, Motor; Rappl, „Arisierungen" in München; Selig, „Arisierung"; mit Überblickscharakter: Selig, Boykott; Bokovoy, Heimat; vgl. auch die zahlreichen Aufsätze zu Einzelschicksalen bei Baumann/Heusler, München arisiert; Landeshauptstadt München, Jüdisches Leben; Haerendel, Schutzlosigkeit; zu kommunaler Wohnungspolitik und „Arisierung" in München vgl. auch den kurz vor Drucklegung dieser Arbeit erschienenen Artikel von Haerendel, Mustersiedlung.

[2] Der Münchner Stadtverwaltung stand seit Frühjahr 1933 Karl Fiehler vor. Der neue Oberbürgermeister war nicht nur Teilnehmer des Hitlerputsches von 1923, er besaß auch als Präsident des deutschen Gemeindetages und Reichsleiter gute Kontakte zur Spitze der Partei. Bereits 1921 betätigte sich Fiehler aktiv in völkischen Wehrverbänden, trat 1925 in die NSDAP ein, wurde vier Jahre später Sektionsleiter der Partei und 1929/30 Stadtrat und Fraktionsvorsitzender. Mit dem Stadtrat und Kreistagspräsidenten Christian Weber und mit Max Köglmaier, Stadtrat und Staatssekretär im bayerischen Innenministerium und damit Gauleiter Wagner direkt unterstellt, verstärkte sich die führende Rolle der NSDAP in der Münchner Stadtverwaltung zusätzlich. Tatsächlich nahm Gauleiter Wagner über Köglmaier immer wieder Einfluss auf die Politik der Stadt, was auch zu handfesten Auseinandersetzungen mit dem Bürgermeister und anderen Stadträten führte; Hanko, Kommunalpolitik, S. 410; Hanke, Geschichte, S. 126. Zur Person Fiehlers Haerendel, Rathaus, S. 369 f.; dies., Wohnungspolitik, S. 44–51; Rappl, „Arisierungen" in München, S. 130. Zur Politik der Städte Gruner, Wohlfahrt, S. 46 f.; für Augsburg Gotto, Kommunalpolitik, S. 15 ff.

Verfolgungsmaßnahmen und -institutionen, wobei vor allem Personalunionen und Ämterhäufungen die einzelnen Verknüpfungspunkte stabilisierten.

Direkten Einfluss auf die jüdische Erwerbstätigkeit konnten die Städte zunächst über lokale Verordnungen ausüben, die auf die Isolation der jüdischen Bevölkerung durch Beschneidung ihrer Berufstätigkeit zielten. Besonders betroffen war hiervon der Einzelhandel: „Ausschluss jüdischer Händler vom Oktoberfest", schrieb die Bayerische Israelitische Gemeindezeitung in ihrer 17. Ausgabe von 1933: „Jüdische Händler werden künftighin nach einem Beschluss des städtischen Leihamtes nicht mehr zugelassen, ebenso nicht mehr zum Oktoberfest und zu den Dulten."[3] Bereits vorher waren auf Geheiß der Stadt jüdische Firmen in München von öffentlichen Aufträgen ausgeschlossen und städtischen Bediensteten der Kauf von Dienstkleidung in jüdischen Geschäften untersagt worden.[4] Die Begründung, die Oberbürgermeister Fiehler für seine Erlasse angab, zielte einerseits auf die „rassische" Separation und andererseits auf die Integration des Münchner Mittelstandes: „Der schwer um seine Existenz ringende deutschstämmige und deutschbewusste Mittelstand", so das Oberhaupt der städtischen Verwaltung, „hat unbedingt ein Anrecht darauf, dass die Stadt München sich mit allen Mitteln für seine Erhaltung und Förderung einsetzt. Das geschieht am besten dadurch, daß die Stadtverwaltung selbst mit gutem Beispiel vorangeht."[5] Damit verbundene Bestrebungen für eine Bevorzugung ortsansässiger Firmen nahmen nahezu groteske Formen an: Unter Maßgabe der Benachteiligung ausländischer Firmen wurden auch österreichische Firmen von städtischen Aufträgen gänzlich ausgeschlossen, was zu zahlreichen Beschwerden und Diskussionen führte.[6]

Die oftmals im öffentlichen Bereich tätigen und daher von der Kommunal- und Landespolitik besonders abhängigen jüdischen Mediziner und Juristen waren von den „Ausschaltungsmaßnahmen" in erster Linie betroffen. Ein erster Erlass Fiehlers zur Vertreibung der jüdischen Ärzte, der ihnen in den städtischen Krankenanstalten nur noch das Behandeln jüdischer Patienten gestattete, erging bereits am 27. März 1933. Jüdische Ärzte, die Prosekturen vornahmen, durften nur noch jüdische Leichen sezieren, jüdische Medizinalpraktikanten und Studierende in den Kliniken nicht mehr beschäftigt werden.[7] Die betroffenen Ärzte erhielten von der Stadtverwaltung ein Schreiben, das ihnen lediglich mitteilte, sie seien ihrer Stellung aufgrund „rassischer Gesichtspunkte" ab sofort enthoben. Als offizielle Begründung für die Beendigung des Dienstverhältnisses wurden „gesundheitliche Gründe" angeben.[8] Nachdem ab August 1933 kein jüdischer Arzt mehr an einer

---

3 „Bayerische Israelitische Gemeindezeitung" Nr. 17 vom 10. 10. 1933.
4 Ausnahmen hierfür waren nur durch entsprechende Genehmigung des Gewerbeamts zulässig. Am 19. Dezember 1933 präzisierte Fiehler die Anordnung noch einmal dahingehend, dass Aufträge auch an nichtdeutsche Firmen zu vergeben seien, wenn ein entsprechender Auftrag durch deutsche Firmen nicht gleichwertig erledigt werden könne; Verfügung der Stadt vom 15. 3. 1933; Verfügung Fiehlers vom 19. 12. 1933; StadtAM/Personalamt/405/II; „Bayerischer Staatsanzeiger" vom 24. 3. 1933, S. 3; Hanke, Geschichte, S. 104.
5 Verfügung Fiehlers vom 24. 3. 1933; StadtAM/Personalamt/405/II.
6 Vgl. die zahlreichen Schreiben und Briefwechsel; ebd.
7 „Völkischer Beobachter" vom 27. 3. 1933; zitiert nach Schwarzbuch, S. 210.
8 Brief der Landeshauptstadt an das BLEA wegen des Entschädigungsanspruches des lei-

städtischen Krankenanstalt beschäftigt war, traf ein nächster Erlass auch jüdische Patienten. Die rituelle Abteilung des Krankenhauses München-Schwabing wurde aufgelöst. Danach konnten gläubige Juden nur noch im Israelitischen Krankenheim medizinisch versorgt werden.[9]

Neben den Ärzten in den städtischen Krankenanstalten entließ die Stadtverwaltung auch jüdische Schulärzte aus ihren Dienstverhältnissen.[10] In einer Besprechung des Oberbürgermeisters mit dem Vorstand des Vereins für freie Arztwahl beschlossen die Teilnehmer darüber hinaus, alle Verträge mit Fürsorgeärzten der Stadt zu kündigen, um vom ersten Juli 1933 an neue Verhandlungen führen zu können. Jüdische Ärzte wurden bei den neuen Vertragsverhandlungen nicht mehr berücksichtigt.[11] Zwei Jahre später, im Juni 1935, setzte sich der Bezirksfürsorgeverband München mit dem Oberbürgermeister Fiehler in Verbindung, um mit der Kassenärztlichen Vereinigung Deutschlands die ärztliche Versorgung vertraglich neu zu regeln.[12] Das endgültige Vertragswerk schloss jüdische Ärzte in München de facto im Sommer 1936 von jeder Fürsorgepraxis aus. Ebenfalls 1935 drohte Oberbürgermeister Fiehler mit disziplinarischen Konsequenzen für städtische Beamte, Angestellte oder Arbeiter, die es weiterhin noch „wagten", einen jüdischen Arzt in Anspruch zu nehmen.[13] Dem jüdischen Medizinernachwuchs hatte man bereits im April 1933 den Zugang zu den bayerischen Hochschulen verwehrt.[14]

Die bayerische Staatskanzlei verfügte Anfang April 1933 zudem für die „Aufrechterhaltung von Ruhe und Ordnung" des Rechtsbetriebs die Beurlaubung jüdischer Richter und Staatsanwälte rückwirkend zum 1. April. Am gleichen Tag untersagte sie jüdischen Rechtsanwälten das Betreten von Gerichtsgebäuden, jüdische Notare und Notarsvertreter sollten sich ebenfalls der Vornahme jeglicher

---

tenden Arztes des Schwabinger Krankenhauses, Dr. Siegfried O., vom 29. 1. 1958; BayHStAM/BEG/32093; Brief des Stadtrats München an das BLEA vom 26. 1. 1951 wegen der Ansprüche eines weiteren Chefarztes des Schwabinger Krankenhauses, des Bakteriologen Dr. Erich M.; BayHStAM/BEG/44362.

[9] Schriftwechsel der Schwabinger Krankenhausdirektion mit dem Münchner Stadtrat vom 24. 8. und 6. 9. 1933; StadtAM/Krankenhaus Schwabing/75; Gruner, Wohlfahrt, S. 53 f.

[10] Dr. Julius Spanier etwa musste seine Stellung als Schularzt bereits am 1. April 1933 aufgeben; Bitte Dr. Spaniers um Erlass der fünften Rate der „Judenvermögensabgabe" vom 14. 11. 1939; StAM/Finanzamt/19127.

[11] „Bayerische Ärztezeitung" 27 (8. 4. 1933), S. 1 und Schriftverkehr bezüglich der Vertragsverhandlungen; StadtAM/Wohlfahrt/3489.

[12] Der Vertag wurde dann endgültig am 1. Juli 1936 unterzeichnet. Zu dem endgültigen Vertrag und den vorausgehenden Verhandlungen und Vertragsentwürfen siehe StadtAM/Wohlfahrt/3429.

[13] Anordnung vom 10. 12. 1935; StadtAM/Microfiche Yad Vashem/M/DN 9; Selig, „Arisierung", S. 24.

[14] Erlass des kommissarischen Innenministers Wagner bezüglich der Neuinskription Studierender, abgedruckt in der „Vossischen Zeitung" vom 8. 4. 1933; auch in: Schwarzbuch, S. 210. Die wachsende Zahl von Medizinstudenten gab wohl nicht nur in München, sondern auch reichsweit Anlass zur Besorgnis. So schrieb Hadrich 1934, von 1919 bis 1933 sei die Zahl der Medizinstudenten auf das Doppelte angestiegen und der Bedarf an Ärzten sei gedeckt. Es gebe sogar einen Überschuss von 200%; Hadrich, Angebot, S. 568 f.

Amtsgeschäfte enthalten.[15] Darüber hinaus drohte Oberbürgermeister Fiehler seinen Beamten, Angestellten und Arbeitern auch mit disziplinarischen Maßnahmen beim Aufsuchen eines „nichtarischen" Anwalts.[16]

Einen zweiten Hebel zur Zurückdrängung und „Ausschaltung" jüdischer Wirtschaftstätigkeit bot das „Gesetz zum Schutz des Einzelhandels". Das am 12. Mai 1933 verkündete Regelwerk sollte in erster Linie der Sicherung der mittelständischen Wirtschaft dienen.[17] Unter bestimmten Voraussetzungen konnte der Handel mit einzelnen Artikeln verboten werden. Die Entscheidung hierüber oblag in München dem Gewerbeamt der Stadt, das die entsprechenden gesetzlichen Voraussetzungen zum Vorgehen gegen jüdische Geschäftstätigkeit nutzte.[18] Nur zwei Jahre später traf es dann alle jüdischen Einzelhändler. „Nichtariern" sollte nach dem Willen der Stadtverwaltung nur noch in seltenen Einzelfällen die Neugründung oder Übernahme eines Einzelhandelsgeschäfts gewährt werden, eine Verfügung, die weit über die reichsweiten Bestimmungen hinausging. Denn eine derartige antisemitisch motivierte Beschränkung der Geschäftstätigkeit sah das „Gesetz zum Schutz des Einzelhandels" selbst gar nicht vor. Eine Versagung der Zulassung verlangte das Regelwerk nur nach Verurteilung wegen schwerwiegender Verstöße.[19]

Parallel zur Umsetzung des „Gesetzes zum Schutze des Einzelhandels" forcierte das Gewerbeamt auch die Kennzeichnung „jüdischer" Betriebe. Laut Verfügung der Stadtverwaltung hatte das Gewerbeamt seit März 1933 Auskunft über den „Charakter" einer Firma zu geben. Als „nichtdeutsch" galten neben „marxistischen" Unternehmen auch Firmen, deren Inhaber Juden waren.[20] Bereits im Mai 1933 legte die Kommune zwei Verzeichnisse an. Das erste listete diejenigen Firmen auf, deren Besitzer Verpflichtungsscheine mit Angaben zu dem „Charakter" der Firma ausgefüllt hatten und die daher unter Vorbehalt für Bestellungen der Stadt München in Frage kamen. Das zweite enthielt diejenigen Firmen, die die Bescheinigungen nicht ausgefüllt hatten und die daher bei Aufträgen unberücksichtigt bleiben sollten.[21]

---

[15] Anordnung der bayerischen Staatskanzlei Nr. 78 vom 2. und 3. 4. 1933; BayHStAM/ML/ 3187.

[16] Anordnung vom 10. 12. 1935; StadtAM/Microfiche Yad Vashem/M/DN 9; Selig, „Arisierung", S. 24.

[17] Präambel des „Gesetzes zum Schutze des Einzelhandels" vom 12. 5. 1933; RGBl. I (1933), S. 262. Verboten wurde etwa die Übernahme einer Verkaufsstelle durch ein Unternehmen, das bereits mehrere Verkaufsstellen innehatte. Generell durfte ein Verkauf darüber hinaus dann nicht genehmigt werden, wenn dadurch die Betriebsart zu einem Warenhaus oder Einheitspreisgeschäft umfunktioniert werden würde; §§ 2 und 3 dieses Gesetzes; RGBl. I (1933), S. 262; zum Gesetz siehe auch Uhlig, Warenhäuser, S. 91 ff.

[18] Art. II Abs. 1 des „Gesetzes zum Schutz des Einzelhandels" vom 12. 5. 1933; RGBl. I (1933), S. 263; Rappl, „Arisierungen" in München, S. 131 ff.

[19] Art. II Abs. 1 des „Gesetzes zum Schutz des Einzelhandels" vom 12. 5. 1933; RBGl. I (1933), S. 263; Hanko, Kommunalpolitik, S. 421.

[20] Verfügung der Stadt vom 15. 3. 1933; StadtAM/Personalamt/405/II.

[21] Schreiben der Direktion der städtischen Elektrizitätswerke vom 29. 4. 1933; StadtAM/ Bürgermeister und Rat/1735; zur Rolle des Gewerbeamts vgl. auch Rappl, „Arisierungen" in München, S. 132 ff.

Am 2. März 1937 gab das Gewerbeamt anderen städtischen Dienststellen dann auch offiziell bekannt, dass mit der Erstellung einer „Juden- und Ausländerkartei" begonnen worden sei. Bei ihrer Fertigstellung am 15. Februar 1938 erfasste die freiverkäufliche Liste die Namen von 1750 Gewerbebetrieben.[22] Die langfristigen Auswirkungen, die diese frühe Erfassung und Kennzeichnung jüdischer Gewerbebetriebe nach sich zog, waren gravierend. Ab Ende Januar 1938 begann die Stadtverwaltung auf Grundlage dieser Verzeichnisse, jüdischen Händlern die Gewerbelegitimation zu verweigern, wobei sie als Begründung die generelle „Unzuverlässigkeit" jüdischer Händler anführte.[23] Damit war die Stadt München reichsweiten Regelungen um fast ein halbes Jahr voraus. Erst das „Gesetz zur Änderung der Gewerbeordnung" vom 6. Juli 1938 bot die legale Möglichkeit, Juden jede Tätigkeit als Handelsvertreter zu verbieten.[24]

Teil des regionalen Herrschaftsgefüges im wirtschaftlichen Verfolgungsprozess und zentral in die Kennzeichnung jüdischer Betriebe eingebunden waren neben den Gliederungen der NSDAP und der Kommunalverwaltung auch die Industrie- und Handelskammern (IHK). Bereits im Frühjahr 1933, unmittelbar nach der Übernahme der bayerischen Regierung durch die NSDAP, ging ein erster wichtiger Schritt in Richtung Vorbereitung und Durchführung der wirtschaftlichen „Ausschaltung" der Juden, indem die neue Regierung die Umformung der Berufsorganisationen im nationalsozialistischen Sinne erwirkte und parallel dazu die „Ausschaltung" der jüdischen Standesfunktionäre betrieb. Im Zuge dessen entließ die IHK München ihre sieben jüdischen Vorstandsmitglieder.[25] Ähnlich wie die Stadtverwaltung auch, vollzog die Münchner IHK parallel dazu schnell die Gleichschaltung und besetzte die Spitzenpositionen mit überzeugten Nationalsozialisten, die ihre regionalen Aktivitäten durch Ämterhäufung und gute Beziehungen zur Spitze der Partei absichern konnten. Deutlich wird diese Vernetzung vor allem bei den drei Spitzenfunktionären der Münchner Handelskammer: Der im April 1933 zum Chefsyndikus ernannte Hans Buchner galt als profilierter Wirtschaftsfachmann der Partei und war zudem Mitglied des Wirtschaftsrats der

---

[22] Die Liste ist überliefert in Stadtarchiv München, Bestand Gewerbeamt.

[23] Vgl. die zahlreichen Einzelfälle in den Beständen des Bayerischen Wirtschaftsarchivs, etwa die Entziehung der Gewerbelegitimation bei der Firma L. Söhne OHG; Schreiben eines Rechtsanwalts vom 8. 2. 1938; BWA/K1/XXI 16b/Akte 23/Fall 64. Allerdings war die Verweigerung der Gewerbelegitimation im Januar 1938 noch keine generell angewandte Praxis; eigenständige Abmeldung des Gewerbes durch den Geschäftsmann Julius H. vom 1. 10. 1938; Eintragung des Gewerbeamts vom 4. 10. 1938; StadtAM/Gewerbeamt/7 12a/ Bund 8/4 H., Julius; vgl. hierzu auch die zahlreichen anderen Einzelfälle im Bestand Gewerbeamt des Stadtarchivs München. Der Studie wurden jeweils stichprobenhaft 25 Einzelfälle aus den Beständen des Bayerischen Wirtschaftsarchivs und städtischen Gewerbeamts zugrunde gelegt, die zusammen mit der bereits veröffentlichten Literatur eine solide Datengrundlage darstellen.

[24] Allerdings wusste sich Fiehler bei seinen antisemitischen Aktionen im Einklang mit dem Willen der Reichsführung der NSDAP, weshalb hier nicht von einem Gegensatz zwischen Region und Zentrum auszugehen ist; Schreiben Heß' an Fiehler vom 16. 3. 1938; StadtAM/ Gewerbeamt/177b; Selig, „Arisierung", S. 29.

[25] Zur IHK vgl. auch Rappl, „Arisierungen" in München, S. 157 ff.; Selig, „Arisierung", S. 60 ff.

Reichsleitung der NSDAP. Darüber hinaus ernannte ihn Gauleiter Wagner 1933 zum Gauwirtschaftsberater für den Gau Oberbayern, so dass Buchner ab 1938 zwei Genehmigungsinstanzen der „Arisierung" in Personalunion miteinander verband. Buchner war der Partei bereits Anfang der 1920er Jahre beigetreten und hatte daher den Status des „Alten Kämpfers" erhalten. 1896 geboren, gehörte er zeitweise der Redaktion des „Völkischen Beobachters" an und nahm durch seine publizistischen Tätigkeiten, allen voran durch das 1928 erschienene Pamphlet „Dämonen der Wirtschaft" aktiv Einfluss auf die Programmatik der NSDAP.[26] Präsident der Industrie- und Handelskammer München war seit 1933 Albert Pietzsch, einer der frühen Weggefährten Hitlers, der nicht nur über gute Kontakte zur Reichsleitung der NSDAP verfügte, sondern als Spitzenfunktionär der NS-Wirtschaft mehrere Ämter in seiner Person vereinigte. Er verfügte über die Ämter „Beauftragter des Führers in Wirtschaftsfragen", Leiter der Hauptgruppe Chemie der gewerblichen Wirtschaft, Präsident der Wirtschaftskammer Bayern und Leiter der Reichswirtschaftskammer.[27] Eine ähnlich große Anzahl von Ämtern hatte schließlich Pietzschs Stellvertreter Otto Pfäffle angehäuft, der neben seiner Funktion bei der Industrie- und Handelskammer auch als Vorstand des Reichsverbands des deutschen Nahrungsmittelgroßhandels, Leiter der Bezirksgruppe der Wirtschaftsgruppe Groß- und Einzelhandel sowie Leiter der Handelsabteilung der Gauwirtschaftskammer fungierte. Pfäffle war bis 1935 auch Aufsichtsratsvorsitzender der Barbarino und Kilp-Otto Pfäffle AG und Geschäftsführer der Deutschkaffee – Deutsche Kaffee-Einfuhr-Gesellschaft.[28]

Aufgrund der herausgehobenen Stellung ihrer Spitzenfunktionäre im regionalen Herrschaftsgefüge, aber auch aufgrund der institutionell bedingten intimen Kenntnisse über die besonderen Gegebenheiten der lokalen Wirtschaft konnte sich die IHK München frühzeitig als Schnittstelle für umfangreichere binneninstitutionelle Interaktionen bei der wirtschaftlichen Verfolgung der jüdischen Bevölkerung etablieren.[29] In erster Linie entwickelte sie sich zu einer „Auskunftei"

---

[26] Buchners Rolle bei der „Arisierung" wird zwar als eher passiv beschrieben, es kann aber kein Zweifel darüber bestehen, dass Buchner, seit 1923 Mitglied der NSDAP, Träger des „Grünen Dauerausweises" und des Goldenen Parteiabzeichens, durch seine beiden Positionen die „Arisierung" entscheidend mitbeeinflusste; Arbeitsblatt des öffentlichen Klägers vom 23. 2. 1948; StAM/Spruchkammer/Karton 4557; Modert, Motor, S. 155 ff.; zur generellen Bedeutung der Gauwirtschaftsberater vgl. v. a. Kratzsch, Gauwirtschaftsapparat, S. 112 ff.

[27] Klageschrift des Generalklägers beim Kassationshof München vom 2. 3. 1948; StAN/KV-Anklagedokumente/Organisation/492-G.

[28] Verschiedene Angaben in der Spruchkammerakte Otto Pfäffles; BayHStAM/Spruchkammer/Otto Pfäffle.

[29] Erste Ansätze hierfür zeigten sich in München seit der „Machtergreifung" auch bei anderen Institutionen. Prägnantes Beispiel ist etwa die enge Zusammenarbeit der Stadtverwaltung mit dem „Kampfbund für den gewerblichen Mittelstand" im Frühjahr 1933. Im Benehmen mit dem „Kampfbund" hatte die Stadtverwaltung 10 000 Formblätter an die Firmen versandt, die mit Auftragsarbeiten der Stadt befasst waren. Ende April 1933 wurde die Auskunftserteilung bei Firmen dann allerdings beim städtischen Gewerbeamt zusammengefasst. Bereits vorher hatte es harsche Kritik des Reichskommissars für die Wirtschaft, Wagener, gegen die Alleingänge der Kampfbünde gegeben. In einer Anordnung vom 25. Mai 1933 löste er nahezu sämtliche Kampfbünde auf. So wurde die Kooperation

über jüdische Firmen und „jüdische" Wirtschaftstätigkeit. Dementsprechend übernahm sie bereits 1933 neben dem Gewerbeamt den Auftrag, Anfragen über den „rassischen" Charakter einer Firma zu beantworten, ein Zuständigkeitsbereich, den die Stadtverwaltung ab Dezember 1933 in einer Art Arbeitsteilung ausschließlich der Handelskammer überlassen hatte.[30] Die IHK betrieb im Rahmen dieses Aufgabenbereiches eine weitreichende Informationspolitik; sie wandte sich an verschiedenste Institutionen, unter anderem an die Banken, um Auskünfte über jüdische Geschäftsleute zu erhalten.[31] Gleichzeitig diente sie regionalen Behörden als Sammel- und Verarbeitungsstelle für Informationen über jüdische Firmen und „jüdisches" Geschäftsgebaren.[32] Wie umfangreich die in den Jahren 1936 und 1937 sprunghaft anwachsende Tätigkeit der IHK auf dem Gebiet der „Gegnerkontrolle- und -bekämpfung" tatsächlich war, verdeutlicht ein Geschäftsbericht des Chefsyndikus aus dem Jahr 1937. Insgesamt, so der Bericht, habe die Feststellung derjenigen Firmen, bei denen jüdischer Einfluss vorhanden ist, einen Gutteil der Arbeit der Kammer eingenommen. Allein in den Monaten Januar bis Oktober 1937 erteilte die IHK München 2300 schriftliche Auskünfte über den „rassischen" Charakter ortsansässiger Firmen.[33]

Die enge Einbindung der Handelskammer in den Verfolgungsprozess und die rasche Gleichschaltung und Neubesetzung der Führungsetage mit einflussreichen Nationalsozialisten bedeutete aber nicht einen Verlust von Wirtschaftskompetenz zugunsten ideologischer Linientreue, im Gegenteil: Mit den neuen Spitzenfunktionären der IHK schalteten sich Fachleute als „Arisierungs"-Funktionäre der NSDAP und Kommunalverwaltung in die wirtschaftliche Ausplünderung ein, die neben ihren Ämtern in Wirtschaftsverbänden und in der NSDAP auch über Spitzenpositionen in der Privatwirtschaft verfügten.[34] Im Gegensatz zum oftmals

---

der Stadtverwaltung mit dem „Kampfbund" aufgrund derartiger Interventionen bereits im Mai 1933 beendet; Schreiben des städtischen Gewerbeamts vom 26. 4. 1933 und Abschrift aus der „Textilzeitung" vom 25. 5. 1933; StadtAM/Personalamt/405/II.

[30] Schreiben des Gewerbeamts vom 4. 9. 1933 und Schreiben des Stadtrats an das bayerische Wirtschaftsministerium vom 20. 12. 1933; StadtAM/Personalamt/405/II. Während Anfragen über die Abstammung der Geschäftsinhaber weiterhin in den Zuständigkeitsbereich des Gewerbeamts fielen, war die IHK auch für die politische Beurteilung von Geschäftsinhabern verantwortlich; Verfügung Fiehlers vom 10. 9. 1934; ebd.

[31] Schreiben der Bayerischen Hypotheken- und Wechselbank an die IHK vom 19. 4. 1933 im Falle des Fleischhändlers Adolf F.; BWA/K1/XV A 10c/Akte 230/Fall 27.

[32] So wandte sich etwa die Polizei in Fällen „unerlaubter" Auswanderung an die IHK, bei denen Gläubiger vorhandene Außenstände nicht mehr einziehen konnten. Die Handelskammer übernahm daraufhin die Aufgabe, Geschäftsleute auf entsprechende „Gefahren" bei Geschäftsabschlüssen mit Juden hinzuweisen; Schreiben der Polizeidirektion an die IHK vom 15. 5. 1935 im Falle eines Kleidergeschäfts, Joseph K., der nach Frankreich geflüchtet war, und Schreiben der IHK an die Arbeitsgemeinschaft des Bayerischen Einzelhandels vom 12. 6. 1935; BWA/K1/XXI 16a/1. Akte; Beschwerden der DAF bei der IHK im Falle der Textilfirma E.; Schreiben der DAF an die IHK vom 15. 5. 1935 und Schreiben der IHK vom 24. 5. 1935; BWA/K1/XXI 16/Akte 90/Fall 4.

[33] Tätigkeitsbericht des Chefsyndikus Hans Buchner vom 2. 11. 1937; BAB/R 3101/9655.

[34] Dies galt etwa für Otto Pfäffle, der neben seinem Engagement in den Wirtschaftsorganisationen gleichzeitig in den Aufsichtsräten verschiedener Firmen vertreten war. Unter anderem gehörte er dem Aufsichtsrat der Allgemeinen Deutschen Treuhand Aktiengesellschaft an, ein Unternehmen, das seit Ende 1938 mit der Treuhänderschaft für zahlreiche jüdische

blinden Aktionismus und Fanatismus der Parteigliederungen wie SA, NS-Hago oder auch später der „Arisierungsstelle", präsentierte sich hier die nationalsozialistische „Revolution" mit einem ganz anderen Gesicht. Denn die Kammer behielt ganz offensichtlich die Funktionstüchtigkeit der regionalen Wirtschaft im Auge und richtete daher ihr Handeln weiterhin an ökonomischen Effizienzkriterien aus. Deutlich zeigt sich dies im Umgang mit einzelnen jüdischen Firmen, zu deren Gunsten die IHK ungeachtet ihrer zentralen Einbindung im Verfolgungsprozess zu intervenieren bereit war, wenn sie dies für wirtschaftspolitisch notwendig erachtete. So stellte die IHK der Münchner Wäschefabrik Neumeyer & Triest, die unter anderem das Reichsheer belieferte, einen guten Leumund aus, nachdem einige nichtjüdische Firmen auf deren Bedeutung und ihre gute Zusammenarbeit mit dieser Textilfirma hingewiesen hatten. Tatsächlich tauchte der Name Neumeyer & Triest dann auch in einem Verzeichnis auf, das die „deutschen" Firmen in München erfasste.[35] Noch im Spätsommer 1937 empfahl die IHK München darüber hinaus auf Anfrage das jüdische Möbelhaus Wallach als Hersteller bayerischer Bauernmöbel, was ihr prompt eine Rüge der Deutschen Arbeitsfront einbrachte.[36] Auch bei ihren gutachterlichen Stellungnahmen in Bezug auf die Ausstellung von Reisepässen für Juden blieb die Kammer an ökonomischen Zwecken orientiert. Dies zeigte sich etwa, als sie im Interesse der deutschen Devisenbewirtschaftung mit Nachdruck auf die Ausstellung entsprechender Dokumente bei exportorientierten jüdischen Kaufleuten drängte.[37] In anderen Fällen, in denen Parteiinstitutionen die prinzipielle Entlassung jüdischer Vertreter in Münchner Firmen erzwangen, versuchte die IHK, auch aufgrund ausländischer Proteste, vermittelnd und im Sinne einer „friedlichen" Einigung einzugreifen.[38] Inwieweit sich hinter einer solchen Interventionspolitik eine grundsätzliche Skepsis gegenüber der nationalsozialistischen „Rassepolitik" verbarg, wie dies für Hamburg festgestellt worden ist[39], lässt sich abschließend zwar nicht mehr beurteilen, ist aber angesichts der generellen Verhaltensweise der Kammer gegenüber jüdischen Geschäftsleuten und der herausgehobenen Stellung einzelner Mitglieder in der

---

Firmen beauftragt wurde; Angaben in der Spruchkammerakte Otto Pfäffles; BayHStAM/Spruchkammer/Otto Pfäffle. Noch deutlicher wird dies bei Albert Pietzsch, der nicht nur eine eigene Wasserstoffsuperoxydfabrik besaß, die U-Boote ausrüstete. Er war zudem Aufsichtsrat bei den Siemens-Schuckert-Werken, Aufsichtsrat der Braunkohlen- und Brikett-Industrie AG (Bubiag) und stellvertretender Aufsichtsratsvorsitzender der Deutschen Bank; Klageschrift des Generalklägers beim Kassationshof München vom 2. 3. 1948; StAN/KV-Anklagedokumente/Organisation/492-G.

[35] Schreiben der Fa. Neumeyer & Triest an die Bayerische Landesauftragsstelle München vom 8. 6. 1933 und Schreiben der Fa. Loden Frey an die IHK vom 6. 5. 1933; BWA/K1/XXI 16/Akte 1/Fall 1.

[36] Schreiben der DAF an die IHK vom 22. 9. 1937; BWA/K1/XXI 16a/2. Akte.

[37] Schreiben der IHK München an die Polizeidirektion München vom 3. 9. 1936 im Falle des Tuchgroßhändlers Julius H.; StAM/Polizeidirektion/13632.

[38] Vgl. etwa den Fall des Textilhändlers Wilhelm H., der einen jüdischen Vertreter beschäftigte; Notiz der IHK bezüglich der Entlassung des Vertreters Salomon Markus L. vom 15. 10. 1935; Aussage Wilhelm H.s vor der IHK am 29. 10. 1935; Schreiben der IHK an das bayerische Wirtschaftsministerium vom 14. 11. 1935; Schreiben der NSDAP an die IHK vom 5. 11. 1936; BWA/K1/XXI 16a/1. Akte.

[39] Bajohr, „Arisierung" in Hamburg, S. 77.

Führungsetage des NS-Wirtschaftssystems eher unwahrscheinlich. In der uneinheitlichen Politik der IHK spiegelt sich vielmehr die fehlende konzeptionelle
Stringenz der NS-Wirtschaftspolitik auf regionaler Ebene wider, die die wirtschaftliche Verfolgung der Juden aus ideologischen Gründen zwar propagierte,
aufgrund ökonomischer Rationalitätskriterien aber immer wieder abbremste und
im Einzelfall auch verhinderte. Ähnlich wie die durch die Parteigliederungen initiierten antisemitisch motivierten Übergriffe stieß nämlich auch die Verfolgungspolitik der Kommunen auf harsche Kritik der Reichsregierung, die beide Städte
betraf. Moniert wurden nicht nur die Richtlinien zur Vergabe öffentlicher Aufträge, die zu chaotischen Zuständen führten, Unmut erzeugte auch die drastische
Bevorzugung einheimischer Unternehmer.[40] Kritik kam aber auch von anderer
Seite. Der Reichskommissar für die Wirtschaft, Otto Wagner, hatte sich bereits im
Mai 1933 öffentlich an Fiehler als Vorsitzenden des kommunalpolitischen Amts
der NSDAP gewandt, um Störungen des Wirtschaftslebens durch Alleingänge der
Kommunen abzustellen.[41]

Daraus einen grundsätzlichen Konflikt zwischen Staat und Partei oder gar eine
Trennung beider Sphären ableiten zu wollen, die, wie für andere Städte konstatiert, gar zu Dauerkonflikten geführt habe, ist für die Kommunalverwaltung in
München allerdings nicht festzustellen.[42] Eine Interventionsnotwendigkeit sahen
sowohl Regierungsstellen als auch Handelskammer offensichtlich nur hinsichtlich
taktischer Beweggründe, grundlegende Einigkeit herrschte hingegen beim gemeinsam formulierten Ziel der „Ausschaltung" der Juden aus dem Wirtschafsleben. Dies zeigt erneut die Bedeutung des Gauleiters und anderer „Alter Kämpfer", die in den Zentren der Bewegung die entscheidenden Funktionen des Verwaltungsapparates übernahmen und die fachliche Kompetenz staatlicher Institutionen zur Durchsetzung der neuen, ideologisch begründeten Normen zu nutzen
verstanden. Innerhalb der regionalen Dynamik waren nicht nur die Parteigliederungen, sondern auch Kommune und Landesverwaltung den normativen Regelungen der Legislative teilweise um Jahre voraus, erweiterten also aus eigenem
Antrieb ihr Handlungsfeld und etablierten sich damit zu entscheidenden Akteuren der Ausgrenzungspolitik. Der Blick auf das gesamte Reichsgebiet verdeutlicht
allerdings, dass diese Grundtendenz keine Sonderentwicklung der bayerischen
Landeshauptstadt darstellte. Auch in zahlreichen anderen deutschen Städten kam
den Kommunen als Schrittmachern der Verfolgung eminente Bedeutung zu.[43]

---

[40] Diese wurde nur dann für sinnvoll gehalten, wenn tatsächlich gleiche Eignung gewährleistet sei. Eine darüber hinausgehende Praxis führe zu innerdeutschen Wirtschaftsgrenzen.
„Die Wirtschaftskrise und das Wohl der Volksgemeinschaft", so ein Resümee der Interventionen, „machen es erforderlich, den Grundsatz ‚Gemeinnutz geht vor Eigennutz'
nicht an die Grenzen und Interessen einzelner Städte oder Länder zu binden." Auszug aus
der Niederschrift über die Sitzung des Hauptausschusses vom 3. 8. 1933; StadtAM/Perso-
nalamt/405/II.

[41] „Berliner Tageblatt" 244 vom 27. 5. 1933.

[42] In Hamburg etwa scheint zwischen Staat und Partei ein solcher Dauerkonflikt in den
ersten Monaten nach der „Machtergreifung" geherrscht zu haben; Bajohr, „Arisierung" in
Hamburg, S. 74f.

[43] Gruner, Wohlfahrt, S. 46 ff.; ders., Judenverfolgung; ders., Fürsorge; Kingreen, Raubzüge;
Fleiter, Stadtverwaltung. Auch die Rolle der Stadt München wurde bereits in mehreren

2. *Ausplünderung: Zur Rolle der IHK und des „Arbeitskreises für Judenangelegenheiten"*

Dafür, dass die Kammer vor allem ökonomische Zweckrationalität zu ihrer anfänglich zurückhaltenden Politik veranlasste, spricht auch ihre Rolle bei der Entziehung und Veräußerung jüdischen Vermögens. Bereits früh etablierte sich die IHK als eine zentrale Abwicklungsstelle für die „Arisierung". Sie arbeitete zwar vor 1938 noch nicht flächendeckend, in Einzelfällen beriet sie allerdings schon Mitte der 1930er Jahre Kaufinteressenten, vereitelte die „Tarnung" jüdischen Vermögens durch stille Teilhabe und arbeitete hierfür eng mit dem Gauwirtschaftsberater zusammen.[44] Auch hier nahm die Tätigkeit der Kammer 1937 einen sprunghaften Anstieg, wobei sie offensichtlich um einen Ausgleich ideologischer und ökonomischer Interessen bemüht war: „Sehr beachtlich ist auch die Tätigkeit", so Chefsyndikus Buchner im November 1937, „die die Kammer entfaltet hat, um die Überführung jüdischer Betriebe in deutsche Hände zu fördern und hierbei drohende Nachteile wirtschaftlicher Art tunlichst hinzuhalten."[45] Auch in anderen Berichten war die Kammer um einen ausgleichenden und sachlichen Ton bemüht; so etwa im Januar 1936, als einzelne nichtjüdische Firmen und Institutionen auf für alteingesessene Geschäfte „schädliche Umstände" und „Betrügereien" jüdischer Geschäftsleute bei der „Arisierung" aufmerksam machten. Die IHK München und der in Personalunion verbundene Gauwirtschaftsberater konnten bis zu diesem Zeitpunkt allerdings keine derartigen Praktiken jüdischer Geschäftsleute feststellen. Damit bekundete die Kammer aber keinesfalls Bedenken gegen die Rassepolitik des nationalsozialistischen Staates. Die reibungslose Übertragung jüdischen Vermögens führte sie vielmehr auf das Verhalten der „arischen" Kaufinteressenten zurück, die sich wegen ihrer Anerkennung als „deutsche" Unternehmer ohnehin rechtzeitig mit der Kammer und den Parteidienststellen in Verbindung setzen würden.

Die endgültige „Ausschaltung" der Juden aus dem Wirtschafsleben und das damit verbundene umfassende gesetzliche Regelwerk konkretisierte und vermehrte die Aufgaben der Kammer und stärkte gleichzeitig ihre Stellung bei der „Arisierung". Letztinstanzlich waren zwar, je nach Art des Gewerbes, das Gewerbeamt der Stadt, die Regierung von Oberbayern oder das Reichswirtschaftsministerium entscheidungsbefugt, die Kammer war aber in jedem Fall gutachterlich zu hören.[46] Auch hier war sie um den „korrekten" Vollzug der „Entjudung" der

---

Studien thematisiert: Rappl, „Arisierungen" in München, S. 132 ff.; Hanke, Geschichte, S. 100 ff.; Selig, „Arisierung", S. 17 ff.; Haerendel, Rathaus; Hanko, Hauptstadt; Drecoll, „Entjudung", S. 76 f.; Schott, Ausschaltung, S. 150 ff.

[44] Vgl. etwa den „Arisierungsfall" eines Kolonialwarenhändlers; Schreiben eines Richters an die IHK vom 14. 12. 1936 und Schreiben der IHK an den GWB vom 18. 12. 1936; BWA/ K1/XXI 16/Akte 34/Fall 11.

[45] Tätigkeitsbericht des Chefsyndikus Hans Buchner vom 2. 11. 1937; BAB/R 3101/9655.

[46] Die „Ausschaltung" jüdischer Gewebetreibender wurde im Jahr 1938 in mehreren kurz aufeinanderfolgenden Schritten vollzogen. Die Veräußerung „jüdischer" Gewerbebetriebe machte die „Verordnung über die Anmeldung des Vermögens von Juden" genehmigungspflichtig; RGBl. I (1938), S. 414. Gegen die „Verschleierung" des rassischen Charak-

Münchner Wirtschaft bemüht. Sie setzte Sachverständige als Schätzer von Warenlagern ein, überprüfte die Liquidität der Kaufinteressenten, achtete darauf, dass die Firmen tatsächlich „frei von jüdischem Einfluss" waren, dass kein Façonwert an die jüdischen Eigentümer und für die Warenlager nur der Einkaufspreis bezahlt wurde und war schließlich auch für die Erhebung einer Ausgleichsabgabe mitverantwortlich, die der Erwerber bei einem zu niedrigen Kaufpreis an die Staatskasse abzuführen hatte.[47]

Mit ihrer exponierten Stellung bei der „Arisierung" war die Kammer freilich auch in das Kompetenzgerangel bei der Entziehung und Verwertung jüdischen Vermögens involviert. Dies äußerte sich etwa in der durch den Gauleiter initiierten Einsetzung Christian Webers als „Sonderbeauftragten für Wirtschaftsangelegenheiten" im Juli 1938, die einen Streit um Zuständigkeitsfragen auslöste.[48] Streitereien um den Einfluss auf die „arisierten" jüdischen Betriebe gab es auch bei der Ernennung der Treuhänder. Während sich die Gauleitung auf den Standpunkt stellte, als Abwickler solle grundsätzlich ein Mitarbeiter der Vermögensverwertungs-GmbH fungieren, lehnte die Stadt mit Hinweis auf das Einzelhandelsschutzgesetz ein solches Ansinnen ab und pochte auf die eigene Zuständigkeit und das Vorschlagsrecht der Handelskammer.[49] Nachdem auch die Devisenstelle München selbständig Treuhänder einsetzte und die Gauleitung zudem ohne vorherige Absprache über die „Arisierung" oder Liquidation eines Betriebes entschied, kam es nicht nur zu Doppelbesetzungen bei den Treuhänderstellen, sondern auch zu erheblichen Verzögerungen bei der Abwicklung der jüdischen Betriebe.[50]

Die Kammer konnte dennoch ihre einflussreiche Rolle bei der „Arisierung" wahren. Letztlich folgten Regierungspräsident und Gewerbeamt fast immer den Empfehlungen der IHK; der „Treuhänder gemäß Beschluss des Regierungspräsidenten" verlegte sich aufgrund seines schwindenden Einflusses bei der gewerblichen „Arisierung" mehr und mehr auf die Enteignung von Haus- und Grundbesitz.[51]

Die gleichbleibend exponierte Stellung der Kammer unterstreicht die Bedeutung funktionaler Prinzipien bei der wirtschaftlichen Verfolgung der Juden. Sie ermöglichten eine im Sinne der „Entjudungspolitik" effizientere Abwicklung der

---

ters einer Firma ging die „Verordnung gegen die Unterstützung der Tarnung jüdischer Gewerbebetriebe" vom 22. 4. 1938 vor; RGBl. I (1938), S. 404.

[47] Vgl. hierzu die zahlreichen im Bayerischen Wirtschaftsarchiv dokumentierten Einzelfälle, etwa die „Arisierung" der Fa. Max H.; BWA/K1/XV A 10c/Akte 242/Fall 6; die „Arisierung" der Fa. Albert W.; BWA/XXI 16a/2. Akte oder die „Arisierung" der Hopfenhandlung Stephan K.; BWA/XXI 16b/Akte 25/Fall 8; Selig, „Arisierung", S. 38.

[48] Schreiben Webers an Helmreich vom Gewerbeamt der Stadt München vom 27. 9. 1938; Telefonische Anordnung Vilsmaiers vom Gewerbeamt am 3. 12. 1938 und Schreiben Fiehlers vom 9. 8. 1938; StadtAM/Gewerbeamt/177a.

[49] Vorbemerkung über eine Besprechung vom 7. 12. 1938; ebd; Schreiben Vilsmaiers vom 6. 1. 1939; ebd.

[50] Vgl. hierzu exemplarisch die „Arisierung" des Modehauses Max H. im Dezember 1938; BWA/K1/XXI 16b 17/1. Akte/Fall 7; Schreiben Vilsmaiers vom städtischen Gewerbeamt vom 6. 1. 1939; StadtAM/Gewerbeamt/177a.

[51] Selig, „Arisierung", S. 64.

„Arisierung" als die bereits beschriebenen brutalen Übergriffe einzelner Partei-gliederungen, die den Verfolgungsprozess häufig eingeleitet hatten. Es würde je-doch in die Irre führen, wollte man die prägende Rolle der IHK nur auf ihre Durch-setzungsfähigkeit innerhalb polykratischer Strukturkonflikte zurückführen. Neben vorhandenen Differenzen gab es durchaus Bereitschaft zur Kooperation. Besonders deutlich wird dies bei dem im Juli 1938 ins Leben gerufenen „Arbeits-kreis für Judenangelegenheiten" unter Federführung der IHK. Wegen der durch die neue Gesetzgebung zahlreich etablierten Genehmigungsbehörden hatten die Kammer, die Arbeitsfront, das Gewerbeamt, die Fachorganisationen der Wirt-schaft und der Gauwirtschaftsberater eine gemeinsame Bearbeitung der „in gro-ßer Zahl vorliegenden Anträge auf Übernahme jüdischer Geschäftsbetriebe" ver-einbart. Dieser Ausschuss erfuhr nur kurze Zeit später noch eine Ausweitung, da nun auch der „Sonderbeauftragte für die Wirtschaft der Hauptstadt der Bewe-gung" Christian Weber einbezogen wurde; außerdem kamen ein Vertreter des Reichstreuhänders der Arbeit, ein Gestapobeamter, der Kreisleiter und Vertreter des Oberfinanzpräsidiums hinzu.[52] Den Kompetenzen der federführenden Be-hörde entsprechend gutachtete der „Arbeitskreis" über „Arisierung" oder Liqui-dation einer „jüdischen" Firma, überwachte Überweisungsmodalitäten und die Höhe der Kaufpreise, überprüfte die „Zuverlässigkeit" der Kaufinteressenten, kümmerte sich – dies war vor allem auf das Ansinnen der DAF zurückzuführen – aber auch um die berufliche Zukunft nichtjüdischer Arbeitnehmer in zu liquidie-renden jüdischen Firmen und übernahm schließlich die Absprache mit externen Institutionen, etwa dem Reichswirtschaftsministerium.[53]

Dem „Arbeitskreis" kam damit eine Koordinierungsfunktion in einem insge-samt komplexen Prozedere zu: Über die Bedingungen einer Übernahme infor-mierte zunächst die Industrie- und Handelskammer. Die nichtjüdischen Bewerber sollten sich mit dem jüdischen Besitzer in Verbindung setzen und nach den Ver-handlungen den Kaufvertrag der Regierung von Oberbayern vorlegen. Hatte die Regierung den Vertrag in Händen, gab sie diesen an die IHK weiter, die nach Überprüfung des Kaufpreises das Dokument ihrerseits an den „Arbeitskreis für Judenangelegenheiten" weitergab. Mit einer gutachterlichen Stellungnahme leitete der „Arbeitskreis" das vorläufige Ergebnis wiederum an die federführende Kam-mer weiter, die den Vertrag dann endgültig zum Entscheid an die Regierung oder das Gewerbeamt der Stadt schickte.[54]

---

52 „Arbeitskreis für Judenangelegenheiten", Sitzungsprotokoll vom 5. Juli 1938; BWA/K1/ XXI/16a; hierzu auch Selig, „Arisierung", S. 37 ff.
53 Verhandlung des Arbeitskreises vom 26. 7. 1938 über die „Arisierung" der Fa. Max & Leo W. oder die „Arisierung" der Fa. Ernst Weil; vgl. aber auch die anderen Verhandlungen des Arbeitskreises; BWA/K1/XXI 16a/Beiakte. Der sogenannte Judenarbeitskreis korrespon-dierte in „Arisierungsangelegenheiten" mit zahlreichen externen Institutionen, etwa dem Reichsnährstand oder den Berufsverbänden; siehe hierzu exemplarisch die „Arisierung" der Hopfenhandlung Stephan K.; BWA/K1/XXI 16b/Akte 25/Fall 8. Verschiedene Ar-beitsgruppen waren für die „Arisierung" einzelner Wirtschaftsbereiche verantwortlich. Eine Arbeitsgruppe, der neben einem Mitarbeiter der IHK und Vertretern der Partei auch städtische Beamte angehörten, übernahm etwa die „Arisierung" des Einzelhandels; Schreiben Dr. Meisters vom 22. 11. 1938; StadtAM/Gewerbeamt/177d.
54 Die Installierung dieser zahlreichen gutachterlich zu hörenden Institutionen geht neben

Wie effektiv sich eine koordinierte Interessenspolitik ungeachtet der zahlreichen involvierten Genehmigungsinstanzen gestalten ließ, verdeutlicht die Liquidation des Kaufhauses Uhlfelder in der Münchner Innenstadt. Nach mehreren gescheiterten Veräußerungsverhandlungen sah sich dessen Inhaber Max Uhlfelder im Frühjahr 1938 nicht mehr in der Lage, das einstmals profitable Unternehmen weiterzuführen. Da die IHK gegen einen Kaufvertragsentwurf grundsätzlich nichts einzuwenden hatte, diskutierten innerhalb des „Arbeitskreises" vor allem die IHK und der Münchner Einzelhandel über die Frage, was mit dem Kaufhaus zu geschehen habe. In den zäh geführten Verhandlungen zeigt sich der Einfluss der lokalen Akteure bei der „Arisierung" besonders deutlich. Der Münchner Einzelhandel und mit ihm die IHK befürworteten aufgrund der erdrückenden Konkurrenzsituation durch das moderne Unternehmen die „Liquidierung" des Kaufhauses.[55] Diese Auffassung teilten nicht nur der Münchner Oberbürgermeister und die Regierung von Oberbayern, sondern auch die Gauleitung und das bayerische Wirtschaftsministerium. Sie widersprach allerdings der Haltung des Reichswirtschaftsministeriums, das an der Weiterführung des Unternehmens aufgrund des volkswirtschaftlichen Interesses festhielt. Es begründete diese Ansicht mit der Bedeutung des Warenhauses für „minderbemittelte" Bevölkerungsschichten. Auch der Reichstreuhänder der Arbeit trat wiederholt dieser Auffassung bei, da durch die Übernahme die Weiterbeschäftigung der zahlreichen nichtjüdischen Angestellten gesichert sei und genügend liquide und fachkundige Bewerber existierten.[56]

Tatsächlich konnten sich die regionalen Institutionen von Staat und Partei letztlich durchsetzen. Sie zwangen die jüdischen Geschäftsinhaber des Kaufhauses, einem Rechtsanwalt Vollmachten für die Liquidierung zu erteilen, der wiederum mit der Abwicklung die Deutsche Allgemeine Treuhand AG, kurz DATAG, beauftragte. Letztlich verkaufte diese die Warenbestände an Beauftragte des Münchner Einzelhandels. Lebensmittel übergab man ohne Gegenleistung an die Nationalsozialistische Volkswohlfahrt (NSV). Den überwiegenden Teil des Grundbesitzes erwarb die Münchner Löwenbräu AG.[57]

---

den bereits genannten Gesetzen v. a. auf einen Durchführungserlass des RWM zur „Verordnung über die Anmeldung des Vermögens von Juden" vom 5. 7. 1938 zurück, der die Beteiligung des Gauleiters der NSDAP, der IHK, der Handwerkskammern, des Reichsnährstandes sowie der fachlichen Organisationen der gewerblichen Wirtschaft vorschrieb; Durchführungsverordnung; BWA/K1/XXI 16a/2. Akte.

[55] Im September 1939 wurden Vor- und Nachteile der „Arisierung" diskutiert. Während der Einzelhandel auf die Liquidation drängte, wollte der Reichstreuhänder der Arbeit erst auch die älteren „Gefolgschaftsmitglieder" in einem neuen Anstellungsverhältnis wissen; Sitzung „Arbeitskreis für Judenangelegenheiten" am 19. 9. 1938; BWA/K1/XXI 16a/Beiakte; zu „Arisierung" und Restitution des Kaufhauses Uhlfelder siehe v. a. auch den Aufsatz von Schmieder, Kaufhaus, S. 134 f.

[56] Schreiben des RWM an das bayerische Wirtschaftsministerium vom 10. 11. 1938; BayHStAM/MWi/36.

[57] Bericht der DATAG vom 15. 4. 1944; Aufzeichnungen der OFD München zur Vernehmung Dr. B.s von der DATAG vom 26. 11. 1969; Berichterstattung des FinPräs Rauch, OFP München, vom 5. 5. 1943; OFD Nürnberg/BI/459.

Ein derartiges Ausbalancieren regionaler Interessen lässt sich nicht nur beim „Arbeitskreis für Judenangelegenheiten" entdecken.[58] Auf anderer Ebene konnten mögliche Konflikte auch durch Personalunionen überbrückt werden. Wie bereits gezeigt, vereinte Hans Buchner die Ämter des Gauwirtschaftsberaters und des Chefsyndikus der IHK in seiner Person. So konnte er im August 1938 „im Sinne einer Geschäftsvereinfachung" von einer Zustellung der „Arisierungsfälle" an seinen Parteiapparat mit Hinweis auf das Gutachten der Handelskammer prinzipiell Abstand nehmen.[59]

Das Interaktionsverhältnis der Münchner Entscheidungsträger bei der wirtschaftlichen Verfolgung der Juden lässt sich daher mit Kompetenzanmaßungen, Chaos und Regellosigkeit nur unzureichend beschreiben.[60] Trotz durchaus vorhandener Machtkämpfe waren die vielen beteiligten Institutionen durchaus in der Lage, die durch die Gesetzgebung von 1938 aufgetretenen Kompetenzverwirrungen bei Zuständigkeitsfragen durch eigene Initiative zu entflechten. Was die Kammer allerdings deutlich von einigen Parteiinstitutionen unterschied und was zu Kompetenzstreitigkeiten führte, war ihr an „Effizienzkriterien" im Sinne eines geordneten Wirtschaftsablaufes ausgerichtetes Handeln. Kein grundsätzlicher Zielkonflikt mit der Partei prägte das Bestreben der Kammer, wohl aber das Bemühen, den Aktionismus und die ideologischen Impulse der „Parteirevolution von unten" abzufedern und in geordnete und ökonomisch verträgliche Bahnen zu lenken. Dies machte letztlich die konsequente und umfassende Ausplünderung der jüdischen Bevölkerung überhaupt erst möglich.

II. Nürnberg

1. Kennzeichnung und Boykott

Die Rolle der Stadt Nürnberg bei der wirtschaftlichen Verdrängung bleibt zwar weitgehend im Dunkeln, tendenziell zeigen sich aber Parallelen zur Verfolgungspraxis in München.[61] Die berufliche „Ausschaltung" untermauerte die Stadtverwaltung mit disziplinarischen Maßnahmen gegenüber Beamten, Angestellten oder Arbeitern. 1934 hatte ein Stadtrat den Beamten und Angestellten bereits die Trennung von allen „nicht blutreinen Partnern" nahegelegt. „Die Blutsvermischung",

---

58 Auch auf informellerem Wege bildeten sich durchsetzungsfähige Interessensgemeinschaften. So verhinderten IHK, Gewerbeamt und Oberfinanzpräsident gemeinsam eine Hinterlegung von Kaufpreissummen auf dem Konto der „Vermögensverwertungs-GmbH", um einen geregelten Verfahrensablauf zu gewährleisten; Schreiben Vilsmaiers vom 23. 12. 1938; StadtAM/Gewerbeamt/177a.

59 Modert, Motor, S. 158.

60 Vgl. hierzu exemplarisch Rebentisch, Führerstaat; Rebentisch, Verwaltung; dagegen vgl. v. a. die Studie von Bernhard Gotto, Kommunalpolitik, die anhand der Stadtverwaltung Augsburg die Tragfähigkeit regionaler Herrschaftsgeflechte überzeugend darlegt; Gotto, Kommunalpolitik, zusammenfassend S. 428.

61 Bestände, die Aufschluss über die Beteiligung der Stadt und der Kommunalverwaltung geben könnten, sind fast vollständig vernichtet. Gleiches gilt für Quellenmaterial über berufsständische Organisationen.

so Stadtrat Rühm, „und das dadurch bedingte Senken des Rasseniveaus ist die alleinige Ursache des Absterbens aller Kulturen, denn die Menschen gehen nicht an verlorenen Kriegen zugrunde, sondern am Verlust jener Widerstandskraft, die nur dem reinen Blute zu eigen ist."[62] Im selben Zeitraum verbot eine Direktorialverfügung allen städtischen Beamten, Lehrkräften und Angestellten jede Geschäftsverbindung mit Juden aller Art.[63] 1936 bestrafte der Oberbürgermeister schließlich auch den allgemeinen „Verkehr" mit Juden drakonisch. So verfügte er die Entlassung eines Vollzugsbeamten in Uniform, nachdem dieser auf offener Straße mit einem Juden gesprochen hatte. Mit Hinweis auf die besondere Bedeutung Frankens und Nürnbergs im Kampf gegen das Judentum verwies der Bürgermeister auf die Notwendigkeit der absoluten Zurückhaltung gegenüber Juden und des Verbots jeder Äußerungen oder Handlungen persönlicher Natur.[64]

Das rasche und harte Vorgehen gegen jüdische Berufstätigkeit in beiden Städten erklärt sich wohl aus ähnlichen strukturellen und personellen Voraussetzungen. Auch in Nürnberg hatte die „Machtergreifung" zum Aufstieg „Alter Kämpfer" in die Spitzenpositionen des Rathauses geführt. Prominentes Beispiel ist der gelernte Kaufmann Willy Liebl, der im April 1933 die Spitze der Stadtverwaltung übernahm. Liebl, ein Nationalsozialist der ersten Stunde, fungierte gleichzeitig als Vorstandsmitglied des deutschen Gemeindetages sowie als Mitglied des Reichstags und verfügte als SA-Obergruppenführer über gute Kontakte zur Reichsregierung und Parteispitze. Bereits 1921 hatte sich Liebl aktiv in völkischen Wehrverbänden betätigt und trat 1925 in die Partei ein, wo er vier Jahre später zum Sektionsleiter der Partei und 1929/30 zum Stadtrat und Fraktionsvorsitzenden avancierte.[65] Sowohl Nürnberg als auch München waren darüber hinaus Gauhauptstädte, traditionelle Zentren der nationalsozialistischen Bewegung und damit gleichzeitig Hochburgen des Antisemitismus, was sich unter anderem im erheblichen Aggressionspotential der Parteibasis äußerte.

2. Ausplünderung: Zur Rolle von GWB und IHK

Art und Umfang der binneninstitutionellen Interaktion und damit auch die Verfolgungspraxis blieben aber dennoch stark von der lokalen Prägung des NS-Herrschaftsgefüges abhängig. Denn die fehlende institutionelle Verankerung des Gauleiters im staatlichen Herrschaftsgefüge führte bei der Organisation der „Arisierung" in Nürnberg zu einer Durchsetzung der Parteiinteressen mit Brachialgewalt auf Kosten staatlicher Genehmigungsbehörden.[66] So schaltete, wie bereits

---

[62] Rundschreiben des Stadtrats Rühm vom 30. 6. 1934; StadtAN/C 18/I 348.

[63] Der genaue Zeitpunkt des Erlasses dieser Verfügung ist nicht mehr zu rekonstruieren. Sie wurde am 6. Juli 1935 allerdings bekräftigt; Rundschreiben des OB Liebl; StadtAN/C 18/ I, 340.

[64] Verfügung OB Liebls vom 3. 12. 1936; ebd.

[65] Schreiben des Stadtrats von Nürnberg an das Präsidium der Regierung von Ober- und Mittelfranken vom 27. 4. 1933; Schreiben des Reichsinnenministers an den Deutschen Gemeindetag vom 13. 12. 1934; BayHStAM/MInn/80434; Lebenslauf Willy Liebls; BAB (ehemals BDC)/Liebl, Willy.

[66] Aufgrund der äußerst schwierigen Quellenlage lassen sich auch über die IHK Nürnberg

geschildert, Gauwirtschaftsberater Otto Strobl Ende 1938 die IHK als Genehmigungsinstanz faktisch aus und bezog stattdessen eine weitere Parteistelle in die „Arisierung" ein. Der informelle Einfluss Streichers unterlief jede eigenständige Entscheidung des Regierungspräsidenten von vornherein.[67] Im Gegensatz zu München war die IHK damit seit Ende November 1938 aus dem Entscheidungsprozess ausgeschlossen, die „Arisierungen" wurden letztlich unter Federführung der DAF durchgeführt, und auch nach Streichers Sturz kam der Kammer durch die Etablierung der Gestapo als Genehmigungsinstanz keine entscheidende Bedeutung mehr zu.

Bis Dezember 1938 war die Kammer allerdings auch in Nürnberg Schnittstelle verschiedener Interessen aller möglichen Institutionen. Ihr Personal kennzeichnete nicht nur Fachkompetenz, sondern auch zahlreiche enge Verschränkungen mit der Partei: Seit 1933 leitete Georg Schaub, ein Wirtschaftsfunktionär mit exzellenten Verbindungen, gleichzeitig die Industrie- und Handelskammer und den Gauwirtschaftsapparat.[68] Sein Nachfolger im Amt, IHK-Präsident Strobl, war ebenfalls in Personalunion Gauwirtschaftsberater und gleichzeitig Vorstandsmitglied der großen Nürnberger AEG-Werke.[69]

Die personellen Verschränkungen betrafen aber nicht nur die Vorstandsebene, sie erstreckten sich vor allem auch auf die Deutsche Arbeitsfront. Ein leitender Angestellter des Gauwirtschaftsberaters Beckh war gleichzeitig der Geschäftsführer der IHK und sowohl in der NS-Hago als auch in der DAF als Sachbearbeiter tätig. Ab 1938 gehörten dem Beirat der IHK zudem der Leiter der Fachgruppe Grundstücks- und Hypothekenmakler der DAF, Heinrich Wolf, und Franz Fekl, Gaufachgruppenwalter der Gaubetriebsgemeinschaft Handel, an. Langjähriges Mitglied der Handelskammer war auch der Kreiswirtschaftsberater Josef Lang.[70] Neben diesen Positionen bekleidete Lang einen Vorstandsposten bei den Fränkischen Überlandwerken.[71]

Zumindest in der Anfangszeit des Regimes war die IHK Nürnberg bereit, Juden weiterhin positive Gutachten zu erstellen. So attestierte die Kammer dem

---

nur wenige gesicherte Aussagen treffen. Sowohl die einschlägigen Quellen des Gewerbeamts der Stadt als auch die der Handelskammer selbst und des Regierungspräsidiums sind nicht mehr erhalten.

[67] Siehe hierzu Erster Teil, Zweites Kapitel, II.1. der vorliegenden Studie.

[68] Schaub, seit 1932 NSDAP-Mitglied, stand gleichzeitig einer großen Speditions- und Schifffahrtsgesellschaft vor, war Vorstandsmitglied der ADEKRA-GmbH, Vorsitzender der Vereinigten Papierwerke AG, Aufsichtsrat der Ardi-Werke, Vorsitzender der Gemeinschaft deutscher Kraftwagenspediteure, Vorstandsmitglied der Überlandtransportgenossenschaft; Schreiben eines Rechtsanwalts an den öffentlichen Kläger der Spruch-Hauptkammer München, Außenstelle Nürnberg, vom 31. 8. 1950; Meldebogen Georg Schaubs vom 6. 5. 1946; StAN/Spruchkammer Nürnberg-Lager/24202.

[69] Teil II des Berichts der Gestapo-Prüfungskommission, S. 99; StAN/KV-Anklagedokumente/PS/1757; Gauleiter Streicher bezeichnete ihn in einem Schreiben an den Reichsorganisationsleiter der NSDAP vom 17. Februar 1936 als „Mann von unbeugsamen Willen", der bereit sei, „am Aufbauwerk des Führers tatkräftig mitzuarbeiten". BAB (ehemals BDC), Strobl, Otto, *19. 9. 1887.

[70] Schreiben des GWB Strobl an den RWM vom 27. 4. 1938; BAB/R 3101/9665.

[71] Schreiben Josef Langs an die amerikanische Militärregierung vom 8. 11. 1945; Spruch der Spruchkammer Lauf vom 20. 5. 1948; StAN/Spruchkammer Nürnberg-Lager/12341.

Bankhaus Anton Kohn trotz dessen „nichtarischen" Charakters einen guten Ruf und gutes Ansehen.[72] Wie in München und anderen Großstädten des Reiches etablierte die IHK auch in Nürnberg seit dem Frühsommer 1938 gemeinsam mit dem Gauwirtschaftsberater, der DAF, dem Gewerbeamt der Stadt und den zuständigen Fachgruppen aus der Wirtschaft einen „Arbeitskreis", der über „Arisierung" oder Liquidation gewerblicher Betriebe nach dem gewohnten Muster entschied. Bei der „Arisierung" bestimmte der „Arbeitskreis" die Erwerber. Er legte zudem die Preise für die Betriebe fest, wobei grundsätzlich nur Waren, Einrichtung und Immobilien bezahlt wurden, nicht aber der Façonwert einer Firma. Sämtliche „arischen Gefolgschaftsmitglieder" mussten zudem übernommen, alle jüdischen Angestellten hingegen entlassen werden. Außenstände und Schulden durfte der Erwerber schließlich nicht übernehmen. Die betroffenen Juden, die der „Arbeitskreis" grundsätzlich über Verkaufsverhandlungen und festgesetzte Preise nicht informierte, erhielten lediglich Unterstützungsleistungen, da die Käufer die Kaufpreise auf Sperrkonten der Deutschen Arbeitsfront zu überweisen hatten.[73] Grundsätzlich sollte die Liquidierung jüdischer Betriebe forciert werden, eine „Arisierung" kam nur dann in Frage, wenn die Weiterführung der Verkaufsstelle für die Versorgung der Bevölkerung unbedingt notwendig war.[74]

III. Kommunalverwaltung im ländlichen Bereich

Regionalspezifische Unterschiede bei der wirtschaftlichen Verfolgung der Juden waren nicht nur der unterschiedlichen Prägung der Gaue und ihrer Leiter geschuldet, sie bildeten auch Differenzen zwischen urbanen und ländlichen Lebensräumen ab. Dies lag zunächst an den unterschiedlichen in die Verfolgung involvierten Akteuren, hing aber auch mit anderen Faktoren, wie der Bevölkerungsdichte der jüdischen Bevölkerung oder mit Spezifika ihrer Erwerbsstruktur zusammen. Wenn im Folgenden der unterfränkische Bezirk Hammelburg als Vergleichsmaßstab in die Untersuchung einbezogen wird, so ist eine solche Vorgehensweise deshalb gerechtfertigt, weil in seinem stark dörflich geprägten Umfeld ein ausgesprochen hoher Anteil jüdischer Erwerbstätiger lebte.[75] Abseits der Zentren der Be-

---

[72] Schreiben der IHK Nürnberg an die IHK München vom 19. 1. 1934; BWA/K1/XXI 16a/ 1. Akte.

[73] Teil II des Berichts der Gestapo-Prüfungskommission, S. 96 ff.; StAN/KV-Anklagedokumente/PS/1757; Übernahmeverhandlungen bezüglich der Hopfenfirma Martin W.; StAN/Staatspolizeistelle Nürnberg-Fürth/Arisierungsakten/52.

[74] Schreiben des OB Nürnberg, Bezirksverwaltungs- und Bezirkspolizeireferat, an die Berliner Gestapo-Prüfungskommission unter ORR Müller vom 8. 3. 1939; StAN/Staatspolizeistelle Nürnberg-Fürth/Arisierungsakten/48.

[75] Im Gegensatz zu Oberbayern waren die Behörden im Bezirk Hammelburg mit einem für den ländlichen Bereich ausgesprochen hohen Anteil jüdischer Erwerbstätiger konfrontiert, in manchen Ortschaften weit über 5%, der sich zu einem Großteil aus Viehhändlern zusammensetzte. In Oberthulba gab es beispielsweise am 1. Januar 1933 55 Juden bei 821 Einwohnern, also sogar 6,7%. In Völkerslier waren es 30 Juden bei 497 Einwohnern. In manchen Ortschaften des Bezirks waren fast 10% der Bevölkerung Juden. Damit gehörte Unterfranken zu den größten ländlichen jüdischen Gemeinden im Reichsgebiet; Brief des

wegung mit ihrem genauso fanatischen wie mächtigen Führungspersonal und aufgrund der hohen Dichte und Erwerbsstruktur jüdischer Berufstätiger gab es, so die dahinterstehende Annahme, signifikante Unterschiede in Zeitpunkt und Verlauf der wirtschaftlichen Verfolgung. Ohne weiteres lassen sich derartige Differenzen auf der Akteursebene feststellen. Schnittstelle der beruflichen „Ausschaltung" der jüdischen Bevölkerung im ländlichen Bereich war das Bezirksamt. Vergleichbar den Aufgaben der städtischen Gewerbeämter war es für Ausstellung und Verlängerung von Gewerbelegitimationskarten verantwortlich. Da jüdische Erwerbstätige in den stark agrarisch geprägten Gemeinden zu einem ganz überwiegenden Teil Viehhändler waren, kam fast jeder von ihnen in der einen oder anderen Weise mit dem Bezirksamt in Berührung. Anfragen und Anträge jüdischer Viehhändler bearbeitete es wiederum in enger Zusammenarbeit mit den Gendarmerie-Beamten, den Bauernführern des Reichsnährstandes, der bayerischen Regierung und der Bayerischen Politischen Polizei.

Bei der kritischen Überprüfung von Anträgen konnte sich die Behörde auf eine „Verordnung über Handelsbeschränkungen" vom 28. Juli 1923 stützen. Hiernach konnte der Handel mit Gegenständen jeglicher Art untersagt werden, wenn der Handeltreibende die für den Betrieb notwendige Zuverlässigkeit nicht besaß.[76] Entscheidend war jedoch vor allem die Novellierung dieses Gesetzes vom 3. Juli 1934. Ein neu eingefügter Paragraph 57 bestimmte, dass die Legitimation einem Handeltreibenden dann entzogen werden könne, „wenn er wegen Hochverrats oder Landesverrats verurteilt wurde oder wenn Tatsachen vorliegen, welche die Annahme rechtfertigen, dass der Nachsuchende sein Gewerbe zu staatsfeindlichen Zwecken missbrauchen wird".[77] Mit der Verweigerungsmöglichkeit aufgrund „staatsfeindlicher Zwecke" hatte der Gesetzgeber ein Einfallstor für den Ausschluss der „Regimegegner" errichtet und gleichzeitig die Wahrung normgebundener Verfahrensweisen garantiert. Wegen der äußerst weiten und schwammigen Definition des „Staatsfeindes" verfügte der einzelne Sachbearbeiter damit gleichzeitig auch über ein breites Spektrum juristisch vertretbarer Handlungsalternativen. Bei Anträgen von Juden gingen die Beamten des Bezirksamts Hammelburg offensichtlich generell von der Unzuverlässigkeitsvermutung aus. Der Verdacht der „Staatsfeindlichkeit" bildete fortan die Grundlage für die systematische Verweigerung der Legitimationskarten gegenüber Juden. Da die „Rassezugehörigkeit" als Ausschlusskriterium nicht ausreichend war, suchte das Bezirksamt

---

Bürgermeisters des Markts Oberthulba an den Landrat in Hammelburg vom 14. 6. 1946; Schreiben des Bürgermeisters von Völkersleier an den Landrat in Hammelburg vom 12. 6. 1946; StAW/LRA Hammelburg/3566; Landkreise Hammelburg und Bad Kissingen, in: Nachschlagewerke zur Geschichte des Dritten Reiches. Personen, Gaue und Kreise der NSDAP; Ophir/Wiesemann, Gemeinden, S. 284 ff.; Wiesemann, Juden auf dem Lande. In Gemeinden wie Oberthulba, Westheim oder Untererthal waren nahezu alle jüdischen Erwerbstätigen Viehhändler oder Metzger; vgl. hierzu die verschiedenen Aufstellungen in StAW/LRA Hammelburg/4246.

[76] Art. 3 § 20 der „Verordnung über Handelsbeschränkungen" vom 23. 7. 1923; RGBl. I (1923), S. 708.

[77] § 57 Abs. 2a des „Gesetzes zur Änderung der Gewerbeordnung" vom 3. 7. 1934; RGBl. I (1934), S. 566.

in enger Zusammenarbeit mit den ihm unterstehenden Gendarmeriestationen und den Bauernführern des Reichsnährstandes nach „schwarzen Flecken" in der Vergangenheit der Betroffenen. Den Ausschlussgrund bildeten dann meist zurückliegende Anklagen oder Verurteilungen.[78] Wie sehr dabei die Entscheidungen der Verwaltungseinrichtung auf ideologischen Begründungen fußten, zeigt die Ablehnung einer Beschwerde des Hammelburger Viehhändlers Seligmann S. im Juni 1936: „Es ist ausgeschlossen, daß ein Mann, der es darauf abgesehen hatte, in einer solchen Weise Bauern zu hintergehen und zu schädigen, im Handel belassen werden kann. S. hat diese Eigenschaft verwirkt; er ist als im höchsten Grade unzuverlässig zur Ausübung des Handels zu erachten, weshalb das Bezirksamt mit vollem Recht dem S. die Ausübung untersagt und ihn damit für die Bauern unschädlich gemacht hat. Die Ausschaltung des Mannes wie des Beschwerdeführers aus dem Viehhandel ist ein Gebot der nationalsozialistischen Weltanschauung, die mit gutem Grunde die Säuberung des Viehhandels von allen unlauteren Personen verlangt. Daran vermag die Tatsache, daß sich S. in den letzten Jahren nichts hat zu schulden kommen lassen, nichts zu ändern."[79]

Die Regierung und das Bezirksamt stützten ihre Ablehnung auf die „Verordnung über Handelsbeschränkungen" und beriefen sich auf eine Verurteilung des Viehhändlers wegen eines geringen Vergehens im Jahr 1932.[80] Das Bezirksamt vertrat auch gegenüber der Regierung von Unterfranken „grundsätzlich" die Auffassung, Beschwerden von Juden seien wegen der grundsätzlichen Stellungnahme des NS-Staates in „rassenpolitischen" Fragen abzulehnen.[81] Dabei ging die Behörde sogar so weit, die Unzuverlässigkeitsvermutung auf das fortgeschrittene Alter der Betroffenen zu stützen.[82]

Nicht nur in diesem Fall sah sich das Bezirksamt zu einem Spagat gezwungen, wollte es die Interpretation beziehungsweise inhaltliche Umdeutung von Gesetzen im nationalsozialistischen Sinne erreichen und gleichzeitig an einer „legalen" Verfahrensweise festhalten. Wenn die Balance nicht zu halten war, dies sollen zwei weitere Einzelfälle veranschaulichen, dann konnte das Verhältnis zugunsten antisemitischer Bestrebungen kippen und zu eigenmächtigen Kompetenzanmaßungen führen.

Im Falle der beiden Viehhändler Nathan und Julius B. hatte das Bezirksamt gegenüber der Kreisbauernschaft Würzburg noch ausgeführt, dass keine Tatsachen vorlägen, die eine Entziehung der Handelslegitimation begründen könnten. Die Behörde forderte daher zu weiterer scharfer Überwachung auf, um bei der

---

[78] Die betroffenen Juden hatten zwar das Recht, innerhalb einer Frist von zwei Wochen den Senat der Regierung von Unterfranken als Beschwerdeinstanz anzurufen. Dieser revidierte die Urteile des Bezirksamts aber in keinem Fall.

[79] Bescheid des zweiten verwaltungsrechtlichen Senats der Regierung von Unterfranken vom 18. 6. 1936; StAW/LRA Hammelburg/3582 und 3571.

[80] Ebd.

[81] Schreiben des Bezirksamts Hammelburg an die Regierung von Unterfranken vom 10. 8. 1936; StAW/LRA Hammelburg/3589.

[82] Schreiben des Bezirksamts Hammelburg an die Gendarmeriestation Hammelburg vom 24. 2. 1936; StAW/LRA Hammelburg/3578.

kleinsten Beanstandung die Betreffenden sofort „ausschalten" zu können.[83] Zwei Wochen später entzog das Bezirksamt den Brüdern tatsächlich die Legitimation – aufgrund von Zahlungsschwierigkeiten aus dem Jahr 1930. Die fassungslose Reaktion des eingeschalteten Rechtsanwalts veranschaulicht das skrupellose Vorgehen der Behörde: „Ich kann nicht ernsthaft glauben, dass das Bezirksamt erwägen könnte, die in dem Schreiben vom 25. 4. 1936 genannten Vorgänge als Gründe für die Untersagung des Viehhandels erörtern zu können. Denn diese an sich harmlosen Vorgänge haben unmittelbar mit der Tätigkeit des Händlers in der Ausübung seines Gewerbebetriebes nichts zu tun, geschweige denn, dass sie für die Frage, ob der Betreffende die für die Ausübung des Gewerbebetriebes erforderliche Zuverlässigkeit besitzt, herangezogen werden können. Es fällt schwer, bei einem solch untauglichen Versuch des Bezirksamts sachlich zu bleiben und nicht schärfer die Art eines solchen Verfahrens zu kennzeichnen. Das Bezirksamt Hammelburg kann nicht die Rolle des Staatsanwalts, aber auch nicht die Rolle des Richters an allen möglichen Dingen sich aneignen wollen, um nach einem Vorwand des Vorgehens gegen den Viehhändler suchen zu können."[84]

Am 28. März 1936 fasste das Bezirksamt Hammelburg den Entschluss, dem Pferdehändler Willi F. mit sofortiger Wirkung seine Gewerbefähigkeit zu untersagen. Das Amt folgte damit einem früheren Beschluss sowie einer ein Jahr zuvor von der Regierung von Unterfranken getroffenen Entscheidung. Auch wenn sich Finsterwald einigen Kunden gegenüber fair verhalten habe, so die Begründung, würde dies dennoch nichts an seiner generellen Unzuverlässigkeit ändern. Auch die Vernehmung von Zeugen ändere hieran nichts.[85]

Eine solche Ausschlusspraxis entsprach den ideologischen Prämissen des Regimes, verließ aber die Marschroute des Reichswirtschaftsministeriums im Umgang mit jüdischen Kaufleuten, das seine ablehnende Haltung gegen solche Praktiken bereits 1935 deutlich zum Ausdruck gebracht und sich dabei auf ein bindendes Urteil des Reichsverwaltungsgerichtshofes berufen hatte. Demzufolge durfte Juden die Legitimationskarte ausdrücklich nicht aufgrund ihrer „rassischen Zugehörigkeit" verweigert oder entzogen werden. Weitere Ausschlussgründe mussten, so die Meinung des Gerichts, zwingend vorliegen.[86] Das Bezirksamt Hammelburg hatte also den geltenden Spielraum der Normen nicht nur extensiv ausgeschöpft, es hatte die ihm auferlegten gesetzlichen Schranken einfach beiseite geschoben. Zwar suchte die Behörde nach Gründen, um seiner Ausschlusspraxis einen scheinlegalen Anstrich zu geben, de facto war aber für die Verweigerungspolitik die „rassische" Zugehörigkeit der Viehhändler ausschlaggebend.

---

[83] Schreiben des Bezirksamts Hammelburg an die Kreisbauernschaft Würzburg vom 20. 4. 1936; StAW/LRA Hammelburg/3588.

[84] Schreiben eines Rechtsanwalts an das Bezirksamt Hammelburg vom 4. 5. 1936; ebd.

[85] Das erste Mal war dem Viehhändler die Gewerbelegitimation am 17. Oktober 1935 entzogen worden; Beschluss des Bezirksamts Hammelburg vom 28. 3. 1936; StAW/LRA Hammelburg/3589; Beschluss des Bezirksamts Hammelburg vom 16. 9. 1935; StAW/LRA Hammelburg/3553; Beschluss des Bezirksamts Hammelburg vom 28. 3. 1936; StAW/LRA Hammelburg/3589.

[86] Bericht des bayerischen Wirtschaftsministeriums an die Regierungen vom 21. 12. 1935; StadtABK/C 32.

Derartige – selbst angemaßte oder durch den Gesetzgeber eingeräumte – Handlungsspielräume führten im Einzelfall allerdings auch zu einem Ausschlag des Pendels in die andere Richtung. Nicht alle jüdischen Viehhändler waren bereits 1936 von der rigiden Ausschlusspraxis betroffen. Fehlten negative Gutachten anderer staatlicher Stellen oder Parteigliederungen und war daher keine Möglichkeit gegeben, strafbare Handlungen oder die „Unzuverlässigkeit" zu konstruieren, so konnten jüdische Viehhändler des Bezirks ihre Legitimation bis zur endgültigen beruflichen „Ausschaltung" im Jahr 1938 behalten.[87] Die allgemeine Tendenz, daran besteht kein Zweifel, war antisemitisch geprägt. Blieben Nachweise für die „Unzuverlässigkeit" aus, so erklärten dies die Gutachter – wie etwa der Bürgermeister von Westheim – mit dem „Wissen" der Juden, dass sie ihre „Schwindelmanöver" im NS-Staat nicht mehr so treiben könnten wie noch zur „Systemzeit".[88] Dennoch: Das Festhalten an „legitimen Verfahrensweisen" durch neutrale Stellungnahmen der lokalen Behörden konnte im Einzelfall den Ausschluss der jüdischen Viehhändler auch verhindern.[89]

Rückendeckung und Impulse für die antisemitischen Initiativen erhielt das unterfränkische Bezirksamt durch die bayerische Regierung unter Ministerpräsident Siebert. Galten die Betrachtungen bisher vorwiegend horizontalen Herrschaftsgeflechten auf lokaler Ebene, so zeigen sich hier auch überregionale vertikale Interaktionsstrukturen auf Landesebene, die den Einfluss Berlins einzudämmen imstande waren. In einem Beschluss des bayerischen Staatsministeriums für Wirtschaft bezüglich einer generellen Überprüfung des Viehhandels in Bayern vom 2. August 1934 offenbart sich die antisemitische Politik der Landesregierung. Der Handel mit Zucht- und Nutzvieh sollte hiernach von „unzuverlässigen Personen" gesäubert werden.[90] Drei Wochen später präzisierte das Ministerium die Entschließung. Besonders bei der Ausstellung von Wandergewerbelegitimationskarten sei „sorgfältig zu prüfen", bei Unzuverlässigkeit forderte die Landesregierung die Legitimationsverweigerung.[91] Mit dieser Anordnung verließ das bayerische Wirtschaftsministerium eindeutig die Generallinie Berlins. Es informierte zwar die ihm untergeordneten Stellen über die vorsichtige Haltung der Reichsregierung hinsichtlich des Ausschlusses jüdischer Handeltreibender, betonte aber gleichzei-

---

[87] Schreiben der Gendarmeriestation Oberthulba an das Bezirksamt Hammelburg vom 27. 2. 1936; StAW/LRA Hammelburg/3583; Schreiben des Bezirksamts Hammelburg an die Kreisbauernschaft Hammelburg vom 6. 4. 1936; StAW/LRA Hammelburg/3572; Schreiben des Bezirksamts Hammelburg an die NSDAP-Kreisleitung Brückenau-Hammelburg vom 25. 2. 1938; StAW/LRA Hammelburg/3568.

[88] Schreiben des Bürgermeisters von Westheim an das Bezirksamt Hammelburg und die Gendarmerie Hammelburg vom 20. 1. 1938; StAW/LRA Hammelburg/3581; Schreiben der Gendarmerie Hammelburg an das Bezirksamt Hammelburg vom 21. 1. 1938, in dem darauf hingewiesen wurde, dass sich die jüdischen Viehhändler besondere Mühe geben würden, nicht gegen das Gesetz zu verstoßen; StAW/LRA Hammelburg/3568.

[89] Schreiben des Bezirksamts Oberthulba an die Gendarmeriestation Oberthulba vom 14. 1. 1938; ebd.

[90] Rundschreiben des bayerischen Wirtschaftsministeriums, Abteilung Landwirtschaft, an die Regierungen vom 24. 12. 1935; StadtABK/C 32.

[91] Rundschreiben des bayerischen Staatsministeriums für Wirtschaft, Abteilung Landwirtschaft, an die Regierungen vom 3. 9. 1934; StAW/LRA Hammelburg/3569.

tig die Möglichkeiten, in diesem Bereich kontrollierend tätig zu werden. Praktisch kam dies einer Aufforderung an die entsprechenden Stellen zur Verfolgung jüdischer Händler gleich.[92] Darüber hinaus versuchte die Landesregierung, durch eine besonders rigide Auslegung gesetzlicher Bestimmungen auch nach dem Urteil des Verwaltungsgerichtshofes eine schnelle Ausschaltung jüdischer Viehhändler zu erreichen. Ihrer Meinung nach bot Paragraph 57 der Gewerbeordnung die Möglichkeit, jede „gehässige" oder „hetzerische" Äußerung als „staatsfeindlich" im Sinne des Gesetzes auszulegen.[93]

Tatsächlich setzte die Überprüfung der Viehhändler durch die Bezirksämter unmittelbar nach diesem Beschluss des bayerischen Wirtschaftsministeriums ein.[94] Obgleich die Entschließungen des Ministeriums de jure nicht explizit jüdische Viehhändler ins Visier nahmen, war es sowohl für die zuständigen Bezirksämter als auch für die mit der Überprüfung beauftragte Gendarmerie selbstverständlich, ausschließlich jüdische Viehhändler zu überprüfen.[95]

Die Gendarmeriestationen waren es auch, die neben derartigen Impulsen von oben die Bezirksämter als untergeordnete Behörden mit den für die Ausschlusspraxis notwendigen Informationen versorgten. Die Dorfpolizisten verfuhren dabei nach einem festgelegten Muster: Das Bezirksamt schickte an die Gendarmeriewache einen standardisierten, zwölfteiligen Fragenkatalog über den betreffenden Viehhändler. Ausschlaggebend waren vor allem Punkte, die nach der allgemeinen Zuverlässigkeit und dem wirtschaftlichen Verhalten fragten. Dass rassistische Vorurteile bei den Bearbeitern der Fragebögen eine ausschlaggebende Rolle gespielt haben, zeigt der Fragebogen für den Viehhändler Nathan H. aus Westheim. Als Antwort auf Punkt eins schrieb die zuständige Gendarmeriestation: „Er versucht seine Kunden durch echt jüdische Kniffe hereinzulegen." Dies machte auch das Begleitschreiben zu dem Fragebogen deutlich, in dem der Gendarmeriehauptwachtmeister meinte: „Es wird hierzu bemerkt, daß Nathan H. in Westheim ein echt jüdisches Geschäftsgebaren besitzt und darauf ausgeht, seine Kunden hereinzulegen wo er nur kann. Eine Zuverlässigkeit im Viehhandel muss ihm deshalb abgesprochen werden."[96]

---

[92] Ebd.

[93] Schreiben des bayerischen Wirtschaftsministeriums an die NSDAP Oberbayern vom 20. 1. 1936; BayHStAM/ML/3350.

[94] Überprüfung verschiedener Viehhändler aus Hammelburg; Schreiben der Gendarmeriestation Neuwirtshaus an das Bezirksamt Hammelburg vom 5. 12. 1934; StAW/LRA Hammelburg/3569. Die Gendarmerie gliederte sich in Stationen und Posten. Sie unterstanden auch nach 1933 unmittelbar dem Landrat bzw. dem Oberbürgermeister. Im Landkreis Hammelburg gab es drei Gendarmeriestationen: Hammelburg, Euerdorf und Neuwirtshaus; Hofmann, Unterfranken, S. 153–156.

[95] Überprüfung der Viehhändler aus Völkersleier und Hammelburg; Schreiben der Gendarmeriestation Neuwirtshaus an das Bezirksamt Hammelburg vom 5. 12. 1934; StAW/LRA Hammelburg/3569.

[96] Fragebogen vom 21. 2. 1936 und Begleitschreiben an das Bezirksamt Hammelburg vom 9. 3. 1936; StAW/LRA Hammelburg/3580; Bericht der Gendarmeriestation Hammelburg an das Bezirksamt Hammelburg vom 21. 2. 1936 im Falle des Viehhändlers Nathan H.; StAW/LRA Hammelburg/3581.

Die Gendarmerie verband wiederum mit den Bauernführern des Reichsnährstandes ein enges Kooperationsverhältnis.[97] Die Zusammenarbeit mit den lokalen
Gliederungen des Reichsnährstandes ging auf eine Intervention des dem Reichsnährstand unterstehenden Reichsverbands des nationalen Viehhandels, Gau Bayern, zurück, nach der bei der Prüfung der „Unzuverlässigkeit" sowohl die Kreisbauernführer als auch die Organisationen des Viehhandelsverbands zu hören waren.[98] Die Aussagen der Bauernführer verschärften die berufliche Verdrängung
jüdischer Viehhändler in mehrfacher Weise. Dies geschah zunächst durch die
hochgradig ideologisch geprägte Gutachtertätigkeit, bei der die Gutachter in der
Regel aus ihrer generellen Ablehnung des „jüdischen Viehhandels" kein Hehl
machten. Die Wirksamkeit der „Blut- und Bodenideologie", die keine Juden im
Landproduktenhandel geschweige denn als Landeigentümer duldete, zeigt sich in
den Gutachten deutlich. Die Viehhändler wurden als „Hofjuden" bezeichnet, die
mit ihrem „oberflächlich guten Benehmen" die Kundschaft lediglich „täuschen"
würden. Rechtliche Hindernisse für eine Verweigerung der Handelslegitimation
wurden als „Kniffe" eines „liberalistischen Staates" bezeichnet, mit der sich die
deutsche Bauernschaft nicht abgeben könne.[99] Besonders gravierend wirkte sich
das Recht der Landesbauernführer aus, Auskünfte über das Strafregister der als
„unzuverlässig" geltenden jüdischen Viehhändler einzuholen.[100] Viele von ihnen
waren angesichts der schwerwiegenden wirtschaftlichen Krisenzeit Anfang der
1930er Jahre in Verfahren verwickelt, sei es wegen eigener Zahlungsschwierigkeiten oder aufgrund von Liquiditätsproblemen der Kunden. Derartige Verfahren
wurden von den Bauernführern dann gegenüber den Bezirksämtern aufgegriffen
und als Ausschlussgrund vorgebracht.

Die Gliederungen des Reichsnährstandes konnten außerdem auch direkt eingreifen. Eine Handhabe bot die „Verordnung über den Verkehr mit Vieh und
Fleisch" vom 28. Juli 1923, die den Handel mit derartigen Waren von einer besonderen Erlaubnis abhängig machte. Auch hier konnte die Erlaubnis bei „Unzuverlässigkeit" verweigert werden.[101] Damit ebnete diese Bestimmung neben der
„Verordnung über Handelsbeschränkungen" noch einen zusätzlichen Weg, jüdi-

---

[97] Bis zum 13. März 1936 machte der Reichsnährstand von einer direkten Einflussmöglichkeit durch die „Verordnung über den Verkehr mit Zucht- und Nutzvieh" keinen Gebrauch; Schreiben des bayerischen Wirtschaftsministeriums an die Regierung von Schwaben und Neuburg vom 13. 3. 1936; BayHStAM/ML/3350.
[98] Rundschreiben des Reichsverbands des nationalen Viehhandels, Gau Bayern, an die
bayerischen Bezirksverwaltungsbehörden vom 3. 9. 1934; StAW/LRA Hammelburg/
3569.
[99] Schreiben des Bezirksbauernführers Hammelburg an das Bezirksamt Hammelburg vom
8. 5. 1935; StAW/LRA Hammelburg/3589; Schreiben des Bezirksbauernführers an das
Bezirksamt Hammelburg im Falle des Viehhändlers Arnold H. vom 3. 11. 1935; StAW/
LRA Hammelburg/3577; Schreiben des Bezirksbauernführers an das Bezirksamt Hammelburg im Falle des Viehhändlers Karl A. vom 31. 12. 1934; StAW/LRA Hammelburg/
3593.
[100] Schreiben des bayerischen Wirtschaftsministeriums an die Abteilung I im Hause vom
4. 2. 1936; BayHStAM/ML/3350.
[101] §§ 4 und 10 der „Verordnung über den Verkehr mit Vieh und Fleisch" vom 28. 7. 1923;
RGBl. I (1923), S. 715f.

sche Viehhändler von ihren Erwerbsmöglichkeiten auszuschließen. In einer weiteren „Verordnung über den Verkehr mit Nutz- und Zuchtvieh" vom 22. November 1935 erweiterte die Ministerialbürokratie diese Möglichkeiten noch einmal. Den Reichsnährstand ermächtigte sie, den entsprechenden Handel von einer besonderen Zulassung abhängig zu machen. Ausdrücklich wurde darauf hingewiesen, dass andere Vorschriften wie etwa die Gewerbeordnung von den Maßnahmen des Reichsnährstandes unberührt bleiben sollten.[102] Seit April 1936 konnte schließlich der Handel mit Schlachtvieh durch den Viehwirtschaftsverband in den Fällen versagt werden, in denen ein Betriebsinhaber nicht die erforderliche „Zuverlässigkeit" besaß. Dies war unter anderem dann gegeben, wenn entweder eine Verurteilung wegen eines schwerwiegenden Vergehens während der Berufsausübung vorlag oder Verwarnungen des Viehwirtschaftsverbands missachtet worden waren.[103]

Die Ministerialbürokratie hatte damit einmal mehr einen Paragraphendschungel geschaffen, der mehrere Institutionen nebeneinander mit nahezu den gleichen Zuständigkeiten versah. Eine eindeutige Zuordnung der Kompetenzen fiel daher offenbar schwer, vorhandene Unklarheiten überbrückten die beteiligten Institutionen allerdings mit Alleingängen, im Bedarfsfall aber auch kooperativ: Während die Bezirksämter einen Ausschluss der jüdischen Viehhändler bis 1935 wohl zum überwiegenden Teil selbständig und mit Verweis auf die „Verordnung über Handelsbeschränkungen" legitimierten, nahm in Einzelfällen auch der Reichsnährstand Einfluss auf die Erteilung von Gewerbelegitimationskarten. Darüber hinaus beauftragten die Bauernführer die Bezirksämter mit Überwachungsaufgaben.[104] Bis 1936 war dies aber offensichtlich die Ausnahme.[105]

Ab Frühjahr 1936 verstärkte sich die direkte Einflussnahme des Reichsnährstandes ganz wesentlich. Dies hing zum einen mit der veränderten Gesetzgebung zusammen, zum anderen aber auch mit der deutlichen Kritik der Reichsregierung an dem Vorgehen einzelner Bezirksregierungen, die nun auf die Kompetenz der Parteiinstitutionen verweisen konnten.[106] Die Bezirksämter konnten zwar weiter-

---

[102] §§ 1 und 2 der „Verordnung über den Verkehr mit Nutz- und Zuchtvieh" vom 22. 11. 1935; RGBl. I (1935), S. 1353.

[103] Eine Beschwerde war beim Schiedsgericht der Hauptvereinigung des Viehwirtschaftsverbands zulässig; Art. II § 1 der „Dritten Verordnung zur Regelung des Verkehrs mit Schlachtvieh" vom 8. 4. 1936; RGBl. I (1936), S. 367.

[104] Schreiben des Bezirksamts Hammelburg an den Bezirksbauernführer vom 10. 2. 1936; StAW/LRA Hammelburg/3570. Der Reichsverband des nationalen Viehhandels, Kreisverband Unterfranken, sandte am 14. Januar 1935 eine Liste an das Bezirksamt Hammelburg, aus der hervorging, welchen Viehhändlern die Zulassung zu erteilen sei und welchen nicht; StAW/LRA Hammelburg/3593.

[105] Bis zum 13. März 1936 machte der Reichsnährstand von einer direkten Einflussmöglichkeit durch die „Verordnung über den Verkehr mit Zucht- und Nutzvieh" keinen Gebrauch; Schreiben des bayerischen Wirtschaftsministeriums an die Regierung von Schwaben und Neuburg vom 13. 3. 1936; BayHStAM/ML/3350.

[106] Rundschreiben des bayerischen Wirtschaftsministeriums an die Regierungen vom 21. 12. 1935, in dem zwar auf die Kritik der Reichsregierungen an dem Vorgehen einzelner Bezirksämter hingewiesen, gleichzeitig aber darauf aufmerksam gemacht wird, dass dem Reichsnährstand auch eine Entscheidung über die Zulassung zum Viehhandel zustehe; StadtABK/C 32.

hin selbständig über die Ausstellung von Gewerbelegitimationskarten entscheiden. Ging es aber um den Viehhandel, blieb die Zuständigkeit der Verwaltungsbehörde nur so lange bestehen, bis der Reichsnährstand von seinen Gesetzeskompetenzen Gebrauch machte.[107] Wenn dieser die Versagung der Zulassung bestimmte, diente das Bezirksamt lediglich als ausführendes Organ.[108] Generell trug die bayerische Regierung den Bezirksämtern nun auch offiziell auf, bei der Untersagung des Viehhandels mit der Hauptvereinigung der Deutschen Viehwirtschaft Kontakt aufzunehmen.[109] Das Schiedsgericht des nationalen Viehhandels fungierte als letzte Entscheidungsinstanz und löste damit die Regierung von Unterfranken in dieser Funktion ab.[110] Im November 1936 informierte der Viehwirtschaftsverband die Bürgermeister der Städte schließlich von seinem Vorhaben, den Viehhandel von unliebsamen Personen zu reinigen.[111]

Die Ausschlusspraxis des Bezirksamts und die Gutachten der Parteigliederungen und Gendarmeriestationen des Kreises Hammelburg entsprachen Verhaltenstendenzen, die offenbar in ganz Unterfranken zu finden waren. So schrieb die Ortsgruppe NSDAP Mainstockheim im April 1937 an die Kreisleitung Kitzingen: „Auf ihr Schreiben vom 2. 3. 1937 wegen Zulassung der beiden Juden L. und N. vom Mainstockheim zum Viehhandel habe ich nur Bedenken, wenn wir ihnen die Möglichkeiten zum Schachern geben. Wir bekommen diese Menschensorte in Mainstockheim überhaupt nicht mehr los.“[112] Die Ortsgruppe der NSDAP Dettelbach war der Meinung, um „die Bauern und Landwirte vor weiteren Schädigungen zu schützen, wäre es angebracht, den Juden für die Zukunft die Viehhandelserlaubnis zu entziehen“.[113]

Das bisher beschriebene Kooperationsgeflecht bei der Vergabe von Gewerbelegitimationen ergänzten schließlich noch die Polizeibehörden. Durch die Änderung der Gewerbeordnung vom 3. Juli 1934 besaßen auch sie das Recht, Personen

---

[107] Schreiben der Regierung von Unterfranken an das bayerische Wirtschaftsministerium vom 29. 10. 1936 und Antwortschreiben vom 17. 11. 1936; BayHStAM/ML/3350.

[108] Schreiben des Viehwirtschaftsverbands Bayern an das bayerische Wirtschaftsministerium vom 19. 11. 1937; BayHStAM/ML/3350.

[109] Schreiben des bayerischen Wirtschaftsministeriums an die Regierungen vom 17. 11. 1936; StadtABK/C 32.

[110] Zur früheren Tätigkeit der regionalen Gliederungen des Viehwirtschaftsverbands vgl. etwa ein Schreiben des Kreisverbands Unterfranken an das Bezirksamt Hammelburg, in dem die Verweigerung von zwei Legitimationskarten an Juden bestätigt, zwei anderen jüdischen Viehhändlern die Legitimation allerdings auch bedenkenlos erteilt wurde; Schreiben vom 14. 1. 1935; StAW/LRA Hammelburg/3593. Ab Ende 1936 trat dann bei den untersuchten Einzelfällen nur noch der Viehwirtschaftsverband als letzte Entscheidungsinstanz auf; Schreiben des Bezirksamts Hammelburg an das Schiedsgericht für landwirtschaftliche Marktregelung vom 3. 3. 1938; StAW/LRA Hammelburg/3573.

[111] Schreiben des Viehwirtschaftsverbands Bayern an den Bürgermeister von Bad Kissingen vom 3. 11. 1936; StadtABK/C 32. Aus einem Schreiben des bayerischen Wirtschaftsministeriums an die Regierung von Schwaben und Neuburg vom 15. März 1936 geht hervor, dass der Reichsnährstand bis dahin von seiner Kontrollfunktion keinen Gebrauch gemacht hatte; BayHStAM/ML/3350.

[112] Schreiben der Ortsgruppe Mainstockheim an die Kreisleitung Kitzingen vom 10. 4. 1937; StAW/LRA Hammelburg/3568.

[113] Schreiben der Ortsgruppe Dettelbach vom 12. 3. 1937; StAW/NSDAP/406.

vom Wandergewerbe, als Handlungsreisende oder Straßenhändler auszuschließen, wenn Missbrauch des Gewerbes zu „staatsfeindlichen Zwecken" zu befürchten war.[114] Der Reichswirtschaftsminister hatte darauf hingewiesen, dass „staatsfeindliches Verhalten" in diesen Berufen besonders leicht möglich sei und daher alle Personen, die wegen Hoch- oder Landesverrats angeklagt worden waren, auszuschließen seien.[115] Besonders drastisch wirkte sich der zunehmende Einfluss der Bayerischen Politischen Polizei auf die jüdischen Viehhändler aus, da diese den Hinweis des Wirtschaftsministeriums in antisemitischer Weise interpretierte. Ende 1935 sah sich das Reichswirtschaftsministerium daher gezwungen, die Praxis verschiedener Polizeistellen zu kritisieren, die offensichtlich dazu übergegangen waren, Juden aufgrund ihrer „Rassezugehörigkeit" generell die Gewerbelegitimation nach der Gewerbeordnung zu verweigern. Das Ministerium machte darauf aufmerksam, dass ein ausnahmsloser Ausschluss der Juden nicht möglich sei und die Entscheidung über eine Einschränkung jüdischer Wirtschaftstätigkeit allein der Reichsregierung obliege. Auch sollte eine Verzögerung der Verfahren vermieden werden.[116] Die rigide Ausschlusspolitik der Polizeidienststellen war offensichtlich auf den Einfluss der Bayerischen Politischen Polizei zurückzuführen. Gewerbelegitimationskarten und Wandergewerbescheine wurden durch die Polizeibehörden ausgestellt und durch die Bayerische Politische Polizei überprüft. Für die Ausstellung von Legitimationskarten waren besondere Berechtigungsscheine notwendig. Der Bayerischen Politischen Polizei waren diese Bescheinigungen vor der endgültigen Ausstellung zu übersenden und diese entschied dann über die tatsächliche Erteilung. Dies galt auch für Handelsvertreter, die nicht in dem Bezirk ihrer Firma tätig waren.[117] Auf diesem Wege hatte die Polizeibehörde damit auch Einfluss auf die Vergabepraxis der Bezirksämter.

Ihre radikale Handlungsweise stellte die Behörde mehrfach unter Beweis. In Bezug auf die Berechtigungsscheine machte die Bayerische Politische Polizei deutlich, dass bei jüdischen Antragstellern die „schärfsten Maßstäbe" anzulegen seien und der „leiseste Verdacht" für den „rücksichtslosen Gebrauch" der Versagung ausreichen würde.[118] Damit forderte die Behörde, ähnlich wie bereits das bayerische Wirtschaftsministerium, direkt zu einer Verdrängung der jüdischen Viehhändler aufgrund „rassischer" Gesichtspunkte auf. Diese Haltung wurde in einem Rundschreiben vom Juli 1936 noch einmal unterstrichen. Es könne zwar nicht grundsätzlich aus Gründen der „Rasse" die Legitimation verweigert werden, so erklärte die Polizeidirektion Würzburg die Haltung der Bayerischen Politischen Polizei, es sollten jedoch die geringsten Umstände ausreichen, um die Le-

---

[114] § 57 Ziff. 2 des „Gesetzes zur Änderung der Gewerbeordnung" vom 3. 7. 1934; RGBl. I (1934), S. 566.
[115] Rundschreiben des RWM an die Landesregierungen vom 14. 9. 1934; StAW/LRA Hammelburg/3569.
[116] Die Polizeidienststellen konnten aufgrund der §§ 44a Abs. 3 und 57b Ziff. 2 der Gewerbeordnung unter bestimmten Voraussetzungen die Legitimation verweigern; Rundschreiben des RWM an die Regierungen vom 28. 12. 1935; StadtABK/C 32.
[117] Rundschreiben der Bayerischen Politischen Polizei vom 13. 2. 1936; ebd.
[118] Rundschreiben der Bayerischen Politischen Polizei an die Polizeidirektionen vom 15. 7. 1936; ebd.

gitimation zu versagen. Vor allem sollten die Gesuche jüdischer Händler schleppend behandelt werden, bis eine allgemeine Regelung die Juden generell von der Erwerbstätigkeit ausschließe.[119] Das Rundschreiben und insbesondere die Aufforderung zur Verfahrensverzögerung erreichte die Polizeidirektionen nur wenige Tage nach der Protestnote des Wirtschaftsministeriums, das – wie bereits gezeigt – die Verweigerung von Legitimationskarten allein wegen der „Rasse"-Kriterien ablehnte. Offensichtlich war der Widerspruch der Bayerischen Politischen Polizei eine unmittelbare Antwort auf die Haltung des Ministeriums.[120]

Insgesamt lässt sich festhalten: Die Ausschaltung jüdischer Viehhändler in einzelnen unterfränkischen Regionen setzte bereits 1935 und 1936 ein und nicht, wie bisher angenommen, erst 1937.[121] Ihre Verfolgung fing dort jedoch erheblich später an als etwa in Mittelfranken, wo durch Schikanen und durch den Entzug der Gewerbelegitimation die berufliche Ausschaltung bereits 1934 weit vorangeschritten war.[122] Zeitlich versetzt zeigt die Haltung des Bezirksamts Hammelburg allerdings Ähnlichkeiten mit dem radikalen und eigenmächtigen Vorgehen der Städte bei der beruflichen Enteignung der jüdischen Bevölkerung. Ob die Spitzen der Hammelburger Regierungsbehörde mit denen der NS-Bewegung besetzt waren, wie dies in Nürnberg und München der Fall war, ist nicht bekannt. Das Regierungspräsidium unterstand dem mainfränkischen Gauleiter und die Bezirksämter unterlagen dem Einfluss der Kreisleiter, die ab Mai 1934 für die Behörden beratend tätig waren.[123] Ungeachtet der undurchsichtigen Gesetzeslage und der schwierigen Kompetenzverteilung finden sich darüber hinaus auch in der ländlichen Region keine Hinweise auf Konflikte zwischen der Regierungsbehörde und der Parteiinstitution. Die entsprechenden normativen Grundlagen wurden vielmehr als Basis der Zusammenarbeit genutzt und erhöhten damit den Druck auf die betroffenen Viehhändler. Dabei legitimierten die entsprechenden Normen nur Vorgehensweisen, die in der Region ohnehin bereits praktiziert wurden. Dies wird besonders bei der Zusammenarbeit mit den Bauernführern deutlich. Bis 1936 war im bayerischen Wirtschaftsministerium die Auffassung vorherrschend, die Kreisbauernführer seien nur bei der Ausstellung neuer Legitimationskarten zu

---

[119] Rundschreiben der Polizeidirektion Würzburg an die Bezirksämter vom 6. 1. 1936; ebd.

[120] Die Alleingänge der Bayerischen Politischen Polizei reihten sich allerdings spätestens ab 1937 in reichsweite Tendenzen ein. Innerhalb des SD gab es in diesem Jahr Besprechungen bezüglich des Vorgehens bei Wandergewerbescheinen für Juden. Zusammen mit Staatssekretär Stuckart arbeitete der SD seit Mitte 1937 an einem Gesetzesentwurf, der es Verwaltungsgerichten unmöglich machen sollte, Entscheidungen der Gestapo bei Legitimations- und Wandergewerbescheinen abzuändern. Damit sollte erreicht werden, dass die Entscheidung ausschließlich in die Hände der Gestapo überging. Die SD-Führer der SS-Oberabschnitte sollten in dieser Hinsicht nach Berlin Bericht erstatten; Schreiben des SD an alle Führer der SS-Oberabschnitte vom 29. 12. 1937; RGVA/SoA Moskau/Fond 500c/op. 1/d. 290/l. 203.

[121] Kershaw, Antisemitismus, S. 300f.

[122] Ophir/Wiesemann, Gemeinden, S. XXIf.

[123] Wegen der angestrebten Einheit von Partei und Staat sollten die Außenbehörden der Staatsverwaltung ihre Aufgaben im Einvernehmen mit den Kreisleitern erledigen. Die Entscheidungen sollten aber weiterhin den Behörden zustehen; Schreiben der Regierung von Unterfranken an die Bezirksämter vom 14. 5. 1934; StAW/LRA Hammelburg/4242.

hören, nicht aber bei deren Verlängerung. Diese Ansicht wurde bei anderen Bezirksämtern auch in die Praxis umgesetzt.[124] Erst im März 1936 wies das Ministerium dann darauf hin, dass grundsätzlich auch bei der Erneuerung der Legitimationskarten die Institutionen des Reichsnährstands zu hören seien, eine Vorgehensweise, die in Hammelburg bereits seit 1934 Anwendung gefunden hatte.[125]

Fragt man nach regionalen Initiativen bei der NS-Judenverfolgung, nach Interaktionsmustern der an der „Ausschaltung" der Juden beteiligten Akteure und dem daraus resultierenden Verhältnis von Zentrum und Region im ländlichen Bereich, so wird deutlich, dass wesentliche Charakteristika des regionalen Herrschaftsgeflechts bei der wirtschaftlichen Verfolgung über die Grenzen der Gauhauptstädte hinaus Gültigkeit beanspruchen konnten. Gerade das Mischungsverhältnis aus bürokratischen Verfahrensweisen, polizeilicher Hoheitsgewalt und Aktionismus der lokalen NSDAP-Funktionäre ermöglichte eine schnelle und konsequente „Ausschaltungspolitik". Auch jenseits der NS-Metropolen ersetzte das regionale Interaktionsgefüge anfängliche fehlende gesetzliche Bestimmungen zur wirtschaftlichen Verfolgung der Juden und stieß in Lücken, die die Reichsregierung aufgrund fehlender wirtschaftspolitischer Strategien und taktischer Zurückhaltung für regionale Initiativen gelassen hatte.

Ein erster bilanzierender Blick auf Charakteristika der wirtschaftlichen Verfolgung der Juden mit überregionaler Bedeutung bleibt damit an drei markanten Punkten hängen:

Erstens bestätigen sich aktuelle Forschungsergebnisse, die nicht mehr von einer Trennung und einem Konkurrenzverhältnis zwischen staatlicher Verwaltung und NSDAP ausgehen. Vielmehr dürfen die verbindenden Prinzipien, entstanden unter anderem durch die zahlreichen Personalunionen und personalen Netzwerke, nicht übersehen werden.[126] Zweitens kennzeichneten polykratische Konflikte zwar offensichtlich das Verhältnis der Reichsbehörden untereinander, sie reproduzierten sich aber nicht zwangsläufig auf regionaler Ebene. Unter dem gemeinsamen Dach der ideologischen Zielsetzungen entstanden vielmehr auch regional initiierte Kooperationsmuster, die das durch die unklare Gesetzgebung hervorgerufene Kompetenzenchaos abfedern und ihrerseits die Reichsregierung zu einer Verschärfung der antisemitischen Politik veranlassen konnten. Nur so war die umfassende und konsequente Verfolgung und Ausplünderung der jüdischen Bevölkerung überhaupt möglich.[127] Damit soll schließlich drittens noch einmal auf die Bedeutung der antisemitischen Motivation hingewiesen werden. Sie führte be-

---

124 Schreiben des Bezirksamts Kemnath an die Regierung der Nieder- und der Oberpfalz vom 27. 1. 1936; BayHStAM/ML/3350.

125 Rundschreiben des bayerischen Wirtschaftsministeriums, Abteilung Landwirtschaft, an die Bezirksregierungen vom 23. 3. 1936; StadtABK/C 32.

126 Nolzen, Broszat, S. 443 ff.; Gotto, Kommunalpolitik, S. 9; Mecking/Wirsching, Stadtverwaltung, S. 5. Aber auch schon Mommsen, Beamtentum, S. 31, und Rebentisch, Einleitung, S. 18, wiesen auf die Unzulässigkeit der Trennung von Staat und Partei hin.

127 Zum Modell polykratischer Konfliktstrukturen vgl. Hüttenberger, Polykratie; und für den Bereich des Gesundheitswesens Süß, Volkskörper; zum durchaus stabilen Herrschaftsgefüge auf kommunaler Ebene in Augsburg Gotto, Kommunalpolitik, etwa S. 11.

reits seit Frühjahr 1933 zu bewusst eingesetzter körperlicher Gewalt, zu Boykotten, Ausplünderung, Ausgrenzung und Mord. Im Zusammenhang mit den zahlreichen Kooperationsmustern auf regionaler Ebene betrachtet, ist daher die schreckliche Konsequenz der wirtschaftlichen Verfolgung mit dem Modell einer durch Führungsrivalitäten hervorgerufenen „kumulativen Radikalisierung", die ihr Ventil in der Judenverfolgung fand und sich dann potenzierend fortzeugte, nicht hinreichend zu erklären.

Viertes Kapitel:
Finanzverwaltung und Judenverfolgung

Die Reichsfinanzverwaltung verursachte in den Lebensverhältnissen der jüdischen Bevölkerung einen tiefgreifenden Wandel wie kaum eine andere Institution des NS-Staates. Durch Festsetzung und Einziehung von Steuern, Überwachung und Sicherung, Beschlagnahmung und Verwertung von Vermögensgegenständen entwickelte sich der Fiskus zum größten Profiteur jüdischen Eigentums. Vom Standpunkt des monetären Gewinns aus betrachtet, führt die Untersuchung fiskalischer Verfolgungsprozesse daher zum eigentlichen Kern der wirtschaftlichen „Ausschaltung" der Juden im „Dritten Reich".

Trotz ihrer zentralen Funktion im Ausplünderungsprozess werden fiskalische Entziehungsmaßnahmen in den Memoiren von Verfolgungsopfern kaum thematisiert. Auch die Verfolgungsschilderungen in den Entschädigungsakten der Wiedergutmachungsverfahren nach 1945 befassen sich selten mit den folgenreichen Beschlüssen der Finanzbehörden.

Auf den ersten Blick verwundert diese geringe Rezeption; bei näherem Hinsehen verrät dieser Befund allerdings viel über den Charakter der bürokratisch organisierten Form der fiskalischen Verfolgung: Der Verfolgungsapparat der Finanzbehörden bewegte sich auf leisen Sohlen. Zu seinen Waffen gehörte die alltägliche Routine. Nicht offener Terror, sondern standardisierte, umfassende und zentral gesteuerte Kontrollverfahren sowie effiziente Vermögensentziehung kennzeichnen die Vorgehensweise.[1]

Als klassische Elemente staatlicher Administration hatten die Institutionen des Fiskus eine Schlüsselfunktion im Gefüge der staatlichen Verwaltung inne. Ihr Handeln als Vollzugsorgan der Steuergesetzgebung wirkte sich besonders gravierend auf das Verhältnis zwischen Staat und Bürger aus. Es traf die Bevölkerung im sensiblen Bereich ihrer finanziellen Existenz. Erwerbstätige begegneten der Finanzverwaltung bei den jährlich einzureichenden Steuererklärungen, die zahlreichen Selbständigen bei der regelmäßigen Überprüfung ihrer Betriebe. Die Finanzbeamten verfügten über detaillierte Kenntnisse der Einkommens- und Vermögensverhältnisse. Sie waren zudem routinierte Spezialisten, die über die notwendige Handhabe verfügten, Kapitalbewegungen zu registrieren, zu unterbinden und Vermögenswerte gegebenenfalls zu entziehen. Dabei erhöhte das Prinzip der Geheimhaltung und des Ausschlusses der Öffentlichkeit bei den Amtshandlungen die Überlegenheit des Beamten und die Undurchsichtigkeit seiner Aktionen noch zusätzlich. Dies alles verlieh den Finanzbehörden eine starke Machtposition. Angesichts der weitreichenden Eingriffsmöglichkeiten gehörten zu den

---

[1] „Die Polizeimaßnahmen sollten", so Christiane Kuller, „die politischen Gegner durch offenen Terror und Willkür einschüchtern, die Finanzverwaltung wickelte dagegen ihre Verfahren im Stillen ab, was die ideologische Ausrichtung ihrer Tätigkeit lange verschleiern konnte." Kuller, Dimensionen, S. 45.

traditionellen Fundamentalregeln der Steuerverwaltung nicht nur die strikte Gesetzesbindung, sondern auch die Gleichmäßigkeit der Besteuerung der Steuerpflichtigen nach dem Prinzip der wirtschaftlichen Leistungsfähigkeit[2] – zwei Leitsätze, die die Finanzverwaltung während des „Dritten Reiches" im Hinblick auf die jüdische Bevölkerung zunehmend über Bord warf.

Die hier angedeuteten bürokratischen Funktionsmechanismen der Finanzverwaltung stehen im Mittelpunkt des folgenden Kapitels. Vor dem Hintergrund der zuvor geschilderten Ausprägung regionaler Herrschaftsgeflechte bei der wirtschaftlichen Verfolgung der Juden scheint die staatlich zentral gesteuerte, routinierte Verwaltungspraxis auf den ersten Blick der Dominanz der Gauleiter und den Eigenmächtigkeiten regionaler Institutionen im Verfolgungsprozess entgegenzustehen. Die Frage nach den Interaktionsmustern von administrativen Eliten und NSDAP ist daher von entscheidender Bedeutung. Wie interagierten die Fiskalinstitutionen mit Parteigliederungen, Kommunalverwaltung und regionalen gesellschaftlichen Verbänden, und wie wirkte sich schließlich die Einflussnahme der Finanzverwaltung auf die Gliederungen der NSDAP aus?

Umgekehrt stellt sich die Frage nach den Auswirkungen der Verfolgungspraxis durch Partei und gesellschaftliche Kräfte auf eine Institution, zu deren wesentlichen Strukturelementen die Gleichförmigkeit in der Behandlung der Steuerpflichtigen gehörte. Die Finanzbeamten standen im Spannungsfeld zwischen traditioneller institutioneller Prägung und Indoktrination durch die NS-Propaganda. Wie veränderte sich die administrative Praxis des Fiskus angesichts der erheblichen Eigendynamik und des weitreichenden Einflussbereichs des Gauleiters bei der wirtschaftlichen Verfolgung der jüdischen Bevölkerung in der Region?

Hier sind zunächst die Rahmenbedingungen des Verwaltungshandelns näher zu untersuchen: Inwiefern wurden die weiterhin geltenden Gesetze des liberalen Rechtsstaates – etwa durch vorgeschaltete Leitsätze – ideologisch überformt und wo gerieten sie mit neuen, explizit ideologisch begründeten Normen in Konflikt? Und wie gestaltete sich die Beziehung zwischen lokaler Institution, Mittelbehörden und Reichsregierung, und welche Rolle spielte die diesem Verhältnis zugrunde liegende bürokratische Organisationsform für den Verfolgungsprozess?

Damit richtet sich der Blick auch auf die Überlebensfähigkeit zentralstaatlicher Steuerungselemente und auf Funktionalität ausgerichtete Verfahrensweisen im NS-Regime, das nach Ansicht vieler Interpreten von einer durch die Dynamik der Partei hervorgerufenen Atomisierung staatlicher Verwaltung und dadurch bedingten Auflösungserscheinungen gekennzeichnet war.[3] Die Untersuchung fiskalischer Verfolgung impliziert damit am Ende die Frage nach Reaktionen einer staatlichen Administration mit ihren regionalen Gliederungen auf die Indienstnahme durch das NS-Regime. Denn die umfassende und „effiziente" Überwachung, Sicherung und Entziehung jüdischen Vermögens war – so die Annahme – letztlich nur möglich, da die Finanzbehörden die Umsetzung ideologisch begrün-

---

2 Weingarten, Finanzverwaltung, S. 1; Mayntz, Soziologie, S. 47.
3 Einleitung, S. 10.

deter Zielsetzungen mit dem Streben nach professioneller „Ressourcenmobilisierung für das Regime" verbanden.[4]

Die skizzierte Fragestellung greift ein zweistufiger Aufbau des folgenden Kapitels auf, der den Komplex fiskalischer Verfolgung chronologisch und systematisch untergliedert. Eine entscheidende Zäsur stellen auch hier die Jahre 1937/38 dar. Sie brachten nicht nur eine drastische Schlechterstellung der Juden in wirtschaftspolitischer, sondern auch in steuerrechtlicher Hinsicht mit sich. Innerhalb dieser zeitlichen Zweiteilung ist für die ersten Jahre des NS-Regimes zwischen der steuerlichen Behandlung von Emigranten und der inländischen jüdischen Bevölkerung zu unterscheiden.

I. Überwachung und Entziehung von Emigrantenvermögen 1933–1937/38

1. Impulse von oben

Tatsächlich setzte die Finanzverwaltung ihren administrativen Apparat bereits seit Frühjahr 1933 zu Verfolgungsmaßnahmen gegenüber jüdischen Auswanderern ein. In enger Zusammenarbeit mit anderen Staats- und Parteiinstitutionen entfesselte sie eine wahre Flut von Verordnungen, Verfügungen und regional initiierten Überwachungsmaßnahmen, die sich über die Emigranten ergoss und jeden Vermögenstransfer nur unter schweren Verlusten zuließ. Funktionsmechanismen und Interaktionsmuster des Fiskus bei der wirtschaftlichen Verfolgung der Juden werden daher anhand der Überwachung und Entziehung von Emigrantenvermögen besonders deutlich sichtbar. Bevor sich die Untersuchung der Verfolgungspraxis in den jeweiligen Untersuchungsräumen zuwendet, sollen zunächst Strukturmerkmale, gesetzliche Grundlagen und ministerialbürokratische Initiativen zur steuerlichen Diskriminierung jüdischer Emigranten in den Blick genommen werden. Eine solche Vorgehensweise ist der Tatsache geschuldet, dass angesichts des hierarchischen Ordnungsprinzips der Finanzverwaltung für das Verständnis der Verfolgung auf regionaler Ebene der Normsetzung von oben besondere Bedeutung zukam. Die Entscheidungen auf zentraler Ebene schufen grundlegende Handlungsvoraussetzungen für die regionalen Exekutivorgane. Die Deutung und im Zweifelsfall auch die kritische Abwägung derartiger Normen eröffnete aber gleichzeitig nicht unerhebliche Ermessensspielräume beim konkreten Vollzug.[5]

---

4 In Bezug auf die Kommunalverwaltung vgl. Mecking/Wirsching, Stadtverwaltung, S. 19.
5 Durch unklare Gesetzesvorlagen oder durch die Möglichkeit, verschiedene Normen gegeneinander abzuwägen, verfügen die Beamten ungeachtet des hierarchischen Aufbaues über Handlungsspielräume. Aufgrund widersprüchlicher Anforderungen, denen sich Beamte gegenübersehen können, wenn etwa verschiedene Normen nicht ohne weiteres miteinander in Einklang zu bringen sind oder Normen einer effizienten Lösung im Wege stehen, ist nach Niklas Luhmann ein gewisses Maß an „brauchbarer Illegalität" sogar nötig, um den Systembestand nicht dauerhaft zu gefährden; Luhmann, Theorie, S. 305 f.; ders., Legitimation, S. 31; Benz, Normanpassung, S. 37.

„Reichsfluchtsteuer" und Devisengesetzgebung

Die gesetzlichen Grundlagen einer harten Überwachungs- und Entziehungspraxis hatte die Reichsregierung aufgrund der schwierigen wirtschaftlichen Lage bereits Anfang der 1930er Jahre im Rahmen der Regelungen des Devisenverkehrs und der Besteuerung von Emigranten gelegt.[6] In dieser Hinsicht besonders gravierende Folgen sollte die Steuergesetzgebung durch die sogenannte Reichsfluchtsteuer erhalten, die allen Emigranten eine Abgabe von 25 Prozent ihres Vermögens auferlegte.[7] Nur wenn die Auswanderung im deutschen Interesse war oder ihr eine besondere volkswirtschaftliche Notwendigkeit zugrunde lag, konnte das zuständige Landesfinanzamt eine entsprechende Bescheinigung ausstellen und die Steuer erlassen.[8]

Zuwiderhandlungen gegen diese Bestimmungen hatten die Finanzbehörden schon unter den Weimarer Präsidialregierungen ausgesprochen hart geahndet. Sie verlangten die Steuer ohne einen förmlichen Bescheid sofort bei der Ausreise. Säumige Zahler, die über mehr als acht Wochen im Rückstand waren, wurden mit Gefängnis nicht unter drei Monaten und einer Geldstrafe in unbeschränkter Höhe bestraft.[9] Gegen den Steuerpflichtigen erließ das Finanzamt einen Steuersteckbrief, der zur Verhaftung des Betroffenen aufrief. Gleichzeitig waren die Finanzämter angehalten, das inländische Vermögen zu beschlagnahmen, um die Einziehung der Steuer, Säumniszuschläge und Geldstrafen zu sichern.[10] Neben der Veranlagung und Einziehung oblag den Finanzämtern auch die Überwachung der Steuerpflichtigen selbst und außerdem die genaue Prüfung des Sachverhaltes, die Einforderung der notwendigen Dokumente und gegebenenfalls die Anforderung polizeilichen Meldematerials.[11] Darüber hinaus besaßen sie das Recht, Auskünfte von Personen und Institutionen zu verlangen, die für die Steueraufsicht, für eventuelle Steuerermittlungsverfahren oder die Feststellung von Steueransprüchen von Bedeutung sein konnten.[12] Hierunter fielen etwa die Reichs-, Staats- und Gemeindebehörden, Beamte, Notare oder Vertretungen von Betriebs- und Berufszweigen, die verpflichtet waren, den Finanzämtern sachdienliche Hilfe zu leisten.[13]

---

[6] Grundlegend hierzu Banken, Devisenrecht; Mußgnug, Reichsfluchtsteuer; aber auch Blumberg, Etappen; Bajohr, „Arisierung" in Hamburg, S. 154.

[7] Diese wurde von Auswanderern, die über ein Vermögen von mehr als 200 000 RM oder über ein steuerpflichtiges Einkommen von mehr als 20 000 RM verfügten, sofort bei der Ausreise erhoben, wobei die verspätete Zahlung einen Säumniszuschlag von 5% für jeden halben Monat nach sich zog; §§ 2 Art. 4, 3 Art. 1 und 6 Art. 1 der „Reichsfluchtsteuer"-Bestimmungen; RGBl. I (1931), S. 732 ff.

[8] § 2 Abs. 3; ebd.

[9] § 9; ebd.

[10] Ebd.

[11] Bei einer fälligen „Reichsfluchtsteuer" wurde neben den Finanzämtern auch der Steueraußendienst eingeschaltet, um die Abschreckung vor Steuerhinterziehungen zu erhöhen; Mußgnug, Reichsfluchtsteuer, S. 25–29.

[12] § 175 der „Reichsabgabeordnung" vom 30. 5. 1931; RGBl. I (1931), S. 185.

[13] § 188 der „Reichsabgabeordnung" vom 30. 5. 1931; RGBl. I (1931), S. 187.

In eine ganz ähnliche Richtung weist die Genese der Devisengesetzgebung, die in den letzten Jahren der Weimarer Republik erheblich verschärft worden war.[14] Generell machten die entsprechenden Bestimmungen den Erwerb von und die Verfügung über ausländische Zahlungsmittel oder die Einlösung von Forderungen in fremden Währungen genehmigungspflichtig.[15] Außerdem unterwarf die Reichsregierung den Handelsverkehr mit Gold und Edelmetallen der Genehmigungspflicht.[16]

Auch in diesem Bereich waren die Überwachungsmöglichkeiten bereits während der Weimarer Zeit umfassend. Um eine wirkungsvolle Kontrolle zu gewährleisten, erhielten sowohl der Reichswirtschaftsminister als auch die Devisenbewirtschaftungsstellen das Recht, von jedermann Auskünfte zu verlangen, die Aufschluss über eine Zuwiderhandlung gegen das Devisengesetz geben konnten.[17] Um Verstöße gegen die restriktiven Devisengesetze zu verhindern, sollten die zuständigen Devisenbewirtschaftungsstellen und die Finanzämter zudem eng mit den Zollfahndungsstellen, dem Steueraußendienst und den Betriebsprüfungsabteilungen der Finanzbehörden zusammenarbeiten.[18] Die den Landesfinanzämtern zugeordneten Zollfahndungsstellen erfüllten neben den Steueraußendiensten wesentliche Fahndungs- und Überwachungsfunktionen. Darunter fiel unter anderem die Aufgabe, Schmuggel zu bekämpfen und mit kriminalpolizeilichen Methoden Aus- und Durchfuhrverbote zu überwachen. Ihnen oblagen darüber hinaus die Passkontrolle sowie die Einziehung von Steuern bei Personen, die aus dem Ausland einreisen wollten.[19]

Sowohl Kerninstrumente als auch die Organisation der Devisenbewirtschaftung des „Dritten Reiches" waren damit bereits vor 1933 etabliert. Die Entwicklung weg vom freien Außenhandel hin zu einem staatlichen Devisenbewirtschaftungssystem mit Genehmigungs- und Abgabezwang unter Beteiligung mehrerer staatlicher Genehmigungsinstanzen war bereits angelegt. Die Exekutivorgane verfügten über einen entsprechenden Erfahrungsfundus, und auch die Öffentlichkeit war an zahlreiche staatliche Eingriffe in diesem Bereich bereits gewöhnt.[20] Für die Beurteilung der späteren Verfolgungspraxis ist dieser Umstand wichtig. Die umfassende Überwachung und Besteuerung von Auswandernden war ur-

---

[14] Nach der Bankenkrise und der Kündigung zahlreicher Kredite durch das Ausland hatte die Reichsregierung im Jahr 1931 den Devisenverkehr erheblichen Beschränkungen unterworfen; Vortrag des Reichsbankinspektors Zeppei über die wichtigsten Neuerungen im Devisenrecht, o. J.; StAM/OFD/309.

[15] Gleiches galt zum einen für die Verfügung über Wertpapiere; zu den in dem Gesetz festgelegten Beschränkungen siehe v. a. §§ 2, 3 und 4 der „Verordnung des Reichspräsidenten über die Devisenbewirtschaftung" vom 1. 8. 1931; RGBl. I (1931), S. 422 f.; zur Devisenbewirtschaftung siehe auch Schreiben der Abteilung III/1 des RdF, an die Referate I/VIIb, I/IV und I/III vom 9. 2. 1935; BAB/R 2/14192.

[16] Rundschreiben des RWM an die Landesfinanzämter vom 28. 10. 1931; StAM/OFD/238.

[17] § 14 der „Verordnung des Reichspräsidenten über die Devisenbewirtschaftung" vom 1. 8. 1931; RGBl. I (1931), S. 423.

[18] Rundschreiben des Präsidenten des LFA Berlin an die Präsidenten der Landesfinanzämter vom 1. 3. 1942; StAM/OFD/309.

[19] Leesch, Geschichte, S. 163.

[20] Banken, Devisenrecht, S. 125.

sprünglich keine antisemitische, sondern vornehmlich eine Maßnahme zur Sicherung des Staatshaushaltes und damit – nach fiskalischen Gesichtspunkten – haushaltspolitisch motiviert. Sowohl hinsichtlich der Routinen bürokratischer Verfahrensweisen als auch der Erwartungsstruktur der Beamten waren Kontinuitäten über die Zäsur von 1933 hinweg gewährleistet und daher von vorneherein keine frühzeitigen und abrupten Brüche notwendig. Da an Emigranten kein längerfristiges fiskalpolitisches Interesse bestand, ließ sich die Zweckrationalität der Fiskalverwaltung in diesem Bereich vergleichsweise einfach mit der neuen und ideologisch begründeten Zielsetzung der Ausplünderung aller deutschen Juden verbinden.[21] Der nationalsozialistische Staat konnte also formal an die Regelungen aus der Weimarer Zeit anknüpfen, verschob jedoch die Rahmenbedingungen für die Devisengesetzgebung grundlegend und verkehrte die Leitprinzipien geradezu in ihr Gegenteil. Denn aufbauend auf bereits bestehenden Grundlagen verschärfte das NS-Regime die Devisengesetzgebung vor allem in den Jahren 1933 und 1934 durch eine verwirrende Vielzahl von permanent veränderten Gesetzen und Verordnungen. Durch ständige Eingriffe mit dem Ziel der absoluten Kontrolle über den Devisenmarkt drehte sich so vor allem ab 1934 die Interventionsspirale ständig weiter.[22] Zusätzlichen Einschränkungen unterwarf die neue Regierung etwa den Transfer von Devisen oder vergleichbaren Zahlungsmitteln.[23] Am 2. Februar 1934 begrenzte die Reichsstelle für Devisenbewirtschaftung die Zuteilung von Devisen an Auswanderer auf maximal 10 000 Reichsmark.[24] Im Juni desselben Jahres senkte sie die Höchstgrenze dann erneut von 10 000 auf 2000 Reichsmark.[25]

---

[21] Nach Niklas Luhmann sind dem Verwaltungssystem zugrunde liegende Normen generalisierte Verhaltenserwartungen, die mit dem Organisationszweck in Verbindung stehen. Grundlegende Erwartungen sind formalisierbar, um Erwartungssicherheit erreichen zu können. Ihre Anerkennung ist Mitgliedschaftsbedingung für die Beamten. Damit das System auf veränderte Umweltbedingungen reagieren kann, sind Erwartungsstrukturen zwar auch elastisch, Veränderungen können sich aber nur langsam vollziehen. Es muss immer Konstanten geben, da eine Ordnung absolut, aber eben nicht simultan veränderbar ist. Konkret bedeutet dies, dass die Systemmitglieder – also die Beamten – nicht von heute auf morgen entgegengesetzte Verfahren und Gepflogenheiten adaptieren können, ohne die Funktionsfähigkeit des Systems zu gefährden; Luhmann, Theorie, S. 37 und 140 ff. Sind Erwartungen nicht ohne weiteres miteinander in Einklang zu bringen, also nicht hinreichend zu stabilisieren – bezogen auf das NS-Regime etwa widersprüchliche ideologische und zweckrational begründbare Normen –, erwachsen daraus wiederum Handlungsspielräume für die vollziehenden Beamten; hierzu auch Seibel, Perspektiven, S. 348.

[22] Banken, Devisenrecht, S. 144.

[23] Seit Mai 1933 durften Wertpapiere nur noch mit Genehmigung erworben, Geldsorten oder Gold- und Edelmetalle nicht mehr mit der Post versandt werden. Devisen und Goldbesitz mussten zudem beim zuständigen Finanzamt angezeigt werden, wobei bereits die Anzeige als Verkaufsangebot galt; „Vierte Verordnung zur Durchführung der Verordnung über die Devisenbewirtschaftung" vom 9. 5. 1933; RGBl. I (1933), S. 278 ff.; „Fünfte Verordnung zur Durchführung der Verordnung über die Devisenbewirtschaftung" vom 20. 7. 1933; RGBl. I (1933), S. 531 ff. und § 3 (1–5) und § 5 (1) des „Gesetzes gegen den Verrat an der deutschen Volkswirtschaft"; RGBl. I (1933), S. 360.

[24] Rundschreiben der Reichsstelle für die Devisenbewirtschaftung an die Präsidenten der Landesfinanzämter vom 2. 2. 1934; BAB/R 2/14064.

[25] Beträge, die darüber hinausgingen, durften nur über Sperrmarkkonten mit hohen Wechselverlusten getauscht werden; Schreiben der Reichsstelle für Devisenbewirtschaftung an

Für den Devisentransfer erforderliche Abschläge waren an die Deutsche Golddiskontbank (Dego) zu entrichten und stiegen innerhalb kurzer Zeit immens. Betrug ein derartiger Abschlag im Januar 1934 noch 20 Prozent, so stieg er bereits im August 1934 auf 65, im Oktober 1936 auf 81 und ab September 1939 gar auf 96 Prozent.[26] Die Freigrenze für den Reisegeldverkehr pro Kalendermonat sank schließlich im Mai 1934 von 200 auf 50 Reichsmark.[27] Bereits 1935 wurden die Ausfuhrbeschränkungen auf Edelmetalle aller Art ausgedehnt und der Freibetrag von auszuführenden Devisen auf zehn Reichsmark herabgesetzt.[28] Generell wurde jetzt auch die Ausfuhr von Devisen von der Zustimmung der Devisenstelle, die neben der Reichsbank ein uneingeschränktes Auskunftsrecht erhielt, abhängig gemacht.[29]

Debatten in der Ministerialbürokratie

Die rasante Verschärfung der Bestimmungen hinsichtlich einer möglichst lückenlosen Überwachung und Sicherung des Devisenaufkommens begleiteten Diskussionen verschiedener Ministerien, die vor dem Hintergrund möglicher Zielkonflikte der NS-Fiskalpolitik vor allem um die Frage des haushaltspolitisch Notwendigen und ideologisch Möglichen kreisten. Die harten legislativen Bestimmungen gegen Emigranten spülten zwar Geld in die Kassen des Reiches und ließen sich mit dem Ziel der wirtschaftlichen „Ausschaltung" problemlos verbinden, standen aber der erwünschten massenhaften Auswanderung der jüdischen Bevölkerung im Wege. Die Haltung, die vor allem Staatssekretär Reinhardt innerhalb der Debatten einnahm, beeinflusste die Entziehungspraxis vor Ort einerseits durch die durch ihn angestoßenen ministeriellen Verordnungen und Erlasse, die das Verhalten gegenüber den Steuerpflichtigen konkret determinierten, andererseits aber auch auf der Ebene der allgemeinen politischen Programmformulierung, die – weitergeleitet etwa durch Schulungen, Tagungen und Konferenzen – Eingang in den internen Willensbildungsprozess der regionalen Administrationen fand.[30] Vor dem Hintergrund der aus der weitgehenden Konzeptlosigkeit der

---

die Präsidenten der Landesfinanzämter vom 23. 6. 1934; BAB/R 2/14065 und RStBl. 1934, S. 1098.

[26] Bruns-Wüstefeld, Lohnende Geschäfte, S. 105.

[27] Art. 1 § 1 der „Achten Verordnung zur Durchführung der Verordnung über die Devisenbewirtschaftung" vom 17. 4. 1934; RGBl. I (1933), S. 313.

[28] § 6 (5) und § 28 (1) des „Gesetzes über die Devisenbewirtschaftung"; RGBl. I (1935), S. 106.

[29] § 8 (1) und § 34 (1); ebd.

[30] Hierbei wird davon ausgegangen, dass die Politik Programme für die Verwaltung formuliert, die dann durch die Administration systemintern und nach eigenen Verfahrensabläufen verarbeitet und in konkrete Entscheidungen gegenüber dem Publikum umgewandelt werden. Die Beziehung von Verwaltung und Politik findet also primär auf der Ebene der Programmformulierung statt, diejenige von Verwaltung und Publikum auf der Ebene des programmierten Entscheidens. Daher ist zwischen allgemeinen politischen Impulsen und Verordnungen, die konkret als Handlungsanleitung fungieren, zu unterscheiden; Luhmann, Theorie, S. 86; ders., Politikbegriffe, S. 225. Zur Bedeutung der politischen Schulung der Beamten etwa in den Reichsfinanzschulen vgl. Kuller, Entziehung – Verwaltung – Verwertung, erscheint voraussichtlich Ende 2008.

Reichsregierung resultierenden erheblichen regionalen Dynamik des Verfolgungsprozesses ist die Gegenüberstellung von politischer Planung und administrativer Umsetzung auch ein Gradmesser für die Durchsetzungsfähigkeit zentraler Steuerungsmechanismen.

Diskussionen über den Vorrang von Auswanderungsförderung oder Ausplünderung wurden vorwiegend von Vertretern des Reichsfinanz- und des Reichswirtschaftsministeriums und den ihnen untergeordneten Institutionen geführt.[31] Das Reichsfinanzministerium favorisierte eine funktionale Lösung: Es sah in der Emigration primär eine Chance der Etatsicherung und Etatvergrößerung. Dies zeigte sich besonders deutlich im Jahr 1935, als die verschiedenen Dienststellen Möglichkeiten der Verbindung von Exportsteigerung und jüdischer Auswanderung diskutierten.[32] Bereits am 27. August 1933 hatte das Reichswirtschaftsministerium ein Abkommen (Haavara) mit Vertretern des Zionismus aus Deutschland getroffen, das jüdischen Emigranten den indirekten Transfer von Vermögensbeständen nach Palästina ermöglichte und gleichzeitig den Export von Waren nach Palästina erleichterte.[33] Im März 1935 wurde dann die Frage der Palästina-Auswanderung erneut thematisiert. Die Bereitstellung von Devisen sollte nach Meinung des Wirtschaftsministeriums eingeschränkt werden. Das galt zunächst für Vorzeigegelder, für die nicht mehr Devisen zur Verfügung gestellt werden sollten, als die jüdischen Organisationen der Reichsbank auch wieder zuführten.[34] Darüber hinaus kürzte die Regierung die monatliche Devisensumme, die für den Palästinatransfer bereitgestellt wurde, von einer Million auf 325 000 Reichsmark.[35]

In einer Reihe von ressortübergreifenden Besprechungen zur Verhinderung von „Devisenschmuggel" zeigte sich die unterschiedliche Intention der beiden kooperierenden Ministerien in der Auswanderungspolitik. Anlass dieser Beratungen, die Ende 1935 bis Anfang des Jahres 1936 im Reichsfinanz- und Wirtschaftsministerium stattfanden, waren der zunehmende Auswanderungsdruck auf die jüdische Bevölkerung und die daraus resultierenden vermehrten Versuche des „Kapitalschmuggels". Über die katastrophale Situation der jüdischen Bevölkerung war man sich dabei durchaus im Klaren. Die mit der Auswanderung verbundenen realen Werteinbußen lagen nach einer Schätzung des Reichswirtschaftsministeriums bereits 1935 aufgrund der Auswanderersperrguthaben und der „Reichsfluchtsteuer" bei etwa 80 Prozent. Das Wirtschaftsministerium befürchtete daher eine

---

[31] Entscheidend waren hier v. a. die aus dem Reichswirtschaftsministerium ausgegliederte Reichsstelle für Devisenbewirtschaftung, die in sachlicher und personeller Hinsicht dem Ministerium unterstand, darüber hinaus aber auch die seit September 1934 vom Reichswirtschaftsministerium eingerichteten Überwachungsstellen, die, zuständig für den Warenverkehr, den entsprechenden Unterbau für die Reichsstelle für Devisenbewirtschaftung lieferten; „Gesetz über die Schaffung einer Reichsstelle für Devisenbewirtschaftung" vom 18. 12. 1933; RGBl. I (1933), S. 1079; und „Verordnung über den Warenverkehr" vom 4. 9. 1934; RGBl. I (1933), S. 816.

[32] Eine erste entsprechende Ressortbesprechung fand am 25. Oktober 1935 statt; Schreiben des „Stellvertreters des Führers" vom 4. 11. 1935; BAB/R 2/56014.

[33] Friedländer, Verfolgung, S. 76; zum Abkommen vgl. Nicosia, Hitler.

[34] Schreiben der Reichsstelle für die Devisenbewirtschaftung an das Reichsbankdirektorium vom 13. 3. 1935; BAB/R 2/14518.

[35] Aufzeichnung des Referats von Pilger vom 11. 3. 1935; ebd.

Verarmung der jüdischen Bevölkerung und einen damit verbundenen Auswanderungsstopp auch aufgrund des Unwillens anderer Länder, mittellose Emigranten aufzunehmen.

Die Divergenz zwischen „rassenpolitisch" Wünschenswertem und haushaltspolitisch Notwendigem versuchte man unter anderem durch eine erleichterte Warenausfuhr zu überbrücken. Die Überlegungen zielten darauf, derartige Erleichterungen mit der Pflicht des Auswanderers zu koppeln, langfristige deutsche Ausfuhraufträge zu finanzieren. Ein kleiner Teil der dadurch entstehenden Devisen sollte dem Emigranten zur Deckung eines durch das Reich gewährten Kredites belassen werden, die restlichen Devisen sollten aber direkt dem Reich zufließen.[36] Dass es dabei auch dem Wirtschaftsministerium nicht um eine Verbesserung der Auswanderungsbedingungen ging, verdeutlichen die Diskussionen um die jüdische Auswanderung im Herbst 1935.

Angesichts der zunehmenden Flucht der jüdischen Bevölkerung nach Erlass der „Nürnberger Gesetze" berieten das Wirtschaftsministerium, der Finanz- und Justizminister sowie der „Stellvertreter des Führers" am 25. Oktober 1935 in einer ressortübergreifenden Besprechung über die Möglichkeiten des Devisentransfers. Das Reichswirtschaftsministerium erklärte sich dort aus haushaltspolitischen Erwägungen nicht mehr bereit, außerhalb des Haavara-Abkommens Devisen für die Auswanderung zur Verfügung zu stellen. Wegen der dadurch zunehmenden „Kapitalfluchtgefahr" und des tatsächlichen „illegalen" Vermögenstransfers wurde besonders auf ein fehlendes umfassendes Warenausfuhrverbot aufmerksam gemacht. Vorgeschlagen wurde deshalb eine Verschärfung der Devisenvorschriften, die eine klare Grundlage für die strafrechtliche Beschlagnahme und Entziehung zurückgebliebener Werte ermöglichen würde. Generell sollte eine Verfügung über im Ausland befindliche Waren von Emigranten nur nach vorheriger Genehmigung erlaubt sein. Eine Freigrenze bis 1000 Reichsmark sollte aber weiterhin den Anreiz zur Auswanderung schaffen.[37]

In den darauffolgenden Unterredungen waren sich die Vertreter des Reichswirtschaftsministeriums und des Finanzministeriums einig, dass die Steuerleistungen vor einer Förderung der Auswanderung Vorrang genießen sollten. Allgemein bestand auch mit den anderen beteiligten Stellen, etwa dem Auswärtigen Amt oder dem „Stellvertreter des Führers", Konsens über die Notwendigkeit, den immer noch existierenden Fluss von Waren, Devisen und Reichsmarkbeständen ins Ausland zu unterbinden. Diskutiert wurden daher die verschiedenen Möglichkeiten, die Auswanderungsförderung mit wirtschaftlichen Vorteilen für das Reich zu verbinden, wobei aus Sicht sowohl der Partei- als auch der Staatsorganisationen die ideologische Vorgabe der raschen und vollständigen Emigration an wirtschaftspolitischen Hindernissen scheitern musste. Gegen eine erzwungene Auswanderung sprach aus Sicht der Konferenzteilnehmer neben der Verarmung der jüdischen Bevölkerung auch die Verschlechterung der Effektenmärkte oder eine

---

[36] Schreiben des Reichswirtschaftsministeriums an den „Stellvertreter des Führers", den Innenminister und das Reichsbankdirektorium vom 6. 12. 1935; BAB/R 2/14069.

[37] Schreiben des Wirtschaftsministeriums an das Auswärtige Amt, den Finanzminister, den Justizminister und den „Stellvertreter des Führers" vom 19. 10. 1935; ebd.

Verzögerung der Verminderung der Auslandsverschuldung durch die Vermögens-
übertragung ins Ausland. Zur Disposition standen weiterhin die begünstigte Verwendung von Auswanderersperrguthaben, die Bezahlung von Warenbezügen zur
eigenen Verwendung, die Gründung ausländischer Betriebstätten bei inländischer
Kapitalbeteiligung oder die Ablösung jüdischer Beteiligungen an inländischen
Unternehmungen durch ausländische Sperrmarkbesitzer.

Lediglich graduelle Meinungsverschiedenheiten bestanden hinsichtlich der als
notwendig erachteten Auswanderungsförderung. Das Finanzministerium und das
Wirtschaftsministerium betonten verstärkt die wirtschaftspolitischen Gesichtspunkte der Emigration, während etwa das Auswärtiges Amt oder der „Stellvertreter des Führers" mehr auf die Notwendigkeit der Auswanderung an sich aufmerksam machten.[38] Bezeichnend war hier ein vom Finanzministerium begrüßter Diskussionsbeitrag von Ministerialdirigent Wohltat aus dem Reichswirtschaftsministerium, der sich dagegen aussprach, den Juden zu erlauben, größere Warenmengen
mit ins Ausland zu nehmen, „da 600 000 im Reich befindliche Juden" über mehrere Milliarden Reichsmark verfügen würden, auf die das Reich unter keinen Umständen verzichten könne.[39]

Die Frage nach ideologisch Wünschenswertem und fiskalpolitisch Notwendigem führte nach der „Machtergreifung" auch im Bereich der „Reichsfluchtsteuer"-Bestimmungen zu Diskussionen zwischen den verschiedenen Ministerien
und Institutionen, allen voran dem Finanz- und dem Wirtschaftsministerium. Einerseits befürworteten die Ministerialbeamten die Auswanderung der jüdischen
Bevölkerung grundsätzlich, andererseits bestand die Sorge um den deutschen Arbeitsmarkt, die Abwanderung leistungsfähiger Steuerzahler sowie die Angst vor
einer zunehmenden Verarmung der inländischen jüdischen Bevölkerung und den
daraus resultierenden notwendigen Fürsorgeleistungen auf Kosten des Reiches.
Das Reichsfinanzministerium bezog eine relativ eindeutige und rein fiskalpolitisch geprägte Stellung zugunsten des Steueraufkommens und des etatmäßigen
Erfolges, eine Haltung, die sich bei den Diskussionen um eine Reform der
„Reichsfluchtsteuer" deutlich offenbarte.

Grundsätzlich erachtete das Reichsfinanzministerium die „Reichsfluchtsteuer"
und insbesondere die Verschärfung ihrer Bestimmungen nach 1933 wegen der ab-

---

[38] Bei einer Besprechung am 17. Dezember 1935 gab es hierüber leichte Meinungsverschiedenheiten des Innenministeriums mit dem „Stellvertreter des Führers". Beide beriefen
sich auf die „Führermeinung", die der Innenminister in die Richtung interpretierte, dass
ein Druck zur Auswanderung wegen wirtschaftspolitischer Rücksichtnahmen nicht aus-
geübt werden solle, während die Abgeordneten des „Stellvertreters des Führers" der Meinung waren, der „Führer" bevorzuge zwar die Schaffung von Anreizen für die Auswanderung, wolle dann aber die Juden zur Auswanderung zwingen. Das Finanzministerium
hingegen betonte die Notwendigkeit, die wirtschaftlichen Gesichtspunkte der jüdischen
Auswanderung zu diskutieren und nicht etwa Möglichkeiten zum Anreiz für eine verstärkte Auswanderung zu schaffen; Sitzungsvermerk vom 17. 12. 1935; BAB/R 2/14069.
[39] Vermerk des Reichsfinanzministeriums über die Besprechung vom 26. 10. 1935; ebd.; zu
den verschiedenen Ressortbesprechungen generell siehe den Vermerk vom 8. 11. 1935 des
Finanzministeriums über eine Sitzung im Reichswirtschaftsministerium vom 4. 11. 1935;
Sitzungsvermerk des RdF vom 17. 12. 1935; Schreiben des Wirtschaftsministers an den
Finanzminister und an die Reichsbank vom 6. 12. 1935; ebd.

schreckenden Wirkung, vor allem aber als eine letzte große Abgabe vor der Auswanderung als zwingend notwendig.[40] Diese Haltung behielt das Ministerium auch bei, als sich Referate verschiedener Ministerien Ende August 1935 mit der Auswirkung der „Arierfrage" auf die Steuergesetzgebung beschäftigten. Die Ministerialbeamten diskutierten einen möglichen Wegfall der „Reichsfluchtsteuer" zugunsten einer verstärkten Auswanderung oder die Einführung anderer steuerlicher Vergünstigungen zur Förderung der Emigration der jüdischen Bevölkerung. Prinzipiell sah das Reichswirtschaftsministerium die Notwendigkeit, als Anreiz für die Emigration der jüdischen Bevölkerung eine gewerbliche Existenz im Ausland zu sichern und überlegte daher, zugunsten einer forcierten Auswanderung auf die „Reichsfluchtsteuer" zu verzichten. Das Reichsfinanzministerium widersprach mit dem Hinweis auf die Unverzichtbarkeit der Abgabe. Dabei bediente sich das Ministerium der zynischen Argumentation, die jüdische Bevölkerung habe weiterhin die Möglichkeit im Reich zu bleiben, um einer steuerlichen Mehrbelastung aus dem Weg zu gehen. Andernfalls müssten Juden, wie jeder andere auch, die Folgen der Auswanderung tragen.[41]

Am Beispiel der Auswanderung jüdischer Universitätsprofessoren verdeutlichte das Ministerium 1936 seine grundsätzliche Haltung. Die Tätigkeit eines deutschen Professors im Ausland, so ein Rundschreiben, könne nur dann im deutschen Interesse liegen, wenn „deutsche Art und deutsches Wesen" gefördert sowie die Belange der nationalsozialistischen Regierung in geeigneter Weise berücksichtigt würden. Für Juden wurde eine solche Intention grundsätzlich ausgeschlossen, unter anderem mit dem Hinweis auf die deutsche Studentenschaft im Ausland, die nach Meinung des Ministeriums unter keinen Umständen die Vorlesung eines jüdischen Professors besuchen durfte.[42] Auch Vorschläge des Reichswirtschaftsministeriums hinsichtlich einer Modifizierung der harten Besteuerung von Emigranten lehnte das Finanzministerium kategorisch ab.

Diese Haltung lag bereits der Verschärfung der „Reichsfluchtsteuer"-Bestimmungen ab 1933 zu Grunde, die offensichtlich im Zusammenhang mit den rasch wachsenden Zahlen von Emigranten stand. Im Juli 1933 stellte der Staatssekretär im Reichsfinanzministerium, Fritz Reinhardt, für die „Reichsfluchtsteuer" klare Richtlinien auf, die durch Anträge jüdischer Auswanderer auf Ermäßigung dieser Steuer notwendig geworden waren. Zahlreiche jüdische Emigranten, so Reinhardt, würden Vermögensverminderungen durch Einnahmeinbußen seit dem 1. Januar 1933 angeben. Man begrüße zwar die Auswanderung der jüdischen Bevölkerung, wolle aber allen Emigranten eine letzte große Abgabe abverlangen. Daher sollten eine Freistellungsbescheinigung und Ermäßigungen von der „Reichsfluchtsteuer" grundsätzlich nur in den Fällen gewährt werden, in denen das Einkommen unter 20000 Reichsmark lag. Freistellungsbescheinigungen sollten auch dann ausgestellt werden, wenn das Einkommen der Steuerpflichtigen

---

[40] Vortrag eines ORR des Finanzamts Steinen, OFP-Bezirk Frankfurt am Main, von 1939; BAB/R 2/57500; Mußgnug, Reichsfluchtsteuer, S. 30ff.
[41] Schreiben des Referats III/15 an das Referat Zülow vom 11. 12. 1935; BAB/R 2/56014.
[42] Rundschreiben des Finanzministeriums an die Finanzämter vom 17. 12. 1936; StAN/Finanzamt/12937.

zwar höher als 20000 Reichsmark war, das Vermögen aber den realen Wert von 30000 Reichsmark nicht überstieg.

Die Ermäßigung oder Aufhebung der „Reichsfluchtsteuer" war dem Reichsfinanzminister vorbehalten.[43] Das Ministerium verfuhr in der Frage einer möglichen Ermäßigung nach harten Richtlinien. Es legte bei jüdischen Emigranten einen besonders strengen Maßstab an und ermöglichte eine Reduzierung nur dann, wenn eine Verminderung der Steuerschuld positive Auswirkungen auf die prinzipielle Zahlungsfähigkeit des Steuerpflichtigen hatte.[44] Ein Verzicht auf die Steuer oder deren Ermäßigung zugunsten einer forcierten Auswanderung, bedingt etwa durch Fristen der Einwanderungsländer im Hinblick auf berufliche Zulassungen, wurde zumindest in München durch den Reichsfinanzminister offensichtlich nicht gewährt.[45]

1934 verschärfte eine Gesetzesnovelle die „Reichsfluchtsteuer"-Bestimmungen zusätzlich. Der Freibetrag wurde von 200000 auf 50000 Reichsmark herabgesetzt. Betroffen waren außerdem weiterhin alle Steuerpflichtigen mit einem Einkommen von mehr als 10000 Reichsmark jährlich.[46] Darüber hinaus änderte die Novelle auch die Bedingungen für die vorläufige Sicherung der Steuer. Der Gesetzgeber erweiterte in den neuen Vorschriften von 1934 den Ermessensspielraum der Finanzämter bei einer möglichen Sicherheitsleistung, die der Steuerpflichtige entrichten musste, um Ansprüche auf vor der Auswanderung zu leistende Steuern oder andere steuerliche Geldleistungen zu gewährleisten. Dem Finanzamt wurde ein erheblicher Interpretationsspielraum eingeräumt. Hierunter fielen bestehende Ansprüche des Fiskus genauso wie solche, deren Entstehung lediglich als wahrscheinlich anzusehen war. Gegen einen solchen Sicherheitsbescheid war nur die Beschwerde beim Landesfinanzamt zulässig.[47]

Mit der Möglichkeit, im Rahmen der „Reichsfluchtsteuer"-Pflicht Vermögenswerte von Emigranten zu sichern, hatte die Finanzverwaltung eine äußerst wirksame Waffe der Überwachung und Vorbereitung von Eigentumsentziehungen in der Hand. Auch die meisten Kooperationsformen mit anderen Institutionen dien-

---

[43] Dies galt auch für Billigkeitsanträge. Wenn der Pflichtige akut und auch zukünftig nicht in der Lage war, sein Vermögen flüssig zu machen, aber einen baldigen Bescheid herbeiführen wollte, konnte das Reichsfinanzministerium eine Ermäßigung der „Reichsfluchtsteuer" um 25% bewilligen. Es konnte zudem über die Stundung der Steuer entscheiden. Bei Beträgen bis zu 1000 RM und bei geringer Leistungsfähigkeit des Steuerpflichtigen konnten allerdings auch die Präsidenten der Landesfinanzämter Ermäßigungen gewähren; Anordnung Reinhardts bezüglich der „Reichsfluchtsteuer" vom 26. 7. 1933; OFD Nürnberg/Münchner Keller/NS 3.

[44] Schreiben des Referats XV, Abteilung III, vom 23. 8. 1935; BAB/R 2/56014.

[45] Antrag des jüdischen Arztes Dr. Moses G., der wegen der Niederlassungsmöglichkeiten in Palästina schnell auswandern wollte und den Erlass der Steuer beantragte, um sich eine Praxis aufbauen zu können. Sowohl der Erlass als auch eine Ermäßigung wurden durch den Reichsfinanzminister abgelehnt; Schreiben Dr. G.s an das Finanzamt München-West vom 30. 9. 1935; Schreiben des RdF an das Finanzamt München-West vom 25. 10. 1935; StAM/Finanzamt/17569.

[46] Art. 1 § 2 des „Gesetzes über die Änderung der Vorschriften über die Reichsfluchtsteuer" vom 18. 5. 1934; RBGl. I (1933), S. 392f.

[47] § 7; ebd. Die Frist für eine Begleichung der Steuerschuld wurde schließlich von zwei Monaten auf einen Monat herabgesetzt; § 9; ebd.

ten letztlich der Sicherung der „Reichsfluchtsteuer". Durch die Rechtsprechung des Reichsfinanzhofes war es den Finanzämtern möglich, bei allen relevanten Stellen Informationen einzuholen.[48] Selbst der Werberat der deutschen Wirtschaft teilte Veranstaltungen wie zum Beispiel Modeschauen mit, bei denen der Verkauf seltener Kleidungsstücke auf eine mögliche Auswanderung hindeuten konnte.[49] Schließlich waren auch die Reichsbankanstalten dazu angehalten, Mitteilungen zu machen, wenn Steuerpflichtige und insbesondere Juden Maßnahmen trafen, um „heimlich" ins Ausland auszuwandern.[50]

Die Diskussionen auf ministerieller Ebene über prinzipielle Fragen der Emigration verdeutlichen grundlegende Funktionsmechanismen fiskalischer Handlungspraxis. Traditionelle fiskalische Zielsetzungen und Verfahrensweisen für die Sicherung des Steueraufkommens verbanden sich nach 1933 mit dem Kalkül, die Emigration als ein Mittel der haushaltspolitischen Konsolidierung einzusetzen. Der Wegfall der individuellen Freiheitsrechte durch das totalitäre Regime ermöglichte dann eine Optimierung der Überwachungs- und Entziehungstechniken nach 1933. Für die regionalen Exekutivorgane bot die vorangaloppierende Entwicklung hin zu einer umfassenden Kontrolle und Steuerung des Devisenverkehrs daher vermehrt Möglichkeiten für konkrete Eingriffe.[51] Gleichzeitig führte sie traditionelle Prinzipien des Steuerrechts wie das der Verhältnismäßigkeit oder Gleichbehandlung der Steuerpflichtigen endgültig ad absurdum. Der Bruch mit rechtsstaatlichen Normen manifestierte sich darüber hinaus in den anmaßenden, contra legem gefällten Entscheidungen des Reichsfinanzhofes. Der Hebel der Verweigerung von Steuererleichterungen oder von Steuererlassen wurde schließlich in einer eindeutig antisemitischen Stoßrichtung angewandt.

Auf die große Bedeutung der Reichsfinanzverwaltung bei der Entziehung von Emigrantenvermögen im NS-Staat insbesondere im Zusammenhang mit der „Reichsfluchtsteuer" ist in der Forschungsliteratur bereits mehrfach hingewiesen worden.[52] Zu Recht wurde betont, dass sich durch die neue „rassisch" begründete

---

[48] Zu den weitreichenden Kooperationsformen mit verschiedenen Institutionen vgl. Schreiben der Zentralen Steuerfahndung an das Finanzamt München-Nord vom 21. 2. 1934; StAM/Finanzamt/19345. Die Transportunternehmen informierten die Polizeidirektionen über „Abwanderung von Vermögenswerten ins Ausland", und diese gaben dann die Auskünfte an die Finanzverwaltung weiter; Schreiben der Polizeidirektion vom 12. 11. 1935; StAM/Polizeidirektion/13331. Grundstücksverkäufe von Juden sollten ab Januar 1937 darüber hinaus der Gestapo mitgeteilt werden, die dann ihrerseits auch gegen die „heimliche Abwanderung" vorgehen konnte; Schreiben des Gestapa an den Reichsjustizminister vom 25. 1. 1937; RGVA/SoA Moskau/Fond 500c/op. 1/d. 290/l. 117 ob.
[49] Arbeitsbericht der Steuerfahndung vom 26. 9. 1938; BAB/R 2/5979.
[50] Zu den weitreichenden Überwachungsmaßnahmen siehe Rundschreiben des Präsidenten des LFA Berlin an die Präsidenten der Landesfinanzämter vom 16. 6. 1936 und Rundschreiben der Reichsstelle für Devisenbewirtschaftung an die Devisenstellen vom 18. 6. 1936; StAM/OFD/2487.
[51] Eingriffsentscheidungen sind konkret auf das Verhältnis zum Empfänger abgestellt (Verhinderung von Handlungen der Pflichtigen, die nicht wünschenswert sind). Sie beruhen auf mit Zwangsgewalt gestützter Macht, weshalb sich das Fehlen rechtsstaatlicher Schranken hier besonders gravierend auswirken musste; Luhmann, Opportunismus, S. 175 f.
[52] Friedenberger, Finanzverwaltung, S. 10 ff.; Blumberg, Etappen, S. 16 ff.; Mehl, Reichsfinanzministerium, S. 41 ff.; Kuller, Finanzverwaltung.

Emigrationspolitik die normative Intention der strengen Devisengesetze und Vorschriften nach der „Machtergreifung" de facto ins Gegenteil verkehrt habe. Lag die Absicht der „Reichsfluchtsteuer" ursprünglich in der Verhinderung der Emigration, gestaltete das NS-Regime die Steuer zu einer letzten großen Abgabe vor einer erwünschten beziehungsweise letztlich sogar erzwungenen Auswanderung der jüdischen Bevölkerung.[53] Nach der „Machtübernahme" sahen sich die Beamten bei der Behandlung von Auswanderern damit tatsächlich mit einer neuen Situation konfrontiert. Das NS-Regime erzwang durch seine Verfolgungsmaßnahmen eine deutliche Verschiebung in der Gruppe der Auswanderer. Diese waren in der Anfangszeit des Regimes vor allem politische Flüchtlinge, bereits nach kurzer Zeit aber zu einem ganz überwiegenden Teil Juden, so dass das Erreichen des etatmäßigen Erfolges und die extreme Benachteiligung einer Minderheit der Bevölkerung hier zwangsläufig zusammenfielen. Den antisemitischen Unrechtscharakter der Steuer kaschierten allerdings die hinter das „Dritte Reich" zurückreichende Tradition der Steuer sowie die formaljuristischen Bestimmungen, die sich nicht explizit gegen Juden, sondern gegen alle Emigranten richteten.

Die umfassenden und harten Maßnahmen zur Verhinderung der „Kapitalflucht" führten zu einer potentiellen Kriminalisierung der Auswanderungsbestrebungen und damit der jüdischen Bevölkerung schlechthin.[54] Es ist daher die Meinung vertreten worden, die Umkehr der ursprünglichen Bedeutung der „Reichsfluchtsteuer" habe sich gravierend auf die Rechtsmoral der Finanzbeamten ausgewirkt, weil diese eine Unrechtsmaßnahme mit formalrechtlicher Legitimation durchzuführen hatten.[55] Das von der Reichsregierung installierte Überwachungsnetz war zwar engmaschig geknüpft, beließ den regionalen Institutionen aber einen nicht unerheblichen Ermessensspielraum bei der grundsätzlichen Bewertung und den Maßnahmen im Einzelfall. Inwieweit sich die Praxis der Beamten vor Ort tatsächlich radikalisierte und wie sich die Zusammenarbeit mit den anderen an der Überwachung und Enteignung jüdischen Vermögens beteiligten Institutionen gestaltete, soll im Folgenden anhand der regionalen Verwaltungspraxis analysiert werden.

2. Entziehungspraxis im Vergleich

Die Devisenstellen München und Nürnberg

Wie die Diskussionen innerhalb der Ministerialbürokratie zeigen, stand die Finanzverwaltung in Fragen der Behandlung der Juden in engem Austausch mit anderen Ressorts. Auch auf regionaler Ebene gab es eine enge Verflechtung verschiedener Institutionen bei der Überwachung und Sicherung von Emigrantenvermögen. Die breite Beteiligung – hierzu gehörten die Industrie- und Handelskammern genauso wie Anstalten der Reichsbank, die Bayerische Politische Polizei oder

---

53 Mehl, Reichsfinanzministerium, S. 49.
54 So Martin Friedenberger, der dies im Zusammenhang mit den Steuersteckbriefen feststellt, die bei Nichtbezahlung der „Reichsfluchtsteuer" den Vermögensentzug einleiteten; Friedenberger, Finanzverwaltung, S. 13.
55 Mehl, Reichsfinanzministerium, S. 49.

Organe der Justizverwaltung – band die Finanzverwaltung von vornherein in ein durch verschiedene Interessenslagen geprägtes regionales Herrschaftsgefüge ein. Prägnantes Beispiel für eine solche Einbindung waren die den Landesfinanzämtern zugeordneten Devisenstellen, die sich zu einem der Dreh- und Angelpunkte der Devisen-Überwachungsmaßnahmen entwickelten.[56] Bereits in ihrer Binnenstruktur spiegelten sich die Interaktionsmuster der Überwachung und Entziehung von Emigrantenvermögen wider. Sie war durch die Weisungsbefugnis verschiedener Hoheitsträger gekennzeichnet. Organisatorisch waren die Devisenstellen zwar den Landesfinanzämtern zugeordnet, ihre Entscheidungen und Maßnahmen beruhten aber auf den Richtlinien der Reichsstelle für Devisenbewirtschaftung, der auch die oberste Sachleitung zustand. Ihre Handlungsgrundsätze mussten sie im Einvernehmen mit dem Reichsfinanz- und dem Landwirtschaftsminister aufstellen. Die Aufsicht über die regionalen Devisenstellen hatte der Präsident des Landesfinanzamts, der auch in organisatorischer Hinsicht für sie verantwortlich war. Ihr Personal rekrutierte sich reichsweit weitgehend aus Beamten der Reichsbank, die wiederum über Versetzungen auch ohne Fühlungnahme mit dem Präsidenten des Landesfinanzamts entscheiden konnten. Damit waren letztlich in sachlicher Hinsicht die Reichsstelle für Devisenbewirtschaftung, in personeller Hinsicht das Reichsbankdirektorium und in haushaltsrechtlicher Hinsicht der Reichsfinanzminister für die Devisenstellen verantwortlich.

Die Hauptaufgabe der Devisenstellen waren die seit Oktober 1931 durchgeführten Devisenprüfungen. Hierbei handelte es sich um turnusmäßig durchgeführte Buch- und Betriebsprüfungen, die unter spezieller Berücksichtigung der Devisengesetzgebung die Devisenstelle, aber auch die Finanzämter vornahmen.[57] Derartige Überprüfungen betrafen sowohl international agierende Unternehmen als auch mittlere Betriebe oder Freiberufler, bei denen mit einer baldigen Auswanderung und damit auch einer Veräußerung der Firma gerechnet wurde. Eng verzahnt mit anderen Fiskalinstitutionen und insbesondere mit den Finanzämtern, die von den Devisenstellen bei der Sicherung der „Reichsfluchtsteuer" unterstützt wurden, kooperierten diese mit zahlreichen anderen Institutionen. Hinweise auf Auswanderungsabsichten oder auf „Kapitalschmuggel" erhielten die Devisenstellen unter anderem von den Reichsbankanstalten und anderen Bankhäusern. Besonders eng arbeiteten Devisenstelle und Zollfahndung zusammen. Die Zollfahndungsstellen fungierten dabei als eine Art Vollzugsorgan. Sie unterstützten die Devisenstellen bei den Buch- und Betriebsprüfungen, sicherten Beweismittel, unterhielten enge Verbindungen zu Polizei und Staatsanwaltschaft und beteiligten sich an Befragungen und Festnahmen.[58]

Seit 1935 besaßen die Devisenstellen eigene Abteilungen für die Ermittlung und Bearbeitung von Strafverfahren, denen zur Ahndung von Vergehen weitreichende Möglichkeiten zur Verfügung standen. Hierzu gehörten Ausfuhr- und Lieferver-

---

56 Schreiben der Abteilung III, Referat III/1, vom 9. 2. 1935 an verschiedene andere Referate im Reichsfinanzministerium; BAB/R 2/14192.

57 Prüfungspläne und -listen für die Jahre 1932–1935; StAM/OFD/399 und 408.

58 Rundschreiben des Präsidenten des LFA Berlin an die Landesfinanzämter vom 1. 3. 1942; StAM/OFD/309.

bote genauso wie horrende Ordnungsgelder von bis zu 300000 Reichsmark.[59] Da lediglich in Fällen von entscheidender exportwirtschaftlicher Bedeutung Weisungen der Reichsstelle für Devisenbewirtschaftung eingeholt werden mussten, und dies auch nur dann, wenn keine Gefahr im Verzuge bestand, waren die Ermessensspielräume der leitenden Angestellten bei den Devisenstellen umfangreich.[60]

Besonders das Devisenstrafrecht verdeutlicht das Bedrohungspotential einer Ermittlung der Devisenstellen. Da Devisenvergehen als Landesverrat galten, drohte in schweren Fällen nach einer gerichtlichen Verurteilung die Todesstrafe. Nicht mehr Grundsätze der Verhältnismäßigkeit und des Individualschutzes waren damit ausschlaggebend für die Schwere der Strafe, sondern der Grad der Unerwünschtheit des Verhaltens.[61]

Die Devisenstelle München gliederte sich reichsweiten Strukturen entsprechend in eine Überwachungs- und eine Genehmigungsabteilung sowie eine Strafsachenstelle. Dabei zeigt die personelle Besetzung der Behörde die Bedeutung, die man der Überwachung des Devisentransfers in der Finanzverwaltung beimaß. Die äußerst komplexe Devisengesetzgebung und das deshalb erforderliche hohe fachliche Niveau der Beamten und Angestellten spiegelte sich in dem Personalprofil der Münchner Behörde wider. Die Devisenstelle München war in diesem Bereich zum überwiegenden Teil mit jungen, um die Jahrhundertwende geborenen, oftmals promovierten Juristen und Ökonomen besetzt[62], ein Profil, das sie von ihren meist älteren und schlechter ausgebildeten Kollegen anderer Institutionen der Finanzverwaltung unterschied. Entsprechend der Binnenstruktur ihrer Dienststelle waren sie mit der Überwachung und Genehmigung sowie der Bestrafung von Devisenvergehen beschäftigt. Die jungen Mitarbeiter sahen sich durch die stetig anwachsende Zahl der jüdischen Emigranten vor ein gewaltiges und angesichts der

---

[59] Zur Organisation der Überwachung in den Devisenstellen siehe das Rundschreiben der Reichsstelle für die Devisenbewirtschaftung an die Devisenstellen vom 23. 12. 1936; StAM/OFD/377. Der Maßnahmenkatalog gründete sich ursprünglich auf § 18 der „Verordnung des Reichspräsidenten über die Devisenbewirtschaftung" vom 1. 8. 1931; RGBl. I (1931), S. 421. In § 5 der „Zweiten Durchführungsverordnung zum „Gesetz über die Devisenbewirtschaftung" vom 24. Juli 1935 wurde dann der Katalog von vorsätzlichen oder fahrlässigen Zuwiderhandlungen spezifiziert; RGBl. I (1935), S. 1047; zu den Maßnahmen vgl. v. a. auch Rundschreiben der Reichsstelle für Devisenbewirtschaftung an die Devisenstellen vom 19. 10. 1936; BAB/R 2/5978. Der Strafrahmen mit den Ordnungsstrafen bis zu 300000 RM fand Eingang in den § 47 des „Gesetzes über die Devisenbewirtschaftung" vom 4. 2. 1935; RGBl. I (1935), S. 112.

[60] Rundschreiben der Reichsstelle für die Devisenbewirtschaftung an die Devisenstellen vom 23. 12. 1936; StAM/OFD/377.

[61] Banken, Devisenstrafrecht, S. 218.

[62] Da die Personalakten der Devisenstelle nur noch vereinzelt und Generalakten nur noch teilweise erhalten geblieben sind, wurden für die Rekonstruktion der Lebensläufe zusätzlich Spruchkammerakten herangezogen. Die Auswahl richtete sich hier nach dem Aufgabenbereich der Beamten. Ausgewählt wurden Beamte, die durch ihr Tätigkeitsfeld in die fiskalischen Überwachungs- und Entziehungsmaßnahmen besonders involviert waren, also Betriebsprüfer sowie die für die Kontensperrung zuständigen Beamten der Genehmigungsabteilung oder das Personal der Strafsachenstelle. Insgesamt konnten die Lebensläufe von 18 Beamten rekonstruiert werden, so dass zumindest die Tendenzen in der Personalstruktur erkennbar werden. Der Altersdurchschnitt der Beamten bei ihrem Dienstantritt lag bei 28–30 Jahren. Lediglich zwei Beamte waren über 35 Jahre alt.

erheblich verschärften Gesetzgebung auch neues Aufgabengebiet gestellt. Nach dem Machtwechsel schuf die Devisenstelle München daher neben den zwei bereits existierenden Referaten zunächst ein weiteres Sachgebiet für Auswanderung, das sich mit den zahlreichen Genehmigungsverfahren auseinandersetzte.[63]

Die wachsende Bedeutung der Überwachung und Ermittlung zeigt darüber hinaus die enorme Steigerung der Anzahl der Devisenfälle und den engen Austausch der Devisenstelle mit anderen Institutionen der Finanzverwaltung, aber auch mit Gliederungen der Partei und der Kommunalverwaltung. Am wichtigsten war die Kooperation mit der Zollfahndungsstelle München, die ebenfalls auf die Mehrbelastung durch die vermehrte Auswanderung reagierte. Im Rahmen der Verfolgung von Devisenvergehen fungierte die Zollfahndung als Schnittstelle zwischen Fiskalverwaltung und Parteigliederungen und sorgte so für eine enge Zusammenarbeit mit diesen Stellen. Dazu zählte die ständige Kooperation mit den Grenzaufsichtsdiensten der SA und der SS, die mit den Hauptzollämtern und der Zollfahndung zusammenarbeiteten.[64] Schon im Mai 1933 beklagten sich Mitarbeiter der Zollfahndungsstelle über die erhebliche Vermehrung des Geschäftsumfangs durch die Verfolgung von Devisenvergehen.[65] Ein Jahr später wurde dann die Zahl der Planstellen von 14 auf 17 erhöht. Bereits im November 1934 baten die Beamten dann händeringend um sechs weitere Beamtenstellen, damit der steigende Arbeitsaufwand bewältigt werden könne.[66] Die Überlastung der Behörden resultierte aus dem steigenden Umfang der zu bearbeitenden Devisensachen. Allein bei der Zollfahndung München verdoppelte sich die Zahl der Ermittlungsfälle 1934 gegenüber dem Vorjahr. Nahezu alle Beamten waren dadurch mit der Bekämpfung von Devisenstrafsachen beschäftigt. Die Ermittlungsarbeit konzentrierte sich auf den „Registermarkschmuggel", den „Warenschmuggel", die Buchprüfung und die Devisenzuwiderhandlungen, die meist den größten Fahndungsaufwand ausmachten. Allein im März 1935 ermittelte die Zollfahndungsstelle München gegen 60 Untersuchungsgefangene wegen Devisenvergehen.[67]

Bis 1936 nahmen die Ermittlungsfälle einen derartigen Umfang an, dass der

---

[63] Niederschrift über den Vortrag: „Die wichtigsten Bestimmungen des Devisenrechts unter besonderer Berücksichtigung der letzten Änderungen", o.J.; StAM/OFD/364; Aussage Karl M.s, Sachbearbeiter bei der Devisenstelle, während eines Verfahrens bei der Wiedergutmachungskammer am LG München am 13. 5. 1951; StAM/NSDAP/211. Die Einzelfallakten der Devisenstelle und der Zollfahndungsstelle sind für München allerdings nicht mehr erhalten geblieben, so dass für den Einzelfall nur auf Sekundärquellen zurückgegriffen werden kann. Die Verhaltensmuster dieser Behörden spiegeln sich aber angesichts des hohen Kooperationsgrades oftmals auch in den Steuerakten der Finanzämter oder der Polizeidirektion wider.

[64] Dies äußerte sich auch in den reichsweit hohen Mitgliederzahlen der Zollfahndungsbeamten in der SS; Rundschreiben Staatssekretär Reinhardts an die Präsidenten der Landesfinanzämter vom 8. 3. 1935 und 2. 11. 1936; StAM/Finanzamt/19863; Schreiben des RdF an den OFP München vom 2. 6. 1937; BAB/R 2/29798; Blumberg, Zollverwaltung, S. 296.

[65] Schreiben der Zollfahndung an den Präsidenten des LFA München vom 9. 5. 1933; BAB/R 2/5956.

[66] Schreiben des Präsidenten des LFA München an den RdF vom 21. 5. 1935; ebd.

[67] Schreiben des Präsidenten des LFA München an den RdF vom 26. 3. 1935 und 21. 5. 1935; ebd.

Reichsfinanzminister im Oktober 1936 anordnete, alle verfügbaren Kräfte der Fahndung zur Bearbeitung derartiger Fälle einzusetzen und die Fahndungstätigkeit auf dem Gebiet der Verbrauchssteuern bis auf weiteres zurückzustellen.[68] Entsprechend hoch waren auch die Devisenstraffälle des Hauptzollamts München, das über eine eigene Devisenüberwachungsstelle für die Bearbeitung von Devisenstrafsachen verfügte, die nicht nur Strafbescheide entwarf und Strafakten anlegte, sondern auch Fahrpost und Postsendungen auf Devisen überprüfte. Im Jahr 1934 schloss das Hauptzollamt München allein 287 Straffälle ab.[69]

Eine Anzeige und ein darauffolgendes Verfahren wegen Devisenvergehen hatte für die Betroffenen drastische Folgen. Bei Devisenstrafverfahren verhängte die Devisenstelle astronomische Bußgeldsummen. Der wirksamste Hebel der Devisenstelle zur Sicherung und Entziehung jüdischen Vermögens bestand allerdings durch die bereits im Sommer 1933 geschaffene Möglichkeit des kompletten Vermögensentzuges wegen „staatsfeindlichen" Verhaltens, das häufig mit Devisendelikten begründet wurde. Eine solche Vorgehensweise war durch die Gesetze über den „Widerruf von Einbürgerungen und die Aberkennung der deutschen Staatsangehörigkeit" und über die „Einziehung kommunistischen Vermögens" möglich.[70] Beide Gesetze enthielten zwar zunächst keine antisemitischen Bestimmungen, erlaubten jedoch die Einziehung sogenannten staatsfeindlichen Vermögens und wurden sowohl gegen politische Gegner als auch und später vor allem gegen jüdische Emigranten angewandt.[71] Eine Durchführungsverordnung vom 26. Juli 1933 bestimmte, dass sich die Ausbürgerung und damit auch der Vermögensentzug nach „völkisch-nationalen" Gesichtspunkten zu richten habe, wobei „rassische", staatsbürgerliche und kulturelle Kriterien im Vordergrund stehen sollten.[72]

Die so geschaffene Möglichkeit, auf das Vermögen der jüdischen Bevölkerung direkt zugreifen zu können, wandte die Finanzverwaltung zunächst überwiegend bei politisch tätigen oder aus Osteuropa eingewanderten jüdischen Erwerbstätigen an. Prominentes Opfer war etwa der ehemalige sozialdemokratische Finanzminister und jüdische Kinderarzt Dr. Rudolf Hilferding, der bereits im Frühsommer 1933 das Deutsche Reich fluchtartig verlassen musste und letztlich nach Frankreich emigrierte.[73] Dr. Hilferding entzog die Finanzverwaltung zwei Jahre später, im Oktober 1935, das Vermögen wegen „staatsfeindlichen" Verhaltens. Neben dem SPD-Politiker waren die meisten Opfer dieser frühen Entziehungsmaßnahmen prominente Gegner des Regimes, darunter auch viele Nichtjuden. So

---

68 Blumberg, Zollverwaltung, S. 317.
69 Schreiben des Präsidenten des LFA Berlin an den RdF vom 21. 5. 1935 und 26. 3. 1935; BAB/R 2/5956.
70 „Gesetz über den Widerruf von Einbürgerungen und die Aberkennung der deutschen Staatsangehörigkeit"; RGBl. I (1933), S. 480; „Gesetz über die Einziehung kommunistischen Vermögens"; RGBl. I (1933), S. 293.
71 Präambel, ebd.
72 Abs. 1 S. 1 der „Zweiten Verordnung zur Durchführung des GWSt"; RGBl. I (1933), S. 538. Zu Bedeutung und Interpretation dieser beiden Gesetze siehe v. a. Tarrab-Maslaton, Strukturen, S. 154 f.
73 StAM/Polizeidirektion/13932. Das dem Reich verfallene Vermögen wurde dann durch das Finanzamt Moabit West zugunsten des RdF verwertet.

versuchte etwa Thomas Mann mit einem mehrseitigen Brief die Beschlagnahme der kompletten Einrichtung seiner Villa in München zu verhindern, letztlich jedoch vergeblich: 1936 beschlagnahmten die Behörden sein ganzes Vermögen, sein Haus war damit verloren.[74]

Schon früh wandten die Fiskalbehörden die Beschlagnahme wegen „Staatsfeindlichkeit" auch gegen weniger prominente und verstärkt gegen jüdische Bürger an. Innerhalb der Finanzverwaltung lag die reichsweite Zuständigkeit für beschlagnahmte Vermögenswerte beim Finanzamt Moabit-West in Berlin. Nachdem Vermögenswerte durch das zuständige Finanzamt unter Mithilfe der Devisenstelle, der Gestapo oder durch entsprechende gerichtliche Beschlüsse vorläufig beschlagnahmt worden waren, sandten die Münchner Finanzämter die Steuerakten an das Berliner Finanzamt, das entsprechende Vermögenserhebungen erstellte und die Personalien der Betroffenen sowie vorhandene Werte katalogisierte. Das Geheime Staatspolizeiamt leitete die Ausbürgerungsverfahren ein und das Finanzamt Moabit-West führte dann die endgültige Beschlagnahme zugunsten des Reiches durch. Nach einer Verfügung des Reichsinnenministeriums über die Aberkennung der Reichsbürgerschaft und die Beschlagnahme des Vermögens konnte schließlich das Vermögen endgültig zugunsten des Reiches eingezogen und verwertet werden.[75]

Dem arbeitsteiligen und zentralisierten Prozess der Beschlagnahmung und Verwertung zwischen dem Geheimen Staatspolizeiamt und dem Berliner Finanzamt entsprachen weitere Interaktionsmuster auf zentraler und regionaler Ebene, die die Verfolgungspraxis beschleunigten und verschärften. Eine enge Zusammenarbeit ergab sich bei jeder Ermittlungsarbeit in Devisensachen.[76] Wegen der verstärkten Auswanderung der Juden im Sommer 1935 hatte das Reichsfinanzministerium eine Besprechung anberaumt, in der die Politische Polizei auf die Notwendigkeit einer verstärkten Kooperation aufmerksam machte.[77] Derartige Überlegungen goss Reinhard Heydrich in seiner Funktion als politischer Polizeikommandeur der Länder im September 1935 in konkrete Formen. In einer Unterredung mit Sachbearbeitern der Reichsstelle für Devisenbewirtschaftung bemängelte er die noch unzureichende Zusammenarbeit mit der Gestapo bei Auswanderungsfällen. Um die politische Zuverlässigkeit des Steuerpflichtigen besser einschätzen zu können und den Kontrollrahmen der Auswanderung zu vergrößern, führte die Gestapo ein entsprechendes Formblatt zur Vorlage bei den eigenen Dienststellen ein. Darüber hinaus sollten die Devisenstellen und Finanzämter mit-

---

[74] De Mendelssohn, Zauberer, Bd. 3, S. 272 ff.

[75] Beschlagnahme des Vermögens eines Münchner jüdischen Viehhändlers 1933; StAM/WB I/a/3065; Friedenberger, Finanzamt.

[76] Im Oktober 1934 mahnte Staatssekretär Reinhardt die vertrauensvolle Zusammenarbeit von Zoll- und Polizeiverwaltung bei Ermittlungsarbeiten an. Er stützte sich dabei auf eine Anweisung des Innenministers im Hinblick auf eine enge Zusammenarbeit von Zollfahndung und Polizeiverwaltung. Nach Meinung Reinhardts war eine gegenseitige Unterrichtung über Ermittlungsarbeiten dringend notwendig; Schreiben Reinhardts an das Reichsinnenministerium vom 23. 10. 1934; BAB/R 2/6002.

[77] Schreiben des Präsidenten des LFA Berlin an die Abteilung III des RdF vom 27. 2. 1936; BAB/R 2/5978.

tels Rundverfügungen die Gestapo über alle Fahndungsmaßnahmen unterrichten.[78] Die Gestapo verpflichtete sich ihrerseits, in den Fällen jüdischer Auswanderungsvorbereitungen und insbesondere bei jüdischen Geschäftsleuten umgehend die Zentrale Nachrichtenstelle beim Landesfinanzamt Berlin zu informieren.[79] Hierunter fielen vor allem die von der Gestapo durch Post- und Fernsprechüberwachung gesammelten Informationen, die sie von da an unmittelbar an die Finanzverwaltung weitergab.[80] Auf die „kriminellen" Methoden der Emigranten und auf die Fahndung nach straffälligen Auswanderern machten auch die Reichsstelle für Devisenbewirtschaftung und die Landesfinanzämter aufmerksam.[81] Derartige Mitteilungen enthielten eine enorme Bandbreite an Informationen. Sie reichten von warnenden Hinweisen auf die Benützung „unsichtbarer Farben" durch Auswanderer bis hin zu den Steuerhinterziehungsmethoden von Zeitschriftenhändlern.[82] Diese Informationen bewerteten die Berliner Institutionen in eindeutiger Weise: „Nach den in dieser Hinsicht gemachten Wahrnehmungen", so der Präsident des Landesfinanzamts Berlin in einem an den Reichsfinanzminister gerichteten Schreiben, „erscheint es mir angebracht zu sein, das gesunde Misstrauen zu haben, dass die Juden in den letzten Jahren verschiedentlich unrichtige Steuererklärungen abgegeben haben und dementsprechend handelten."[83]

Auf regionaler Ebene finden sich entsprechende Kooperationsvereinbarungen mit der Bayerischen Politischen Polizei. Diese enge Zusammenarbeit war bis 1936 in den Augen der Finanzverwaltung eine zwingende Notwendigkeit, hatten ihre Fahndungsbeamten doch vor der Sperrung von Wertgegenständen oder Bankguthaben relativ hohe rechtliche Schranken zu überwinden.[84] Schnelle Sicherungsmöglichkeiten bestanden für die Reichsfinanzverwaltung lediglich im Rahmen der Maßnahmen zur Sicherung der „Reichsfluchtsteuer", weshalb die Finanzämter auch meist umgehend in den Überwachungs- und Sicherungsprozess einbezogen wurden.

Die Interaktionsmuster äußerten sich in der Praxis auf verschiedene Weise. Der Anfangsverdacht der „Devisenverschiebung", hervorgerufen etwa durch Denunziation, löste in der Devisenstelle zunächst die üblichen fiskalischen Überwachungs- und Sicherungsroutinen aus. Dies betraf zum einen die sofortige Einzie-

---

[78] Rundschreiben des politischen Polizeikommandeurs der Länder an die Präsidenten der Landesfinanzämter vom 20. 9. 1935; BAB/R 2/5977.

[79] Gestapoerlass vom 11. 9. 1935; Schreiben des Präsidenten des LFA Berlin an die Abteilung III des RdF vom 27. 2. 1936; BAB/R 2/5978.

[80] Ebd.

[81] Zu den Fahndungsinformationen der Landesfinanzämter untereinander vgl. Rundschreiben der Devisenstelle des LFA Würzburg vom 9. 4. 1934; StAM/OFD/364.

[82] Richtlinien des Präsidenten des LFA München für den Steuerfahndungsdienst vom 24. 7. 1934; StAM/Finanzamt/19864; und Rundschreiben des LFA München an die Finanzämter des Bezirks vom 29. 5. 1934; ebd.

[83] Schreiben des Präsidenten des LFA Berlin an die Abteilung III des RdF vom 27. 2. 1936; BAB/R 2/5978.

[84] Noch Ende Februar 1936 beklagte sich daher der Präsident des LFA Berlin über die fehlenden Möglichkeiten der Zollfahndungsstelle, Sperrkonten oder Depots einzurichten; Schreiben des Präsidenten des LFA Berlin an die Abteilung III des RdF vom 27. 2. 1936; ebd.

hung des Reisepasses und die entsprechende Aufforderung an das Finanzamt zur Sicherung der „Reichsfluchtsteuer". Derartige Verdachtsmomente oder Verfahren meldete die Devisenstelle aber auch der Zollfahndung, dem Gauwirtschaftsberater der Partei, den Polizeidirektionen und der Bayerischen Politischen Polizei, die daraufhin weitere Schritte einleitete und Schutzhaft anordnen konnte, wie im Falle des jüdischen Arztes Dr. F., der unter dem Verdacht des „Devisenbetruges" stand.[85] Verhaftungen wegen Devisenverfehlungen jüdischer Betroffener nahm die Zollfahndung auch selbst vor, um die Verdächtigen danach an die Bayerische Politische Polizei zu überstellen.[86] Bereits im Spätsommer 1933 verhafteten Beamte der Zollfahndung München beispielsweise den jüdischen Textilhändler Elkan F., der dann, nach einer Anhörung durch den Ermittlungsrichter, zu einer mehrjährige Haftstrafe verurteilt wurde.[87]

Die Bedeutung engmaschiger zentraler und regionaler Überwachungsnetze veranschaulicht auch die fiskalische Verfolgungspraxis in Nürnberg. Die dortige Devisenstelle war, wie in München, Mittelpunkt eines lokalen Sicherheitssystems zur Verhinderung von „Kapitalflucht", wobei die meisten Informationswege direkt zur Devisenstelle liefen, die diese dann weiterleiten konnte.[88] Der Verteiler der Ermittlungsberichte der Buch- und Betriebsprüfung umfasste alle relevanten Ermittlungsbehörden: die Reichsbank, das Finanzamt, die Staatsanwaltschaft und Polizeibehörden, den Reichswirtschaftsminister, die Zollfahndungsstelle und einen eigenen Umlauf für den innerbehördlichen Dienstverkehr.[89] Auch die erhebliche Zunahme von Devisenfällen nach 1933 ist in Nürnberg zu beobachten. Genau wie in der Landeshauptstadt beklagte sich die mit sechs Planstellen allerdings wesentlich bescheidener ausgestattete Zollfahndungsstelle Nürnberg im Jahr 1934 über die monatliche Zunahme von Devisenstrafsachen und den dadurch entstandenen vermehrten Arbeitsaufwand.[90]

Zur Informationsbeschaffung bedienten sich die fiskalischen Stellen auch hier der Überwachung des Briefverkehrs mit dem Ausland, um etwaige Devisenvergehen aufdecken zu können.[91] Besonders häufig – und hier spiegelt sich die Bedeutung der allgemeinen antisemitischen Stimmungslage einer Region auch für den Fiskalbereich wider – waren Verdächtigungen der Parteiortsgruppen, die die De-

---

[85] Aktenvormerkung der Polizeidirektion München vom 17. 9. 1935; StAM/Polizeidirektion/12276.

[86] Verhaftung des jüdischen Münchner Frauenarztes und Universitätsprofessors Dr. Erwin Z. wegen Devisenvergehen; Urteil des LG München von 1936 und Aktenvormerkung der Bayerischen Politischen Polizei vom 18. 1. 1936; StAM/Staatsanwaltschaften/8261.

[87] Schreiben der Polizeidirektion an die Zollfahndung und den Ermittlungsrichter vom 16. 8. 1933; StAM/Polizeidirektion/12385.

[88] So kamen relevante Hinweise von Bankinstituten, etwa der Reichsbank oder der Anmeldestelle für Auslandsschulden; Überwachung der Hopfenhandlung M.-D.; StAN/OFD Nürnberg (Bund)/10454.

[89] Verteilung der Prüfungsberichte der Abteilung B der Devisenstelle Nürnberg vom 27. 3. 1935; StAN/OFD Nürnberg/Devisenstelle/1312.

[90] Schreiben des Präsidenten des LFA Nürnberg an den RdF vom 6. 10. 1934; BAB/R 2/5960.

[91] Schreiben der Devisenstelle vom 25. 10. 1933 bei der Überwachung der jüdischen Hopfenfirma Moritz R.; StAN/OFD Nürnberg (Bund)/10717.

visenstellen zum Einschreiten gegen die der Kapitalflucht verdächtigen Juden veranlassen wollten. Bei derartigen Anzeigen zeigte sich die ökonomische Seite des Antisemitismus besonders deutlich. In einem Schreiben an die Devisenstelle meinte etwa die NS-Hago, einen jüdischen Textilhändler beim Kapitalschmuggel ertappt zu haben: „Der Jude R. erklärt", so die NS-Handels- und Handwerksorganisation, „dass er keine Einkommenssteuer zu bezahlen braucht, dabei macht dieses Schwein im Winter Reisen nach Arosa (Schweiz) und im Sommer nach Italien. Der Jude U. sagt wiederholt, dass er keine Bürgersteuer zu bezahlen braucht, da auch er kein Einkommen hätte. Wie er seine jährlichen Reisen ins Ausland z. B. an das Adriatische Meer bezahlt, ist uns nach diesem klassischen Ausspruch schleierhaft."[92]

Die Reaktionen der Devisenstelle Nürnberg auf derartige Denunziationen blieb allerdings zwiespältig. Die zahlreichen Hinweise radikal antisemitisch agierender Akteure führten zwar unmittelbar zur Einleitung eines Überwachungsverfahrens, auf die Ermittlungsarbeit selbst hatten sie aber nur sehr begrenzten Einfluss. Dies galt insbesondere für die Fälle, in denen zwar Anzeigen der NSDAP vorlagen, die Devisenstelle aber keine Gründe für die Erhärtung der Verdachtsmomente finden konnte.[93] Die Betrachtungsweise der Emigration als Möglichkeit der Einnahmesteigerung war hier offensichtlich eng mit dem Ziel verknüpft, die jüdische Auswanderung nicht zu gefährden. Hinsichtlich der jüdischen Bevölkerung wurde auch nicht pauschal der Verdacht der „Vermögensverschiebung" erhoben. Auch wenn ideologisch unverdächtige Bankinstitute, etwa die Reichsbank oder die Anmeldestelle für Auslandsschulden, den Devisenstellen Hinweise gaben, zogen diese nicht automatisch entsprechende Maßnahmen nach sich. Die Verfahrensweise blieb in weiten Teilen an konkreten Tatbeständen orientiert.[94] Innerhalb der rechtlichen Möglichkeiten genehmigte die Devisenstelle Nürnberg jüdischen Emigranten daher auch den Transfer von Vermögenswerten. Entsprechende Zahlen liegen für den Zeitraum vom 1. Januar 1935 bis zum 31. Januar 1936 vor. Im Januar 1935 transferierten 17 Familien aus Nürnberg insgesamt 365 270 Reichsmark, also etwa 21 500 Reichsmark pro auswandernder Familie. Nach der starken Zunahme der Auswanderung nach der Verabschiedung der „Nürnberger Gesetze" wuchs der Betrag auf 1 025 776 Reichsmark bei 48 Familien an. Eine jüdische Familie transferierte in diesem Monat also – ähnlich wie ein Jahr zuvor – etwa 25 000 Reichsmark.

Die vorliegende Statistik verrät nichts über die Abgaben, die die jüdischen Emigranten zu bezahlen hatten, auch führte die Devisenstelle die genaue Anzahl

---

[92] Schreiben der NS-Hago an die Devisenstelle vom 6. 9. 1935; StAN/Finanzamt Nürnberg-Ost/5220/5232; mit ähnlichem Wortlaut: Schreiben der NSDAP Gau Franken vom 15. 6. 1935; StAN/OFD Nürnberg (Bund)/9645; Schreiben an das LFA Nürnberg vom 24. 8. 1935; StAN/OFD Nürnberg (Bund)/10548.

[93] Bericht der Devisenstelle vom 11. 8. 1934; StAN/OFD Nürnberg (Bund)/10548; Bericht der Devisenstelle vom 5. 8. 1935; StAN/OFD Nürnberg (Bund)/9645.

[94] Überprüfung der Hopfenhandlung H. B. am 7. 2. 1936; StAN/OFD Nürnberg (Bund)/9587; Überprüfung der Hopfenhandlung S. Sch. am 13. 4. 1934; StAN/OFD Nürnberg (Bund)/10851; Buchprüfung vom 29. 8. 1934; StAN/Finanzamt Nürnberg-Ost/7073.

Statistische Übersicht über die Auswanderung in der Zeit vom 1. Januar 1935 bis zum 31. Januar 1936 im Bezirk des Landesfinanzamts Nürnberg[95]

1935	Bardevisen	Verrechnungs-konten	Waren- und Wertpapiere	Gesamt-summe	Familien
Januar	38070	150500	176700	365270	17
Februar	49350	52000		101350	6
März	61470	108000	64000	233470	7
April	24000	30500	19800	74300	6
Mai	18000	20050	2000	40050	6
Juni	6000	39000		45000	4
Juli	14700	66000		80700	6
August	27200	9100	18990	55290	9
September	51600	250181	29300	331081	12
Oktober	264500	169200	40123	473823	27
November	232915	755481	7300	995696	45
Dezember	262800	687076	75900	1025776	48
1936					
Januar	175000	348603	42632	566235	33
Insgesamt	1225605	2685691	476745	4388041	226

der Familienangehörigen nicht auf. Es ist zu bedenken, dass allein die Abgaben an die Deutsche Golddiskontbank für den Transfer von Devisen bereits 60 Prozent betrugen. Zudem wurde die „Reichsfluchtsteuer" auf der Basis der Summe vor Abzug der Abgaben berechnet. Darum stellten die oben angeführten tatsächlich transferierten Summen also nur einen kleinen Teil des ursprünglichen Vermögens der Emigranten dar. Die Zahlen zeigen aber, dass das Verhältnis zwischen der Anzahl der auswandernden Familien und der transferierten Werte weitgehend konstant blieb.

Hinweisen auf „Kapitalschmuggel" ging die Dienststelle aber in jedem Fall gewissenhaft nach. Schloss sie von einem anfänglichen Verdacht auf ein tatsächlich vorliegendes Vergehen oder waren Juden bereits ausgewandert, wandte sie in ihrer internen Verfahrensweise gegenüber Emigranten die ganze Härte der Fiskalpolitik an: Sie gewährte bereits ausgewanderten Juden nur die Abhebung der Beträge von den Auswanderersperrmarkkonten, die nach Meinung der Dienststelle zum bloßen Überleben benötigt wurden. Weitere Vermögenswerte blieben gesperrt. Offensichtlich beanspruchte sie nicht nur die Kontrolle über entsprechende Werte, sondern ging bereits von der späteren Einziehung zugunsten des Reiches aus. Deutlich wird diese Verfahrensweise gegenüber Ludwig N., einem jüdischen Hopfenhändler, der 1934 in die Schweiz ausgewandert war. Von der Schweiz aus konnte er weiterhin geschäftliche Verbindungen mit Brüssel pflegen und war da-

---

[95] Die Statistik berücksichtigt zwar alle Auswanderer, es handelte sich aber nach Angaben der Devisenstelle um weit über 90% jüdische Emigranten; Statistik enthalten in BAB/R 2/ 5978.

rüber hinaus in der Lage, auf erhebliche Reichsmarkbeträge eines Schweizer Kontos zurückzugreifen. Dies veranlasste die Devisenstelle Nürnberg zu der Sperrung seiner Vermögenswerte im Reich, da er diese zur Bestreitung seines Lebensunterhaltes nicht benötige.[96]

Sicherung und Entziehung der „Reichsfluchtsteuer" in München, Nürnberg und Unterfranken

Ein weiteres wirksames Mittel, um präventiv gegen vermeintliche Kapitalflucht vorgehen zu können, war die Entziehung der Reisepässe. Am 1. April 1933 hatte die Reichsregierung einen sogenannten Ausreisesichtvermerk eingeführt. Bei Verdacht von Devisenverstößen oder „staatsfeindlichen" Betätigungen im Ausland konnte der Sichtvermerk verweigert werden.[97] Die weitgehenden Bestimmungen des Ausreisesichtvermerks machte die Regierung zwar im Dezember 1933 wieder rückgängig, der Finanzminister verwies danach jedoch auf die Möglichkeiten der Vorschriften der Passbekanntmachung vom 7. Juni 1932. Hiernach konnte der Pass in den Fällen versagt oder entzogen werden, in denen eine Steuerhinterziehung vermutet wurde.[98] Zur Prävention des „Kapitalschmuggels" diente die Kooperation mit anderen Institutionen. Die Passbehörden waren angehalten, die Finanzämter bei der Erstellung oder Verlängerung der Reisepässe zu hören, um gegebenenfalls eine unerwünschte Ausreise verhindern zu können. Darüber hinaus sollten die zuständigen Behörden die Listen der Personen, die vor 1933 den Sichtvermerk nicht erhalten hatten, systematisch überprüfen und im Falle fortbestehender Verdachtsmomente bei der Passbehörde einen Antrag auf Entziehung des Reisepasses stellen.[99] Bei schweren Zuwiderhandlungen gegen die Devisengesetze konnte das Vermögen eingezogen werden und verfiel dann dem Reich.[100]

Aufbauend auf die reichsweiten Regelungen für die Ausstellung von Reisepässen bei Emigranten gab der Präsident des Landesfinanzamts München im März 1934 Anweisungen für die Versagung des Reisepasses bei Devisenvergehen mit weitreichenden Auswirkungen. Der Generalverdacht, unter den das Landesfinanzamt München die Emigranten stellte, äußerte sich in den einzelnen Bestim-

---

[96] Schreiben eines OstI an die Abteilung B der Devisenstelle Nürnberg vom 26. 2. 1935; StAN/OFD Nürnberg (Bund)/11054.

[97] „Bekanntmachung über die vorübergehende Wiedereinführung des Ausreisesichtvermerks" vom 1. 4. 1933; RGBl. I (1933), S. 160; Mußgnug, Reichsfluchtsteuer, S. 36 f.; Rundschreiben des RdF an die Präsidenten der Landesfinanzämter vom 18. 12. 1933; StAM/Finanzamt/19864.

[98] „Bekanntmachung zur Ausführung der Passverordnung" (Passbekanntmachung) vom 7. 6. 1932; RGBl. I (1932), S. 257.

[99] Ab Dezember 1934 konnte darüber hinaus die Devisenbewirtschaftungsstelle die Inanspruchnahme einer Freigrenze für die Ausfuhr von Devisen von einer Eintragung in den Reisepass abhängig machen; Rundschreiben des RdF an die Präsidenten der Landesfinanzämter vom 18. 12. 1933; StAM/Finanzamt/19864.

[100] § § 4 und 6 der „Zehnten Durchführungsverordnung zur Verordnung über die Devisenbewirtschaftung" vom 22. 12. 1934; RGBl. I (1934), S. 1290; Rundschreiben der Reichsstelle für die Devisenbewirtschaftung an die Devisenstellen vom 22. 12. 1934; BAB/R 2/14067.

mungen: Demnach sollten Reisepässe in allen Fällen eingezogen oder ihre Geltung auf das Inland beschränkt werden, in denen ein Strafverfahren mit Verdacht auf Steuerhinterziehung schwebte, erhebliche, nicht gesicherte Steuerrückstände vorhanden waren, erhebliches Auslandsvermögen existierte und auf nur geringfügige Werte im Inland zurückgegriffen werden konnte. Ebenfalls ohne Ausreisedokumente stand derjenige da, dessen Warenbestände oder Einrichtungsgegenstände versteigert wurden. Die Hauptzollämter forderte der Präsident des Landesfinanzamts auf, jeden Umzug ins Ausland den Finanzämtern zu melden, die dann wiederum entsprechende Sicherheitsmaßnahmen einleiten konnten. Die Beamten sollten gleichzeitig prüfen, ob ein Teil des Umzugsgutes vor der Verladung als Sicherheit für eine eventuell anfallende „Reichsfluchtsteuer" dienen konnte.[101] Den fiskalpolitischen Zielsetzungen des Reichsfinanzministeriums entsprechend, schlugen die Anweisungen auch deutlich antisemitische Töne an. Denn Steuerpflichtige, deren Auswanderung vermutet werden konnte – und hierunter fielen nach Auffassung des Landesfinanzamts München ausschließlich jüdische Steuerpflichtige –, mussten dem Wohnfinanzamt umgehend mitteilen, wenn ihr Vermögen um mehr als 10000 Reichsmark abgenommen hatte.[102] Gemäß den Bestimmungen des Staatssekretärs im Reichsfinanzministerium Reinhardt sollte die Ermäßigung der Steuer um 25 Prozent zudem nicht zur Minderung der Härte für den Steuerpflichtigen gewährt werden, sondern nur, um überhaupt Leistungen im Rahmen der „Reichsfluchtsteuer" sicherstellen zu können.[103] Bei mittleren und größeren Betrieben sollte schließlich prinzipiell vor der Emigration eine Buchprüfung vorgenommen werden. Gleiches galt für Angehörige der Freien Berufe.[104]

Den Weisungen gemäß beantragten die Finanzämter in den Jahren 1934 und 1935 generell die Einziehung des Reisepasses von Juden und deren Beschränkung auf das Inland aus steuerlichen Gründen, wenn die Betroffenen entsprechende Unbedenklichkeitsbescheinigungen nicht vorlegen konnten. Anfang 1935 traf den jüdischen Arzt Prof. Dr. Erich Benjamin eine derartige Präventivmaßnahme. In seinem Fall vertrat die Zollfahndung München die Ansicht, er veräußere eines seiner Grundstücke, um einen „illegalen" Vermögenstransfer vorzubereiten. Tatsächlich hatte der Arzt die Immobilie veräußert, um sein zwischenzeitlich geschlossenes Kindersanatorium wiedereröffnen zu können.[105]

---

[101] Rundschreiben des Präsidenten des LFA München an die Finanzämter, die Devisenstellen und Zollfahndungsstellen vom 9. 3. 1934; StAM/OFD/19864.

[102] Rundschreiben des LFA München an die Finanzämter des Bezirks vom 6. 3. 1934; StAM/Finanzamt/12937.

[103] Ebd.

[104] Rundschreiben des Präsidenten des LFA München an die Finanzämter vom 8. 5. 1934; StAM/Finanzamt/19843.

[105] Grundstücksverkauf des Kinderpsychologen Prof. Erich Benjamin 1935 vor einer geplanten Auslandsreise. Die Zollfahndung München forderte die Einziehung des Reisepasses und sandte einen Funkspruch an alle Zollfahndungsstellen im Reich; Hinweis der Zollfahndungsstelle München an die Polizeidirektion vom 9. 2. 1935; StAM/Polizeidirektion/11559. Pässe wurden auch wegen Steuerrückständen eingezogen; Schreiben der Vollstreckungsstelle des Finanzamts München-Süd an die Polizeidirektion München vom 30. 12. 1933; StAM/Polizeidirektion/12398.

Auch bei geplanten Auslandsreisen und dementsprechenden Anträgen auf Devisenausgabe zogen die Finanzämter die Pässe von Juden ein und gaben sie erst nach eingehender Prüfung der steuerlich relevanten Vermögensverhältnisse wieder frei. Um dem „Kapitalschmuggel" vorzubeugen, beschränkten sie zudem die Genehmigung von Auslandsreisen auf nur ein Familienmitglied.

Ein weiteres Beispiel sei genannt: Die Frau des jüdischen Arztes Dr. T. Josephine hatte bei der Passstelle der Polizeidirektion im Dezember 1935 um eine Reisegenehmigung nach Österreich nachgesucht. Als Finanzamt und Polizei daraufhin feststellten, dass ihr Ehemann noch über einen unbefristet gültigen Reisepass verfügte, zogen sie diesen umgehend ein und verweigerten ihm trotz mehrmaligen Nachsuchens jede Reise ins Ausland. Als Begründung führten die Beamten im behördeninternen Schriftwechsel an, er wolle „abkassieren und sein Vermögen nach Italien verschieben". Die Zollfahndungsstelle nahm ihre Ermittlungen wegen „heimlicher Wohnsitzverlegung" ins Ausland auf. Die Ausstellung eines Reisepasses blieb dem Ehepaar bis zur Emigration verwehrt.[106]

Im Zuge der „Präventivmaßnahmen" zur Sicherung jüdischen Vermögens erstellten die Münchner Finanzämter, wohl aufgrund einer entsprechenden zentralen Anweisung, darüber hinaus ein Verzeichnis aller „Nichtarier", die über ein Vermögen von über 50 000 oder über ein Einkommen von mehr als 10 000 Reichsmark jährlich verfügten.[107] Mit Hilfe derartiger Listen konnten dann Reisepässe eingezogen und bis zur Sicherung rückständiger Steuern einbehalten werden.[108]

Die „sachdienlichsten" Hinweise auf Auswanderungsabsichten erhielt die Finanzverwaltung durch die Passämter der Bezirkspolizeibehörden.[109] Vor der Ausstellung eines Reisepasses informierten sich die Polizeistationen der Polizeidirektion München bei den Finanzämtern über Steuerrückstände. Diese beantragten bei allen „Reichsfluchtsteuer"-Pflichtigen und als „politisch unzuverlässig" geltenden Personen die Einziehung des Reisepasses.[110] Am 31. Dezember 1935 informierte dann das bayerische Innenministerium über grundsätzliche Beden-

---

[106] Schreiben der Polizeidirektion vom 19. 12. 1935 und Schreiben Dr. T.s an die Polizeidirektion vom 28. 5. 1936; StAM/Polizeidirektion/15169; Schreiben der Gestapo an das Polizeipräsidium vom 1. 2. 1937; Vorbemerkung der Polizeidirektion vom 28. 7. 1937; ebd.

[107] Schreiben des Finanzamts München-West an die Polizeidirektion vom 18. 11. 1935; StAM/Polizeidirektion/13331 und 12413. Bereits 1934 hatte der preußische Ministerpräsident die Staatspolizeistellen aufgefordert, Listen aller Emigranten zu erstellen, wobei die Finanzämter die Polizei dabei mit Informationen unterstützen sollten; Schreiben des Präsidenten des LFA Berlin an die Abteilung III beim RdF vom 27. 2. 1936; BAB/R 2/5978. Um eine entsprechende Anweisung könnte es sich auch in diesen Fällen gehandelt haben.

[108] Einziehung des Reisepasses von Max C. am 18. 11. 1935; Schreiben des Finanzamts München-Süd an die Polizeidirektion vom 16. 12. 1935; StAM/Polizeidirektion/11878; und von Max Julius G. am 18. 11. 1935; Schreiben des Finanzamts München-West an die Polizeidirektion vom 18. 11. 1935; StAM/Polizeidirektion/13331; sowie von Eugen F. am 20. 10. 1935; Einzelfall in StAM/Polizeidirektion/12556.

[109] Schreiben des Präsidenten des LFA Würzburg an den RdF vom 29. 2. 1936; BAB/R 2/5978.

[110] Schreiben des Präsidenten des LFA München an den RdF vom 27. 2. 1936; BAB/R 2/5987.

ken, die gegen die Erteilung von Auslandsreisepässen an Juden bestünden.[111] Lediglich für eine Gewährleistung des Devisenverkehrs und zur Verhinderung der Beeinträchtigung von Exportgeschäften konnten jüdische Gewerbetreibende eine Bescheinigung der Industrie- und Handelskammer vorlegen, die die wirtschaftliche Bedeutung einer Auslandsreise bestätigte.[112]

Hinweise auf mögliche Auswanderungsabsichten und die damit verbundene Forderung nach Einziehung des Reisepasses kamen aber auch von Bürgern, die wegen vermeintlicher Emigrationsabsichten der Schuldner befürchteten, Zahlungsrückstände nicht mehr eintreiben zu können. Prägnantes Beispiel ist hier die Vorgehensweise der Inhaberin einer Kommissionsbuchhandlung, die durch Hörensagen die vermeintlichen Auswanderungsabsichten des jüdischen Arztes Dr. G. in Erfahrung gebracht und daraufhin im Februar 1934 die Einziehung von dessen Reisepass gefordert hatte. Dr. G. hatte Bücher auf Rechnung gekauft und noch nicht bezahlt.[113] Tatsächlich zogen Finanzamt und Polizei den Reisepass des Arztes ein und verpflichteten ihn zu einer Sicherheitsleistung wegen eventuell anfallender „Reichsfluchtsteuer".[114]

Nach der größeren Auswanderungswelle, die der Verabschiedung der „Nürnberger Gesetze" im Herbst 1935 folgte, verschärfte die Bayerische Politische Polizei im Januar 1936 die Richtlinien für die Ausstellung eines Reisepasses an Juden erneut, nach denen nicht nur die einwandfreie Führung des Antragstellers, sondern auch dessen Geschäftsbeziehungen ins Ausland und nennenswerte Umsätze für den Erhalt des Reisedokuments ausschlaggebend waren. Auf jeden Fall sollte die Devisenstelle eine Prüfung der Firma vornehmen. Daneben waren noch Bescheinigungen der Industrie- und Handelskammer und des Finanzamts erforderlich. Nach seiner Rückkehr sollte der jüdische Geschäftsmann den Erfolg seiner Reise nachweisen, den Ein- und Ausgang von Devisen hatte die Devisenstelle permanent zu überwachen.[115] Faktisch errichteten diese zahllosen Genehmigungsvorbehalte und Einschränkungen derartig hohe Hürden, dass es jüdischen Geschäftsleuten unmöglich gemacht wurde, normale Beziehungen ins Ausland zu unterhalten. Wer nach den massiven Einbußen, die die jüdischen Gewerbetreibenden im Inland bereits hatten hinnehmen müssen, noch auf das Auslandsgeschäft gesetzt hatte, sah sich mehr und mehr auch dieser Existenzgrundlage beraubt.

Mit diesen umfassenden Kontrollmaßnahmen war immer auch eine im Behördenjargon sogenannte präventive Sicherung der Steuer verbunden. Auch hierfür

---

[111] Schreiben des bayerischen Innenministeriums an die bayerische Staatskanzlei vom 21. 12. 1935; BayHStAM/StK/6232. Auch das Reichsinnenministerium hatte am 26. November 1935 die Polizeipräsidien darauf hingewiesen, dass die Reisedokumente von Juden wegen „fortgesetzter Vermögensverschiebungen" streng zu prüfen und ihr Geltungsbereich ggf. auf das Inland zu beschränken seien; Rundschreiben des Innenministers an die Bezirksämter, die Polizeipräsidien und die Polizeidirektionen vom 26. 11. 1935; RGVA/SoA Moskau/Fond 500c/op. 1/d. 290/l. 31.

[112] Bescheinigung der IHK München vom 17. 12. 1935; StAM/Polizeidirektion/12389.

[113] Schreiben der Buchhändlerin an das Polizeipräsidium vom 16. 2. 1934; StAM/Polizeidirektion/13331.

[114] Schriftwechsel mit dem Finanzamt München-West am 23. 1. 1936; StAM/Finanzamt/ 17569.

[115] Rundschreiben der Bayerischen Politischen Polizei vom 13. 1. 1936; StAM/Gestapo/59.

hatte der Präsident des Landesfinanzamts München am 24. Juli 1934 Richtlinien erlassen. Sie informierten die Steuerfahndungsbeamten über verschiedene Methoden sowohl des „illegalen" Vermögenstransfers jüdischer Emigranten als auch der Steuerhinterziehung der jüdischen Bürger. Die Konsequenzen, die daraus für die Beamten des Fahndungsdienstes erwachsen sollten, waren durch die ideologischen Vorgaben vor allem Staatssekretär Reinhardts geprägt. Der Beamte habe im nationalsozialistischen Staat, so die Richtlinien, den Kampf gegen die „Steuerlüge" besonders aufzunehmen und darüber hinaus an der „Schaffung einer neuen Steuermoral" mitzuwirken. Diese Steuermoral sollte die vitale Bedeutung des Fiskus für die Lebensfunktionen der „Volksganzheit" verdeutlichen. Dementsprechend hatte sich die Strafpraxis, insbesondere die Bemessung der Strafe und die Entscheidungen über Erlasse bei der Strafvollstreckung an der Schwere der Schuld, die ein Steuervergehen an Volk und Staat bedeutete, zu orientieren.[116] Tatsächlich erstellten die Münchner Finanzämter bei allen Erwerbstätigen „Unbedenklichkeitsbescheinigungen", die für eine Ausreise notwendig waren, nur gegen eine Hinterlegung von Sicherheiten für eine eventuell anfallende „Reichsfluchtsteuer".[117] Die Beamten vermuteten bei jeder Auslandsreise eines Juden, auch zu Erholungszwecken, die Vorbereitung einer Emigration und äußerten damit einhergehend den Verdacht eines „illegalen" Vermögenstransfers.[118] Die Sicherungsmaßnahmen führte zwar das zuständige Finanzamt durch, Anregungen für entsprechende Maßnahmen gingen aber häufig von den Fahndungsbeamten aus, die zu einem radikalen Vorgehen durch das Landesfinanzamt aufgefordert worden waren.[119]

Die harten Überwachungs- und Sicherungsmaßnahmen verfehlten die beabsichtigte Wirkung nicht. Ein Bericht des Finanzamts München-Nord von Februar 1936 stellte fest, dass in letzter Zeit keine „Nichtarier" mehr ins Ausland geflüchtet seien und die Emigranten sich ordnungsgemäß die „Unbedenklichkeitsbescheinigungen" hätten ausstellen lassen. Der Berichterstatter führte diesen Umstand unter anderem auf die flächendeckende präventive Einziehung der Reisepässe zurück.[120] Ähnlich argumentierte auch der Präsident des Landesfinanzamts München gegenüber dem Reichsfinanzminister nur wenige Tage später. Er schloss eine „illegale" Auswanderung wegen der Zusammenarbeit der verschiedenen Behörden im Bezirk des Landesfinanzamts München nahezu aus. Dort vernetzten die verschiedenen Finanz- und Polizeibehörden ihre Aktivitäten bereits seit 1933

---

116 Richtlinien des Präsidenten des LFA München vom 24. 7. 1934; StAM/Finanzamt/19864.
117 Sicherung der „Reichsfluchtsteuer" bei dem jüdischen Viehhändler Adolf F.; Schreiben der Bayerischen Politischen Polizei an das Finanzamt vom 18. 8. 1936; StAM/Polizeidirektion/12398.
118 Schreiben der Gestapo, Staatspolizeistelle München, an das Polizeipräsidium München vom 1. 2. und 30. 11. 1937; StAM/Pol.Dir./15165.
119 Schreiben des Leiters der Zollfahndung München an den Steuerfahndungsdienst des Finanzamts München-Nord vom 23. 10. 1935 und Sicherung des Vermögens durch einen RR am 23. 11. 1935; StAM/Finanzamt/18381. Die Hilfe der Zollfahndung wurde allerdings nur selten in Anspruch genommen. Besonders aktiv scheint der finanzamtseigene Steuerfahndungsdienst geworden zu sein; Schreiben des Finanzamts München-Nord an das LFA München vom 18. 2. 1936; BAB/R 2/5987.
120 Bericht des Finanzamts München-Nord an das LFA München vom 18. 2. 1936; ebd.

nicht nur in Passangelegenheiten. Zur Verhinderung von Steuerflucht kooperierten die großen Finanzämter mit den Polizeidienststellen, der Zollfahndung und den Devisenstellen vor allem im Hinblick auf den gegenseitigen Informationsaustausch schon beim bloßen Verdacht einer Auswanderung. In den Jahren 1934 und 1935 verdichteten sich die Kooperationsmuster, wie es der Präsident des Landesfinanzamts München bezeichnete, „zu einer engen Fühlungsnahme unter den Behörden".[121] Ausgangspunkt hierfür war – den Tendenzen in der Gesetzgebung entsprechend – die in München deutlich zutage tretende zunehmende Kriminalisierung der Auswanderer. In zahlreichen Schulungen und Briefwechseln wurde immer wieder auf die „kriminellen" Methoden der Auswanderer aufmerksam gemacht. „Was diese Leutchen nun nicht genehmigt erhalten", so ein Reichsbankinspektor in einem Vortrag über das Devisenrecht im Landesfinanzamt München, „versucht man oft auf den krümmsten Wegen herauszubekommen." Daher sei eine entsprechende Überwachung dringend erforderlich. Diese solle sich vor allem in einer strengen und von Misstrauen geprägten Überprüfung sämtlicher Bücher, des Umzugsgutes etc. niederschlagen.[122] Dabei blieben die Maßnahmen der Reichsfinanzverwaltung offensichtlich weiterhin primär dem Ziel des monetären Erfolges untergeordnet. Juden, bei denen aufgrund der Vermögensverhältnisse lediglich geringes steuerliches Interesse bestand, gerieten nicht ins Fadenkreuz des Fiskus und wurden durch die Institutionen der Reichsfinanzverwaltung weitgehend ignoriert.[123]

Im Gegensatz zu dem willkürlichen Vorgehen der Partei und den Gesetzesübertretungen der Bayerischen Politischen Polizei blieb das bürokratische Verfahren der Münchner Finanzverwaltung zudem weiterhin an die – allerdings diskriminierenden – Gesetze gebunden. Aufgrund konkurrierender Normen stellte sich die Fiskalpolitik in Teilbereichen daher auch uneinheitlich dar. Anschauliches Beispiel sind die Diskussionen um die Wahrung des Steuergeheimnisses, die dem Beharren der Beamten auf formale Rechtmäßigkeit entsprangen. Ungeachtet der ansonsten reibungslosen Zusammenarbeit mit der Bayerischen Politischen Polizei und den umfangreichen Möglichkeiten des Informationsaustausches mit anderen Institutionen wies der Präsident des Landesfinanzamts München im März 1934 auf die prinzipielle Geltung des Steuergeheimnisses hin.[124] Obgleich ein solcher Hinweis angesichts der tatsächlichen Politik gegenüber der jüdischen Bevölkerung und des regen gesetzlich legitimierten Informationsaustausches de facto wirkungslos geworden war, beschwerte sich die Bayerische Politische Polizei noch im Juli 1936 über die ablehnende Haltung der Finanzämter, die bei bestimmten Tatbeständen mit Berufung auf das Steuergeheimnis die Erteilung von Auskünften beziehungsweise die Herausgabe von Akten verweigern würden. Im gleichen

---

[121] Schreiben des Präsidenten des LFA München an den RdF vom 27. 2. 1936; ebd.

[122] Vortrag über „Die wichtigsten Bestimmungen des Devisenrechts unter besonderer Berücksichtigung der letzten Änderungen" von einem Reichsbankinspektor, o.D.; StAM/OFD/364.

[123] Berichterstattung des Präsidenten des LFA München an den RdF vom 27. 2. 1936; BAB/R 2/5987.

[124] Rundschreiben des Präsidenten des LFA München an die Finanzämter, Devisenstellen und Zollfahndungsstellen vom 9. 3. 1934; StAM/Finanzamt/19864.

Jahr wies der Finanzminister die Landesfinanzämter jedoch an, der Staatspolizei Einzelfallakten zur Verfügung zu stellen.[125]

Dass sich die grundsätzliche Kriminalisierung der Emigranten durch die Finanzverwaltung mit einer antisemitischen Stoßrichtung verband, verdeutlicht der Vergleich mit Nürnberg. Gleichzeitig zeigt sich die durch die Einbindung in das regionale Herrschaftsgeflecht bedingte regionale Prägung des fiskalischen Verfolgungsprozesses. Denn angesichts der Agitation Julius Streichers setzte hier die Emigration der jüdischen Bevölkerung vergleichsweise früh ein. Um der damit zusammenhängenden Gefahr der „Vermögensverschiebung" von „Nichtariern" Einhalt gebieten zu können, trafen die zuständigen Abteilungen des Landesfinanzamts, die Zollfahndung, die Polizeidirektion, die Industrie- und Handelskammer, die Finanzämter und auch die Devisenstellen bereits im September 1933 eine umfassende Kooperationsvereinbarung mit dem Ziel, auf die lokalen Besonderheiten der Auswanderung reagieren zu können. Sie gewährleistete vor allem einen ungehemmten Informationsflusses zwischen der Finanzverwaltung und den außerfiskalischen Institutionen. Damit war man gerade im Hinblick auf die Zusammenarbeit mit der Bayerischen Politischen Polizei reichsweiten Regelungen über zwei Jahre voraus.[126]

Die deutlichste Ausprägung dieser Zusammenarbeit war auch in Nürnberg die Kontrolle und Einziehung der Reisepässe. Bei dem Sichtreisevermerk und ab 1934 bei den „Unbedenklichkeitsbescheinigungen", die für die Ausstellung der notwendigen Papiere erforderlich waren, setzte der Überwachungs- und Prüfungsprozess ein. Das Wohnfinanzamt teilte Auswanderungsabsichten umgehend den Zollfahndungs- und Devisenstellen mit, die daraufhin ihre Ermittlungen einleiteten. Die Pässe wurden ohne entsprechenden Antrag der Emigranten auf Erteilung einer „Unbedenklichkeitsbescheinigung" beim Verdacht der „Vermögensverschiebung" eingezogen.[127] Bereits die Entziehung des Reisepasses oder der Verdacht einer bevorstehenden Auswanderung reichte aus, dass die Finanzämter Sicherheiten für die eventuell fällige „Reichsfluchtsteuer" verlangten.[128] Neben den Hinweisen anderer Institutionen brachten „verdächtige" Geschäfte wie zum Beispiel getätigte oder bevorstehende Immobilienveräußerungen oder der Ankauf größerer Mengen an Edelmetallen oder Edelsteinen, die sich besonders gut für den Transfer ins Ausland eigneten, die Maschinerie der Finanzbehörden ins Rollen.[129] Durch die konsequente Entziehung der Papiere entstand bereits im Som-

---

[125] Rundschreiben der Bayerischen Politischen Polizei an die Polizeidirektionen vom 11. 7. 1936; StAW/LRA Hammelburg/4244.

[126] Schreiben des Präsidenten des LFA Nürnberg an die Finanzämter vom 11. 12. 1935; BAB/R 2/5978.

[127] Schreiben des Finanzamts Nürnberg-Ost an die Zollfahndungsstelle vom 18. 10. 1933; StAN/OFD Nürnberg (Bund)/9560; Feststellung der Devisenstelle vom 12. 12. 1936; StAN/OFD Nürnberg (Bund)/10671.

[128] Sicherung bei der Textilhändlerin Emma K.; Feststellung der Devisenstelle vom 25. 10. 1935; StAN/OFD Nürnberg (Bund)/10250.

[129] Schreiben des Finanzamts Nürnberg-Nord an eine jüdische Textilfirma vom 3. 4. 1936; StAN/OFD Nürnberg (Bund)/10452; Erhebungen des Finanzamts Nürnberg-Ost bezüglich der Vermögensteuer des jüdischen Arztes Dr. Moritz R.; StAN/Finanzamt Nürnberg-Ost/7608.

mer 1933 ein regelrechter Schwarzmarkt für Reisepässe mit Sichtvermerken, den die Bayerische Politische Polizei vehement bekämpfte.[130]

Für die Sicherung im Rahmen der „Reichsfluchtsteuer" reichten den Finanzbeamten bereits vage und an den Haaren herbeigezogene Verdachtsmomente aus, um mit eindeutig antisemitischer Stoßrichtung Vermögenswerte von Emigranten unter die Kontrolle der Finanzverwaltung zu bringen. Eine Buchprüfung des Finanzamts Nürnberg Nord von 1936 kam zu dem Ergebnis: „Das System, nur weibliche Angestellte auf Verantwortungsstellen zu verwenden, die gefühlsmäßig dazu neigen, wenig zu kombinieren oder zu vermuten, die Spannung, die unter diesen Angestellten in dem Unternehmen vorhanden ist und sich darin äußert, dass gegenseitig nur geringes Vertrauen herrscht, die hohen Gehälter an weibliche jüngere leitende Angestellte, erscheinen verdächtig." Es erfolgten die Sicherung der „Reichsfluchtsteuer", die persönliche Überwachung des Firmeninhabers, die Überwachung seiner Kontoführung und seines „allgemeinen Geschäftsgebarens".[131]

Wieweit die neuen „rassischen" Normen bereits 1934 Eingang in die regionalen Administrationen gefunden hatten, zeigt die Interaktion von Finanzverwaltung und Judikative. In einem Urteil machte das Schöffengericht in Zusammenhang mit einem vom Finanzamt Nürnberg-Ost in diesem Jahr gegen einen jüdischen Textilhändler erlassenen Steuersteckbrief deutlich, dass diesen nicht nur wegen der Raffinesse in der Durchführung des Steuervergehens besondere Schuld treffe, sondern auch, weil die Frage der „Reichsfluchtsteuer" zu einem der Gegenwartsprobleme der jüdischen Bevölkerung gehöre und entsprechende Bestimmungen dem Angeklagten daher hinlänglich bekannt gewesen sein müssten.[132]

Die durch den antisemitischen Druck der Nürnberger Gauleitung ausgelöste überstürzte Flucht vieler jüdischer Erwerbstätiger bedeutete angesichts der Steuersteckbriefe im Rahmen der „Reichsfluchtsteuer" und Strafverfahren wegen „Devisenschmuggels" de facto eine Vermögenskonfiskation.[133] Die systematische Enteignung des Vermögens von „Ostjuden" und „Devisenverbrechern" war bereits im September 1934 vorbereitet worden. Die dem Innenministerium unterstehende und für die Aberkennung der Staatsbürgerschaft zuständige Kammer des Innern der Regierung von Ober- und Mittelfranken forderte zu dieser Zeit im Rahmen der Gesetze über den „Widerruf von Einbürgerungen und die Aberkennung der Staatsbürgerschaft" von der Polizeidirektion und dem Stadtrat Listen derjenigen Nürnberger Bürger, bei denen eine Aberkennung der Reichsangehö-

---

[130] Schreiben der Bayerischen Politischen Polizei an die Polizeidirektion Nürnberg-Fürth vom 8. 8. 1933 und Vernehmung des jüdischen Radiologen Dr. Leo F. am 24. 8. 1933; StAM/Polizeidirektion/12289.

[131] Schreiben des Finanzamts Nürnberg-Nord an die Textilfirma Ignaz M. vom 3. 4. 1936 und Protokoll einer Buch- und Betriebsprüfung des Finanzamts am 6. 3. 1936; StAN/OFD Nürnberg (Bund)/10452.

[132] Urteil des Schöffengerichts Nürnberg vom 27. 11. 1934; StAN/Finanzamt Nürnberg-Ost/5306.

[133] Sicherung und Steuersteckbrief bei der Textilhändlerin Emma K.; StAN/OFD Nürnberg (Bund)/10250; Entziehung des Vermögens von Heinrich F.; BayHStAM/EG/81850; Vermögensentziehung bei Phillip B.; StAN/Finanzamt Nürnberg-Ost/5304.

rigkeit nach den Buchstaben des Gesetzes ohne weiteres möglich war: Personen, die sich schwere Devisenstraftaten zuschulden kommen ließen oder die vor dem 9. November 1918 die deutsche Staatsbürgerschaft noch nicht innehatten, also vor allem „Ostjuden".[134]

Bereits 1935 konnte der Präsident des Landesfinanzamts Nürnberg feststellen, dass der Versuch des illegalen Vermögenstransfers ungeachtet der starken Emigrationsbewegungen nach Erlass der „Nürnberger Gesetze" stark abgenommen habe. Ähnlich wie in München wurde allerdings auch in Nürnberg konstatiert, dass die meisten der Auswanderer fiskalisch uninteressant seien, weil sie ohnehin nichts besaßen.[135]

Die Abhängigkeit der fiskalischen Entziehungspraxis von Charakteristika des regionalen Herrschaftsgeflechts und der besonderen Prägung der regionalen Wirtschaft zeigt auch ein Blick auf die ländliche Region Unterfrankens. Für die Überwachung der Emigranten in der Region Bad Kissingen/Hammelburg war grundsätzlich die in Würzburg ansässige Devisenstelle und Zollfahndung zuständig. Insgesamt verfügte das Landesfinanzamt Würzburg im April 1935 über 900 Beamte in der Zollverwaltung. Die Zollfahndung war neben der Buch- und Betriebsprüfung mit der Verfolgung von „Devisenvergehen" beschäftigt. Hierunter fiel vor allem die regelmäßige Überprüfung der Postsendungen von „Verdächtigen".[136] Die größte Zollfahndungsstelle im LFA-Bezirk mit neun Beamten war die grenznahe Behörde in Ludwigshafen. Darüber hinaus besaßen die Stadt Würzburg eine weitere Fahndungsstelle mit drei und das ebenfalls zum Bezirk gehörige Saarbrücken eine solche mit fünf Beamten.[137] Wie sehr die regionalen Gegebenheiten Einfluss auf das Tätigkeitsprofil der Zollfahndungsbeamten hatte, verdeutlicht das Beispiel der Zollfahndungsstelle Ludwigshafen. Durch die Grenznähe dieser Dienststelle waren die dortigen Beamten weit mehr als ihre Kollegen in den bayerischen Großstädten mit Auswanderungssachen aller Art beschäftigt. Ihr Aufgabenbereich bestand zu 80 Prozent aus der Bearbeitung von Devisensachen. Eine besondere Steigerung des Arbeitsaufwandes hatte ihren Grund hier in der zunehmenden Auswanderung der jüdischen Bevölkerung. Die Dienststelle erfasste bereits 1935 getrennt Auswanderersachen und sonstige Devisensachen, wobei sich der Arbeitsanfall bei einzelnen Beamten zu etwa zwei Dritteln aus Auswanderersachen zusammensetzte.[138]

---

[134] Eine Stellungnahme des Präsidenten des Landesfinanzamts über die Vermögensverhältnisse der Betroffenen sollte auch eingeholt werden; Schreiben der Kammer des Innern der Regierung von Ober- und Mittelfranken an die Polizeidirektion Nürnberg-Fürth vom 27. 9. 1934; StAN/Polizeidirektion Nürnberg-Fürth. In einem Rundschreiben an die Regierungen hatte der Innenminister am 30. August 1933 explizit darauf hingewiesen, dass Einbürgerungen nachträglich zu überprüfen seien und dass v. a. „Ostjuden" genauestens überprüft werden sollten; ebd.

[135] Schreiben des Präsidenten des LFA Nürnberg an den RdF vom 28. 2. 1936; BAB/R 2/5978.

[136] Schreiben des Präsidenten des LFA Würzburg an den RdF vom 4. 5. 1934; BAB/R 2/5968.

[137] Schreiben des Präsidenten des LFA Würzburg an den RdF vom 9.12.1935; ebd.

[138] Niederschrift über die Überprüfung der Zollfahndungsstelle Ludwigshafen durch den Präsidenten des LFA Würzburg vom 13. 12. 1935; BAB/R 2/5968.

Der lange Arm von Zollfahndung und Devisenstelle, vor allem aber auch der Einfluss der Bayerischen Politischen Polizei Würzburg reichte zwar auch in die Region Bad Kissingen/Hammelburg, die Ausführung der Kontroll- und Entziehungsmaßnahmen oblag aber den örtlichen Finanzämtern und Gendarmeriestationen. Im ländlichen Milieu griffen also andere strukturelle Grundvoraussetzungen als in den bayerischen Metropolen.

Auch für die lokalen Institutionen in Unterfranken war die Einziehung der Reisepässe und deren Beschränkung auf das Inland das wirksamste Instrument für die Verhinderung der „Kapitalflucht". Mit der systematischen Entziehung der Auswandererpapiere begann man in der Region allerdings erst Ende des Jahres 1935 und damit nach dem Zentralerlass der Bayerischen Politischen Polizei für eine verstärkte Zusammenarbeit der Polizei- und Fiskalbehörden zur Überwachung der Emigranten. Offenbar war die striktere Handhabung der Überwachungstätigkeit nicht nur eine Reaktion auf zentrale Anweisungen, sondern auch auf die große Emigrationswelle Ende des Jahres 1935. Erst jetzt wurden in der Region entsprechende Vordrucke für Emigranten verwendet, in denen nicht nur der Grund der Auswanderung, sondern auch die Vermögensverhältnisse detailliert angegeben werden mussten.[139]

Negativ für die Verfolgten wirkten sich hier die ideologisch motivierten Urteile der Gendarmeriestationen aus, die, wie bei der Entziehung der Gewerbelegitimation auch, hinter jeder Tätigkeit jüdischer Erwerbstätigkeit „deutschlandfeindliche Hetze" vermuteten und die Ausstellung von Reisepässen konsequent zu verhindern suchten. Ein Beispiel hierfür ist die Beurteilung des Inhabers eines Manufakturwarengeschäfts in Hammelburg Julius M. Der dortige Gendarmeriehauptwachtmeister meinte, gegen den Kaufmann sei eigentlich politisch nichts vorzubringen, als Jude würde er aber dennoch im Ausland gegen Deutschland Hetze betreiben.[140] Bereits einige Wochen vorher hatte das Bezirksamt Hammelburg eine Anfrage an die Zentrale Nachrichtenstelle in Berlin gerichtet, um in Erfahrung zu bringen, mit welchen rechtlichen Mitteln Juden die Reisepässe verweigert werden konnten. Gleichzeitig hatte sich das Bezirksamt an die Zollfahndung Würzburg mit demselben Anliegen gewandt, und hier mit schnellem Erfolg: Die unterfränkische Fiskalinstitution veranlasste aufgrund der Anfrage des Bezirksamts die Einziehung des Reisepasses des betroffenen Geschäftsmannes.[141]

Regionale Besonderheiten, die den Beginn der Verfolgung und die Zusammensetzung des Überwachungs- und Sicherungsnetzwerkes betreffen, dürfen allerdings nicht über überregionale Gemeinsamkeiten in der Verfahrensweise hinwegtäuschen. In der Region entwickelte sich eine Kooperation des Bezirksamts, der Gendarmeriestationen und der Finanzämter. Vor der Ausstellung entsprechender

---

[139] Erklärung eines Viehhändlers aus Westheim an das LRA Hammelburg am 27. 1. 1936; StAW/LRA Hammelburg/4472.

[140] Schreiben an das Bezirksamt Hammelburg vom 13. 11. 1935; StAW/LRA Hammelburg/ 4472; Schreiben des Gendarmerieoberkommissars Hammelburg an das Bezirksamt Hammelburg vom 19. 11. 1935; StAW/LRA Hammelburg/3589.

[141] Schreiben des Bezirksamts Hammelburg an die Zentrale Nachrichtenstelle vom 16. 10. 1935 und an die Zollfahndung vom 13. 11. 1935; StAW/LRA Hammelburg/3573.

Papiere wandten sich die Bezirksämter neben den Gendarmeriestationen sowohl an die Finanzämter als auch an die Zoll- und Devisenstelle in Würzburg.[142] Vor der Ausstellung der Reisepässe wurde schließlich auch die Zentrale Nachrichtenstelle in Berlin kontaktiert.[143] Um „Kapitalschmuggel" verhindern zu können, waren Zollfahndung und Devisenstelle seit November 1935 dazu übergegangen, Papiere für Informationszwecke nicht mehr auszustellen. Nur der Nachweis der wirklichen Ausreiseabsicht ermöglichte die Aushändigung von Reisepässen.[144] Im September 1935 hatte die Bayerische Politische Polizei zudem an die Bezirksämter Vordrucke für den Fall der Ausstellung eines Reisepasses versandt. Die Abreise des Betroffenen sollte demnach durch Zollfahndung, Devisenstelle und Finanzamt überwacht und nach der Abreise musste über die Ergebnisse der Überwachung sowie über die politischen und persönlichen Verhältnisse der Emigranten berichtet werden.[145] Schließlich vereinbarte die Devisenstelle Würzburg mit den örtlichen Passbehörden, dass Reisepässe nicht ohne die Genehmigung der Devisenstelle ausgehändigt werden durften, was dieser ermöglichte, die Aushändigung der Ausreisedokumente an die restlose Zahlung rückständiger Steuern zu koppeln.[146]

Die überregional steigende Bedeutung der Sicherungs-, Überwachungs- und Entziehungsmaßnahmen für die Finanzverwaltung manifestierte sich auch im Landesfinanzamtsbezirk Würzburg durch die Bindung nicht unerheblicher personeller Ressourcen. Die dramatische Zunahme der Überwachungstätigkeit in der Region Bad Kissingen/Hammelburg entsprach der allgemeinen Entwicklung in diesem Finanzbezirk. So klagte im Dezember 1935 die Zollfahndungsstelle Ludwigshafen über den mangelnden Personalbestand. Die Devisensachen hätten so stark zugenommen, dass die vorhandenen neun Beamten für die Bearbeitung nicht mehr ausreichen würden.

Zu ihrem Leidwesen konnte aufgrund des Personalmangels wichtigen Hinweisen auf Steuerstraftaten nicht mehr nachgegangen werden. Zur Arbeitsüberlastung trugen auch die zahlreichen Kooperationsverhältnisse mit anderen Stellen bei: „Angesetzte Arbeiten", so der Bericht, „müssen durch häufige Anrufe und Fragen anderer Stellen, etwa des Finanzamts, der Polizei, der Staatsanwaltschaft oder des SD ständig unterbrochen werden."[147] In eine ähnliche Richtung zielte auch der Bericht des Leiters der Zollfahndungsstelle Würzburg. Die drei Beamten der Zollfahndungsstelle seien nicht in der Lage, die zunehmende Arbeitsbelastung wegen der Devisengesetze und hier vor allem der „Auswanderungssachen" alleine zu bewältigen.[148]

---

142 Vorgänge in StAW/LRA Hammelburg/4472.

143 Schreiben des Bezirksamts Hammelburg an die Zentrale Nachrichtenstelle Berlin vom 13. 11. 1935; ebd.

144 Schreiben der Zollfahndung Würzburg an das Bezirksamt Hammelburg vom 15. 11. 1935; ebd.

145 Rundschreiben der Bayerischen Politischen Polizei an die Bezirksämter vom 4. 11. 1935; ebd.

146 Bericht des Präsidenten des LFA Würzburg an den RdF vom 29. 2. 1936; BAB/R 2/5978.

147 Niederschrift über die Überprüfung der Zollfahndungsstelle Ludwigshafen am 13. 12. 1935; BAB/R 2/5968.

148 Ebd.

In einem Bericht an den Reichsfinanzminister vom 29. Februar 1936 bilanzierte der Präsident des Landesfinanzamts Würzburg dementsprechend: „Als sehr zweckmäßig hat sich die Anordnung der BPP vom 26. 9. 1935 erwiesen, aufgrund derer den Juden die Pässe teilweise entzogen, teilweise auf das Inland beschränkt wurden. Das erschwert den Juden den Vermögenstransfer ins Ausland wesentlich. Sie können dann auch nicht ohne einen formellen Auswanderungsantrag einfach verschwinden."[149]

Die Überwachung und gegebenenfalls auch die strafrechtliche Verfolgung der Emigranten, mithin vor allem der jüdischen Bevölkerung, entwickelte sich – dies ist zunächst zu betonen – in allen drei Untersuchungsräumen schnell zu einem zentralen Aufgabengebiet der Finanzverwaltung. Die Konnotation der Auswanderung als „kriminell" verband sich im „Dritten Reich" mit einem starken vom Regime erzwungenen Anstieg der Emigration einer rassisch definierten Minderheit. Angesichts der engmaschigen fiskalischen Überwachung griffen jüdische Auswanderer tendenziell zu „illegalen" Mitteln des Vermögenstransfers, worauf die Finanzverwaltung wiederum mit einer Verschärfung des Vorgehens gegen jüdische Emigranten reagierte.

Betrachtet man den relativ reibungslosen und schnellen Ablauf entsprechender Überwachungs- und Sicherungsmaßnahmen, so ist als Ursache hierfür wohl vor allem auf die Kontinuität in Struktur und Zielsetzung zu verweisen. Zudem standen im Hinblick auf die jüdischen Emigranten ideologische Norm – der Ausschluss der Juden aus der Rechtssphäre der „Volksgemeinschaft" allgemein und die Stigmatisierung jüdischer Auswanderer als „Diebe am Volksvermögen" – und fiskalische Zweckrationalität nicht im Widerspruch. Die Verbindung beider Sphären ist deshalb so wichtig, weil sich fiskalische Routinen weiter an Effizienzkriterien und haushaltspolitischen Gesichtspunkten orientierten konnten.

Eine quantifizierende Gesamtbilanz der fiskalischen Verfolgung der jüdischen Emigranten bis 1937/38 ist kaum möglich. Die meisten Auswanderer bezahlten angesichts der Amtsautorität der Finanzbehörden ihre Abgaben. Viele der frühen Emigranten waren auch wegen ihres jungen Alters und ihrer nur geringen Vermögenswerte für die Finanzverwaltung weitgehend uninteressant.[150] Gerade das Desinteresse der Finanzverwaltung an dieser Gruppe der jüdischen Emigranten zeigt aber, dass der Verfolgungs- und Strafrechtscharakter nicht im Vordergrund stand. Die Kontinuität rechtsstaatlicher Verfahren in der fiskalischen Praxis rührte aber offensichtlich nicht von einer fortdauernden Geltung von Normen im Sinne des liberalen Rechtsstaates her. Zumindest gibt es für Interventionen zugunsten der jüdischen Bevölkerung so gut wie keine Belege.[151] Bußgelder wurden in teilweise horrender Höhe erhoben. Bewusst verhinderte etwa die Münchner Finanzverwaltung darüber hinaus eigenmächtig die Teilnahme der Betroffenen an den Verfahren selber, indem sie den im Ausland befindlichen Juden die Ausstellung

---

[149] Bericht des Präsidenten des LFA Würzburg an den RdF vom 29. 2. 1936; BAB/R 2/5978.
[150] Lediglich in zehn der untersuchten Fälle wurde von 1933 bis 1936 ein Vermögensbeschlagnahmeverfahren eingeleitet.
[151] Vgl. zu den wenigen überlieferten Fällen der Hilfestellungen Zweiter Teil, Zweites Kapitel, II. der vorliegenden Studie.

entsprechender Reisepapiere prinzipiell verweigerte.[152] Wohl aber ist das Festhalten an der Rechtsförmigkeit des Handelns und an bürokratischen Verfahrensregeln zu beobachten. Diese Feststellung ist wichtig: Im Gegensatz zu den Willkürakten regionaler Parteigliederungen und ungeachtet durchaus existierender Handlungsspielräume blieben die Überwachungs-, Sicherungs- und Entziehungsroutinen ein gleichförmiger und weitgehend zentral gesteuerter Prozess, der regionalen Willkürakten anderer Akteure einen Riegel vorschieben konnte und Unterschiede in den Verfahrensweisen weitgehend einebnete.

Lokalspezifische Prägung erhielt die Enteignungspraxis der Finanzverwaltung durch Impulse von außen – etwa durch die schnellere Vertreibung der jüdischen Bevölkerung in Nürnberg oder den Einfluss der Gendarmeriestationen auf die jüdische Bevölkerung in Unterfranken. Eingebunden in ein engmaschiges Überwachungsnetz nahm die Finanzverwaltung derartige Anstöße auf und konnte – dies verdeutlicht die Entziehung der Reisepässe in Nürnberg – im Einzelfall nun auch ihrerseits entsprechende Überwachungsroutinen verschärfen. Sie orientierte sich aber weiterhin an den weitgefassten Normen der Devisengesetzgebung, band das antisemitische Aggressionspotenzial also in bürokratische Entscheidungsprozesse ein.

Stellt man diese Verfahrenspraxis in Zusammenhang mit dem bisher beschriebenen regionalen Herrschaftsgeflecht bei der wirtschaftlichen Verfolgung, so bleibt festzuhalten: Die Zusammenarbeit administrativer Eliten, Kommunalverwaltung und NSDAP ist bei der Überwachung, Sicherung und Entziehung von Emigrantenvermögen offensichtlich weitgehend reibungslos verlaufen. Die zentrale Einbindung und die bürokratischen Verfahrensweisen des Fiskus sorgten für eine administrative Steuerung des Verfolgungsprozesses, die ihn perfektionierte und an Effizienzkriterien ausrichtete.

Inwieweit den Handlungsmustern der Beamten antisemitische Motive zugrunde lagen, ist schwer zu beurteilen. Eine eindeutige Antwort auf diese Frage erlauben die Quellen nicht; vor generalisierenden Urteilen ist daher Vorsicht geboten. Hier muss zunächst zwischen den Handlungsspielräumen der regionalen Behörden und des einzelnen Beamten unterschieden werden. Der Gesetzgeber überließ zwar formal den einzelnen Beamten Interpretationsspielräume, diese wurden aber, wie bereits gezeigt, durch klare Anweisungen der Präsidenten der Landesfinanzämter eingeengt. Darüber hinaus ist zu berücksichtigen, dass die Initiative für die Überwachungs-, Sicherungs- und Entziehungsmaßnahmen nicht nur von den Institutionen der Finanzverwaltung ausging. Nach Einschätzung eines erfahrenen und prominenten Münchner Wiedergutmachungsanwalts war zumindest die Überwachungsabteilung der Devisenstelle bei inländischen Personen überhaupt nie tätig geworden, es sei denn, es handelte sich um Juden.[153]

---

[152] Schreiben der IRSO an die WB I vom 14. 1. 1952; StAM/WB I/a/3065/Nr. 10.
[153] Schreiben eines Rechtsanwalts an die WB I vom 23. 1. 1951; StAM/Finanzamt/19183.

II. Die Einziehung konventioneller Steuern 1933–1938

Die nahezu ungebrochene Kontinuität in der Finanzverwaltung zeigt sich im Bereich der Steuergesetzgebung gegenüber Inländern besonders deutlich. Diesen Bereich ließ die nationalsozialistische Regierung über mehrere Jahre nahezu unverändert. Lediglich organisatorisch bewirkte die Notverordnung vom 18. März 1933 in der Steuerveranlagung und Entziehung Veränderungen, da sie in den Finanzämtern ein straffes Führerprinzip einführte.[154] Zu Beginn des Jahres 1934 wurden dann sowohl eine Vereinfachung der Verwaltung als auch entscheidende Schritte für eine verstärkte Zentralisierung der Reichsfinanzverwaltung unternommen, jedoch zunächst keine antisemitischen Maßnahmen eingeleitet.[155] Den eingespielten Routinen gegenüber Emigranten durchaus ähnlich konnte das NS-Regime auf bereits etablierte umfassende Regelungen zur Überwachung und Entziehung von Vermögenswerten der Steuerpflichtigen zurückgreifen. Für die Beurteilung fiskalischer Veranlagung und Enteignung von Vermögenswerten vor Ort ist dieser Umstand wichtig. Denn abgesehen von der Einführung des Führerprinzips musste die NS-Regierung bestehende Strukturen lediglich an einigen Stellen ausbauen, grundsätzliche Veränderungen nahm sie zunächst nicht vor. Fragt man nach der Beibehaltung grundlegender bürokratischer Steuerungsmechanismen im Sinne funktionierender Verfahrensabläufe beziehungsweise nach dem Zeitpunkt der Veränderung durch das NS-Regime und der damit in engem Zusammenhang stehenden Aufnahme antisemitischen Gedankengutes innerhalb der Beamtenschaft, so müssen, bevor die Praxis regionaler Institutionen der Finanzverwaltung analysiert wird, drei Untersuchungsschritte vorgeschaltet werden. Die Studie wendet sich erstens grundlegenden Funktionsmechanismen der Steuerverwaltung zu. In einem zweiten Schritt richtet sich der Fokus dann auf die partiellen Veränderungen durch Impulse von oben nach 1933, um schließlich drittens Kontinuitäten und Brüche der Personalstruktur anhand eines ausgewählten Landesfinanzamtsbezirks in den Blick zu nehmen.

1. Instrumente fiskalischer Entziehung

In welchem Maße sich bereits etablierte bürokratische Verfahrensweisen potentiell gegen jeden Steuerpflichtigen wenden konnten und über welche Ermessensspielräume die vollziehenden Beamten verfügten, verdeutlichten die bereits in den 1920er Jahren etablierten, grundlegenden Verfahrensabläufe innerhalb der Finanzämter. Ihnen oblag die Umsetzung der zentralen fiskalischen Zielsetzungen

---

[154] Misera, Organisationsveränderung, S. 246.
[155] Durch das „Gesetz über den Neuaufbau des Reiches" vom 30. Januar 1934 wurde die steuerliche Souveränität der Länder endgültig aufgehoben; Art. 2 des Gesetzes bestimmte, dass alle Hoheitsrechte der Länder auf das Reich übergingen; RGBl. I (1934), S. 75. Das „Gesetz zur Vereinfachung und Verbilligung der Verwaltung" vom 27. 2. 1934 verminderte die Zahl der Oberfinanzpräsidenten, ließ aber die bestehenden Strukturen ansonsten unverändert; Kap. III, §§ 11–14; RGBl. I (1934), S. 131; Mehl, Reichsfinanzministerium, S. 29; Ellwein, Staat, S. 239.

durch Veranlagung und Einziehung von Steuern. Entscheidend für die Bearbeitung der Steuererklärungen war die Veranlagungsabteilung, die in mehrere örtliche Steuerbezirke eingeteilt und durch ein hierarchisches System gekennzeichnet war. Mit der Verwaltung der Bezirke waren sogenannte Bezirksarbeiter aus dem mittleren oder gehobenen Dienst betraut.[156] Ein Sachbearbeiter hatte weitreichende Kompetenzen. Er leitete die Ermittlungsarbeit bei einer Steuererklärung und besaß neben dem Vorsteher das alleinige Zeichnungsrecht. Wesentlich für den Umgang mit den Steuerpflichtigen auf dem Gebiet der Veranlagung waren vor allem Stundungen und Steuererlasse, für die es in den Finanzämtern eigene Stellen gab.[157] Der Ermessensspielraum der Beamten war hier relativ groß, da erst bei Stundungen, die über den Zeitraum von einem Jahr hinausgingen, die Genehmigung des Landesfinanzamts eingeholt werden musste.[158]

Entscheidende Bedeutung für die direkte Konfrontation mit dem Steuerpflichtigen und dessen Überwachung kam dem Vollstreckungsdienst zu. Zu ihm gehörten Beamte des Innen- und des Außendienstes. Außendienstbeamte waren Vollzugsbeamte, die hinsichtlich der Einziehung rückständiger Steuern dieselben Aufgaben wie Gerichtsvollzieher wahrnahmen. Häufig besaßen die Finanzämter darüber hinaus eine Stelle für die sogenannte Nachschau, die diejenigen Personen überprüfen konnte, bei denen die Beamten Steuerschulden vermuteten.[159] Um die Richtigkeit der Steuererklärungen vor Ort überprüfen zu können, überwachten auch die den Landesfinanzämtern unterstehenden Buch- und Betriebsprüfungsstellen die Steuerpflichtigen. Großbetriebe prüfte zum Beispiel die Betriebsprüfung der Landesfinanzämter turnusmäßig. Auch die großen Finanzämter besaßen derartige Stellen, deren Zuständigkeit sich meist auf mehrere Finanzbezirke erstreckte und die vorwiegend für die Überprüfung kleinerer Betriebe verantwortlich zeichneten.[160]

Für eine rechtliche Auswertung zogen die Betriebsprüfer die Strafsachbearbeiter der Behörde hinzu.[161] Diese hatten erhebliche Sanktionsmöglichkeiten: Um

---

[156] Sie ermittelten die Steuerpflichtigen, führten die Steuerlisten und bearbeiteten die Steuerfestsetzung. Die Beaufsichtigung mehrerer Steuerbezirke und Bezirksarbeiter oblag wiederum den Sachbearbeitern, meist Oberregierungsräten, die neben dieser Kontrollfunktion jeweils ein Sachgebiet verwalteten. Ein solches Sachgebiet entsprach immer einer bestimmten Steuerart. Während etwa der Finanzamtsvorsteher die Veranlagung des Sachgebiets I der Einkommensteuer innehatte, waren die verschiedenen Sachbearbeiter mit den anderen Steuerarten, wie etwa der Gewerbe- oder der Vermögensteuer, betraut.

[157] Leesch, Geschichte, S. 168 ff.; Ellwein, Staat, S. 188 f.; Misera, Organisationsveränderung, S. 60 ff.

[158] Eine Stundung konnte in der Regel nur dann gewährt werden, wenn die spätere Zahlung der Steuer gesichert war, wie etwa durch Eintragung einer Hypothek. Ein teilweiser oder vollständiger Erlass von Steuern stand hingegen nur dem Reichsfinanzminister zu; § 127 der „Reichsabgabenordnung" vom 22. 5. 1931; RGBl. I (1931), S. 179 f.

[159] Leesch, Geschichte, S. 170; Misera, Organisationsveränderung, S. 165.

[160] Prüfungsgeschäftspläne des LFA München von 1932 und 1933 und Schreiben des Präsidenten des LFA München an das Finanzamt München-Nord vom 27. 1. 1933; StAM/ OFD/397. Zu Aufgaben und Struktur der Betriebsprüfung generell Leesch, Geschichte, S. 171; Misera, Organisationsveränderung, S. 252 f.

[161] Vortrag eines RR im Rahmen einer Besprechung über Betriebsprüfungen beim OFP Würzburg 1939; BAB/R2/57500.

Anordnungen im Besteuerungsverfahren zu erzwingen, waren die Finanzämter ermächtigt, Geldstrafen bis zu 5000 Reichsmark oder vier Wochen Haft zu veranlassen.[162] Bei der Ermittlung konnten sie sich der Ortspolizeibehörden oder sonstiger Sicherheitsdienste bedienen.[163] Für eine tatsächliche Sicherung der Steuern standen dem Finanzamt aber noch weitere Mittel zur Verfügung. So wurden zur Deckung einzuziehender Geldbeträge vom Finanzamt Pfändungsverfügungen erlassen, die dem Schuldner durch einen Vollzugsbeamten mitgeteilt wurden.[164] Bestand Gefahr im Verzuge, konnten auch einzelne Beamte der Finanzämter das Vermögen der Betroffenen mit Beschlag belegen, hatten aber binnen drei Tagen die Bestätigung des Vorstehers des Finanzamts einzuholen.[165]

Für die schnelle und reibungslose Vollstreckung von Steuersachen verfügten die Landesfinanzämter und die großen Finanzämter schließlich über einen eigenen Steueraußendienst (Steuerfahndung), dessen Leitung ebenfalls einem Sachbearbeiter oblag. Die Beamten des Steueraußendienstes hatten die Aufgabe, Ermittlungen gegen Steuergesetzesverstöße einzuleiten und diese Verstöße zu verfolgen. Neben Ermittlungs- und Fahndungsdiensten waren die hier tätigen Beamten auch mit der Buch- und Betriebsprüfung befasst. Die Beamten des Steueraußendienstes, die den Strafsachenstellen untergeordnet waren, leiteten dann ihre Informationen an die Nachrichtenstelle des Landesfinanzamts weiter, die ihrerseits selbständig Ermittlungen aufnehmen beziehungsweise die übermittelten Informationen weiter an den zentralen Nachrichtendienst beim Reichsfinanzminister leiten konnte.[166]

Um ihren Aufgaben gerecht werden zu können, waren Steueraußendienstbeamte Hilfsbeamte der Staatsanwaltschaft, was ihnen das Recht auf Wohnungs- und körperliche Durchsuchung sowie auf Beschlagnahmen oder Vernehmungen gewährte. In einer gemeinsamen Verfügung vom 25. Juli 1934 unterstrichen der Finanz- und Justizminister noch einmal die Bedeutung der Fahndungsbeamten. Die Rechte und Pflichten der Hilfsbeamten der Staatsanwaltschaft übertrugen sie auf alle Steueraußendienst-, Zollfahndungs- und Steuerfahndungsbeamten sowie auf die im Grenzdienst tätigen Beamten der Reichsfinanzverwaltung. Das Recht, Beamte zu Zollfahndungs- oder Außendienstbeamten zu ernennen, besaß der Präsident des Landesfinanzamts.[167] Dieses polizeiähnliche Profil schlug sich auch

---

162 § 202 der „Reichsabgabenordnung" vom 22. 5. 1931; RGBl. I (1931), S. 189.
163 §§ 421 ff. der „Reichsabgabenordnung" vom 22. 5. 1931; RGBl. I (1931), S. 215.
164 Daneben war das Finanzamt zusätzlich ermächtigt, Leistungen von dem Pflichtigen als Sicherheit für Steuerrückstände zu fordern, siehe §§ 132 ff., 343 und 348 der „Reichsabgabenordnung" vom 22. 5. 1931; RGBl. I (1931), S. 206.
165 § 430 der „Reichsabgabenordnung" vom 22. 5. 1931; RGBl. I (1931), S. 216. Für weitere Möglichkeiten zur Erhebung von Sicherheitsleistungen siehe auch §§ 378 ff. der „Reichsabgabenordnung" vom 22. 5. 1931; RGBl. I (1931), S. 209 f.; Vortrag eines Nürnberger Steuerinspektors über den Fahndungsdienst am 9. 1. 1939; BAB/R2/5973.
166 Bericht des Präsidenten des LFA Nürnberg an den RdF vom 8. 1. 1934; BAB/R2/5978; Vortrag eines Nürnberger Steuerinspektors vom 9. 1. 1939; BAB/R2/5973.
167 Verfügung des Justizministers und Finanzministers vom 25. 7. 1934; BAB/R2/6004. Diese Verfügung stützte sich auf eine gesetzliche Vorlage vom März 1934, die insbesondere bei der Bekämpfung von Schmuggel, Steuerflucht oder anderen Steuerzuwiderhandlungen die Übertragung der Rechte und Pflichten der Hilfsbeamten der Staatsanwalt-

in der Personalpolitik nieder. Die meisten Beamten entstammten den Reihen der Kriminal- oder uniformierten Polizei.[168] Auf die Ausbildung der Außendienstbeamten mit ihren zahlreichen Befugnissen gegenüber den Steuerpflichtigen legte die Finanzverwaltung besonderen Wert. Wegen ihrer Kompetenzen als Hilfsbeamte der Staatsanwaltschaft besaßen sie besondere Qualifikationsmerkmale. Dies schlug sich unter anderem in besonderen Lehrgängen nieder, in denen die Beamten über Rechte und Pflichten, aber auch über Fahndungsmethoden besonders gründlich informiert wurden.[169]

Kennzeichnend war damit bereits vor 1933 die enge Verzahnung zwischen den verschiedenen hierarchischen Ebenen, die den Austausch und die Koordinierung von Informationen auf breiter Basis ermöglichte. Durch die Verschränkung von Fahndungs-, Kontroll- und Strafsachenstellen konnten Informationen rasch in Geldwerte, sei es durch Nachzahlungen oder Strafbescheide, umgewandelt werden. Darüber hinaus hatte die Finanzverwaltung umfassende Sanktionsbefugnisse, die von hohen Geld- über Haftstrafen bis hin zur vollständigen Vermögenskonfiskation reichten.

2. Impulse von oben

Etablierte Strukturen ließen sich insofern den Zielvorstellungen des NS-Regimes dienstbar machen, als dieses zur Sicherung des Steueraufkommens bereits früh mit dem Ausbau des Überwachungsapparates für eine verschärfte Kontrolle auch gegenüber inländischen Steuerpflichtigen begann. Dies geschah zunächst durch die Einrichtung neuer Zentralbehörden. Aufbauend auf Bestimmungen der „Reichsabgabenordnung" von 1931 setzte Staatssekretär Reinhardt zwei Jahre später eine Zentrale Steuerfahndungsstelle zur Bearbeitung von Anzeigen zur Kapitalflucht und von Hinweisen zur Bekämpfung strafbarer Handlungen ein. In besonderem Maße sollte die Behörde bei der Verfolgung weitverzweigter und komplizierter Steuervergehen tätig werden, für deren Bekämpfung sie unmittelbar mit den Staatsanwaltschaften und Gerichten zusammenarbeitete. Enge Kooperation bestand zudem mit den Finanzämtern. Behörden und berufsständische Verbände waren dazu angehalten, diesen regelmäßige Kontrollnachrichten zu überbringen. Darin sollten Zahlungen an Gewerbetreibende, Rechtsanwälte oder Bücherrevisoren, die über einen Betrag von 100 Reichsmark hinausgingen, aufgelistet werden. Derartige „Beschaffungsmitteilungen" dienten als wichtiges Hilfsmittel zur Veranlagung der Steuerpflichtigen und wurden durch die Steuerfahndung regelmäßig überprüft.[170] Bei der Wahrnehmung dieser Aufgaben war der Steuerfahn-

---

schaft ermöglichte; § 23a des „Gesetzes zur Änderung der Reichsabgabenordnung und des Waffengebrauchsgesetzes" vom 24. 3. 1934; RGBl. I (1934), S. 235.

[168] Vortrag des Steuerinspektors des Finanzamts Nürnberg-West vom 9. 1. 1939; BAB/R2/5973.

[169] Voraussetzung für den Dienstantritt waren einerseits eine gute körperliche Verfassung, andererseits das Einstellungsalter der Bewerber, die das 40. Lebensjahr nicht überschritten haben durften; vgl. etwa die speziellen Anforderungen im LFA Nürnberg; Schreiben des Präsidenten des LFA Nürnberg an den RdF vom 8. 1. 1934; BAB/R2/5978.

[170] Die „Reichsabgabenordnung" von 1931 bestimmte in Paragraf 175, dass alle Institutio-

dungsstelle die Erfüllung einer wesentlichen fiskalpolitischen Zielvorgabe des NS-Regimes zugedacht. Ganz allgemein hatte sie durch scharfe Überwachung die Steuermoral und die Steuerehrlichkeit der Bevölkerung zu steigern. Jeder Steuerpflichtige sollte das Gefühl haben, dass alle Arten von Steuerentziehungen entdeckt und bestraft würden. Dabei ging es dem Staat vor allem um die Anhebung des Steueraufkommens. Die Tätigkeit der regionalen Steuerfahndungsstellen, darauf wies die Zentrale Steuerfahndungsstelle in Berlin ausdrücklich hin, zielte nicht primär auf die Bestrafung, sondern vor allem auf die Sicherstellung der Steuern.[171]

Neben der Zentralen Steuerfahndung wies Staatssekretär Reinhardt die Landesfinanzämter im Juni 1933 auch auf die Existenz einer neugegründeten zentralen Nachrichtenstelle beim Landesfinanzamt Berlin hin. Sie diente ebenfalls primär der Unterstützung der Finanzbehörden bei besonders schwierigen und weitverzweigten Fällen von Steuervergehen, Kapitalflucht oder Vermögensentziehungen. In enger Zusammenarbeit mit den Landesfinanzämtern und anderen an der Strafverfolgung beteiligten Institutionen sollte diese Behörde vor allem als Sammel- und Koordinierungsstelle für Informationen fungieren, in besonderen Fällen aber auch in die Bearbeitung von Einzelfällen eingeschaltet werden.[172]

Die verschärfte Kontrolle der Steuerpflichtigen zeigte sich bereits in der Umbenennung des Steueraußendienstes in Steuerfahndungsdienst. Dahinter verbarg sich weit mehr als eine bloße Namensänderung. Aufschlussreich ist hier ein Bericht des Präsidenten des Landesfinanzamts Nürnberg an den Reichsfinanzminister vom 8. Januar 1934. Der ranghöchste Nürnberger Finanzbeamte wies darin auf die Bedeutung der Einnahmen für den neuen Staat hin. In Abgrenzung zu dem die Öffentlichkeit täuschenden „Novembersystem" habe der heutige Staat nicht mehr nötig, die Fahndung und Bestrafung von Steuervergehen zu tarnen. Vielmehr versuche das neue Regime, in aller Offenheit und mit allen Mitteln die Steuermoral zu heben.[173]

---

nen und Personen, die nicht als nahe Verwandte galten, dem Finanzamt über Tatsachen Auskunft erteilen müssen, „die für die Ausübung der Steueraufsicht oder in einem Steuerermittlungsverfahren für die Feststellung von Steueransprüchen von Bedeutung sind". Der Paragraf 188 präzisierte dann: „Die Reichs-, Staats- und Gemeindebehörden, die Beamten und Notare sowie die Verbände und Vertretungen von Betriebs- oder Berufszweigen haben den Finanzämtern jede zur Durchführung der Besteuerung und der den Finanzämtern obliegenden Prüfung und Aufsicht dienliche Hilfe zu leisten, insbesondere Einsicht in ihre Bücher, Verhandlungen, Listen und Urkunden zu gewähren." Friedenberger, Finanzverwaltung, S. 15 ff.; und „Reichsabgabenordnung" vom 22. 5. 1931; RGBl. I (1931), S. 185 und 187.

[171] Zu Tätigkeits- und Aufgabenbereich der Zentralen Steuerfahndungsstelle vgl. Arbeitsbericht der Zentralen Steuerfahndungsstelle vom 26. 9. 1938; BAB/R2/5979.

[172] Rundschreiben des Staatssekretärs Reinhardt an die Präsidenten der Landesfinanzämter vom 9. 6. 1933; BAB/R2/5972; Rundschreiben des Politischen Polizeikommandeurs der Länder an die Staatspolizeistellen vom 11. 9. 1935; BAB/R2/5977; Rundschreiben der Bayerischen Politischen Polizei vom 26. 9. 1935; StAW/LRA Bad Kissingen/2016.

[173] Schreiben des Präsidenten des LFA Nürnberg an den RdF vom 8. 1. 1934; BAB/R2/5972.

Das „Steueranpassungsgesetz"

Die primäre Ausrichtung an der dienenden Funktion der Finanzverwaltung für den „Volkskörper" durch Kontrolle der „moralischen" Anpassungsfähigkeit seiner Mitglieder innerhalb des Steuersystems unterstrich das im Herbst 1934 erlassene „Steueranpassungsgesetz". Galten die bisher geschilderten verschärften Überwachungsroutinen für die inländische Bevölkerung gleichermaßen, so etablierte die Reichsregierung nun das erste ideologische Einfallstor für die „rassische" Separation in der Steuergesetzgebung. Der erste Absatz des Paragraphen 1 legte fest, dass Steuergesetze nach nationalsozialistischer Weltanschauung auszulegen seien. Entsprechendes galt für die Beurteilung von Tatbeständen. „Fragen der Billigkeit und der Zweckmäßigkeit", so das Gesetz in Paragraph 2 weiter, „sind nach nationalsozialistischer Weltanschauung zu beurteilen."[174]

In NS-typischer Weise gab das Gesetz damit zwar einen ideologischen Handlungsrahmen vor, über die konkrete Ausgestaltung sagte es aber wenig. Mit dem „Steueranpassungsgesetz" bildete der Gesetzgeber das für die Stellung der Juden im Wirtschaftsleben bereits geschilderte typische Spannungsverhältnis zwischen ideologisch Wünschenswertem und dem Zwang zu wirtschaftlicher Rücksichtnahme ab. Denn die Benachteiligung jüdischer Steuerpflichtiger bedeutete gleichzeitig nicht nur deren Schwächung im Hinblick auf die längerfristige steuerliche Leistungsfähigkeit, sondern angesichts der Ertragskraft jüdischer Unternehmen auch eine Gefahr für die noch angeschlagene deutsche Wirtschaft. Über die Bedeutung des „Steueranpassungsgesetzes" und insbesondere des Absatzes 1 für die fiskalische Handlungspraxis ist entsprechend kontrovers diskutiert worden. Während einige Autoren der Auffassung sind, der Absatz 1 habe sich als „Geschwafel" entpuppt, da auch der NS-Staat nicht an Auslegekünsten, sondern an der strikten Befolgung von Anweisungen interessiert gewesen sei, fassen ihn andere als eine wirkungsvolle Waffe im Kampf gegen das Judentum auf.[175]

Aufgrund seiner Pauschalität bedeutete diese Regelung sicherlich keine konkrete Programmierung der Steuergesetzgebung im Hinblick auf die Verfolgung der jüdischen Bevölkerung. Es blieb zunächst nur bei dieser einen Vorschrift, die gegen Gegner des Regimes angewendet werden konnte, was wiederum die inhaltlichen Ermessensspielräume der Beamten einschränkte.[176] Dennoch hatten der finanzpolitische Staatssekretär Fritz Reinhardt, aus dessen Feder der Gesetzestext stammte, und die weiteren Unterzeichner einen Grundstein für die steuerliche Verfolgung der jüdischen Bevölkerung gelegt. Gerade schwammige Begriffe wie „Weltanschauung" boten die Möglichkeit, entsprechende Bestimmungen im Zweifelsfall gegen jüdische Steuerpflichtige auszulegen.[177] Vor allem hatte die

---

[174] § 1 Abschnitt I, Unterabschnitte 1 und 2 und § 2 des „Steueranpassungsgesetzes" vom 16. 10. 1934; RGBl. I (1934), S. 925.

[175] Geringe Bedeutung misst dem Gesetz v. a. Ellwein bei; Ellwein, Staat, S. 185; vgl. dagegen v. a. Blaich, Grundsätze, S. 110; Mehl, Reichsfinanzministerium, S. 36; Ullmann, Steuerstaat, S. 141–176.

[176] Misera, Organisationsveränderung, S. 300.

[177] Zum Geist dieses Gesetzes siehe auch Birkwald, Finanzverwaltung, S. 259; Pawellek, Finanzverwaltung, S. 81.

Reichsregierung damit das Prinzip der steuerlichen Gleichheit definitiv durchbrochen. In Steuerbelangen konnte sich hier der nationalsozialistische Eigentumsbegriff negativ für jüdische Steuerpflichtige auswirken. Ausgehend von einer „volksgenössischen" Rechtsauffassung stellte die neue Regierung, wie bereits gezeigt, durch die inhaltliche Bestimmung dieses Begriffes die immanente Pflichtbindung des Eigentums der individuellen Verfügungsgewalt entgegen und sprach dabei Juden theoretisch jedes Recht auf Eigentum ab.[178] Ungeachtet des relativ hohen Abstraktionsniveaus derartiger juristischer Problemstellungen dürften solche Auffassungen zumindest den höheren Beamten in der Reichsfinanzverwaltung, die in der Regel das zweite juristische Staatsexamen absolviert hatten, bekannt gewesen sein.[179] Das „Steueranpassungsgesetz" kodifizierte so verschiedene ideologisch bedingte inhaltliche Um- und Neudeutungen von Begriffen wie „Steuermoral" oder „Steuerehrlichkeit" seit 1933, wobei sich damit sowohl zweckrationale als auch ideologische Zielsetzungen verbanden. Jeder Verstoß gegen die Steuermoral und jede Unehrlichkeit in Steuersachen – nicht nur von Juden – sollten beispielsweise nicht mehr als Kavaliersdelikt betrachtet werden. Vielmehr stellten derartige Vergehen, so ein Schreiben des Justizministers vom 13. April 1935, ein Verbrechen gegen den Staat dar. „Steuerverbrecher" hatten prinzipiell als Staatsfeinde und damit als Feinde der „Volksgemeinschaft" zu gelten und waren auch als solche zu behandeln.[180] „Mangel an Ehrlichkeit", so lautete der Dienstbefehl eines leitenden Kriminalbeamten, „bei Erfüllung der steuerlichen Verpflichtungen bedeutet Mangel an Treue zum Staat und zur Volksgemeinschaft. Wer sich seiner Verpflichtungen zur Zahlung von Steuern entzieht, nimmt dem Staat die Mittel, die er braucht, um seine Aufgaben gegenüber dem Volk zu erfüllen. Er ist mit Schuld daran, wenn die Steuerlast, die auf der einzelnen Person ruht, nicht in dem Maße gemildert werden kann, wie es notwendig ist, um eine durchgreifende Gesundung der sozialen, wirtschaftlichen und finanziellen Lage des Volkes herbeizuführen. Wer gegen die Zollgesetze verstößt oder den aus politischen, wirtschaftlichen, gesundheitlichen oder anderen Gründen erlassenen Ein-, Aus- und Durchführverboten zuwiderhandelt, zerstört den Wall, der die deutsche Arbeit und die deutsche Wirtschaft schützt, und schädigt das Wohl des Volksganzen. Der Steuerbetrug darf nicht mehr als ‚Kavaliersdelikt', der Schmuggel nicht mehr als eine ‚Gewohnheit' der Grenzanwohner angesehen und behandelt werden."[181]

Debatten im Ministerium

Die nationalsozialistische Weltanschauung als „oberste Richtschnur", wie sie von Reinhardt bereits als einer der zentralen Grundsätze fiskalischer Steuerpolitik im Juni 1934 gefordert worden war, fand auch Eingang in konkrete Entwürfe für eine antisemitisch motivierte Änderung der Steuergesetzgebung im Reichsfinanzmi-

---

[178] Zum „germanischen" Eigentumsbegriff, der sich an Vorbilder aus dem 19. Jh. anlehnte, vgl. Kroeschel, Eigentumslehre.
[179] Misera, Organisationsveränderung, S. 204.
[180] Der Erlass des Justizministers erging am 13. 4. 1935; Arbeitsbericht der Steuerfahndung vom 26. 9. 1938; BAB/R2/5979.
[181] Dienstbefehl des Leiters der Kripo Köln vom 24. 10. 1942; StAM/Polizeidirektion/7506.

nisterium.[182] Die Überlegungen einiger Referate gingen vor allem dahin, jüdische Vereinigungen von Steuervergünstigungen auszunehmen, da diese weder kirchlich noch gemeinnützig tätig sein könnten. Kopfzerbrechen bei den Vorschlägen für Gesetzesnovellierungen bereitete der Ministerialbürokratie lediglich die „prinzipielle Veranlagung" jüdischer Erwerbstätiger. Denn generell sah man sich mit der Schwierigkeit konfrontiert, dass Juden gerade in den Erwerbszweigen, in denen sie besonders häufig vertreten waren, die Mehrbelastung einfach auf den Verbraucher abwälzen konnten. Zudem bereitete die Definition des „Rassejuden" nach wie vor erhebliche Probleme.[183]

Ungeachtet bestehender Unklarheiten erörterte man im Reichsfinanzministerium aber Möglichkeiten, auf dem Verwaltungswege gegen jüdische Erwerbstätige vorzugehen. Dazu bot zunächst die generelle Ablehnung von Billigkeitserlassen eine Handhabe. Einen Weg zur bürokratisch gangbaren Restriktion sahen die Ministerialbeamten insbesondere bei jüdischen Viehhändlern, denen man die Befreiung vom Umsatzsteuerheft versagen konnte.[184] Zunächst blieb es allerdings bei Empfehlungen. Die Entwürfe für die Gesetzesnovellen wurden erst in den darauffolgenden Jahren in Gesetzesform gegossen. Auf dem Verwaltungswege war lediglich die Versagung der Befreiung jüdischer Viehhändler vom Umsatzsteuerheft bereits vor den Vorschlägen des Reichsfinanzministeriums vom Sommer 1935 gängige Praxis.[185]

Die Bedeutung der antisemitisch motivierten Diskussionen und judenfeindlichen Planspiele auf höchster ministerieller Ebene bemisst sich freilich nicht nur an der legislativen Umsetzung. Wichtiger erscheint vielmehr die Tatsache, dass in einem Ministerium, dem von der Forschung bis vor kurzem noch bescheinigt wurde, sich in den ersten Jahren des NS-Regimes einer aktiven Judenpolitik enthalten zu haben, noch vor den „Nürnberger Gesetzen" derartige Überlegungen konkretes Planungsstadium erreichten und innerhalb der Zentralverwaltung auch diskutiert wurden.[186]

Die Grundvoraussetzungen für eine antisemitische Diskriminierung der inländischen jüdischen Bevölkerung und jüdischer Emigranten, so lässt sich die Bedeutung der Impulse von oben zusammenfassen, unterschieden sich in einigen Aspekten, die für die Beurteilung fiskalischer Praxis vor Ort wesentlich sind. Bei den Überwachungs- und Entziehungsroutinen gegenüber der inländischen jüdi-

---

182 Punkt 1 der vier „Grundsätze nationaler Steuerpolitik"; RStBl. vom 26. 6. 1934, S. 753 ff.; Pawellek, Finanzverwaltung, S. 80.

183 Bericht des Referats Zülow vom 21. 8. 1935 und des Referats Kuhne vom 22. 8. 1935; BAB/R2/56014; Friedenberger, Finanzverwaltung, S. 16 f.

184 Schließlich mündeten die Überlegungen in Vorschläge für drei Gesetzesänderungen: erstens den Ausschluss von Juden von der Erleichterung im Umschlagsverkehr, zweitens eine Änderung der Befreiungsvorschrift für jüdische Hausgewerbetreibende dahingehend, dass diese nur Mitgliedern der DAF gewährt werden könne, und drittens die Aufhebung der Sondervorschrift für Werbungsmittler sowie für Wein- und Hopfenkommissionäre; Schreiben des RdF an Dir. des Referats III im Hause vom 22. 8. 1935; BAB/R2/ 57247.

185 Schreiben an den Dir. des Referats III vom 22. 8. 1935; ebd.

186 Stefan Mehl ist der Meinung, das Finanzministerium habe sich in den ersten Jahren aus der Judenpolitik herausgehalten; Mehl, Reichsfinanzministerium, S. 39.

schen Bevölkerung ist potentiell von einem doppelten Spannungsverhältnis auszugehen. Erstens trafen hier wie generell bei der ökonomischen Seite der Judenverfolgung rassistische und wirtschaftliche Aspekte zusammen.[187] Die Zweckrationalität des Fiskus, die Abschöpfung steuerlicher Leistungen, konnte dem Ziel der raschen Ausschaltung der Juden weit mehr entgegenstehen, als dies bei der Ausplünderung von Auswandernden der Fall war. Die Finanzbeamten sahen sich zweitens mit der formalen Fortdauer liberaler Rechtsnormen konfrontiert, die nicht durch die Kriminalisierung einer Minderheitengruppe faktisch bereits 1931 ausgehebelt und die daher ebenfalls mit dem Ziel der „rassisch" bedingten Diskriminierung nicht ohne weiteres in Einklang zu bringen waren.

3. Fachbeamte ohne Parteibuch: Merkmale der Personalstruktur am Beispiel des Landesfinanzamts München und des Finanzamts München-Nord

Das janusköpfige Gesicht der Finanzverwaltung, das zwischen der Bewahrung bürokratischer Routinen einerseits und ideologisch motivierter Neuerungen andererseits wechselte, bildete sich auch in der Personalpolitik innerhalb der regionalen Administrationen ab. Dies verdeutlicht beispielhaft die Personalstruktur des Finanzamts München-Nord. Für die Überwachung der jüdischen steuerpflichtigen Bevölkerung war neben dem Landesfinanzamt das Finanzamt München-Nord die entscheidende Behörde. München-Nord oblag als einzigem Finanzamt die Buch- und Betriebsprüfung von Firmen, Praxen und Kanzleien im gesamten Finanzbezirk.[188]

Die nahezu bruchlose Kontinuität über 1933 hinaus zeigte sich hier in der Personalpolitik besonders deutlich. In der Buch- und Betriebsprüfungsstelle des Finanzamts arbeiteten 16 Prüfer.[189] Von 1931 bis 1935 blieben Personal und Anzahl der durchgeführten Prüfungen sowohl im Landesfinanzamt München als auch im Finanzamt München-Nord weitgehend unverändert.[190] Auch die Sach- und Bezirksarbeiter in der Veranlagungs- und Vollstreckungsabteilung waren altgediente Finanzbeamte mittleren Alters, die zu einem überwiegenden Teil erst 1937 oder in späteren Jahren der Partei beitraten.[191] Ihre Karrieren begannen im Laufe der

---

[187] Hierzu grundlegend auch Kuller, Entziehung – Verwaltung – Verwertung, im Erscheinen begriffen.

[188] In der vorliegenden Studie wurden Aktenbestände (vorwiegend Personalakten) derjenigen Beamten ausgewertet, die maßgeblich mit der fiskalischen Judenverfolgung betraut waren. Dies betraf v.a. Buch- und Betriebsprüfer, Sachbearbeiter für „Reichsfluchtsteuer"-Sachen, Beamte in den Strafsachenstellen bzw. das für Billigkeitsfragen und Erlasse zuständige Personal. Neben den Personalakten wurden auch Spruchkammerakten hinzugezogen, die, ungeachtet quellentechnischer Einwände, unerlässliche Informationen über Sozialisation und Karriereverlauf enthielten. Insgesamt wurden die Karriereverläufe von 18 Beamten des Finanzamts, die in führender Funktion (Bezirksarbeiter/Sachbearbeiter) tätig waren, rekonstruiert. Hinzugezogen wurde darüber hinaus Aktenmaterial von fünf Beamten des Oberfinanzpräsidiums, die als Sachbearbeiter für Steuerfragen, Billigkeitserlasse etc. verantwortlich waren.

[189] Prüfungsgeschäftsplan des LFA München von Januar bis März 1932; StAM/OFD/397.

[190] Prüfungsgeschäftspläne von 1933–1935; ebd.

[191] Von den 18 untersuchten Beamten des Finanzamts München-Nord waren vier seit dem

1920er Jahre. In den ersten Jahren nach 1933 wurden alle Beförderungen noch turnusmäßig durchgeführt. Die „Machtergreifung" hatte also nicht zu einem Karriereknick geführt. Die Anzahl von „Altparteigenossen" oder Beamten, die 1933 der NSDAP beitraten, nahm sich dagegen verschwindend gering aus. Eine besondere Parteiaktivität konnte nur in wenigen Fällen nachgewiesen werden.[192] Die meisten Beamten waren 1933 zwischen 45 und 55 Jahre alt und verfügten über lange Berufserfahrung und einen hohen Ausbildungsgrad, ein Altersdurchschnitt, der mit dem aller Beamten im Landesfinanzamtsbezirk korrespondierte: Hier lag er bei 45 Jahren und mehr. Noch Mitte 1937 war lediglich ein einziger Finanzbeamter Oberbayerns unter 40 Jahre alt und nur fünf waren unter 45 Jahre.[193] Die meisten hatten Anfang der 1920er Jahre mit Einführung der ersten devisengesetzlichen Regelungen ihren Dienst in der Finanzverwaltung angetreten.

Ein ganz ähnliches Profil kennzeichnete die Spitzenbeamten des Landesfinanzamtsbezirkes Oberbayern. Dem Oberfinanzpräsidenten in München, Otto Ritter von Dandl, folgten im August 1933 Ludwig Pissl und dann ab Mai 1934 der spätere Chefpräsident des Reichsfinanzhofs in München, Ludwig Mirre.[194] Keiner dieser Oberfinanzpräsidenten war bei Amtsantritt Parteiangehöriger. Alle drei waren auch vor der „Machtergreifung" bereits hohe Funktionsträger der Reichsfinanzverwaltung.[195] Ludwig Mirre etwa begann seine Karriere 1921 als Beamter der preußischen Staatsverwaltung. Erst 1937 wurde er NSDAP-Mitglied.[196] Diese Personalstruktur stimmt auch mit der Feststellung des Reichsministers überein, die Oberfinanzpräsidenten seien in der NS-Zeit überwiegend Fachleute gewesen, die schon vor 1933 über entsprechende Spitzenämter in der Verwaltung verfügt hätten.[197]

Hieran änderte auch die Durchführung des „Gesetzes zur Wiederherstellung des Berufsbeamtentums" in München nur wenig. Im Landesfinanzamtsbezirk gab

---

1. Mai 1933 Parteimitglieder, drei traten der Partei 1937 bei, weitere drei 1938, drei erst 1941. Drei Beamte gehörten wegen ihrer jüdischen Ehefrau gar nicht der Partei an, und bei zweien konnte die Parteiaktivität nicht mehr nachvollzogen werden.

192 Hierbei handelte es sich in den Untersuchungsräumen auf der mittleren hierarchischen Ebene um zwei, maximal drei Beamte. Herausstechende Tätigkeiten für die NSDAP waren nur im Falle des Würzburger Beamten Georg Treutlein nachzuweisen. Treutlein trat 1930 der Partei bei und war Propagandaleiter und Gauredner für den Bereich Kitzingen. Wohl auch aufgrund seiner besonderen Beziehungen zur Parteispitze im Gau Mainfranken wurde der Beamte, vormals Obersteuerinspektor im LFA Würzburg, zum Leiter der Steuerfahndung ernannt; Schreiben des Beamten W. an das Finanzamt Würzburg vom 1. 7. 1946; StAW/Spruchkammer Würzburg/12006; Schreiben der OFD Nürnberg an das bayerische Finanzministerium vom 15. 12. 1949; BayHStAM/MF/Personalakten/1095/1099.

193 Vortrag eines LFA-Direktors während einer Finanzamtsvorsteherbesprechung im LFA München am 26. und 27. 2. 1937; StAM/Finanzamt/12815.

194 Bathe/Kumpf, Mittelbehörden, S. 50.

195 Sein systemkonformes Verhalten stellte Mirre allerdings frühzeitig unter Beweis, als er 1934 Adolf Hitler von der Steuerpflicht befreite; zu Mirre vgl. auch Kumpf, Reichsfinanzhof, S. 146 ff.

196 Ebd., S. 147.

197 Schwerin von Krosigk, Staatsbankrott, S. 258.

es kaum Entlassungen.[198] Personelle Kontinuitäten beschränkten sich allerdings nicht auf die Münchner Finanzadministration. Gleiches galt für die bayerische Staatskanzlei, das bayerische Wirtschaftsministerium und die bayerische Gemeindebank. Lediglich das Kultusministerium beschäftigte zwei jüdische Lehrer, die im Rahmen dieses Gesetzes in den Ruhestand versetzt wurden.[199] Die personellen Strukturen korrespondierten darüber hinaus mit reichsweiten Entwicklungen. Von den 73 000 Beamten, die 1933 in der Reichsfinanzverwaltung tätig waren, wurden insgesamt 1732, also etwa 2,4 Prozent in den Ruhestand versetzt.[200] Darunter waren allerdings einige prominente Angehörige der Finanzverwaltung wie etwa Staatssekretär Arthur Zarden oder der Referent für Buch- und Betriebsprüfungsangelegenheiten im Reichsfinanzministerium Rolf Grabower. Das Ministerium entledigte sich des ungeliebten jüdischen Finanzexperten, indem es ihn 1933 als Reichsrichter zum Finanzhof nach München weglobte und 1936 in den Ruhestand versetzte. Im Juni 1942 wurde er nach Theresienstadt deportiert.[201]

Erst in den Jahren 1935/36 traten dann größere Veränderungen ein. Diese betrafen etwa die Personalaufstockung im Buch- und Betriebsprüfungsbereich, hervorgerufen durch die wachsende Anzahl der Prüfungen.[202] Nun legte auch das Finanzministerium in der Personalpolitik mehr Wert auf die politische Linientreue der Beamten. Mit dem neuen Präsidenten des Landesfinanzamts München, Christian Weissensee, der im April 1935 sein Amt antrat, lenkte ein überzeugter Nationalsozialist mit persönlichen Bindungen zu Hitler das Geschick der oberbayerischen Fiskalbehörden.[203] Der neue Präsident sorgte für eine enge Verzahnung zwischen Partei und Staat. Die Personal- und Geschäftsstellen besetzte er mit Parteimitgliedern, zugleich intensivierte er die Zusammenarbeit mit den Hoheitsträgern der Partei. Ausfluss der neuen betont regimenahen Personalpolitik waren

---

[198] Niederschrift der Amtsvorsteherbesprechung am 6. 7. 1934 im LFA München, S. 6; StAM/Finanzamt/12815.

[199] Vgl. die entsprechenden Aufstellungen und Briefwechsel des Finanzministeriums mit den anderen Ministerien: Schreiben der bayerischen Staatskanzlei vom 27. 9. 1936; Schreiben des Wirtschaftsministeriums vom 6.10.1936 und Schreiben des Kultusministeriums vom 1. 10. 1936; BayHStAM/MF/66912.

[200] Die Zahlen bei Gössel, Beamtentum, S. 100. Über das Gesetz und seine Auswirkungen ist bereits viel diskutiert worden. Insgesamt waren hiervon wohl weit weniger Beamte betroffen als eigentlich vorgesehen; Mommsen, Beamtentum, S. 52 ff.; Tarrab-Maslaton, Strukturen, S. 41; zur Vertreibung von Hochschullehrern und den Folgen der antisemitischen Gesetze allgemein siehe auch Szabó, Vertreibung, S. 32 f.; Longerich, Politik, S. 46 ff.

[201] Antrag Grabowers auf Entschädigung für Schaden im wirtschaftlichen Fortkommen vom 26. 2. 1950 und eidesstattliche Erklärung des Staatskommissars für politische Verfolgte in Bayern vom 14. 3. 1948; BayHStAM/BEG/72329; Schöpf, Grabower, S. 273–278.

[202] Die Zahl der Angestellten des Landesfinanzamtsbezirkes wuchs in den Jahren 1933–1937 um mehr als das Doppelte; Vortrag des Regierungsrats Dr. H. bei der Besprechung der Finanzamtsvorsteher des LFA München in Garmisch im Juli 1937; StAM/Finanzamt/12815.

[203] Über Finanzpräsident Weissensee liegen leider keine Personalakten vor, und die Spruchkammerakte konnte trotz intensiver Recherche nicht gefunden werden. In einem Vortrag eines Steuerinspektors wurde Weissensee als „Alter Kampfgefährte" des Führers bezeichnet; Vortrag eines OStI bei der Besprechung der Finanzamtsvorsteher des LFA München in Garmisch im Juli 1937; StAM/Finanzamt/12815.

unter anderem die Einschätzungen in den Befähigungsberichten der Beamten, bei denen die von den Dienststellen der Partei vertretene Meinung als die maßgebende angesehen werden musste.[204]

Sowohl auf der höchsten als auch auf der mittleren hierarchischen Ebene stellte das Jahr 1933 in personalpolitischer Hinsicht also keine Zäsur dar. In anderen Bereichen der staatlichen Verwaltung waren die personellen Kontinuitäten hingegen weniger ausgeprägt und der Bruch in der personellen Struktur größer als bei der Reichsfinanzverwaltung.[205] Die Ursache dieser Sonderstellung der Finanzbeamten lag offensichtlich am Bedarf an fachlich geschultem Personal. Ein ähnliches Bild hat jüngst die Untersuchung der gesundheitspolitischen Funktionseliten ergeben.[206] Kriterien wie Parteizugehörigkeit, Dienstalter oder fachliche Qualifikation der Beamten lassen jedoch nur sehr bedingt Rückschlüsse auf antisemitische Verhaltensmuster zu. Kollaboration mit den Nationalsozialisten oder die rasche „politische Selbstanpassung" waren, wie dies auch in der Forschung hervorgehoben wird, trotzdem ohne weiteres möglich.[207] Der Willensbildungsprozess in den regionalen Finanzbehörden war zudem von zahlreichen Faktoren abhängig. Hierzu gehörten bürokratische Funktionsmechanismen genauso wie Traditionen und Stile der Beamten, deren Einbindung in regionale Netzwerkstrukturen oder ihr Verhältnis zum Publikum. Die Frage, inwieweit die radikalen Umbrüche des NS-Regimes diese unter dem Stichwort der Verwaltungskultur zusammengefassten Merkmale beeinflussten, erlaubt angesichts der stark formalisierten Akten keine generalisierbaren Antworten.[208] Kaum noch nachvollziehbar ist etwa der tatsächliche Einfluss der wenigen politisch äußerst aktiven Beamten, deren Dienstgrad in der Reichsfinanzverwaltung nicht immer ihrer tatsächlichen Machtfülle entsprechen musste. Prägnantes Beispiel eines Finanzbeamten der mittleren hierarchischen Ebene, der gleichzeitig ranghohe NSDAP-Ämter bekleidete, ist Oberinspektor Georg Treutlein, ein Steuersachbearbeiter in verschiedenen Finanzämtern und ab 1940 Leiter der Steuerfahndungsstelle beim Finanzamt Würzburg. Als Altparteigenosse und Gauredner der NSDAP in Kitzingen war er Teil des Netzwerkes von Gauleiter Hellmuth, und seinen Einfluss im unterfränkischen Landesfinanzamt bezeichneten Kollegen als „maßgeblich".[209] Schwer messbar ist auch das durch die Säuberungen im Zuge des „Gesetzes zur Wiederherstellung des Berufsbeamtentums" entstandene Bedrohungspotential.[210] Dennoch:

---

204 Vortrag eines OStI bei der Besprechung der Finanzamtsvorsteher des LFA München in Garmisch im Juli 1937; ebd.

205 Rebentisch, Führerstaat, S. 545 ff.

206 Süß, Volkskörper, S. 95 ff.

207 Ebd., S. 110; Gössel, Beamtentum, S. 113.

208 Zur Bedeutung der Verwaltungskultur für den internen Willensbildungsprozess innerhalb administrativer Apparate vgl. Fisch, Verwaltungskulturen, S. 304; Jann, Verwaltungskulturen, S. 331.

209 Brief des Finanzbeamten W. an das Finanzamt Würzburg vom 1. 7. 1946; StAW/Spruchkammer Bad Kissingen/2765; Schreiben der OFD Nürnberg an das bayerische Finanzministerium vom 15. 12. 1949; BayHStAM/MF/Personalakten/1095/1099.

210 Das Gesetz zur „Wiederherstellung des Berufsbeamtentums" vom 7. April 1933 bot die Möglichkeit, sowohl jüdische als auch politisch missliebige Beamte in den Ruhestand zu versetzen.

Bayernweit waren die meisten Beamten lange Zeit nicht zu einem Parteieintritt zu bewegen und partizipierten damit offensichtlich nicht an den von den Gauleitern etablierten Seilschaften. Noch im Juni 1941 monierte der bayerische Ministerpräsident die hohe Anzahl von Angehörigen des höheren Dienstes, die nach wie vor keine Parteimitglieder seien. Erst in diesem Jahr mahnte Siebert, der gleichzeitig das Amt des Finanzministers bekleidete, den baldigen Eintritt in die NSDAP an, damit die Einstellung zum neuen Staat endgültig hervortrete.[211]

Personalstruktur und grundlegende Funktionsmechanismen hatte das NS-Regime, dies sei noch einmal betont, im Wesentlichen unberührt gelassen und damit gewollt oder ungewollt der nur langsamen Veränderungsfähigkeit und dem Beharrungsvermögen der administrativen Apparate Rechnung getragen. Die Reichsregierung konnte sich dabei nicht nur auf eingespielte Überwachungs- und Entziehungsroutinen, sondern auch auf etablierte Verhaltensmuster der Beamten verlassen. Gegenüber den Steuerzahlern hatte die Finanzbeamtenschaft früh spezifische und von Misstrauen geprägte Stile entwickelt. In Besprechungen und Vorträgen sahen sich die Beamten generell als „Streiter" für den „Aufbau des Reiches". Ihr Aufgabengebiet, die Eintreibung von Steuern, beschrieben sie als „Front".[212] Die immense haushaltspolitische Bedeutung ihrer Aufgabe und ihre Fach- und Amtsautorität dürften den Glauben an die eigene Größe und die skeptische Haltung gegenüber dem Steuerzahler begründet haben. Er befand sich in der Wahrnehmung der Fiskalbehörden folgerichtig in einem „Untertänigkeitsverhältnis", schlimmstenfalls galt er gar als Feind, dem der Beamte als „Kämpfer" entgegentreten musste.[213]

Gleichzeitig schuf das NS-Regime durch die in Gesetzesform gegossenen ideologischen Einfallstore Widersprüche hinsichtlich der steuerlichen Behandlung der Juden im Reich und wälzte die Lösung politisch bedingter Probleme auch in diesem Bereich auf die regionalen Verwaltungsapparate ab.

4. Entziehungspraxis vor Ort

München

Aufgrund der Beibehaltung traditioneller Normen des Steuerrechts gab es in den regionalen Gliederungen der Fiskalverwaltung keine gesonderten Einrichtungen für die Veranlagung jüdischer Steuerpflichtiger. Deren Behandlung durch die In-

---

[211] Rundschreiben des Ministerpräsidenten Siebert vom 1. 6. 1941; BayHStAM/MF/962.

[212] Vortrag des MinRat Dr. Blümich im Rahmen einer Amtsvorsteherbesprechung am 6. 7. 1934 im LFA München; StAM/Finanzamt/12815; Aussage eines StI in einem Entschädigungsverfahren; BLEA/A.Z/45273.

[213] Über das herrische Auftreten von Finanzamtsvorstehern gab es auch nach dem Krieg noch Beschwerden, etwa im Herbst 1951 in Griesbach. Der dortige Gemeinderat rügte das Verhalten des aus Norddeutschland stammenden Finanzamtsvorstehers wegen seiner Einstellung gegenüber der steuerzahlenden Bevölkerung. Der Finanzamtsvorsteher, so die Resolution des Rats an das bayerische Finanzministerium, gehe von einem Verhältnis König zu Untertan aus. Er schade mit seinem autoritären Verhalten dem Ansehen der gesamten bayerischen Finanzverwaltung; Resolution des Gemeinderats Griesbach an das bayerische Finanzministerium vom 14. 11. 1951; BayHStAM/MF/717.

stitutionen der Finanzverwaltung in München ist daher zunächst im Kontext allgemeiner Aspekte der Entziehungspraxis zu sehen. Hier schlug sich vor allem die durch das NS-Regime geforderte Anhebung der Steuermoral und des Steueraufkommens nieder. Prinzipiell galt das besondere Augenmerk den großen und kapitalkräftigen Unternehmen. Diese Schwerpunktsetzung ging bereits auf eine Amtsvorsteherbesprechung im Landesfinanzamt München von 1932 zurück, in der der Ministerialrat und spätere Finanzpräsident Hans Rauch gefordert hatte, in enger Zusammenarbeit mit den Veranlagungsstellen der Finanzämter die Buchprüfung vorwiegend dort durchzuführen, wo ein fiskalischer Erfolg zu erwarten war.[214]

Dieser Praxis hatte auch die NS-Regierung Nachdruck verliehen. Im Januar 1934 war von ihr eine Anordnung ergangen, nach der vorrangig die Pflichtigen mit steuerlicher Bedeutung zu veranlagen seien. Als wesentlichen Grund hierfür gaben Mitarbeiter des Reichsfinanzministeriums an, etwa acht bis zehn Prozent aller Steuerpflichtigen würden über 75 Prozent des Einkommensteuersolls aufbringen. Im selben Jahr wies daher auch das Landesfinanzamt München noch einmal eindringlich darauf hin, entsprechend vorzugehen und nicht, wie dies in einigen Ämtern offensichtlich der Fall war, nach der Reihenfolge der Pflichtigen in den Steuerlisten zu veranlagen.[215] Der Forderung nach scharfer Kontrolle und Anhebung der Steuermoral gemäß arbeiteten die Münchner Finanzämter bei der Überwachung und Veranlagung der Steuerpflichtigen eng mit den Steuerfahndungsdiensten zusammen.[216] Allein der Landesfinanzamtsbezirk München verfügte über insgesamt 146 Außendienstbeamte.[217] Die Fahndungstätigkeit war dabei an das reichsweit gespannte Informationsnetz gekoppelt. Viele Informationen, die zu einer verstärkten Kontrolltätigkeit führten, gingen von der zentralen Steuerfahndungsstelle beim Landesfinanzamt Berlin aus. Diese setzte die zuständigen Stellen der Finanzämter aufgrund der bei ihr eingegangenen Hinweise auf versteckte Konten, Kapitalverschiebungen oder Aktienverkäufe in Kenntnis.[218] Die enge Zusammenarbeit der regionalen Fahndungsdienste mit den zentralen Berliner Stellen war im Oktober 1933 durch den zuständigen Ministerialrat Dr. Hedding aus dem Reichsfinanzministerium nachdrücklich gefordert worden. Auch er hatte darauf hingewiesen, dass vor allem die Aufdeckung größerer Steuerhinter-

---

214 Vortrag des MinRat Rauch bei der Vorsteherbesprechung des LFA München am 6.7. 1934; StAM/Finanzamt/12815.

215 Ausführungen eines ORR über die Veranlagung der Einkommensteuer bei der Vorsteherbesprechung des LFA München am 6.7. 1934; ebd.

216 Der Steuerfahndungsdienst war im Bezirk des LFA München sowohl auf das LFA als auch auf sämtliche Finanzämter des Bezirks verteilt; Besprechung am 3. 12. 1934 im LFA Würzburg; BAB/R2/6004.

217 Während im LFA selber acht Beamte tätig waren, verteilten sich die Steueraußendienst-Beamten im Münchner Innenstadtbereich auf die Finanzämter Nord mit sechs Beamten, Ost mit zwei Beamten, Süd mit vier Beamten, West mit drei Beamten und Zentral mit vier Beamten. Das Finanzamt München-Land verfügte über zwei Beamte; Bericht des Präsidenten des LFA München an den RdF vom 9. 1. 1934; BAB/R2/5972; Geschäftsplan der Abteilung für Besitz- und Verkehrsteuern des LFA München, Stand 1. 10. 1933; StAM/Finanzamt/19840.

218 Vgl. exemplarisch den Brief der Zentralen Steuerfahndung an das Finanzamt München vom 21. 2. 1934; StAM/Finanzamt/19345.

ziehungsfälle mit dem Ziel des monetären Erfolges anzustreben sei. Für Fälle von geringerer Bedeutung sollten keine Arbeitskräfte unsinnig in Anspruch genommen werden.[219]

Für die Umsetzung der geforderten Überwachungsmaßnahmen waren in München neben der Buch- und Betriebsprüfungsstelle des Landesfinanzamts das Finanzamt München-Nord und die Devisenstelle verantwortlich. Die Aufgaben der Beamten waren umfangreich, wobei die nahezu ungebrochene Kontinuität strenger Kontrollverfahren über die Zäsur von 1933 hinweg deutlich zur Geltung kam. Durch den Machtwechsel änderte sich in der täglichen Überprüfungsroutine nicht viel. Zumindest blieben sowohl die Anzahl der durchgeführten Prüfungen als auch die Prüfer selbst weitgehend konstant. Von 1932 bis 1935 bewegte sich die Anzahl der Prüfungen der Devisenstelle bei etwa 350, die Zahl der Beanstandungen bei ungefähr 40.[220] Ähnliches galt für die Münchner Finanzämter: In den Jahren 1932 und 1933 überprüften sie innerhalb eines Vierteljahres in der Landeshauptstadt etwa 50 Betriebe, wobei das Landesfinanzamt lediglich ein Fünftel der durchgeführten Prüfungen und dabei ausschließlich Großbetriebe übernahm.[221] Die zentrale Steuerung der Überwachungsmaßnahmen behielt die Mittelbehörde, die ebenfalls auf etablierte Routinen zurückgriff. Die Anweisungen zur Überprüfung eines Betriebes gingen immer vom Landesfinanzamt aus, das entsprechende Listen an das Finanzamt München-Nord übersandte. In diesen Listen war bei jeder zu überprüfenden Firma gesondert vermerkt, worauf bei der Prüfung vorrangig zu achten sei.[222] Die ausführenden Beamten des Finanzamts waren dann unmittelbar mit den Pflichtigen konfrontiert. Die Buch- und Betriebsprüfer kontrollierten vor Ort die steuerlichen Angaben des Betroffenen. Etwaige Mängel trugen sie in den „roten Bogen" des Betriebsprüfungsberichts ein. Hier fanden besondere Tatbestände ihren Niederschlag, die nur für die Fiskalbehörden bestimmt waren, etwa, wenn der Pflichtige versucht hatte, Beweismittel während der Untersuchung beiseitezuschaffen. Die Auswertung und gegebenenfalls die Verhängung von Sanktionen oblag dann der zuständigen Stelle des Finanzamts.[223] In einer Schlussbesprechung mit den Bearbeitern von der Betriebsprüfung legten diese dann die Steuerhöhe endgültig fest. Anschließend prüften die Sachbearbeiter in Zusammenarbeit mit der Vollstreckungsabteilung, ob die entsprechenden Steuern überhaupt einzubringen waren.[224]

---

[219] Rundschreiben des RdF, MinRat Dr. Hedding, an die Präsidenten der Landesfinanzämter vom 16. 10. 1933; StAM/Finanzamt/19863.

[220] Devisenprüfungslisten 1932 bis 1935; StAM/OFD/399; Auftragsbücher für die Devisenprüfungen; StAM/OFD/408.

[221] Prüfungsgeschäftspläne des LFA München von 1932 und 1933 und Schreiben des Präsidenten des LFA München an das Finanzamt München-Nord vom 27. 1. 1933; StAM/OFD/397. Zu Aufgaben und Struktur der Betriebsprüfung generell vgl. Leesch, Geschichte, S. 171; Misera, Organisationsveränderung, S. 252 f.

[222] Schreiben des LFA München an das Finanzamt München-Nord vom 27. 1. 1933; StAM/OFD/397.

[223] Besprechung beim LFA Würzburg 1939 über Buch- und Betriebsprüfungen; BAB/R2/57500.

[224] Vortrag des MinRat Rauch bei der Vorsteherbesprechung des LFA München am 6. 7. 1934; StAM/Finanzamt/12815.

Die kontinuierliche Verfahrenspraxis und die durch das NS-Regime nachdrücklich geforderte besondere Berücksichtigung leistungsfähiger Steuerzahler war aus Sicht der Fiskalbehörden von Erfolg gekrönt, die freilich auch von der spürbaren ökonomischen Erholung nach der Weltwirtschaftskrise profitieren konnten. Seit 1933 hatte die Münchner Finanzverwaltung das Steueraufkommen kontinuierlich erhöhen können. Betrug die Steigerungsrate 1933 gegenüber dem Vorjahr noch 5,35 Prozent, so stieg sie 1934 bereits auf annähernd 20 Prozent an und erreichte 1935 fast die 30 Prozentmarke. München lag damit über dem reichsweiten Zuwachs, der sich 1935 bei etwa 24 Prozent eingependelt hatte. Insgesamt betrug das Steueraufkommen Münchens im Jahr 1935 266889000 Reichsmark, womit die industriearme Stadt allerdings nur auf Rang zwölf im Reichsdurchschnitt lag.[225]

Wie hoch dabei das Steueraufkommen der jüdischen Bevölkerung war, lässt sich nicht mehr ermitteln. Die großen und kapitalkräftigen Textilfirmen, Kauf- und Bankhäuser hatten aber zu einem überwiegenden Teil jüdische Inhaber, und diese waren daher in besonderem Maße den entsprechend scharfen Kontrollmechanismen unterworfen. Vor allem die breite Masse der jüdischen Gewerbetreibenden, Ärzte und Rechtsanwälte, deren Einkommen meist den durchschnittlichen Verdienst in der jeweiligen Erwerbsbranche überstieg, musste ins Visier der Finanzverwaltung geraten.[226] Tatsächlich bemängelten die Beamten bei nahezu jeder Überprüfung der jüdischen Betriebe fehlerhafte Buchführungen oder andere Unzulänglichkeiten und bemaßen die Umsätze und Gewinne entsprechend höher. Wichen die angegebenen Gewinne von Richtsätzen ab, veranlagten sie bei angeblich mangelhafter Buchführung nach den entsprechenden Richtsätzen. Als Schätzungsgrundlage legten sie ihre Ermittlung des Umsatzes zugrunde, der meist beträchtlich höher war als der von den Steuerpflichtigen angegebene. Dabei handelten sie auch eigenverantwortlich. Die Prüfung der Berechnungsbogen etwa lag in der Verantwortung der Bezirksarbeiter, die diese in München entgegen bestehender Verwaltungsvorschriften meist ohne spätere Kontrolle durch das Landesfinanzamt fertigstellten und oftmals auch selbst unterzeichneten.[227] Angesichts der harten Veranlagungspraxis sahen sich die Finanzbeamten mit zahlreichen Beschwerden jüdischer Unternehmer konfrontiert, insbesondere mit Einsprüchen gegen Einkommensteuerbescheide. Aufgrund einer fehlerhaften Veranlagung reichten etwa der Besitzer eines Modehauses, der jüdische Kaufmann Ernst B., im Oktober 1933 und der jüdische Viehhändler Max S. 1937 Beschwerde gegen ihren Einkommensteuerbescheid ein.[228]

---

[225] Übersicht über das Steueraufkommen im Reich und im LFA-Bezirk München; Anlage 1 der Niederschrift über die Finanzamtsvorsteherbesprechung des LFA München in Garmisch am 26. und 27. 2. 1937; ebd.

[226] Statistik über die Reihenfolge der Landesfinanzämter nach der Steuerkraftziffer; Anlage 2 der Niederschrift über die Finanzamtsvorsteherbesprechung des LFA München am 26. und 27. 2. 1937 und Bericht eines ORR; ebd.

[227] Niederschrift über die Finanzamtsvorsteherbesprechung des LFA München in Garmisch am 26. und 27. 2. 1937; ebd.

[228] Brief Ernst B.s an das Finanzamt München-Nord vom 5. 10. 1933; StAM/Finanzamt/ 16727; Einspruch der Firma Max und Heinrich S. vom 12. 7. 1937; StAM/Finanzamt/

Auch bei den wenigen Erlasssachen, die die Münchner Finanzverwaltung bei jüdischen Steuerpflichtigen zu bearbeiten hatte, gewährten die Beamten Juden in keinem Fall Vergünstigungen. Für die Bearbeitung derartiger Anträge gab es in München bis zum Dezember 1936 eine zentrale Stundungs- und Erlassstelle, die in enger Zusammenarbeit mit den zuständigen Veranlagungsabteilungen und Vollstreckungsstellen entschied.[229] Im Landesfinanzamt München war das Sachgebiet 10 mit drei Beamten für Stundungen, Beitreibungen und Nachlässe verantwortlich.[230] Auch hier fielen weitreichende Ermessensspielräume in den Kompetenzbereich der regionalen Institutionen der Finanzverwaltung. Die Präsidenten der Landesfinanzämter konnten seit 1934 bis zu einem Betrag von 20000 und die Vorsteher der Finanzämter bis zu einem Betrag von 10000 Reichsmark selbst über Steuererlasse entscheiden. Darüber hinaus hatte das Reichsfinanzministerium die Verantwortlichen in den Behörden ausdrücklich dazu aufgefordert, auch bei höheren Beträgen konkrete Vorschläge zu machen, die dann dem Reichsminister der Finanzen lediglich zur Genehmigung vorgelegt werden sollten.[231]

Die große Zahl der Überprüfungen und die hohe Quote der Beanstandungen spricht dafür, dass jüdische Betriebe zunehmend ins Fadenkreuz der Finanzbehörden gerieten. Eine antisemitische Motivation der Beamten bei der Veranlagung und Einziehung von Vermögenswerten der in München lebenden jüdischen Bevölkerung lässt sich an Hand der vorliegenden Quellen – in der Regel Besprechungsprotokolle und amtliche Formulare – jedoch nicht nachweisen. Auch nach 1934, als der Kontrollaufwand wahrscheinlich als Reaktion auf die zahlreichen Vorgaben aus Berlin erheblich intensiviert worden war, sind judenfeindliche Einstellungen nicht explizit aktenkundig. Gleiches gilt für die Zeit nach der erheblichen Zunahme der Kontrollen, also ab 1936, in der die Zahl der geprüften Großhändler sogar auf 5500 anstieg, wobei in 45 Prozent der Fälle Beanstandungen vorlagen; auch hier konnten judenfeindliche Motivationen nicht nachweislich festgestellt werden.[232] Im Einzelfall waren die zuständigen Beamten des Finanzamts München-Nord selbst bei jüdischen Pflichtigen bereit, die Steuerschuld nach unten zu korrigieren, wenn sie dies im Sinne der Gesamtveranlagung für notwendig erachteten.[233] Die offiziell weitgehend neutrale Haltung auch anderer Münchner Finanzbehörden zeigt sich zum einen bei den Besprechungen und Vorträgen in den bayerischen Finanz- und Landesfinanzämtern. Bis 1936 finden sich in den Protokollen von Besprechungen, Vermerken und Formularen weder antisemiti-

---

[229] 19344; vgl. darüber hinaus den Brief der DATAG an das Finanzamt München-Nord vom 6. 9. 1934; StAM/Finanzamt/18317.

[229] Ausführungen eines ORR des Finanzamts München-Nord bei der Finanzamtsvorsteherbesprechung am 26. und 27. 2. 1937; StAM/Finanzamt/12815.

[230] Geschäftsplan der Abteilung für Besitz- und Verkehrsteuern des LFA München, Stand 1. 10. 1933; StAM/Finanzamt/19840.

[231] Vortrag des MinDir Prof. Dr. Hedding aus dem Reichsfinanzministerium bei der Finanzamtsvorsteherbesprechung am 26. und 27. 2. 1937; StAM/Finanzamt/12815.

[232] Ausführungen des MinRat Prof. Rauch; ebd.

[233] Eingabe des bereits genannten Textilhändlers B. an das Finanzamt München-Nord vom 21. 2. 1934 und die darauffolgende erneute Veranlagung der Einkommensteuer in der Behörde; StAM/Finanzamt/16727.

sche Einstellungen, noch griff man auf judenfeindliche Floskeln zurück.[234] Die Personalreferenten in den südbayerischen Finanzbehörden beklagten darüber hinaus das Ignorieren nationalsozialistischer Rituale, wie etwa des Hitlergrußes.[235] In eine ähnliche Richtung verweist zum anderen die Überwachungstätigkeit der Devisenstelle. Überprüfte Firmen und bei der Prüfung zutage getretene Mängel trugen ihre Mitarbeiter in ein Auftragsbuch ein. Auswahlkriterium für die regelmäßig durchgeführten Prüfungen auch bei jüdischen Firmen in München waren offensichtlich weiterhin die internationalen Verflechtungen der jeweiligen Firma und keine „rassischen" Gesichtspunkte. In den Auftragsbüchern der Devisenstelle für die turnusmäßige Devisenüberprüfung jüdischer Firmen finden sich auch keine gehäuften Mängeleintragungen oder gar antisemitisch motivierte Anmerkungen.[236]

Angesichts des antisemitischen Aktionismus des Gauleiters und dessen Entourage sowie der engen Verwicklung der Münchner Finanzverwaltung in die antisemitische Praxis gegenüber jüdischen Emigranten ist dieser Befund bemerkenswert. Während sich die generell verschärfte Gangart bei der Überwachung der Steuerpflichtigen ohne weiteres auf entsprechende Anordnungen des Reichsfinanzministeriums zurückführen lässt, waren die Beamten ungeachtet der erheblichen antisemitischen Dynamik in der Landeshauptstadt offenbar bereit, ideologische Prämissen zugunsten einer funktionalistischen Fiskalpolitik zurückzustellen. In einer Besprechung beim Oberfinanzpräsidium Würzburg kritisierte ein Referent noch 1939, dass die Zurückhaltung gegenüber der jüdischen Bevölkerung auf steuerlichem Gebiet nicht nur auf politische Ursachen zurückzuführen sei. Vielmehr hätten sich die Beamten dem fiskalischen Prinzip der Gleichbehandlung aller Steuerpflichtigen nicht entledigen wollen.[237] Ob die Veranlagung- und Entziehungspraxis in München Rückschlüsse auf grundsätzliche Denk- und Verhaltensmuster der Beamten zulässt, ist allerdings zweifelhaft. Zunächst konnte sich hinter der allgemein harten Gangart durchaus Antisemitismus als Motivation verbergen, der aber in den stark routinisierten Verwaltungsvorgängen keinen nach außen erkennbaren Niederschlag fand. So meinte auch der Referent in Würzburg im selben Atemzug, in dem er die Existenz des Gleichheitsgrundsatzes beklagte, es sei „ungeschriebenes Recht" und „Verwaltungsübung" gewesen, Juden grundsätzlich keine Stundungen zu gewähren beziehungsweise Steueraufschübe nur in seltenen Ausnahmen zuzulassen.[238] Einen ähnlichen Tenor hatte eine Besprechung mit den Leitern der Zollabteilungen der Landesfinanzämter in Weimar im

---

[234] Niederschrift über die am 6. 7. 1934 beim LFA abgehaltene Amtsvorsteherbesprechung; StAM/Finanzamt/12815; Niederschrift über die Besprechung mit den Vorstehern der Hauptzollämter und Zollfahndungsstellen am 24. und 26. 11. 1934; BAB/R2/25279; Niederschrift über eine Besprechung in der Zollfahndungsstelle Ludwigshafen am 13. 12. 1935; BAB/R2/5968.

[235] Niederschrift über die Finanzamtsvorsteherbesprechung im Februar 1937 in Garmisch, S. 5; StAM/Finanzamt/12815.

[236] Devisenprüfungslisten 1932 bis 1935; StAM/OFD/399; Auftragsbücher für die Devisenprüfungen; StAM/OFD/408.

[237] Umsatzsteuerbesprechung beim OFP Würzburg im Jahr 1939; BAB/R 2/57500.

[238] Ebd.

Oktober 1935, an der auch Vertreter aus München, Nürnberg und Würzburg teilnahmen. Hier wiesen die Redner zunächst mehrfach auf die Bedeutung der richtigen Einstellung zum Nationalsozialismus hin. In Bezug auf jüdische Steuerpflichtige machte man zwar auf Vorbereitungen von Gesetzesvorlagen im Innenministerium aufmerksam, die sich gegen die „jüdische Rasse" richteten. Vor dem Erlass entsprechender legislativer Rahmenbedingungen müssten Juden aber in den Genuss von Vergünstigungen kommen, wenn sie die Voraussetzungen erfüllten. Ein Alleingang einzelner Landesfinanzämter wurde dabei ausdrücklich als unerwünscht bezeichnet, weil dort die politischen Auswirkungen weder überblickt noch verantwortet werden könnten. Wenn es allerdings keine generellen Regelungen für Vergünstigungen gebe, dann seien diese Juden auch nicht zu gewähren.[239]

Nürnberg

Angesichts des selbst für NS-Verhältnisse ungewöhnlich großen antisemitischen Eifers der Nürnberger Gauleitung und deren weitreichendem Einfluss auf kommunale Herrschaftsträger im Verfolgungsprozess bietet sich die Untersuchung fiskalischer Veranlagungs- und Entziehungspraxis in der mittelfränkischen Hauptstadt als Vergleichsmaßstab zu den bisher geschilderten primär an funktionalistischen Gesichtspunkten orientierten administrativen Routinen besonders an. Wenn im Folgenden die Überwachung des Devisentransfers der inländischen Firmen durch die Devisenstelle Nürnberg exemplarisch aufgezeigt werden soll, so ist dies der besonderen Aktenlage in Nürnberg geschuldet. Hier ist der Bestand der Einzelfallakten der Devisenprüfung erhalten geblieben, ihre Tätigkeit im mittelfränkischen Landesfinanzamtsbezirk lässt sich daher gut nachzeichnen.[240]

Im Landesfinanzamtsbezirk Nürnberg nahm die Devisenstelle bereits seit 1931 turnusmäßige Devisenprüfungen bei Firmen vor. Aufgrund der besonderen Struktur der Nürnberger Wirtschaft richtete sich ein Hauptaugenmerk der Dienststelle auf den Hopfenhandel mit seinen traditionellen internationalen Verbindungen vor allem nach Saaz auf dem Gebiet der Tschechoslowakei. Sie überprüfte die Geschäftsbücher, wobei besonderes Interesse Genehmigungen für den Ein- und Ausgang von Devisen beziehungsweise der Ausfuhr von Reichsmarkbeträgen galt. Der spezielle Blickwinkel der Prüfer erklärt sich durch die Genehmigungsvorschriften für Devisen: Der Erwerb ausländischer Zahlungsmittel oder Forderungen in ausländischer Währung mussten bei der Devisenstelle beantragt werden, ebenso wie die Mitnahme von Zahlungsmitteln für Reisezwecke ins Ausland. Die Erlaubnis für einen Devisentransfer machten die Beamten vom zu erwartenden wirtschaftlichen Erfolg der Auslandsreise abhängig. Als Entscheidungsgrundlage dienten behördlicherseits angestrengte Recherchen genauso wie Nachweise, die der Unternehmer selbst zu erbringen hatte. Die hierzu notwendi-

---

[239] Niederschrift über die Besprechung mit Leitern der Zollabteilungen der Landesfinanzämter am 23. 10. 1935; BAB/R 2/56101.
[240] Ausgehend von den untersuchten Berufsgruppen als Auswahlkriterium wurden 40 Einzelfallakten der Devisenstelle Nürnberg ausgewertet. Generalakten, die Aufschluss über prinzipielle Strukturmerkmale oder die personelle Besetzung der Dienststelle geben könnten, sind nicht mehr erhalten.

gen Papiere mussten vorhergehende Erfolge im Auslandsgeschäft genauso zum Inhalt haben wie eine zustimmende Stellungnahme der örtlichen Industrie- und Handelskammer. Ein entsprechender Bescheid lag dann im Ermessen des Sachbearbeiters der Genehmigungsabteilung, der im Auftrage des Dienststellenleiters selber Zeichnungsrecht besaß.[241]

Betrachtet man die Ausgestaltung der erheblichen Ermessensspielräume, so zeigen sich zahlreiche Parallelen bei der Handlungsweise der Nürnberger Devisenprüfer zur administrativen Praxis in München. Die Überwachung und Entziehung von Vermögenswerten orientierten sich zwar an strengen Kriterien und waren mit weitreichenden Folgen für die Betroffenen verbunden, aber auch in diesem Bereich war die Kontinuität in der Verwaltungsroutine vorherrschend und zunächst keine gravierenden Veränderungen nach 1933 erkennbar. Die unverhältnismäßige Härte, mit der die Zollfahndung Nürnberg gegen Steuerpflichtige vorging, war zunächst auch hier kein auf die Zeit des Nationalsozialismus beschränktes Phänomen. Bereits im Juni 1932 ermittelten die Beamten etwa gegen eine nach 1933 als „jüdisch" deklarierte Hopfenfirma. Das Unternehmen hatte eine Forderung über 150000 Reichsmark gegenüber einem schwedischen Handelspartner nicht, wie gesetzlich vorgeschrieben, am 10. Oktober 1931, sondern erst im Juni 1932 der Reichsbankanstalt Nürnberg angeboten. Ungeachtet dieser zwar verspäteten aber dennoch freiwillig erfolgten Anmeldung der Devisenforderung leitete die Zollfahndung umfangreiche Ermittlungen ein und drängte auf ein Verfahren gegen die Firma. Obgleich auch das Amtsgericht Nürnberg anerkannte, dass es sich um ein Versehen handelte, wurde die Firma im September 1932 zu einer hohen Geldbuße verurteilt.[242]

Generell ermittelten Zollfahndung und Devisenstelle besonders intensiv bei dem Verdacht des „Kapitalschmuggels".[243] Gerade bei Hopfenhändlern, die oftmals große Teile ihrer Produktion im Ausland veräußerten, gleichzeitig aber auch Waren in entsprechendem Umfang erwarben, waren derartige Verdächtigungen und entsprechende Überprüfungen häufig.[244] Dabei konnten die Strafzumessungen drastische Folgen für die Betroffenen haben. Im Einzelfall kam die Höhe des Bußgeldes praktisch einer Vermögenskonfiskation gleich. Die Strafe wurde also ohne Rücksicht auf die tatsächlichen Vermögensverhältnisse des Angeklagten verhängt. Ein Opfer dieser ausgesprochen harten Bußgeldbemessungen war der einkommensschwache jüdische Hopfenhändler Joseph B. Gegen ihn ermittelte die Devisenstelle Nürnberg 1936 wegen des Abhebens von Dinaren im Ausland ohne vorherige Genehmigung. Nachdem der Sachbearbeiter den Fall bearbeitet und

---

[241] Antrag auf Erteilung einer Genehmigung zum Erwerb ausländischer Zahlungsmittel vom jüdischen Textilhändler Martin B. 1936 und Genehmigungsbescheid der Devisenstelle vom 23. 9. 1936; StAN/OFD Nürnberg (Bund)/9564.

[242] Schreiben der Devisenstelle an Zollfahndungsstelle Nürnberg vom 21. 6. 1932 und Urteil des Amtsgerichts Nürnberg vom 7. 9. 1932; StAN/OFD Nürnberg (Bund)/10587.

[243] Überprüfung der Hopfenhandlung M.-D. in Nürnberg; Notiz der Buchprüfung der Devisenstelle Nürnberg an die Abteilung B im Hause vom 13. 11. 1935; StAN/OFD Nürnberg (Bund)/10671.

[244] Überprüfung der Hopfenfirma S., die in Nürnberg und in Prag ansässig war; StAN/OFD Nürnberg/Devisenstelle/1312.

Rücksprache mit dem Dienststellenleiter gehalten hatte, zwang die Devisenstelle dem Geschäftsmann eine Geldstrafe von 500 Reichsmark auf und entzog ihm damit de facto sein gesamtes Vermögen.[245]

In einem Wiedergutmachungsverfahren der späten 1950er Jahre rechtfertigte der zuständige Sachbearbeiter der Devisenstelle Nürnberg die Praxis der Behörde: Derartige Vorgehensweisen seien nicht als antisemitische Übergriffe zu bewerten, vielmehr sei das generell harte Verhalten der Finanzverwaltung gegenüber der strafmündigen Bevölkerung ausschlaggebend gewesen.[246] Tatsächlich, dies zeigt auch die Auswertung der Einzelfallakten, blieb die Überwachungstätigkeit der Nürnberger Devisenstelle offensichtlich an sachliche und rechtliche Kriterien gebunden. Viele Verdachtsmomente im Hinblick auf Devisenvergehen erhärteten sich nicht, und auch viele routinemäßige Buch- und Betriebsprüfungen blieben ohne Beanstandungen gegenüber den Firmeneignern.[247] Stellte sie „Gutgläubigkeit" fest, dann sah die Nürnberger Devisenstelle auch bei jüdischen Gewerbetreibenden im Einzelfall von einer Bestrafung ab und beließ es bei einer Verwarnung oder suchte die Schuld bei Bankhäusern oder anderen beratenden Instanzen.[248] In weiteren Ermessensentscheidungen, wie etwa bei der Frage, in welcher Höhe Devisen für den Geschäftsreiseverkehr zu genehmigen seien, verwiesen Beamte der Devisenstelle noch im Sommer 1936 auf das „aufrichtige Geschäftsgebaren" und den „guten Ruf" jüdischer Hopfenhändler.[249] Ungeachtet der heftigen antisemitischen Attacken gegen die „jüdische Dominanz" in dieser Branche ließ die Devisenstelle Nürnberg die jüdischen Firmeninhaber, die aufgrund ihrer internationalen Geschäftsbeziehungen als wichtige „Devisenbeschaffer" für das Reich betrachtet wurden, bis 1938 weitgehend unbehelligt.

Die Zweckgebundenheit der Dienststelle an die fiskalische Zielsetzung der Haushaltskonsolidierung nahm bei der Behandlung der in der Hopfenbranche üblichen Schmiergelder fast skurrile Formen an. Diese wurden zusammen mit Geschenken und Spesen für die Vertragspartner in fünfstelligen Reichsmarkbeträgen gezahlt. Bestochen wurden die Braumeister und Mittler, die entsprechende

---

[245] Schreiben eines Rechtsanwalts an die Devisenstelle vom 26. 5. 1936 und Schreiben der Zollfahndungsstelle an die Devisenstelle vom 28. 7. 1936 sowie Unterwerfungsverhandlung gegen Josef B. am 4. 7. 1936; StAN/OFD Nürnberg (Bund)/9573.

[246] Aussage während eines Verfahrens vor der Wiedergutmachungskammer beim LG Nürnberg vom 7. 3. 1957; BayHStAM/EG/81850.

[247] Bei 28 von 40 Überprüfungen ergaben sich keine Hinweise auf Unregelmäßigkeiten; vgl. exemplarisch etwa die Überprüfungen der renommierten Hopfenhandlung Bernhard Hugo B. von 1933 bis 1937; StAN/OFD Nürnberg (Bund)/9700.

[248] Anklage gegen eine jüdische Hopfenhandlung, die gegen die Devisenbestimmungen verstoßen hatte. Die Devisenstelle kam zu dem Ergebnis, dass die Commerz- und Privatbank falsch beraten habe, und erteilte der Bank daraufhin eine Verwarnung; Schreiben der Devisenstelle an die Staatsanwaltschaft Nürnberg vom 16. 10. 1933; OFD Nürnberg/Devisenstelle/1312. Auch bei der jüdischen Hopfenhandlung S. T. wurde ermittelt, und es wurden Verstöße gegen die Devisenordnung festgestellt. Auf eine Strafanzeige wurde allerdings verzichtet; StAN/OFD Nürnberg (Bund)/11054.

[249] Feststellung eines OStI vom 15. 7. 1936 in Bezug auf den jüdischen Hopfenhändler Richard L.; StAN/OFD Nürnberg (Bund)/10414.

Verträge mit Hopfenfirmen in die Wege leiten konnten.[250] Die hierfür notwendige Genehmigung für die Mitführung entsprechender Devisenbeträge ins Ausland erteilte die Devisenstelle Nürnberg auch bei Juden ausnahmslos. Auslandsschmiergelder konnten sogar beim Wohnfinanzamt steuerlich abgesetzt werden.[251]

Ein ähnliches Bild zeigt auch das Ergebnis der Interaktion mit anderen Institutionen der Finanzverwaltung. Bei ihrer Überwachungstätigkeit bediente sich die Devisenstelle Nürnberg schon seit 1931 der Unterstützung der Finanzämter und der Zollfahndungsstellen. Während die Zollfahndungsstelle oftmals die Ermittlungsarbeiten vor Ort vornahm, führte in Nürnberg das Finanzamt-Ost auf Aufforderung der Devisenstelle und mit besonderer Berücksichtigung des Devisentransfers Buch- und Betriebsprüfungen durch.[252] Die Berichterstattung und die Ermittlungsergebnisse orientierten sich auch hier an sachlichen Gesichtspunkten.[253] In diese Richtung verweist schließlich auch ein Vergleich mit den Überprüfungsroutinen der Zollfahndung, Devisenstellen und Finanzämter bei nichtjüdischen Firmen, etwa der renommierten Nürnberger Sportzeitschrift Kicker, die sowohl hinsichtlich der Ermittlungsberichte als auch der Verfahrensweise und Gründlichkeit der Untersuchungen keine Unterschiede zu der Überwachung jüdischer Firmen aufweisen.[254]

Durch die nahezu vollständige Zerstörung der Akten des Landesfinanzamts Nürnberg und der Generalakten der Nürnberger Finanzämter ist eine Analyse der internen Strukturen in den Finanzämtern kaum möglich. Aufschluss über die Handlungspraxis der Beamten können allenfalls die erhaltenen Steuerakten der Steuerpflichtigen geben. Die Untersuchung der Einzelfallakten der Nürnberger Finanzämter bestätigen den durch die Überwachungs- und Entziehungspraxis der Devisenstelle vermittelten Eindruck. Neben dem Landesfinanzamt nahm in Nürnberg vorwiegend das Finanzamt Nürnberg-Ost die Buch- und Betriebsprüfungen vor. Entsprechende Kontrollen führten die Beamten sowohl bei den großen jüdischen Gewerbebetrieben als auch bei den Praxen und Kanzleien regelmäßig durch. Hierbei arbeiteten die Ermittlungsstelle des Landesfinanzamts, der Steueraußendienst und die Beamten der Finanzämter eng zusammen.[255] Im Be-

---

[250] Bericht des Finanzamts Nürnberg-Ost vom 8. 3. 1935; StAN/OFD Nürnberg (Bund)/ 10073.

[251] Ebd. sowie der Einzelfall in StAN/OFD Nürnberg (Bund)/11054; Feststellung der Devisenstelle vom 4. 3. 1935; StAN/Finanzamt Nürnberg-Ost/6757.

[252] Prüfung der Hopfenhandlung M.-D. des Finanzamts Nürnberg-Ost vom 16. 5. 1934; StAN/OFD Nürnberg (Bund)/10454; sowie Ermittlungsbericht der Zollfahndungsstelle an die Devisenstelle über die Hopfenhandlung Joseph B. vom 5. 8. 1936; StAN/OFD Nürnberg (Bund)/9573.

[253] Bei entsprechender Buchführung wurden auch durch das Finanzamt oder die Devisenstellen bei jüdischen Firmen keine Beanstandungen erhoben; Devisenprüfung des Finanzamts Nürnberg-Ost bei der Fa. Bernhard B. vom 9. 2. 1933; StAN/OFD Nürnberg (Bund)/9700; Ermittlungsbericht der Zollfahndung über den jüdischen Textilhändler Josef L. an die Devisenstelle vom 14. 7. 1936; StAN/OFD Nürnberg (Bund)/10386.

[254] Stichprobenhaft wurden die Einzelfallakten der Devisenstelle Nürnberg von 20 nichtjüdischen mittelständischen Firmen in die Untersuchungen einbezogen, wobei sich die Auswahl zwangsläufig an den vorhandenen Beständen ausrichtete.

[255] Schreiben der Ermittlungsstelle des LFA Nürnberg an den Steueraußendienst des Fi-

zirk Nürnberg besaßen 1933 14 Finanzämter eigene Steuerfahndungsdienste. Die insgesamt 30 Beamten verteilten sich auf die einzelnen Ämter, wobei der fünfköpfige Steueraußendienst des Landesfinanzamts eine federführende Funktion innehatte.[256] Für den Steueraußendienst des innerstädtischen Bereiches waren die Finanzämter Nord, Ost und West zuständig.[257] In vielen Fällen ergab auch hier die Überprüfung der Bücher eine Neuveranlagung und damit die Ermittlung erheblicher Beträge, die nachversteuert werden mussten.[258] Eine antisemitische Motivation der Beamten kann hierbei nicht explizit nachgewiesen werden. Zum einen ergab ein großer Teil der Buch- und Betriebsprüfungen keine Beanstandungen. Hinweise auf die religiöse oder gar „rassische" Zugehörigkeit der Steuerpflichtigen sind nicht zu finden.[259] Zum anderen sind zwischen den bereits vor 1933 durchgeführten Prüfungen und denen in der Anfangszeit der NS-Herrschaft weder in personeller Hinsicht noch in der Art und Weise der Durchführung entscheidende Veränderungen erkennbar.[260] Auch bei der direkten Veranlagung in den Bereichen Gewerbe-, Einkommens- oder Vermögenssteuer fanden sich in keinem Fall Hinweise auf antisemitische Diskriminierungen.

Die Einziehungspraxis der Nürnberger Finanzverwaltung ist nicht nur in Anbetracht der besonderen Machtstellung des Nürnberger Gauleiters und der außergewöhnlich stark ausgeprägten antisemitischen Dynamik der Parteibasis bei der Judenverfolgung bemerkenswert. Sie überrascht umso mehr, als Gauleiter Streicher offensichtlich auch die Finanzbeamten in seinem Sinne zu indoktrinieren trachtete, so etwa in einer Versammlung vor Steuerbeamten 1936, in deren Verlauf er dem Auditorium Möglichkeiten schilderte, sich der „Juden auf administrativem Wege zu entledigen".[261] Teilbereiche der Finanzverwaltung in Nürnberg wie auch in München stellten ein von der Praxis der Parteigliederungen weitgehend unbeeinflusstes System dar. Der traditionellen Verwaltung inhärente Strukturen wie ein hoher Professionalisierungsgrad, routinierte Abläufe sowie eine primär zweckrationale Ausrichtung prägten die Überwachungs- und Entziehungspraxis mehr als der Einfluss regionaler Parteifunktionäre. Während sich die Handlungspraxis der NSDAP-Gliederungen bei der wirtschaftlichen Verfolgung in Mün-

---

nanzamts Nürnberg-West vom 19. 9. 1933; StAN/Finanzamt Nürnberg-West/183; Feststellung des Steueraußendiensts des Finanzamts Nürnberg-Ost vom 6. 4. 1933; StAN/Finanzamt Nürnberg-Ost/6590.

[256] Bericht des LFA Nürnberg an den RdF im Jahr 1933; BAB/R2/5978.

[257] Besprechung beim LFA Würzburg am 3. 12. 1934; BAB/R2/6004.

[258] Schreiben Andreas S.s an das Finanzamt Nürnberg-Ost vom 10. 4. 1934; StAN/Finanzamt Nürnberg-Ost/6757; Schreiben der Ermittlungsstelle des LFA Nürnberg an den Steueraußendienst des Finanzamts Nürnberg-West vom 19. 9. 1933; StAN/Finanzamt Nürnberg-West/183.

[259] Bericht eines Buchprüfers des Finanzamts Nürnberg-Ost vom 17. 11. 1933; StAN/OFD Nürnberg (Bund)/11054; Buchprüfungsbericht des Finanzamts Nürnberg-Ost vom 11. 12. 1934; StAN/OFD Nürnberg (Bund)/10711; Bericht des Finanzamts Nürnberg-Ost vom 9. 2. 1933; StAN/OFD Nürnberg (Bund)/9700.

[260] Vgl. etwa die verschiedenen Betriebsprüfungsberichte des Finanzamts Nürnberg-Ost bei einer Hopfenhandlung mit jüdischem Inhaber; StAN/Finanzamt Nürnberg-Ost/5498–5507; oder beim Kaufhaus Zum Strauss; StAN/Zentralfinanzamt/3908.

[261] Deutschlandberichte der Sopade, 3. Jg., S. 1655.

chen und Nürnberg vor allem durch eine nahezu unkontrollierbare antisemitische Aktionsmacht, das Streben nach individuellem wirtschaftlichem Vorteil und der Bündelung umfassender Kompetenzen in den Händen weniger Regionalfürsten auszeichnete, blieb die Finanzverwaltung weiterhin an Effizienzkriterien orientiert.

Die zurückhaltende Politik der Nürnberger Beamten gegenüber jüdischen Steuerpflichtigen verrät allerdings noch nichts über deren ideologische Prägung. Fielen utilitaristische und ideologisch bedingte Absichten zusammen, wie dies bei der Überwachung und Entziehung von Emigrantenvermögen in Nürnberg der Fall war, dann legte die Finanzverwaltung rigorose und diskriminierende Verhaltensweisen gegenüber der jüdischen Bevölkerung an den Tag.

Unterfranken

Durch die nahezu vollständige Zerstörung der Akten des Landesfinanzamts Würzburg ist für die Region Bad Kissingen/Hammelburg, ebenso wie für Nürnberg, eine Untersuchung der internen Strukturen der Finanzbehörden kaum möglich. Auch in den dortigen Finanzamtsbezirken sprechen die Einzelfallakten allerdings auf den ersten Blick für eine Verwaltungsroutine, die der in München und Nürnberg weitgehend entsprach. Die Betriebsprüfungen, die wohl vorwiegend das Landesfinanzamt durchgeführt hatte, weisen keine judenfeindlichen Tendenzen auf. Die Handlungsmuster bei der Buch- und Betriebsprüfung waren vor und nach 1933 ähnlich.[262] Gleiches kann auch für die Veranlagungspraxis der Finanzämter bei den verschiedenen Steuerarten festgestellt werden. Wie in München verteilten sich die Beamten des Steueraußendienstes in Würzburg neben dem Landesfinanzamt auf die meisten Finanzämter im Bezirk.[263] Insgesamt existierten dort sieben Steuerfahndungsstellen, die ebenfalls bei den Buch- und Betriebsprüfungen mit den Finanzämtern eng zusammenarbeiteten.[264] Auffällig ist allerdings die relativ hohe Anzahl von Strafbescheiden, die das Finanzamt Hammelburg gegen Juden erließ. Auch bei geringfügigen Vergehen strengten die Beamten in der unterfränkischen Kleinstadt ein Strafverfahren an. Zielscheibe der regen Ermittlungstätigkeit war etwa ein jüdischer Viehhändler, der vergessen hatte, die Ertragszinsen seiner Erbschaft zu versteuern, nachdem er das aus der Erbschaft stammende Reinvermögen korrekt angegeben hatte. Trotz aller Bereitschaft, entsprechende Steuersummen nachzuzahlen, verurteilte ihn das Finanzamt Hammelburg zu einer horrenden Geldstrafe. Nach der Beschwerde des Viehhändlers bestätigte das Landesfinanzamt die Geldbuße mit der Begründung, er hätte sich über seine gesetzlichen Pflichten informieren müssen.[265]

---

262 Bericht des LFA vom 12. 3. 1935; StAW/Finanzamt Bad Kissingen/53; Bericht vom 17. 4. 1931; StAW/Finanzamt Bad Kissingen/Veranlagungssteuern/70.

263 Besprechung am 3. 12. 1934 im LFA Würzburg; BAB/R2/6004.

264 Schreiben des Präsidenten des LFA Würzburg an den RdF vom 19. 10. 1938; BAB/R2/ 5973.

265 Protokoll der Strafsachenstelle des Finanzamts Hammelburg vom 23. 1. 1935; Beschwerdebrief an das LFA Würzburg vom 11. 2. 1935; Entscheidung des LFA Würzburg vom 20. 3. 1935; StAW/Finanzamt Bad Kissingen/Veranlagungssteuern/61.

Ein weiteres Beispiel: Bei Willi S., einem jüdischen Viehhändler aus Ober-thulba, fand 1934 eine Nachschau durch das Finanzamt Hammelburg statt. Während der Überprüfung stellte das Finanzamt das Fehlen einiger wichtiger Bücher fest. Der Steuerpflichtige gab zwar an, er habe einen jährlichen Umsatz von etwa 30 000 Reichsmark und sei auch bereit, diesen zu versteuern. Das Finanzamt schenkte ihm aber keinen Glauben und verließ sich lieber auf die dreisten Behauptungen des nationalsozialistischen Bürgermeisters. Der nutzte die Gelegenheit, gegen den unliebsamen Viehhändler vorgehen zu können, indem er dessen Umsatz auf vollkommen unrealistische 60 000 Reichsmark, mithin auf das Doppelte der von Willi S. angegeben Summe schätzte. Obgleich auch den erfahrenen Finanzbeamten klar sein musste, dass ein solcher Umsatz für einen kleinen Viehhandelsbetrieb mehr als unwahrscheinlich war, leitete das Finanzamt ein Strafverfahren wegen Steuerhinterziehung ein.[266]

Derartige Strafverfahren strebte das Finanzamt sogar gegen den ausdrücklichen Willen von nationalsozialistisch orientierten Interessenvertretungen an. Eine davon war der gleichgeschaltete Reichsverband des nationalen Viehhandels, Gau Bayern, der im September 1934 die Meinung vertrat, viele Viehhändler seien überhaupt nicht dazu in der Lage, die komplizierte Umsatzsteuerregelung zu verstehen. Wenn die Buchprüfung vorheriger Jahre nicht zu beanstanden sei, möge man daher bei den Betroffenen keine Strafverfahren einleiten. Das Finanzamt Hammelburg zeigte sich gegenüber derartigen Eingaben resistent. Es war nur dann bereit, auf Ermittlungen zu verzichten, wenn die Verfahren keinen finanziellen Mehrwert versprachen.[267] Grundsätzlich sah die Behörde daher von einer Strafverfügung nur in den Fällen ab, in denen das Strafmaß nicht höher als 500 Reichsmark lag.[268]

Dafür, dass sich derartige Strafbescheide explizit gegen jüdische Händler richteten, sprechen die antisemitischen Nischenregelungen, die die Reichsregierung explizit gegen jüdische Viehhändler geschaffen hatte. Wie bereits gezeigt, strebte die Ministerialbürokratie ab 1935 den Ausschluss jüdischer Viehhändler von der Befreiung der Umsatzsteuer an.[269] Entsprechende Anweisungen an die jeweiligen Finanzämter sind also durchaus wahrscheinlich. Darüber hinaus ist zu berücksichtigen, dass die Strafverfahren vielfach nicht nur monetäre Folgen hatten. Die zuständigen Stellen nutzten eine Bestrafung durch die Finanzämter dazu, den jüdischen Viehhändlern die Gewerbeerlaubnis zu entziehen. So entschieden zum Beispiel sowohl das Schiedsgericht für die landwirtschaftliche Marktregelung des Reichsnährstandes als auch die Regierung von Unterfranken und das Bezirksamt

---

[266] Schreiben des Finanzamts Hammelburg an Willi S. vom 20. 6. und 2. 7. 1934 sowie Schreiben des Finanzamts an den Bürgermeister von Oberthulba vom 22. 10. 1934; StAW/Finanzamt Bad Kissingen/Veranlagungssteuern 76.

[267] Schreiben des Reichsverbands des nationalen Viehhandels, Gau Bayern, an Adolf S. vom 25. 9. 1934 und Protokoll der Strafsachenstelle des Finanzamts Hammelburg vom 2. 7. 1934; StAW/Finanzamt Bad Kissingen/Veranlagungssteuern/324.

[268] Verfügung des Finanzamts Hammelburg vom 12. 12. 1934; StAW/Finanzamt Bad Kissingen/Veranlagungssteuern/68.

[269] Generell sollten jüdische Viehhändler von der Führung eines Umsatzsteuerhefts nicht befreit werden; Schreiben an den Dir. des Referats III vom 22. 8. 1935; BAB/R2/57247.

Hammelburg, wegen Strafbescheiden von nicht mehr als 150 Reichsmark die Gewerbelegitimation zu entziehen.[270] Entsprechende Absprachen zwischen den Behörden sind zwar nicht nachweisbar, aber angesichts der gesetzlichen Bestimmungen nahe liegend. Denn eine der normativen Voraussetzungen für den Entzug der Handelserlaubnis war das Vorliegen einer Straftat, wobei Besteuerungsstrafverfahren bei einer Geldstrafe bis zu 5000 Reichsmark im Ermessen des jeweiligen Finanzamts lagen.[271]

Auf der Grundlage des geltenden Normengefüges gab es offenbar auch in der Finanzverwaltung frühzeitig Tendenzen, sich an der „Ausschaltung" der inländischen jüdischen Bevölkerung zu beteiligen und so zum Bestandteil des arbeitsteiligen Verfolgungsprozesses zu werden. Durch die hohen Strafen und die dadurch bedingte Kriminalisierung jüdischer Viehhändler kam den Finanzämtern Bad Kissingen und Hammelburg eine Schrittmacherfunktion im wirtschaftlichen Ausschaltungsprozess der inländischen jüdischen Bevölkerung zu.

5. Der „Doppelstaat" im Lichte fiskalischer Überwachung und Entziehung

Vor dem Hintergrund fiskalischer Überwachungs- und Entziehungspraktiken zeichnet sich die parallele Geltung primär an Effizienzkriterien ausgerichteter und funktionalistischer Gesichtspunkten häufig widersprechender ideologischer Normen bei der wirtschaftlichen Verfolgung der jüdischen Bevölkerung deutlich ab. Angesichts unterschiedlicher Verfahrensweisen von Parteigliederungen und administrativer Apparate verstärkt sich dieser Eindruck noch zusätzlich. Denn auf Seiten der NSDAP oder der Bayerischen Politischen Polizei dominierte die antisemitische Aktion die Handlungslogik und weniger die Bindung an geltendes Recht. Dies galt darüber hinaus für Teilbereiche der Stadtverwaltungen und die bayerische Regierung; vor allem Innenminister und Gauleiter Wagner nutzte die Übergriffe gegen die jüdische Bevölkerung auch als Druckmittel, um die Reichsregierung frühzeitig auf einen radikal antisemitischen Kurs zu zwingen. Innerhalb der Finanzverwaltung herrschte ein komplexeres Mischungsverhältnis. Auf der einen Seite konnte an der primären Ausrichtung der Steuerpolitik auf das Ziel der vollen Kassen kein Zweifel bestehen. Im Bereich der Fiskalpolitik beließ es die NS-Regierung bei der Geltung bereits bestehender Normen, um monetär begründete Zielsetzungen mit einer reibungslos funktionierenden Verwaltung erreichen zu können. Die Beamten scheinen diesen Absichten weitgehend Folge geleistet zu haben.[272] Um des Staatsziels der haushaltspolitischen Konsolidierung willen hatte das NS-Regime zudem weitgehend auf einen Wechsel der Funktionseliten verzichtet. Zu den Kontinuitäten über die Zäsur von 1933 hinweg gesellten sich auf

---

[270] Schreiben des Bezirksamts Hammelburg an das Schiedsgericht für landwirtschaftliche Marktregelung vom 3. 3. 1938; StAW/LRA Hammelburg/3573; Beschwerdebrief zweier Rechtsanwälte an das Bezirksamt Hammelburg vom 12. 3. 1936; StAW/LRA Hammelburg/3548; Schreiben der Regierung von Unterfranken an das Bezirksamt Hammelburg vom 3. 11. 1937; BayHStAM/EG/20195.

[271] § 202 der „Reichsabgabenordnung" vom 22. 5. 1931; RGBl. I (1931), S. 189.

[272] Zu den Zielen der NS-Steuerpolitik vgl. Henning, Steuerpolitik, S. 197 f.

der anderen Seite aber auch schnell ideologisch bedingte Brüche. Tiefe Risse erhielten die Grundfesten traditioneller Steuergesetzgebung durch die drastische Verschärfung der Devisen- und „Reichsfluchtsteuergesetzgebung" genauso wie durch das „Steueranpassungsgesetz". Wie schnell die regionalen Gliederungen der Finanzverwaltung die neuen gesetzlichen Rahmenbedingungen akzeptierten und im Sinne des NS-Regimes umsetzten, haben die zahlreichen Einzelbeispiele verdeutlicht. „An Stelle liberalistischer und individualistischer Gesichtspunkte", so schlossen die bereits zitierten Richtlinien des Landesfinanzamts München vom Juli 1934, „gelangt jetzt wieder der Gesichtspunkt des Willenstrafrechts und des Übelcharakters der Strafe zur Herrschaft."[273] Versuche, die parallel vorhandene Orientierung der Beamten an Prinzipien der Weimarer Republik primär mit deren rechtsstaatlichen Traditionen und einem daraus resultierenden Gegensatz von Staat und Partei erklären zu wollen, sind daher untauglich.

Einen anderen Erklärungsansatz bietet Ernst Fraenkels prominentes Modell des „Doppelstaats". Mit dem Begriffspaar Maßnahmen- und Normenstaat versucht der Autor, die seiner Ansicht nach grundlegenden Funktionsprinzipien des NS-Staates darzustellen. Die parallele Geltung beider Ordnungssysteme – das hat Fraenkel eindringlich hervorgehoben – bildet keinen Gegensatz von Staat und Partei ab. Für die Deutung fiskalischer Überwachungs- und Entziehungsroutinen ist vielmehr die These von Interesse, ein Doppelstaatsprinzip habe auch innerhalb der verschiedenen Institutionen des NS-Regimes Wirksamkeit erlangt.[274] Zwei verschiedene Handlungsorientierungen erklären den dualistischen Charakter: Im Gegensatz zum Normenstaat fällt der Maßnahmenstaat seine Entscheidungen primär nach Maßgabe der politischen Notwendigkeit und nicht nach derjenigen festgeschriebener Rechte und Pflichten.[275] „Recht", so erklärt es der NS-Ideologe Alfred Rosenberg, „ist das, was arische Männer für Recht befinden."[276] Die weltanschaulich so bedeutende „Judenfrage" gehörte in die Sphäre des Maßnahmenstaates. Auch hier konnte es Formen der Normenbindung geben, diese bezogen sich aber auf den Gedanken der „Volksgemeinschaft" und nicht auf klassische rechtsstaatliche Prinzipien. Ordnung und Kalkulierbarkeit waren also möglich, zumal das NS-Regime vom Maßnahmenstaat angewandte Mittel mit „legalistischen Tricks" verschleierte. Es fehlte allerdings die in feste Formen gebundene Gerechtigkeit.[277] Lediglich wenn der Maßnahmenstaat keine Kompetenzen an sich zog, dann konnte gesetzmäßiges Handeln, also der Normenstaat, zum Tragen kommen.[278] Hintergrund und Vorbehalt dieser Selbstbeschränkung war nach Fraenkel die politische Zweckmäßigkeit. Der Maßnahmenstaat mache von seinen Befugnissen immer dann keinen Gebrauch, wenn es der Effizienz diene, etwa im Wirtschaftsbereich oder Steuerrecht, wo eine Kalkulierbarkeit aufgrund festge-

---

[273] Richtlinien des Präsidenten des LFA München vom 24. 7. 1934; StAM/Finanzamt/19864.
[274] Fraenkel, Doppelstaat, S. 51; zur Rezeption Fraenkels in der historischen Forschung vgl. Schulte, Konvergenz; Bajohr, „Arisierung" in Hamburg; als Überblick vgl. auch Wildt, Ordnung; Nolzen, Editorial.
[275] Fraenkel, Doppelstaat, S. 55.
[276] Ebd., S. 161.
[277] Ebd., S. 55, 67 und 102.
[278] Ebd., S. 114.

schriebener Normen für das Funktionieren des Staates zwingend notwendig erschien.[279]

In der Betonung der an funktionalistischen Kriterien ausgerichteten NS-Politik, die ideologische Vorgaben zumindest zeitweise beiseite zu lassen bereit war, liegt die Stärke des Ansatzes. „Im nationalsozialistischen Deutschland", so der Autor, „ist das Evangelium der Effizienz an die Stelle des Kults der Freiheit getreten."[280] Die unterschiedliche Verfahrensweise der Finanzverwaltung gegenüber der inländischen jüdischen Bevölkerung und jüdischen Emigranten in München und Nürnberg demonstriert die Selbstbeschränkung des Maßnahmenstaates zugunsten der Effizienzorientierung im Sinne steuerlicher Leistungsfähigkeit. Gleichzeitig wird die Durchsetzungsfähigkeit zentraler Steuerungselemente sichtbar: Tendenzen antisemitisch motivierter Überwachungs- und Entziehungsroutinen gegenüber der inländischen jüdischen Bevölkerung, wie sie in Bad Kissingen/ Hammelburg aufgezeigt wurden, finden sich nur dort, wo es entsprechende Vorgaben des Reichsfinanzministeriums gab. Erst unterhalb dieser Ebene, bei Stundungen und Erlassen, lässt sich die individuelle Prägung der Handlungen nachverfolgen, die sich generell durch Härte auszeichneten, sich im Einzelfall, der Steuergesetzgebung entsprechend, aber auch positiv für die Betroffenen auswirken konnten.[281]

In dem Versuch, die grundlegenden Charakteristika der NS-Herrschaft auf zwei Strukturmerkmale zu reduzieren, liegt allerdings dessen Problematik begründet. Denn Fraenkel geht zwar von der prinzipiellen Vorherrschaft maßnahmenstaatlicher Prinzipien bei der Judenverfolgung und deren legalistischer Verschleierung aus, definiert den Normenstaat aber letztlich immer vom Blickwinkel des liberalen Rechtssystems der Weimarer Republik.[282] Besonders die daraus resultierende Annahme, es habe auf Seiten der traditionell nach normenstaatlichen Kriterien arbeitenden Behörden bis 1936 Widerstand gegen die Organe der Diktatur gegeben, bestätigt sich nicht.[283] Die analytische Trennung beider Sphären verleitet dazu, ihr komplexes Mischungsverhältnis genauso zu übersehen, wie die neue Definition von Norm, die aus ihrer Verbindung entstand. Im Sinne eines funktionierenden administrativen Apparates behielt das NS-Regime zwar eingespielte bürokratische Verfahrensabläufe bei, veränderte aber das dem Verwaltungshandeln zugrunde liegende politische Programm früh und umfassend. Wie schnell die Institutionen der Finanzverwaltung bereit waren, auf der neuen normativen Grundlage zu arbeiten, wenn diese Effizienzkriterien nicht widersprach, verdeutlicht die rasche und konsequente Ausplünderung der jüdischen Emigranten. Die Reichsregierung konnte sich hierbei nicht nur auf die Durchsetzungsfähigkeit des hierarchisch ausgerichteten bürokratischen Apparates verlassen, son-

---

[279] Ebd.

[280] Ebd., S. 124.

[281] Der so entstandene Dualismus in der Behandlung der jüdischen Bevölkerung war auch Ernst Fraenkel bewusst. Er führte die Zurückhaltung der Reichsregierung in diesem Bereich auf wirtschaftspolitische Notwendigkeiten zurück; ebd., S. 142.

[282] Ebd., S. 41, 55, 102 und 123.

[283] Ebd., S. 49.

dern auch auf die „brauchbare Illegalität" der Beamten vor Ort, die im Einzelfall Impulse von oben nach Maßgabe regionaler Verhältnisse im Sinne einer effizienten Verwaltung verschärften oder abfederten. Diese zweckrationale Ausrichtung verrät daher auch nichts über dahinterstehende Motive, diente der wirtschaftliche und finanzielle Erfolg der NS-Regierung doch letztlich nur der Verwirklichung der utopischen und „rassisch" begründeten Zielsetzungen der nationalsozialistischen Ideologie.

Anders gesagt: Die administrativen Verfahrensweisen der Finanzverwaltung blieben bis 1938 im Wesentlichen gleich, vorhandene Neuerungen basierten auf bereits etablierten Routinen. Auf die sich radikal verändernden Impulse der politischen Umwelt reagierte sie aber mit einem hohen Maß an Adaptionsbereitschaft. Die Verarbeitung der neuen politischen Programmformulierung nach traditionellen bürokratischen Spielregeln ermöglichte die Koppelung ideologischer und funktionalistischer Gesichtspunkte und machte damit die effiziente Ausplünderung der jüdischen Bevölkerung überhaupt erst möglich. „Der Jude selbst mag auswandern", so formulierte es der Berichterstatter des Finanzamts München-Nord im Jahr 1936, „sein Vermögen darf aber erst transferiert werden, wenn es sowohl bei der Einkommensteuer als auch bei der Vermögens- und ‚Reichsfluchtsteuer' tunlichst restlos erfasst worden ist."[284]

Nicht eine uneinheitliche Definition von Recht, sondern die unterschiedliche Verarbeitung ideologischer Impulse durch verschiedene Herrschaftsträger mit unterschiedlichen Systemvoraussetzungen stellte mithin den eigentlichen Unterschied zwischen Maßnahmen- und Normenstaat dar. Fragt man nach den grundlegenden Charakteristika des Normenstaates, so ist die ideologisch bedingte Transformation der Norm und die dadurch hervorgerufene veränderte Verwaltungspraxis gegenüber dem Publikum hervorzuheben.

Nach Ernst Fraenkel trat im Laufe der NS-Herrschaft im Normenstaat die Tendenz in Erscheinung, das freie Ermessen bis zur Missbräuchlichkeit hin auszudehnen. „Mehr und mehr verstärkt sich auch die Tendenz, die innere Anpassung des Normenstaats an den Maßnahmenstaat als Beweis für die Durchdringung des ‚Dritten Reichs' mit nationalsozialistischem Geist zu begrüßen."[285] Hierfür hatte bereits das „Steueranpassungsgesetz" ein erstes Einfallstor geöffnet. Erheblich radikaler gestaltete sich jedoch die nun explizit antisemitische Steuergesetzgebung nach 1937/38. Wie die regionalen Gliederungen der Finanzverwaltung auf diese neue Ausgangssituation reagierten, darauf wird im Folgenden einzugehen sein.

---

[284] Schreiben des Finanzamts München-Nord an den Präsidenten des LFA München vom 18. 2. 1936; BAB/R 2/5987.
[285] Ebd.

III. Die systematische „Ausschaltung": Finanzverwaltung, „Arisierung" und Ausplünderung der jüdischen Bevölkerung 1937/38–1941

1. Zur Bedeutung der Zäsur 1938

Das Jahr 1936 ist im Hinblick auf die wirtschaftliche Verdrängung der jüdischen Bevölkerung in Arbeiten jüngeren Datums als eine entscheidende Zäsur gewertet worden. Die neuere Forschung hat damit den Beginn der systematischen „Ausschaltung" der Juden aus dem Wirtschaftsleben und ihrer vollständigen Ausplünderung im Gegensatz zu älteren Studien um ein bis zwei Jahre vordatiert.[286] Dabei wurde die Bedeutung des Jahres 1938 als Beginn einer weiteren Phase der Judenverfolgung keinesfalls negiert. Das Augenmerk richtete sich allerdings mehr und mehr auf die Grundlagen der vollständigen „Ausschaltung" und Expropriation, die das NS-Regime bereits zwei Jahre vorher legte. Vor allem die neue Devisengesetzgebung hatte das Potential einer erheblichen Verschärfung der „Judenpolitik" seitens der lokalen Finanzbehörden. Da die Reichsregierung die Devisengesetzgebung erst Ende 1936 novellierte und verschärfte Verfolgungsmaßnahmen frühestens im Jahr darauf greifen konnten, ist eine Zäsur im Hinblick auf die lokalen Behörden der Reichsfinanzverwaltung 1937 zu setzen. Bereits zwölf Monate später begann die Reichsregierung dann mit der umfassenden „Ausschaltung" der jüdischen Bevölkerung aus dem Wirtschaftsleben, an der auch die Reichsfinanzverwaltung maßgeblich beteiligt war. Die Jahre 1937 und 1938 veränderten das Aufgabenprofil der lokalen Institutionen des Fiskus erheblich und führten zu drastischen Veränderungen bei der erwerbstätigen jüdischen Bevölkerung. Die Phase der raschen Verschärfung der Verfolgung bis zur endgültigen „Ausschaltung" 1937/38 bestimmt deshalb die Gliederung der vorliegenden Arbeit, wenngleich die Grundlagen, auf die im Folgenden auch eingegangen werden muss, auf zentraler Ebene bereits im Laufe des Jahres 1936 vorbereitet und geschaffen worden sind.

Die „Juden-" und Devisenpolitik radikalisierte sich 1936 aus mehreren Gründen. Das Ende der Olympischen Spiele und die in diesem Jahr erreichte Vollbeschäftigung führten zu einem Einsturz der Dämme, die vorher noch für ein mäßiges Vorgehen in der „Judenpolitik" gesorgt hatten. Auch die im Jahr 1936 auftretende Rohstoff- und Devisenkrise muss als Ursache berücksichtigt werden. Für die jüdische Bevölkerung hatte vor allem die Machtverschiebung zugunsten Hermann Görings in wirtschaftspolitischen Fragen gravierende Folgen. 1936 avancierte er zunächst zum Leiter des Rohstoff- und Devisenstabes, um dann noch im selben Jahr von Hitler zum Beauftragten für den Vierjahresplan ernannt zu werden, womit er eine Schlüsselstellung in der deutschen Wirtschaftspolitik erhielt.

---

[286] Ältere Autoren wie etwa Helmut Genschel haben v. a. die Zäsur 1937/38 mit der Ausschaltung Hjalmar Schachts als Wirtschaftsminister und dem 1938 einsetzenden vollständigen Ausschluss der Juden aus dem Wirtschaftsleben als Beginn der Radikalisierung der wirtschaftlichen Verdrängung gesehen; Genschel, Verdrängung, S. 144 ff.; und v. a. auch der Überblick bei Bajohr, „Arisierung" in Hamburg, S. 174.

Als Beauftragter für den Vierjahresplan bekam Göring in den folgenden Jahren eine umfassende Weisungskompetenz, wodurch auch die jüdische erwerbstätige Bevölkerung unter seinen Einfluss geriet.[287]

Insbesondere Peter Longerich hat auf den funktionalen Zusammenhang zwischen der durch die Vierjahresplanbehörde forcierten Rüstungspolitik für einen Krieg gegen die „jüdisch-bolschewistische Bedrohung" und der wirtschaftlichen „Ausschaltung" der jüdischen Bevölkerung in Deutschland aufmerksam gemacht. Mit jüdischem Vermögen sollte unter anderem der Krieg finanziert werden.[288] Wegen des erheblichen Einflusses, den Hermann Göring auf die Devisenpolitik ausüben konnte, hatte der neue Kurs, der die Ausplünderung der jüdischen Bevölkerung im Rahmen der Vierjahresplanbehörde bereits konzeptionell einschloss, auch Auswirkungen auf die Reichsfinanzverwaltung.

2. Zollfahndung, Devisenstellen und die Ausplünderung jüdischen Vermögens

Der institutionelle Rahmen: Göring, Heydrich und die Bedeutung des Devisenfahndungsamts

Das Ergebnis der oben genannten Machtverschiebungen auf dem Devisengebiet war die Gründung eines Devisenfahndungsamts im Juli 1936, mit der Göring den Chef der Sicherheitspolizei und des SD, SS-Gruppenführer Reinhard Heydrich, beauftragte.[289] Der Gestapo-Chef und spätere Leiter des RSHA hatte in mehrfacher Hinsicht Einflussmöglichkeiten auf die Fiskalverwaltung. Nach Görings Anweisungen war die ihm unterstehende neue Behörde gegenüber den Zollfahndungsstellen, den Steuerfahndungsdiensten sowie den Hauptzollämtern und ihren Gliederungen in Sachfragen weisungsberechtigt. Bei umfangreichen Devisenvergehen oder der Verwicklung führender Persönlichkeiten in Devisenangelegenheiten musste das Devisenfahndungsamt umgehend informiert werden. Es gab seine Anweisungen direkt an die Präsidenten der Landesfinanzämter weiter. Anordnungen allgemeiner Art sollte der Reichsfinanzminister schließlich nur noch im Einvernehmen mit Heydrichs neuer Behörde treffen.[290] Für die neuen Aufgaben stellte Göring Heydrich hauptsächlich Beamte aus der Zollverwaltung zur Verfügung.[291] Daneben bestand offensichtlich auch eine enge personelle Verbindung und institutionelle Verzahnung mit dem Geheimen Staatspolizeiamt (Gestapa), dessen Mitarbeiter – unter anderem Werner Best – für Wei-

---

[287] Die entscheidende Rolle der Dienststelle für den Vierjahresplan und Hermann Görings wird in der Literatur einhellig hervorgehoben; Longerich, Politik, S. 117f.; Dreßen, „Aktion 3", S. 21f.; Aly/Heim, Vordenker, S. 22f.; Bajohr, „Arisierung" in Hamburg, S. 190f.; Friedländer, Verfolgung, S. 196f.; Ruck, Verwaltung, S. 28.

[288] Longerich, Politik, S. 118.

[289] Schreiben Görings an Heydrich vom 7.7.1936; StAN/KV-Anklagedokumente/NI/ 13623/Fotokopie.

[290] Schreiben des RdF an die Präsidenten der Landesfinanzämter vom 5.12.1936; BAB/R2/ 5927.

[291] Dies betraf Zollkommissare aus verschiedenen Landesfinanzamtsbezirken; Schreiben Görings an den RdF vom 8.7.1936; ebd.

sungen des Devisenfahndungsamts verantwortlich zeichneten.[292] Zu den Haupt-
aufgaben des Amts gehörte die bessere Koordination der Zollfahndung, der Devisenstellen und der Staatsanwaltschaft, um dem Devisen- und Kapitalschmuggel
durch „Aufarbeit" des Vierjahresplanes ein Ende setzen zu können.[293] Das Devisenfahndungsamt legte naturgemäß einen Schwerpunkt auf die Fahndungstätigkeit und betonte daher besonders die Rolle der Zollfahndung im Überwachungs-
prozess. Sie wurde wegen der schwierigen Devisenlage dazu aufgefordert, mehr
Devisensachen als bisher zu bearbeiten und die Ermittlungsgesuche für Devisensachen möglichst umgehend zu erledigen. Dafür sollte die Behandlung von Ver-
brauchsteuersachen zurückgestellt werden.[294] Die Devisenstellen waren angehalten, ihrerseits vermehrt Zollprüfer bei ihrer Überwachungstätigkeit einzusetzen.
Zusätzlich sollten sie den Zollfahndungsstellen Buchprüfer für die Effizienzstei-
gerung zur Verfügung stellen.[295] Schließlich gab es das Bestreben, die Vorsteher
der Devisenstellen und der Zollfahndung bei der Bearbeitung von Devisensachen
einander gleichzustellen, wobei beide für die enge Zusammenarbeit der Institutionen Sorge zu tragen hatten.[296] Auch der Fahndungs- und Streifendienst der Bahn
war aufgefordert, strenger zu kontrollieren und häufiger Stichproben durchzuführen.[297]

In den klassischen Finanz- und Wirtschaftsverwaltungen sorgte die Machtfülle
und der zunehmende Einfluss der Funktionseliten der Geheimpolizei offenbar für
einige Irritationen. Der Reichswirtschaftsminister nahm von der Gründung des
Devisenfahndungsamts zwar Kenntnis, gab aber gleichzeitig seinem Willen Ausdruck, dass es bei den ihm unterstehenden Institutionen zu keiner Änderung in
der Arbeitsweise kommen werde. Im Mittelpunkt der Ermittlungsarbeit sollten
weiterhin die ihm unterstehenden Devisenstellen stehen, die ihrerseits die Zollfahndungsstellen heranziehen und Strafanzeige stellen konnten, aber auch über
die Hinzuziehung der Staatsanwaltschaft informiert werden sollten.[298] Auf ähnliche Gesichtspunkte machten auch die Reichsstelle für die Devisenbewirtschaftung und der Reichsfinanzminister als dritte den Devisenstellen vorgesetzte
Instanz aufmerksam. Sie betonten die rein sachliche Weisungsbefugnis des Devisenfahndungsamts in Devisensachen und negierten die ursprünglich geplante

---

[292] Schreiben des Devisenfahndungsamts, Dr. Best, an die Vorsteher der Zollfahndungsstellen vom 23. 11. 1937; BAB/R2/5978.
[293] Schreiben des Staatssekretärs des Reichsmarschalls an den RdF vom 4. 4. 1941; BAB/R2/
5927.
[294] Rundschreiben des RdF an die Präsidenten der Landesfinanzämter vom 23. 10. 1936; ebd.
Im August 1937 forderte das Devisenfahndungsamt gesonderte Berichte von den Zollfahndungsstellen, da die Devisenstellen Anordnungen der Zollfahndungsstellen nicht
immer bestätigten und das Amt hier Abhilfe schaffen wollte; Schreiben des RdF an den
OFP Leipzig vom 16. 3. 1938; BAB/R2/56071.
[295] Schreiben des Devisenfahndungsamts an die Zollfahndung Berlin vom 22. 10. 1936;
BAB/R 2/5927.
[296] Rundschreiben der Reichsstelle für die Devisenbewirtschaftung an die Devisenstellen
vom 20. 10. 1937; ebd.
[297] Rundschreiben der Deutschen Reichsbahn, Hauptverwaltung, an die Reichsbahndirek-
tionen vom Dezember 1936; ebd.
[298] Schreiben des RWM an Göring vom 29. 7. 1936; ebd.

übergeordnete Stellung der Heydrich-Behörde gegenüber der Zollfahndung und den Hauptzollämtern, die dann auch die Dienstaufsicht miteingeschlossen hätte.[299] Auch in der Folgezeit bereiteten die Pläne Heydrichs im Finanzministerium Kopfzerbrechen. Besonders argwöhnisch beäugte man die Pläne des Devisenfahndungsamts aus dem Jahr 1938, sich mit der Einrichtung von Devisenfahndungsstellen einen eigenen örtlichen Unterbau zu schaffen. Die damit verbundenen Konsequenzen gaben der Finanzverwaltung aus mehreren Gründen Anlass zur Sorge. In Wien war es nach dem „Anschluss" Österreichs zur Einrichtung einer Wirtschaftspolizei gekommen. Die Gründung einer ähnlichen Institution im Altreich, so glaubte man, würde zu einer Machtsteigerung des Reichswirtschaftsministeriums auf Kosten des Finanzministeriums führen. Noch beunruhigender war die Konkurrenz von Heydrich selbst. Die Ministerialbeamten fürchteten nicht nur den Abgang der besten Zollfahndungsbeamten an die Devisenfahndungsstellen, sondern vor allem eine vollständige Übernahme des Grenzkontrolldienstes durch das Gestapa und die SS.

Die Gegenmaßnahmen, die der Finanzminister ergreifen wollte, um dem umtriebigen Heydrich den Wind aus den Segeln zu nehmen, hatten erhebliche Auswirkungen auf die Überwachung und Entziehung des Emigrantenvermögens. Neben der Überlegung, strukturelle Veränderungen durchzuführen wie etwa die Zusammenlegung von Steuer- und Zollfahndung, um somit den Angriffen anderer Ressorts besser widerstehen zu können, galten die Bestrebungen des Finanzministeriums vor allem dem personellen Ausbau und der Ausweitung der Überwachungstätigkeit schon bestehender Fahndungsdienste.[300] Tatsächlich hatte das Reichsfinanzministerium bereits im Oktober 1936, wenige Wochen nach Gründung des Devisenfahndungsamts, eine Verschärfung in der Handlungspraxis der Fahndungsdienste gegenüber Emigranten forciert. „Eine große Rolle spielt auch die Bekämpfung der Steuerhinterziehung der Emigranten", so ein ministeriumsinternes Papier, „ihrer Anhänger und solcher, die es werden wollen."[301] Auf der Grundlage einer engeren Zusammenarbeit mit Gestapo und Staatsanwaltschaften sollten sich die Steuerfahndungsstellen vor allem mit den „großen Kalibern" unter den Emigranten auseinandersetzen.[302] Der veränderte Kurs fand auch in neuen Begrifflichkeiten seinen Niederschlag. Ein halbes Jahr später, im April 1937, wurde die zentrale Nachrichtenstelle beim Oberfinanzpräsidenten Berlin, wie bereits geschildert, in Zentrale Steuerfahndungsstelle umbenannt. Damit einherging eine Ausweitung der Überwachungstätigkeit. Künftig sollte die Zentrale Steuerfahndungsstelle Nachrichten über alle Einkünfte, Umsätze und Vermögen von

---

[299] Rundschreiben der Reichsstelle für Devisenbewirtschaftung an die Devisenstellen vom 16. 9. 1936 und Rundschreiben des RdF an die Präsidenten der Landesfinanzämter vom 19. 10. 1936; ebd.

[300] Vertrauliche Abschrift: Bemerkungen des Referats VI/9 zu einem von Prof. Mirre verfassten Brief an Göring, o.J. (aufgrund der Erwähnung Wiens als Präzedenzfall wahrscheinlich 1938/39); BAB/R 2/5973.

[301] Schreiben des Referats III/1 an das Referat Trapp vom 17. 10. 1936; ebd.

[302] Ebd.

mehr als 5000 Reichsmark von Personen erhalten, bei denen „Tatsachen" auf eine baldige Verlegung des Wohnsitzes ins Ausland schließen ließen.[303]

Für das Verständnis spezieller Funktionsmechanismen der wirtschaftlichen Verdrängung der Juden ist das von 1936 bis 1941 existierende Devisenfahndungsamt in zweifacher Hinsicht von Bedeutung:[304] Zum einen für die Radikalisierung der Überwachung und Entziehung von Vermögenswerten jüdischer Emigranten, die das Amt immer stärker forcierte. Durch dessen direkten Einfluss auf die Fahndungsdienste der Finanzverwaltung wurden von jetzt an traditionelle Bereiche der Fiskal- und Wirtschaftsressorts, wie etwa die Devisenpolitik, durch die späteren Architekten der „Endlösung" mitbestimmt und damit die Emigration weithin sichtbar kriminalisiert und direkt mit der „Judenfrage" verknüpft. Dabei begnügte sich das Devisenfahndungsamt nicht mit der Herausgabe von Erlassen und Verordnungen, sondern griff auch in die Ausbildung des Personals vor Ort mit ein. Schulungen gab es zum Beispiel für die Referenten des Steuerfahndungsdienstes, die in Bayern nicht Finanzbeamte, sondern hochrangige Funktionsträger der Partei, vor allem aber der Gestapo und des SD durchführten. Bei einer Veranstaltung in Würzburg standen etwa weitgehend „Sicherungsfragen" von Vermögenswerten im Vordergrund, wobei Referenten des Volksgerichtshofes, von der Zentralstelle für wirtschaftspolitische Organisation der NSDAP, der Vierjahresplanbehörde, des Reichsführers SS oder der Sicherheitspolizei (hier Oberführer und Ministerialdirigent Werner Best) auftraten.[305]

Zum anderen wirkten die durch die Gründung des Devisenfahndungsamts hervorgerufenen polykratischen Konflikte zwischen den klassischen Ressorts und der Heydrich-Behörde in den Jahren 1937 bis 1941 auch als Katalysator bei der Ausplünderung der jüdischen Bevölkerung. Die verschärften Regelungen zur Verhinderung der „Kapitalflucht" der jüdischen Emigranten fanden am deutlichsten in einer Novelle des Devisengesetzes vom Dezember 1936 ihren Niederschlag.

Der legislative Rahmen: Paragraph 37a Devisengesetz

Hitlers Planungen für den Vierjahresplan schlossen auch die legislative Radikalisierung der „Judenfrage" im Dezember 1936 ein. Sie standen im Zusammenhang mit den Besprechungen auf ministerieller Ebene im September 1936 über die wirtschaftliche Betätigung der jüdischen Bevölkerung.[306] Eine Verschärfung der Devi-

---

[303] Rundschreiben des RdF an die Oberfinanzpräsidien vom 28. 4. 1937 und Schreiben der Zentralen Steuerfahndungsstelle an die Präsidenten der Kammergerichte vom 10. 5. 1937; BAB/R 2/5972.

[304] Durch die 1941 eingetretene Entwicklung des Krieges spielte die Devisenpolitik nach Meinung Hermann Görings keine so wesentliche Rolle mehr. Mit Wirkung vom 1. April 1941 wurde das Amt daher aufgelöst, die Beamten wurden in den besetzten Gebieten eingesetzt und die Zuständigkeiten an den RdF übergeben; Schreiben des Reichsmarschalls an den RdF vom 4. 4. 1941 und Schreiben des RdF an das AA im Mai 1941; BAB/R 2/5907 und 5927.

[305] Schreiben des Devisenfahndungsamts an die Referenten für den Steuerfahndungsdienst des OFP Würzburg vom 24. 10. 1937; BAB/R 2/5927.

[306] In einer Denkschrift über den Vierjahresplan hatte Hitler Forderungen nach Maßnahmen gegen den Transfer jüdischen Vermögens erhoben; Longerich, Politik, S. 119 ff.

sengesetzgebung hatte die Ministerialbürokratie bereits 1935 durch ressortüber-greifende Beratungen über die Emigration vorbereitet. Derartige Gespräche zogen sich bis weit in das Jahr 1936 hin. Sowohl das Wirtschafts- als auch das Finanzministerium hielten das inzwischen nahezu lückenlose Überwachungssystem immer noch für unzureichend. Beamte beider Ministerien bemängelten vor allem die oftmals ungenügende Verfügungsgewalt über inländische Vermögenswerte im Falle der „Kapitalflucht" sowie die fehlenden Möglichkeiten für ein präventives Eingreifen zur Sicherung von Wertgegenständen.[307]

Im November 1936 diskutierten dann der Reichsfinanz-, Reichswirtschafts-, Reichsinnen- und Reichsjustizminister sowie der Reichsbankpräsident und der „Stellvertreter des Führers" konkret über eine Änderung des Devisengesetzes, die den Devisenstellen durch eine Sperre des Gesamtvermögens einen schnellen Zugriff auf das Emigrantenvermögen ermöglichen sollte.[308] Durch eine Neugestaltung der Exportvalutaerklärungen im Oktober 1936 war bereits die Zusammenarbeit zwischen Reichsbank, Zollfahndung und Devisenstellen intensiviert worden. Falls die Reichsbank Verdacht auf „Kapitalflucht" oder Devisenverschiebungen schöpfte, sollten Devisenstelle und Zollfahndung innerhalb von 48 Stunden die verdächtigen Betriebe überprüfen und gegebenenfalls – dies lag im Ermessen der Devisenstelle – durch Ausfuhrverbote, durch ein Verbot von Kommissionslieferungen oder andere Maßnahmen den vermuteten Kapitalverkehr verhindern.[309]

Noch im Dezember desselben Jahres verschärfte die NS-Regierung die Devisengesetzgebung durch den neuen Paragraph 37a, der eine Sicherungsanordnung über Vermögenswerte bereits bei dem Verdacht auf Kapitalflucht ermöglichte.[310] Der ebenfalls neu eingefügte Paragraph 37b erlaubte es schließlich der Devisenbewirtschaftungsstelle, auch in anderen als den in Paragraph 37a genannten Fällen Anordnungen zur Sicherung der Devisenbestände zu treffen.[311] Entsprechend der neuen Sicherungs- und Entziehungsmöglichkeiten präzisierte die Devisenbewirtschaftungsstelle ihren Aufgabenbereich und ihre Vorgaben: Die vollstreckenden Behörden für die Sicherungsanordnungen nach Paragraph 37a waren demnach die Devisenstellen, die sich, angelehnt an die bisher schon gängige Praxis, der Mithilfe der Zoll- und Steuerfahndungsstellen bedienen sollten. Für „Gewaltanwendungen", Entziehung von Pässen oder Festnahmen war die Kooperation mit den örtlichen Polizeibehörden anzustreben. Die Kosten für diese umfangreichen Sicherungsmaßnahmen hatte der Betroffene zu tragen.[312] Der Paragraph 37a ermög-

---

[307] Schreiben des Wirtschaftsministers an den Justizminister, den Finanzminister, das AA und den „Stellvertreter des Führers" vom 22. 7. 1936; BAB/R 2/14070.

[308] Schreiben des RWM an den RdF, den Innenminister, den Justizminister, Heß und die Reichsbank vom 7. 11. 1936; Schreiben des Justizministers vom 16. 11. 1936 und Schreiben des RWM an den Chef der Reichskanzlei vom 24. 11. 1936; ebd.

[309] Rundschreiben der Reichsstelle für Devisenbewirtschaftung an die Devisenstellen vom 19. 10. 1936; BAB/R 2/5978.

[310] „Änderung des Gesetzes über die Devisenbewirtschaftung" vom 1. 12. 1936, § 37a (1); RGBl. I (1936), S. 1000.

[311] Ebd.

[312] Rundschreiben der Reichsstelle für Devisenbewirtschaftung an die Devisenstellen vom 28. 1. 1937; BAB/R 2/14070.

lichte es außerdem, dem Inhaber beziehungsweise Vertreter oder Geschäftsführer die Vertretungsbefugnis über seine Firma zu entziehen. Im Einvernehmen mit dem Reichstreuhänder der Arbeit konnte die Devisenstelle in diesem Fall einen Betriebsführer als Treuhänder einsetzen.[313] Die institutionellen Schranken für eine derart umfassende Verfügung waren allerdings hoch. Sie konnten nur durch Oberbeamte erlassen werden. Zulässig war die Vermögenssicherung im Übrigen nur dann, wenn eindeutige Tatsachen vorlagen, die auf eine beabsichtigte Vermögensentziehung schließen ließen. Nach eingehender Prüfung sollten die Beamten Sicherungen über einzelne Vermögensbestandteile nur dann anordnen können, wenn der Verlust der Verfügungsgewalt den Betroffenen in seinem täglichen Leben nicht eingeschränkte.[314] Diese Maßnahmen richteten sich aber – und darin lag ihr eigentliches Radikalisierungspotential – speziell gegen die jüdische Bevölkerung und sollten auch nur bei dieser Anwendung finden.[315] Zusätzliche Brisanz erhielt die antisemitische Ausrichtung der neuen Vorschriften noch durch eine Verschärfung der strafrechtlichen Verfolgungsmaßnahmen: Das „Gesetz gegen die Wirtschaftssabotage" vom 1. Dezember 1936 drohte für die Vermögensverschiebung ins Ausland die Todesstrafe an.[316] Aufbauend auf den neuen gesetzlichen Bestimmungen sollten, wie dies der Reichsführer SS später ausführte, Devisenvergehen grundsätzlich als politische Straftaten angesehen werden, wodurch Verstöße als „staatsfeindlich" und damit als Landesverrat galten.[317]

Vor allem mit der radikalen Judenpolitik im Jahr 1938 und der daraus resultierenden verstärkten Auswanderung der jüdischen Bevölkerung in München gewann die „Sicherungsverfügung" erheblich an Bedeutung. Frank Bajohr hat mit Anspielung auf das Modell Ernst Fraenkels hervorgehoben, durch die Sicherungsverfügung gemäß Paragraph 37a habe die Finanzverwaltung den Normenstaat selber radikalisiert, ihre Beamten hätten sich tendenziell von normengebundenem Verhalten verabschiedet „und dies als Erweiterung der Handlungsspielräume, ja Befreiung von Restriktionen" empfunden, was auf einen inneren Wandlungsprozess des Normenstaates selbst hinweisen würde.[318] Insgesamt, so Bajohr weiter, entwickelten sich die Devisenstellen und die Zollfahndung zu „Schrittmachern

---

[313] Schreiben des Arbeitsministers an den Reichstreuhänder der Arbeit und die Zentrale Steuerfahndungsstelle vom 13. 4. 1937; BAB/R 2/5978.

[314] Rundschreiben des RWM vom 7. 11. 1936; ebd.

[315] Begründet wurde das „rassische" Selektionskriterium mit den Erfahrungswerten, die den vermehrten Schmuggel durch Juden angeblich bewiesen; Rundschreiben des RdF an die Oberfinanzpräsidien vom 11. 7. 1938 und Schreiben des AA an den RdF vom 19. 7. 1938, die sich auf eine entsprechende Anordnung des RdF vom 6. 3. 1937 bezogen; BAB/R 2/ 56071. 1938 wurden dann die Bestimmungen dahingehend gelockert, dass die „Sicherheitsverfügung gemäß § 37a" auch von anderen Beamten als den Oberbeamten ausgesprochen werden konnte. Es blieb aber bei dem eindringlichen Hinweis, die Vorschrift nur gegen jüdische Emigranten anzuwenden; Schreiben des RdF an den RWM vom 22. 6. 1938; ebd.

[316] § 1 des „Gesetzes gegen die Wirtschaftssabotage" vom 1. 12. 1936; RGBl. I (1936), S. 999.

[317] Schreiben des Devisenfahndungsamts an die Zollfahndungsstellen vom 16. 6. 1939; BAB/ R 2/5927.

[318] Bajohr, „Arisierung" in Hamburg, S. 216.

der Liquidierung".[319] Für eine Beurteilung dieser These und die kritische Überprüfung der Umsetzung gesetzlicher Vorgaben durch die Devisenstelle München müssen zunächst die Überlegungen zu einer Verschärfung der entsprechenden Vorschriften auf Reichsebene im Jahr 1938 berücksichtigt werden, die die Forschung bisher kaum thematisiert hat. Zunächst ist hervorzuheben, dass es sich beim Paragraph 37a Devisengesetz um eine Kann-Vorschrift handelte, die den lokalen Behörden Ermessensspielräume ermöglichte, deren Handhabung die Ministerialbürokratie im Jahr 1938 jedoch durch zahlreiche Erlasse und Verordnungen präzisierte.

Nachdem die Reichsregierung im Jahr 1937 die Bestimmungen des Paragraph 37a des Devisengesetzes zunächst kaum verändert hatte, stieß das Devisenfahndungsamt im Frühjahr 1938 erneut Diskussionen über die Sicherungsverfügungen an. Die Auffassungen der Heydrich-Behörde zielten vor allem in Richtung einer prinzipiellen Ausnahmeregelung bei jüdischen Emigranten. „Bemerkenswert ist", so ein vertrauliches Schreiben des Devisenfahndungsamts an die Zollfahndungsstellen, „dass Sicherungsanordnungen gegen Juden künftig in allen Fällen getroffen werden können, in denen bekannt wird oder die Umstände darauf schließen lassen, dass Juden auszuwandern beabsichtigen."[320] Die Anwendung der Sicherungsanordnung, so die Auffassung des Amts, müsse dafür Sorge tragen, dass hochwertige Gegenstände von Juden generell im Inland verblieben.[321]

Neben der verschärften Anwendung des Paragraph 37a forderte das Devisenfahndungsamt die planmäßige Sicherung jüdischer Vermögenswerte.[322] Es bezog sich dabei auch auf einen vertraulichen Erlass des Reichswirtschaftsministeriums vom Mai 1938, in dem ebenfalls darauf hingewiesen wurde, Sicherungsverfügungen seien in jedem Fall bei dem Verdacht der Auswanderung anzuwenden. Bestehende und künftige Exportforderungen von Juden sollten von dem Exporteur sofort auf ein Sperrkonto einer Devisenbank bezahlt werden.[323] Entsprechend sollte auch an der Grenze verfahren werden, wo Juden – so die Auffassung des Reichswirtschaftsministeriums – Gegenstände wie Waren aus Edelmetall, Photoapparate oder Pelze abgeben sollten, auch wenn es sich um Gebrauchsgegenstände handelte.[324] Um jüdisches Vermögen „in Einklang mit den Belangen der deutschen Wirtschaft zu bringen", wie dies bereits in der Verordnung vom 26. April 1938 formuliert worden war, bestimmte das Wirtschaftsministerium im Juni 1938, dass Anträge von Juden auf Vermögenstransfer grundsätzlich abgelehnt werden sollten. Ausnahmen waren lediglich dann möglich, wenn das Vermögen 20 000 Reichsmark nicht überschritt.[325] Der Anwendungsbereich des Paragraph 37a ver-

---

[319] Ebd., S. 190.
[320] Rundschreiben des Devisenfahndungsamts an die Zollfahndungsstellen vom 21. 5. 1938; BAB/R 2/56071.
[321] Schreiben des Devisenfahndungsamts an das AA und den Propagandaminister vom 27. 7. 1938; BAB/R 2/56071.
[322] Rundschreiben des Devisenfahndungsamts an die Zollfahndungsstellen vom 14. 11. 1938; StAM/OFD/413.
[323] Allgemeiner vertraulicher Erlass des RWM vom 14. 5. 1938; BAB/R 2/56071.
[324] Schreiben des RdF an den RWM vom 29. 7. 1938; ebd.
[325] Rundschreiben des RWM an die Devisenstellen vom 7. 6. 1938; StAM/OFD/314.

schob sich durch die neue Interpretation der Norm erheblich. War vorher nur die Prüfung im Einzelfall vorgesehen, stellte sie nun generell ein Instrument ersten Ranges zur Sicherung und Entziehung der Vermögenswerte von Emigranten dar. Gleichzeitig konnte die Reichsregierung auf diese Weise eine propagierte Vorgabe der Judenpolitik in die Tat umsetzen. Das ideologisch motivierte Ziel war es, die umfassende Auswanderung und vollständige Ausplünderung der Juden mit einer finanziellen Unterstützung der Rüstungswirtschaft zu verbinden.

Eine erhebliche Erweiterung der Bestimmungen über die Sicherungsverfügungen erfolgte schließlich im Dezember 1938 durch das „Gesetz über die Devisenbewirtschaftung." Nach Paragraph 58 durften Juden nur noch die im Reiseverkehr unbedingt notwendigen Gegenstände mitführen. Die Mitnahme anderer Gegenstände musste genehmigt werden. Lag eine Genehmigung nicht vor, bestand der Verdacht des Kapitalschmuggels, und Devisenstellen, Zollverwaltung und der Steuerfahndungsdienst konnten bei Gefahr im Verzuge eine Sicherungsverfügung anordnen.[326] Standardisierte Formulare legten das Prozedere der Sicherungsanordnung genau fest: Den jüdischen Kontoinhabern war nahezu jede eigenständige Transaktion hinsichtlich des eigenen Vermögens untersagt. Innerhalb von fünf Tagen nach Eingang der Sicherungsanordnung war ein beschränkt verfügbares Sicherungskonto zu errichten. Andere Konten der Betroffenen sollten zwar bestehen bleiben, über diese durfte aber nur mit Genehmigung der Devisenstelle verfügt werden. Die Erlaubnis, Rechnungen zu begleichen, besaßen die Verfolgten nur noch dann, wenn es sich um Steuern, Gebühren oder anfallende Strafzahlungen handelte. Die Devisenstelle legte schließlich Beträge fest, die monatlich zur freien Verfügung standen. Barmittel, die diesen Betrag überschritten, musste der Betroffene auf das Sicherungskonto einzahlen.[327]

Durch die dichte Aufeinanderfolge von Verordnungen und Durchführungserlassen hatte sich das NS-Regime in einem kurzen Zeitraum die Möglichkeit der nahezu vollständigen Kontrolle über jüdisches Vermögen verschafft. Die regionalen Gliederungen besaßen nun die Möglichkeit, den Geld- und Warenfluss zu kontrollieren und Vermögenswerte über den Umweg der präventiven Sicherung zu konfiszieren.

---

[326] §§ 58, 59 und 61 des „Gesetzes über die Devisenbewirtschaftung" vom 12.12.1938; RGBl. I (1938), S. 1742. Eine Beurteilung der Vorgehensweise der Devisenstelle München im Rahmen der sich verschärfenden Devisengesetzgebung ist relativ gut möglich, da Notizen und Protokolle von Besprechungen erhalten geblieben sind und Sicherungsanordnungen gegen jüdische Kontoinhaber auch in den Steuerakten ihren Niederschlag gefunden haben.

[327] Sicherungsverfügung über das Vermögen von Otto S. aus München vom 31.8.1940; StAM/Kanzlei Roquette/Privatarchiv 20. Die generelle Einrichtung von beschränkt verfügbaren Sicherungskonten forderte ein Erlass des Reichswirtschaftsministeriums vom 16. August 1939; Informationsschrift über die „Devisenrechtliche Sicherungsanordnungen gegen jüdische Inländer" von 1950; StAM/Staatsanwaltschaften/17856.

Überwachungs- und Entziehungspraxis vor Ort

München Die Überwachungsabteilung der Devisenstelle München hielt sich zunächst weitgehend an die gesetzlichen Vorschriften. Am 2. Mai 1938, also vor dem Geheimerlass des Reichswirtschaftsministeriums[328], hatte ein Assessor ein Merkblatt für die vorläufige Sicherungsanordnung herausgegeben. Dort wies er ausdrücklich auf die Notwendigkeit der Einzelprüfung hin. Die Beamten sollten Sicherheitsverfügungen nur dann anordnen, wenn tatsächlich eine strafbare Zuwiderhandlung vollendet oder nachweislich geplant war. Sie mussten darüber hinaus alle Beteiligten vernehmen, um einen angemessenen Überblick über die Sachlage zu erhalten. Verfügungen sollten auch niemals das gesamte Vermögen der Betroffenen der Sperre unterwerfen, sondern immer nur die Werte, die leicht flüssig zu machen waren.[329] Die minutiösen Ausführungsbestimmungen präzisierten ein Verfahren, das innerhalb des Maßnahmenkatalogs der Finanzverwaltung zunächst nur eine nachgeordnete Rolle spielte. Bis Ende Oktober 1937 hatten Zollfahndung und Devisenstelle in München aufgrund Paragraph 37a lediglich 19 Sicherungsverfügungen erlassen. Zehn Verfügungen gingen von der Devisenstelle selbst aus, die restlichen neun hatte die Zollfahndung initiiert und die Devisenstelle anschließend bestätigt. Immerhin sicherten die beiden Institutionen dabei ein Vermögen von fast vier Millionen Reichsmark. Das Hauptkriterium für die Überwachungspraxis stellte auch nach Oktober 1937 offenbar die Vermögenslage des Auswandernden dar. Waren entsprechende Verdachtsmomente vorhanden, argumentierte die Devisenstelle meist mit der „rassischen" Zugehörigkeit des Verfolgten. Erfahrungswerte würden bestätigen, so die Devisenstelle bei einer Sicherungsverfügung im April 1938, dass „Nichtarier" versuchten, ihre Geschäfte zu verkaufen und den Erlös in bar zu erhalten. Daher sah sich der zuständige Sachbearbeiter veranlasst, über Konten und Grundstücke eine Sicherungsverfügung zu erlassen.[330]

Nach einer Schrift über „Devisenrechtliche Sicherungsanordnungen gegen jüdische Inländer", die im Rahmen eines Strafprozesses 1950 in München von einem Mitarbeiter der Devisenstelle angefertigt wurde, änderte sich die Praxis der Devisenstelle erst nach dem Erlass des Reichswirtschaftsministers im Mai 1938 grundlegend.[331] Die Steuerakten „rassisch" Verfolgter bestätigen diese Einschätzung.[332] Von diesem Monat an ging die Devisenstelle München dazu über, bei allen jüdischen Emigranten Sicherungsverfügungen anzuordnen. Auch die Zollfahndung verhängte während ihrer Ermittlungsarbeit Vermögenssperren, die die Devisenstelle dann bestätigte. Als Rechtfertigung gaben beide Institutionen die „rassi-

---

328 Siehe dazu oben S. 201.
329 Merkblatt für eine vorläufige Sicherungsanordnung, entworfen von Dr. K. am 2. 5. 1938; StAM/OFD/413.
330 Schreiben der Devisenstelle an Otto S. vom 23. 4. 1938; StAM/Kanzlei Roquette/Privatarchiv 20.
331 Schrift über „Devisenrechtliche Sicherungsanordnungen gegen jüdische Inländer" von 1950; StAM/Staatsanwaltschaften/17856.
332 Sicherungsanordnungen gegen jüdische Kontoinhaber fanden auch in den Steuerakten der Betroffenen ihren Niederschlag.

sche" Zugehörigkeit der Verfolgten an. So schrieb etwa die Zollfahndung München als Begründung für eine Sicherungsverfügung über das Konto des Münchner jüdischen Arztes Albert W.: „Eine vorläufige Sicherungsanordnung ist dann gerechtfertigt, wenn sich aus irgendwelchen Umständen der Verdacht ergibt, dass Vermögenswerte unter Umgehung der bestehenden Devisenvorschriften der Devisenbewirtschaftung entzogen werden oder entzogen werden sollen. Dieser Verdacht ist bei Juden stets gegeben." Als die Devisenstelle am 20. Oktober 1938 das Vorgehen der Zollfahndung bestätigte, äußerte sie sich in ähnlicher Weise: „Die Betroffenen beabsichtigen ins Ausland zu reisen. Sie sind Nichtarier. Es hat sich insbesondere in letzter Zeit die Erfahrung bestätigt, dass Nichtarier ihre Auslandsreisen dazu benutzen, um unter Umgehung oder Verletzung der bestehenden Vorschriften ihre Vermögenswerte der Devisenbewirtschaftung zu entziehen. Um dies hier zu verhindern, war vorstehende Anordnung veranlasst."[333]

Der Oberfinanzpräsident München vereinheitlichte das Verfahren unmittelbar nach der Reichspogromnacht am 12. November 1938 im Hinblick auf den Umgang mit jüdischen Bankguthaben. Aufgrund des Kapitalfluchtverdachtes bei der jüdischen Bevölkerung sollten Juden in München die Verfügungsrechte über ihre Konten generell entzogen und ihnen nur noch ein Freibetrag in Höhe von 100 Reichsmark gewährt werden. Höhere Beträge gewährte die Finanzverwaltung in der „Hauptstadt der Bewegung" nur dann, wenn sie Zahlungen an staatliche und gemeindliche Kassen sowie an Körperschaften des öffentlichen Rechts betrafen. Die diskriminierenden Bestimmungen rechtfertigte der Oberfinanzpräsident mit der nach dem Pogrom einsetzenden Emigrationswelle. Ihr Zweck, so die offizielle Begründung, ist die „Verhinderung der Verletzung von Devisenvorschriften im Zuge der verstärkten Auswanderung".[334] Nicht einmal die NS-Reichsregierung konnte mit einer derart schnellen und brutalen Reaktion auf die Fluchtwelle im Zuge der gewaltsamen Übergriffe und Inhaftierungen nach der sogenannten Reichskristallnacht Schritt halten. Erst das „Gesetz über die Devisenbewirtschaftung" vom 12. Dezember 1938 sah die Möglichkeit der Sicherungsanordnung in § 59 (1) und § 62 (1) vor, aufgrund derer dann die reichsweit einheitlichen Standardformulare für eine generelle Sicherung von Vermögenswerten jüdischer Emigranten eingeführt wurden.[335] Allerdings beschränkte der Oberfinanzpräsident München seine Verfügung auf die unmittelbare Zeit nach dem Pogrom. Mit Ablauf des 30. November 1938 trat sie außer Kraft.[336]

Ab 1939 vereinheitliche schließlich die Devisenstelle München die Sicherungspraxis. Damit setzte der Pogrom endgültig und für alle Emigranten aus der Landeshauptstadt einen verheerenden Teufelskreis in Gang: zu panischer Flucht gezwungen, galten sie gerade deshalb als „kriminell" im Sinne der Devisengesetzgebung, eine Stigmatisierung, die der Devisenstelle die Begründung für umfassende

---

333 Schreiben des OFP München, Devisenstelle, an den Arzt vom 20. 10. 1938; StAM/WB I/ N/3041.

334 Runderlass des OFP München vom 12. 11. 1938; StadtAM/Yad Vashem/F 22 M1/Dn 1; Walk, Sonderrecht, S. 255; siehe hierzu auch Heusler/Weger, „Kristallnacht", S. 172.

335 „Gesetz über die Devisenbewirtschaftung" vom 12. 12. 1938; RGBl. I (1938), S. 1742.

336 Runderlass des OFP München vom 12. 11. 1938; StadtAM/Yad Vashem/F 22 M1/Dn 1.

Restriktionen lieferte. Laut Auffassung eines Beamten der Devisenstelle München von Januar 1939 führten die Eingriffe des 9. und 10. November dazu, dass Juden ihre Bankguthaben abheben würden und versuchten, mit allen Mitteln ins Ausland zu kommen, so dass der Verdacht der Kapitalflucht stets gegeben sei.[337]

Noch schärfer als die Devisenstelle ging die Zollfahndung in ihrer Überwachungspraxis vor. Der Zollfahndungsstelle oblag neben den grenzsichernden Maßnahmen die Überprüfung des Gepäcks der Emigranten und die Unterstützung der Devisenstelle bei ihren sichernden Maßnahmen. Die genaue Kompetenzverteilung zwischen Devisenstelle und Zollfahndung in München bleibt zwar unscharf, die untersuchten Einzelfälle lassen jedoch die Entscheidungsbefugnis in den meisten Fällen auf Seiten der Devisenstelle vermuten.[338] Ein Beispiel für die diskriminierende Überwachungspraxis der Zollfahndungsstelle ab dem Jahr 1937 ist der Fall eines jüdischen Arztes aus München. Beamte der Münchner Dienststelle nahmen Dr. Berthold B. an der Schweizer Grenze wegen angeblichen Devisenschmuggels fest und überstellten ihn nach München. Wie sich herausstellte, hatte das Ehepaar eine Briefmarkensammlung mitgeführt, die als „Notgroschen" für ihr bereits in der Schweiz befindliches Kind gedacht war. Während der Verhöre in München setzten die Beamten dem Arzt derart zu, dass er schließlich durch eine hohe Dosis Morphium den Qualen zu entgehen versuchte. Er verstarb kurze Zeit später, während ein Gericht seine Frau Else zu 2000 Reichsmark Geldstrafe verurteilte.[339]

Neben den Sicherungsmaßnahmen bediente sich die Zollfahndung auch ungesetzlicher Methoden bei der Ausplünderung. So musste beispielsweise der ehemalige Klinikchef Alfred H. neben der „Reichsfluchtsteuer" und der Abgabe an die Golddiskontbank einen erheblichen Betrag an die Beamten der Zollfahndung bezahlen, bevor diese ihm die Emigration genehmigten.[340]

Ähnlich erging es der Frau des nach dem Attentat im Bürgerbräu Keller verhafteten Münchner Arztes Hans H., die sich nach Kriegsende gegenüber dem Landesentschädigungsamt erinnerte, dass er bei der Beantragung der Freilassung und Emigration der Familie eine Aufforderung erhalten hatte, dem Finanzamt einen Betrag von 100 000 Reichsmark zu überweisen. Der Mediziner beglich die Forderung nach seiner Entlassung aus der Haft vor seiner Ausreise.[341]

---

[337] Sicherungsverfügung über Konten und Wertpapierdepots des jüdischen Hopfenhändlers Meir M. am 13. 1. 1939; StAM/WB I/a/4320.

[338] Frank Bajohr weist in diesem Zusammenhang auf den § 5 des „Gesetzes über die Devisenbewirtschaftung" vom 5. Februar 1935 hin, der eine unklare Kompetenzverteilung der einzelnen Organe zusätzlich unterstützen musste. In dem Artikel heißt es: „Die Gültigkeit einer Entscheidung wird nicht dadurch berührt, dass eine Devisenstelle sie getroffen hat, obwohl eine Überwachungsstelle oder die Reichsbank dafür zuständig gewesen wäre; entsprechendes gilt für die Entscheidungen einer Überwachungsstelle oder der Reichsbank." RGBl. I (1935), S. 106. Zu der unklaren Kompetenzverteilung siehe Bajohr, „Arisierung" in Hamburg, S. 191.

[339] Aktennotiz des BLEA im Rahmen des Entschädigungsverfahrens gegen B. vom 27. 1. 1955; BLEA/BEG/2193.

[340] Anmeldung des Arztes für eine Restitutionsleistung im Dezember 1948; StAN/WB I/a/316. Der Arzt konnte sich allerdings an die genaue Summe nicht mehr erinnern.

[341] Eidesstattliche Versicherung von Luise H. im Rahmen des Entschädigungsverfahrens vom 21. 11. 1961; StAN/WB I/N/2361.

Durch die Handhabung der Sicherungsverfügung etablierten sich Devisenstelle und Zollfahndung als Hauptinstanzen der Überwachung und Beraubung jüdischer Emigranten. Die Sicherungsverfügung kam praktisch einer Enteignung gleich, zumal sich die Unterstützung der Gestapo bei der Verhinderung von Devisenvergehen besonders gravierend auswirkte. Die Gestapo beantragte meist kurz nach der Sicherungsverfügung aufgrund des „Gesetzes über den Widerruf von Einbürgerungen und die Aberkennung der deutschen Staatsangehörigkeit"[342] beziehungsweise aufgrund des „Gesetzes über die Einziehung von volks- und staatsfeindlichem Vermögen" die Aberkennung der Reichsangehörigkeit und konfiszierte das Vermögen endgültig.[343] Noch vor Abschluss der Ausbürgerungsverfahren forderte die Gestapo die Finanzämter auf, jedes Freigabegesuch der Verfolgten vorsorglich abzulehnen.[344]

Wie die aufgeführten Einzelbeispiele zeigen, lässt sich die Rolle der Devisenstelle München nicht auf den Status eines Erfüllungsgehilfen reduzieren, der lediglich seine Aufgaben nach den Buchstaben des Gesetzes erfüllte. Für die Beurteilung des Handelns der regionalen Institution sind allerdings mehrere Faktoren zu berücksichtigen. Bedeutsam ist die Wechselwirkung zwischen Ministerialbürokratie, Mittelbehörde und lokaler Finanzinstitution. Für das Verständnis der Verfolgungspraxis der Devisenstelle ist noch einmal darauf hinzuweisen, dass sie zwar Bestandteil der Finanzverwaltung war, aber eben nicht ausschließlich. Sie unterlag verschiedenen weisungsberechtigten Organen. In der Retrospektive waren einzelne Mitarbeiter sogar der Meinung, die Devisenstelle sei ein Fremdkörper in der Finanzverwaltung gewesen.[345] Sowohl das Wirtschaftsministerium als auch das Devisenfahndungsamt und das Reichswirtschaftsministerium übten Einfluss auf die Devisenstellen aus. Vor allem die Verordnungen und Erlasse des Devisenfahndungsamts führten bei der Überwachungs- und Entziehungspraxis letztlich zu einer radikalen „Ausschaltung" der jüdischen Bevölkerung aus dem Wirtschaftsleben. Die ungenaue Kompetenzverteilung und die daraus resultierenden polykratischen Strukturen verschlechterten die Lage für die Betroffenen zusätzlich.

Zunächst fungierte die Berliner Ministerialbürokratie durch die zahlreichen Verordnungen und Geheimerlasse, die die Bestimmungen des Paragraphen 37a

---

[342] „Gesetz über den Widerruf von Einbürgerungen und die Aberkennung der deutschen Staatsangehörigkeit" vom 14. 7. 1933; RGBl. I (1933), S. 480.

[343] „Gesetz über die Einziehung von volks- und staatsfeindlichem Vermögen" vom 14. 7. 1933; RGBl. I (1933), S. 479.

[344] So beispielsweise bei Fritz F. am 11. 2. 1938; Brief der Gestapo an das Finanzamt München-West vom 11. 2. 1938; StAM/Finanzamt/17199. Auch im Falle von Erich G., bei dem die Gestapo am 2. November 1940 die Aberkennung der Reichsangehörigkeit beantragte und das Finanzamt München-West dann darauf hinwies, dass G. ausgewandert und deshalb jedes Freigabegesuch abzulehnen sei; StAM/Finanzamt/17583. Auch Walter P. konnte von seinem Konto im April 1939 bis auf den von der Devisenstelle genehmigten Betrag nichts mehr abheben, da auch hier die Gestapo geraten hatte, jedes Freigabegesuch abzulehnen; Brief der Gestapo an das Finanzamt München-West vom 29. 4. 1939; StAM/Finanzamt/18755.

[345] Aussage Max S.s, Regierungsrat der Devisenstelle München, in einem Prozess vor dem LG München am 3. 7. 1950; StAM/Staatsanwaltschaften/17856.

verschärften, als Schrittmacher der Überwachung und Entziehung. Dabei warfen die Ministerien – und dies war auch den Mitarbeitern der Devisenstelle München bewusst – formalrechtliche Prinzipien über Bord. So veränderte etwa der Geheimerlass des Reichswirtschaftsministeriums vom Mai 1938, der die Überwachungspraxis mittels der Sicherungsverfügungen erheblich verschärfte, bestehende Runderlasse, eine gesetzeswidrige Vorgehensweise der Berliner Behörde, denn Geheimerlasse durften de jure die Bestimmungen von Runderlassen nicht verändern.[346]

Unterhalb dieser Ebene nahm die Devisenstelle Hamburg mit ihrer eigenmächtigen und radikalen Handlungsweise aber offenbar eine Sonderstellung ein. Im reichsweiten Vergleich stellte die Novellierung der devisenrechtlichen Bestimmungen von Dezember 1936 zwar eine deutliche Zäsur dar, in der Verwaltungspraxis führte sie aber in München zunächst nicht zu derart einschneidenden Veränderungen, wie dies in der Hansestadt der Fall war. Wie die meisten Devisenstellen im Reich haben auch die bayerischen Behörden formalrechtlich korrekte Verfahrensweisen, das heißt den vorschriftsmäßigen und an den reichsweiten Bestimmungen orientierten Weg, bis ins Jahr 1938 nicht verlassen. Noch im März 1938 musste der Reichsfinanzminister ganz generell feststellen, dass die Devisenstellen die vorläufigen Sicherungsanordnungen der Zollfahndung oftmals nicht bestätigen würden. Sie seien „allem Anschein nach zu ängstlich und für bürokratische Hemmnisse zu verfänglich gewesen, um entsprechende Maßnahmen durchzusetzen".[347] In einer Besprechung im Reichswirtschaftsministerium Anfang Oktober 1938 wurde die Frage der Sicherungsanordnungen gemäß Paragraph 37a erneut diskutiert. Die meisten der dort Anwesenden – vor allem Vertreter der Devisenstellen – vertraten auch zu diesem Zeitpunkt noch die Auffassung, dass sich die Sicherungsanordnungen nicht gegen alle Juden gleichermaßen richten dürften und weiterhin konkrete Verdachtsmomente für das Ergreifen von Maßnahmen notwendig seien.[348]

Die an den Vorgaben der Reichsregegierung orientierte Vorgehensweise der Münchner Beamten zeigt zwar die Beständigkeit administrativer Spielregeln in der Reichsfinanzverwaltung, sie verrät allerdings noch nichts über die handlungsleitenden Motive der Münchner Beamten bei der Umsetzung der sich ständig radikalisierenden Gesetze und Vorschriften. Hierfür ist zunächst ein Blick auf die organisatorischen Gegebenheiten der Dienststelle notwendig. Innerhalb der Devisenstelle herrschten die Grundsätze der Amtsdisziplin und Kontrolle. Über eine unangefochtene Spitzenstellung in der Hierarchie verfügte der Leiter der Devisenstelle. Alle grundlegenden Fragen und wichtigen Entscheidungen mussten die Beamten ihm vorlegen.[349] Seine Bedeutung innerhalb der Behörde unterstrich er gegenüber seinen Mitarbeitern bei einer Besprechung am 21. April 1939, als er ihnen das grundsätzliche Verbot einschärfte, in irgendeiner Form Kritik an seiner

---

346 Schrift über „Devisenrechtliche Sicherungsanordnungen gegen jüdische Inländer" von 1950; ebd.
347 Schreiben des RdF an den OFP Leipzig vom 16. 3. 1938; BAB/R 2/56071.
348 Niederschrift aus der Abteilung Steuer des RdF vom 3. 10. 1938; BAB/R 2/56071.
349 Ebd.

Person zu üben.[350] In Schulungen und Besprechungen war er es auch, der die Handlungsleitlinien vorgab, wobei er sich vor allem an funktionalistischen Gesichtspunkten orientierte. Als oberster Grundsatz hatte immer das volkswirtschaftliche Interesse des Reiches zu gelten. Dabei ging der Leiter der Devisenstelle sogar ausdrücklich von einem Dualismus zwischen Staat und Partei aus: Der Standpunkt der Partei – so der Dienststellenleiter bei einer Sitzung Ende November 1938 – widerspreche oftmals dem Devisenrecht. Die „Lösung der Judenfrage" im Jahr 1938 habe eine handfeste Wirtschaftskrise und einen Rückgang des Exportvolumens um 800 Millionen Reichsmark ausgelöst.[351] Der bei der Besprechung anwesende Ministerialdirigent Schletterer aus Berlin verurteilte zwar eine rein zweckrationale und nicht den ideologischen Zielsetzungen verpflichtete Sichtweise nachdrücklich. Auch er war aber der Auffassung, das deutsche Exportgeschäft dürfe in keinem Fall Schaden erleiden. Prinzipiell, so schärften die Spitzenbeamten den Mitarbeitern der Dienststelle ein, hatten Einzelaktionen gegen den Willen des Reichswirtschaftsministeriums zu unterbleiben.[352]

Der Leiter der Dienststelle präzisierte außerdem die Bestimmungen für die Sicherungsanordnungen: Bei Juden, die auswandern wollen, so führte er am 25. August 1938 aus, sei die Einzahlung auf Sperrkonten zu genehmigen, die Verfügung über die Konten allerdings generell zu sperren.[353]

Die Verordnungen der Ministerialbürokratie und die einflussreiche Stellung des Dienststellenleiters trugen zwar erheblich zur Orientierung an hierarchischen Strukturprinzipien und formalrechtlich weitgehend korrekten Handlungsweisen bei, ihre Betonung darf aber die Ermessensspielräume der Beamten vor Ort nicht überdecken. Um zentrale Vorgaben für die Überwachung und Entziehung umsetzen zu können, reagierte die Devisenstelle München in zweifacher Weise. Zunächst veränderte sich die Organisation der Dienststelle. Nachdem bereits 1933 die Auswanderungsabteilung gegründet worden war, entstand für den erheblichen Mehraufwand bei den Sicherungsverfügungen 1938 ein eigenes Referat. Für die Überwachung der inländischen jüdischen Bevölkerung blieb die Überwachungsabteilung zuständig.[354] Die Verwaltung der gesperrten Konten übernahm dann die Genehmigungsabteilung.[355] Darüber hinaus kam es bereits seit 1934, verstärkt aber ab 1937 und 1938 zu Personalverschiebungen. In diesen Jahren wurden wichtige Positionen, die mit der Überwachung von Juden zusammenhingen, durch junge, hervorragend ausgebildete Fachleute neu besetzt.

---

350 Aufzeichnungen über eine Besprechung in der Devisenstelle München vom 21. 4. 1939; StAM/OFD/396.
351 Aufzeichnungen über eine Besprechung am 24. 11. 1938; ebd; Aufzeichnungen über eine Besprechung am 2. 12. 1938, in der noch einmal darauf hingewiesen wurde, dass die Devisenbelange des Reiches immer vorrangig zu behandeln seien; ebd.
352 Besprechung der Devisenstelle am 24. 11. 1938; ebd.
353 Besprechung der Devisenstelle am 25. 8. 1938; ebd.
354 Aussage eines Rechtsanwalts, die Überwachungsabteilung sei mit allen Fragen der noch im Inland verweilenden Juden betraut gewesen; Schreiben des Anwalts an die WB I vom 23. 1. 1951; StAM/WB I/a/3339.
355 Besprechung der Devisenstelle am 14. 12. 1939; StAM/OFD/396.

Entscheidend für die Sicherung von jüdischen Vermögenswerten war ab 1938 das Referat „Sicherungsanordnungen", das Regierungsrat Dr. German H. leitete. German H. war promovierter Jurist und trat im Oktober 1936 seinen Dienst als Sachbearbeiter in der Devisenstelle München an. 1939, bereits im Alter von 30 Jahren, wurde er zum Regierungsrat befördert und avancierte im gleichen Jahr zum Leiter der Prüfungsabteilung der Devisenstelle.[356] Ein ähnliches Profil kennzeichnete den in der Überwachungsabteilung als Sachbearbeiter tätigen Dr. Franz B. 1895 in Mainz geboren, kam er als promovierter Jurist 1938 zur Abteilung. Bereits ein Jahr früher war sein junger Kollege, der stellvertretende Leiter der Überwachungsabteilung Josef P., Jahrgang 1906, zur Devisenstelle München gestoßen. Für die Überprüfung von Devisenfragen in Betrieben war unter anderem Hans H. verantwortlich. Er war 1904 in Bremen geboren, studierter Naturwissenschaftler und erfahrener Kaufmann und trat am 1. April 1938 seinen Dienst an.[357] Wegen der „erheblichen Mehrbelastung" durch die verstärkte devisenrechtliche Überprüfung von Betrieben kam 1936 auch der studierte Jurist Dr. Georg L. als Devisenprüfer zur Devisenstelle München.[358] Dem Auswanderungssachgebiet stand Dr. Fritz J. vor, ein promovierter Volkswirt. Er kam 1934 zur Devisenstelle und blieb bis Mai 1940. Er wurde dann an die Abteilung „Devisen" im Generalgouvernement versetzt.[359] Für die Entscheidung von Transferanträgen war schließlich Dr. Johannes C. verantwortlich. Er war im Juli 1937 zur Devisenstelle gestoßen und wurde 1938 Sachbearbeiter des entsprechenden Referats. Wegen seiner guten Sachkenntnisse wurde Johannes C. 1942 zur Vermögensverwertungsstelle beim Oberfinanzpräsidenten München versetzt, wo er für die Verwertung jüdischen Vermögens zuständig war.[360]

Hinsichtlich der Veränderungen in der Personalstruktur der Devisenstelle verstärkten sich die Unterschiede zu den sonstigen Institutionen der Finanzverwaltung zusätzlich. Nicht erfahrene Beamte, sondern junge und gut ausgebildete Quereinsteiger waren für die Überwachung und Entziehung des Emigrantenvermögens verantwortlich. Die zunehmende Dezentralisierung der Aufgabenbereiche und der hohe Ausbildungsgrad der Beamten führten zu einer entsprechend professionellen Handlungsweise bei der Überwachung und Entziehung der Ver-

---

[356] Zu Eckdaten der Vita des Beamten siehe sein Spruchkammerverfahren, etwa Spruch der Spruchkammer München II vom 30. 8. 1946; StAM/Spruchkammer/Karton 666. Wegen seiner „hervorragenden banktechnischen Kenntnisse" wurde er 1951 zum Leiter der Devisenstelle München befördert; Befähigungsbericht der OFD München 1950 und Personalbogen für Beamte; BayHStAM/MF/Personalakten/German H.

[357] Zum beruflichen Werdegang des Beamten siehe Schreiben des RWM an den OFP München vom 27. 5. 1940 sowie die weiteren Angaben in seiner Personalakte; StAM/Personalakten/1986.

[358] Schreiben der Devisenstelle an den Leiter des LFA vom 3. 11. 1936; StAM/OFD München/Personalakten/22243.

[359] Lebenslauf des Beamten in seiner Personalakte; StAM/OFD München/Personalakten/1990.

[360] Zum beruflichen Werdegang des Beamten vgl. seinen Antrag auf Wiedereinstellung in die Devisenstelle vom 26. 4. 1950, sein Dienstzeugnis ausgestellt durch den OFP München vom 31. 8. 1943 sowie die weiteren Angaben in seiner Personalakte; StAM/OFD München/Personalakten/21806.

mögenswerte und räumten ihnen – ungeachtet der zentralen Stellung des Leiters der Devisenstelle – durchaus Ermessensspielräume ein. Über weitreichende Handlungsoptionen verfügten die Beamten etwa auf dem Gebiet der Sicherungsverfügungen. Während bis 1938 nur Beamte in leitender Funktion die Verfügungen unterzeichnen durften, bestimmte das Reichsfinanzministerium im selben Jahr auf Anregung des Devisenfahndungsamts, dass alle Beamten des höheren Dienstes die Sicherungsverfügungen anordnen konnten.[361] Entsprechend unterschrieben die Münchner Beamten die Verfügung im Auftrag des Sachgebietsleiters.[362]

Eine der Staatsanwaltschaft München 1950 von der Devisenstelle vorgelegte Schrift betonte auch auf der Ebene der Einzelentscheidung der Beamten das Festhalten an formal korrekten Verfahrensweisen: „Die allgemeine Stellung, die die Devisenstelle gegenüber rechtswidrigen Verletzungen der wirtschaftlichen Interessen jüdischer Personen eingenommen hat, geht aus der Tatsache hervor, dass es nicht an Fällen gefehlt hat, dass jüdische Personen, die vor die Wahl gestellt waren, sich entweder freiwillig einem unrechten Gesetz zu unterwerfen oder aber sich einer gesetzlosen Willkür auszuliefern, die erste Alternative gewählt und bei der Devisenstelle selbst den Erlass einer Sicherungsanordnung beantragt haben."[363] Diese Einschätzung war wohl nicht nur eine Schutzbehauptung zur Verhinderung rechtlicher Konsequenzen. Auf die Handlungsweise einzelner Beamter bei der Vermögenssicherung direkt angesprochen, urteilten auch die Betroffenen in den wenigen vorhandenen Erklärungen meist mit „sachlich" oder „höflich". Bezeichnend ist die eidesstattliche Erklärung des bekannten Münchner jüdischen Anwalts Dr. Siegfried N., der im Rahmen des Spruchkammerverfahrens gegen German H. aussagte. Dem Urteil des verfolgten Juristen nach habe der Beamte der Devisenstelle dafür Sorge getragen, dass die Wünsche der Juden auf beschleunigte Auswanderung durch die Devisenstelle unterstützt wurden. „In all diesen Angelegenheiten bekundete er Wohlwollen und Entgegenkommen."[364] Zwar sind solche Aussagen in Spruchkammerverfahren besonders kritisch zu hinterfragen, angesichts der brutalen und willkürlichen Vorgehensweise der Parteifunktionäre überraschen sie aber nicht. Hoben sich doch die scheinbar geregelten Verfahrensweisen und der sachliche Stil der Beamten von den Verfolgungsmaßnahmen der NSDAP ab. Eine derartige Wirkung war allerdings zu NS-Zeiten durchaus intendiert und ließ sich mit den ideologischen Zielsetzungen des NS-Staates in Einklang bringen. So war etwa die vermeintlich großzügige Unterstützung der Auswanderung ein haushaltspolitisch und ideologisch gewolltes Ziel der Fiskalpolitik. Auch das korrekte Auftreten der Beamten in der Öffentlichkeit entsprach den Intentionen der Devisenstelle. In der „Judenfrage", so der Tenor einer Bespre-

---

361 Schreiben des RdF an das RWM vom 22. 6. 1938; BAB/R 2/56071.

362 Verfügung über das Konto von Otto S. vom 31. 8. 1940; StAM/Kanzlei Roquette/Privatarchiv 20.

363 Schrift der Staatsanwaltschaft München über „Devisenrechtliche Sicherungsanordnungen gegen jüdische Inländer", vorgelegt während eines Strafverfahrens gegen den Münchner NSDAP-Funktionär Hans Wegner 1950; StAM/Staatsanwaltschaften/17856.

364 Eidesstattliche Versicherung von Dr. Siegfried N. vom 1. 10. 1946; StAM/Spruchkammer/Karton 666.

chung der Devisenstelle München im Dezember 1938, sollten die Beamten der Devisenstelle stets sachlich verfahren.[365] Aufschlussreich ist hier auch eine Besprechung der Devisenstelle vom April 1939, in der ausdrücklich darauf hingewiesen wurde, dass eine „weiße Weste" gewahrt werden sollte und daher das Dienstgeheimnis unbedingt einzuhalten sei.[366]

Tatsächlich gingen einzelne Mitarbeiter innerhalb der weitgefassten rechtlichen Rahmenbedingungen die jüdische Bevölkerung besonders hart an, wie dies Beamte der Devisenstelle nach Beendigung des Krieges auch offen zugaben. So meinte etwa Regierungsrat German H. im März 1951: „Es ist klar, dass bei Juden eher gesichert wurde als bei Ariern und zwar aus diesem Grunde, weil bei Juden die Gefahr der Auswanderung und der Vermögensverschiebung grösser war. Einzelne Sachbearbeiter der Devisenstelle gingen gegen Juden besonders scharf vor." Dies galt nach German H. auch für die Sicherungspraxis vor dem Mai 1938, also vor der reichsweiten Verschärfung der Sicherungsanordnung: „dagegen ist es wohl richtig", so der Beamte weiter, „dass schon vorher gegen Juden schärfer als gegen Arier vorgegangen worden ist und zwar von einzelnen Sachbearbeitern."[367] Vereinzelte antisemitische Tendenzen zeigten sich ab 1939 auch in der Diktion der Beamten. In Anmerkungen der Überwachungsabteilung der Devisenstelle tauchte ab diesem Jahr die Bezeichnung „Jude" anstatt des eigentlichen Namens des Antragstellers auf, dem typische „rassische" Charaktereigenschaften zugeordnet wurden.[368]

Neben der Sicherungsverfügung im Rahmen des Paragraphen 37a Devisengesetz stand Devisenstelle und Zollfahndung mit der Abgabe für Umzugsgut ein weiteres Mittel zur Überwachung und Sicherung jüdischen Vermögens zur Verfügung. Bereits im April 1937 hatte die Ministerialbürokratie die fehlenden Möglichkeiten einer effizienten Kontrolle des Umzugsgutes durch Zollfahndung und Reichsbahn beklagt und daraufhin eine rechtzeitige Anzeige von Stückgutsendungen ins Ausland bei der Zollstelle zur Auflage gemacht.[369] Im Mai 1938 wurde diese Lücke im Überwachungssystem durch eine neue Verfahrensregelung für die Mitnahme von Umzugsgut geschlossen, die das Reichswirtschaftsministerium explizit für „Juden und Kapitalfluchtverdächtige" ausgearbeitet hatte. Im Rahmen der intensivierten Überwachung des Umzugsgutes waren vor allem die Bestimmungen hinsichtlich der als Umzugsgut deklarierten Gegenstände entscheidend, die legal von Juden ausgeführt werden durften. Von der Genehmigung ausge-

---

[365] Besprechung der Devisenstelle München am 2. 12. 1938; StAM/OFD/396.

[366] Besprechung der Devisenstelle München am 21. 4. 1939; ebd.

[367] Aussage von German H. im Rahmen eines Wiedergutmachungsverfahrens bei der Wiedergutmachungskammer des LG München I am 13. 3. 1951; StAM/NSDAP/211. Auf das radikale Vorgehen einzelner Beamter der Devisenstelle weist auch die Aussage eines Sachbearbeiters der Zollfahndungsstelle München vom 15. Januar 1947 hin, der meinte, einzelne Mitarbeiter der Devisenstelle seien auch für die Ermittlungen gegen Angehörige der Reichsfinanzverwaltung verantwortlich gewesen; Aussage vor der Spruchkammer München im Verfahren Hans Rauch; StAM/Spruchkammer/Karton 3405.

[368] Anmerkungen in der Akte der Überwachungsabteilung der Devisenstelle über den jüdischen Textilhändler Hermann L. vom 25. 7. 1939; OFD Nürnberg/BA/1000.

[369] Schreiben des OFP Berlin an den RdF vom 29. 4. 1937; BAB/R 2/56066.

schlossen waren besonders wertvolle Kunstsammlungen sowie alle Wertgegenstände, die nicht „in angemessenem Verhältnis" zum sonstigen Vermögen des Emigranten standen. Besonderen Auflagen unterlag außerdem das gesamte Umzugsgut, das nach 1933 erworben worden war. Hatten die Emigranten diese Gegenstände nur erworben, um sie im Ausland zu veräußern, war der Transfer nicht erlaubt. Dabei lag die Beweislast beim Antragsteller. Eine Umgehung der Devisenvorschriften vermuteten die Devisenbeamten immer dann, wenn versucht wurde, neue Einrichtungsgegenstände ohne die erforderliche Sondergenehmigung als Umzugsgut zu deklarieren. Sollten besondere Möbelstücke ausgeführt werden oder erforderte der angestrebte Beruf im Ausland besondere Gerätschaften, konnten zwar Genehmigungen beantragt werden, waren aber an eine Abgabe an die Deutsche Golddiskontbank gekoppelt, deren Höhe im Ermessen der Devisenstelle lag, auf Empfehlung des Reichswirtschaftsministeriums aber im Normalfall 100 Prozent des Anschaffungswertes des betreffenden Gutes betragen sollte. Lediglich in Härtefällen konnte die Devisenstelle Ermäßigungen gewähren.[370]

Ab Januar 1939 war die Mitnahme von Schmuck- und Wertsachen bei der Auswanderung dann generell verboten. Gleiches galt wenig später für die Mitnahme von Kulturgut, also vor allem für Gegenstände aus dem Bereich der bildenden Künste, wertvolle Bücher oder Archivalien.[371] Lediglich der Transfer des Eheringes, einer Uhr in einem Wert von nicht über 100 Reichsmark oder von gebrauchtem Tafelsilber war weiterhin erlaubt.[372] Die Arbeit der Beamten erschöpfte sich aber nicht in der rein formalen Festlegung der Abgabe. Wie das Reichsfinanzministerium im November 1938 noch einmal gesondert hervorhob, mussten während der gesamten Zeit der Verpackung und Verladung Zollbeamte anwesend sein, die nach Schmuggelware zu suchen hatten.[373] Der Oberfinanzpräsident München legte in einer Besprechung mit den Leitern der Devisenstelle im November 1938 die Richtlinien für den Transfer von Umzugsgut und den Umgang mit jüdischen Emigranten fest. Dabei wurden Fragen der Auswanderung, des Reiseverkehrs und der Freigrenze, des Transfers von Versicherungsleistungen, Pensionen, Renten und Grundstücken geregelt. Die Weisung des Reichsfinanzhofs, dem Ziel der „Entfernung der Juden aus dem Reichsgebiet" alle anderen Ziele unterzuordnen, galt als unwidersprochene Prämisse. Entsprechend gestalteten sich auch die Vorgaben des Oberfinanzpräsidiums. Zunächst waren die Devisenstellen angehalten, die vollständige „Entjudung" zu fördern. Sie hatten dafür Sorge zu tragen, dass ihre Entscheidungen die Auswanderung nicht hemmten. Bei den wenigen noch

---

[370] Rundschreiben des RWM an die Devisenstellen vom 13. 5. 1938 und Rundschreiben des RdF an die Oberfinanzpräsidenten vom 23. 11. 1938; BAB/R 2/56080. Am 17. April 1939 waren dann für die Überprüfung von Umzugsgut nicht mehr die Zollfahndung, sondern Gerichtsvollzieher verantwortlich; Rundschreiben des RdF an die Oberfinanzpräsidien vom 30. 5. 1939; BAB/R 2/56096.

[371] Schreiben des Reichsministers für Wissenschaft, Erziehung und Volksbildung vom 15. 5. 1939; StAM/OFD/363.

[372] Rundschreiben des RWM an die Oberfinanzpräsidenten vom 16. 1. 1939; OFD Nürnberg/Münchner Keller/NS 3/Teilband B.

[373] Rundschreiben des RdF an die Oberfinanzpräsidenten vom 23. 11. 1938; BAB/R 2/56080.

vorhandenen Transfermöglichkeiten, etwa im Hinblick auf das Umzugsgut, sollte großzügig verfahren werden. Die ideologisch eingefärbten Anweisungen blieben aber in der Regel immer mit utilitaristischen Aspekten gekoppelt. Der Beamte verlor das Vermögen in Höhe von etwa acht Milliarden Reichsmark der 600 000 bis 700 000 noch im Reich befindlichen Juden nicht aus den Augen. Devisenwerte durften die Devisenstellen ebenso wie Handelsware nicht mehr für die Auswanderung freigeben. Sondergenehmigungen sollten nur dann erteilt werden, wenn Vermögenswerte nicht anders zu liquidieren waren.[374]

Von der Überwachungspraxis der Devisenstelle München beim Umzugsgut zeichnen die Quellen ein uneinheitliches Bild. In den meisten Fällen lief die Überprüfung wohl nach klar geregelten Verfahren ab. Der Ausreisewillige musste entsprechende Verzeichnisse an die Devisenstelle weiterreichen, die dann Sachverständige mit der Überprüfung der Listen beauftragte. Diese errechneten nicht nur den Wert der nach 1933 angeschafften und somit abgabepflichtigen Gegenstände, sondern sortierten auch „Kulturgüter" und sonstige Wertsachen aus, die nicht transferiert werden durften. Die Höhe der Abgabe an die Deutsche Golddiskontbank richtete sich nach dem Gutachten des Sachverständigen.[375] Gleichzeitig informierte die Devisenstelle das Wohnfinanzamt, das zu prüfen hatte, ob der Wert des Umzugsgutes in die Berechnung der „Reichsfluchtsteuer" Eingang gefunden hatte.[376] Die Betroffenen schilderten zwar die Dego-Abgabe als krasses Unrecht, brachten ihre Diskriminierung aber nur äußerst selten mit den ausführenden Beamten vor Ort in Verbindung.[377] Im Einzelfall würdigten außenstehende Beobachter sogar die gleichförmige und offensichtlich gesetzestreue Vorgehensweise der Devisenstelle München. Angetan berichtete etwa ein jüdischer Unternehmer aus Nürnberg 1939 seiner Frau von einem Besuch bei einem befreundeten jüdischen Ehepaar in München, das kurz vor der Auswanderung stand. Obgleich die Wohnung der Bekannten mit Kisten, Kästen und neuen Sachen voll lag, da am nächsten Tag der Schätzer kommen wollte, schrieb der Unternehmer an seine Frau von positiven Eindrücken. Die hatte er aus der Tatsache gewonnen, dass die Dego-Abgabe für Umzugsgut in München maximal 100 Prozent betrage und tatsächlich auch nur für wirklich neue Sachen erhoben werde. Der Geschäftsmann konnte in München schließlich auch Probleme im Zusammenhang mit der Verschickung seiner eigenen Umzugskisten lösen.[378]

---

[374] Übersicht über die mit dem „Judenproblem" zusammenhängenden Fragen für die Besprechung mit den Leitern der Devisenstelle vom 22. 11. 1938; StAM/OFD/413; Rundschreiben des RWM an die Oberfinanzpräsidenten vom 16. 1. 1939; OFD Nürnberg/ Münchner Keller/NS 3/Teilband B.

[375] Schreiben der Devisenstelle München an das Finanzamt München-Süd vom 30. 3. 1939 im Falle des Textilhändlers David P.; StAM/Finanzamt/18734. Das Vorgehen richtete sich nach dem Erlass des Wissenschaftsministers vom 15. 5. 1939; StAM/OFD/363.

[376] Dies ging auf eine Verfügung des OFP München vom 25. 6. 1938 zurück; Schreiben der Devisenstelle an das Finanzamt München-Ost vom 5. 8. 1938; OFD Nürnberg/Münchner Keller/BIII/474 f.

[377] Schilderung des Münchner Hopfenhändlers Dr. Stefan K., dem durch die Devisenstelle ein Betrag von 800 RM auferlegt wurde; eidesstattliche Erklärung von Dr. Stefan K. vom 22. 8. 1950; BayHStAM/EG/64958.

[378] Schreiben des Unternehmers an seine Frau vom 29. 1. 1939; StadtAN/E 10/58/24.

Das Verhalten der Beamten vor Ort konnte sich für die Betroffenen freilich auch in die entgegengesetzte Richtung auswirken: In anderen Fällen verschärfte die Devisenstelle die Vorgaben der Reichsregierung, wie der Fall des Radiologen Leo F. zeigt: Als der Arzt seine Röntgeneinrichtung im Wert von 26000 Reichsmark im September 1938 für die Mitnahme ins Ausland prüfen ließ, veranschlagte die Devisenstelle bereits vor dem entsprechenden Erlass des Finanzministers vom April 1939 eine Summe von 110000 Reichsmark als Abgabe für Umzugsgut.[379] Da der Arzt die Summe nicht aufbringen konnte und ohne seine Geräte emigrieren musste, beschlagnahmte letztlich die Gestapo sein Umzugsgut.[380]

Nürnberg   Bei der Überwachung und Entziehung jüdischen Vermögens änderte sich, ähnlich wie in München, angesichts des staatlich formulierten Ziels der Vertreibung der Juden aus der Wirtschaft und der daraus resultierenden zunehmenden Auswanderung der Inhalt der Berichte und Entscheide der Finanzverwaltung. Neben den turnusmäßigen allgemeinen Devisenprüfungen kontrollierte die Devisenstelle Nürnberg jüdische Betriebe und Unternehmen prinzipiell vor der Auswanderung und Veräußerung. Die Devisenstelle wies auch in ihren Betriebsprüfungsberichten, die sie an zahlreiche andere Institutionen, etwa an die Zollfahndung oder den Oberfinanzpräsidenten verteilte, auf die „rassische" Zugehörigkeit der Inhaber hin.[381] Dennoch zeigen die zahlreichen überlieferten Einzelfallakten eine weiterhin primär an sachlichen Gesichtspunkten ausgerichtete Überwachungs- und Entziehungspraxis. Lagen keine Gründe für eine Beanstandung vor und stand der Betrieb noch nicht zum Verkauf, so ließ die Devisenstelle in der Regel auch noch 1938 jüdische Firmen unbehelligt.[382]

Ähnlichkeiten im Hinblick auf das Verhalten der Beamten in München ergaben sich auch bei der Handhabung der Sicherungsverfügung gemäß Paragraph 37a Devisengesetz. Die Devisenstelle Nürnberg richtete die Überwachungsmaßnahmen ganz im Gegensatz zum Vorgehen der Partei und der Kommunalverwaltung weitgehend an den zentralen Vorgaben aus. Während sie bis Frühjahr 1938 Sicherheitsverfügungen nur im Einzelfall aussprach, richteten sich die Maßnahmen zur Vermögenssperre ab Juni 1938 offensichtlich gegen alle jüdischen Emigranten. Die Begründung lautete nun: „Sie beabsichtigen auszuwandern. Ihr inländisches Vermögen, soweit es zur Abwicklung Ihrer laufenden, normalen Bedürfnisse

---

[379] Schreiben der Devisenstelle vom 6. 9. 1938; StAM/WB III/a/2361.
[380] Brief von einem Vertreter an das LG vom 9. 11. 1951; StAN/WB III/a/2361. In vielen Fällen erreichte ungeachtet der geleisteten Abgabe an die Deutsche Golddiskontbank das Umzugsgut nie seinen eigentlichen Bestimmungsort, da die Versendung nach Kriegsausbruch gestoppt wurde und die Kisten dann nach einer meist längeren Lagerungszeit beschlagnahmt wurden. Die Mitnahme von Umzugsgut erfuhr durch das „Gesetz über die Devisenbewirtschaftung" vom 12. Dezember 1938 dann eine deutliche Verschärfung, da Juden nach § 58 (1) im Reiseverkehr generell nur noch das zum Leben Notwendigste mitnehmen durften; RGBl. I (1938), S. 1742.
[381] Bericht der Devisenstelle bei der Prüfung der Hopfenhandlung W. und H. vom 5. und 6. 8. 1938; OFD Nürnberg/Münchner Keller/Devisenstelle/C 32.
[382] Prüfung bei dem Unternehmen Max S. am 18. 2. 1938; BayHStAM/BEG/9677; Prüfung der Firma Moritz R. am 2. 3. 1938; StAN/OFD Nürnberg (Bund)/10717; und Prüfung am 26. 7. 1938; StAN/OFD Nürnberg (Bund)/10711.

nicht benötigt wird, ist daher gem. § 37a DevGes. vom 4. 2. 1935 zu sichern. Ich habe Ihnen am 8. 11. 1938 durch ZI (F) S. meiner Dienststelle die Verfügungssperre über Teile ihres inländischen Vermögens mündlich bekanntgegeben. Ich bestätige diese mündliche Anordnung hiermit."[383] Ab Dezember 1938 ging dann auch die Devisenstelle Nürnberg endgültig dazu über, die Vermögenswerte sämtlicher Juden zu sperren.[384]

Betrachtet man das Handeln der Finanzbeamten aus der Perspektive der Betroffenen, so stellt sich die Überwachungs- und Entziehungspraxis im Bereich des Oberfinanzpräsidiums Nürnberg allerdings anders dar. In seinen Erinnerungen beschreibt der Rechtsanwalt Kurt B. die Nürnberger Devisenstelle als besonders gefürchtet. Ohne gesetzliche Handhabe seien horrende Summen für Umzugsgut, aber auch bei bereits geringen Verstößen im Zuge von Strafverfahren verhängt worden. Verantwortlich hierfür sei der fanatische Nationalsozialist und Oberfinanzpräsident Zehran gewesen, über dessen Schreibtisch alle Buchprüfungen jüdischer Firmen gegangen seien.[385] Auch der Hopfenhändler Kurt R., der 1939 nach England emigrierte, berichtete im Rahmen seines Wiedergutmachungsverfahrens über willkürliche Entscheidungen der Finanzverwaltung, durch die er eine Steuerstrafe in Höhe von insgesamt 8000 Reichsmark bezahlen musste.[386] Dass Aussagen der Betroffenen nicht deckungsgleich mit den aus Verwaltungsakten gewonnenen Ergebnissen sind, kann nicht überraschen, führt man sich die drastischen Konsequenzen des scheinlegalen Vorgehens der Finanzbehörden vor Augen.

So meldete etwa der jüdische Hopfenhändler Max K. im Zuge der „Verordnung über die Anmeldung jüdischen Vermögens" 50 000 Reichsmark seines Vermögens nicht an. Da es sich um eine Steuerstraftat gemäß den Paragraphen 1, 5, 8/I der Verordnung handelte, verfolgte das Finanzamt das Vergehen und gab es an die Staatsanwaltschaft Nürnberg weiter. Diese beantragte zwei Jahre Haft und eine Geldstrafe von 75 000 Reichsmark. Schließlich verurteilte das Landgericht Nürnberg-Fürth Max K. zu einer Haftstrafe von einem Jahr und zehn Monaten und einer Geldstrafe von 50 000 Reichsmark. Als der Hopfenhändler am 20. Oktober 1940 seine Haftstrafe verbüßt hatte, inhaftierte ihn die Gestapo bereits wenige Monate später und deportierte ihn nach Riga. Hier durchsuchte ihn das Wachpersonal im Sommer 1943. Wegen Mitführung eines Goldrings erschoss ihn die SS dort noch am selben Tag.[387]

---

[383] Schreiben der Zollfahndungsstelle Nürnberg an den jüdischen Arzt Dr. Albert B. vom 8. 11. 1938; BayHStAM/BEG/8009; Sicherungsverfügung über das Konto von Dr. Robert B. am 3. 11. 1938; BLEA/BEG/1300; Sicherungsanordnung gegen das Konto der jüdischen Hopfenfirma; Bericht der Devisenstelle vom 26. 7. 1938; StAN/OFD Nürnberg (Bund)/10711; Sicherungsanordnung gegen die jüdische Hopfenfirma M. vom 5. 8. 1938; StAN/OFD Nürnberg (Bund)/10454.

[384] Sicherungsverfügung gegen das Konto des jüdischen Händlers Nathan K. vom 18. 3. 1939; StAN/Finanzamt Nürnberg-Ost/6757.

[385] Erinnerungen des Rechtsanwalts Kurt B.; StadtAN/F5/QNG 494/1.

[386] Anlage zum Anspruch Kurt R.s auf Wiedergutmachung vom 20. 3. 1950; BayHStAM/EG/100708.

[387] Eidesstattliche Versicherung der Nichte von Max K. vom 1. 12. 1958; Bericht des „Für-

Unterfranken Inwieweit die Überwachungs- und Entziehungspraxis der Devisenstelle ebenfalls dem Vorgehen in den beiden großen bayerischen Städten entsprach, lässt sich anhand des vorliegenden Quellenmaterials nicht mehr abschließend beurteilen. Die in den Steuerakten enthaltenen Sicherungsverfügungen der Devisenstelle deuten jedoch auch hier auf eine Vereinheitlichung der Verfahrensweisen ab Ende 1938 hin. Dafür spricht unter anderem, dass im Oktober 1938 im Bezirk des Oberfinanzpräsidiums Würzburg mit einer Umorganisation und Erweiterung der Fahndungstätigkeit begonnen wurde. Sowohl die Devisenstelle als auch die Strafsachenbearbeiter in den kleinen Finanzämtern sollten wegen der vermehrten Aufgaben durch weiteres Personal entlastet werden. Dies galt für die lokalen Finanzämter im Besonderen, da hier der Amtsvorsteher meist gleichzeitig Strafsachenbearbeiter war. Der Oberfinanzpräsident Würzburg betonte daher die Notwendigkeit einer Neustrukturierung dieses Bereiches. In den Finanzämtern des Bezirks würde der Umfang der Strafsachenbearbeitung so viel Zeit in Anspruch nehmen, dass die Vorsteher ihre volle Arbeitskraft ausschließlich für diesen Zweck verbrauchen würden.[388]

Die Umorganisation war aus Sicht des Oberfinanzpräsidenten Würzburg dann auch von Erfolg gekrönt. Von April bis Ende Dezember 1938 wurden 625 Fahndungsfälle durchgeführt, wobei das Ergebnis der zusätzlichen Steuererträge beeindruckte: 2 097 000 Reichsmark aus Reichssteuern, 314 000 Reichsmark aus Landessteuern und 853 900 Reichsmark aus Strafen. Die Steuerfahndung war dabei in besonderem Maße „Rückhalt für Reichsfluchtsteuerarbeiten", arbeitete angesichts der Emigrationszahlen im Jahr 1938 also primär gegen jüdische Steuerpflichtige.[389]

3. Die Entziehung von Steuern und Sonderabgaben

Impulse von oben

Eine deutlich messbare Verschärfung der Überwachungs- und Entziehungspraxis der Finanzämter brachte die „Judenvermögensabgabe" mit sich, die die Reichsregierung kurz nach der „Reichskristallnacht" erließ. Die Abgabe verlangte den deutschen Juden weitere 25 Prozent ihres Vermögens ab und erschwerte dadurch die lebensnotwendige Auswanderung zusätzlich. Im Hinblick auf die Verfolgung der inländischen jüdischen Bevölkerung standen die Beamten vor einer vollkommen veränderten Position. Durch sie waren die Finanzämter, wie es die „Deutsche Steuerzeitung" 1939 formulierte, „im Kampf gegen das Judentum an vorderster Front eingesetzt".[390] Sie übernahmen damit die Durchführung einer Unrechts-

---

ther Anzeigers" vom 23. 11. 1939; Abschrift des Strafregisterauszuges vom 31. 1. 1964; BLEA/BEG/43160.

[388] Schreiben des Präsidenten des LFA Würzburg an den RdF vom 19. 10. 1938; BAB/R 2/ 5973.

[389] Besprechung mit den Steuerfahndungsbeamten unter Vorsitz des OFPW vom 27.–28. 1. 1939; ebd.

[390] Artikel von RR W. Donandt über die „Judenvermögensabgabe", in: „Deutsche Steuerzei-

maßnahme im Auftrage Hermann Görings. Die „Judenvermögensabgabe" war keine Steuer, sondern eine Kontribution. Nicht die individuelle Bemessung und die Ausrichtung nach der wirtschaftlichen Leistungsfähigkeit im Einzelfall waren hier ausschlaggebend, sondern die Höhe der Gesamtsumme von einer Milliarde Reichsmark, die am Ende der kollektiv verhängten Strafe gegen „das Judentum" eingetrieben sein sollte. Ein Rundbrief des Reichsfinanzministers veranschaulichte die besondere Bedeutung der Kontribution. Wenn sich ein einzelner Jude der Abgabe entziehe, so die Argumentation, schädige er nicht die deutsche Bevölkerung, sondern lediglich die anderen Juden, die dann zwangsläufig mehr zu bezahlen hätten, um die Summe von einer Milliarde Reichsmark aufzubringen.[391] Andere Abgaben, die auf Grund der Auswanderung zu zahlen waren, beispielsweise an die Deutsche Golddiskontbank, konnten die Betroffenen bei der Neuveranlagung des Vermögens im Rahmen der „Judenvermögensabgabe" nicht geltend machen. Hierbei handelte es sich, so die offizielle Verlautbarung, um keinen vollstreckbaren Schuldtitel, sondern um eine freiwillige Abgabe; denn die Nichtbezahlung habe lediglich die Verweigerung der für die Auswanderung notwendigen „Unbedenklichkeitsbescheinigung" zur Folge.[392]

Das Prozedere der Einziehung war durch einen Erlass Reinhardts geregelt. Der Staatssekretär hatte den Finanzämtern nicht nur eine beschleunigte Arbeitsweise vorgegeben, um den Charakter einer Sühne zu wahren, sondern erwartete von ihnen auch die Überwachung und Entgegennahme der Abgaben. Demnach hatten Ermittlungs- oder Veranlagungsverfahren zu unterbleiben. Die Bemessungsgrundlage war ausschließlich die Vermögensanmeldung vom April 1938 oder seither korrekt eingereichte Veränderungsanzeigen beim Regierungspräsidenten.[393] Entsprechend gingen die Münchner Finanzbeamten vor. Die Berechnung der im Verwaltungsjargon sogenannten Juva richtete sich in der Regel nach den Angaben vom April 1938. Wenn Änderungen der Vermögenslage zu spät eingegangen waren oder ausreichende Belege fehlten, berechneten die Beamten die Kontribution nach dem Vermögensstand zu diesem Zeitpunkt.[394] Wie verhängnisvoll sich das Fehlen von individuellen Bemessungsgrundlagen und die damit gegebene fiskalische Willkür für die jüdische Bevölkerung auswirkte, verdeutlicht die Wechselwirkung zwischen den verschiedenen diskriminierenden Steuern und Abgaben. Erst im Februar 1939 ordnete ein Runderlass des Reichsfinanzministers an, dass der Vermögensbetrag, der der „Reichsfluchtsteuer" zugrunde gelegt wurde, um

---

tung" vom 28. 1. 1939; zur „Judenvermögensabgabe" auch Mehl, Reichsfinanzministerium, S. 70 ff.; Kuller, Finanzverwaltung und „Arisierung", S. 180 ff.

[391] Rundbrief des RdF vom 23. 11. 1938; OFD Nürnberg/Münchner Keller/NS 3/Teilband B.

[392] Rundschreiben des OFP Nürnberg an die Finanzämter des Bezirks vom 26. 1. 1939; OFD Nürnberg/Münchner Keller/NS 3.

[393] Rundschreiben des RdF an die Oberfinanzpräsidien vom 23. 11. 1938; BayHStA/StK/ 5384.

[394] Wegen der vielen Anträge auf Stundung oder Erlass der „Judenvermögensabgabe" sind hier quantifizierende Ergebnisse gut möglich. Fast 60% der Betroffenen beantragten eine Ermäßigung, der bei fehlenden Belegen oder zu später Eingabe nicht stattgegeben wurde; etwa Antrag von Julius L. auf Abänderung seiner Vermögensangaben und Berechnung des Finanzamts München-Süd im Dezember 1938; StAM/Finanzamt/18347.

den Betrag der „Judenvermögensabgabe" zu kürzen sei. Zwischen der Fälligkeit der ersten Rate der „Judenvermögensabgabe" am 15. Dezember 1938 und dem 7. Februar 1939, also in einer der Hochphasen der jüdischen Auswanderung, mussten die Emigranten beide Abgaben nach derselben Bemessungsgrundlage bezahlen, ohne dass eine Vermögensminderung durch die anderen Entziehungsmaßnahmen berücksichtigt worden wäre.[395]

Schließlich verschärfte das NS-Regime auch die Steuergesetzgebung erheblich. Mit dem „Gesetz zur Änderung des Einkommensteuergesetzes" vom Februar 1938 strich das NS-Regime die Kinderermäßigung für jüdische Kinder bei der Einkommensteuer.[396] Auch abzugsfähige Beiträge für Versicherungen oder Unkosten durch Erkrankungen oder andere außergewöhnliche Belastungen konnten bei jüdischen Kindern nicht mehr für Steuerermäßigungen geltend gemacht werden.[397] Nur einen Monat später – ab dem 31. März 1938 – waren Abgaben an Synagogengemeinden steuerlich nicht mehr absetzbar, da diese nicht mehr als öffentlich rechtliche Körperschaften galten.[398] Ein Höhepunkt der vorangaloppierenden Steuerdiskriminierung war die am 17. Februar 1939 verabschiedete Novelle der Steuergesetzgebung, die alle Juden unabhängig von ihrem Familienstand in die Steuergruppe I einstufte.[399] Ein Beispiel: Ein jüdischer Familienvater, der 1939 bereits über 16 000 Reichsmark „Judenvermögensabgabe" gezahlt hatte, wurde nach einem verbleibenden Vermögen von 33 000 Reichsmark 1940 und 1941 mit je 165 Reichsmark Vermögensteuer[400] veranlagt, für 1942 bis zu seiner Deportation noch mit 123,75 Reichsmark. Unter Berücksichtigung der Freibeträge wäre er stattdessen mit jeweils 15 Reichsmark für die Jahre von 1940 bis 1942 zu veranlagen gewesen. Er hatte somit über 400 Reichsmark Vermögensteuer mehr als ein finanziell ähnlich gestellter „Arier" zu zahlen. An erhöhter Einkommensteuer musste der vom Verkauf seines Hauses lebende Jude in den Jahren von 1939 bis 1942 noch einmal 143 Reichsmark zahlen.[401]

Einer der letzten Schritte auf dem Weg zur vollständigen Ausplünderung war schließlich die „Sozialausgleichsabgabe", die Juden ab Januar 1941 zusätzlich zur Einkommen- und Lohnsteuer weitere Zahlungen in Höhe von 15 Prozent ihres Verdienstes aufzwang. Der Gesetzgeber hatte Juden in die „Sozialausgleichsabgabe" einbezogen (die bis dahin nur Polen zahlen mussten)[402], damit, so die offi-

---

[395] Mehl, Reichsfinanzministerium, S. 74; Rummel/Rath, Reich, S. 74 ff.

[396] § 32 Abs. 3 des „Gesetzes zur Änderung des Einkommensteuergesetzes" vom 1. 2. 1938; RGBl. I (1938), S. 100.

[397] Vortrag eines ORR aus dem Finanzamt Steinen bei einer Umsatzsteuerbesprechung des OFP Würzburg 1939; BAB/R 2/57500.

[398] Ebd.

[399] Hierzu v. a. Voß, Steuern, S. 152 ff.

[400] Seit 1. Januar 1940 waren Juden bei der Vermögensteuer von sämtlichen Freibeträgen ausgeschlossen. „Verordnung zur Änderung des Vermögensteuergesetzes" vom 31. 10. 1939, RGBl. I (1939), S. 2138.

[401] Beispiele nach Meinl, Raub, S. 129.

[402] Rundschreiben des Oberfinanzpräsidiums München an die Finanzämter vom 14. 1. 1941: Amtliche Bekanntmachung über die Erhebung einer Sozialausgleichsabgabe von jüdischen Arbeitnehmern; StAM/Finanzamt/19845. Die Ausweitung auf Juden erfolgte

zielle Begründung, „Polen" und „Juden" bei gleicher Arbeit gleichen Lohn erhalten. Da beide „Gruppen" Belastungen, wie die Beiträge zur Deutschen Arbeitsfront, zur Nationalsozialistischen Volkswohlfahrt (NSV), zum Winterhilfswerk und ähnlichen Einrichtungen nicht zu bestreiten hatten, sollte die Abgabe einen „Ausgleich" schaffen. Angesichts der Lebensverhältnisse der jüdischen Bevölkerung zu diesem Zeitpunkt war eine derartige Argumentation an Zynismus freilich kaum zu überbieten. Die Betroffenen arbeiteten in der Regel als Zwangsarbeiter zu Niedrigstlöhnen, die die Arbeitgeber darüber hinaus auf Konten überwiesen, die durch Sicherungsverfügungen in der Verfügungsgewalt der Reichsfinanzverwaltung lagen. Vor allem aber war die jüdische Bevölkerung von den Leistungen des Winterhilfswerks, der NSV und der anderen Einrichtungen ohnehin ausgeschlossen.[403] Auch auf den Familienstand und die Zahl der Kinder wurde schließlich keine Rücksicht genommen. Die Abgabenleistung der jüdischen Bevölkerung bestand ab 1941 nach Zahlung aller Sonderabgaben aus Einkommensteuer (Gruppe I), Kriegszuschlag zur Einkommensteuer und Sozialausgleichsabgabe. Ein verheirateter jüdischer Steuerpflichtiger mit drei Kindern bezahlte beispielsweise aus den ihm verbliebenen Einnahmen von 4000 Reichsmark Steuern in Höhe von 1450 Reichsmark, annähernd der zehnfache Betrag im Vergleich zu einem nichtjüdischen Steuerpflichtigen: Dessen Steuerlast belief sich zum gleichen Zeitpunkt auf etwa 168 Reichsmark.[404]

Im Gleichschritt mit der steuerlichen Diskriminierung verschärfte das NS-Regime die Überwachung und Entziehung des Vermögens von Emigranten. Eine Schlüsselrolle nahm dabei die Zentrale Steuerfahndungsstelle beim Oberfinanzpräsidenten Berlin ein. Sie forderte ab 1939 beim kleinsten Anzeichen von Veräußerungen jüdischen Vermögens, etwa bei Mitteilung von Rückkaufwerten durch Versicherungsgesellschaften, die sofortige Prüfung, ob Sicherheitsbescheide gemäß den Verordnungen über die „Reichsfluchtsteuer" oder der „Judenvermögensabgabe" vollzogen werden könnten. Die Beamten in den Finanzämtern hatten entsprechende Bescheide sofort zu vollstrecken.[405]

Bereits ein Jahr früher und noch vor der offiziellen Definition eines „jüdischen" Betriebs im Juni 1938[406], hatte der Reichswirtschaftsminister die Industrie- und Handelskammern angewiesen, den Finanzämtern Auskünfte über den Verkauf jüdischer Unternehmen mitzuteilen, damit diese die „Reichsfluchtsteuer" sichern konnten. Die Zentrale Steuerfahndungsstelle präzisierte dann einen Monat später, welche Betriebe als „jüdisch" eingestuft werden sollten. Hierunter fielen unter anderem Unternehmen, deren Inhaber Juden waren oder bei denen die Mitglieder des Aufsichtsrats zu mehr als einem Viertel aus Juden bestanden oder die „unter jüdischem Einfluss" standen. Bei dem Verdacht der Veräußerung einer Firma, auf

---

durch die „Zweite Durchführungsverordnung zur Verordnung über die Erhebung einer Sozialausgleichsabgabe" vom 5. 8. 1940; RGBl. I (1940), S. 1077; RStBl. 1940, S. 729.
[403] Friedenberger, Finanzverwaltung, S. 18.
[404] Voß, Steuern, S. 158.
[405] Schreiben der Zentralen Steuerfahndung des OFP Berlin an den OFP München vom 23. 2. 1939; StAM/Finanzamt/17147.
[406] „Dritte Verordnung zum Reichsbürgergesetz" vom 14. 6. 1938; RGBl. I (1938), S. 627.

die diese Definition zutraf, sollten die Finanzbehörden entsprechende Sicherheitsmaßnahmen einleiten. Die Begründung lautete: „Durch die vorstehend mitgeteilte Begriffsbestimmung für jüdische Unternehmen, die offenbar den Juden bekannt geworden ist, hat sich neuerdings eine große Neigung bei jüdischen Geschäftsinhabern und Grundstückseigentümern gezeigt, ihre Unternehmungen und Liegenschaften schnellstens zu veräußern."[407]
Im März 1939 vereinfachte der Oberfinanzpräsident Berlin die Enteignung der Vermögenswerte von Emigranten schließlich entscheidend. Die Finanzämter und Devisenstellen konnten nun Forderungen gegen emigrierte Steuerschuldner auf dem Wege der Zwangsvollstreckung eintreiben und somit relativ problemlos auf die im Inland verbliebenen Vermögenswerte zurückgreifen.[408]

Entziehungspraxis

München   Angesichts der großen Zahl jüdischer Erwerbstätiger, die im November 1938 noch in München lebten, trat die Finanzverwaltung bei der „Judenvermögensabgabe" als der größte Profiteur jüdischer Vermögenswerte hervor. Die Finanzämter vereinnahmten durch die ersatzlose Einziehung beträchtlicher Vermögenswerte enorme Geld- und Wertmengen. Die ungeheure Dimension des fiskalischen Raubzuges lässt sich erahnen, betrachtet man die Ausplünderung von 29 jüdischen Ärzten aus München, bei denen sich der genaue Betrag der „Judenvermögensabgabe" heute noch nachweisen lässt. Allein bei ihnen belief sich die durch die „Juva" eingezogene Summe auf fast eine Million Reichsmark.[409] Dabei stellten diese jüdischen Mediziner nur einen Bruchteil der berufstätigen Bevölkerung in der Landeshauptstadt dar: Noch Anfang 1938 waren in München 1745 Juden gewerbepolizeilich gemeldet.[410] Insgesamt belief sich die Zahl der dortigen jüdischen Bevölkerung in diesem Jahr auf etwa 7000 Personen mit einem Vermögen von rund 200 000 000 Reichsmark, von denen der ganz überwiegende Teil steuerpflichtig war.[411]
Die massenhafte Enteignung von Vermögenswerten stand im Kontext der brutalen Übergriffe der „Arisierungsstellen" und der daraus folgenden Verarmung und Verelendung der jüdischen Bevölkerung. Noch während der Inhaftierung

---

[407] Rundschreiben der Zentralen Steuerfahndungsstelle beim OFP Berlin an die Finanzämter vom 28. 2. 1938; StAM/Finanzamt/12937.
[408] Rundschreiben des OFP München an die Finanzämter vom 14. 3. 1939; StAM/Finanzamt/19864.
[409] Eingezogen wurden exakt 896 086 RM. Da die Zahl der noch in München verbliebenen jüdischen Ärzte wesentlich höher lag, dürfte allein die von den Münchner jüdischen Medizinern bezahlte Summe mindestens doppelt so hoch gewesen sein. In vielen Fällen konnten die Betroffenen die genaue Summe in den Wiedergutmachungsverfahren nach 1945 allerdings nicht mehr angeben, da entsprechende Steuerunterlagen vernichtet worden waren.
[410] Verzeichnis der gewerbepolizeilich gemeldeten jüdischen Gewerbetreibenden in München, Stand 15. 2. 1938; StadtAM/Gewerbeamt.
[411] Im Mai 1938 betrug das eingetragene jüdische Vermögen in München rund 210 000 000 RM. Im Herbst des gleichen Jahres waren es immerhin noch 200 000 000 RM; Ophir/Wiesemann, Gemeinden, S. 51.

nach dem November-Pogrom im Jahr 1938 hatten viele Juden einer sofortigen Auswanderung nach der Entlassung zustimmen müssen. Ihr Vermögen unterlag spätestens nach der „Verordnung über den Einsatz jüdischen Vermögens" vom 3. Dezember 1938 weitgehend der Kontrolle verschiedener Institutionen von Staat und Partei. Ihrer desolaten Lage entsprechend waren die jüdischen Erwerbstätigen Münchens in so gut wie keinem Fall mehr in der Lage, die „Sühneabgabe" aus Barmitteln zu bezahlen. Das Reichsfinanzministerium hatte zwar eigens darauf aufmerksam gemacht, dass Sachgüter nur in Ausnahmefällen angenommen werden sollten, da die Betroffenen generell in der Lage seien, mit Geldmitteln zu bezahlen.[412] Hierbei handelte es sich aber um eine Fehleinschätzung. Am häufigsten bezahlten die Betroffenen die Abgabe durch Wertpapiere oder Hypotheken auf die eigenen Häuser.

Die Berechnungsgrundlage der Abgabe basierte, wie bereits geschildert, auf den Angaben der Vermögensanmeldung vom April 1938. Veränderungen konnte die jüdische Bevölkerung bis zum 12. November 1938 beim Regierungspräsidenten geltend machen. Hatten sich die Vermögensverhältnisse zwischen April und November 1938 verändert, besaßen die Finanzbeamten die Möglichkeit, die Berechnung der Abgabe nach dem von ihnen berichtigten Gesamtwert zu erheben.[413] Hiervon sollten sie allerdings nur dann Gebrauch machen, wenn sich ihnen fehlerhafte Angaben geradezu „aufdrängten".[414] Ähnlich wie bei der „Reichsfluchtsteuer" konnte das Finanzamt nach eigenem Ermessen Sicherheitsleistungen für die „Judenvermögensabgabe" verlangen.[415] Anträge auf Billigkeitsmaßnahmen hatten die Vollzugsbeamten hingegen generell abzulehnen, da es sich um eine „Sühne" handelte.[416]

Die Steuerakten „rassisch" Verfolgter, in denen die Berechnungen und Bescheide der „Judenvermögensabgabe" abgelegt wurden, vermitteln auf den ersten Blick den Eindruck einer konsequenten Veranlagung und Entziehung der Kontribution nach den präzisen Vorgaben der Reichsregierung. Fehlende Raten oder Säumniszuschläge zogen die Beamten konsequent ein, ohne Aufschub zu gewähren.[417] Dabei beliefen sich die Säumniszuschläge immerhin auf zwei Prozent des

---

[412] Auszug aus dem Reichssteuerblatt vom 14. 12. 1938; OFD Nürnberg/Münchner Keller/ Generalakten/NS 3.

[413] § 3 der „Durchführungsverordnung über die Sühneleistung der Juden" vom 21. 11. 1938; RGBl. I (1938), S. 1638.

[414] Rundschreiben des RdF an die Oberfinanzpräsidenten vom 28. 11. 1938; OFD Nürnberg/Münchner Keller/NS 3/Teilband B.

[415] § 9 (4) der „Durchführungsverordnung über die Sühneleistung der Juden" vom 21. 11. 1938; RGBl. I (1938), S. 1638.

[416] Rundschreiben des RdF an die Oberfinanzpräsidien vom 3. 12. 1938; BayHStA/StK/ 5384. Nur in ganz besonders gelagerten Ausnahmefällen konnte der RdF Billigkeitsmaßnahmen gewähren. Ähnliches galt auch für die Interessen nichtjüdischer Gläubiger. Deren zahlreiche Eingaben, dass die Bezahlung der „Judenvermögensabgabe" die jüdischen Schuldner oftmals in die Zahlungsunfähigkeit treibe, sollten in der Regel keine Berücksichtigung finden.

[417] Bei säumiger Zahlung wurden generell entsprechende Zuschläge berechnet und fehlende Beträge auch mit Pfändungsverfügungen eingezogen; Pfändungsverfügung der Vollstreckungsstelle des Finanzamts München-Nord vom 24. 2. 1940 wegen der fünften Rate der

Gesamtvermögens und potenzierten sich monatlich. Gerade angesichts der kurz angesetzten Zahlungsfristen stellten solche Zuschläge eine besondere Härte dar. Die „zweite Durchführungsverordnung" vom 19. Oktober 1939 beispielsweise, die die „Sühneleistung" um weitere fünf Prozent erhöhte, forderte die geschuldete Summe bis zum 15. November 1939, also innerhalb weniger Wochen ein.[418]

In den Steuerakten schlägt sich aber nur das Ergebnis eines Prozesses nieder, an dessen Ende meist die Exekution der Vorgaben der Reichsregierung durch den Finanzbeamten stand. Ein wichtiges Kriterium für die Bewertung des Handelns der Finanzbeamten ist die Wechselwirkung zwischen Reichsebene, Mittelbehörde und lokaler Institution, die die Handlungsspielräume der Beamten entscheidend beeinflusste. Die enge Verzahnung, die diese drei Ebenen miteinander verband, zeigt sich bei den Entscheidungen über Ermäßigung oder Aufhebung der „Judenvermögensabgabe" besonders deutlich. Ob die Abgabe ganz oder eine einzelne Rate davon erlassen wurde, oblag formal ausschließlich dem Reichsfinanzminister. Insofern hatten die lokalen Beamten ablehnende Bescheide nicht allein zu verantworten.[419] Sowohl das Wohnfinanzamt als auch das Oberfinanzpräsidium nahmen aber gegenüber dem Finanzminister durch Gutachten Stellung, die den Berliner Ministerialbeamten als Vorlage für ihren endgültigen Bescheid dienten.[420] Der lange Entscheidungsweg und die Vielzahl beteiligter Akteure zogen eine große Bandbreite möglicher Handlungsoptionen nach sich, wie die Anträge auf teilweisen oder vollständigen Erlass der „Judenvermögensabgabe" verdeutlichen.

Die meisten Antragsteller, die sich mit entsprechenden Bitten an die Finanzbehörden wandten, waren verarmt und häufig verwundet aus dem Ersten Weltkrieg zurückgekehrt. Angesichts der horrenden Abgaben waren sie meist nicht mehr in der Lage, ihre Auswanderung zu bezahlen. Albert B., der Inhaber zweier Industriebetriebe, hatte diese bereits vor November 1938 durch die „Arisierung" verloren. Sein umfangreiches Vermögen war auf 171 000 Reichsmark zusammengeschrumpft. Das Wohnfinanzamt setzte die „Judenvermögensabgabe" daraufhin auf 34 200 Reichsmark fest. Da sowohl seine Frau als auch seine Tochter die Kontribution bereits in voller Höhe entrichtet hatten, Albert B. bereits eine erste Rate in Höhe von 10 575 Reichsmark bezahlt hatte und er zudem schwer kriegsbeschädigt war, beantragte er den teilweisen Erlass, um weiterhin für seinen Lebensunterhalt aufkommen zu können. Das Finanzamt München-Nord und der Oberfinanzpräsident München schlugen daraufhin dem Reichsfinanzministerium vor,

---

„Judenvermögensabgabe" und Säumniszuschlägen bei Minna F.; StAM/Finanzamt/17175; Schreiben des Treuhänders des Münchner Textilgeschäfts B., Hans S., an das Finanzamt München-Nord wegen Pfändung der „Juva" vom 21. 8. 1939; StAM/Finanzamt/16727.

[418] „Zweite Durchführungsverordnung zur Judenvermögensabgabe" vom 19. 10. 1939; RGBl. I (1938), S. 2059.

[419] Das Gesuch des Münchner Arztes Julius Spanier beispielsweise wurde mit Hinweis auf seinen hohen Verdienst abgelehnt; Schreiben des OFP München vom 30. 11. 1939; StAM/Finanzamt/19127.

[420] Die Entscheidungen auf Erlass oder Reduzierung der „Judenvermögensabgabe" durch den Reichsfinanzminister sind deshalb im Bundesarchiv erhalten geblieben, weil die Gutachten im Ministerium abgelegt worden sind. Von 20 derartigen Anträgen Münchner Juden wurden 18 positiv entschieden.

auf die Hälfte der noch geschuldeten 17100 Reichsmark zu verzichten.[421] Der Reichsfinanzminister schloss sich dieser Einschätzung an und war bereit, einen Teil der „Judenvermögensabgabe" in Höhe von 10000 Reichsmark zu erlassen.[422] Aufgrund ihres hohen Alters beantragte auch die Inhaberin eines kleinen Textilgeschäfts den Erlass der Abgabe. Zum Zeitpunkt der Erhebung der „Judenvermögensabgabe" besaß sie noch ein Vermögen von über 7000 Reichsmark. Das Finanzamt legte die Abgabe auf 1400 Reichsmark fest, die sie allerdings nur in Höhe von 350 Reichsmark bezahlen konnte. Ihr kleiner Laden in der Augustenstraße war unmittelbar nach dem Pogrom liquidiert worden. Aus den Erlösen ihres Textilgeschäfts besaß sie noch etwa 3600 Reichsmark, weitere 3800 Reichsmark befanden sich auf einem Sperrkonto. Der Liquidator ihres Betriebs gab an, dass ihr nach Abzug aller Verbindlichkeiten lediglich noch 2000 bis 2500 Reichsmark verbleiben würden, um auch ohne die Möglichkeit der Berufsausübung weiterhin ihren Lebensunterhalt bestreiten zu können. Der Berichterstatter beim Oberfinanzpräsidium München sah die Bedürftigkeit der Antragstellerin als gegeben an und befürwortete daher den Erlass. Vorher hatten bereits ein Regierungsrat des Finanzamts München-Nord und ein weiterer Beamter des Oberfinanzpräsidiums München den Erlass der Hälfte der Abgabe und damit von 700 Reichsmark befürwortet. Der Mitarbeiter des Oberfinanzpräsidiums München verwies dabei vor allem auch auf das hohe Alter der Gesuchstellerin. Das Reichsfinanzministerium gab dem Antrag dann statt.[423]

Der Reichsfinanzminister richtete sich aber nicht in jedem Fall nach dem Vorschlag der regionalen Fiskalbehörden. Ebenfalls mit positivem Votum gab das Oberfinanzpräsidium München den Antrag des Handelsvertreters Ludwig F. an das Reichsfinanzministerium weiter, der den Erlass der „Judenvermögensabgabe" in Höhe von 1600 Reichsmark beantragte, von denen er bereits 400 Reichsmark an das Finanzamt bezahlt hatte. Sein Vermögen belief sich zwar auf 8581 Reichsmark, er war aber vollkommen erwerbslos und sah sich daher nicht in der Lage, den Rest der Summe aufzubringen.[424] Das Reichsfinanzministerium lehnte das Gesuch von Ludwig F. als unbegründet ab.[425]

Ähnlich verfuhr das Finanzministerium bei dem Arzt Dr. Leopold P., den das Finanzamt München-Süd veranlagte. Der Arzt verfügte noch über ein Vermögen von 16458 Reichsmark, das sich allerdings innerhalb weniger Wochen um mehrere 1000 Reichsmark reduziert hatte. Einen ersten Antrag auf Erlass der fünften Rate lehnte das Finanzministerium ab, woraufhin der Mediziner erneut einen Antrag stellte, den sowohl das Finanzamt als auch der Oberfinanzpräsident unterstützten. Der Arzt war aber letztlich gezwungen, den vollen Betrag der Kontribution zu bezahlen, da das Reichsfinanzministerium den Antrag auch ein zweites Mal ablehnte.[426]

---

[421] Schreiben des OFP München an den RdF vom 14. 3. 1939; BAB/R 2/57081.

[422] Schreiben des RdF an den OFP München vom 29. 3. 1939; ebd.

[423] Schreiben des RdF an den OFP München vom 14. 6. 1939; BAB/R 2/57083.

[424] Schreiben des OFP München an den RdF vom 1. 3. 1939; BAB/R 2/57080.

[425] Schreiben des RdF an den OFP München vom 11. 3. 1939; ebd.

[426] Schreiben des RdF an den OFP München vom 13. 3. 1940; BAB/R 2/57089.

Ein letztes Beispiel: Das Finanzamt München-Nord legte die Höhe der Abgabe für den Arzt Dr. Heinrich A. und seine Frau auf 40 500 Reichsmark fest. Wegen der schweren Erkrankung seiner Ehefrau war den Bemühungen des Ehepaares auf Auswanderung bisher kein Erfolg beschieden, so dass sie befürchten mussten, durch die Abgabe jede noch verbliebene Möglichkeit zur Emigration zu verlieren. Sowohl das Finanzamt als auch der Oberfinanzpräsident befürworteten daher, die fünfte Rate der „Judenvermögensabgabe" zu erlassen.[427] Der Finanzminister schloss sich den Anträgen der Münchner Finanzbehörden an.[428]

In allen untersuchten Fällen, dies macht die Analyse der Ermäßigungs- und Erlassgesuche an das Reichsfinanzministerium deutlich, befürworteten Finanzämter und Mittelbehörde die Anträge auf Erlass oder Ermäßigung der Kontribution, während das Finanzministerium im Einzelfall härtere Bewertungsmaßstäbe anlegte. Ob die gemäßigte Bewertungspraxis im Rahmen der „Judenvermögensabgabe" generellen Handlungsmaximen in den Münchner Finanzbehörden entsprach, ist aufgrund des vorliegenden Quellenmaterials nicht zu klären. Sie darf auch nicht darüber hinwegtäuschen, dass sich die Beamten in keinem überlieferten Fall zugunsten der Betroffenen über die gesetzlich festgeschriebenen Handlungsspielräume hinwegsetzten. Die Verwaltungsmitarbeiter führten dadurch nicht nur eine Unrechtsmaßnahme aus, die die Forschung als „Rückfall ins Mittelalter" und als endgültigen Ausschluss Deutschlands aus dem Kreis der Kulturnationen bewertete.[429] Sie trugen auch maßgeblich zur Ausplünderung und vollständigen Pauperisierung der jüdischen Bevölkerung bei, die häufig damit endete, dass die geplante Auswanderung nicht mehr durchgeführt werden konnte. Dennoch deutet das hier aufgezeigte Verhalten auf ein doppeltes Spannungsverhältnis hin, in dem sich die Finanzbeamten befanden: Ursprünglich war die ausschließliche Besteuerung nach der wirtschaftlichen Leistungsfähigkeit eines der tragenden Prinzipien des Steuerrechts gewesen, die das Handeln der zumeist schon älteren und erfahrenen Beamten lange Zeit bestimmt hatten. Das Prinzip der gleichmäßigen Besteuerung bei gleicher Wirtschaftskraft der Steuerpflichtigen erlaubte keine Bemessung nach Kriterien der Hautfarbe, der Rasse oder der Staatsangehörigkeit.[430] Während die Bestimmungen des „Steueranpassungsgesetzes" von 1934 bereits ein Einfallstor für die „rassische" Diskriminierung der jüdischen Bevölkerung öffnete, warf die „Sühneabgabe" alle traditionellen fiskalischen Leitlinien endgültig über Bord. Zumindest einzelne Beamte der Münchner Finanzämter – so könnte man meinen – orientierten sich angesichts der fehlenden wirtschaftlichen Leistungsfähigkeit der jüdischen Antragsteller offensichtlich mehr an den traditionellen Grundsätzen des Steuerrechts, als dies die Ministerialbürokratie in Berlin tat. Innerhalb der straffen bürokratischen Organisation verfügten sie aber nicht über die notwendige Entscheidungskompetenz, die Auswirkungen der „Judenvermögensabgabe" für die Verfolgten spürbar abzumildern.

---

[427] Schreiben des OFP München an den RdF vom 28. 2. 1940; ebd.
[428] Schreiben des RdF an den OFP München vom 8. 3. 1940; ebd.
[429] Voß, Steuern, S. 182.
[430] Ebd., S. 235.

Angesichts der generellen Überwachungs- und Entziehungspraxis erscheint eine andere Interpretation wahrscheinlicher. Denn Konflikte konnten auch dann entstehen, wenn die Beamten die ideologischen Vorgaben der NS-Regierung adaptiert hatten. Bestand doch der Auftrag des Reichsfinanzministeriums in der vollständigen Vertreibung der jüdischen Bevölkerung bei gleichzeitiger Verhinderung einer völligen Verarmung, eine Zielvorgabe, die angesichts der deutlich sichtbaren Pauperisierung durch die „Judenvermögensabgabe" ad absurdum geführt wurde. Dieser Zwiespalt, der auch in der bereits geschilderten Handlungsorientierung der Devisenstellen seinen Niederschlag gefunden hatte, spiegelte sich vor allem in den Diskussionen über rechtliche Regelungen auf der Reichsebene wider. Die daraus resultierenden teilweise widersprüchlichen Vorgaben schufen Spannungen, die die Finanzbeamten vor Ort ausgleichen mussten.

Wie konsequent die Münchner Beamten grundsätzlich an der Ausplünderung mitzuwirken bereit waren, stellten sie beim Eintreiben weiterer Zwangsabgaben unter Beweis. Neben der Radikalisierung im Rahmen der „Judenvermögensabgabe" verschärfte sich auch die Veranlagungs- und Entziehungspraxis auf dem Gebiet der Steuern. Dies betraf etwa deren Einziehung bei Juden, bei denen nun in jedem Fall die Anwendung der Bestimmungen des „Steueranpassungsgesetzes" gefordert wurde. Ein Beamter des Oberfinanzpräsidiums München hob im August 1938 hervor, aufgrund der Angaben in den Vermögenserklärungen vom April desselben Jahres habe die Eintreibung festgestellter höherer Steuerbeträge beschleunigt zu erfolgen und die Aussetzung der Vollziehung sei auch beim Einsatz von Rechtsmitteln prinzipiell abzulehnen. Durch Unterstreichung hob das Schreiben hervor: „Bei der Auswertung der Vermögenserklärung von Juden ist die Vorschrift des §1 StAnpG (Steueranpassungsgesetz) ganz besonders zu beachten."[431]

Auch bei den Buch- und Betriebsprüfungen verschärfte sich die Gangart. In enger Zusammenarbeit mit dem Finanzamt München-Nord überprüfte die Steuerfahndung beispielsweise die Geschäftsräume des Münchner Viehhändlers Samuel B. „Da es sich um ein jüdisches Unternehmen handelt", so die Begründung beider Behörden, „wurden Wohnungen und Behältnisse einer genauen Durchsuchung unterzogen, um verheimlichtes Vermögen festzustellen." Letztlich konnten jedoch keine Beanstandungen aufgeführt werden.[432] Ein Jahr zuvor hatten die Beamten bei einer Überprüfung des Betriebes des jüdischen Viehhändlers Max S. noch auf die Erwähnung des „rassischen" Charakters des Unternehmens verzichtet.[433]

Nürnberg Etwa zur gleichen Zeit verschärfte sich auch in Nürnberg das Klima bei den Finanzbehörden deutlich. Ein Gradmesser für die zunehmend judenfeind-

---

[431] Schreiben Dr. K.s, OFP München, an das Finanzamt München-Nord vom 19. 8. 1938; OFD Nürnberg/Münchner Keller/BIII/855 im Falle Max H. Nach § 1 „StAnpG" waren die Steuergesetze nach der nationalsozialistischen „Weltanschauung" auszulegen.
[432] Prüfungsbericht der Steuerfahndung Ansbach und des Finanzamts München-Nord vom 5. 8. 1939; StAM/Finanzamt/16971.
[433] Buch- und Betriebsprüfung bei Max S. am 28. 6. 1937; StAM/Finanzamt/19344.

liche Stimmung der Beamten sind die Vorträge und Besprechungen beim Oberfinanzpräsidium. Stellten bis 1936 antisemitische Äußerungen gegenüber der inländischen jüdischen Bevölkerung die Ausnahme dar, so gehörten sie spätestens ab 1938/39 zu jeder Besprechung dazu. Als besonders umtriebiger ideologischer Scharfmacher erwies sich ein Steuerinspektor, der bei einem Vortrag im Finanzamt Nürnberg-West die Notwendigkeit bei der Fahndungsarbeit betonte, sich um die finanziellen Mittel für den Krieg zu kümmern. Die knappe Kasse der Reichsbehörden, davon war der Beamte überzeugt, resultierte aus der „marxistisch-jüdischen" Regierung der Weimarer Republik, die sämtliche „Geldmittel verschlungen" habe. Die „jüdisch marxistische Erziehung" wiederum habe den „Gemeinschaftsgeist" zugunsten einer „grenzenlosen Ichsucht" verdrängt. Es folgte eine Auflistung typisch „jüdischer Methoden" der Steuerhinterziehung: Bei der Fahndung würden Juden ihre Lebensversicherungsprämien nicht als Vermögen angeben. Er habe zudem bereits 1926 in Erfahrung gebracht, dass eine „jüdische Loge" ihren Mitgliedern einen Maßnahmenkatalog in die Hand gegeben habe, wie man Vermögen im Falle der Machtergreifung der Nationalsozialisten sichern könne. Abschließend rief Steuerinspektor Treutlein daher zu einer genauen und vor allem harten Fahndungtätigkeit bei jüdischen Betrieben auf.[434]

Die Erlebnisberichte der Verfolgten deuten tatsächlich auf besonders diskriminierende Verhaltensweisen der Beamten des Oberfinanzpräsidiums Nürnberg hin, über die die Verwaltungsakten kaum Auskunft geben. Zumindest bestätigt ein Prüfungsbericht des Finanzamts Nürnberg-Ost von 1938 die Beurteilungen des Nürnberger Rechtsanwalts Kurt B. In ihm verwies der Buch- und Betriebsprüfer auf die Notwendigkeit, dem jüdischen Hopfenhändler Albert B. alle Großhandelsvergünstigungen zu versagen. Ein hartes Durchgreifen hielt der Beamte für geboten, da es, so der Bericht weiter, besonders strenge – in dem Bericht allerdings nicht näher spezifizierte – Weisungen des Oberfinanzpräsidenten Zehran bezüglich jüdischer Firmen gebe.[435]

Der antisemitische Aktionismus in den Nürnberger Finanzbehörden lässt sich auch auf die Interaktion mit den Parteidienststellen zurückführen. Die umfassenden Sicherungen der Devisenstelle und die Ausplünderung durch die DAF und den Gauwirtschaftsberater im Rahmen der „Holzaktion"[436] führten nach dem Pogrom vom 9. November 1938 zwangsläufig zu einem besonderen Interaktionsverhältnis, da die Interessen beider Institutionen eine ganze Reihe von Berührungspunkten aufwiesen.

Unterfranken   Parallel zur systematischen Enteignung von Vermögenswerten der jüdischen Bevölkerung durch die Partei verschärfte sich in Unterfranken, wie in den beiden anderen Untersuchungsräumen auch, die Entziehungspraxis der Finanzverwaltung gegenüber der jüdischen Bevölkerung ab 1938 erheblich. In einer Umsatzsteuerbesprechung beim Oberfinanzpräsidenten Würzburg 1939 führte

---

[434] Vortrag des Steuerinspektors Treutlein vom 9. 1. 1939; BAB/R 2/5973.
[435] Besondere Feststellungen des Finanzamts Nürnberg-Ost 1938; StAN/Finanzamt Nürnberg-Ost/5308.
[436] Siehe hierzu Erster Teil, Zweites Kapitel, IV.2. der vorliegenden Untersuchung.

ein Referent aus: „Zwar hat der Jude es auch in der Systemzeit nach Möglichkeit vermieden, sich der glatten Steuerhinterziehung überführen zu lassen, desto erfinderischer war er aber auf dem Gebiet der Umgehung der Steuergesetze durch die verwickeltsten juristischen, insbesondere gesellschaftlichen Konstruktionen. Gebiete, auf welchen insbesondere jüdische Anwälte und Steuerberater Ungeahntes geleistet und den Finanzämtern das Leben oft recht schwer gemacht haben. Auch ist wohl noch vielen von uns in Erinnerung, mit welcher Frechheit es in der Systemzeit gerade die Juden verstanden, auf dem Weg über die Reichsabgabenordnung oder auf sonstige nicht einwandfreie Weise die unerhörtesten Vergünstigungen durch Stundung oder Erlass gegen das Votum von Finanzamt oder Landesfinanzamt durchzudrücken."[437]

Ähnlich wie in München und Nürnberg wurde dabei auch von der Finanzverwaltung in Unterfranken das primäre Ziel, die Auswanderung der Juden zu fördern, nicht aus den Augen verloren. Am Ende des erwähnten Vortrages wies der Referent noch einmal darauf hin, dass die Auswanderung der Juden im Interesse des Reiches liege. Daher dürfe man ihn nicht „restlos schröpfen". Die Juden würden dann nicht mehr arbeiten können und daher der Wohlfahrt zur Last fallen.[438]

Die neue und wesentlich härtere Gangart der Finanzverwaltung zeigte sich beispielsweise bei den Buch- und Betriebsprüfungen. Wenn hier Unregelmäßigkeiten auftraten, legten die Finanzbeamten Wert auf besonders strenge Maßstäbe, die – wie es hieß – bei Juden angelegt werden müssten und daher auch eine empfindlichere Bestrafung nach sich ziehen sollten.[439]

Die Entziehungspraxis des Finanzamts Bad Kissingen entsprach weitgehend der andernorts üblichen harten Verfahrensweise. Die Beamten entzogen die „Judenvermögensabgabe" – so der durch die Quellen vermittelte Gesamteindruck – schnell und konsequent. Besonders gravierend wirkte sich aus, dass bei der Bewertung von Grundstücken als Bewertungsgrundlage für die „Judenvermögensabgabe" der „gemeine Wert" maßgeblich war. Der Kaufpreis, den der jüdische Verfolgte tatsächlich nach der Pogromnacht noch für seine Immobilie erhielt, wurde der Berechnung daher nicht zugrunde gelegt, sondern ein unter gewöhnlichen Umständen zu erzielender Durchschnittspreis. „Ein Wert kann nicht durch den persönlichen Umstand gemildert werden", so ein Beamter des Oberfinanzpräsidenten Würzburg, „dass der Betroffene Jude ist. Insofern kann auch der tatsächliche Kaufpreis, der nach dem 12. 11. 1938 erzielt wurde, kein Maßstab für die Schätzung sein, da er durch persönliche und außergewöhnliche Umstände beeinflusst war (etwa Zwangsverkäufe)."[440]

Gleichzeitig befürworteten die lokalen Finanzämter aber auch in Unterfranken den Erlass oder die Ermäßigung der „Judenvermögensabgabe". Das Finanzamt Bad Kissingen plädierte vor allem in den Fällen für ein mildes Vorgehen, in denen der Steuerpflichtige in die Zahlungsunfähigkeit abzurutschen drohte, wie bei-

---

[437] Umsatzsteuerbesprechung beim OFP Würzburg 1939; BAB/R 2/57500.
[438] Ebd.
[439] Aktenvermerk des Finanzamts Bad Kissingen vom 20. 9. 1939; StAW/Finanzamt Bad Kissingen/Veranlagungssteuern/65.
[440] Umsatzsteuerbesprechung beim OFP Würzburg 1939; BAB/R 2/57500.

spielsweise bei dem Händler Samuel H., der über keine nennenswerten Vermögenswerte mehr verfügte. Auch Leopold Friedrich M., der als schwer Kriegsgeschädigter die Abgabe nicht mehr bezahlen konnte, beantragte den Erlass der „Judenvermögensabgabe". Beide Anträge befürwortete das Finanzamt Bad Kissingen, da die Steuerpflichtigen, wie es hieß, stets zuverlässig ihre Steuern bezahlt hatten.[441]

Im unterfränkischen Amorbach empfahl das Finanzamt, die „Judenvermögensabgabe" für den Viehhändler Rudolf F. aus ganz ähnlichen Gründen zu ermäßigen, eine Anregung, die der Finanzminister schließlich aufgriff und dem Gesuch stattgab. Die Begründung hob allerdings gerade nicht auf die Steuerehrlichkeit oder auf unbillige Härten für F. ab. Nicht das Schicksal eines Juden, sondern das Wohl der „Volksgemeinschaft" bestimmte die Entscheidung: „Es besteht die Wahrscheinlichkeit, dass F. zu einer Auswanderung nicht zugelassen wird und durch die Verringerung seines Vermögens eine Fürsorgelast für die Volksgesamtheit werden wird. F. daher von der Juva befreit."[442]

Insgesamt zeigt sich die fiskalische Umsetzung offensichtlicher Unrechtsmaßnahmen als ein überregional weitgehend ähnlich verlaufender und zielbewusst durchgeführter Prozess. Unklarheiten in den ideologischen Vorgaben räumten den Beamten zwar Ermessensspielräume ein, die durch die Möglichkeit der Tatbestandsanalyse vor Ort und der daraus resultierenden Gutachtertätigkeit noch vergrößert wurden. Unregelmäßigkeiten im Verfahrensablauf oder gar eine rechtswidrige Verschleppung oder Verhinderung des Einzugs der Sondersteuern und Abgaben zugunsten der Betroffenen sind nicht zu beobachten. Letztlich war es auch das Reichsfinanzministerium, das als letzte Entscheidungsinstanz das Heft des Handelns in der Hand behielt. In einem ganz anderen Licht stellt sich die Beteiligung des Fiskus an der „Arisierung" dar, die auch der fiskalischen Entziehungspraxis eine deutlich regionalspezifische Prägung verlieh.

4. Finanzverwaltung und „Arisierung"

München

Die Finanzverwaltung selbst war nicht nur als Profiteur, sondern auch als Genehmigungsinstanz und Vermittler in den „Arisierungsprozess" eingebunden. Ein Durchführungserlass des Reichswirtschaftsministers vom Februar 1939 verpflichtete die zuständigen Institutionen, jeden Genehmigungsantrag auf eine „Arisierung" beim zuständigen Finanzamt oder bei der Devisenstelle einzureichen, die die notwendigen Sicherheitsmaßnahmen treffen konnten.[443] Dementsprechend waren die Regierungspräsidenten dazu angehalten, vor der „Arisierung" Stellung-

---

441 Schreiben des OFP Würzburg an den RdF vom 15. 6. 1939 und Schreiben des RdF an den OFP Würzburg vom 29. 7. 1939; BAB/R 2/57084.

442 Schreiben des RdF an den OFP Würzburg vom 27. 7. 1939; BAB/R 2/57084.

443 „Erster Durchführungserlass" des RWM „zur Verordnung über den Einsatz des jüdischen Vermögens" vom 6. 2. 1939; StAW/LRA Bad Kissingen/4232; §17 der „Verordnung über den Einsatz des jüdischen Vermögens" vom 3. 12. 1938; RGBl. I (1938), S. 1711.

nahmen der Finanzämter über die Steuerschulden der jüdischen Eigentümer einzuholen, die wiederum die Ansprüche des Reiches aus den Erlösen sicherzustellen hatten.[444] Durch den schnellen und umfassenden Zugriff der Partei und der Kommunalverwaltung auf jüdisches Vermögen berührten sich die Vorgehensweisen der Finanzverwaltung mit denen der NSDAP und der Stadt zwangsläufig in einem weit umfangreicheren Maße, als dies noch bis 1938 der Fall gewesen war. Die Finanzbehörden, die im Jahr 1938 zu Bewahrern haushaltspolitischer Interessen des Staates bei der „Arisierung" des privaten Besitzes der Juden avanciert waren, mussten angesichts des oftmals eigenmächtigen Vorgehens der Gauleiter und ihrer Wirtschaftsberater auf Verfahrensweisen zurückgreifen, die den regionalen Gegebenheiten bei der „Arisierung" Rechnung trugen. Dadurch konnte die Entziehungspraxis des Fiskus von Region zu Region oder von Ort zu Ort unterschiedlich sein. Die Beamten bewegten sich hier in einer NS-typischen Grauzone, deren Grenzen durch den Willen der mächtigen Gauleiter der NSDAP auf der einen und gesetzlichen Vorgaben auf der anderen Seite bestimmt waren. In diesem Spannungsverhältnis kam der individuellen Initiative und der Entscheidung einzelner Beamter eine besondere Bedeutung zu.

Die Zielsetzungen der verschiedenen an der Enteignung jüdischen Vermögens beteiligten Institutionen wiesen aber durchaus Gemeinsamkeiten auf. Die vollständige „Entjudung" der Wirtschaft lag auch im deutlich formulierten Interesse der Finanzverwaltung. In einer Besprechung mit den Leitern der Devisenstelle 1938 in Berlin über die mit dem „Judenproblem" zusammenhängenden Fragen diskutierten die Teilnehmer das Thema „Arisierung" und Emigration intensiv. Grundsätzlich sollte, so der Tenor, die „Entjudung" gefördert werden, zunächst beim Einzelhandel, dann in der Produktion und schließlich auch im Außenhandel. Die Devisenstellen waren immer dann einzuschalten, wenn der jüdische Eigentümer Vermögenswerte für die Auswanderung „freibekommen" wollte oder wenn der Erwerb eines jüdischen Betriebes wegen der Zahlung von Devisen offensichtlich kurz bevorstand.[445] Das Hauptaugenmerk lag auf der Devisenlage des Reiches und dem primären Ziel der Auswanderungsförderung, weshalb in keinem Fall auswanderungshemmende Entscheidungen gefällt werden durften.[446] Konfliktlinien ergaben sich also nicht bezüglich des grundsätzlichen Ziels der wirtschaftlichen „Ausschaltung" der Juden, sondern hinsichtlich der Vorgehensweise und der Verfügung über den Verwertungserlös. Denn die eigenmächtigen Übergriffe der lokalen Parteigliederungen hatten unmittelbare Auswirkungen auf die finanzielle Leistungsfähigkeit der jüdischen Bevölkerung. An deren „Devisenerlösen" und an deren steuerlicher Leistungsfähigkeit waren wiederum die Finanz-

---

[444] Schreiben des Oberfinanzpräsidenten München an die Finanzämter vom 4. 3. 1939; StAM/Finanzamt/12827; siehe hierzu auch Kuller, Finanzverwaltung und „Arisierung", S. 183. Zudem errechneten die Finanzämter den Einheitswert von Grundstücken, der dann für den Verkaufspreis maßgeblich war; Rundbrief der Regierung von Mainfranken, Preisüberwachungsstelle, an die Bezirksverwaltungsbehörden vom 11. 11. 1938; StAW/ LRA Miltenberg/2541.

[445] Übersicht über die mit den „Judenproblemen" zusammenhängenden Fragen für die Besprechung mit den Leitern der Devisenstelle 1938; BAB/R 2/14518.

[446] Ebd.

ämter interessiert, was sich besonders deutlich bei den Anträgen jüdischer Erwerbstätiger auf Veränderung ihrer Vermögensverzeichnisse offenbarte.

Der Inhaber eines Münchner Textilgeschäfts, Alfred L., schrieb im Dezember 1938 an das Finanzamt München-Nord. Der verfolgte jüdische Geschäftsmann gab gegenüber der Behörde einen erheblichen Verlust seines Vermögens seit dem 10. November 1938 an: „Das Geschäft ist geschlossen und das Ladenlokal zerstört." Über den tatsächlichen Wertverlust und seine persönlichen Besitzverhältnisse konnte der Betroffene keine genaueren Auskünfte geben, da die DAF bis zur „Arisierung" sämtliche Eigentumsrechte für sich in Anspruch genommen hatte.[447] Ein Jahr später wandte sich sein Bruder Danny L. an das Finanzamt München-Nord. Dessen Beamte hatten ihn im Zuge der „Judenvermögensabgabe" mit einer Abgabe von 111 800 Reichsmark veranlagt. Sein Hauptvermögen, das als Berechnungsgrundlage gedient hatte, bestand aus seinem Firmenanteil und weiteren Immobilien. Das Grundstück von Danny L. hatte aber der Leiter der „Arisierungsstelle" Wegner als Treuhänder erheblich unter Wert, für 42 000 Reichsmark, verkauft, wobei der Leiter der „Arisierungsstelle" 21 000 Reichsmark als Gebühr für die eigene Dienststelle und weitere 21 000 Reichsmark für den Makler einbehalten hatte. Letztlich blieben dem Betroffenen noch 193 200 Reichsmark für das Grundstück und 200 000 Reichsmark für den Firmenanteil, ein Bruchteil des tatsächlichen Wertes und ein Betrag, der sich aufgrund der Diskriminierung durch Steuern und Abgaben um eine weitere sechsstellige Summe verringerte. Da Danny L. nach Brasilien auswandern wollte, bat er um Erlass der fünften Rate der „Judenvermögensabgabe".[448]

Ein ähnliches Schicksal ereilte den Textilunternehmer Max H. aus München. Er wandte sich am 13. Dezember 1938 an die Regierung von Oberbayern, weil er sich nicht mehr dazu in der Lage sah, eine Vermögensaufstellung anzufertigen. Im Zuge des Pogroms hatten Angehörige der SS seine Bücher beschlagnahmt und seinen Buchhalter inhaftiert.[449] Mit demselben Anliegen wandte sich der Geschäftsmann an das Finanzamt Augsburg-Stadt, wo sich sein Firmensitz befand, und beantragte dort die Neuveranlagung seines Vermögens. Im Zuge des Pogroms, so seine Begründung, hatten ihm Parteiaktivisten 7134 Reichsmark geraubt. Mit der Erklärung, der Verlust sei nicht auf einen betrieblichen Vorgang zurückzuführen, lehnte das Finanzamt Augsburg-Stadt den Antrag allerdings ab; der Betroffene musste also die Kontribution auf ein Vermögen leisten, von dem er tatsächlich nur noch einen Bruchteil besaß.[450]

---

[447] Schreiben Alfred L.s an das Finanzamt München-Nord vom 7. 12. 1938; StAM/Finanzamt/18317.

[448] Schreiben Danny L.s an das Finanzamt München-Nord vom 15. 11. 1939; ebd. Tatsächlich verfügte der Oberfinanzpräsident am 19. Januar 1940, dass zur Berechnung der „Judenvermögensabgabe" der Vermögensstand nach der „Entjudung" als Bemessungsgrundlage herangezogen werden sollte; Schreiben des OFP München an das Finanzamt München-Nord vom 19. 1. 1940; StAM/Finanzamt/18317.

[449] Schreiben Max H.s an die Regierung von Oberbayern vom 13. 12. 1938; OFD Nürnberg/Münchner Keller/BIII/855.

[450] Bericht des Finanzamts Augsburg Stadt vom 17. 6. 1939/OFD Nürnberg/Münchner Keller/BIII/855.

Auch der jüdische Textilhändler Julius L. wandte sich am 30. Dezember 1938 an die Regierung von Oberbayern. Er gab an, seit dem 27. April 1938 jegliche Vermögenswerte verloren zu haben, so dass er überhaupt keine Abgaben mehr bezahlen könne. Da er jedoch nicht die notwendigen Belege beibringen konnte, lehnte die Regierung ein Berufungsverfahren ab, die „Judenvermögensabgabe" setzte das Finanzamt München-Süd in diesem Fall schließlich auf 2600 Reichsmark fest.[451]

Auf den zunehmenden Vermögensschwund durch Parteiübergriffe reagierten die lokalen Behörden der Finanzverwaltung in Form spezieller Betriebsprüfungen, die sie im Falle der Auswanderung und der damit verbundenen „Arisierung" oder Liquidation durchführten. Als deutliches Warnsignal galt in den Betriebsprüfungsberichten ab 1938 die „rassische" Zugehörigkeit des Betriebsinhabers.[452] Die Finanzämter überprüften nun regelmäßig die Möglichkeit, nach Paragraph 15 der „Verordnung über den Einsatz jüdischen Vermögens" Treuhänder für Vermögenswerte von Juden einzusetzen, eine äußerst effiziente Methode der Vermögenskontrolle und Ausplünderung. Denn Veranlassung für eine solche Vorgehensweise waren unter anderem ausstehende Steuerschulden, die das Finanzamt mittels eines Treuhänders selbständig begleichen konnte – das Finanzamt beauftragte also den Treuhänder, eine Schuld, die es zuvor selbst festgelegt hatte, aus der Kasse des jüdischen Betriebes in die Kassen des Fiskus zu transferieren.[453] Betriebsprüfungen betrafen aber auch die neuen nichtjüdischen Inhaber der Firmen. Einer davon war der Eigentümer des Modehauses Heinzelmann, bei dem das Finanzamt München-Nord auf Anweisung des Oberfinanzpräsidiums eine Betriebsprüfung vornahm. Besonderer Prüfungszweck war die Überprüfung der Einkommensteuer. Entsprechende Erhöhungen sollten beim Erwerber wie beim Verkäufer gegebenenfalls sofort vorgenommen werden.[454]

Auch die Devisenstelle reagierte angesichts der wahren Flut von „Arisierungen" und der stark ansteigenden Auswanderung der jüdischen Bevölkerung mit einem gesteigerten Überwachungsaufwand. In Merkblättern und Richtlinien legte sie neue Verfahren für die Betriebsprüfungen fest, die sich vor allem auf auswanderungsrelevante Tatsachen bezogen. Hierunter fielen die besondere Kennzeichnung von hohen flüssigen Betriebsvermögensanteilen genauso wie persönliche

---

[451] Schreiben Julius L.s an die Regierung von Oberbayern vom 30. 12. 1938 und Berechnung der „Judenvermögensabgabe" durch das Finanzamt München-Süd vom 16. 12. 1938; StAM/Finanzamt/18347.

[452] So war ein gesonderter Hinweis in dem Prüfungsbericht über den Großhandel mit Baumwollwaren der Fa. Hermann L. und Co. enthalten: „L. ist Jude". Entgegen seiner Unschuldsbeteuerungen wurde der Betroffene wegen angeblichen Devisenschmuggels in einem späteren Verfahren zu 14000 RM Geldstrafe verurteilt; Bericht eines Devisenprüfers vom 13. 1. 1938 und Strafbescheid der Devisenstelle; OFD Nürnberg/BA/1000.

[453] Formschreiben des Finanzamts München-Süd an die Veranlagungsstelle 9, Stadtbezirk, in dem festgestellt wurde, dass der jüdische Hopfenhändler Meir M. seinen steuerlichen Verpflichtungen nachgekommen sei, weshalb es keine Veranlassung gebe, einen Antrag gemäß § 15 der „Verordnung über den Einsatz des jüdischen Vermögens" zu stellen, 30. 3. 1939; StAM/WB I/a/4320.

[454] Schreiben des OFP München an das Finanzamt München-Nord vom 31. 1. 1939; StAM/Finanzamt/19345.

Vermögensverhältnisse der Inhaber, wobei besonderes Interesse an Informationen darüber bestand, welche Familienmitglieder wann und wohin ausgewandert waren. Den „Arisierungsvertrag" nahm die Devisenstelle besonders genau unter die Lupe, wobei die Sachbearbeiter sowohl den Inhalt des Kaufvertrages, die Art von Bezahlung des Entgelts als auch eine eventuelle Vereinbarung von Nebenverträgen genau überprüften. Unregelmäßigkeiten auf Seiten des Erwerbers oder des jüdischen Verkäufers begegnete die Devisenstelle mit Sicherungsverfügungen.[455] Im Falle des Käufers richtete sich der Blick der Devisenprüfer vor allem auf den gerechtfertigten Kaufpreis, die Höhe der geleisteten Anzahlungen oder die Fälligkeit von Kaufpreisrestforderungen. Bei Unregelmäßigkeiten konnten die Beamten auch hier eine Sicherungsverfügung erlassen.[456] Bei tatsächlich festgestellten „Unregelmäßigkeiten" im Sinne der NS-Devisengesetzgebung verhängte die Devisenstelle nicht nur Sicherungsverfügungen, sondern setzte auch selbständig Abwicklungstreuhänder ein, die die Firma dann unter Kontrolle der Devisenstelle liquidierten oder veräußerten.[457]

Am 4. März 1939 regelte der Oberfinanzpräsident München in einem Erlass den Umgang der lokalen Finanzbehörden mit der „Arisierung" und der Entziehung von Grundstücken. Er hatte sich mit dem Regierungspräsidenten insoweit verständigt, als die Fiskalbehörden in jedem Fall die Übernahmeverträge prüfen mussten, ob und gegebenenfalls in welchem Umfang der Kaufpreis oder Abwicklungserlös für Ansprüche des Reiches sicherzustellen war. Bereits am 6. Februar, hierauf wies der Erlass besonders hin, hatte der Wirtschaftsminister die unverzügliche Mitteilung des Genehmigungsantrags auf „Arisierung" an das Finanzamt und die Devisenstelle angeordnet, damit diese in der Lage waren, die notwendigen Kontrollmaßnahmen einzuleiten. Die Finanzämter konnten dann bei noch ausstehenden Steuern oder aus anderen wichtigen Gründen Sicherheitsleistungen beantragen beziehungsweise für die Abwicklung des Vermögens Treuhänder in eigener Regie bestellen.[458]

Die zunehmende Verschärfung der Verfolgungspraxis der Devisen- und Zollfahndungsstelle in den Jahren 1939 bis 1941 lässt sich anhand der Durchführung der Sicherungsanordnungen gemäß Paragraph 37a Devisengesetz eindrucksvoll verdeutlichen. Wie bereits gezeigt, verfügte die Devisenstelle seit Februar über die Möglichkeit, selbständig Treuhänder einzusetzen und war damit für die Abwicklung jüdischen Vermögens verantwortlich. Ein Runderlass des Reichswirtschaftsministeriums vom 26. August 1939 verfügte darüber hinaus die generelle Sicherung der Vermögenswerte von Juden. Sie mussten nahezu sämtliche Wertgegen-

---

[455] Richtlinien für die Prüfung größerer jüdischer Firmen der Devisenstelle München, o. D.; StAM/OFD/413.

[456] „Merkblatt über Feststellungen, die beim Geschäftsverkauf durch Juden (Arisierung) zur Durchführung von Sicherungsanordnungen gem. § 37a DevGes. erforderlich sind"; StAM/OFD/413.

[457] Schreiben eines Abwicklungstreuhänders an den OFP München vom 22. 11. 1941 über seine Einsetzung als Treuhänder durch die Devisenstelle am 21. 6. 1939; StAM/Privatarchiv 20/Kanzlei Roquette.

[458] Schreiben des OFP München an die Finanzämter vom 4. 3. 1939; StAM/Finanzamt/ 12827.

stände, darunter Schecks, Bargeld oder Schmuck durch die Devisenstelle sichern lassen. Über den von der Devisenstelle festgesetzten Freibetrag hinaus durften die Betroffenen keine weiteren Barmittel mehr besitzen. „Die Einzahlungspflicht", so der Runderlass wörtlich, „schafft die Möglichkeit, die Empfänger einer Sicherungsanordnung strafrechtlich zu verfolgen."[459]

Mit der weit gefassten Ermächtigung der Ministerialbürokratie in der Tasche gingen die Beamten der Zollfahndungs- und Devisenstelle in München dazu über, Wohnungsdurchsuchungen bei Juden vorzunehmen. Im Mai 1941 durchsuchte etwa der Angehörige der Zollfahndungsstelle München Max A. zusammen mit der Kripo und der Gestapo die Wohnung von Rosa B. und ihrem Mann, die bis 1938 eine kleine Textilhandlung besessen hatten. Während der Durchsuchung beobachtete der Finanzbeamte, wie Rosa B. versuchte, einen Geldbetrag am Körper zu verstecken. Nach ihren Angaben handelte es sich um den Erlös von verkauften Möbeln, mit dem sie den Lebensunterhalt bestreiten wollte. Für den Erwerb von Nahrungsmitteln hatte sie einen Teppich, einen Läufer, einen Regulator, ein Speiseservice, eine Schreibmaschine, ein Tischbillard und eine Couch verkauft.[460] Die dafür erhaltenen Barbeträge konfiszierte die Gestapo, da sie sich nicht, wie vorgeschrieben, auf einem von der Finanzverwaltung kontrollierten Sicherungskonto befanden.[461]

Wie rigoros die Beamten vorgingen, zeigt das Beispiel der Verhandlung gegen Josef S. Auch bei ihm wurde eine Hausdurchsuchung vorgenommen. Zu seiner Verteidigung gab der Betroffene an, er habe einen Freibetrag von 500 Reichsmark monatlich. Allein für die Pension bezahle er aber 320 Reichsmark. Es würden ihm also nur 180 Reichsmark im Monat zum Leben bleiben, weshalb er zwölf Reichsmark über den in der Sicherungsverfügung eingetragenen Betrag in der Wohnung aufbewahrt habe. Dennoch zog die Devisenstelle 50 Reichsmark ein und strengte darüber hinaus ein Strafverfahren an.[462]

Ein Strafverfahren leitete die Devisenstelle auch gegen Nathan G. ein. Er hatte einen Umzug im Rahmen seiner „Entmietung" von der Trogerstraße in die Weinstraße nicht rechtzeitig der Devisenstelle angezeigt. Gemäß den Bestimmungen in der Sicherungsanordnung wäre er hierzu aber verpflichtet gewesen. Da er nicht unverzüglich seine neue Adresse angegeben hatte, verhängte die Devisenstelle eine Geldstrafe.[463] Die vollständige Ausplünderung der Juden zugunsten der Staats-

---

[459] Rundschreiben des RWM an die Devisenstellen vom 26. 8. 1939; BAB/R 2/56071.

[460] Verhandlung bei der Zollfahndung am 28. 5. 1941; StAM/OFD/503.

[461] Ermittlungsbericht der Zollfahndungsstelle vom 26. 6. 1941; ebd. Eines ähnlichen „Vergehens" machte sich auch Fritz B. schuldig. Bei ihm fand die Devisenstelle München 150 RM vor, die er über den erlaubten Freibetrag hinaus in seiner Wohnung aufbewahrte; Unterwerfungsverhandlung der Devisenstelle am 3. 4. 1941; StAM/OFD/493; siehe auch die Wohnungsdurchsuchung und die anschließende Konfiskation von Bargeld bei Benedikt F. am 10. 2. 1941; StAM/OFD/527.

[462] Aktenvermerk der Überwachungsabteilung der Devisenstelle vom 30. 4. 1941; StAM/OFD/649.

[463] Unterwerfungsverhandlung der Devisenstelle am 6. 5. 1941; StAM/OFD/599. Derartige Hausdurchsuchungen sind in zahlreichen Fällen belegt; Durchsuchung bei dem Arzt Dr. Samuel G., bei dem dabei eine Herrenuhr sichergestellt wurde. Gleichzeitig erlegte man

kasse durch den Einzug von Geldleistungen im Rahmen der Strafverfahren vertuschten die Beamten in Aktenvorgängen mit Tarnnamen wie „Silberne Damenhandtasche".[464]

Konnten derartige Aktionen noch mit der äußerst harten Devisengesetzgebung gerechtfertigt werden, so finden sich im Zuge der Interaktion mit Parteidienststellen auch Nachweise für regionale Eigeninitiativen der Finanzverwaltung ohne entsprechende Gesetzesgrundlagen. Durch die umfassenden Möglichkeiten der Sicherung und „Arisierung" auf Seiten der Finanzverwaltung entstanden zwangsläufig direkte Berührungspunkte mit dem „Treuhänder gemäß Beschluss des Regierungspräsidenten", also dem Leiter der „Arisierungsstelle", Hans Wegner. Das konkrete Verhältnis zwischen Finanzverwaltung und „Arisierungsstelle" ist – dies sei vorweggeschickt – aufgrund der komplexen Quellenlage nur schwer nachzuzeichnen. Zahlreiche Hinweise deuten allerdings auf eine weitgehend funktionierende Zusammenarbeit. Schriftlich niedergelegt haben beide Institutionen gleich mehrere Kooperationsvereinbarungen. Die Vermögensverwertungs-GmbH München sicherte der Münchner Finanzverwaltung zu, im Rahmen der „Arisierungen" alle noch offenen Abgaben an den Staat in voller Höhe zu begleichen. Dies sollte auch dann geschehen, wenn bei den ehemaligen jüdischen Eigentümern sonstiges Vermögen nicht mehr im ausreichenden Maße vorhanden war.[465] Zudem überwies bereits die „GmbH" Erlöse aus dem Verkauf jüdischer Geschäfte, Autos oder Warenlager auf Sperrkonten, die die Devisenstelle München kontrollierte.[466] Absprachen gab es darüber hinaus mit dem „Treuhänder gemäß Beschluss des Regierungspräsidenten" über den Umgang mit jüdischem Grundbesitz. Die Immobilienpreise legte die Preisprüfungsbehörde der Stadt München fest. Diese befragte das Oberfinanzpräsidium nach möglichen Steuerrückständen. Bei Privatschulden des jüdischen Steuerpflichtigen musste sich der Erwerber an die Devisenstelle wenden, die dann den entsprechenden Betrag für Steuerleistungen freigab. Kaufpreisreste hatten die Erwerber auf Sperrkonten zu überweisen, die die Devisenstelle kontrollierte.[467] Die Zweigstelle für bayerische Angelegenheiten beim Oberfinanzpräsidium München war zudem vermittelnde Instanz zwischen den Interessen der bayerischen Regierung und der Gauleitung. Über den Schreibtisch von Oberregierungsrat G. vom Zentralfinanzamt München liefen Fälle, die die Finanzverwaltung und das Regierungspräsidium von Oberbay-

---

ihm wegen Besitzes von Bargeld über den Freibetrag hinaus eine empfindliche Geldstrafe auf; Ermittlungsbericht der Devisenstelle vom 7. 5. 1941 und Schreiben der Devisenstelle an die Gestapo vom 7. 5. 1941; StAM/OFD/634; vgl. auch die Vorgehensweise bei Richard S.; StAM/OFD/629.

[464] Aktenvermerk der Überwachungsabteilung der Devisenstelle im Falle Josef S. vom 30. 4. 1941; StAM/OFD/649.

[465] Abschlussbericht der Vermögensverwertungs-GmbH München vom 25. 1. 1939, S. 9; StAM/NSDAP/37; Kuller, Finanzverwaltung und „Arisierung", S. 194.

[466] Buchprüfung beim „Treuhänder gemäß Beschluss des Regierungspräsidenten" am 16. 11. 1940; StAM/NSDAP/37.

[467] Aussage Hans Rauchs während eines Strafprozesses gegen Wegner im Jahr 1950; Urteil des LG München vom 11. 7. 1950; StAM/Staatsanwaltschaften/17856.

ern betrafen, etwa wenn das Land „arisierte" Grundstücke von der Vermögens-verwertungsstelle kaufen wollte.[468] Im Zuge ihrer umfassenden Durchsuchungsmaßnahmen kooperierten Beamte der Zollfahndungs- und Devisenstellen darüber hinaus mit den antisemitischen Schlägern aus der „Arisierungsstelle". Mitarbeiter beider Dienststellen durchsuchten die Wohnungen von Juden nach unerlaubtem Besitz.[469] Maßnahmen zur umfassenden Ausplünderung der jüdischen Bevölkerung planten Beamte beider Institutionen wohl gemeinsam und führten sie anschließend durch.[470] Einzelne Angehörige der Devisenstelle, so die Aussage von Betroffenen, sollen im Rahmen dieser Zusammenarbeit nicht nur maßgeblich für die Liquidierung von Firmen verantwortlich gewesen sein, sondern sich auch zentral in weitere Verfolgungs-maßnahmen eingeschaltet haben.[471]

Die eskalierenden Auswirkungen der Interaktion von Parteidienststelle und Finanzverwaltung verdeutlicht das Schicksal von Ilse K. Inge, die Tochter der wohlhabenden jüdischen Arztgattin Ilse K. aus Dresden, versuchte, da sie durch eine privilegierte „Mischehe" geschützt war, 1939 ihre Mutter zu sich nach München zu holen. Kurze Zeit vorher hatte die Mutter ihrer Tochter ein Anwesen in Dresden geschenkt. Die Entscheidung der Tochter, ihre Mutter ausgerechnet in die „Hauptstadt der Bewegung" zu holen, um sie dort beschützen zu können, ging nicht zuletzt auf die ständigen Bedrängungen von Johann Stumfall, einem engen Freund Hans Wegners, zurück. Beide sicherten – in Kenntnis der beträchtlichen Vermögenswerte von Ilse K. – ihren Schutz gegen ein „Entgelt" zu, erpressten also Schutzgeld. Ein „Auge zudrücken" wollten die beiden Parteiaktivisten zunächst beim ansonsten durch die „Arisierungsstelle" so brutal durchgesetzten Zwang, den gelben „Judenstern" zu tragen. Verschont werden sollte Ilse K. den Versprechen Wegners und Stumfalls nach auch von der Verschleppung ins „Sammellager" Milbertshofen und sogar von der Deportation in ein Konzentrationslager.

Von Dresden aus zahlte Ilse K. annähernd 100 000 Reichsmark an die „Arisierungsstelle". Die Schutzgeldzahlungen nutzten Mutter und Tochter freilich wenig. Wegen „Devisenvergehen" und „unerlaubter Schenkung eines Grundstücks" ermittelten die Devisenstelle und die Zollfahndung München unter Mitarbeit der Gestapo kurze Zeit nach der Überweisung des hohen Betrages gegen beide. Bei ihrer Ankunft in München beschlagnahmte die Zollfahndung das Umzugsgut der

---

[468] Schreiben des Regierungspräsidenten von Oberbayern an das Münchner Finanzministerium vom 9. 1. 1939; BayHStAM/MF/7120.

[469] Eidesstattliche Versicherung von Maria G. im Rahmen des Spruchkammerverfahrens gegen Wegner vom 12. 2. 1947; Aussagen des Zollfahndungsbeamten Max Josef S. am 23. 8. 1947, der angab, er habe öfters mit der Gestapo und der „Arisierungsstelle" zu tun gehabt. Er habe auch in der Widenmayerstraße, dem Sitz der „Arisierungsstelle", überall Blutspritzer gesehen; StAM/Spruchkammer/Karton 1919.

[470] Vgl. die zahlreichen Aussagen im Rahmen des Strafprozesses gegen Mitarbeiter der „Arisierungsstelle"; StAM/Staatsanwaltschaften/17856.

[471] Nach Aussage eines jüdischen Rechtsanwalts handelte es sich hierbei v. a. um Hermann G., einen Mitarbeiter der Devisenstelle; Aussage vor der Strafkammer des LG München während der öffentlichen Sitzung vom 15.–18. 12. 1948; StAM/Spruchkammer/Karton 1919.

Arztgattin. Mutter und Tochter nahm die Polizei in Haft. Wegen der nach wie vor vorhandenen umfangreichen Vermögenswerte von Ilse K. setzte sich Hans Wegner mit der Devisenstelle in Verbindung. Nach mehreren Verhandlungen mit einem Oberzollsekretär der Zollfahndung München und gemeinsam durchgeführten Verhören der „Arisierungs-" und Zollfahndungsstelle kam es schließlich zu einer Vereinbarung beider Stellen. Ilse K. und ihre Tochter wurden aus der Haft entlassen, nachdem sie eine Schenkungsurkunde unterschrieben hatten. 75 Prozent ihres Immobilienvermögens im Wert von 387 000 Reichsmark fielen danach an das Land Bayern. Die „Arisierungsstelle" übernahm die Veräußerung der Grundstücke und konnte die anfallenden Gebühren vereinnahmen. Ihr Stück vom Kuchen sicherte sich die Zollfahndung, indem sie Silber- und Schmuckgegenstände im Wert von 96 000 Reichsmark bei weiteren Durchsuchungen sicherstellte und durch ein Auktionshaus zugunsten der Staatskasse verwerten ließ. Die „Arisierungsstelle" beschlagnahmte ihrerseits den wertvollen Kunstbesitz, den ein Versteigerer nach Abzug von Provisionen für sich und Wegners Dienststelle zugunsten der Staatskasse veräußerte. Nachdem die Familie schließlich auch noch einen fünfstelligen Reichsmarkbetrag an den Treuhänder für Kohlen- und Stromrechnungen des Barackenlagers Milbertshofen abgeführt hatte, wurde Ilse K. nach Treblinka deportiert und dort ermordet. Eine Villa aus ihrem Besitz verschenkte der Gauleiter später an seinen Rechtsanwalt für die „reibungslose Durchführung seiner Scheidung".[472]

Eine derartige Zusammenarbeit der Devisen-, Zollfahndungs- und „Arisierungsstelle" ist in weiteren Fällen nachweisbar: 1939 verhandelte Wegner als Treuhänder und sogar im Auftrag des Finanzamts Moabit-West mit dem Arzt Dr. Robert S. über dessen Vermögenswerte. Gegen das Versprechen einer Haftverschonung überließ die Familie Wegner einen Grundstücksanteil. Wenige Wochen später, am 16. Oktober 1939, beschlagnahmte das Finanzamt das gesamte Vermögen der Familie und veräußerte eine Immobilie mit einem Wert von 200 000 Reichsmark für 28 300 Reichsmark an den Treuhänder. Wegner beschlagnahmte schließlich auch noch das Umzugsgut des Arztes. Die drei Schwestern des Arztes deportierte die Gestapo 1942 in ein Vernichtungslager.[473]

---

[472] Der Fall ist detailliert nachzuzeichnen, zumal die Aussagen der Verfolgten bzw. deren Angehöriger durch die Angaben der Verfolger bestätigt werden; eidesstattliche Versicherung von Inge de L. am 5. 9. 1945; Vernehmung Max A.s von der Zollfahndung München am 27. 10. 1949; Vernehmung des Versteigerers Johann B. am 16. 1. 1950; eidesstattliche Versicherung Maria G.s vom 12. 2. 1947; Schreiben Wegners vom 8. 1. 1942; StAM/NSDAP/37.

[473] Kaufvertrag mit Auflassung des Notars Wilhelm R. vom 29. 4. 1940; Schätzung des Architekten Franz B. vom 16. 4. 1939; StAM/Spruchkammer/Karton 1919; eidesstattliche Versicherung von Leon G. vom 11. 2. 1947; StAM/Spruchkammer/Karton 1222; Schreiben eines Rechtsanwalts an die WB I vom 14. 4. 1950; StAM/WB I/a/1784; Schreiben einer Speditionsfirma vom 26. 6. 1950; BayHStAM/EG/73038; Zeugenaussage der Ärztin Magdalena S. im Spruchkammerverfahren gegen Wegner am 18. 12. 1948; StAM/Spruchkammer/Karton 1919. Auch die Textilhändlerin, Kommerzienrätin H. bezahlte 100 000 RM, um nicht zur Zwangsarbeit geschickt zu werden. Sie bezahlte zusätzlich eine Strafe an die Devisenstelle in Höhe von 50 000 RM. Der an Wegner zu zahlende Betrag wurde durch die Devisenstelle freigegeben; Erklärung des Rechtsanwalts Hans B. vom 10. 9

Beamte der Zollfahndung beteiligten sich zudem direkt an den Deportationen der Juden in den von Wegner beaufsichtigten „Sammellagern" Berg am Laim und Milbertshofen. Die Aufgabe der Finanzbeamten bestand in der Überwachung und Entziehung der Vermögenswerte der Verschleppten, die laut Anweisung der Finanz- und Polizeibehörden nicht in die Konzentrations-, Arbeits- oder Vernichtungslager mitgenommen werden durften. Fragen der genauen Regelung von „Überwachung und Verwertung" diskutierten Mitarbeiter verschiedener Institutionen – Vertreter der Stadt, der Finanzverwaltung, der „Arisierungsstelle" und des Arbeitsamts – in mehreren Besprechungen vor den Massendeportationen. Schließlich war meist ein Finanzbeamter zugegen, wenn Kriminalpolizei und Gestapo Leibesvisitationen bei den in den Baracken eingepferchten Juden vornahmen. Gold, Schmuck, Edelmetalle oder Fotoapparate sowie Reisegepäck nahm ein Zollbeamter in Verwahrung. Während das Oberfinanzpräsidium München Lebensmittel direkt an die NSV abgab, katalogisierte es die Vermögenswerte und versteigerte sie zugunsten des Reiches. Auch die „Judenwohnungen" verschlossen und versiegelten Beamte der Zollfahndung, nachdem deren Inhaber deportiert worden waren.[474]

Für eine relativ reibungslose Zusammenarbeit zwischen den Finanz- und Kommunalbehörden sowie den Parteidienststellen spricht die Danksagung im Abschlussbericht der „Arisierungsstelle", in dem es wörtlich heißt: „Im Benehmen mit der Geh. Staatspolizei, Staatspolizeistelle München und mit der Devisenstelle und Zollfahndungsstelle des Oberfinanzpräsidenten München konnten hier wesentliche und im Interesse der Staatssicherheit oft wichtigste Ergebnisse erzielt werden, wobei auch hier auf die durchaus erfreuliche und sachdienliche Zusammenarbeit mit diesen Dienststellen verwiesen sei."[475] Ob dabei die Initiative primär von der Partei oder den Fiskalbehörden ausging, lässt sich anhand des Quellenmaterials nicht mehr genau rekonstruieren. Hinweise auf das eigenständige Vorgehen einzelner Beamter der Devisenstelle liegen aber vor.[476]

Die beschriebenen Einzelfälle deuten zudem auf ein ähnliches Strickmuster hin: Die „Arisierungsstelle" diskriminierte die jüdische Bevölkerung mit brutalen Methoden, die, vom Einzelfall abgesehen, nicht zum Repertoire fiskalischer Entziehungsroutinen gehörten. Dennoch schritt die Finanzverwaltung nicht gegen das Vorgehen der Parteidienststelle ein, im Gegenteil: Sie leistete nicht nur Zuarbeit,

---

1947; StAM/Spruchkammer/Karton 1222; eidesstattliche Versicherung im Rahmen des Strafprozesses gegen Wegner; eidesstattliche Erklärung vom 15. 8. 1941; StAM/Staatsanwaltschaften/17856. Auch der Bankier Eugen S. bezahlte einen Betrag von 60 000 RM, um in seiner Wohnung bleiben zu können, die kurze Zeit später von Wegner geräumt wurde; Urteil des LG München vom 11. 7. 1950; ebd.
[474] Vernehmungsniederschrift der Kripo München vom 30. 12. 1949; Vernehmung Johann G.s am 10. 12. 1950; Vernehmungsniederschrift der Kripo München vom 9. 1. 1950; Aktennotiz der Kripo München vom 17. 1. 1950; Vernehmungsniederschrift vom 19. 1. 1950; StAM/Staatsanwaltschaften/29499/1–3.
[475] Tätigkeits- und Abschlußbericht, S. 29.
[476] Aussage eines Rechtsanwalts im Spruchkammerverfahren gegen Hans Wegner. Hermann G., ein Mitarbeiter der Devisenstelle, habe, so der Rechtsanwalt, viele Leute auf dem Gewissen und sei als Beamter der Devisenstelle maßgeblich für Liquidationen verantwortlich gewesen; StAM/Spruchkammer/Karton 1919.

sondern profitierte von der erheblichen Gewaltbereitschaft Wegners, in dem sie hinterher auf die Vermögenswerte der vertriebenen oder deportierten Juden zurückgriff. Mit anderen Institutionen der Finanzverwaltung, etwa den Finanzämtern, gab es allerdings weniger Berührungspunkte. Die Partei, allen voran die „Arisierungsstelle", fungierte meist als Schrittmacher der „Arisierung", während die Institutionen der Finanzverwaltung die Sicherung der Steuerschulden übernahmen.

Nürnberg

Die Übergriffe der Partei im Rahmen der „Holzaktion" schränkten auch in Nürnberg die steuerliche Leistungsfähigkeit der jüdischen Bevölkerung erheblich ein. In den Finanzämtern und beim Regierungspräsidenten in Ansbach häuften sich die Eingaben jüdischer Steuerpflichtiger auf eine Neuveranlagung der Vermögenswerte und Anträge auf Erlass der Sonderabgaben wegen der Enteignung von Grundstücken, Firmen oder Kraftwagen.[477] Nahezu jedes Finanzamt des Bezirks war massiv von der „Holzaktion" betroffen. In Fürth gab es 86 „Grundstücksarisierungen", in Hersbruck 24, in Neustadt an der Aisch 50. In Rothenburg waren es 18 „Arisierungen" von Betrieben, in Uffenheim 38 Grundstücke aus jüdischem Besitz, die von der „Entjudungsaktion" betroffen waren. Im Stadtbereich Nürnberg berichtete das Finanzamt Nürnberg-West über die „Arisierung" von 100 Grundstücken, im Bereich des Finanzamts Nürnberg-Ost zählten die Beamten 160 bis 170 entzogene Immobilien. Das Finanzamt Nürnberg-Nord verzeichnete 191 Anwesen, das Finanzamt Nürnberg-Augustinerstraße war schließlich über die „Arisierungen" nur unzureichend unterrichtet.[478] „Das Arisierungsverfahren hat", wie ein Beamter des Finanzamts Nürnberg-Nord bedauernd feststellen musste, „fast allgemein zu Unzuträglichkeiten bei der Zahlung der Juva geführt. Auch bei der ‚Reichsfluchtsteuer' ergaben sich Schwierigkeiten."[479] In einem Geheimbericht von Januar 1939 hielt die Nürnberger Finanzverwaltung verärgert fest, dass 25 Prozent der jüdischen Bevölkerung wegen der Abtretung der Immobilien und der „Arisierung" ihrer Unternehmen ihren Verpflichtungen gegenüber dem Finanzamt überhaupt nicht mehr nachkommen konnten.[480] Die Zahlungsunfähigkeit gegenüber den Finanzbehörden brachten die Betroffenen auch gegen-

---

[477] So musste beispielsweise Bernhard Hugo B. sein Anwesen im Wert von 208 000 RM an die DAF für 30 000 RM verkaufen. Erheblich unter Wert musste er zudem sein Auto sowie eine Hypothekenforderung abgeben; Schreiben Bernhard Hugo B.s an die Regierung von Ober- und Mittelfranken vom 30. 11. 1938; StAN/OFD Nürnberg (Bund)/9700; Schreiben Robert B.s an das Finanzamt Nürnberg-Ost vom 18. 7. 1939; StAN/Finanzamt Nürnberg-Ost/5514.

[478] Schreiben der Finanzämter Fürth vom 7. 3. 1939, Gunzenhausen vom 8. 3. 1939, Hersbruck vom 8. 3. 1939, Hilpoltstein vom 7. 3. 1939, Neustadt a.d. Aisch vom 9. 3. 1939, Nürnberg-West vom 9. 3. 1939, Nürnberg-Augustinerstraße vom 17. 3. 1939, Nürnberg-Ost vom 11. 3. 1939, Nürnberg-Nord vom 9. 3. 1939, Rothenburg vom 7. 3. 1939, Schwabach vom 8. 3. 1939 an den OFP Nürnberg; StAN/OFP Nürnberg-Land/8a.

[479] Schreiben des Finanzamts Nürnberg-Nord an den OFP Nürnberg vom 9. 3. 1939; ebd

[480] Geheimbericht von Januar 1939; StAN/Staatspolizeistelle Nürnberg-Fürth/Arisierungsakten/39.

über den Parteigenossen der DAF vor, die allerdings auf die Irrelevanz derartiger Interessen hinwies und auf entsprechende Vereinbarungen zwischen DAF und den anderen Parteigliederungen aufmerksam machte.[481]

Im Dezember 1938 sah sich das Reichswirtschaftsministerium aufgrund der umfassenden Plünderungen Streichers schließlich dazu veranlasst, eine Sonderregelung zu treffen. Es ermächtigte den Oberfinanzpräsidenten aufgrund der „Sonderaktion in Franken", die „Judenvermögensabgabe" im Bedarfsfalle zu ermäßigen und verzichtete damit auf die eigene letztinstanzliche Entscheidungsbefugnis.[482]

Die Finanzverwaltung reagierte auf die eigenmächtigen Aktionen zwiespältig. Im Einzelfall weigerte sich der Oberfinanzpräsident, der offenbar nicht zum Netzwerk des Gauleiters gehörte, sich dem Willen der Nürnberger Partei zu beugen. Die Standhaftigkeit gegenüber den mittelfränkischen Parteibehörden stellten ranghöchste Nürnberger Finanzbeamte bei der Ausstellung steuerlicher „Unbedenklichkeitsbescheinigungen" unter Beweis, die ohne eine Eintragung in das Grundbuch keine Rechtskraft erlangten. Bei manchen Zwangsveräußerungen verweigerte der Oberfinanzpräsident die Ausstellung entsprechender Bescheinigungen, konnte den Verkauf selbst allerdings nicht verhindern, da die Grundbuchrichter die Eintragungen zugunsten des stellvertretenden Gauleiters auch entgegen den gesetzlichen Vorschriften vornahmen.[483] Eine offene Konfrontation wagte Zehran – wie die meisten anderen Funktionsträger in Nürnberg auch – freilich nur in seltenen Fällen. Gangbarer war vielmehr ein Zickzack-Kurs zwischen einvernehmlichem Handeln nach außen und verdecktem Widerstand, auf den der Oberfinanzpräsident bereits bei der Vorbereitung der „Holzaktion" Anfang Dezember 1938 eingeschwenkt war. Um der Veröffentlichung der „Verordnung zur Ausschaltung der Juden aus dem Wirtschaftsleben" vom 3. Dezember 1938 zuvorkommen zu können, hatten sich am Wochenende des 1. und 2. Dezember der stellvertretende Gauleiter Holz, die Mitarbeiter der DAF und andere Funktionsträger der Partei an einen Tisch gesetzt. Ziel der Clique von Gauleiter Streicher war es, Mittel und Wege zu finden, die bevorstehenden zentralen Kontroll- und Verteilungsmodi zu umgehen, um die Gaukasse auch nach dem Erlass der Verordnung mit jüdischem Vermögen füllen zu können. Nachdem sich die Grundbuchrichter dem Ansinnen der Parteifunktionäre gebeugt hatten und bereits einen Tag nach dem Gau-Spitzentreffen mit der Übertragung jüdischer Grundstücke auf Karl Holz begonnen hatten, wandten sich die NSDAP-Funktionäre mit der Bitte um pauschale Ausstellung steuerlicher „Unbedenklichkeitsbescheinigungen" auch an den Oberfinanzpräsidenten. Zehran wollte aber weder ja noch nein sagen und verwies auf die Zuständigkeit des Reichsfinanzministeriums und beendete so die Diskussion „in freundschaftlichem Ton".[484]

---

481 Schreiben eines Rechtsanwalts an den jüdischen Textilhändler Ludwig L. vom 18. 1. 1939; BayHStAM/EG/95900.

482 Bericht des OFP Nürnberg an den RdF vom 26. 1. 1939; BAB/R 2/57079.

483 Durchsuchungsbericht und Verhör der Gestapo im Falle des Maklers Nagel vom 10. 2. 1939; StAN/Staatspolizeistelle Nürnberg-Fürth/Arisierungsakten/41.

484 Schreiben Nagels an die Gestapo-Prüfungskommission vom 24. 2. 1939 und Verneh-

Während die Finanzverwaltung mit dem illegalen Vorgehen der Nürnberger Gauleitung offensichtlich Probleme hatte, war sie doch zu erheblichen Konzessionen bereit, zumal sie letztendlich selbst nicht unerheblich davon profitierte. So überließen die Nürnberger Finanzämter der Partei Listen der jüdischen Grundeigentümer, mit deren Hilfe die Partei die umfassenden Enteignungen vornehmen konnte. Letztlich verzichtete das Oberfinanzpräsidium in den meisten Fällen auch auf die steuerlichen „Unbedenklichkeitsbescheinigungen", die für die Eintragung ins Grundbuch notwendig gewesen wären.[485] Zudem überließen die Finanzämter der DAF Vermögensaufstellungen der Betroffenen.[486] Offensichtlich machte der Oberfinanzpräsident auch Zugeständnisse im Hinblick auf den Verfahrensablauf bei der Befriedigung von Steuerforderungen aus jüdischem Vermögen. Er erklärte sich bereit, Zwangshypotheken zur Bezahlung der „Judenvermögensabgabe" und der „Reichsfluchtsteuer" zurückzuziehen und auf das Restvermögen der jüdischen Bevölkerung zurückzugreifen.[487] Im Gegenzug informierte die DAF die betroffenen Juden darüber, dass eine Endabrechnung erst nach Bezahlung aller noch ausstehenden Steuern erfolgen könne.[488] Tatsächlich bezahlten die Erwerber jüdischer Firmen aus den Firmenkonten zumindest Teile der noch offenen Steuerrückstände an die Finanzverwaltung.[489] Der Oberfinanzpräsident sorgte auch für die Geheimhaltung der Aktion. Auf Anfragen anderer Institutionen, etwa der Gestapo, wegen der „Hausverkaufsangelegenheit" sollten die Referenten des Oberfinanzpräsidenten nicht ohne weiteres reagieren. Grundsätzlich sollte zunächst die Gauleitung informiert werden.[490] Die Fahnder in den Finanzämtern wies Zehran an, keine Ermittlungen in der Sache vorzunehmen, da „höhere Persönlichkeiten" im Spiel seien.[491]

Zur Sicherung des Steueraufkommens beschritt die Finanzverwaltung in Nürnberg Wege, die sich nicht oder nur kaum mit denen der Gauleitung kreuzten. Dies äußerte sich etwa bei der Möglichkeit, die Sondersteuern zu erlassen. Von dieser Möglichkeit machte der Oberfinanzpräsident nur dann Gebrauch, wenn tatsächlich keine Vermögenswerte mehr vorhanden waren. In anderen Fällen erkannten die Finanzämter Veränderungen in den Vermögensverhältnissen nach dem Po-

---

mung des Fürther Stadtrats Sandreuther am 22. 2. 1939; StAN/Staatspolizeistelle Nürnberg-Fürth/Arisierungsakten/41.

[485] Schreiben des Landgerichtsdirektors an den Oberstaatsanwalt vom 15. 2. 1939; StAN/ KV-Anklagedokumente/NG/616/Fotokopie.

[486] Bericht der Gestapo-Prüfungskommission vom 12. 2. 1939; StAN/Staatspolizeistelle Nürnberg-Fürth/Arisierungsakten/21.

[487] Schreiben Nagels an das Finanzamt Fürth vom 8. 12. 1938; StAN/Staatspolizeistelle Nürnberg-Fürth/Arisierungsakten/37.

[488] Teil II des Berichts der Gestapo-Prüfungskommission, S. 204; StAN/KV-Anklagedokumente/PS/1757.

[489] Vernehmung Hans Stumfalls am 6. 3. 1939; StAN/Staatspolizeistelle Nürnberg-Fürth/ Arisierungsakten/169; Schreiben des Kreisobmanns der DAF, Emmert, an die Gestapo vom 4. 3. 1939; BAB/R 58/3514.

[490] Geheimer Erlass des OFP vom Januar 1939; StAN/Staatspolizeistelle Nürnberg-Fürth/ Arisierungsakten/39.

[491] Geheimer Bericht im Rahmen der Untersuchung der Gestapo, o. D.; ebd.

grom vom 9. November 1938 nicht an, um das Steueraufkommen zu sichern.[492] In solchen Fällen verweigerten sie den Betroffenen die Ausstellung der für die Emigration notwendigen „Unbedenklichkeitsbescheinigungen".[493] Zudem gingen einzelne Finanzämter dazu über, nun ihrerseits vermehrt Wertgegenstände von Juden zu pfänden, so etwa das Finanzamt Nürnberg-Ost. Als man dort den Versuch einzelner Treuhänder registrierte, Einrichtungsgegenstände der Betroffenen aus den Wohnungen zu entwenden, verpfändete das Finanzamt seinerseits alle Wohnungseinrichtungen von Juden im Bezirk der Behörde zu seinen Gunsten, um wenigstens Teile des Steueraufkommens sichern zu können.[494]

Durch den Sturz des Gauleiters und seines Stellvertreters in den Jahren 1939 und 1940 gelang es der Finanzverwaltung in Nürnberg, weitere Vereinbarungen zu treffen, die das Steueraufkommen der jüdischen Bevölkerung in ihrem Sinne „sicherten". Der Oberfinanzpräsident und seine Mitarbeiter kooperierten eng mit den Beamten der Gestapo aus Berlin, wenn es um die Aufdeckung illegaler Geschäftsmethoden der Parteispitze ging.[495] Steuerfahndungsbeamte beteiligten sich etwa an den umfassenden Verhören der DAF-Funktionäre.[496] Der Oberfinanzpräsident in Nürnberg erhielt auch die Kontrolle über die von der Partei angelegten Sonderkonten.[497] Letztlich war es aber der exponierte Gegner Streichers, Polizeipräsident Benno Martin, den Göring mit der Abwicklung der „Arisierung" beauftragte. Den besonderen Gegebenheiten im Gau Streichers Rechnung tragend, etablierte die Gestapo eine „Arisierungsstelle für Grundbesitz" in Nürnberg. Die Gestapo übernahm die Sonderkonten und die Verwertung des jüdischen Vermögens. Für die Geschäftsführung der „Arisierungsstelle" war die Deutsche Allgemeine Treuhand AG verantwortlich. Im Auftrag der Gestapo übernahm der Grund- und Hausbesitzerverein in Nürnberg die Abwicklung jüdischen Grundbesitzes. Die Gestapo bezahlte aus den Erlösen Steuerschulden an die Finanzämter.[498] Vor jeder Auszahlung des Kaufpreises auf das Sonderkonto richtete sie

---

[492] Vgl. exemplarisch die Berechnung der „Juva" bei Bernhard Hugo B.; Schreiben von Bernhard Hugo B. an die Regierung von Ober- und Mittelfranken vom 30. 11. 1938; Schreiben des Finanzamts Nürnberg-Ost an den Betroffenen vom 18. 2. 1939; StAN/OFD Nürnberg (Bund)/9700; Schreiben O.L.s an die Regierung von Ansbach vom 13. 12. 1938 und Schreiben des Betroffenen an das Finanzamt Nürnberg-Ost vom 21. 5. 1939; StAN/Finanzamt Nürnberg-Ost/7121; siehe auch Schreiben des Finanzamts Nürnberg-Ost an den jüdischen Arzt Dr. Moritz R. vom 13. 11. 1939; StAN/Finanzamt Nürnberg-Ost/7607.

[493] Aussage der Witwe des jüdischen Kaufmannes Max H. vor der Gestapo am 30. 1. 1939; StAN/Staatspolizeistelle Nürnberg-Fürth/Arisierungsakten/39.

[494] Schreiben des Finanzamts Nürnberg-Ost an den OFP Nürnberg vom 11. 3. 1939; StAN/OFP Nürnberg-Land/8a.

[495] Vermerk der Gestapo-Prüfungskommission bezüglich eines Telefonats mit dem Oberfinanzpräsidenten Zehran am 21. 2. 1939; StAN/Staatspolizeistelle Nürnberg-Fürth/Arisierungsakten/41.

[496] Vernehmung durch den Steuerinspektor T. am 29. 3. 1939; StAN/Staatspolizeistelle Nürnberg-Fürth/Arisierungsakten/169.

[497] Durchsuchungsbericht der Gestapo vom 10. 2. 1939; StAN/Staatspolizeistelle Nürnberg-Fürth/41.

[498] Notiz der OFD Nürnberg vom 3. 7. 1945; OFD Nürnberg/Nürnberger Keller/WGM/66.

eine entsprechende Anfrage an die Finanzämter.[499] Das Grundstücksamt der Stadt Nürnberg wies dabei auf die Möglichkeit hin, die Änderungen im Grundbuch auch ohne Zustimmung der Betroffenen durchzuführen. Wenn ein Jude nach der Änderung Verfügungsberechtigter werden würde, solle man einen Treuhänder einsetzen. „Nach der Lage der Dinge", so die städtische Behörde im Juni 1939, „ist Widerstand auf Seiten der Juden nicht zu erwarten."[500] Die Stadt Nürnberg ermittelte den Wert der Anwesen und erwarb selbst zahlreiche Immobilien aus jüdischem Besitz.[501]

Letztlich konnte so die Finanzverwaltung ihre Forderungen weitgehend eintreiben. Im Mai 1941 hatte nach Mitteilung eines Gestapo-Beamten die „Arisierungsstelle" aus den „Entjudungen" 24 Millionen Reichsmark eingenommen, weitere fünf Millionen befanden sich auf einem Sonderkonto des Reichsmarschalls. Die Erlöse überwies die Gestapo auf die von ihr oder der Devisenstelle bezeichneten Sonderkonten. Aus den Gewinnen beglich die Gestapo dann alle Restschulden, so dass bis zum Mai 1941 die Erlöse bereits weitgehend aufgebraucht waren.[502] Insgesamt bearbeitete die Gestapo weit mehr als nur die „Arisierungen" im Zuge der „Holzaktion". Sie verwertete 900 Vermögensgegenstände aus jüdischem Besitz, davon 400 Hausgrundstücke, 200 unbebaute Grundstücke und etwa 300 Forderungen. Bis Mai 1945 gelang es ihr, 90 Prozent des Besitzes der jüdischen Bürger zu verwerten. Zu diesem Zeitpunkt wies das Sonderkonto noch einen Gewinn von 920051,52 Reichsmark aus.[503]

Unterfranken

Im Hinblick auf die Verhängung von Sicherheitsleistungen und die Verschärfung der Vorgehensweise bei generellen Überwachungsmaßnahmen – etwa im Rahmen der Betriebsprüfungen – lassen sich in Unterfranken allenfalls graduelle Differenzen im Vergleich mit München und Nürnberg ausmachen. Dennoch gab es zwei Unterschiede, die sich einerseits auf regions-, andererseits auf berufsgruppenspezifische Merkmale zurückführen lassen. Zunächst setzte die Auswanderungswelle bei den jüdischen Viehhändlern in Unterfranken, wie beim Großteil der jüdischen Bevölkerung Münchens, erst im Jahr 1938 ein, denn diese hatten erst Ende desselben Jahres durch die flächendeckenden gesetzlichen Maßnahmen zur beruflichen Verdrängung der Juden jede Möglichkeit der Erwerbstätigkeit verloren. Während sie von den steuerlichen Diskriminierungen und Sonderabgaben ebenso betroffen waren wie die jüdische Bevölkerung in den bayerischen Großstädten, verfügten die meisten Viehhändler dieser Region über kleine Parzellen landwirtschaftlichen

---

[499] Schreiben der „Arisierungsstelle für Grundbesitz" an das Finanzamt Nürnberg-Ost vom 25. 6. 1941; StAN/OFD Nürnberg (Bund)/9700.

[500] Schreiben des Referats III, Grundstücksamt, vom 8. 6. 1939; StadtAN/C7/VIII/509.

[501] Schreiben des Grundstücksamts an das Referat III vom 30. 6. 1939 und Schreiben des Referats III an Referat II vom 10. 11. 1939; ebd.

[502] Notiz des ORR Th. vom OFP Nürnberg vom 29. 5. 1941; OFD Nürnberg/Münchner Keller/NS 6.

[503] Notiz der OFD Nürnberg vom 3. 7. 1945; OFD Nürnberg/Nürnberger Keller/WGM/ 66.

Grundbesitzes. Als Genehmigungsinstanz für die „Arisierung" waren dort nicht nur der Regierungspräsident, sondern unter anderem auch die Bauernführer des Reichsnährstandes zuständig.

Eine Durchführungsverordnung zur „Verordnung über die Anmeldung des Vermögens von Juden" machte auch die Veräußerung land- und forstwirtschaftlichen Besitzes von deren Genehmigung abhängig.[504] Die jüdischen Grundbesitzer konnten auf diese Weise zur Veräußerung ihres Besitzes gezwungen werden. Diese Möglichkeit nutzte das bayerische Staatsministerium für Wirtschaft, Abteilung Landwirtschaft, indem es die jüdischen Besitzer verpflichtete, landwirtschaftliche Grundstücke mit Gebäuden sowie lebendes und totes Inventar umgehend zu melden.[505] Maßgebliche Instanz für die Überprüfung der Meldungen waren die Kreisbauernführer, deren Hauptaufgabe darin bestand, jüdischen landwirtschaftlichen Grundbesitz zu erfassen, geeignete Bewerber für die Immobilien zu suchen und anschließend auszuwählen. „Bauernland", so die dem Auswahlverfahren zugrunde liegende Maxime, sollte in „Bauernhand" kommen. Daher sollte jüdischer Besitz in Erbhofgröße geschlossen in das Eigentum eines nichtjüdischen Bewerbers übergehen, kleinere Grundstücke hingegen als Anliegerland an benachbarte Bauern abgetreten werden.[506]

1938/39 setzte damit ein arbeitsteiliger Prozess zur „Arisierung" des umfangreichen jüdischen Besitzes ein, an dem über ein Dutzend Institutionen beteiligt waren. Neben dem Landwirtschaftsministerium, dem Reichsforstamt, dem Beauftragten für den Vierjahresplan, dem Reichskommissar für die Preisbildung, dem Reichswirtschaftsministerium, der Gestapo, den Forstbehörden, den Regierungspräsidenten und den Bauernführern war auch die sogenannte Bayerische Bauernsiedlungs-GmbH in den Enteignungsprozess involviert. Sie war an das bayerische Wirtschaftsministerium angegliedert und als „Oberste Siedlungsbehörde" in zahlreichen unterfränkischen Ortschaften für die Überwachung und Entziehung des Grundbesitzes mitverantwortlich.[507] In Kooperation mit der „Bayerischen Bauernsiedlung" und den Kreisbauernführern übersandten die Landräte den jüdischen Viehhändlern der Region Bad Kissingen die Aufforderung, ihren Grundbesitz an einen durch den Bauernführer zu bestimmenden Erwerber zu veräußern. In einem detaillierten Fragebogen mussten die Betroffenen Größe, Einheitswert und auf dem Grundstück befindliche Gebäude angeben.[508]

Die Finanzbehörden waren Teil dieses komplexen Interaktionsgeflechts. Bevor ein Kaufvertrag endgültig genehmigt werden konnte, musste die Kreisbauern-

[504] Rundschreiben des RWM an die Ober- und Regierungspräsidenten vom 5. 7. 1938; StAW/LRA Miltenberg/2541; zur „Arisierung" landwirtschaftlichen Besitzes vgl. v. a. die Arbeit von Verse-Hermann, „Arisierungen."

[505] Schreiben des Wirtschaftsministeriums an Nathan F. vom 26. 4. 1939; StAW/LRA Hassfurt/866.

[506] Schreiben des bayerischen Wirtschaftsministeriums, Abteilung Landwirtschaft, an die Landesbauernschaft Bayern vom 21. 4. 1939; StAW/LRA Miltenberg/2541.

[507] Schreiben des bayerischen Wirtschaftsministeriums, Abteilung Landwirtschaft, an die Landesbauernschaft Bayern vom 21. 4. 1939; ebd; Verse-Hermann, „Arisierungen", S. 79.

[508] Aufforderung zur Veräußerung an den Viehhändler Bernhard A. aus Westheim vom 26. 7. 1939; StAW/LRA Hammelburg/3551.

schaft das Wohnfinanzamt anhören, das den Einheitswert der Liegenschaften zu ermitteln hatte.[509] Während die oberste Siedlungsbehörde, das bayerische Wirtschaftsministerium, den Kaufpreis festlegte, wurden die Immobilien dann an private Erwerber oder die „Bayerische Bauernsiedlungs-GmbH" weiterveräußert.[510] Die Finanzbeamten achteten darauf, dass der „Arisierungsprozess" die steuerliche Leistungsfähigkeit der Steuerpflichtigen nicht zu sehr einschränkte. Im Zweifelsfall beharrten die Finanzämter daher auf höheren Preisen für die jüdischen Liegenschaften, wenn dadurch das Steueraufkommen gesichert werden konnte, wie etwa im Falle des jüdischen Viehhändlers Max S. aus Völkersleier. Dieser war von der Gauleitung gezwungen worden, seinen Grundbesitz zu veräußern. Die Kreisbauernschaft Hammelburg hatte am 16. Juni 1939 den Käufer Karl Z. vorgeschlagen und den Preis auf 6000 Reichsmark festgesetzt, ein Betrag, der erheblich von der Taxierung eines Sachverständigen in Höhe von 10000 Reichsmark abwich. Max S. selbst hatte den Grundbesitz bei der Anmeldung seines Vermögens im April 1938 mit 13000 Reichsmark noch einmal deutlich höher veranschlagt, und seinen Angaben entsprechend hatte das Finanzamt die „Judenvermögensabgabe" berechnet. Da Max S. mit seiner vierköpfigen Familie kurz vor der Auswanderung stand und die Finanzbehörde die erfolgreiche Emigration nicht gefährden und vor allem auf die damit verbundenen horrenden Abgaben nicht verzichten wollte, beharrte sie gegenüber Partei und Erwerber mit Verweis auf den realen Wert der Immobilie und letztlich erfolgreich auf einem Verkaufspreis von 13000 Reichsmark.[511]

Am deutlichsten trat der Unterschied zwischen der gesamten Region Unterfranken und den beiden Städten Nürnberg und München bei der engen Kooperation zwischen Finanzverwaltung und Gauleitung bei der „Arisierung" jüdischen Vermögens hervor, die aus der personellen Verschränkung beider Institutionen resultierte. In Unterfranken war der bei der „Arisierung" federführende Gauwirtschaftsberater bis 1938 gleichzeitig als Betriebsprüfer beim Oberfinanzpräsidium Würzburg tätig. Gauwirtschaftsberater Vogel war 1927 als Buch- und Betriebsführer zum Landesfinanzamt Würzburg gekommen.[512] Bis 1938 arbeitete Vogel als Regierungsrat in der Betriebsprüfungsabteilung. Der Gauwirtschaftsberater war also ein ausgesprochener Finanzfachmann, der sogar persönlichen Briefkontakt mit Staatssekretär Reinhardt unterhielt.[513] Auch nachdem er Anfang 1938 hauptamtlich zur Partei übergewechselt war, verbanden ihn weiterhin enge Kon-

---

[509] Rundschreiben der Regierung von Mainfranken an die Bezirksverwaltungsbehörden vom 11. 11. 1938; StAW/LRA Miltenberg/2541.

[510] Entziehung des Grundstücks von Justus S.; Schreiben des bayerischen Wirtschaftsministeriums an den Betroffenen vom 8. 3. 1939; StAN/KV-Anklagedokumente/NI/14598/ Fotokopie.

[511] Schreiben eines Rechtsanwalts an das bayerische Staatsministerium für Wirtschaft vom 27. 6. 1939; StAW/LRA Hammelburg/3552.

[512] Vorladung Vogels am 26. 9. 1950; StAW/Staatsanwaltschaft Würzburg/588/I.

[513] Tagebucheintrag Vogels vom 25. 9. 1937 und Brief vom 22. 12. 1935; StAW/Gau Mainfranken/72.

takte vor allem mit der Devisenstelle Würzburg.[514] Unter seiner Regie wurde der Verkauf jüdischer Unternehmen und Immobilien erzwungen, wobei er noch während der „Arisierungsverhandlungen" dafür Sorge trug, dass die Betroffenen aus dem Verkaufserlös auch ihre sämtlichen Steuerschulden beglichen. Sämtliche Erlöse aus der „Arisierung" jüdischen Vermögens mussten auf ein Devisenkonto überwiesen werden, über das nur mit Genehmigung der Devisenstelle verfügt werden konnte. Waren die Betroffenen nicht in der Lage, ihre „Judenvermögensabgabe" zu bezahlen, so sollten die Finanzämter ihrerseits die Möglichkeit prüfen, die Zwangsveräußerung von Vermögenswerten aufgrund der „Verordnung über den Einsatz jüdischen Vermögens" zu erwirken. Derartige Anträge mussten über die Kreiswirtschaftsberater an Vogel weitergegeben werden, der dann bei der Regierung von Mainfranken für die Einleitung der notwendigen Maßnahmen sorgte.[515] Der Gauwirtschaftsberater fungierte dabei gleichzeitig als Sachverständiger der Finanzverwaltung. Als Betriebsprüfer hatte er vom Oberfinanzpräsidenten Würzburg den Auftrag erhalten, die Revision der Rhön-Spessart-Werbestelle zu übernehmen.[516] Diese Funktion hinderte ihn jedoch nicht daran, als Gauwirtschaftsberater aus den de jure den jüdischen Inhabern zustehenden Verkaufserlösen erhebliche Geldbeträge auf die Konten der Werbestelle überweisen zu lassen.[517]

Auch in Unterfranken beteiligten sich schließlich Beamte der Zollfahndungs- und Devisenstellen seit Anfang der 1940er Jahre an Hausdurchsuchungen, um „illegal" aufbewahrte Vermögenswerte zu konfiszieren.[518] Ab 1941 waren die Fiskalbehörden zudem an der Deportation der jüdischen Bevölkerung beteiligt. Im April 1942 „zentrierte" die Gestapo die Betroffenen über die Mittagszeit am „Platzschen Garten" in Würzburg. Die Juden aus Oberthulba, Untererthal, Völkersleier und Westheim, insgesamt 26, kamen um 11.26 Uhr dort an. Sie wurden von Würzburg aus nach Osteuropa deportiert.[519] Noch im Angesicht der bevorstehenden Deportation und Ermordung waren die Betroffenen mit dem bürokratischen Übereifer der Finanzverwaltung konfrontiert, der sich in Unterfranken in besonders zynischen Handlungsanweisungen manifestierte: Kurz vor der totalen Ausplünderung und Ermordung der jüdischen Bevölkerung im Zuge der Deportationen in die Todeslager hatte die Zollfahndung Würzburg eindringlich darauf hingewiesen, dass die „Abzuschiebenden" immer wieder versuchen würden, Geld in den „Osten" zu schmuggeln. Es gebe Verstecke wie Blindenstöcke oder Damenbinden. Hierbei handele es sich um einen Verstoß gegen die Devisengesetzge-

---

[514] So kam es zu privaten Treffen mit dem Leiter der Devisenstelle; Tagebucheintrag Vogels vom 22. 2. 1938; StAW/Gau Mainfranken/73.

[515] Rundschreiben des stellvertretenden Gauleiters an die Kreisleiter und Kreiswirtschaftsberater vom 4. 1. 1939 und Verfügung des OFP Würzburg vom 31. 12. 1938; StAW/Staatsanwaltschaft Würzburg/558/II.

[516] Vorladung Vogels am 26. 9. 1950; StAW/LRA Würzburg/558/I.

[517] Vgl. die zahlreichen Aussagen in dem „Arisierungsprozess" in Unterfranken; ebd.

[518] Notiz der Gestapo vom 13. 10. 1941; StAW/Gestapo/346; Notiz der WB IV vom 19. 6. 1958; StAW/WB IV/N/220.

[519] Aufstellung der Gestapo; StAW/Gestapo/18876.

bung. Die Gestapo solle ihre Beamten entsprechend in Kenntnis setzen.[520] Bereits vorher hatten die Betroffenen, die die Kosten für die Deportation selbst zu tragen hatten, bei der Devisenstelle um eine entsprechende Erhöhung der Freibeträge nachsuchen müssen.[521]

Mit dem Begriffspaar Interaktion und Eskalation lässt sich die Verfolgungspraxis der Finanzverwaltung bei der „Arisierung" und Deportation nach 1937 treffend charakterisieren. Auswirkungen auf die Entziehungspraxis des Fiskus hatte das Verhältnis zu den Gauleitern der NSDAP, das oftmals eine zusätzliche Verschärfung im antisemitischen Vorgehen zur Folge hatte. Mit Blick auf die noch vorhandenen Vermögenswerte begann ein regelrechter Bereicherungswettlauf, der aufgrund der eigenmächtigen Vorgehensweise der Gauleiter stark regionalspezifisch geprägt war: Während in Unterfranken die gemeinsame Einbindung der NSDAP und Finanzverwaltung in personelle Netzwerkstrukturen die Tragfähigkeit regionaler Kooperationsgeflechte bei der wirtschaftlichen Verfolgung bestätigt, ist in München – neben durchaus vorhandener Zusammenarbeit im Einzelfall – von einer konfliktfreien Koexistenz auszugehen. In Nürnberg prägten hingegen polykratische Konfliktstrukturen und kumulative Radikalisierungstendenzen das spannungsreiche Verhältnis zwischen Fiskus und Gauleitung. Kompetenzstreitigkeiten zwischen Devisenfahndungsamt und Reichsfinanzministerium und die daraus resultierende Verschärfung der Verfolgung spiegelten sich dort auf regionaler Ebene wider. Die neuen Interaktionsmuster mit den anderen an der „Arisierung" beteiligten Institutionen hatten erhebliche Auswirkungen auf die Entziehungspraxis der Beamten. Immer deutlicher tritt die Tendenz zutage, den eigenen Kompetenzbereich weit über den gesetzlichen Rahmen zur Verfolgung antisemitischer Zielsetzungen auszuweiten und den Verfolgungsprozess zu verschärfen. Die explizit antisemitischen Äußerungen von Finanzbeamten verweisen darüber hinaus auf die breite Adaption der ideologischen Zielvorgaben des Regimes. Auffallend ist die zunehmende Ausdehnung der Handlungsspielräume in den Jahren 1940 und 1941, in denen die vollkommene Rechtlosigkeit und Verarmung der jüdischen Bevölkerung in Bayern in den Sammellagern der Partei und Gestapo und schließlich in den Konzentrations- und Vernichtungslagern ihren Abschluss gefunden hatte. Ihr endgültiger Ausschluss aus der „Volksgemeinschaft" und die daraus resultierende vogelfreie Rechtsstellung hatte spätestens jetzt Eingang in die bürokratischen Routinen gefunden. Hält man sich noch einmal die These Ernst Fraenkels von der inneren Anpassung des Normenstaats an den Maßnahmenstaat durch ständige Ausdehnung von Ermessensspielräumen vor Augen, so bestätigt die Rolle der Finanzverwaltung bei der „Arisierung" diesen Transformationsprozess.[522] Er lässt sich aber nur in Teilbereichen beobachten, vor Generalisierungen ist Vorsicht geboten. In anderen Kontexten, etwa der Einziehung von Sondersteuern und Abgaben oder der Handhabung von Sicherungserlassen, erfolgte die fiskalische Enteignung innerhalb der Kontinuitäten administrativer Spielregeln, die

---

[520] Schreiben der Zollfahndungszweigstelle Würzburg an die Gestapo vom 30. 3. 1942; StAW/Gestapo/18876.
[521] Schreiben der Israelitischen Kultusgemeinde an die Devisenstelle vom 29. 3. 1942; ebd.
[522] Ebd.

sich vom Vorgehen der regionalen Parteigliederungen bei der wirtschaftlichen Verfolgung unterschieden.

Es wäre jedoch falsch, der Entziehungspraxis des Fiskus nur den blinden Aktionismus der NSDAP entgegenstellen zu wollen. Insgesamt war die wirtschaftliche Verfolgung in ihrer zweiten Phase einem administrativen Schub unterworfen. Auch die Partei begann, mit unterschiedlicher Ausprägung, in den drei Untersuchungsräumen zunehmend professioneller und systematischer auf das Vermögen der Juden zurückzugreifen, was sich neben dem Gauwirtschaftsberater und dem im Zusammenhang mit der wirtschaftlichen Verfolgung nur wenig beachteten riesigen Apparat der DAF vor allem in von den Gauleitern geschaffenen Sondereinrichtungen für die „Arisierung" manifestierte. Umso erstaunlicher erscheint die Fähigkeit der Finanzverwaltung, sich letztlich in allen Fällen gegen anderslautende Interessen der übrigen Staats- und Parteistellen durchzusetzen, sei es auf dem Wege des Konfliktaustrags oder der Kooperation. In diesem Zusammenhang ist noch einmal auf die Bedeutung eingespielter Routinen zu verweisen. Ihre weitgehende Beibehaltung ermöglichte der Ministerialbürokratie, die Ausplünderung der Juden der zentralen Steuerung zu unterwerfen und selbst den größten monetären Gewinn aus ihr zu ziehen.

Den Kontinuitäten der Verfahrensweisen steht die drastische Verschiebung der zugrunde liegenden Normen gegenüber. Für einzelne Beamte mag das Fortwirken rechtsstaatlicher Traditionen zu Konflikten geführt haben. Im Ganzen gesehen ist die Adaption ideologischer Handlungsorientierungen aber bereits ab 1933 zu beobachten. Nicht der Schutz von Minderheiten, sondern das Interesse an der steuerlichen Leistungsfähigkeit beziehungsweise konkurrierende ideologische Zielvorgaben waren ausschlaggebend, wenn sich fiskalische Praktiken zugunsten der Betroffenen auswirkten. Im Gleichschritt mit der Verwirklichung der „Volksgemeinschaft" durch die zunehmend drastische Separation ihrer „Gegner" verschärften sich auch die Verfolgungspraktiken der Finanzbehörden. Besonders deutlich wird dies im Jahr 1938: Auch die nun offensichtlichen Unrechtsmaßnahmen setzten die Beamten in allen drei Untersuchungsräumen weitgehend effizient und ohne erkennbaren Widerstand um.

Das Mischungsverhältnis aus zentraler administrativer Steuerung und Flexibilität der Beamten im Umgang mit dem Normengerüst führte, dies sei abschließend hervorgehoben, nicht zu einer wie auch immer gearteten Atomisierung, sondern ganz im Gegenteil, zu einer gleichbleibend starken Stellung der öffentlichen Verwaltung bei der wirtschaftlichen Verfolgung. Für die Betroffenen waren die Folgen verheerend: Die im Reich Verbliebenen verloren jeden Heller und Pfennig, bevor sie derart administrativ abgewickelt ihrer eigenen Ermordung entgegensehen mussten.

Zweiter Teil
Im Netz der Verfolger

Die zahlreichen Institutionen von Partei und Staat waren zweifellos Motor und Hauptnutznießer der Ausplünderung. Vor allem sie waren es, die das engmaschige Netz aus Verfügungen, Verordnungen und Boykotten geknüpft und über die Betroffenen geworfen hatten. Gehalten wurde es allerdings von vielen Händen. Neben Staatsbeamten und Parteifunktionären waren zahlreiche gesellschaftliche Akteure wie Immobilienmakler, Schätzer, Versteigerer, Wirtschaftsprüfer und Kollegen direkt oder indirekt an der wirtschaftlichen Verfolgung beteiligt. Als Erwerber profitierten sie unmittelbar, als dienstleistende Vermittler oder Konkurrenten mittelbar von der Entziehung jüdischen Vermögens. Die Frage nach grundlegenden Funktionsmechanismen des „Ausschaltungsprozesses" ist daher mit der Untersuchung von Handlungsmustern der maßgeblichen regionalen und zentralen Entscheidungsträger bei Staat und Partei nicht erschöpfend zu beantworten. Vielmehr müssen auch diejenigen Teile der Bevölkerung in den Blick genommen werden, die über keine entsprechenden administrativen oder politischen Funktionen verfügten.

Nachdem bereits für einige Regionen und Kommunen des „Dritten Reiches" das Verhalten der Profiteure Gegenstand von Untersuchungen war[1], hat unlängst Götz Aly die gesellschafspolitische Dimension der „Arisierung" und Ausplünderung auf eine heftig umstrittene These zugespitzt: Der NS-Staat habe große Teile der Raubzugsbeute weitergegeben, um sich durch die Umverteilung das Wohlwollen der Bevölkerung zu sichern, und damit den Charakter einer „Gefälligkeitsdiktatur" angenommen, die sich die Zustimmung der „Volksgemeinschaft" zu erkaufen suchte.[2]

An der Beteiligung und Mitwisserschaft eines Teiles der Bevölkerung an der wirtschaftlichen Verfolgung kann tatsächlich kein Zweifel bestehen.[3] Die „Ausschaltung" der Juden aus der deutschen Wirtschaft fand vor den Augen der Öffentlichkeit statt. Die großen gelben Schilder mit der Aufschrift „Kauft nicht bei Juden", die beim Einkauf dem Kunden die „rassische" Zugehörigkeit des Besitzers zeigten, und die ständig wachsende Anzahl jüdischer Geschäfte, die den Besitzer wechselten, und deren Produkte nun die Etikette „arisch" trugen, waren ein weithin sichtbares Zeichen der zunehmenden Isolation und Entrechtung der jüdischen Erwerbstätigen. Während mit Blick auf die Judenvernichtung bisher die Frage im Vordergrund stand, *ob* die Bevölkerung Kenntnis der entsprechenden Vernichtungsmaßnahmen hatte, stellt sich bei der wirtschaftlichen Verdrängung die Frage, *wie* die Bevölkerung auf die entsprechenden antisemitischen Maßnahmen reagierte und *inwieweit* sie selber in den Verfolgungsprozess einbezogen war.[4]

---

1 Literaturüberblick in der Einleitung.
2 Aly, Volksstaat, S. 36.
3 Longerich, „Davon haben wir nichts gewusst!"; Bajohr, Verfolgung; Bajohr, „Arisierung" in Hamburg.
4 Die Debatte über die Haltung der Gesellschaft hat sich bisher in Hinblick auf die Judenverfolgung v. a. auf den Holocaust und die „Reichskristallnacht" bezogen; Kershaw, Mythos; Bankier, Meinung; Bankier, Depths; mit einer etwas anderen zeitlichen Akzentuierung und einem anderen methodischen Zugriff vgl. die Aufsätze von Frank Bajohr und Christiane Kuller: Bajohr, Skandal; Kuller/Drecoll, Volkszorn.

Die Bemessung des konkreten Beteiligungsgrades und die Beurteilung dahinterstehender Motive ist aber mit methodischen Schwierigkeiten verbunden.[5] Die regelmäßig verfassten Stimmungsberichte verschiedener NS-Institutionen zeichnen in Anbetracht der zentral gesteuerten und weitgehend gleichgeschalteten Kommunikationsräume des NS-Staates nur sehr unscharfe Meinungsbilder der Bevölkerung.[6] Selbst wenn die Betroffenen zu Wort kamen, wie etwa in den Wiedergutmachungsakten, wurden Lebensgeschichten zu Rechtsfällen, die im Verfahren auf anspruchsberechtigende und rechtserhebliche Geschehensabläufe zugeschnitten werden mussten.[7] Aufgrund derartiger quellentechnischer Schwierigkeiten ist bei Aussagen über die generelle Haltung der Bevölkerung zur Ausplünderung der Juden Zurückhaltung geboten.

Die vorliegende Untersuchung wählt den Einzelfall als zentralen Zugriff, wobei hierfür folgende Überlegungen ausschlaggebend waren. Einigermaßen zuverlässige Aussagen über das Verhalten des sozialen Umfeldes sind erstens nur biographisch anhand von Fallstudien der „Arisierung" und Ausplünderung zu treffen, die dann jeweils auch Rückschlüsse auf die Handlungsmuster der Beteiligten zulassen.[8] Mit dem primären Zugriff auf Einzelschicksale wird zweitens die wirtschaftliche Verfolgung als eine Art Begegnungsgeschichte von jüdischen und nichtjüdischen Deutschen erkennbar, die das Leben beider Seiten erheblichen Veränderungen unterwerfen konnte. Im Zentrum der Untersuchung steht damit auch die Wirkung der Verfolgung und – soweit möglich – die Wahrnehmung der Betroffenen, in der sich die komplexen und unüberschaubaren Interaktionsmuster der zahlreichen Täter und Akteure in einem Erlebniszusammenhang bündelten.

Auf der Zeitachse der Jahre 1933–1941/42 war der Herbst des Jahres 1938 ein entscheidender Wendepunkt. In den ersten Jahren der NS-Herrschaft stand vor allem die Verdrängung aus dem Beruf im Vordergrund der wirtschaftlichen Verfolgung, entsprechend groß war die Bedeutung, die dem Verhalten von Kunden, Patienten oder Kollegen zukam.

Die vollständige Negierung der beruflichen und die flächendeckend wirksame drastische Einengung der privaten Gestaltungsmöglichkeiten durch den Staat setzte dann ab Ende 1938 ein.[9] Durch die endgültige Vertreibung der Juden aus dem Berufsleben und die nahezu vollständige Kontrolle über ihr Vermögen veränderte sich die Situation für die Betroffenen grundlegend. Mit der umfassenden

---

5 Über allgemeine Reaktionen der Bevölkerung sind wir hauptsächlich durch die Berichterstattung der NS-Organisationen informiert; hierzu die jüngste Kritik bei Longerich, „Davon haben wir nichts gewusst!", S. 38 ff. Saul Friedländer kommt noch 2006 zu dem Schluss, dass grundlegende Fragen zur Einstellung und Reaktion von Zuschauern immer noch nicht zu beantworten seien; Friedländer, Vernichtung, S. 20.

6 Zur Quellenkritik auch an den Berichten von Exilorganisationen vgl. v. a. Longerich, „Davon haben wir nichts gewusst!", S. 23; zu anderen Interpretationen von Öffentlichkeit in Diktaturen vgl. v. a. Sabrow, Skandal.

7 Winstel, Bedeutung, S. 201; zur Quellengattung der Wiedergutmachungsakten siehe auch Winstel, Gerechtigkeit, S. 13 ff.

8 So auch Kratzsch, Gauwirtschaftsapparat, S. 234.

9 Siehe hierzu Erster Teil, Viertes Kapitel, III.1. der vorliegenden Studie.

Ausplünderung stieg zudem die Zahl der Nutznießer stark an. Neben der Zahl der direkten Erwerber jüdischen Vermögens wuchs vor allem die Bedeutung der mittelbaren Profiteure, die, wie bereits angedeutet, als Spediteure, Versteigerer, Schätzer oder Notare an der Judenverfolgung verdienten. In der Zeit von 1938/39 bis 1941 ist ihre Beteiligung deshalb von besonderem Interesse.

Die Betroffenen sahen ihrer Ausplünderung und Stigmatisierung nicht tatenlos zu, viele Fälle sind überliefert, in denen sie sich gegen ihre Verfolgung vehement zur Wehr setzten. Abschließend soll daher deutlich gemacht werden, dass die Verfolgten immer auch Akteure waren, die mit verschiedenen „Gegenstrategien" die Wirkung der Verfolgung zu umgehen und abzumindern trachteten.

Erstes Kapitel: Die Verdrängung aus dem Beruf 1933–1938/39

I. Der ländliche Bereich: Die „Ausschaltung" jüdischer Viehhändler

Die heikle Situation der jüdischen Bevölkerung in ländlichen Regionen am Vorabend und während des „Dritten Reiches" ist bereits Gegenstand mehrerer einschlägiger Studien. Die fehlende Anonymität der Großstadt und der besondere Allmachtsanspruch der Partei, der in der Enge der dörflichen Umgebung den Druck zu konformem Handeln vergrößerte, begünstigten, so die mehrfach geäußerte These, von NSDAP-Funktionären vorangetriebene Übergriffe gegen Juden. Körperliche Gewalt und Boykotte waren daher im ländlichen Raum eine erfolgreiche Strategie, die Inklusion der „Volksgemeinschaft" durch Exklusion ihrer Gegner voranzutreiben.[1]

In einem anderen Tenor wird hingegen das Kundenverhalten bewertet. Hier habe Zurückhaltung und partielle Ablehnung gegenüber körperlicher Gewalt gegen Juden vorgeherrscht.[2] Die Analyse des Verhältnisses von jüdischen Erwerbstätigen und Nichtjuden war daher auch Ausgangspunkt, um in Anbetracht der zahlreich vorhandenen ökonomischen Beziehungen die Grenzen der Durchsetzungsfähigkeit ideologischer Zielsetzungen in der Bevölkerung während der NS-Herrschaft ausloten zu können. Vor allem zwei zentrale Aspekte gelten als wesentlich für Verhaltenstendenzen des sozialen Umfelds der Betroffenen: erstens konfessionelle Scheidelinien vor allem zwischen den protestantisch dominierten Regionen Mittelfrankens mit einem traditionell weit verbreiteten Antisemitismus und dem katholisch dominierten Südbayern, dessen Bevölkerung dem „rassischen" Gedankengut grundsätzlich skeptischer gegenüberstand[3]; zweitens ökonomische Verflechtungen, die die Grenzen weltanschaulicher Durchdringungskraft insofern zeigen, als die monetären Interessen an einem intakten jüdischen Handelsleben häufig zu langanhaltenden Beziehungen von jüdischem Händler und nichtjüdischem Kunden auch weit über die Zäsur von 1933 hinaus führten.[4]

Als Gradmesser für die Stimmungslage gegenüber Juden in den ländlichen Gemeinden Bayerns bietet sich die Erwerbssparte des Viehhandels besonders an. In Süddeutschland war die Konzentration der jüdischen Bevölkerung in den länd-

---

[1] Zu diesem Prozess allgemein Hoffmann, Verfolgung, S. 379; Wildt, Gewaltpolitik, S. 25 und 30f.; Reichardt, Kampfbünde; ders., Vergemeinschaftung.

[2] Wildt, Gewaltpolitik, S. 37; Plum, Wirtschaft, S. 292.

[3] Kershaw, Antisemitismus, S. 310; zur Bedeutung der konfessionellen Prägung beim Wahlverhalten siehe Falter, Wähler, S. 169ff.

[4] Wiesemann, Juden auf dem Lande, S. 389; Kershaw, Antisemitismus, S. 298f.; aber auch Maurer, die die intakten privaten Beziehungen über die Zäsur von 1933 hinweg betont; Maurer, Kunden, S. 154ff.

lichen Gemeinden auffallend hoch. Rund ein Fünftel der jüdischen Bevölkerung im Reich lebte in kleinen Städten oder Dörfern.[5] Die dominierende Branche für jüdische Erwerbstätige war vielerorts der Viehhandel. Dies galt nicht nur für das berufliche Profil innerhalb der jüdischen Bevölkerung, vielfach waren jüdische Händler die einzigen Abnehmer und Verkäufer von Vieh überhaupt.

Schon aufgrund ihrer hohen Anzahl in einigen bayerischen Regionen kam ihnen durch die zahlreichen Kontakte mit den Bauern der Umgebung eine Art Mittlerfunktion zwischen der häufig isolierten jüdischen Gemeinde und der nichtjüdischen Bevölkerung zu.[6] Ökonomisch bedingte Berührungspunkte ergaben sich darüber hinaus wegen der erforderlichen Spezialkenntnisse bei der Schächtung, die nicht nur bei der jüdischen Gemeinde als nahezu unersetzlich galten. Auch die nichtjüdischen Landwirte schätzten das besonders geschulte Auge jüdischer Erwerbstätiger bei der Qualitätsprüfung des Fleisches.[7]

Gleichzeitig gerät mit den Viehhändlern eine Gruppe jüdischer Erwerbstätiger in den Blick, die durch ihren durchschnittlich geringen Verdienst zu den mittleren bis unteren Einkommensschichten gehörten. Eine deutlich spürbare Verschlechterung der wirtschaftlichen Lage hatte für sie bereits im Jahr 1927 eingesetzt, als sich eine Agrarkrise durch anhaltend schlechte Ernten und einen zunehmenden Preisverfall für Fleisch ankündigte. Nach einer kurzen Erholung sanken die Preise ab 1929 unter das Vorkriegsniveau von 1913 ab. Obgleich die Krise aus einer Überproduktion resultierte, senkten die Landwirte mit ihren meist vorkapitalistischen Betriebsformen das Produktionsniveau nicht. Entsprechend hoch verschuldet waren viele Betriebe Ende der 1920er Jahre. Die Gesamtverschuldung der deutschen Landwirtschaft lag 1928 bei 11,5 Milliarden Reichsmark.[8] Durch die Überschuldung und mit dem rapiden Verfall der Fleischpreise sank die Zahlungsmoral der Bauern, was wiederum zu Zahlungsunfähigkeiten und Insolvenzen bei den Viehhändlern führen konnte. Die jüdischen Viehhändler, die neben der allgemein schwierigen wirtschaftlichen Situation auch noch gegen die zunehmenden antisemitischen Pressekampagnen und Boykotte Anfang der 1930er Jahre zu kämpfen hatten, waren von dieser Entwicklung in besonderem Maße betroffen.[9]

1. Die unterfränkische Region

Die an die Städte Bad Kissingen und Hammelburg angrenzenden Gemeinden repräsentieren eine bayerische Region mit einer außergewöhnlich hohen Dichte jüdischer Gewerbetreibender, deren hauptsächliches Betätigungsfeld der Viehhandel war.[10] Der Konzentration auf diesen Erwerbsbereich entsprechend waren zahlreiche jüdische Viehhändler mit wirtschaftlichen Problemen konfrontiert.

---

[5] Maurer, Alltag, S. 348.
[6] Ebd., S. 389; Hoffmann, Verfolgung, S. 374.
[7] Wiesemann, Juden auf dem Lande, S. 374; Kershaw, Antisemitismus, S. 289; zu Juden in ländlichen Regionen siehe auch Hoffmann, Verfolgung, S. 376 ff.
[8] Münkel, Agrarpolitik, S. 53 f.
[9] Hierzu auch Maurer, Alltag, S. 390; Wiesemann, Juden auf dem Lande, S. 382.
[10] Einleitung, S. 7.

Neben der schlechten wirtschaftlichen Großwetterlage waren hierfür auch infrastrukturelle Probleme der Region verantwortlich. Das agrarisch ausgerichtete und katholisch geprägte Gebiet in unmittelbarer Nähe zum Mittelgebirge der Rhön galt als das ökonomische Sorgenkind Unterfrankens. Einige der dort ansässigen Viehhändler hatten daher nicht erst zu Beginn der 1930er Jahre mit der Zahlungsunwilligkeit beziehungsweise -unfähigkeit von Kunden zu kämpfen, sondern standen bereits zu dieser Zeit vor dem finanziellen Ruin.[11]

Vor diesem Hintergrund erklären sich die gravierenden Folgen der nach 1933 einsetzenden Stigmatisierungen. Zahlreiche Viehhändler klagten über erhebliche Umsatzeinbußen und den vorangaloppierenden Verelendungsprozess nach der „Machtergreifung" der Nationalsozialisten. Manche hatten daher schon frühzeitig nahezu jede Existenzmöglichkeit verloren.[12]

Betrachtet man das Verhältnis von jüdischen Viehhändlern und nichtjüdischen Landwirten im Spiegel der Schilderungen der Betroffenen, so wird, weit weniger als in der Forschung bisher behauptet, die Bedeutung weiterhin funktionierender ökonomischer Bindungen als Hemmschuh für die Durchsetzung ideologischer Zielsetzungen sichtbar; Betonung findet vielmehr die Rolle des sozialen Umfeldes als Katalysator der wirtschaftlichen Verfolgung und zunehmenden Verarmung. Mitursächlich für die dramatische Verschlechterung der Lebens- und Arbeitsverhältnisse waren offenbar zwei Faktoren: Zunächst die vor allem ab 1935 einsetzende rigide Benachteiligungs- und Ausschlusspolitik der kommunalen Verwaltungsbehörden, die sich in zahlreichen Schilderungen der Betroffenen widerspiegelt; im unmittelbaren Zusammenhang damit darüber hinaus aber auch das feindliche Verhalten der Bauern der Umgebung, das der antisemitischen Benachteiligungs- und Ausschlusspraxis den scheinlegalen Begründungszusammenhang liefern konnte. Die Folgen einer derartigen Interaktion regionaler Herrschaftsträger und des sozialen Umfelds der Verfolgten, die vor allem in den zahlreichen Ermittlungen zur Entziehung der Gewerbelegitimation ihren Niederschlag finden, verdeutlichen beispielhaft folgende drei Einzelfälle.

Einer der Betroffenen war der Viehhändler Nathan H., der sich im Januar 1936 an das Bezirksamt Hammelburg wandte, um die Verweigerung seiner Gewerbelegitimation rückgängig zu machen: „Ich ersuche deshalb heute erneut um Ausstellung, damit ich durch Ausüben meines Berufes meine Familie weiter ernähren kann und meine Verpflichtungen dem Staat gegenüber, das sind die Zahlungen der Staats- und Gemeindesteuern auch abführen kann. Ich kann mir nicht vorstellen, dass Gründe vorhanden sein sollen, mir durch Verweigerung der Karte die Aus-

---

[11] Schreiben eines Rechtsanwalts an das Bezirksamt Hammelburg vom 4. 5. 1936; vgl. auch die Schicksale von Viktor B. aus Völkersleier und Nathan B. aus Westheim; Urteil des Amtsgerichts Brückenau vom 11. 3. 1932; StAW/LRA Hammelburg/3579.

[12] Eidesstattliche Versicherung eines Zeugen im Entschädigungsverfahren des Viehhändlers Bernhard D. aus Hammelburg am 11. 2. 1958; BayHStAM/BEG/63718; Schreiben des Finanzamts Bad Kissingen; StAW/Finanzamt Bad Kissingen/Veranlagungssteuern/58; Schreiben eines Rechtsanwalts an das BLEA vom 18. 4. 1956 im Entschädigungsverfahren Willi S. aus Oberthulba; BLEA/EG/99247; eidesstattliche Versicherung einer Zeugin im Entschädigungsverfahren Julius B. aus Lauderbach vom 15. 7. 1955; BayHStAM/BEG/ 25439.

übung meines Berufes zu unterbinden, denn mir ist in meiner langen beruflichen Tätigkeit nicht ein Fall bekannt, in welchem ich geschäftlich mit Wissen jemand betrogen habe oder unreele [sic] Machenschaften betrieben haben soll. Dass es Kunden gibt, die nach Jahren Reklamationen anbringen wollen, ist im Viehhandelsgeschäft leider eine traurige Erscheinung, aber wenn man derartigen Reklamationen auf den Grund geht, dann stellt sich meist die Unhaltbarkeit dieser Reklamationen heraus und letzten Endes will man damit Nachlässe an alten Forderungen bezwecken. Ich bin fast 50 Jahre alt, hab aktiv 2 Jahre gedient, war 4½ Jahre Frontsoldat, habe weder aktiv noch im Felde irgend eine Strafe zu verzeichnen, war noch nie mit Zahlung von Steuern im Rückstand, aber auch mein Privatleben weist nicht einen einzigen Makel auf, der zu meinen Ungunsten spricht."[13]

Das Geschwisterpaar Nathan und Julius B. aus Westheim setzte sich im Jahr 1936 verzweifelt gegen seine Kriminalisierung durch ein mithilfe von Anschuldigungen von Landwirten angestoßenes Strafverfahren, mit dem das Bezirksamt Hammelburg den Entzug der Gewerbelegitimation begründet hatte, zur Wehr: „Um unsere Familien weiter ernähren zu können und dem Staat und der Gemeinde die verlangten Steuern auch abführen zu können, benötigen wir die Zuteilung der Legitimationskarte. Es ist uns nicht bewusst, mit Absicht während unserer langen Geschäftstätigkeit geschädigt zu haben, wir sind mit Zahlungen der Steuern nicht im Rückstand, wir waren Kriegsteilnehmer, was aus den bei Ihnen beiliegenden Militärpapieren ersichtlich ist. Weshalb man uns die Karte verweigert, ist uns unklar und so stellen wir heute erneut das Ersuchen um Ausstellung dieser Karten. Um aber alle weiteren Bedenken zu zerstreuen, erklären wir Unterzeichnete noch, dass wir alle Viehverkäufe an Landwirte nicht nur jetzt, sondern schon lange nur gegen Bar tätigen, sodass doch die Gewähr gegeben ist, dass kein Landmann an uns Geld nicht verlieren kann."[14] Im Zuge eines zweijährigen Rechtsstreites hielt das Bezirksamt die Legitimationskarten so lange zurück, bis dem Geschwisterpaar die umfassende Gesetzgebung von 1938 ohnehin jede Geschäftstätigkeit verbot.[15]

Auch der Viehhändler Julius B. aus Oberthulba war frühzeitig Opfer antisemitischer Hetze. Nach den Schilderungen seiner Tochter im Rahmen des Entschädigungsverfahrens nahmen die Stigmatisierungen aus dem sozialen Umfeld bereits 1933 einen derartigen Umfang an, dass das Geschäft noch in diesem Jahr fast vollständig zum Erliegen kam.[16] Aufgrund von Anschuldigungen wegen angeblicher Betrügereien und Tierquälerei entzog das Bezirksamt Hammelburg dem Viehhändler 1937 endgültig die Legitimation. Auch Anfang 1938, als er versuchte, sich durch den im Jargon der NS-Behörden sogenannten illegalen Verkauf von Vieh finanziell über Wasser zu halten, war es wiederum die Denunziation eines Land-

---

13 Schreiben Nathan H.s an das Bezirksamt Hammelburg vom 30. 1. 1936; StAW/LRA Hammelburg/3580.
14 Schreiben Nathan und Julius B.s an das Bezirksamt Hammelburg vom 4. 2. 1936; StAW/ LRA Hammelburg/3588; siehe hierzu auch Erster Teil, Drittes Kapitel, III. der vorliegenden Untersuchung.
15 Vgl. den umfangreichen Briefwechsel in StAW/LRA Hammelburg/3588.
16 Schreiben Selma D.s an das BLEA vom 15. 7. 1955; BayHStAM/BEG/25439.

wirtes, die zu Ermittlungen der Gendarmeriestation Hammelburg und Polizeidirektion Würzburg führte.[17] Das gegen ihn eingeleitete Verfahren und die damit zusammenhängende Verarmung verhinderten letztlich auch die Auswanderung des Betroffenen. Kurz vor ihrer Deportation wurden die Eheleute B. nach Würzburg gebracht. Der Todestag des Viehhändlers wurde nachträglich auf den 8. Mai 1945 festgelegt.[18]

Welche Motivlage sich hinter den hier geschilderten Anschuldigungen verbarg, ist nur schwer festzustellen. Im Einzelfall werden aber ökonomische Interessen ehemaliger Kunden als Triebfeder sichtbar; etwa, wenn eine Witwe im Bezirk Hammelburg gegenüber dem dortigen Bauernführer unumwunden zugab, mehrere Stück Vieh vom jüdischen Viehhändler Max H. auf Pump erworben zu haben, aber gleichzeitig darauf hinwies, ohne Brille habe sie die Höhe der Summe auf den Schuldscheinen nicht lesen können, und der „Viehjude" sei daher in der Lage gewesen, viel zu hohe Beträge einzusetzen. Obgleich sogar die zuständige Gendarmeriestation die Angaben der Bäuerin als prinzipiell „mit Vorsicht zu genießen" charakterisierte und damit als durchsichtigen Betrugsversuch entlarvte, musste sich der Viehhändler auf Druck örtlicher Parteifunktionäre schließlich bereit erklären, einen Teil des Kaufpreises zu erlassen.[19]

Im Spiegel der hier dargestellten Einzelbeispiele führte die in der Region durch die Dominanz jüdischer Viehhändler hervorgerufene besonders enge Verflechtung zwischen jüdischen Erwerbstätigen und nichtjüdischen Landwirten also eher zu einer Verschärfung der Bedrohungssituation. Ähnliches lässt sich auch in zahlreichen anderen Fällen konstatieren. Ungeachtet der gravierenden Konsequenzen im Einzelfall wäre es jedoch falsch, derartige Anschuldigungen und Betrügereien als flächendeckendes Charakteristikum des Verhaltens der nichtjüdischen Landwirte in der Region zu bezeichnen.

Zu berücksichtigen ist zunächst, dass sich hinter den Denunziationen häufig der antisemitische Eifer lokaler Parteifunktionäre verbarg. Die Bedeutung der antisemitischen Praxis der Gliederungen des Reichsnährstandes in diesem Zusammenhang ist bereits ausführlich geschildert worden.[20] Auch die Kreisleitungen versuchten, die regionalen Herrschaftsträger in antisemitischem Sinne zu beeinflussen. Prägnantes Beispiel ist der Kreisleiter von Bad Kissingen, der gegenüber dem dortigen Bezirksamt vorgab, er habe keine Mittel, einer Gemeinde zu verbieten, sich „gegen die jüdische Ausbeuterei zur Wehr zu setzen", auch wenn Einzelaktionen gegen Juden eigentlich zu unterbleiben hätten. Er habe die Bürgermeis-

---

[17] Schreiben der Gendarmeriestation Hammelburg an die Polizeidirektion Würzburg vom 22. 3. 1938; StAW/LRA Hammelburg/3574.

[18] Schreiben der Polizeidirektion der Stadt Würzburg an einen Rechtsanwalt vom 18. 9. 1958 und Schilderung von Selma D. am 15. 7. 1955; BayHStAM/BEG/25439.

[19] Schreiben der Gendarmeriestation an das Bezirksamt Karlstadt vom 15. 2. 1936 und Schreiben an das Bezirksamt Hammelburg vom 12. 3. 1936; StAW/LRA Hammelburg/ 3584; Aussagen Rosa F.s, der Gattin eines jüdischen Metzgers, im Zuge der Anmeldung zur Entschädigung von Schaden im wirtschaftlichen Fortkommen am 24. 9. 1950; BayHStAM/BEG/93565.

[20] Erster Teil, Drittes Kapitel, III. der vorliegenden Untersuchung.

ter zwar entsprechend informiert, gleichzeitig habe er ihnen aber freigestellt, das zu tun, was ein nationalsozialistischer Bürgermeister für richtig halte.[21]

Die Berichterstattung kommunaler Partei- und Verwaltungseinrichtungen gibt darüber hinaus Hinweise auf längerfristige wirtschaftliche Bindungen. So fallen die zahlreichen Beschwerden der NS-Organisationen über dauerhafte und intensive Geschäftsbeziehungen der jüdischen Viehhändler zu nichtjüdischen Kunden ins Auge. Bei aller gebotenen quellenkritischen Vorsicht gegenüber derartigen Berichten verweisen die Mahnungen von verschiedenen NSDAP- und Regierungsstellen doch auf weiterhin funktionierende ökonomische Beziehungen zwischen jüdischen Viehhändlern und nichtjüdischen Kunden.

Zum Ärger der Gendarmerie Hammelburg war etwa der Landwirt Lorenz S. den „Handelsjuden sehr zu Diensten". Er würde nicht nur an den Geschäftsbeziehungen zu Juden festhalten, er unterstütze jüdische Viehhändler nach dem Entzug der Gewerbelegitimation auch mit Nahrungsmitteln, hieß es in einer Notiz der Gendarmeriestation.[22] Ähnlich argumentierte das Bezirksamt Bad Kissingen im August 1937. Gegenüber der Regierung von Unterfranken stellte es fest, dass nach wie vor eine große Anzahl von Bauern und Landwirten bei jüdischen Händlern einkaufe.[23] Die ökonomischen Beziehungen gingen hier auch nach 1933 noch so weit, dass einzelne Bürgermeister unterfränkischer Gemeinden den jüdischen Viehhändlern noch Bestätigungen über deren zuverlässiges und aufrichtiges Geschäftsgebaren ausstellten, eine Praxis, die die Gemeindevorsteher in erhebliche Schwierigkeiten bringen konnte. Das bayerische Innenministerium forderte die Einziehung derartiger Bestätigungen. Gleichzeitig sollte die Eignung für das Bürgermeisteramt mit den zuständigen Parteidienststellen geklärt werden.[24] Selbst Ortsgruppenleiter der NSDAP verhandelten indes weiter mit jüdischen Viehhändlern.[25] Daneben wurde auch der Einkauf der Landwirte und Bauernführer des Reichsnährstands bei jüdischen Händlern in der Region wiederholt gebrandmarkt und durch den „Stürmer" angeprangert.[26] Im September 1935 beklagte darüber hinaus auch das Bezirksamt Bad Kissingen die falsche Einstellung vieler Personen, die auch weiterhin glauben würden, die Juden in Schutz nehmen zu müssen. Einige Ortschaften seien regelrecht in zwei Lager, die der Judenfreunde und die der Judenfeinde, gespalten.[27]

---

[21] Schreiben des Kreisleiters von Bad Kissingen an das Bezirksamt Bad Kissingen vom 9. 9. 1935; StAW/Sammlung Schumacher/7/3.

[22] Notiz der Gendarmerie Hammelburg vom 5. 12. 1936; StAW/LRA Hammelburg/3582.

[23] Schreiben des Bezirksamts Bad Kissingen an die Regierung von Unterfranken vom 19. 8. 1937; StAW/Sammlung Schumacher/5/8.

[24] Rundschreiben des Innenministeriums an die Regierungen vom 18. 6. 1935 und 4. 11. 1935; BayHStAM/MInn/73725.

[25] Schreiben des NSDAP-Ortsgruppenleiters Arnstein an die NSDAP-Kreisleitung Karlstadt vom 17. 7. 1935; StAW/Gau Mainfranken/7.

[26] Schreiben der Gendarmeriestation Westheim an das Bezirksamt Hassfurt vom 25. 10. 1935; StAW/Gestapostelle/973; Schreiben des Gaugeschäftsführers an den Ortsgruppenleiter von Sommerhausen M. vom 28. 11. 1934; StAW/Gau Mainfranken/7.

[27] Bericht des Bezirksamts Bad Kissingen für September 1935 vom 27. 9. 1935; abgedruckt in: Kulka/Jäckel, Juden, S. 163; Berichte des Bezirksamts Bad Kissingen an die Regierung von Unterfranken vom 26. 6. 1937 und 19. 8. 1937; StAW/Sammlung Schumacher/5/8.

Nicht nur in der Region Bad Kissingen, sondern in ganz Unterfranken wurden die fehlenden Alternativen zu den jüdischen Viehhändlern und die daraus resultierenden, teilweise Jahrzehnte alten Geschäftsverbindungen bemängelt.[28] So schrieb etwa die Ortsgruppe Westheim im März 1937: „Brunno W., Kaltensonsheim, ist ein ganz Schwarzer und dürfte politisch als nicht recht zuverlässig bezeichnet werden, schon aus dem Grunde, weil er bis in die letzte Zeit mit den Juden handelte, d. h. sozusagen Mittelsmann zwischen dem Goi und dem Juden war. Im Interesse einer Beschäftigung für W. wäre die Ausstellung eines Handelsscheins gegeben, am besten wäre es natürlich, wenn man die Ausstellung davon abhängig machen könnte, dass der betreffende nicht mit Juden handeln darf."[29] Ähnliches verdeutlicht auch ein Schreiben der Kreisleitung Münnerstadt im Hochsommer 1934. Darin wurde die gegenüber Juden geübte „höfliche Zurückhaltung" in der Region nachdrücklich beklagt. In einem Rundschreiben verbot daher die Kreisleitung unter anderem das Ausstellen von Bescheinigungen jeder Art für Juden und jede Art von Verkehr mit Juden in der Öffentlichkeit, obgleich sie sich der Ungesetzlichkeit ihres Vorgehens durchaus bewusst war. „Die Partei hat im Kampf gegen die Vorherrschaft des volkszersetzenden jüdischen Geistes", so das Schreiben, „in Deutschland ungeheure Opfer bringen müssen und muß es als würdelos verurteilen, wenn zu einer Zeit, da immer noch Millionen deutscher Volksgenossen im Elend leben, Parteigenossen für die eintreten, die namenloses Unglück über unser Volk gebracht haben."[30]

Die Akzentuierung in der behördlichen Berichterstattung verweist auf eine nur schwer zu ebnende Schieflage der Quellen. Weder die tendenziösen Berichte der Bezirksämter im Rahmen der „Ausschaltungsverfahren" gegen jüdische Viehhändler, die sich häufig auf die Mitwirkung nichtjüdischer Landwirte als Ausschlusslegitimation beriefen, noch die Wiedergutmachungsakten, in denen antisemitische Haltungen des sozialen Umfeldes nur selten als rechtserhebliche Tatbestände ihren Niederschlag finden, bieten ein geeignetes Korrektiv für die ihrerseits gefärbte behördliche Berichterstattung, um generalisierbare Aussagen treffen zu können.

Auch die These, die Bevölkerung habe aus wirtschaftlichen Gründen den gesellschaftlichen Kontakt zu Juden aufrechterhalten, lässt sich für Unterfranken nicht ohne weiteres verallgemeinern. Selbst konfessionelle Prägungen konnten offenbar frühzeitige Ausschreitungen gegen Juden nicht verhindern, vor allem dann nicht, wenn materielle Anreize zur Beteiligung an den Übergriffen einluden. Insgesamt ist allerdings die Bedeutung ökonomischer Faktoren für das vielschichtige und angesichts der Dominanz jüdischer Erwerbstätiger auch weitreichende Beziehungsgeflecht zu betonen, die sowohl zu fortdauernden Bindungen wie auch zu einer forcierten Ausschlusspraxis führen konnten.

---

[28] Schreiben des Bezirksamts Würzburg an einen Ortsbauernführer vom 22. 6. 1935; StAW/ Gau Mainfranken/714; vgl. auch die zahlreichen Fälle des Einkaufs von Nichtjuden bei jüdischen Viehhändlern in Bad Kissingen noch 1937; StAW/Sammlung Schumacher/5/8.

[29] Schreiben der Ortsgruppe Westheim vom 2. 3. 1937; siehe hierzu auch Schreiben der Kreisleitung Kitzingen vom selben Tag; ebd.

[30] Rundschreiben der NSDAP-Kreisleitung Münnerstadt-Königshofen vom 16. 8. 1934; StAW/Gau Mainfranken/394.

Auffallend wenig Hinweise finden sich hingegen auf die Anwendung körperlicher Gewalt, die als Stimulationsfaktor in der Region wohl nur eine untergeordnete Rolle spielte. Von körperlichen Misshandlungen ist auch in den Schilderungen der Betroffenen für die ersten Jahre des NS-Regimes kaum die Rede. Obwohl in der Region manche Bürgermeister und Ortsgruppenleiter die mit physischer Gewalt verbundene Verfolgung in Unterfranken gezielt vorantrieben, gehörten derartige Aktionen in vielen Orten der Region nicht zur Tagesordnung und wurden vor allem durch die regionalen Parteigrößen, nicht aber durch die Dorfgemeinschaft selbst getragen.

Nutznießer der wirtschaftlichen „Ausschaltung" der jüdischen Viehhändler waren neben den Schuldnern zweifellos die nichtjüdischen Kaufleute, die besonders in Unterfranken aus dem Wegfall zahlreicher Konkurrenten erheblichen Vorteil zogen. Im Falle der Auswanderung kam der Profit durch den Erwerb jüdischen Vermögens hinzu, wie etwa im Falle des Bad Kissinger Metzgers und Viehhändlers Bernhard F., der bereits 1934 seine Metzgerei an ein nichtjüdisches Ehepaar verpachten und 1937 dann veräußern musste. Seine Möbelstücke musste er im selben Jahr zu Schleuderpreisen an andere Interessenten verkaufen.[31] Die direkte Übernahme jüdischer Viehhandlungen war bis zum Herbst 1938 aber die Ausnahme. Die wesentliche Ursache hierfür ist in der oftmals bis 1938 anhaltenden Erwerbstätigkeit der jüdischen Viehhändler der Region zu sehen. Zumindest sah sich der bayerische Viehwirtschaftsverband noch im Februar 1938 dazu veranlasst, gegenüber zahlreichen Gemeinden auf die Notwendigkeit der „Ausschaltung" „nichtarischer Viehhändler" besonders hinzuweisen. Zu den „am meisten von Nichtariern durchsetzten Bezirken" gehörten nach Auffassung des Verbands Hammelburg und Bad Kissingen.[32]

Auf den relativ langen Verbleib der jüdischen Viehhändler in der unterfränkischen Region verweist auch die Emigrationsstatistik. Bis 1935 wanderten sowohl aus der Stadt Bad Kissingen als auch aus den umliegenden Gemeinden kaum jüdische Bürger aus. Bis zum März 1935 erstatteten zahlreiche Ortschaften im Bezirk Bad Kissingen gegenüber der Bayerischen Politischen Polizei in Bezug auf die Auswanderung von „Nichtariern" generell Fehlanzeige.[33] Bis 1937 emigrierten lediglich etwa sieben Prozent der jüdischen Viehhändler aus Bayern.[34] Trotz der zunehmenden gegen sie gerichteten antisemitischen Verfolgungsakte waren schließlich etwa 40 Prozent der jüdischen Viehhändler der Region Bad Kissingen/Hammelburg bis 1941 in ihren Heimatorten geblieben.

Die vergleichsweise wenigen Geschäftsaufgaben der Klein- und Kleinstbetriebe vor 1938 wurden zum ganz überwiegenden Teil durch Liquidationsverfahren abgewickelt, wegen der oftmals hohen Verschuldung ging der Löwenanteil der

---

[31] Eidesstattliche Versicherung Rosa F.s am 19. 2. 1964 und Schreiben des BLEA an die Landespolizeistation Steinach an der Saale vom 13. 3. 1964; BayHStAM/BEG/93565.
[32] Schreiben des Viehwirtschaftsverbands Bayern an die Landesbauernschaft Bayern vom 26. 2. 1938; BayHStAM/ML/3350.
[33] Angaben des Bezirksamts Bad Kissingen vom 30. 4. 1934; StAW/Sammlung Schumacher/6/4.
[34] Die Zahlen wurden aufgrund der Einzelschicksale von 45 jüdischen Viehhändlern der Region Bad Kissingen errechnet.

Liquidationsmasse an die Banken oder die staatliche Finanzverwaltung, die das Vermögen der Betroffenen vor allem ab 1939 systematisch sicherstellte und anschließend verwertete.[35]

Die zahlreichen bis 1938 berufstätigen jüdischen Viehhändler der Region hatten in jedem Fall mit der drastischen Verschlechterung ihrer Überlebenschancen zu kämpfen. Deutlich messbar ist die bereits erwähnte voranschreitende Verarmung durch die gravierenden materiellen Einschränkungen. Die Frage, inwiefern die Verfolgung und die Art der Einbindung in die soziale Gemeinschaft die Erfahrung der Betroffenen jenseits der finanziellen Engpässe prägte, ist hingegen aus den Quellen kaum zu beantworten. Wie die oben angeführten Zitate verdeutlichen, konnten zahlreiche Faktoren eine Rolle spielen. Hierzu gehörte die zunehmende Isolation durch schwindende Geschäftskontakte genauso wie die Negierung der Lebensleistung, verdeutlicht etwa durch die fassungslose Reaktion auf den antisemitisch motivierten Ausschluss aus der Berufstätigkeit oder die Betonung der Leistungen für das Vaterland an den Fronten des Ersten Weltkrieges.

Zu nennen ist schließlich auch die für die jüdischen Viehhändler typische enge Verwurzelung in der dörflichen Umgebung, die unter anderem aus der Bindung an den landwirtschaftlichen Grundbesitz resultierte, und die neben der voranschreitenden Verarmung wohl mitursächlich für den langen Verbleib im Beruf, aber auch für die fehlende Bereitschaft zur Auswanderung war.[36] Die Folgen für die Betroffenen waren in jedem Fall verheerend. Die im Reich Verbliebenen fielen nach ihrer Deportation in die Gauhauptstadt Würzburg der systematischen Ermordung zum Opfer.

2. Ländliche Gemeinden in Oberbayern

In der katholisch geprägten ländlichen Umgebung Oberbayerns waren jüdische Viehhändler selten, die jüdischen Gemeinden hatten nur geringe Mitgliederzahlen, und der Handel mit Vieh wurde hauptsächlich von nichtjüdischen Kaufleuten betrieben. Das Gewerbe galt hier generell als „übersetzt", die dortigen Bezirksämter verweigerten vielfach auch nichtjüdischen Händlern die Legitimation.[37] In der Stadt Freising gab es unter 26 Viehhändlern beispielsweise nur einen Juden, der über ein so geringes Einkommen verfügte, dass die Stadtverwaltung ein Vorgehen gegen dessen Wirtschaftstätigkeit als unnötig ansah.[38] Zahlreiche Fehlanzeigen gingen daher auch ein, als das bayerische Staatsministerium des Innern im

---

[35] Offenbar war die „Arisierung" landwirtschaftlichen Grundbesitzes nur schleppend verlaufen. Hierauf verweist auch ein Schreiben der Landesbauernschaft, in dem betont wurde, dass das Verfahren viel zu viel Zeit in Anspruch nehme; Rundschreiben des bayerischen Staatsministeriums für Wirtschaft, Abteilung Landwirtschaft, an die Regierungspräsidenten vom 8. 3. 1940; StAW/LRA Miltenberg/2541. Die Zahlen wurden aufgrund der Einzelschicksale von 45 jüdischen Viehhändlern der Region Bad Kissingen errechnet.

[36] Hierzu allgemein Maurer, Alltag, S. 389.

[37] Schreiben der Kreisbauernschaft Schrobenhausen an das Bezirksamt Aichach vom 12. 6. 1935; StAM/LRA/101641.

[38] Schreiben des Bürgermeisters von Freising an das Bezirksamt Freising vom 8. 11. 1935; StAM/LRA/116523.

Juni 1935 ein Rundschreiben verschickte, um sich über die Anzahl jüdischer Viehhändler in den Gemeinden zu informieren.[39]

Entsprechend der geringen Anzahl jüdischer Viehhändler waren die wirtschaftlichen Verflechtungen mit den nichtjüdischen Landwirten schwach ausgeprägt.
Inwieweit die nur geringen Vernetzungen und die harte Konkurrenzsituation in
diesem Erwerbsbereich die Stimmungslage in den oberbayerischen Dörfern im
Allgemeinen beeinflusste, ist kaum mehr zu beurteilen. Der Sympathisantenchor
der „Gegnerbekämpfung" erklang allerdings in einigen Dörfern bereits im Jahr
1933 lautstark. In Wolfratshausen, Fürstenfeldbruck und Olching lärmten nicht
nur die Größen der lokalen Partei und die Presse gegen die jüdischen Erwerbstätigen, auch die Bevölkerung war an der Vertreibung beteiligt. Die Übergriffe wurden jeweils nach ähnlichen Mustern durchgeführt. Mitglieder der Sturmabteilung
der NSDAP gaben in den Lokalzeitungen bekannt, dass die wirtschaftliche Zusammenarbeit mit dem jüdischen Viehhändler verboten sei. Gleichzeitig forderten
sie die Bauern der Umgebung auf, an der Beweiserhebung gegen die jüdischen Geschäftsleute teilzunehmen.

„Volksgenossen, Bauern", so schrieb das Wolfratshausener Wochenblatt am
30./31. Juli 1933, „alle Bauern oder sonstigen Volksgenossen, die durch die Familie F., Viehhandlung in Wolfratshausen, in wirtschaftliche Ungelegenheiten gebracht wurden und daher glauben, geschädigt worden zu sein, wollen am kommenden Montag, dem 31. Juli, nachmittags 3h, in der Kreisstelle der NSDAP
Wolfratshausen erscheinen. Unterlagen sind mitzubringen. Wer nicht kommt, hat
später keine Unterstützung zur Erledigung seiner Angelegenheiten zu erwarten.
Gez. Der Beauftragte der Sonderkommission der Obersten SA Führung beim Re-
gierungsamt Wolfratshausen Hiller und Kreisleiter Veith."[40] Moses F. hatte zusammen mit seinem Vater eine große Viehhandlung in Wolfratshausen betrieben
und verfügte im Jahr 1933 über Außenstände von nahezu 200000 Reichsmark, auf
die die Sonderkommission der SA offensichtlich anspielte. In der Kreisstelle der
NSDAP, dem örtlichen Gasthof, zwang eine dreiköpfige Kommission der SA-
Führung den Viehhändler unter vorgehaltener Waffe, den Verzicht auf höhere
Geldbeträge gegenüber seinen Schuldnern zu unterschreiben. Die Initiative der
Sturmabteilung unterstützten auch Bauern der Umgebung. Zu der anberaumten
Sitzung kamen 20 bis 30 Schuldner des Viehhändlers, die ihre Anschuldigungen in
der Dorfkneipe vorbrachten. Über die Höhe des Nachlasses entschied dann die
Parteikommission, die die Schulden insgesamt um etwa 100000 Reichsmark ver-

---

[39] Schreiben des bayerischen Innenministeriums vom 18. 6. 1935 und die Fehlanzeigen des
    Bezirksamts Mühldorf, Ende Juni 1935; StAM/LRA/54982; Schreiben der Gendarmerie-
    station des Bezirks Freising, Mai 1934; StAM/LRA/116523; Rundschreiben des Bezirks-
    amts Ebersberg vom 11. 6. 1937; StAM/LRA/67171; Fehlanzeige des Bezirksamts Ai-
    chach, 1. 2. 1938; StAM/LRA/99849.
[40] Aktennotiz der OFD München im RE-Verfahren Moses F. vom 3. 8. 1966; OFD Nürn-
    berg/BIII/748 f. Die Angriffe der Provinzpresse waren kein genuin oberbayerisches Phä-
    nomen. Sie decken sich mit reichsweiten Tendenzen der Lokalzeitungen, die im Frühjahr
    1933 eine breite antisemitische Kampagne starteten; Longerich, „Davon haben wir nichts
    gewusst!", S. 59.

ringerte.[41] Für Moses F. war dadurch bereits 1933 jede Geschäftstätigkeit in Wolfratshausen nahezu unmöglich geworden. Bereits ein Jahr später wurden Teile seines Besitzes liquidiert.[42] Ganz ähnlich gingen SA-Angehörige in Fürstenfeldbruck vor. Hier forderte der örtliche Anzeiger sämtliche Personen des Bezirks dazu auf, etwas gegen den jüdischen Vieh- und Pferdehändler Jakob F. vorzubringen. Nach einem Vermerk der Polizeidirektion München gingen daraufhin etwa 60 Anzeigen gegen den Viehhändler wegen „Wucherei" ein.[43] Zu Anzeigen kam es auch gegenüber dem Bezirksamt Fürstenfeldbruck, wobei der Sonderkommissar der Obersten SA-Führung den darin enthaltenen Vorwurf umgehend bestätigte.[44] Jakob F. kam daraufhin im März 1933 in „Schutzhaft" in einen Kohlenschuppen, wo ihn Angehörige der SA brutal zusammenschlugen.[45]

Auch der jüdische Viehhändler Elkan F. musste 1934 seine Geschäftstätigkeit einstellen. Gegen ihn waren von Verleumdungskampagnen begleitete brutale Übergriffe erfolgt. Aufgrund der Denunziationen zweier Geschäftsleute aus Olching ermittelte die Zollfahndung wegen angeblicher „Kapitalverschiebung" ins Ausland. Nach mehrwöchiger Schutzhaft rief er bereits im März 1934 in den „Münchner Neuesten Nachrichten" zum Räumungsverkauf auf.[46] Nicht nur in den drei genannten Gemeinden, auch in weiteren oberbayerischen Dörfern und Kommunen kam es zu ähnlichen Ausschreitungen.[47]

Das schnelle und radikale Vorgehen der SA und der Bevölkerung gegen die jüdischen Viehhändler verdeutlicht zunächst erneut die wichtige Klammerfunktion der Ideologie als Motor und Legitimation der Verfolgung im Einzelfall. Einen wesentlich drastischeren Eindruck vermitteln die Quellen im Vergleich zur unterfränkischen Region hinsichtlich des Beteiligungsgrades der Schuldner und der erheblichen Gewaltbereitschaft der Parteibasis. Dieses Regionalspezifikum erklärt sich wohl aus der hohen antisemitischen Mobilisierungskraft, die sich in der

---

[41] Schreiben eines Rechtsanwalts an das BLEA im Entschädigungsverfahren Moses F. vom 22. 12. 1964; BayHStAM/EG/93581; Zeugenvernehmung des Amtsgerichts Wolfratshausen am 24. 4. 1963; ebd.

[42] Schreiben eines Rechtsanwalts an das BLEA vom 7. 2. 1957 und Bestätigung der Vereinigten Großviehagenturen vom 17. 5. 1957; ebd.

[43] Vermerk der Polizeidirektion auf einem Schreiben eines Rechtsanwalts an das Passamt der Polizeidirektion München vom 6. 7. 1933; StAM/Polizeidirektion/12544.

[44] Vormerkung der Polizeidirektion vom 21. 6. 1933; ebd.

[45] Schreiben eines Rechtsanwalts an das Passamt der Polizeidirektion München vom 6. 7. 1933; StAM/Polizeidirektion/12544.

[46] „Münchner Neueste Nachrichten" vom 27. 3. 1934; Schreiben der Polizeidirektion an die IHK vom 27. 3. 1934; Schreiben der Polizeidirektion an die Zollfahndung und den Ermittlungsrichter vom 16. 8. 1933; StAM/Polizeidirektion/12385.

[47] So wurde etwa dem Viehhändler Louis L. verboten, die Ortschaft Großhadern jemals wieder zu betreten. Er durfte auch keine Geschäftsbeziehungen zu dortigen Nichtjuden mehr aufnehmen; Schreiben der Gendarmeriestation Großhadern an das Bezirksamt München vom 5. 9. 1939 und Schreiben der Ortsbauernschaft Großhadern an die Viehgroßhandlung L. & Söhne vom 25. 9. 1935; StAM/LRA München/58128. Vom Keferloher Markt wurden Juden generell ausgeschlossen; Schreiben der Gendarmerie Haar an das Bezirksamt München vom 1. 9. 1935; StAM/LRA München/58145.

unmittelbaren Nähe zur „Hauptstadt der Bewegung" mit ihren zahlreichen NS-Spitzenfunktionären entfalten konnte. Fest steht, dass in den an München angrenzenden Gemeinden genauso wie in Unterfranken das Vorgehen auch mit ökonomischen Argumenten verbunden war, die die Dorfgemeinschaft von einer Beteiligung an der Verfolgung überzeugen sollte.[48] Vieles spricht also dafür, dass es die ökonomische Fundierung war, die das Verhältnis zwischen nichtjüdischen Landwirten und jüdischen Viehhändlern auf tönerne Füße stellte. Wie die Beispiele aus den oberbayerischen Gemeinden verdeutlichen, ergab sich ein größeres Potenzial für eine schnelle und umfassende Vertreibung überall dort, wo jüdische Viehhändler nur selten anzutreffen und die wirtschaftlichen Dämme gegen die judenfeindliche Propaganda leichter zum Einsturz zu bringen waren. Andere verhaltensdeterminierende Faktoren, etwa konfessionelle, traten im Einzelfall hingegen in den Hintergrund.

Die dadurch hervorgerufenen Folgen der Verfolgung lassen sich auch statistisch untermauern. In den ländlichen Gemeinden um München verloren die meisten jüdischen Viehhändler im Gegensatz zur unterfränkischen Region bis 1938 ihre Erwerbsmöglichkeit. Fast 75 Prozent von ihnen hatten in diesem Jahr kein Gewerbe mehr angemeldet.[49]

Wie sich die Bevölkerung im Allgemeinen zu der von der Partei im Rahmen der wirtschaftlichen Verdrängung inszenierten Gewalt verhielt und wie sich das Verhältnis im Laufe der Zeit änderte, ist allerdings auch für die oberbayerischen Gemeinden nur schwer zu beurteilen. Es würde daher zu weit gehen, die Partizipationsbereitschaft an der Judenverfolgung auf Seiten der Bevölkerung auf das gesamte Münchner Umland zu beziehen. Der Beteiligung ehemaliger Schuldner an der Verfolgung jüdischer Viehhändler stehen Aussagen Betroffener entgegen, die ein weiterhin gutes Verhältnis zu den Bauern der Umgebung bestätigen.[50] Im Kreis Aibling war etwa unter den zwei Personen, die laut Mitteilung des dortigen Bezirksamts noch 1937 geschäftliche Verbindungen mit jüdischen Viehhändlern pflegten, pikanterweise auch der Ortsbauernführer der Gemeinde Großkarolinenfeld, der zusammen mit seinem Sohn bei einem jüdischen Viehhändler Vieh an- und verkauft hatte.[51]

Als Erwerber des sich weitgehend aus landwirtschaftlichem Grund zusammensetzenden Vermögens spielten die nichtjüdischen Landwirte und Kollegen bis Herbst 1938 wohl auch im Münchner Umland nur eine untergeordnete Rolle. Der Großteil des jüdischen Besitzes fiel den Liquidationsverfahren zum Opfer, die sich oftmals bis Ende der 1930er Jahre hinzogen und von denen vor allem der

---

[48] Wiesemann, Juden auf dem Lande, S. 382; zur allgemeinen Einstellung der Nichtjuden zur jüdischen Bevölkerung zusammenfassend auch Herbert, Vernichtungspolitik, S. 650. Für den norddeutschen Landkreis Stade betont Daniela Münkel neben ökonomischen Beziehungen allerdings auch die gewachsenen privaten Beziehungen; Münkel, Agrarpolitik, S. 361.

[49] Während die Anzahl jüdischer Viehhändler 1933 in München und den umliegenden Gemeinden noch etwa 66 betrug, zählt das Gewerbeverzeichnis von Februar 1938 nur noch 15 Viehhändler auf.

[50] Schreiben der IRSO an die WB I vom 21. 6. 1952; StAM/WB I/a/3065.

[51] Schreiben des Bezirksamts Aibling vom 12. 7. 1937; StAM/LRA/47099.

Staat profitierte. Nur in wenigen Fällen ist daher der Profit von Privatleuten durch den Kauf jüdischen Vermögens nachweisbar, wie etwa beim Fleischgroß- und Viehhändler Adolf F., der Anfang September 1938 vor seiner Auswanderung sein Geschäft an nichtjüdische Interessenten abgeben musste.[52]

Bei den Betroffenen führte die Solidarisierung von NSDAP-Funktionären und Landwirten im Münchner Umland zu einschneidenden Veränderungen in allen Lebensbereichen und reduzierte deren wirtschaftliche Überlebenschancen im Reich drastisch. Deutlich wird vor allem die permanente Bedrohungssituation. Zahlreiche Viehhändler beklagten nach dem Krieg ihre zunehmende Exklusion durch den ständigen Einkommensrückgang und die zunehmend judenfeindliche Stimmung. Für die Verfolgten hatte das veränderte Kaufverhalten aber nicht nur erhebliche Umsatzeinbußen zur Folge. Die gewalttätigen Übergriffe waren auch mit sozialer Ächtung verbunden. Als besonders gravierend erfuhr der ehemalige Vorsitzende des Landesverbands der bayerischen Viehhändler Arthur B. die Stigmatisierung, der nicht nur seinen Vorstandsposten im Frühjahr 1933 aufgrund der Gleichschaltung des Verbands aufgeben musste, sondern auch unter ständigen Boykotten und Bedrohungen ab demselben Zeitpunkt litt. Den vorläufigen und traurigen Höhepunkt der Verfolgung stellte die Inhaftierung durch die Bayerische Politische Polizei – ebenfalls im Jahr 1933 – dar. Bereits ein Jahr später verließ der Viehhändler Deutschland endgültig.[53]

Die folgenden Einzelschicksale verfolgter Viehhändler können einen Einblick in die Bandbreite möglicher Wirkungszusammenhänge der Verfolgung gewähren. Sie sollen primär die am Beispiel Unterfrankens bereits angedeuteten Folgen der Interaktion von Staat, Partei, Kommunen und sozialem Umfeld verdeutlichen. Zu den bereits geschilderten Boykotten und Übergriffen kamen früh die umfangreiche fiskalische Überwachung und Ausplünderungen hinzu. Die Verbindung von körperlicher Gewalt und sozialer Ächtung stellte erst den Anfang einer Verfolgungsspirale dar, die sich dann auf Seiten der Verfolger – hervorgerufen durch eine wechselseitige Legitimierung – unaufhaltsam in die Höhe schraubte. Denn die staatlich gelenkten Diskriminierungen motivierten die NS-Funktionäre vor Ort, der vermeintliche „Volkszorn" wiederum diente als Argument für eine Verschärfung der NS-Judenpolitik von oben.[54] Mit diesem „Mehrfrontenkrieg" konfrontiert, flohen einige der Betroffenen unmittelbar nach den Angriffen Hals über Kopf ins Ausland und ermöglichten so der Finanzverwaltung die frühe „Sicherstellung" und Plünderung ihres Vermögens. Hierfür steht das Schicksal Emanuel L.s exemplarisch.

Die mit dem Deckmantel bürokratischer Legitimität verhüllte administrative Verfolgung bewegte sich oftmals auf leisen Sohlen, dennoch engte sie die Bewegungsfreiheit und die wirtschaftlichen Handlungsspielräume der Betroffenen in jedem Fall massiv ein. Auf diese schleichende Wirkung der Verfolgung verweist

---

52 Schreiben Leopold L.s an das Landesamt für Vermögensverwaltung und Wiedergutmachung vom 31. 10. 1947; OFD Nürnberg/BA/721.

53 Schreiben eines Zeugen an das BLEA vom 16. 12. 1947; BLEA/BEG 2187. Die Betonung der Bedrohungssituation auch bei Kaplan, Einleitung, S. 11; Maurer, Alltag, S. 437.

54 Hierzu auch Hoffmann, Verfolgung, S. 376.

insbesondere das zweite Schicksal des oben schon einmal erwähnten Viehhändlers und Metzgers Adolf F.

Während diese beiden Beispiele Einzelschicksale von Emigranten beschreiben, ereilte viele Betroffene ein anderes Schicksal. Zahlreiche Viehhändler der Region konnten nicht mehr rechtzeitig auswandern und wurden deportiert und ermordet.[55] Das abschließend dargestellte Schicksal Willy H.s. soll Anknüpfungspunkte für die Frage bieten, warum so viele Viehhändler das Reich nicht verlassen haben. Es verweist auf die höchst komplizierten Rahmenbedingungen für die Auswanderung und den damit verbundenen schwierigen Entscheidungsprozess der Betroffenen, der den konkreten Planungen für eine Emigration vorausging und diese oftmals verhinderte.

Der Fall Emanuel L.

Emanuel L. war in den Gemeinden in der Nähe der bayerischen Landeshauptstadt fest verwurzelt. Er hatte einen Großteil seiner Stallungen zwar in der Münchner Innenstadt, war aber seit Jahren auf dem Markt in Oberschleißheim tätig, auf dem bereits sein Vater den Handel betrieben hatte. Wie viele andere jüdische Viehhändler auch gehörte er am Vorabend der nationalsozialistischen „Machtergreifung" zur Gruppe der einkommensschwachen Erwerbstätigen. Einstmals Inhaber eines florierenden Unternehmens, setzten ökonomisch bedingte Schwierigkeiten bereits vor 1933 ein. Wegen der desolaten wirtschaftlichen Lage Anfang der 1930er Jahre und der daraus resultierenden schlechten Zahlungsmoral der Bauern befand sich der Viehhändler Anfang 1933 in finanziellen Schwierigkeiten.[56] Nach Einschätzung seiner Frau im Entschädigungsverfahren resultierten diese vorwiegend aus der prinzipiell feindseligen Haltung der Bauern dieser Gegend. Seine materielle Not konnte er deshalb nach der „Machtergreifung" kaum noch lindern; als jüdischer Gläubiger genoss er de facto keinen Vollstreckungsschutz mehr.[57]

Tatsächlich hatte Emanuel L. offenbar vor, im Frühjahr 1933 gegen zahlreiche Kreditnehmer vorzugehen, was wiederum die nationalsozialistischen Funktionsträger weidlich auszunutzen wussten.[58] Bereits im März 1933 setzte ein durch SA-Angehörige initiiertes Kesseltreiben gegen den Viehhändler ein, das auch durch eine Verleumdungskampagne derjenigen Kunden begleitet war, die bei Emanuel L. Schulden hatten.[59] Neben Morddrohungen und Übergriffen forderte auch hier der örtliche SA-Sturm die Bauern auf, Beweismaterial gegen den Viehhändler zur

---

55 Genaue Zahlenangaben sind schwierig, da wir die Namen jüdischer Viehhändler vorwiegend aufgrund der Deportations- und Enteignungslisten bzw. aufgrund der Liste „jüdischer Gewerbetreibender" des Gewerbeamts München von 1938 kennen. Viehhändler, die bereits vorher das Land verließen, sind daher oftmals nur unzureichend zu erfassen. Einen vagen Eindruck vermitteln die Zahlen aber dennoch. In 31 rekonstruierbaren Einzelfällen wanderten nur acht vor 1938 aus, drei in den Jahren danach und 20 wurden deportiert und ermordet.
56 Schreiben des Viehhandelsgeschäfts Emanuel L.s an das Finanzamt München-Süd vom 19. 5. 1933; StAM/Finanzamt/18214.
57 Schreiben der IRSO an die WB I vom 8. 12. 1950; StAM/WB I/a/3065/Nr. 13.
58 Bericht der IRSO an die WB I vom 14. 1. 1952; ebd., Nr. 10.
59 Schilderung der IRSO gegenüber der WB I vom 2. 9. 1950; ebd., Nr. 13.

Verfügung zu stellen. Offensichtlich kam es dann zu über 100 Anzeigen bei der Gendarmeriestation.[60] Unmittelbar darauf folgte die propagandistische Ausschlachtung in der Lokalpresse. Die „Morgenpost" in Oberschleißheim titelte am 16. April 1933: „Jüdischer Viehhandelswucher, Jude spuckt dem deutschen Bauern ins Gesicht. Frecher Judenjunge beißt arischen Schäferhund. Die Zeit ist gekommen", so der Artikel weiter, „in der es den Juden in Zukunft unmöglich gemacht wird, mit ihren schmutzigen Fingern nach deutschem Besitz zu greifen, die Zeit aber auch, in der diese Blutsauger unerbittlich zur Rechenschaft gezogen werden."[61]

Derart öffentlich stigmatisiert und in seiner physischen Existenz bedroht, entschied sich Emnauel L. 1933 zur Flucht in die Schweiz; seinen gesamten Besitz ließ er zurück.

Der schnelle Entschluss, das Land zu verlassen, rief wiederum die Finanzverwaltung auf den Plan. In seiner Abwesenheit nahm die Bayerische Politische Polizei den von ihm eingesetzten Bevollmächtigten in Schutzhaft, seine Wohnung wurde geplündert.[62] Das Finanzamt München-Süd leitete ein Steuerstrafverfahren wegen fehlender Einkommensteuer- und „Reichsfluchtsteuer"-Zahlungen ein. Gleichzeitig gab die Behörde den Fall wegen des Verdachts auf Wucher, Betrug und betrügerischen Bankrott an die Staatsanwaltschaft München weiter.[63] Die dritte Strafkammer des Landgerichts München beschlagnahmte das Vermögen des Viehhändlers und erließ Haftbefehl.[64] Wegen seiner Steuerrückstände ordnete auch das Finanzamt München-Süd im Oktober 1933 Arrest über den Besitz des Viehhändlers an.[65] Als dritte Instanz verfügte schließlich auch die Bayerische Politische Polizei die Beschlagnahme des Vermögens. Die weitere Verfahrensabwicklung blieb dann in den Händen des Finanzamts München-Süd. Im Dezember 1933 wurde gegen Emnauel L. ein Steuersteckbrief veröffentlicht.

Mit der Abwicklung der Geld-, Aktien- und Sachwerte war fortan die Deutsche Treuhand AG beauftragt. Um die Einziehung offener Versicherungsleistungen und des bereits verpackten Umzugsgutes kümmerte sich das Finanzamt selbst.[66] Die Bayerische Politische Polizei aberkannte die durch Emanuel L. an einen Bücherrevisor gegebene Generalvollmacht während dessen Inhaftierung.[67] Teile seines Vermögens wurden im Januar 1934 im Rahmen eines Zwangsversteigerungsverfahrens zur Begleichung der Steuerschuld versteigert.[68] Letztlich wurde sein

---

[60] Schreiben der IRSO an die WB I vom 14. 1. 1952 und 21. 6. 1952; ebd., Nr. 10.

[61] „Sonntag Morgen Post" vom 16. 4. 1933, zitiert nach einem Schreiben der IRSO an die WB I vom 21. 6. 1952; StAM/WB I/a/3065/Nr. 10.

[62] Schreiben der IRSO an die WB I vom 3. 10. 1950; StAM/WB I/a/3065/Nr. 14.

[63] Schreiben der IRSO an die WB I vom 14. 1. 1952; StAM/WB I/a/3065/Nr. 13.

[64] „Bayerische Staatszeitung" vom 4. 10. 1933; Abschrift in: StAM/WB I/a/3065/Nr. 13.

[65] Schreiben der Deutschen Treuhand AG an das Finanzamt München-Süd vom 24. 10. 1933; StAM/Finanzamt/18214.

[66] Schreiben der Basler Lebensversicherungsgesellschaft an das Finanzamt München-Süd vom 15. 1. 1934; Schreiben einer Möbeltransportfirma an das Amtsgericht München vom 6. 12. 1933; ebd.

[67] Schreiben des Bücherrevisors Alois L. an das Finanzamt München-Süd vom 16. 8. 1934; ebd.

[68] Schreiben eines Rechtsanwalts an die WB I vom 3. 10. 1950; StAM/WB I/a/3065/Nr. 13.

Gesamtvermögen aufgrund des „Gesetzes über die Einziehung staatsfeindlichen Vermögens" eingezogen, der Fall an das Finanzamt Moabit-West abgegeben und sein restlicher Besitz 1939 und 1940 verkauft.[69] Bereits im August 1933 war der jüdische Viehhändler „zusammengebrochen und mit den Nerven vollkommen herunter". Der wirtschaftlich, psychisch und physisch ruinierte Mann blieb auch in der Emigration ohne jedes Einkommen.[70]

Der Fall Adolf F.

Auch der Großschlachter und Viehhändler Adolf F. musste seinen Betrieb bereits im Jahr 1933 aufgeben. Aufgrund des Schächtverbotes in Bayern hatte er sein Unternehmen 1930 nach Ulm verlegt. Durch das generelle Verbot des Schlachtens nach jüdischem Ritus im April 1933 musste er es allerdings im selben Monat aufgeben.[71]

Alle Versuche, seine Geschäftstätigkeit wieder aufzunehmen, scheiterten an der bürokratischen Praxis der Polizei und Finanzverwaltung. Noch 1933 sperrten die Behörden den Reisepass des Kaufmannes wegen „steuerlicher Unzuverlässigkeit" und beschränkten ihn auf das Inland.[72] Die Verhandlungen des Händlers über den notwendigen „Ausreisesichtvermerk", den er für seine internationale Geschäftstätigkeit dringend benötigte, zogen sich zunächst bis 1936 hin. Als Argumente dienten ihm nicht nur seine steuerlichen Verpflichtungen, sondern auch seine devisenträchtigen Verbindungen ins Ausland.[73] Berechtigte Hoffnungen machte zudem ein Schreiben der Münchner Industrie- und Handelskammer, die dem Viehhändler die „wirtschaftliche Bedeutung" seiner Reisevorhaben attestierte.[74] Wieder war es die Finanzverwaltung, die ihm wegen des Verdachtes der „schweren devisenrechtlichen Verfehlungen" gravierende Verstöße unterstellte und damit jede Geschäftstätigkeit verhinderte.[75]

Zwei Jahre später war Adolf F. erneut mit den städtischen und staatlichen Behörden konfrontiert, als er, inzwischen im Hinblick auf seine Überlebensmöglichkeiten im Reich desillusioniert, die notwendigen Papiere zur Auswanderung erhalten wollte. Hierfür waren zwei Bescheinigungen der Auswanderungsberatungsstelle, zwei des Oberfinanzpräsidenten München, zwei des Finanzamts München-Nord, zwei des Oberbürgermeisters der „Hauptstadt der Bewegung",

---

69 Schreiben der IRSO an die WB I vom 2. 8. 1950 und Schreiben eines Dentisten an die WB I vom 19. 3. 1952; StAM/WB I/a/3065/Nr. 13 und 14.

70 Brief Alois L.s an die Bayerische Hypotheken- und Wechselbank vom 11. 8. 1933; ebd.

71 Eidesstattliche Versicherung Adolf F.s vom 11. 8. 1954; Schreiben des Bayerischen Viehhandelsverbands an das BLEA vom 25. 5. 1956; Urteil des LG München vom 22. 8. 1950; BayHStAM/BEG/5546.

72 Schreiben des Finanzamts München-Süd vom 30. 12. 1933; StAM/Polizeidirektion/12398.

73 Schreiben Adolf F.s an die Polizeidirektion vom 9. 7. 1936; ebd.

74 Schreiben der IHK an das Passamt der Polizei vom 10. 7. 1936; ebd.

75 Notiz über einen Anruf eines Mitarbeiters der Devisenstelle beim Passamt der Polizei am 18. 8. 1936; ebd. Zwar wurde der Verdacht einen Monat später wieder fallengelassen, Adolf F. startete dann aber offensichtlich keinen erneuten Versuch mehr, seine Geschäftstätigkeit wieder aufzunehmen; Vermerk der Bayerischen Politischen Polizei vom 3. 9. 1936; ebd.

Bescheinigungen der Gestapo, eine Beurteilung der Kreisleitung der NSDAP und schließlich ein Führungszeugnis und der Auswandererpass von der Münchner Polizei nötig. Nachdem F. den Großteil seines Vermögens als Sicherheitsleistung wegen anfallender Steuern notgedrungen in die Verfügungsgewalt der Finanzbehörden übergeben hatte, gelang ihm schließlich 1938 die Auswanderung in die USA.[76] Bis zu seiner Emigration blieb er ohne Verdienst. In den Vereinigten Staaten konnte er erst 1944 wieder in seinem Beruf tätig werden.

Der Fall Willy H.

Willy H. entstammte einer alteingesessenen jüdischen Familie und war seit 1902 in Traunstein ansässig. Als Viehhändler brachte er es hier zu Wohlstand und Ansehen. Er unterstützte nicht nur das Kinderasyl der Gemeinde, sondern war offenbar auch gegenüber notleidenden Landwirten zu großzügigen Preisnachlässen und günstiger Kreditgewährung bereit. In den Jahren 1914 bis 1918 diente er als Frontsoldat im Ersten Weltkrieg. Seinen damaligen Nachbarn zufolge waren es vor allem die „Redlichkeit seiner Gesinnung" und sein „ehrliches Geschäftsgebaren", die ihm auch nach der „Machtergreifung" die Weiterführung seines Geschäfts und seiner guten Kundenkontakte erlaubten.

Existenzbedrohende Schwierigkeiten setzten erst in den Jahren 1936 und 1937 ein, als sich die Bauern nicht mehr in das Geschäft wagen konnten, ohne eine Anprangerung im „Stürmer" oder andere Anfeindungen zu riskieren. An Auswanderung dachte er bis zu diesem Zeitpunkt wohl nicht. Als die Gemeinde Traunstein Willy H. im Oktober 1938 auswies und er zusammen mit seiner Frau und seinen Kindern nach München aussiedelte, wo er keine Verdienstmöglichkeit mehr besaß, fehlten für die Emigration die notwendigen finanziellen Mittel oder Bürgschaften. Die Familie lebte noch drei Jahre kümmerlich vom Erlös der „arisierten" und zum Einheitswert verkauften Grundstücke. Im Jahr 1942 wurde das Ehepaar H. zusammen mit vier Kindern in ein Konzentrationslager deportiert und dort ermordet, als Todestag für Willy H. wurde nachträglich der 8. Mai 1945 festgesetzt. Nur einer Tochter gelang die Flucht über England in die USA.[77]

Das Schicksal Willy H.s. steht insofern stellvertretend für zahlreiche jüdische Viehhändler des Münchner Umlandes, als wohl über die Hälfte von ihnen der Ermordung in den Konzentrations- und Vernichtungslagern zum Opfer fiel. So weit sich Zahlen über die Emigration ermitteln lassen, befanden sich über 50 Prozent von ihnen noch 1941 im Reich, weniger als ein Drittel emigrierte vor dem endgültigen beruflichen Aus 1938, wenigen gelang die Auswanderung noch in den Jahren 1939 bis 1941.[78]

---

[76] Schriftwechsel in ebd.; Schreiben des Städtischen Einziehungsamts an F. vom 11. 7. 1938; OFD Nürnberg/BA/721.

[77] Schilderungen eines Nachbarn und Generalbevollmächtigten beim Antrag auf Entschädigung am 8. 5. 1945 und Schreiben eines Rechtsanwalts am 1. 6. 1963; BLEA/BEG/10488; Schreiben des Finanzamts München-Nord vom 31. 8. 1942; StAM/Finanzamt/17865.

[78] Das Zahlenmaterial basiert auf dem Schicksal 22 jüdischer Viehhändler. Herangezogen wurden v. a. die Aktenbestände der OFD München, die neben den Deportationsopfern

Wie für viele andere Viehhändler auch trugen zu Willy H.s. langem und letztendlich tödlichem Verbleib wohl seine schwierige wirtschaftliche Situation und die restriktive Politik zahlreicher Einwanderungsländer bei, die viele Auswanderungsabsichten bereits im Keim erstickten.[79] Die einkommensschwachen Viehhändler waren häufig nicht in der Lage, die notwendigen finanziellen Garantien für die Auswanderungspapiere aufzubringen. Hinzu kamen die horrenden Abgaben an den Fiskus, die den Transfer vorhandener Vermögenswerte unmöglich machten. Die einzigen nennenswerten Vermögenswerte waren zudem oftmals die mit Hypotheken belasteten landwirtschaftlichen Grundstücke, die auch aufgrund der schwierigen wirtschaftlichen Situation der Landwirte nur schwer veräußerbar waren. Nach dem zunehmenden Einfluss von Parteiinstitutionen vor allem ab 1937 waren hierfür dann nur noch Schleuderpreise zu erzielen.

Ein weiteres Beispiel hierfür ist der bereits genannte Viehhändler Moses F., der im August 1938 sein Gewerbe endgültig abmelden musste und danach vergeblich versuchte, seinen Grundbesitz zu vernünftigen Preisen zu veräußern, um nach Palästina auszuwandern. Ihn deportierte die Gestapo nach Theresienstadt, wo er im Oktober 1942 ermordet wurde.[80]

Hinzu konnten das hohe Alter und fehlende internationale Kontakte und Fremdsprachenkenntnisse kommen, die die Auswanderung von vorneherein als unüberwindbare Hürde erscheinen ließen.[81] Entsprechend schwierig war es auch für diejenigen, denen die Emigration gelang, im Ausland wirtschaftlich wieder Fuß zu fassen. Wilhelm E. aus Öttingen etwa musste noch im hohen Alter in den USA als Vertreter für Kleider, Strümpfe und Bedarfsartikel von Haus zu Haus ziehen und konnte sich auf diese Weise nicht einmal das Existenzminimum sichern. Dabei hatte er noch Glück: Er konnte zwar seinen früheren Lebensstandard nie wieder erreichen, hatte die Anstellung aber erhalten, obgleich er anfänglich kaum englisch sprach.[82]

3. Nürnberg und Mittelfranken

Vergleicht man die Zustände in einigen oberbayerischen Gemeinden mit denen Mittelfrankens, ist von ähnlichen Rahmenbedingungen auszugehen. Beide Regionen verfügten mit den Gauhauptstädten München und Nürnberg über Hochburgen des Antisemitismus, und die Gewaltbereitschaft der NS-Funktionäre strahlte auch auf die ländlichen Gemeinden aus. Entsprechend häufig waren auch in dem von Julius Streicher regierten Gau Übergriffe, die jüdisches Wirtschaftsleben bereits vor 1933 erheblichen Beschränkungen unterwarfen. Der Landesverband Bayern des Centralvereins deutscher Staatsbürger jüdischen Glaubens wandte

---

unter den „BA"-Nummern auch Hinweise auf das Schicksal der Emigranten geben. Insgesamt wurden 13 deportiert, sechs wanderten vor 1938 aus und drei danach.
[79] Vgl. hierzu allgemein die verschiedenen Artikel in Krohn, Handbuch.
[80] Aktennotiz der OFD München vom 3. 8. 1966; OFD Nürnberg/BIII/748 ff.
[81] Vgl. hierzu als generalisierbarem Phänomen auch Maurer, Alltag, S. 447.
[82] Schilderungen im Rahmen des Entschädigungsverfahrens; BLEA/EG/13013. Zur Emigration der jüdischen Bevölkerung aus München vgl. auch den kurz vor Drucklegung der vorliegenden Studie erschienenen Aufsatz von Häntzschel, „Flucht vor Hitler".

sich angesichts der Hetzkampagnen gegen die jüdische Bevölkerung bereits im März 1932 hilfesuchend an das bayerische Staatsministerium des Innern. Anlass für das Schreiben war die unzureichende öffentliche Sicherheit für Juden in Mittelfranken, die sich in zahlreichen gewaltsamen Übergriffen äußerte. „Die jüdischen Einwohner", so der Vorsitzende des Landesverbands, „sind durch diese Vorfälle derart bedroht, dass sie sich kaum mehr auf der Straße zeigen können; sie werden wirtschaftlich boykottiert und gesellschaftlich vollständig isoliert."[83]

Neben der hohen antisemitischen Gewaltbereitschaft sind Gemeinsamkeiten zudem in der geringen Anzahl von jüdischen Berufstätigen im Viehhandel festzustellen. Insgesamt gab es in Nürnberg lediglich 15 jüdische Metzgereien und Geflügelhändler sowie elf Viehhändler.[84] Die feindliche Haltung gegenüber der jüdischen Bevölkerung und der hohe Ideologisierungsgrad bei der fränkischen Bevölkerung haben in der Retrospektive dortige Gemeinden mehrfach zu Musterbeispielen früh verwirklichter „Volksgemeinschaft" durch körperliche Gewalt gegen Juden und deren Stigmatisierung werden lassen.[85]

Im Umland der Gauhauptstadt Nürnberg kam es bereits im Frühjahr 1933 zu einem wahren Kesseltreiben gegen jüdische Viehhändler.[86] Der vom Reichsnährstand berufene Nürnberger „Viehkommissar" Fritz W. setzte einen Kommissärszwang in Nürnberg durch, der den beiden einzigen jüdischen Viehagenturen am Nürnberger Markt die Zulassung entzog.[87] Laut Berichterstattung des Regierungspräsidenten von Ober- und Mittelfranken vom August 1933 gab es intensive Bestrebungen in den Gemeinden zur „Ausschaltung" der Viehhändler beim Viehabsatz, insbesondere auf den Märkten.[88] Auf eine ähnliche „politische Lage" machte der Regierungspräsident bereits einen Monat später aufmerksam: Die Stimmung gegen Juden auf dem Lande würde in zahlreichen Verbotsschildern, etwa in Form von Zutrittsverboten für jüdische Viehhändler, ihren Ausdruck finden. Die Käufer sollten mit sogenannten Prangerlisten, auf denen Name und Adresse von Kunden jüdischer Läden aufgezeigt waren, vom Kauf abgehalten werden.[89]

Die Schilderungen der verfolgten jüdischen Viehhändler Nürnbergs über wirtschaftlich deutlich spürbare Boykottaktionen bestätigen die Lageberichte der Regionalregierung. Der Vieh- und Hopfenhändler Salomon E. musste sein Geschäft bereits 1934 aufgeben, da er seit 1932 kaum noch etwas verdiente und ihn die SA 1934 mehrere Tage in seine eigene Hopfendarre eingesperrt hatte.[90] Auch die

---

[83] Brief des Landesverbands Bayern des Centralvereins deutscher Staatsbürger jüdischen Glaubens an das bayerische Innenministerium vom 24. 3. 1932; BayHStAM/MInn/73725.

[84] Jochem, Mitten in Nürnberg; zur Bedeutung jüdischer Handwerkstätigkeit vgl. auch Plum, Wirtschaft, S. 268.

[85] Zu Mittelfranken vgl. etwa Kershaw, Antisemitismus, S. 295; Wildt, Gewaltpolitik, S. 32.

[86] Kershaw, Antisemitismus, S. 295 ff.

[87] Schreiben des Schlacht- und Viehhofs Nürnberg an das bayerische Wirtschaftsministerium vom 15. 5. 1933; BayHStAM/ML/3349.

[88] Bericht des Regierungspräsidenten von Ober- und Mittelfranken für die zweite Hälfte des Monats Juli vom 8. 8. 1933; abgedruckt in Kulka/Jäckel, Juden, S. 53.

[89] Bericht des Regierungspräsidenten von Ober- und Mittelfranken für die erste Septemberhälfte vom 20. 9. 1933; ebd., S. 55.

[90] Brief eines Rechtsanwalts an das BLEA vom 29. 7. 1963; BayHStAM/EG/93067.

jüdischen Metzger Nürnbergs, ohnehin durch das Schächtverbot in ihrem Wirken stark eingeschränkt, wurden bereits seit 1933 massiv boykottiert und vom Nürnberger Großschlachthof vertrieben.[91]

In der mittelfränkischen Kleinstadt Gunzenhausen, in deren Mauern sich pogromartige Ausschreitungen unter zahlreicher Beteiligung der dortigen Bevölkerung im Jahr 1934 ereignet hatten, gab es bereits im Oktober 1935 keine jüdischen Metzgereien mehr.[92] Auch in den umliegenden Gemeinden bezogen jüdische Metzgereien nur noch Fleisch aus dem Ausland und verkauften dies mit sehr geringem Umsatz ausschließlich an Juden.[93]

Für die meisten Viehhändler und Metzger war daher schon vor dem endgültigen Berufsverbot im Herbst 1938 die Berufstätigkeit in ihrer Erwerbsbranche unmöglich geworden. Die Handwerkerrolle vom 9. November 1938 führte nur noch zwei jüdische Metzgereien auf, die sich beide bereits in Liquidation befanden.[94]

Der besondere Charakter der Übergriffe darf aber nicht zu der Annahme verleiten, die ganze Dorfgemeinschaft habe derartige Aktionen mitgetragen. Selbst angesichts der brutalen antisemitischen Hetze in Franken stellt sich das dortige Verhalten der nichtjüdischen Kunden zwiespältig dar. Einige Gendarmeriebezirke, wie etwa Ebermannstadt, konstatierten noch im Dezember 1936, „daß der Handel, insbesondere der Viehhandel mit Juden, anscheinend nicht auszurotten sei, ja im Gegenteil wieder zunehme".[95] Die Bayerische Politische Polizei machte auch in Bezug auf den Bezirk Hilpoltstein im Oktober 1936 darauf aufmerksam, dass es nach wie vor eine umfangreiche Geschäftstätigkeit mit jüdischen Händlern gebe.[96]

II. Der Textil- und Hopfenhandel

1. Textilhandel in München

Während im städtischen Bereich jüdischen Viehhändlern nur geringe Bedeutung für das jüdische Erwerbsleben zukam, waren Textilhändler dort die dominante Berufsgruppe. Allein in München arbeiteten noch 1938 etwa 500 jüdische Textilhändler, 1933 dürften es um die 600 gewesen sein.[97]

---

[91] Schreiben eines Rechtsanwalts an das BLEA vom 5. 4. 1965; BayHStAM/BEG/34886.

[92] Siehe hierzu Erster Teil, Zweites Kapitel, I.1. und Drittes Kapitel, II.1. der vorliegenden Untersuchung.

[93] Schreiben des Bezirksamts Gunzenhausen an die Bayerische Politische Polizei vom 11. 11. 1935; StAN/LRA Gunzenhausen/Abg. 1961/4603.

[94] Verhandlung der Gestapo-Prüfungskommission vom 22. 3. 1939; StAN/Staatspolizeistelle Nürnberg-Fürth/Arisierungsakten/46.

[95] Bericht des Gendarmeriebezirks Ebermannstadt über Handel und Verkehr mit Juden vom 5. 12. 1936; abgedruckt in Kulka/Jäckel, Juden, S. 212.

[96] Schreiben der Bayerischen Politischen Polizei an das Bezirksamt Hilpoltstein vom 12. 10. 1936; StAN/LRA Hilpoltstein/Abg. 1971/1253.

[97] Verzeichnis jüdischer Gewerbetreibender vom 10. 2. 1938; StadtAM/Gewerbeamt. Rappl beziffert die Zahl der Gewerbeabmeldungen und „Arisierungen" bis 1937 auf 25,3%, so dass 1933 etwa 600–650 jüdische Textilhändler in München tätig gewesen sein dürften.

Wie schnell und tiefgreifend die durch die nationalsozialistischen Parteigliederungen hervorgerufenen Umwälzungen und die in München besonders heftigen antisemitisch motivierten Übergriffe den Einzelhandel im städtischen Umfeld nach der „Machtergreifung" erfassten, ist nur schwer festzustellen. Erste Hinweise geben allerdings die bei der örtlichen Industrie- und Handelskammer eingegangenen Schreiben nichtjüdischer Gewerbetreibender. Für den Textilhandel in München war die IHK eine der wesentlichen Schnittstellen der Verfolgung, der vor allem als maßgebliche Plattform für gegen jüdische Geschäftsleute gerichtete Eingaben Bedeutung zukam und die gleichzeitig auch zentral in die Überwachung der jüdischen Wirtschaftstätigkeit eingeschaltet war.[98]

Einzelne Briefe nichtjüdischer Einzelhändler zeichneten sich in den ersten vier Jahren der NS-Herrschaft zunächst durch eine ganz generelle Hetze gegen die jüdische Bevölkerung aus, intrigierten zudem aber auch direkt gegen die jüdische Konkurrenz vor Ort. In den Jahren 1937 und 1938 trat der Einzelhandel dann verstärkt und nun durch entsprechende Artikel in den Printmedien flankiert als Erwerber jüdischer Betriebe in Erscheinung.

Die Schreiben zur Forcierung der Überwachungstätigkeit in den ersten vier Jahren des Regimes spiegeln zwar kein generalisierbares Stimmungsbild wider, verdeutlichen aber die Verknüpfung ideologischer und materieller Interessen auf Seiten nichtjüdischer Einzelhändler, die damit selbst eine Schrittmacherfunktion im Verfolgungsprozess übernahmen.

So bereiteten etwa Münchner Einzelhandelsgeschäften die 1933 massiv einsetzende Auswanderung und die dadurch verursachten nicht beglichenen Außenstände große Sorgen. Nachdem ein Schreiben im Oktober 1933 zunächst die „Schmutzigkeit" der Juden hervorgehoben hatte, plädierte der Verfasser für eine prinzipiell zu hinterlegende Kaution. „Da diese Herrschaften ja bekanntlich sehr zäh zusammenhalten, dürfte es ihnen ja nicht schwer fallen, unter ihren Glaubensgenossen einen solchen Bürgen aufzutreiben."[99] Zwei Jahre später machte eine Wolldecken-Fabrik auf die Preisnachlässe bei der Veräußerung jüdischer Geschäfte aufmerksam. Sie forderte das Einschreiten der NS-Hago aufgrund des Schadens für die „alteingesessenen, arischen" Geschäfte.[100]

Ein Kleingewerbetreibender regte sich im selben Jahr bei der DAF über die Zuteilung von Rohstoffkontingenten an jüdische Geschäfte und deren Billigwaren auf: „Preise, an denen sich die Juden schon die Hände gewischt haben kann ich, zwecks Beschaffung des nötigen Arbeitsmaterials nicht mit meiner Kalkulation in Einklang bringen."[101]

Laut dachte die nichtjüdische Konkurrenz schließlich auch über eine Sondersteuer für jüdische Betriebe nach. Ein Handelsvertreter regte im Januar 1937 ge-

---

Rappl, „Arisierungen" in München, S. 180. In die Untersuchung wurden 110 jüdische Textilhändler Münchens einbezogen, also 15–20%.

[98] Zur Funktion der IHK im Verfolgungskontext siehe Erster Teil, Drittes Kapitel, I.2.

[99] Schreiben an die IHK München vom 6. 12. 1933; BWA/K1/XXI 16a/1. Akte; vgl. auch die zahlreichen anderen Eingaben in dieser Akte.

[100] Schreiben der Wolldecken-Fabrik an die IHK vom 25. 10. 1935; BWA/K1/XXI 16a/1. Akte.

[101] Schreiben der DAF an die IHK vom 23. 4. 1935; BWA/K1/XXI 16/Akte 90/Fall 4.

genüber der IHK an, eine Abgabe für Juden von fünf Prozent bei alltäglichen Bedarfsartikeln und bis zu 20 Prozent bei Luxusartikeln einzuführen. Auch undisziplinierte „Volksgenossen" sollten zur Kasse gebeten werden. Da die Aufrufe „Kauft nicht bei Juden oder Deutsches Geschäft nicht ausreichen" – so der Verfasser – müsse vor allem gegen die Hausfrauen eine härtere Gangart eingeschlagen werden. Konkret schwebte dem übereifrigen Geschäftsmann eine Sondersteuer für Lieferanten jüdischer Firmen vor.[102]

Die branchenspezifischen und öffentlichkeitswirksamen Stigmatisierungen und Kennzeichnungsbemühungen der Industrie- und Handelskammer förderten die Isolation der jüdischen Erwerbstätigen zusätzlich. Die Angriffe erfolgten teilweise mit offenem Visier und breitenwirksamer Zielrichtung. So forderte die ADEFA, die Arbeitsgemeinschaft deutsch-„arischer" Textilfabrikanten, ihre zahlreichen Mitgliedsfirmen dazu auf, das Einkaufen bei „Konfektionsjuden" genauso zu unterlassen wie den Kauf „jüdischer" Produkte, den Empfang „jüdischer" Vertreter oder gar deren Beschäftigung. Das Gütesiegel „ADEFA" war als „arisches" Erkennungszeichen zudem gut sichtbar in den Geschäften auszustellen.[103]

Zermürbend wirkten aber auch die Diskriminierungsbemühungen, die mit verdeckten Karten erfolgten und für die Betroffenen nur schwer durchschaubar waren. So wandte sich etwa der jüdische Weiß- und Wollwarenhändler Georg B. zunächst an die Reichsleitung der NSDAP und die IHK München, dann aber auch an die Bayerische Politische Polizei, da er als unbescholtener Bürger seinem Beruf auf Messen und Märkten nicht mehr nachgehen konnte, den er seit 20 Jahren ausübte. Er verfügte über keinerlei weitere Einnahmequellen. Sein Gesuch lehnten nicht nur Partei und Polizei, sondern auch der Reichsverband ambulanter Gewerbetreibender ab. „Wir selbst", so lautete die Begründung, „können das Gesuch so leid es uns vom menschlichen Standpunkt manchmal tut, nicht befürworten."[104]

Auch kleinere Nadelstiche waren an der Tagesordnung, etwa, wenn in Nürnberg der dortige Einzelhandelsverband bereits 1933 an seine jüdischen Mitglieder herantrat, für Weihnachtsdekorationszwecke doch keine christlichen Symbole mehr zu verwenden. Die IHK München wandte sich mit dem gleichen Ansinnen an den Werberat der Deutschen Wirtschaft.[105]

Ab Anfang 1937, vor allem aber mit der antisemitischen Welle zum Jahreswechsel 1937/38 nahmen die Denunziationen und das Bemühen, in den Besitz von jüdischem Vermögen zu gelangen, erheblich zu. Hatte die Münchner Presse in den Jahren davor nur mit Zurückhaltung über das Thema „Arisierung", „jüdisches Vermögen" oder dessen Verwendungszusammenhang berichtet, so erschienen

---

102 Denkschrift in BWA/K1/XXI 16a/2. Akte.
103 Schreiben der ADEFA an die IHK München vom 13. 10. 1937 und 19. 11. 1937; BWA/ K1/XXI 16a/2. Akte.
104 Schreiben Georg B.s an die IHK München vom 31. 10. 1933 und an die Bayerische Politische Polizei vom 9. 10. 1933; Schreiben des Reichsverbands ambulanter Gewerbetreibender an die IHK vom 13. 11. 1933; BWA/K1/XXI 16a/1. Akte.
105 Schreiben an die IHK München vom 25. 11. 1933 und Schreiben der IHK an den Werberat der deutschen Wirtschaft vom 11. 12. 1933; BWA/K1/XXI/16a/1. Akte.

nun mehrmals im Monat Artikel und Anzeigen über inzwischen in „arische Hände" übergegangene Geschäfte, über die Bedeutung der ADEFA oder die Stellung der Juden in der Wirtschaft.[106] So wurde das Damenkonfektionshaus des bereits 1933 in die Schweiz geflohenen Jonas S. von einer Textilfirma übernommen, die die nunmehr „arische" Leitung des Geschäfts auch in der Münchner Ausgabe des „Völkischen Beobachters" anpries.[107]

Der zentralen Stellung der Industrie- und Handelskammer Rechnung tragend, gingen zahlreiche konkrete und allgemeine Anfragen dort ein. Aufgrund des sprunghaften Anstiegs der Bewerber und der dadurch entstehenden Konkurrenz bei der Jagd um jüdisches Vermögen war die Kammer allerdings kaum mehr in der Lage, jüdische Firmen an nichtjüdische Kaufinteressenten zu vermitteln.[108]

Eine Gruppe von Bewerbern setzte sich aus Angestellten jüdischer Firmen der Textilbranche zusammen, die angesichts des zunehmenden Auswanderungsdrucks, der auf der jüdischen Bevölkerung lastete, nun offensichtlich ihre Chance gekommen sahen, den Schritt in die Selbständigkeit zu wagen. Als Begründungen für das Kaufinteresse dienten dementsprechend – neben der Betonung der Parteimitgliedschaft – sowohl geringe Einkommensverhältnisse als auch fachliche Qualifikation und ausreichend Kapital.[109] Mit so einem Anliegen wandte sich ein Textilkaufmann im Herbst 1938 an die IHK: „Ich bin 29 Jahre alt, Arier, Textilfachmann, habe in einem Modehaus gelernt und war in großen Häusern der Branche erfolgreich tätig. Ich verfüge über ein Kapital von 10–15 000 Reichsmark. Es interessiert mich ein gutgehendes, mittleres Textilgeschäft."[110]

Vor allem waren es aber größere und umsatzstarke Firmen, die sich häufig erfolgreich um den Erwerb jüdischen Vermögens bemühten. Einige größere mittelständische Unternehmen erkundigten sich beispielsweise im Mai 1938 über eine mögliche „Arisierung" der Baumwollweberei Max H., die über Büroräume in München und eine Weberei in Augsburg verfügte.[111] Nach langwierigen Verhandlungen der Deutschen Arbeitsfront mit den Handelskammern in München und Augsburg und einem vom jüdischen Inhaber eingesetzten Vertreter, in deren Verlauf nicht nur die vom Betroffenen mit Nachdruck angestrebte Liquidation, sondern auch einige Bewerber mit ihrem Übernahmeversuch gescheitert waren, „arisierte" im Herbst 1938 die Firma W. den Betrieb. Die neuen „arischen" Inhaber

---

[106] Artikel im „Völkischen Beobachter" (Münchner Ausgabe) vom 12. 1., 2. 3., 6. 3., 11. 3., 13. 5. oder 12. 10. 1938. Systematisch ausgewertet wurde die Münchner Ausgabe des „Völkischen Beobachters", wobei sich die Analyse nach den verschiedenen antisemitischen Wellen richtete. Ausgewertet wurde die Zeitung für den Zeitraum Januar bis April 1933, Januar bis Mai 1935, Januar bis Dezember 1938 und Mai 1941 bis Mai 1942.

[107] „Völkischer Beobachter" (Münchner Ausgabe) vom 22. 1. 1937.

[108] Schreiben der IHK an einen Bewerber vom 24. 3. 1938; BWA/K1/XXI 16a/2. Akte; vgl. auch die zahlreichen weiteren Anfragen in dieser Akte.

[109] Schreiben eines Bewerbers an die IHK vom 22. 5. 1938; ebd. Auch an das städtische Gewerbeamt wurden entsprechende Anfragen gerichtet. Im Jahr 1938 kursierte in der Stadtverwaltung eine Liste von Erwerbern, die wohl als „Alte Parteigenossen" besondere Berücksichtigung erhalten sollten; Schreiben des Dezernats 5 vom 6. 12. 1938; StadtAM/ Gewerbeamt/177a; für München vgl. auch das Profil eines Erwerbers bei Heusler, Styler.

[110] Schreiben des Interessenten an die IHK vom 19. 09. 1938; BWA/16a/3. Akte.

[111] Schreiben an die IHK vom 23. 5. 1938; BWA/K1/XXI 16/Akte 90/Fall 4.

hatten bereits vorher jüdische Firmen übernommen und gliederten nun auch die Münchner Weberei in ihr expandierendes Unternehmen ein. Für die umsatzstarke Weberei bezahlten die Erwerber neben den Immobilien lediglich den Einkaufspreis der Waren, die letztlich an den Münchner Einzelhandel weiterverkauft wurden. Für den Betroffenen, der kaum Einfluss auf die Veräußerung seines Geschäfts hatte nehmen können, war die Höhe des Kaufpreises allerdings schon unerheblich. Nachdem Teile seines stattlichen Vermögens bereits vom Finanzamt München-Süd mit dem fadenscheinigen Argument der „vorbeugenden" Steuersicherung gesperrt worden waren, verschleppte die Gestapo den Unternehmer im Zuge des Novemberpogroms nach Dachau. Teile seines Vermögens beschlagnahmte die Arbeitsfront, der Löwenanteil verfiel nun endgültig der Verfügungsmacht der Finanzverwaltung. Erst als der inzwischen vollkommen mittellose Unternehmer von den „Judenunterkünften" in der Lindwurmstraße 125 im Juli 1942 „in den Osten abgeschoben wurde", wie ein Bearbeiter des Finanzamts lapidar konstatierte, hob die Finanzverwaltung die „präventive" Sicherung der Steuern auf, um das Restvermögen veräußern zu können.[112]

Auch überregional operierende Konzerne, wie die bis 1933 in jüdischem Besitz befindliche Hermann Tietz Warenhauskette (Hertie), expandierten durch den Aufkauf jüdischer Firmen. Ein Mitarbeiter des Konzerns fädelte in München den Erwerb eines Textilhauses in prominenter Lage ein. Auch in diesem Fall verschleppte die Gestapo den jüdischen Inhaber Ernst B. Ende 1938 nach Dachau und sein Vermögen wurde beschlagnahmt. Der jüdische Geschäftsmann starb im Alter von 36 Jahren im Juni 1941.[113]

Insgesamt war die direkte Vorteilsnahme durch den Erwerb jüdischen Vermögens in den Jahren 1933 bis 1938 aber wohl eher die Ausnahme. Eine Bestandsaufnahme der bis 1937 erfolgten Geschäftsveräußerungen oder Liquidationen ist schwierig, da bis zu diesem Zeitpunkt die Veräußerung jüdischen Vermögens de jure eine Vertragsangelegenheit zwischen Verkäufer und Käufer war. Jüdische Betriebe sind bis 1937 in den Primärquellen daher auch nicht zwangsläufig als solche gekennzeichnet. Soweit es sich noch rekonstruieren lässt, lag die Zahl der aufgegebenen Gewerbebetriebe in den Jahren 1933 bis 1938 insgesamt bei etwa 500 und dürfte damit unter 25 Prozent zu veranschlagen sein. Hiervon fielen wiederum zahlreiche Betriebe der Liquidation zum Opfer, bei anderen handelte es sich um kleine Textilvertretungen, die weder über größere Kapital- noch über nennenswerte Warenmengen verfügten. Wie hoch die Zahl derjenigen war, die aufgrund der Verfolgungen ihr Einzelhandelsgeschäft in ein Vertretergewerbe umfunktionierten, lässt sich ebenfalls nicht mehr exakt ermitteln.[114] Im Februar 1938 war

---

[112] Schreiben des Finanzamts München-Süd an den Oberfinanzpräsidenten München, Vermögensverwertungsstelle, vom 23. 10. 1942 und Schreiben des Finanzamts München-Süd vom 14. 10. 1942; StAM/Finanzamt/17800; vgl. hierzu auch OFD Nürnberg/BIII/855; BWA/K1/XXI 16b/1. Akte/Fall 8; BWA/K1/XVa 10c/Akte 242/Fall 6; BWA/K1/XXI 5/ Akte 32/Fall 45; Eintragung betreffs Verzeichnis jüdischer Gewerbetreibender; StadtAM/Gewerbeamt/7 12a/Bund 9/3.

[113] Schreiben der IHK München vom 1. 9. 1958; Schreiben des BLEA vom 6. 11. 1964; Antrag auf Entschädigung am 13. 6. 1960; BayHStAM/BEG/69453.

[114] Selig, „Arisierung", S. 93.

allerdings fast die Hälfte aller Gewerbetreibenden in diesem Bereich als Vertreter tätig.[115]

Ungeachtet der in diesem Erwerbszweig noch erstaunlich hohen Dichte jüdischer Erwerbstätiger bis zum Jahr 1938 verschlechterte sich deren Situation bereits im Frühjahr 1933 drastisch. Betrachtet man die Schilderungen der Betroffenen in den Wiedergutmachungsakten, so schlagen sich ähnliche Verfolgungserfahrungen nieder, wie sie das Schicksal so vieler jüdischer Selbständiger geprägt hatten. Ihre wirtschaftliche Lage war bereits vor 1933 oftmals schwierig. Sie litten nicht nur unter den Folgen der Weltwirtschaftskrise. Neben den durch die schwierige wirtschaftliche Gesamtlage in der ersten Hälfte der 1930er Jahre hervorgerufenen Umsatzeinbußen hatten sie unter der bereits in den 1920er Jahren einsetzenden antijüdischen Agitation besonders zu leiden. Denn die öffentlichkeitswirksamen Proteste verschoben die wirtschaftliche Risikoverteilung zunehmend zu Lasten jüdischer Betriebe. Viele Kunden wechselten angesichts der judenfeindlichen Stimmung zur nichtjüdischen Konkurrenz.[116] Zahlreiche Textilunternehmer und Herrenbekleidungshersteller hatten nach der „Machtergreifung" erdrutschartige Umsatzeinbußen zu verkraften.[117] Besonders betroffen waren die Vertretungen und Versandagenturen, denen die notwendige Kapitaldecke fehlte, um derartige Rückschläge zu verkraften.[118]

Vor dem Hintergrund der zunehmenden Verarmung, der Boykotte und der durch die Anschuldigungen und Verleumdungen aus dem Kollegenkreis vergifteten Atmosphäre erklärt sich die schnell voranschreitende Isolation zahlreicher Gewerbetreibender. In München versuchten aufgrund der zunehmend prekären Situation einige Textilhändler durch anonymes Auftreten, ihre Produkte weiterhin absetzen zu können. Eine Firma mit jüdischem Inhaber versandte bereits 1935 Warenpakete unter dem Namen eines Mitarbeiters, obgleich eine solche Vorgehensweise dem Inhaber des alteingesessenen und ehrlichen Unternehmens, wie es der Besitzer der Firma formulierte, „förmlich Schmerzen" bereitete.[119]

---

[115] Das Gewerbeverzeichnis führt insgesamt 492 Textilhändler auf, von denen 195 als Vertreter, Agenturen oder Kleinhandel ausgewiesen waren; Verzeichnis der gewerbepolizeilich gemeldeten jüdischen Gewerbetreibenden in München, Stand 15. 2. 1938; StadtAM/Gewerbeamt.

[116] Schreiben der IRSO an die WB I vom 2. 9. 1950; StAM/WB I/a/3065; Schreiben Manfred L.s an die WB I vom 27. 8. 1958; OFD Nürnberg/B 1001/26. Die Krise des Textilhandels war ein reichsweites Phänomen, von dem die jüdischen Gewerbetreibenden wegen der hohen Anzahl der in dieser Branche Tätigen besonders betroffen waren. Da wiederum viele Juden bei jüdischen Mitbürgern beschäftigt waren, gab es auf jüdischer Seite in der Textilbranche viele Arbeitslose; zu den reichsweiten Berufs- und Einkommensstrukturen vgl. Maurer, Alltag, S. 3 ff. und 350; Plum, Erwerbsleben, S. 2 ff.; Barkai, Boykott, S. 14 ff.

[117] Schreiben der Fa. R. an das Referat VII der Stadt vom 1. 8. 1933; StadtAM/Personalamt/405/II; Fragebogen im Entschädigungsverfahren des Textilvertreters Frank O. vom 18. 6. 1956; BayHStAM/EG/74597; Schreiben eines Rechtsanwalts an das BLEA im Entschädigungsverfahren Heinrich F. vom 13. 2. 1961; BayHStAM/EG/70760.

[118] Der Inhaber eines Wäscheversandgeschäfts Pinkus W. etwa musste sein Geschäft bereits im April 1934 auflösen und wanderte noch im selben Monat aus; Schreiben des Finanzamts München-Süd an die Vermögensverwertungsstelle des OFP München vom 17. 3. 1943; OFD Nürnberg/BA/2210.

[119] Notiz der IHK vom 31. 10. 1935; BWA/K1/XXI 16a/1. Akte.

Einen ganz ähnlichen Weg beschritt der Bevollmächtigte der Firma S. & Co., der Pakete an Deckadressen und nur mit Lieferwagen ohne Firmenbezeichnung versandte.[120]

Andere Firmeninhaber versuchten der Stigmatisierung zunächst durch den Umzug des Geschäftes zu entgehen, um sich dann, nach erfolgter „Arisierung" oder Liquidation, mit Zimmervermietungen über Wasser zu halten. Sie tauchten dann zwar in den Karteien der Kommunen weiterhin als „Gewerbetreibende" auf, durften aber nur an Juden vermieten, ihre Einkünfte sanken dementsprechend ins Bodenlose.[121] Für Theodor F., einem Provisionsvertreter für Textilwaren, war die Zimmervermietung bereits im Alter von 53 Jahren die einzige verbliebene Existenzmöglichkeit. Er vermietete zwar bis November 1939 einige Räume, wegen seiner niedrigen Einkünfte strich ihn die Finanzverwaltung allerdings noch im selben Jahr von der Steuerliste. Ohne jegliches Vermögen konnte er nicht mehr ins Ausland emigrieren. Im November deportierte ihn die Gestapo, er starb in den Lagern des Ostens.[122]

Im städtischen Umfeld wirkten sich die Anschuldigungen und Initiativen von Kunden und Kollegen deshalb so gravierend aus, weil sie die Interventionsspirale des Staats- und Parteiapparates überhaupt erst in Gang setzten. Zwei Beispiele verdeutlichen dies eindrucksvoll.

Den in München geborenen Textilkaufmann Max B. denunzierte sein eigener Mieter, der damit auch den Anstoß zu einer groß aufgemachten Ausgabe des „Stürmer" gegen den jüdischen Geschäftsmann gab. Die darauffolgenden Anfeindungen zwangen den Unternehmer, sich zunächst in München, später im Bayerischen Wald versteckt zu halten. Sein „unangemeldetes" Verschwinden hatte allerdings zwischenzeitlich die Devisenstelle auf den Plan gerufen, die nicht nur seinen Reisepass einzog, sondern ihn darüber hinaus wegen des „Verdachts der Kapitalverschiebung" verhaftete und mehrfach verhörte. Im Zuge seiner Kriminalisierung durch die Finanzbehörden distanzierte sich sein soziales Umfeld mehr und mehr von ihm. Nur mit gefälschten Papieren gelang dem Geschäftsmann schließlich das Überleben im Untergrund. Nach der Verfolgung litt er an Nervenleiden, Herzstörungen und Diabetes. Ein Gutachten kam zu dem Schluss: „Während der

---

[120] Notiz der IHK vom 29. 10. 1935; ebd. Das massive Einschreiten der IHK, der DAF und der Gerichte, die ein solches Vorgehen als böse Täuschungsabsicht bewerteten, zwangen die jüdischen Geschäftsleute im selben Jahr allerdings zur Warenversendung unter richtigem Namen, was zu entsprechenden Umsatzeinbußen führte; Schreiben der Arbeitsgemeinschaft der Industrie- und Handelskammern vom 21. 11. 1935; Schreiben des Amtsgerichts München vom 21. 11. 1935; Schreiben der IHK München an die Post vom 6. 12. 1935; und Notiz der IHK vom 31. 10. 1935; ebd.

[121] Das Vermieten von Zimmern war auch nach der endgültigen Vertreibung der Juden aus der Wirtschaft eine „legale" Form der Berufstätigkeit. Noch im Oktober 1939 gab es 25 jüdische Firmen, die mit Zimmervermietungen beschäftigt waren; Schreiben der Stadt München an den Regierungspräsidenten vom 27. 10. 1939; StadtAM/Gewerbeamt/177c.

[122] Schreiben der Stadt München an den Regierungspräsidenten vom 18. 11. 1939; ebd.; Schreiben des Finanzamts München-Süd an die Vermögensverwertungsstelle beim OFP München vom 4. 2. 1942; Schreiben der Gestapo an die Vermögensverwertungsstelle beim OFP München vom 25. 6. 1943; OFD Nürnberg/BI/679–681; Schreiben der Stadt München an den Regierungspräsidenten vom 27. 11. 1939; StadtAM/Gewerbeamt/177c.

Verfolgung jahrelang mit Füßen getreten, diffamiert und wie ein Verbrecher behandelt, war und fühlte sich Herr B. aus der Gesellschaft ausgestoßen. Obwohl er sich angeblich wenig daraus machte, weil er seine Verfolger innerlich nicht anerkannte, sie verachtete und sich [ihnen] überlegen fühlte, wirkt das erlittene Unrecht in einer affektiven Besetzung fort, die an eine überwertige Idee erinnert. Im Grunde von Insuffizienzen beherrscht […], hat Herr B. nach der Befreiung verständlicherweise die Kompensation versucht, die ihm bis heute nicht gelungen ist."[123]

Ähnlich erging es dem jüdischen Textilhändler aus München Jonas S., dem Inhaber eines Damenmodengeschäfts. Er geriet zur Zielscheibe von Angriffen ehemaliger Kunden, der NS-Hago und der NS-Betriebszellenorganisation (NSBO), die den Inhaber ständig bedrohten, ihn durch physische Angriffe und sein berufliches Renommee durch Boykotte dauerhaft ruinierten. Bereits im März 1933 erhielt der Geschäftsinhaber Morddrohungen übers Telefon, und Angehörige der DAF schüchterten, zum Teil mit erheblicher Gewalt, den verbliebenen Kundenstamm und die Besitzer des Bekleidungshauses ein. Jonas S. und – mit zeitlicher Verzögerung dann auch seine Frau – flohen daraufhin in die Schweiz, weigerten sich zunächst aber, ihr Geschäft zu verkaufen. Um die Geschäftsveräußerung zu forcieren, setzte die Nationalsozialistische Betriebszellenorganisation eine Betriebsobmännin ein. In Zusammenarbeit mit anderen Parteidienststellen verunglimpfte sie den vom jüdischen Inhaber eingestellten Geschäftsführer, der daraufhin mehrere Male verhaftet wurde.[124] Parallel dazu strengte die Devisenstelle München ein Verfahren an. Der Vorwurf lautete auf „illegalen" Vermögenstransfer. Tatsächlich hatte der Textilhändler, wie er dies auch beim Finanzamt München-Süd korrekt angegeben hatte, seinem Schwager einen fünfstelligen Reichsmarkbetrag überwiesen, den dieser versucht hatte, in die Niederlande zu transferieren. 1935 führten die Ermittlungen zu einem Devisenstrafverfahren. Nachdem die Devisenstelle München Teile des Vermögens 1937 gesperrt hatte und Familie S. die Firma im gleichen Jahr wegen der zunehmenden Boykotte an eine nichtjüdische Firma veräußerte, fällte schließlich das Landgericht Köln das endgültige Urteil. Es verurteilte Jonas S. wegen „Devisenschmuggels" zu einer Million Reichsmark Strafe oder 500 Tagen Zuchthaus. Sämtliche Vermögenswerte des Münchner Textilhändlers wurden danach im Rahmen der Zwangsvollstreckung der Staatskasse zugeführt.[125]

Die hier geschilderten Verfolgungserfahrungen verweisen auf die frühen materiellen und oftmals auch einschneidenden physischen Folgen der wirtschaftlichen Ausplünderung. Aber selbst angesichts der antisemitischen Hetze in der „Hauptstadt der Bewegung" bilden sie nur einen Teil der Bandbreite möglicher Handlungsweisen ab. Wesentlich für die unterschiedlichen Verhaltensmuster der Betroffenen innerhalb ihres professionellen Umfeldes war auch bei den jüdischen Textilhändlern in München das Verhalten ihrer Kundschaft, das je nach Einzelfall

---

[123] Medizinisches Gutachten vom 28. 4. 1961; BayHStAM/BEG/17295.
[124] Eidesstattliche Versicherung Stanley B.s am 19. 9. 1949; BayHStAM/EG/120204.
[125] Schreiben eines Rechtsanwalts an das BLEA vom 24. 5. 1963; Urteil der Großen Strafkammer des LG Köln vom 13. 4. 1939; BayHStAM/EG/120204.

erhebliche Abweichungen aufweisen konnte und sich daher generalisierbaren Urteilen weitgehend verschließt. Hierauf verweisen vor allem die selbst nach 1933 bei manchen jüdischen Unternehmern nach wie vor stabilen Umsatzzahlen. Das prominente Textilhaus Heinrich Cohen konnte trotz der Übergriffe von Mitgliedern der Parteiorganisationen bis 1936 noch relativ stabile Einnahmen verbuchen.[126] Erst im Sommer 1937 übernahm der aus Leipzig stammende Einkäufer des Modehauses Loden-Frey, Herbert Stiehler, das Textilhaus[127] und benannte es in „Herbert Stiehler KG vormals Cohen" um.[128]

Auch das Kaufhaus Uhlfelder, dessen Inhaber die Geschäftsräume im Jahr 1934 sogar noch um ein anliegendes Grundstück erweiterte, vermochte in den ersten Jahren des NS-Regimes noch weitreichende geschäftliche Aktivitäten zu entfalten.[129] Das Volkskunst- und Trachtenhaus Wallach in der prominenten Münchner Residenzstraße schließlich verfügte nicht nur über einen relativ stabilen Kundenstamm, sondern versuchte sich auch mit Einfallsreichtum den antisemitischen Pöbeleien zu entziehen. Um antisemitisch motivierte Schmierereien an den Schaufenstern zu verhindern, hatten Moritz und Julius Wallach im Jahr 1934 die Verzierung der Scheiben mit Bauernmalerei in Auftrag gegeben.[130]

Die meisten der eingeschlagenen Wege führten allerdings letztlich in die Sackgasse. Dem einstmals wohlhabenden Kaufhausbesitzer Max Uhlfelder gelang nach der Beschädigung und Liquidation seines Besitzes im November 1938 und der anschließenden „Schutzhaft" in Dachau gerade noch die Flucht ins Ausland.[131]

2. Der Textil- und Hopfenhandel in Nürnberg

In Nürnberg war der Hopfenhandel ein Spezifikum jüdischen Erwerbslebens. Nach dem Textilhandel machte dieser Geschäftsbereich den wichtigsten Handelszweig der jüdischen Geschäftsleute aus. In der „Weltmetropole des Hopfens", befanden sich nahezu 70 Prozent des Gewerbes in den Händen von Juden.[132] Die

---

[126] In den Jahren 1934–1936 setzte das Unternehmen durchschnittlich 1 170 000 RM um, davon entfielen etwa 400 000 RM auf das Großhandelsgeschäft; Heusler, Styler, S. 203; zu den Übergriffen siehe auch Brunner, Sachor, S. 120.

[127] Zu den Vorgängen der „Arisierung" vgl. StadtAM/Gewerbamt/7/12a/Heinrich Cohen; Heusler, Styler, S. 204 ff.

[128] Der „Arisierungsfall" ist auch dokumentiert in BWA/K1/XXI/16/44. Akte; zu den undurchsichtigen Machenschaften bei der „Arisierung" des Modehauses siehe auch Heusler, Styler, S. 204 ff.

[129] Die Umsätze des Kaufhauses sanken zwar nach der „Machtergreifung", schienen aber bis 1938 weitgehend stabil bei etwa 6 Mio. RM geblieben zu sein; Aktenfeststellung des LG München I vom 24. 2. 1971; OFD Nürnberg/BI/459; Berichte der Sopade, Jg. 1934, S. 426; Schmideder, Kaufhaus, S. 132.

[130] Erinnerungen von Moritz Wallach: Das Volkskunsthaus Wallach in München; History of Wallach; LBI Berlin/MM 79.

[131] Schmideder, Kaufhaus, S. 136 ff.

[132] Hier waren allein 126 jüdische Gewerbetreibende tätig; Diefenbacher/Endres, Stadtlexikon, S. 460–462; Schwarz, Segen, S. 136–153; Barth /Klinke/Schmidt, Hopfenatlas; zu den Zahlen vgl. Jochem, Mitten in Nürnberg; vgl. auch die ständig aktualisierte Fassung des Buches unter URL: http://home.t-online.de/home/RIJONUE/gewerbe.html (30. 4.

jüdische Tradition des Hopfenhandels ging in Nürnberg bereits auf die Mitte des 14. Jahrhunderts zurück, zahlreiche Handelsbeziehungen erstreckten sich in europäische Nachbarländer, vor allem in die Tschechoslowakei, viele Firmen unterhielten darüber hinaus transatlantische Beziehungen. Der Dominanz jüdischer Unternehmer in dieser Branche entsprechend war es vor allem der Hopfenhandel, an dem sich die von Julius Streicher vorangetriebene antisemitische Propaganda entzündete. Angriffe gegen die internationalen „Machenschaften" der „Hopfenjuden" geisterten denn auch in regelmäßigen Abständen durch den Nürnberger Blätterwald. Neben „Wucher" und „Rasseschande" gehörten auch „abartige Sexpraktiken" mit „Fetischapparaten" zu den gebetsmühlenartig wiederholten Diffamierungen.[133]

Zumindest bei der Gruppe der Nürnberger Parteiaktivisten fielen die propagandistischen Eintrichterungen auf einen fruchtbaren Nährboden. Noch im Frühjahr 1933 entluden sich die antisemitischen Stereotype in pogromartigen Ausschreitungen, die an Brutalität die Übergriffe in München oder Unterfranken deutlich übertrafen. Die vor allem durch den Gauleiter und seine Entourage vorangetriebene Gewalt hatte massiven Einfluss auf die wirtschaftliche Existenz der jüdischen Hopfenhändler. Entsprechend häufig standen diese bereits vor 1938 vor dem wirtschaftlichen Aus. Die Statistik gibt diese erwerbs- und regionalspezifischen Charakteristika eindrucksvoll wieder: In den ersten fünf Jahren der NS-Herrschaft fielen in Nürnberg fast vier Fünftel der jüdischen Hopfenhandlungen der antisemitischen Hetze zum Opfer.[134] Die frühen Geschäftsaufgaben führten zu zahlreichen Verkäufen jüdischer Geschäfte an nichtjüdische Erwerber, lange bevor die gesetzliche Reglementierung des Veräußerungsprozederes eingesetzt hatte. Von den Verhältnissen im Gau Franken zur Veräußerung de facto gezwungen, waren die meisten Abschlüsse der „Arisierungsverträge" de jure allerdings freiwillig und tatsächlich oftmals ohne den direkten Druck der Gauleitung erfolgt. Soweit sich die Vorgänge rekonstruieren lassen, veräußerte wohl mindestens die Hälfte der jüdischen Hopfenhändler ihre Firmen an nichtjüdische Käufer.

Auffallend häufig traten dabei Angestellte und Handlungsreisende als Erwerber auf, die in der „Arisierung" offenbar die Chance für den eigenen sozialen Aufstieg sahen.[135] Einer der maßgeblichen Profiteure war der Prokurist der jüdischen Hopfenhandlung Fleischmann und Weilheimer Andreas R. Obgleich kein Parteigenosse, erhielt er Unterstützung von Nürnberger Parteifunktionären, als er mit seinem ehemaligen Chef im Frühjahr 1938 über die Veräußerungsbedingungen für

---

2004); URL: http://home.t-online.de/home/RIJONUE/hopfenha.html (25. 5. 2004); Müller, Geschichte, S. 202; Erinnerungen eines Rechtsanwalts; StadtAN/F5/405.

[133] Überliefert in den zahlreichen Artikeln, Entwürfen und Bildern im „Stürmer"-Archiv; StadtAN/E 39/1764/1–7.

[134] Im November 1938, als alle jüdischen Betriebe systematisch von der DAF erfasst und enteignet wurden, gab es noch 25 von ehemals 126 jüdischen Hopfenfirmen in Nürnberg.

[135] Dem Zahlenmaterial liegt ein Sample von 25 jüdischen Hopfenfirmen zugrunde, von denen zehn nachweislich „arisiert" und sechs von ehemaligen Angestellten der Firmen übernommen wurden. Lediglich in sechs Fällen ist die Liquidation nachzuweisen, bei den restlichen Fällen ist der Wechsel in den Vermögensverhältnissen nicht mehr genau nachvollziehbar.

das Geschäft verhandelte. Zusammen mit einem weiteren nichtjüdischen Prokuristen einer jüdischen Firma, Max L., gründete er wegen der benötigten Kapitaldecke eine Kommanditgesellschaft. Beide zusammen übernahmen nicht nur die Firma Fleischmann und Weilheimer, innerhalb weniger Monate „arisierten" sie darüber hinaus drei weitere kapitalkräftige Hopfenfirmen.[136]

Neben der so neu entstandenen Firma Riedel/Ludwig & Co. war auch Michael G. durch die wirtschaftliche Verfolgung in der Lage, den Sprung von einem abhängigen Beschäftigungsverhältnis in die Selbständigkeit zu schaffen. Nach 38-jähriger Tätigkeit bei einem jüdischen Arbeitgeber übernahm er dessen Firma zusammen mit einem Kompagnon im Jahr 1936, nachdem er bereits drei Jahre vorher eine andere Hopfenhandlung erworben hatte.[137]

Dem wirtschaftlichen Aufstieg der nichtjüdischen Unternehmer stand die handstreichartige Auslöschung der Lebenswerke ganzer Generationen jüdischer Hopfenhändler gegenüber. Eine der größten Hopfenfirmen im Reich, die die Firma Riedel/Ludwig & Co. übernommen hatte, war eine Firma im Besitz von Otto und Dr. Hans Walter Krakenberger. Otto Krakenberger, in Nürnberg geboren und aufgewachsen, schloss dort seine schulische und berufliche Ausbildung ab, um in den 1920er Jahren in den Nürnberger Familienbetrieb einzusteigen. Bereits 1860 gegründet, belieferte die Firma die größten Brauereien Europas und konnte dank der internationalen Verbindungen selbst im Schatten der antisemitischen Attacken Julius Streichers auch nach 1933 noch mehrere Millionen Reichsmark Umsatz erzielen. 1939 emigrierte der 41-jährige Kaufmann Otto Krakenberger nach der „Arisierung" seines Unternehmens in die Niederlande, um sich dort eine neue Existenz aufzubauen. Nach dem Überfall der Deutschen begann seine Leidensgeschichte von neuem: Durch den deutschen Überfall auf die Niederlande kam auch seine dortige Geschäftstätigkeit vollständig zum Erliegen. Von nun an prägte der Lageralltag das Leben des einstmals wohlhabenden Unternehmers. Von Vught-Hertogenbosch (Herzogenbusch) wurde er über Westerbork und Bergen-Belsen schließlich nach Biberach an der Riss deportiert. Ungeachtet der daraus resultierenden schweren Gesundheitsschäden hatte er noch Glück im Unglück. Während sich die Wege vieler jüdischer Hopfenhändler in den Konzentrations- und Vernichtungslagern verlieren –, auch Dr. Walter Krakenberger wurde 1944 in Bergen-Belsen ermordet – überlebte Otto Krakenberger zusammen mit seiner Frau Martha den Krieg. Erst mit weit über 90 Jahren, als er wieder einen Betrieb in seiner alten Heimatstadt aufgebaut hatte, starb der Unternehmer 1991 in Nürnberg.[138]

---

[136] Vorladung durch die Gestapo-Prüfungskommission am 3. 3. 1939; StAN/Staatspolizeistelle Nürnberg-Fürth/Arisierungsakten/52; zu den Einzelfällen siehe auch die Buchprüfungsberichte der Devisenstelle Nürnberg; OFD Nürnberg (Bund)/10717; bzw. den Nachlass Otto Krakenbergers; StadtAN/E/10/68/2; Angaben von Martin W. im Entschädigungsverfahren; BayHStAM/BEG/11407/EG/74301.

[137] Vorladung der Gestapo-Prüfungskommission am 8. 3. 1939; StAN/Staatspolizeistelle Nürnberg-Fürth/Arisierungsakten/199.

[138] Siehe hierzu die verschiedenen Schilderungen in StadtAN/E/10/68/2; auch die Angaben insbesondere das ärztliche Gutachten vom 25. 5. 1967 in BLEA/EG/90491.

Auch Moritz B., der nach kaufmännischer Ausbildung das bereits seit 1896 existierende Geschäft des Vaters übernahm, war noch vor 1938 zur Veräußerung gezwungen. Während er bis 1933 10–12000 Reichsmark jährlich verdiente, konnte er sich danach nur noch mit Krediten über Wasser halten und entschloss sich 1937, das Geschäft zu verkaufen. Wegen der ständigen Bedrohung hatten Teile seiner Familie bereits 1933 Selbstmord begangen.[139]

Ähnlich erging es Siegfried A., der sich nach dem Krieg an die zahlreichen Attacken gegen jüdische Hopfenhändler erinnerte. Bei ihm setzten die Boykotte bereits 1932 ein und mündeten 1933 in erheblichen physischen und psychischen Druck, hervorgerufen durch Drohungen per Post und Telefon sowie Überfälle durch SA-Angehörige. Bereits im Oktober 1933 zog Siegfried A. von seiner Wohnung in ein Hotel und gab noch im selben Jahr sein Geschäft auf.[140] Seine letzten beiden Hopfenballen hatte er im Februar 1933 an einen Kunden geliefert, der sich wegen des Druckes der Partei in Nürnberg dann allerdings nicht mehr in der Lage sah, weiterhin Waren von Juden zu kaufen.[141] Bereits ab 1933 ohne Kundenkreis stand auch Joseph B. da. Sein Hopfenkommissionsgeschäft gab er 1936 auf und wanderte nach Jugoslawien aus.[142] Schließlich verlegte auch der Hopfenhändler Phillip B. sein Geschäft 1934 von Nürnberg nach München. Gegenüber dem bayerischen Landesentschädigungsamt gab er 1957 an, dass er es „in Streichers Nürnberg einfach nicht mehr aushalten konnte".[143]

Ob die Gewaltbereitschaft und der hohe Ideologisierungsgrad innerhalb der regionalen Parteigliederungen das Kunden- und Kollegenverhalten über die geschilderten Einzelschicksale hinaus beeinflusste, ist allerdings auch hier nur schwer zu beurteilen. Einige jüdische Hopfenhändler waren nach 1945 der Meinung, existenzbedrohliche Boykottbewegungen hätten erst nach 1935 eingesetzt. Anderen gelang es, mit Hilfe von Kollegen die Wirkung der Boykotte und der Stigmatisierung zumindest partiell zu unterlaufen. Stephan K. etwa bemühte sich erfolgreich um die Unterstützung eines nichtjüdischen Kollegen, der sich bereit erklärte, die Geschäfte des jüdischen Hopfenhändlers unter dem eigenen Namen abzuwickeln – ein Vorgehen, das offenbar von den Dachorganisationen der Bierbrauer geduldet wurde.[144]

Selbst bei den jüdischen Läden in der Nürnberger Innenstadt, denen, wie bereits geschildert, der Gauleiter besondere Aufmerksamkeit schenkte, schaffte es

---

[139] Eidesstattliche Erklärung Moritz B.s am 25. 5. 1954; Schreiben Moritz B.s an das zentrale Anmeldeamt in Bad Nauheim vom 10. 12. 1948; Schreiben eines Rechtsanwalts an das BLEA vom 12. 12. 1956; BayHStAM/BEG/8812.

[140] Eidesstattliche Versicherung Siegfried A.s am 5. 1. 1956; BayHStAM/EG/24888/BEG/32453.

[141] Eidesstattliche Versicherung Siegfried A.s am 15. 5. 1956; ebd.

[142] Eidesstattliche Versicherung Joseph B.s am 20. 5. 1954; BayHStAM/BEG/8255.

[143] Brief eines Rechtsanwalts an das BLEA vom 8. 4. 1957; BayHStAM/BEG/50160.

[144] Schreiben des jüdischen Hopfenhändlers Leopold K. an das BLEA vom 3. 11. 1957; Niederschrift der Wiedergutmachungskammer des LG Nürnberg-Fürth vom 16. 8. 1955; Schreiben eines Rechtsanwalts an die Wiedergutmachungsbehörde vom 9. 11. 1960; BayHStAM/EG/64958.

die Partei offensichtlich nicht, das Kundenverhalten grundlegend zu verändern.[145] Zumindest musste Oberbürgermeister Liebl in mehreren Verfügungen seinem Verbot gegenüber städtischen Bediensteten Nachdruck verleihen, Geschäftsbeziehungen mit Juden zu unterhalten. „Ich fordere die gesamte städtische Gefolgschaft nun ein letztes Mal auf", so das ungehaltene NS-Stadtoberhaupt in einem Rundschreiben vom 3. Dezember 1936, „der Einstellung des nationalsozialistischen Staates zum Judentum endlich ausnahmslos Rechnung zu tragen und erwarte, daß Vorkommnisse jeder Art in Zukunft unmöglich sind."[146]

Nicht nur der jüdische Hopfenhandel, auch andere Erwerbsbereiche waren von den antisemitischen Übergriffen betroffen und unterstreichen die regionalen Charakteristika der wirtschaftlichen Verfolgung im Gau Franken. In einer Aufstellung über „nichtarische" Betriebe, die die Nürnberger IHK drei Jahre vor der Wirtschaftskammer in München im Jahr 1935 angefertigt hatte, belief sich die Gesamtzahl der in Mittelfranken ansässigen jüdischen Firmen noch auf 5703 oder 19,3 Prozent der Gesamtwirtschaft im Gau. Im Einzelhandel betrug der Anteil 11,7 Prozent, im Großhandel fast 30 Prozent und in der Industrie etwa 12,5 Prozent. Ähnliche Zahlen lagen der Kammer für die Stadt Nürnberg vor. Dort gab es Ende Dezember 1935 728 jüdische Firmen. Ihr Anteil lag insgesamt bei 21,4 Prozent, davon im Einzelhandel 11,8 Prozent, im Großhandel 28,4 und in der Industrie 23,1 Prozent. Die „Arisierungen" in den Jahren 1933 bis 1935 bezifferte die Kammer auf etwa zwei Prozent der jüdischen Geschäfte.[147] Bis November 1938 war die Zahl der jüdischen Einzelhandelsgeschäfte dann auf 63 gesunken.[148] Noch 1933 hatte allein die Zahl der Textilgeschäfte bei über 200 gelegen.[149]

Viele Ladeninhaber aus der Textilbranche erlitten das gleiche Schicksal wie Emma K., die nach 1933 von drastischen Umsatzeinbußen betroffen war. Sie und ihr Bruder Max gaben daraufhin ihr Spezialgeschäft für Damen- und Kindermoden in der Karolinenstraße auf und wanderten im selben Jahr zunächst in die Niederlande und später nach Südafrika aus.[150] Auch in der eng mit dem Textilhandel verwobenen Baumwollindustrie kam es angesichts der zahlreichen Anschuldigungen und Übergriffe bereits im April 1933 zu einer Annullierung zahlreicher Auslands- und Inlandsaufträge, die zu einer horrenden Absatzstockung führte, von der auch die jüdischen Textilhändler betroffen waren.[151]

---

[145] Zu den Vorgängen in Nürnberg siehe Erster Teil, Zweites Kapitel, I.1., II.1. und IV.2. der vorliegenden Studie.

[146] Verfügung Liebls vom 3. 12. 1936; StadtAN/C 18/I, 340; zum Kundenverhalten siehe auch Klugmann, Wiesenbronn, S. 151; Ausführungen des Nürnberger Unternehmers Kurt Aufochs, der ein lang anhaltend gutes Verhältnis zu seinen Kunden beschreibt; Erinnerungen von Kurt Aufochs von 1988; StadtAN/F 5/QNG/544.

[147] Schreiben der IHK an die Gaupropagandaleitung Kultur vom 3. 6. 1936; StAN/NS-Mischbestand/Sammlung Streicher/132.

[148] Schreiben des Gewerbepolizeiamts an das Referat V der Stadt Nürnberg vom 7. 3. 1939; StAN/Staatspolizeistelle Nürnberg-Fürth/Arisierungsakten/48.

[149] Eine Aufstellung jüdischer Firmen mit einer Unterscheidung nach Branchen bietet Jochem, Mitten in Nürnberg.

[150] Eidesstattliche Versicherung Johanna F.s am 14. 5. 1957; Brief eines Rechtsanwalts vom 10. 4. 1947; BayHStAM/BEG/43393.

[151] Der Regierungspräsident von Ober- und Mittelfranken sprach von einer angeblich

Die meisten „Arisierungen" in diesem Bereich waren „wilde" und nicht gesteuerte Verkäufe oder Liquidationen, von denen vor allem private Erwerber profitierten. Ähnlich wie beim Hopfenhandel bildeten sich zahlreiche Zusammenschlüsse nichtjüdischer Angestellter, die nun Unternehmen zu günstigen Preisen erwerben konnten.[152] Vor welchen Schwierigkeiten allerdings jeder Versuch steht, die Motive der Erwerber zu klassifizieren, soll für den Bereich des Textilhandels abschließend das Beispiel des fränkischen Unternehmens Gustav Schickedanz verdeutlichen.[153] Auf den ersten Blick erscheint der „Quelle"-Gründer und mehrfache Millionär als typischer „Arisierungsgewinnler". Im Januar 1895 als Sohn von Werkmeistereheleuten in Fürth geboren, baute er eine Kurz-, Weiß-, Woll- und Webwarengroßhandlung und das Versandhaus in Fürth auf. Bereits im November 1932 trat Schickedanz der Partei bei und bekleidete fortan das Amt eines Ratsherrn beim Oberbürgermeister in Fürth.[154] Mit seinen guten Kontakten zur Partei begann der Unternehmer vor allem ab 1936, in großem Stil jüdisches Vermögen aufzukaufen. Hierzu zählten zahlreiche Grundstücke genauso wie mehrere Firmen, darunter vor allem die „Webereifabrikate Ignaz Mayer". Unter Mithilfe eines Beamten der Nürnberger Devisenstelle trat er bereits 1933 in Kontakt mit der Firma Ignaz Mayer, die Verhandlungen über die Übernahmebedingungen zogen sich allerdings bis 1938 hin. „Der verpflichtete Schickedanz", so der Rechtsanwalt des Betroffenen im späteren Restitutionsverfahren, „zog die Sache hin, bis ihm der wertvolle Betrieb als reife Frucht in den Schoß gefallen war und der Berechtigte im Zuge der verschärften Enteignung jüdischen Vermögens nur noch wenig im Wege des Transfers retten konnte."[155] Tatsächlich errechnete das Finanzamt Nürnberg-Nord im Juni 1942 einen „Entjudungsgewinn" des Fürther Unternehmers von weit über sieben Millionen Reichsmark.[156]

90%igen Absatzstockung und führte dies sowohl auf die „jüdische Greuelpropaganda" im Ausland als auch auf die in Nürnberg ergriffenen „Gegenmaßnahmen" zurück; Halbmonatsbericht des Regierungspräsidenten von Ober- und Mittelfranken vom 7. 4. 1933; abgedruckt in Kulka/Jäckel, Juden, S. 50.

[152] Der Untersuchung liegt ein Sample von 36 Nürnberger Textilfirmen zugrunde, von denen weit über die Hälfte „arisiert" wurden. Davon wiederum wurde ein Großteil (über 10) von Angestellten übernommen; vgl. exemplarisch die „Arisierung" der Firma A. & U.; vgl. zu diesem Vorgang StAN/Staatspolizeistelle Nürnberg-Fürth/Arisierungsakten/ 58; BayHStAM/EG/98086; StAN/OFD Nürnberg (Bund)/9528; Finanzamt Nürnberg-Ost/5220–5232; bzw. die „Arisierung" der Firma B.; BayHStAM/BEG/72186; OFD Nürnberg (Bund)/9645; StAN/Staatspolizeistelle Nürnberg-Fürth/Arisierungsakten/65.

[153] Die Quellenlage ist als außergewöhnlich gut zu bezeichnen, da zum einen Restitutionsakten vorhanden sind. Darüber hinaus hat sich zum anderen in der Spruchkammerakte „Schickedanz" ein Bericht des Sicherheitsdienstes erhalten, in dem zu den Käufen des Unternehmers ausführlich Stellung genommen wird; hier hat sich also eine Primärquelle erhalten, die Auskunft über interne Stellungnahmen von Funktionsträgern der Partei auf private Profiteure ermöglicht.

[154] Bericht des SD vom 15. 1. 1938; StAN/Spruchkammer Fürth/I/Anlage 15.

[155] Schreiben des Rechtsanwalts an die WB III vom 5. 8. 1949; StAN/WB III/a/3450.

[156] Schreiben der Gestapo an den Regierungspräsidenten von Ansbach vom 23. 6. 1942; StAN/Staatspolizeistelle Nürnberg-Fürth/Arisierungsakten/152.

Die rasche Expansion des Versandhausbesitzers machte auch den SD misstrauisch. Bereits im Juli 1937 gab der SD-Oberabschnitt Süd der Außenstelle in Nürnberg den Auftrag, über die „wirtschaftlichen und finanziellen Transaktionen" Bericht zu erstatten.[157] Die regelmäßigen Berichte, die der Sicherheitsdienst nun über Gustav Schickedanz anfertigte, waren vernichtend. Auch sie stellten zwar seinen erheblichen Gewinn nicht in Zweifel, wohl aber seine politische Einstellung: In seiner „Bruchbude" seien nicht nur er, sondern auch seine engsten Mitarbeiter „bar jeder nationalsozialistischen Gesinnung und Verantwortung," seine Methoden entsprächen „jüdischem Muster".[158] Der SD empfahl, die weitere Ausbreitung des Unternehmens nicht nur wegen des Charakters einer „unpersönlichen, anonymen, vertrusteten Aktiengesellschaft" zu unterbinden, sondern auch, weil Schickedanz offensichtlich das jüdische Personal der aufgekauften Firmen in seinen Betrieb integriert hatte.[159]

Ähnlich zwiespältige Ergebnisse förderten auch die Nachkriegsverfahren zutage. Während es in der Gerüchteküche in Nürnberg im Falle Schickedanz auch nach 1945 weiter brodelte und immer wieder von den guten Beziehungen des Unternehmers zur Partei die Rede war, wurde ihm von anderer Seite ein durchaus faires Verhalten gegenüber jüdischen Geschäftsleuten attestiert.[160]

Die Motive des Fürther Unternehmers und sein Verhältnis zu den Verfolgten im NS-Regime sind letztlich nicht mehr zu klären. Das Beispiel verdeutlicht aber, dass, zumindest bis 1938, die Ausnutzung der durch den Nationalsozialismus geschaffenen Möglichkeiten zu wirtschaftlicher Expansion und sozialem Aufstieg nicht unbedingt mit der Zustimmung für die grundlegenden Parameter der Politik des Regimes verbunden sein mussten. Dieser Überzeugung war auch der Rechtsanwalt des so schwer geschädigten Inhabers des Unternehmens Ignaz Meyer. Schickedanz sei zwar kein überzeugter Nazi gewesen, er habe dies aber auch nicht sein müssen. „Sie waren vielmehr überzeugte Wahrnehmer der einzigartigen Konjunktur", die die Ausschaltung der jüdischen Konkurrenz genutzt hätten, um „das eigene Geschäft gewaltig auszuweiten".

III. Jüdische Ärzte in München und Nürnberg

Medizinische Berufe erfreuten sich bei der jüdischen Bevölkerung beider Städte außerordentlicher Beliebtheit. Auch wenn sich der Anteil jüdischer Ärzte an der Münchner Ärzteschaft heute nicht mehr exakt feststellen lässt, so dürfte er zwischen 15 und 20 Prozent betragen haben.[161] Von den 742 Nürnberger Ärzten und

---

[157] Schreiben vom 27. 7. 1937; StAN/Spruchkammer Fürth/I/Anlage 15.
[158] Bericht vom 14. 3. 1939; ebd.
[159] Berichte vom 10. 1. und 14. 3. 1939; ebd.
[160] Notiz des öffentlichen Klägers im Spruchkammerverfahren vom 15. 6. 1947; Ermittlungsbericht der Spruchkammer vom 13. 12. 1947; Sachverständigen-Gutachten mit Zeugenaussagen „rassisch" Verfolgter vom 10. 6. 1948; ebd.
[161] Das Ärzteverzeichnis für München des Vereins für freie Arztwahl von 1932 gibt 950 Ärzte an. In der Zeit von 1933–1945 lassen sich 244 jüdische Ärzte in München nachweisen. Allerdings gilt es zu beachten, dass viele jüdische Ärzte nach der „Machtergreifung"

Zahnärzten waren 140 Juden und damit etwa 19 Prozent.[162] Vor allem ihr außergewöhnlich hoher Ausbildungsgrad und ihre wirtschaftliche Situation unterschieden sie vom durchschnittlichen Gewerbetreibenden. Auffallend hoch war der Anteil an jüdischen Fachärzten, die einen erheblichen Spezialisierungsrad aufwiesen.[163] Die exzeptionelle Reputation und der daraus resultierende große Patientenstamm führten bei vielen jüdischen Ärzten zu hohen Einkommen und einem entsprechenden Lebensstandard.[164] Soweit die Einkommensverhältnisse noch zu rekonstruieren sind, lag das durchschnittliche Jahreseinkommen bei circa 20 000 Reichsmark und damit auch über demjenigen der meisten Ärzte im Deutschen Reich.[165]

Fragt man nach der Bedeutung der Profession für die Betroffenen, so lassen sich angesichts der sehr individuell geprägten Einstellungen zum Arbeitsleben nur schwer personenübergreifende Aussagen treffen. Mit Sicherheit war für die jüdischen Ärzte der Beruf maßgeblich für die materiellen Verhältnisse und damit auch für den Umfang der späteren Enteignung des Vermögens. Sie blickten darüber hinaus auf eine lange Tradition der Berufstätigkeit zurück, viele waren bereits in den Städten ihres beruflichen Wirkens geboren oder waren um die Jahrhundertwende zugezogen, hatten die Praxis oder das Geschäft des Vaters übernommen und ihre Schul- und Berufsausbildung dort absolviert.[166] Mit ihrem Patientenstamm verband sie offensichtlich eine weit über die ökonomische Bindung hinausgehende Beziehung. Darauf deuten nicht nur die verzweifelten Bemühungen der Betroffenen oder deren Angehöriger im Rahmen der Wiedergutmachungsverfahren nach

---

[162] Hitlers die Anonymität der Großstadt suchten und daher erst nach 1933 in die bayerische Hauptstadt zogen; Reichsmedizinalkalender, Teil II; Jäckle, Schicksale.

[162] Müller, Geschichte, S. 202 f. In die Untersuchung einbezogen wurde das Einzelschicksal von 20 jüdischen Ärzten Nürnbergs, also etwa 15%. Neben den Akten der Finanzämter dienten die Wiedergutmachungsakten sowie das durch die Gestapo-Prüfungskommission entstandene Material als Quellengrundlage.

[163] Zahlen bei Hadrich, Ärzte, S. 1245.

[164] Für München wurden insgesamt 85 Einzelfälle jüdischer Ärzte untersucht und damit von etwa 25% aller Ärzte jüdischen Glaubens in der Landeshauptstadt, wobei jeweils die Bestände der Wiedergutmachungsakten, der Polizeidirektionen und des Fiskus München eingesehen wurden. Die Lebensverhältnisse lassen sich bei den meisten Ärzten durch die Wiedergutmachungsakten gut rekonstruieren. Ein Großteil der Ärzte verfügte über sehr große Stadtwohnungen oder eigene Häuser, die häufig mit ausgewähltem Mobiliar und Kunstgegenständen eingerichtet waren.

[165] Das durchschnittliche Nettojahreseinkommen der jüdischen Ärzte Münchens betrug 20 312,50 RM, wie sich aus den Einkommensnachweisen in den Entschädigungs- und Steuerakten errechnen lässt. Dieses Durchschnittseinkommen bezieht sich auf den Verdienst unmittelbar vor der Verfolgung. Martin Rüther ermittelt für das Jahr 1933 auf Grundlage der unveröffentlichten Magisterarbeit von Winfried Süß ein jährliches Durchschnittseinkommen der Ärzte von 9280 RM; Rüther, Standeswesen, S. 163. Mit 10 324 RM gibt Michael Kater eine ähnliche Größenordnung an; Kater, Ärzte, S. 68. Auch in Nürnberg hatten die jüdischen Ärzte ein verhältnismäßig hohes Einkommen: Das aus den Einzelfallakten errechnete durchschnittliche Einkommen in den Jahren 1932–1933 betrug etwa 10 000 RM jährlich.

[166] Werner Cahnmann beziffert die Zahl der gebürtigen Münchner Juden 1911 auf 5000, zum damaligen Zeitpunkt etwa 45% der Münchner jüdischen Gesamtbevölkerung; Cahnmann, Juden S. 32.

1945 hin, das durch die wirtschaftliche Ausschaltung zerstörte Lebenswerk wieder aufzubauen.[167] Wie ab dem Jahr 1933 gestellte Anträge etwa auf Erlass oder Ermäßigung von Sondersteuern und Abgaben verdeutlichen, beriefen sich die Mediziner schon während der NS-Zeit auf ihre besonderen Leistungen gegenüber den Patienten und auch für ihre Heimatstädte, die sie von anderen Steuerpflichtigen unterscheide.[168]

Eine weitere Besonderheit kennzeichnete die Angehörigen dieser Berufsgruppe. Wegen der Gebühren- und Zulassungsregulierungen durch die Krankenkassen war ihre Abhängigkeit von staatlichen und halbstaatlichen Institutionen groß. In einem solchen Verhältnis standen auch die zahlreichen in den städtischen und kommunalen Krankenhäusern beschäftigten Mediziner. Die Phase der sogenannten wilden Arisierung beschränkte sich für sie auf die Zeit von Januar bis März/April 1933, den Zeitraum, in dem bereits die ersten umfassenden kommunalen Verordnungen und reichsweiten Gesetze zur Vertreibung jüdischer Ärzte erlassen wurden.[169] Die jüdischen Ärzte waren zwar durch Boykottaktionen und physische Übergriffe genauso betroffen wie die übrige jüdische Bevölkerung, die frühen Folgen der Verfolgung auf dem Gesetzes- und Verordnungswege lassen sich allerdings an ihrem Beispiel besonders gut darstellen und stehen daher zunächst im Vordergrund der Betrachtungen.

Bereits im April 1933 erging eine Verordnung des Reichsarbeitsministers Franz Seldte über die „Zulassung von Ärzten zur Tätigkeit bei den Krankenkassen".[170] Die Verordnung entzog den „nichtarischen" und „kommunistischen" Ärzten die Kassenzulassung, es sei denn, sie selber, ihre Väter oder Söhne hatten im Krieg gedient oder in einem Seuchenlazarett gearbeitet.[171] Ohne Kassenzulassung war der wirtschaftlichen Existenz der Betroffenen weitgehend der Boden entzogen. Gerade die jüdischen Ärzte waren Opfer der Verordnung, da sie mit einem Anteil von rund 80 Prozent in München und Nürnberg überdurchschnittlich häufig im Besitz einer Kassenzulassung waren.[172] Im Reichsgebiet dagegen lag der durch-

---

[167] Siehe hierzu exemplarisch die Bemühungen der Witwe des Kinder- und Jugendpsychologen Prof. Erich Benjamin, die Klinik ihres Mannes wiedererstehen zu lassen; Briefwechsel in OFD Nürnberg/BA/833.

[168] Schreiben des Kinderarztes Dr. Spanier an das Finanzamt München-Süd vom 14. 11. 1939; StAM/Finanzamt/19127; abgedruckt in Drecoll, „Entjudung", S. 70.

[169] Siehe hierzu auch Erster Teil, Zweites Kapitel, III. der vorliegenden Untersuchung.

[170] Art. II Abs. 1 dieser neuen Verordnung bestimmte, dass die berufliche Tätigkeit sowohl von „nichtarischen", als auch von Ärzten, die sich im „kommunistischen Sinne" betätigt hatten, für beendet erklärt wurde; RGBl. I (1933), S. 222 f.

[171] In Art. II 2 § 8 Abs. 3 wurde festgelegt, dass die Kassenzulassung bei denjenigen „nichtarischen" Ärzten jedoch erhalten bleiben sollte, die am Ersten Weltkrieg auf Seiten des deutschen Reiches oder seiner Verbündeten teilgenommen hatten, deren Väter oder Söhne im Weltkrieg gefallen waren oder die in einem Seuchenlazarett gearbeitet hatten. In Artikel II 6 § 27a wurde zu den Ausnahmeregelungen auch noch die Niederlassung vor dem 1. August 1914 hinzugenommen; RGBl. I (1933), S. 223. Ärzte, die sich in irgendeiner Form „kommunistisch" betätigt hatten, waren von jeglicher Ausnahmeregelung ausgeschlossen; Art. II 1 § 7 Abs. 4 und Art. II 5 § 22; RGBl. I (1933), S. 222 f.

[172] Eine Liste des Wohlfahrtsamts der Stadt München vom 8. September 1933 nennt 157 jüdische Kassenärzte, wobei hier nur die Ärzte jüdischer Religionszugehörigkeit berücksichtigt wurden; StadtAM/Wohlfahrt/3493. Gemessen an der Gesamtzahl von 244 Ärz-

schnittliche Anteil der Kassenärzte an der gesamten Ärzteschaft lediglich bei etwa 60 Prozent.[173] Der in Nürnberg praktizierende Arzt Dr. Hermann B. etwa erfuhr während eines Italienaufenthaltes vom Entzug seiner Zulassung. Der Existenzgrundlage beraubt, entschied er sich noch von seinem Urlaubsort aus, nach Palästina auszuwandern und kehrte nicht mehr nach Deutschland zurück.[174] Ganz ähnlich erging es seinem Nürnberger Kollegen Max S., der bis 1933 als Vertrauensarzt von Krankenkassen und Versicherungsgesellschaften sowie als Hotel- und Sportarzt gearbeitet hatte. Er verlor seine Zulassung wegen angeblich fehlender Fronttätigkeit, eine angesichts der Kriegsverdienste des Arztes vollkommen an den Haaren herbeigezogene Begründung, wie später auch die Zentrale des Ärztevereins in Leipzig eingestehen musste. Trotz einer erfolgreichen Revision hatte Dr. S. ab 1933 kaum mehr nennenswerte Einnahmen, da sich die eingeschüchterten Patienten nach dem zeitweiligen Verbot kaum noch in seine Praxis wagten.[175]

Die „Verordnung über die Zulassung von Ärzten zur Tätigkeit bei den Krankenkassen" war zwar das umfangreichste, jedoch nicht das einzige Regelwerk im Rahmen der „Gesetzgebung zur Wiederherstellung des Berufsbeamtentums." Als Beamte oder Angestellte des öffentlichen Dienstes wurde jüdischen Ärzten durch die umfangreiche Gesetzgebung zur „Reinigung" der Beamtenschaft die Möglichkeiten zur Ausübung ihres Berufes ebenfalls eingeschränkt.[176] Allein in München betraf dieses Gesetz etwa 21 jüdische Ärzte, die, meist neben ihrer Tätigkeit in der privaten Praxis, eine Stellung in Krankenhaus, Universität oder im öffentlichen Gesundheitswesen innehatten. Während 13 von ihnen – also über die Hälfte – an den Hochschulen lehrten, arbeiteten 17 darüber hinaus oder ausschließlich in Krankenhäusern. Von acht im Rahmen der Studie untersuchten Einzelschicksalen jüdischer Hochschullehrer konnten lediglich zwei bis zum Erlass des „Reichsbürgergesetzes" 1935 unterrichten; alle anderen verloren ihre Stellung bis Ende des Jahres 1933. Die zwei einzigen Münchner jüdischen Ärzte, die im Rahmen der untersuchten Einzelfälle nachweislich als Vertrauensärzte der Krankenkassen angestellt waren, verloren beide durch das Gesetz sofort ihre Anstellung.[177]

---

ten in München entspreche das einem Anteil von 64%, wobei diese Zahl auch die noch zugezogenen Ärzte beinhaltet. Die Quote der jüdischen Kassenärzte in Bezug auf die gesamte jüdische Ärzteschaft dürfte wesentlich höher gewesen sein. Nach Hadrich betrug die Zahl der „nichtarischen" Kassenärzte an der gesamten Münchner Ärzteschaft 13,7%. Für Nürnberg gibt Hadrich von insgesamt 135 jüdischen Ärzten 99 mit Kassenzulassung an. 13,7% aller Ärzte Nürnbergs mit Kassenzulassung waren demnach „jüdisch"; Hadrich, Nichtarische Ärzte, S. 1245.

[173] Oskar Karstedt, ein damaliger Mitarbeiter des Reichsarbeitsministeriums, geht von einer Gesamtärzteschaft in Deutschland von 55 000 aus und von 35 000 zur Kasse zugelassenen Ärzten; Karstedt, Durchführung, S. 229–232.

[174] Eidesstattliche Versicherung Ida B.s im Entschädigungsverfahren; BayHStAM/EG/27891.

[175] Eidesstattliche Versicherung Max S.s im Entschädigungsverfahren; BLEA/BEG/44248.

[176] Zum „Gesetz zur Wiederherstellung des Berufsbeamtentums" siehe auch Erster Teil, Zweites Kapitel, III. der vorliegenden Studie.

[177] Für Dr. Eugen S. siehe den Brief eines Rechtsanwalts an das BLEA vom 2. 2. 1956; BayHStAM/BEG/33887. Für Dr. Josef R. siehe Jäckle, Schicksale, S. 111.

Zu den damit verbundenen drastischen finanziellen Einbußen kamen die sozialen Deprivationserfahrungen hinzu. Die legislative Diskriminierung war zwar leise und unpersönlich, symbolisierte aber durch ihren legalen Deckmantel in besonderem Maße die Umwandlung des schützenden Rechts- in den verfolgenden Unrechtsstaat und die damit einhergehende strukturelle Gewalt gegen Juden. Die Betroffenen verloren durch die in Gesetzesform gegossene Verfolgung ihre Positionen in Lehre und Forschung, womit ihnen zentrale Betätigungsfelder genommen wurden. Damit war ihnen die Grundlage ihrer gesellschaftlichen und fachlichen Anerkennungen entzogen – ein Prozess, der bereits durch die rasche Gleichschaltung der Standesorganisationen eingeleitet worden war.

Auf derartige psychische Gewalteinwirkungen ohne körperliche Schädigungen haben psychiatrische Studien bereits Mitte der 1960er Jahre aufmerksam gemacht. Ortsveränderungen, Veränderungen der sozialen Lebensweise und vor allem erzwungene Veränderungen des beruflichen Umfelds, also die Vernichtung aller sozial-psychischen Beziehungen, konnten zu einem Bruch in der Lebenslinie und damit zu schweren Störungen des Seelenlebens führen.[178] Häufig auftretende Krankheitssymptome wegen sozialer Ächtung und Stigmatisierung bezeichnete der Psychiater William Niederland, einer der führenden Experten für psychische Schädigungen durch NS-Verfolgung nach dem Krieg, als „Seelenmord", hervorgerufen durch das Abschneiden der Lebenskontinuität. „Solche Menschen", so Niederland, „besonders wenn sie von früher her sensitive, geistig hochstehende Persönlichkeiten waren, können sich eben auch in der Emigration von den innerlich an ihnen nagenden Gefühlen des Verlusts ihrer ganzen Würde, ihrer Ethik und Moral, ihres früheren im Deutschtum wurzelnden Bürgerstolzes und Akademikertums, ihres eigentlichen Lebensinhaltes und ihrer materiellen Existenz nicht wieder frei machen. Daher ihre chronische depressive Verstimmung, ihre ausgesprochene Menschenscheu, Apathie, Initiativlosigkeit, Selbstunsicherheit und letztlich auch der Verlust ihres Kommunikationsvermögens mit anderen: Sie sprechen eben nur das Allernotwendigste, auch mit den engsten Familienangehörigen."[179]

Das mögliche Ausmaß der beruflichen Ausgrenzung eines Münchner Mediziners verdeutlicht das Beispiel des Psychotherapeuten Dr. Erich Benjamin. Der Arzt war unter anderem als Dozent an der Ludwig-Maximilians-Universität München tätig. Er fiel zwar bis 1935 noch unter die Ausnahmeregelungen des „Gesetzes zur Wiederherstellung des Berufsbeamtentums", verlor im selben Jahr aber seine Professur. Eindrucksvoll schildert seine Tochter die Reaktion auf den erzwungenen Ruhestand. Während der vitale und selbstsichere Arzt auf andere Verfolgungsmaßnahmen vergleichsweise gelassen reagiert hatte, symbolisierte die Abgabe des Schlüssels zu seinem Hörsaal gleichzeitig die Verweigerung von fachlicher Anerkennung und Verehrung seitens seiner Schüler und Zuhörer. Nicht materielle Einbußen, sondern der Entzug des Lehrauftrags stürzte den Arzt in Lethargie und Verzweiflung.[180]

---

[178] Baeyer/Häfner/Kisker, Psychiatrie, S. 52 f.
[179] Niederland, Folgen, S. 207.
[180] Hersh, Ohren, S. 93 ff.; Brief Prof. Benjamins vom März 1940; StadtAM/Sammlung Judaica; Drecoll, „Entjudung", S. 76.

Ein weiteres prägnantes Beispiel ist das Schicksal des jüdischen Arztes und Kunstmalers Dr. Robert S. Die frühe Entwurzelung aus dem Beruf und der Mord an einem Verwandten führten bei dem Arzt zu einem Zustand einer nervösen Spannung und des „Abwartens", der noch im selben Jahr in einen Nervenzusammenbruch mündete und ihn ein Jahr arbeitsunfähig machte.[181] Auch in den 1950er Jahren litt der Arzt noch an „reduzierter Arbeitsfähigkeit", „Schizophrenie", „extremen Angstzuständen", „Gedächtnisverlust", „Desorientierung" und „extremer Abmagerung".[182]

Auch Dr. Max S. aus Nürnberg, der 1933 seine Kassenzulassung verloren und unter den Diskriminierungen in Nürnberg zu leiden hatte, blickte nach dem Krieg von Uruguay aus resigniert auf das Scheitern seiner beruflichen Laufbahn zurück: „Das Fazit meines Lebens ist", so der Arzt 1967, „daß ich mich stets bemüht habe, durch ehrliche Arbeit mein Brot zu verdienen. Daß die Verhältnisse stärker waren als meine physischen und psychischen Kräfte, dafür kann ich nichts."[183]

Zu den Folgen der frühen „Ausschaltung" aus dem Beruf kam die Gewalteinwirkung durch Boykott und Ausgrenzung hinzu, die auch denjenigen Ärzten, die ihre Zulassung behalten hatten, das Praktizieren nahezu unmöglich machte. Der 43-jährige praktische Arzt und Geburtshelfer Dr. Fritz F. hatte 1933 eine gutgehende Praxis in der Münchner Innenstadt.[184] Er beklagte bereits 1933 einen ständigen Rückgang seiner Patienten und damit seiner Einnahmen, der im Jahr 1937 dazu führte, dass er nicht einmal mehr seine Berufsspesen habe decken können.[185] Bei ihm verbanden sich die finanziellen Einbußen mit der Erfahrung einer Bedrohung durch Angehörige der SS und SA, die ihn nicht nur erpressten, sondern auch bei seinen Krankenbesuchen heimsuchten. Um dieser Bedrohung wenigstens zeitweise entgehen zu können, verrammelte er seine Wohnung und verstärkte seine Praxistür mit schweren Stahlschienen.[186]

Noch weitreichendere Auswirkungen zeigte die Verfolgung des Vertrauensarztes der Kassenärztlichen Vereinigung, Dr. Adolph H. Er war Berater der Kassen-

---

[181] Brief Dr. Robert S.s an das BLEA, o.D.; Urteil des LG München vom 8. 5. 1965; BayHStAM/EG/73038.

[182] Brief Robert S.s an das BLEA vom 13. 11. 1958; ebd. Im Entschädigungsverfahren entbrannte dann allerdings ein Rechtsstreit über die Ursachen seiner schweren depressiven Störungen. Während in der Wahrnehmung des Arztes die schweren seelischen und gesundheitlichen Störungen auf die Verfolgungszusammenhänge zurückzuführen waren, kamen andere Gutachter zu dem Ergebnis, Dr. S.s Leiden sei nicht auf die Verfolgung zurückzuführen; Befund über Dr. Ernst S. vom 10. 4. 1962; ebd.

[183] Brief des Arztes an das BLEA vom 1. 8. 1967; BLEA/BEG/44248.

[184] Er verfügte über ein jährliches Einkommen von etwa 15 000 RM; vgl. seine Einkommensteuererklärungen; StAM/Finanzamt/17199.

[185] Schreiben Fritz F.s an das BLEA vom 12. 3. 1950; BLEA/A.Z./75468/VII/17873.

[186] Schreiben Fritz F.s an das BLEA vom 10. 6. 1953; Schreiben Rosa E.s an das BLEA vom 16. 6. 1953; ebd. Derartige Beispiele lassen sich auch für jüdische Rechtsanwälte finden. Als lebensbedrohlich nahm auch ein Rechtsanwalt die Situation im März 1933 wahr. Er hatte 1932 einen Forderungsprozess gegen Hermann Göring geführt und gewonnen. Nach der „Machtergreifung" griffen ihn mehrere Parteigenossen in seiner Praxis an, und er erhielt mehrere Morddrohungen. Heinrich B. emigrierte bereits im Frühjahr 1933; Schilderungen seiner Angehörigen gegenüber dem zentralen Anmeldeamt in Bad Nauheim vom 10. 11. 1947; StAM/WB I/a/2253.

verwaltung der Allgemeinen Ortskrankenkasse München und Gutachter in Sanatorien und Unfallangelegenheiten. Auch er gab gegenüber dem Entschädigungsamt an, er habe wegen der ständigen Boykotte und Übergriffe bereits seit März 1933 seine Praxis kaum noch ausüben und fast nur noch jüdische Patienten behandeln können. Als die Bayerische Politische Polizei ihn im selben Monat in Schutzhaft nahm und er kurze Zeit später durch das „Gesetz zur Wiederherstellung des Berufsbeamtentums" seine Stellung bei der Krankenkasse verlor, sah er sich gezwungen, bereits im August 1933 mit seiner Familie nach Karlsbad auszuwandern.[187]

Die daraus resultierenden monetären Verluste hatten wiederum einschneidende Veränderungen des Lebensstandards zur Folge. „Gerade zur Zeit als die beträchtlichen Investitionen an Geld, Arbeit zusammen mit den wissenschaftlichen Veröffentlichungen auch finanziell sich auszuwirken begannen", so schilderte es der jüdische Virologe Dr. Moses G., „begann die Hitlerepoche. Obwohl persönlich nie irgendwelchen körperlichen Schäden ausgesetzt, wirkte sich diese Zeit sehr bald in der Privat- und Konziliarpraxis der Klinik schädigend aus. Die Einschränkungen und die vorherrschende Atmosphäre wurden bald so unerträglich, dass ich keine Zukunft für mich und meine Familie mehr sah, so dass ich im Herbst 1935 nach Palästina auswanderte."[188] Bereits vor seiner Auswanderung hatte ihn seine soziale Deklassierung zu einem Wohnungswechsel gezwungen. Wie der Arzt rückblickend bitter bemerkte, musste er nicht nur sein Einfamilienhaus gegen eine Mietswohnung eintauschen, sondern auch seine Praxis „aus sehr exponierter Lage im Zentrum der Stadt in eine abgelegene verlegen".[189]

Die Beispiele verdeutlichen die Verbindung von der durch die legislative Verfolgung hervorgerufenen strukturellen und der primär aus den Boykotten und körperlichen Übergriffen resultierenden situativen Gewalt gegen Juden. Beide Formen der Verfolgung prägten bereits früh Erfahrung und Erwartung der Betroffenen nachhaltig. Durch die berufliche „Ausschaltung", Stigmatisierung und Kriminalisierung ihrer sozialen Stellung und der Früchte ihrer Leistung beraubt, war ihre Gegenwart geprägt von der Angst vor zunehmender Isolation und vollständiger Verarmung. Der Verlust des Berufes führte bei den Auswandernden auch bei ihrer zukünftigen Existenz in den Einwanderungsländern häufig zu Isolation und wirtschaftlichen Notlagen. Wegen der strengen beruflichen Restriktionen gegenüber Emigranten konnten vor allem jüdische Ärzte im Ausland nicht mehr ihrer bisherigen Tätigkeit nachgehen. In einem fremden gesellschaftlichen und kulturellen Umfeld mussten sie dann als soziale Härtefälle und Bittsteller ihr Dasein fristen.[190]

---

[187] Schreiben Adolph H.s an das BLEA vom 22. 4. 1953; BayHStAM/BEG/2873.
[188] Schreiben Dr. Moses G.s an das BLEA vom 10. 6. 1953; BLEA/BEG/7442.
[189] Ebd.
[190] So floh etwa der bereits erwähnte Dr. Robert S. nach Paraguay, wo er, um weiter als Arzt tätig sein zu können, das komplette ärztliche Studium hätte wiederholen müssen. Er versuchte sich als Landschaftsmaler finanziell über Wasser zu halten, blieb aber auch aufgrund des tropischen Klimas nahezu erwerbsunfähig; Angaben Dr. S.s gegenüber dem BLEA am 13. 11. 1958; BayHStAM/EG/73038; zur Emigration allgemein auch Kröner, Emigration sowie die zahlreichen Artikel in Krohn u. a., Handbuch.

Wie sehr die Erfahrungen der Betroffenen je nach Art und Umfang der Geschäftstätigkeit, der sozialen Einbindung und politischen Vergangenheit allerdings auch bei den jüdischen Ärzten variierten, zeigen die Erinnerungen des Arztes Friedrich B. aus München. Im Gegensatz zu anderen Medizinern, die bereits 1933 nach körperlichen Angriffen das Land fluchtartig verlassen hatten, nahm Friedrich B., der zusammen mit seiner Frau Alice eine Praxis für Allgemeinmedizin in München betrieb, bei der bayerischen katholischen Bevölkerung bis 1935 so gut wie keinen Antisemitismus wahr. Er verfügte bis zu diesem Jahr über einen umfangreichen Patientenstamm. Für ihn änderte sich die Situation erst dann schlagartig, als seine Frau 1935 ihre Approbation verlor und aus der gemeinsamen Praxis ausscheiden musste.[191]

Die offensichtlich zwiespältige Situation der jüdischen Mediziner zeigen auch die Emigrations- und Einkommenszahlen. Insgesamt emigrierten bis zum Ende des Jahres 1937 nur etwa 18 Prozent der jüdischen Ärzte Münchens. Zählt man die bis 1937 Verstorbenen hinzu[192], so lebten immerhin noch fast drei Viertel der 1933 dort ansässigen Ärzte in München.[193] Auch die Einkünfte der zahlreichen jüdischen Ärzte, die die gesetzliche „Ausschaltung" aufgrund der dort etablierten Ausnahmebestimmungen nicht betraf, waren nach dem drastischen Einbruch von 1933 bis 1938 relativ konstant geblieben.[194] Die Verdrängungsmaßnahmen hatten ihre Verdienste zwar schlagartig um etwa 50 Prozent gesenkt. Von 1934 an wirkten sich die antisemitischen Gesetze und Ausschreitungen aber nicht mehr so einschneidend auf das Einkommen aus.

Ein ganz ähnliches Zahlenbild ergibt die Auswanderungs- und Einkommensentwicklung der jüdischen Ärzte Nürnbergs. Weit über 40 Prozent der dort Praktizierenden wanderten erst in den Jahren 1938 bis 1940 oder gar nicht aus.[195] Nach den drastischen Verdiensteinbrüchen im Jahr 1933 blieb auch hier das Einkommensniveau vergleichsweise konstant.[196]

Eine Ursache für den relativ langen Verbleib der jüdischen Ärzte war wohl das große fachliche Können und das daraus resultierende enge Verhältnis der Ärzte zu einem lange Zeit treuen, relativ großen Patientenstamm. Dieses enge Vertrauens-

---

[191] Ebert, Anerkennung, S. 152 ff.; Jäckle, Schicksale, S. 53 f.

[192] „Verstorben" bedeutet nicht zwangsläufig, dass es sich hier um einen natürlichen Tod handelte. Vielmehr ist nur die Tatsache des Ablebens bekannt, so dass etwa auch freiwillig aus dem Leben geschiedene Ärzte darunter fallen.

[193] Der Reichsmedizinalkalender gibt in München für das Jahr 1937 130 jüdische Ärzte an, was ca. 70% der 1933 nachweislich in München lebenden Ärzte entspricht. Allerdings lässt der Kalender einige jüdische Ärzte unberücksichtigt, die nachweislich auch 1937 noch in München behandelten. Von den 75 untersuchten Einzelfällen in München praktizierten alle bis zu ihrer Emigration, so dass davon ausgegangen werden muss, dass weit über 70% der noch in München lebenden Ärzte auch weiterhin ihre Praxis ausübten.

[194] Der Einkommensbetrag 1938 berücksichtigt nur die Zeit bis zum 1. Oktober 1938, da die jüdischen Ärzte bis dahin ihre Approbation verloren hatten und ihre Praxis aufgeben mussten.

[195] Von 25 untersuchten Einzelschicksalen ließen sich in 18 Fällen die Emigrationsdaten ermitteln. Sieben Ärzte wanderten in den Jahren 1938 bis 1940 aus, vier fanden in den Vernichtungslagern den Tod, sieben emigrierten in den Jahren 1933–1937.

[196] Entsprechendes Zahlenmaterial liegt bei 14 von 25 Fällen vor.

verhältnis zwischen Arzt und Patient – mit Sicherheit noch wesentlich stärker als die Beziehung eines Kaufmannes zu seinem Kunden – machte es für die Partei schwierig, eine radikale „Ausschaltungspolitik" zu betreiben, denn selbst rang-hohe Parteimitglieder suchten nach wie vor ihren jüdischen Haus- oder Facharzt auf. Vor allem bei den in München überproportional vertretenen jüdischen Kin-derärzten lässt sich – ungeachtet der zahlreichen Aufrufe und Verordnungen – bis zu ihrer Emigration oder ihrem Bestallungsverlust ein vertrauensvolles Arzt-Pa-tienten-Verhältnis nachzeichnen.

Der Kinderarzt Prof. Erich Benjamin zum Beispiel behandelte nach Angaben seiner Frau im Restitutionsverfahren bis zu der Schließung seines Sanatoriums nichtjüdische Kinder, teilweise sogar diejenigen hoher SA-Offiziere, obgleich dies sowohl für diese wie auch für Prof. Benjamin ernste Folgen haben konnte.[197] Ähnliches lässt sich auch für den Kinderarzt Dr. Eugen B. sagen, der ebenfalls noch im Mai 1936 zahlreiche nichtjüdische Patienten behandelte, die den Arzt gegenüber antisemitischen Eiferern sogar in Schutz nahmen, indem sie auf seine professionelle und charakterliche Integrität verwiesen.[198] Er gab seine Praxis erst im Oktober 1938 auf und überlebte den Krieg in seinem Haus in Utting.[199]

Wie sehr „arische" Patienten auf die Hilfeleistung der jüdischen Ärzte weiter-hin vertrauten, verdeutlicht schließlich auch das Beispiel des Münchner Internis-ten Hans H., der eine erfolgreiche Kurmethode gegen Blutkrankheiten entwickelt hatte. Die neue Methode war so erfolgreich, dass selbst ein Blutordensträger und Sturmführer der SS nicht davor zurückscheute, vor der Gestapo anzugeben, der jüdische Mediziner sei ein hervorragender Arzt und er selber sei bei weitem nicht der einzige Parteigenosse, der die Dienste des Arztes in Anspruch nehme.[200] Aber selbst dieser prominente Patientenstamm sollte dem Betroffen letztlich nichts nützen. Da ihm die Flucht nicht mehr rechtzeitig gelang, wurde Dr. Hans H. 1941 in die Ukraine deportiert und dort ermordet.[201]

Die Nutznießer der späten Vertreibung waren zweifellos die nichtjüdischen Ärzte in den jeweiligen bayerischen Städten. Die bisher sehr erfolgreichen jüdi-schen Mediziner fielen als Konkurrenten auf dem Arbeitsmarkt aus. Eine aktive Teilnahme an der beruflichen Verdrängung der jüdischen Kollegen kann ihnen al-lerdings kaum nachgewiesen werden.[202] In nur wenigen Ausnahmen traten nicht-jüdische Kollegen als Akteure der „Arisierung" in Erscheinung.

---

[197] Eidesstattliche Versicherung seiner Frau Lilli Benjamin vom 21. 11. 1952; BayHStAM / EG/22786.

[198] Verhör einer Zeugin im Rahmen seines „Rassenschandeprozesses" vom 27. 5. 1936; StAM/Polizeidirektion/11626.

[199] Angabe des staatlichen Gesundheitsamts Landsberg gegenüber dem Bezirksfürsorgever-band Landsberg vom 16. 7. 1954; BayHStAM/BEG/16877.

[200] Aussage vor der Polizei am 12. 7. 1937; StAM/Polizeidirektion/13788.

[201] Aussage seiner Frau Luise H. im Rahmen des Entschädigungsverfahrens am 9. 9. 1947; BayHStAM/BEG/28806.

[202] Eine Ausnahme stellte allerdings das Theresienkrankenhaus in Nürnberg dar. Hier ging ein Brief aus dem Kollegenkreis an die Krankenhausleitung, in dem diese im Namen aller operativ tätigen Ärzte die jüdischen Ärzte dazu aufforderten, ihre Tätigkeit zu beenden, da sie sich sonst selber gezwungen sehen würden, ihrerseits ihre Tätigkeit aufzugeben;

In München verlangte etwa der Augenarzt Prof. Dr. S., nachdem seine Assoziation mit dem jüdischen Arzt Dr. Samuel E. aufgelöst werden musste, von Dr. E. neben der Patientenkartei eine vollkommen ungerechtfertigte Abfindung von mehreren tausend Mark, die der jüdische Arzt nur deshalb zu zahlen bereit war, da er sonst Schwierigkeiten bei der geplanten Ausreise befürchtete.[203]

Dem steht jedoch die couragierte Handlungsweise eines Münchner Psychiaters gegenüber, der die bereits erwähnte Fürsorgeärztin und spätere „Krankenbehandlerin" Magdalena S. als Patientin in seiner geschlossenen Abteilung versteckte und ihr so wahrscheinlich das Leben rettete.[204]

Eine besonders antisemitische Haltung der Ärzteschaft oder Denunziantentum kann also nicht nachgewiesen werden.[205] Die wenigen Fälle, in denen überhaupt irgendeine Beteiligung der Ärzte bei der Verfolgung konstatiert werden kann, lassen eine weitgehend passive Einstellung vermuten. Lediglich die Praxis eines jüdischen Arztes ging nachweislich in die Hände eines nichtjüdischen Kollegen über, der damit direkt von der Verfolgung profitierte.[206] In einem weiteren Fall ist zwar ebenfalls eine Praxisübernahme dokumentiert, der neue Besitzer besaß jedoch die jüdische Religionszugehörigkeit.[207] Oftmals hingegen nahmen die Verfolgten bei ihrer Ausreise ihre Praxiseinrichtung mit, oder versuchten dies zumindest, was ebenfalls eher für eine Auflösung der Praxen als für eine Übernahme spricht.[208] Arbeits- und Lebensraum der jüdischen Ärzte im städtischen Umfeld war schließlich in den meisten Fällen die Mietwohnung. Der bei Gewerbetreibenden so bedeutende Bereich der „Grundstücksarisierung" spielte hier nur eine untergeordnete Rolle. Die verschiedenen „Ausschaltungsmaßnahmen" gegenüber jüdischen Ärzten waren damit reine Liquidationsmaßnahmen oder stellten sich zu-

---

Abschrift des Schreibens an die Leitung des Theresienkrankenhauses vom 19. 4. 1934; BAB/R 18/26402.

[203] Brief Dr. E.s an das BLEA vom 14. 8. 1954; BayHStAM/BEG/112000.

[204] Jäckle, Schicksale, S. 119.

[205] Im Gegensatz hierzu steht die Aussage von Hans Peter Kröner, der die Meinung vertritt, die Ärzte seien froh über den Ausschluss der „nichtarischen" Kollegen gewesen. Auch Michael Kater kommt zu dem Ergebnis, gerade in München seien Denunziationen besonders häufig gewesen; Kröner, Emigration, S. 40; Kater, Ärzte, S. 303.

[206] Hierbei handelte es sich um die Praxis des Dr. Moses G., der zusätzlich die Kuranstalt Neuwittelsbach mit erheblichen finanziellen Mitteln aufgebaut hatte und hier auch Belegbetten besaß. Seine Praxis wurde dann von einer Kollegin weitergeführt. In dem Wiedergutmachungsverfahren gibt Dr. G. jedoch lediglich an, er habe aufgrund der damaligen Bestimmungen von seiner Kollegin kein Geld verlangen können und habe auch für seine Investitionen in der Klinik keinen Pfennig gesehen. Weder in dem Entschädigungsverfahren noch in den zur Verfügung stehenden Findmitteln gibt es einen Hinweis auf ein RE-Verfahren von Moses G., so dass über die näheren Umstände der „Arisierung" nichts bekannt ist. Zu den Angaben siehe die eidesstattliche Aussage des Arztes vom 10. 6. 1955 im Rahmen seines Entschädigungsverfahrens; BLEA/BEG/7442.

[207] August F. überließ wegen seiner Auswanderung 1935 seine Praxis dem jüdischen Arzt Dr. R., der diese dann weiterführte; Brief eines Rechtsanwalts an das BLEA vom 9. 1. 1961; BayHStAM/BEG/9187.

[208] Da das Umzugsgut genau untersucht wurde und detaillierte Listen ausgestellt wurden, können über das Umzugsgut relativ gesicherte Aussagen getroffen werden.

mindest hinterher als solche heraus.[209] Die Profiteure von Vermögenswerten entstammten daher auch weniger dem sozialen Umfeld der Verfolgten. Vielmehr war es der Staat, der vor allem seit Herbst 1938 auf sämtliche Vermögenswerte der Betroffenen zugriff.

---

[209] Dies entspricht auch einer Einschätzung von Alex Bruns-Wüstefeld, der für Göttingen im gesamten Bereich der „Arisierungen" eine klare Dominanz der Liquidationen gegenüber dem direkten Besitzwechsel feststellt; Bruns-Wüstefeld, Geschäfte, S. 84. Ein etwas anderes Bild ergibt sich allerdings bei den Privatkliniken, die sich in jüdischem Besitz befanden und teilweise „arisiert" wurden; siehe hierzu etwa die „Arisierung" der Privatklinik von Dr. Alfred H.; StAM/WB I/a/37806; oder den Verkauf der Klinik von Prof. Benjamin; BayHStAM/EG/22786.

Zweites Kapitel:
Das endgültige Aus: Die Jahre 1938–1941/42

I. Die vollständige Ausplünderung und ihre Nutznießer

Nachdem im Laufe des Jahres 1938 die Veräußerung jüdischen Vermögens sukzessive unter die Kontrolle verschiedener kommunaler Herrschaftsträger geriet, setzte vor allem nach dem Pogrom vom November 1938 die massenhafte Ausplünderung des jüdischen Besitzes ein. Ausschlaggebende Bedeutung hatte die „Verordnung über den Einsatz jüdischen Vermögens", die sämtliche Wertpapiere von Juden dem Depotzwang unterwarf, ihnen darüber hinaus die Abgabe von Edelmetallen, Juwelen, Schmuck- und Kunstgegenständen auferlegte und die zwangsweise Veräußerung von Vermögenswerten ermöglichte.[1] Im Rahmen der „Ersten Verordnung zur Ausschaltung der Juden aus dem Wirtschaftsleben" hatte die Reichsregierung bereits vorher die grundsätzliche Liquidierung jüdischer Unternehmen angeordnet, die Warenbestände waren durch die jüdischen Inhaber den zuständigen Fachgruppen des Einzelhandels anzubieten.[2]

Über die zahlreichen Facetten der Ausplünderung auf Seiten der Finanzverwaltung und der „Arisierungsstellen" der Partei oder der kommunalen Herrschaftsträger ist bereits ausführlich berichtet worden.[3] Der Blick richtet sich nun auf den unter deren Federführung erfolgten Umverteilungsprozess durch Zwangsveräußerungen, der bis dahin nicht gekannte Ausmaße annahm und zugunsten zahlreicher Erwerber erfolgte. Die Aufmerksamkeit wird damit auch auf die häufig zitierte „massenhafte Beteiligung" der Bevölkerung an der Judenverfolgung durch den Erwerb jüdischen Vermögens gerichtet[4], die in den Jahren von 1939 bis zur Deportation der jüdischen Bevölkerung in den Jahren 1941 und 1942 auch deshalb so frappierend erscheint, da zahlreiche Juden sich nach wie vor im Reich befanden; deren drastische Verarmung, Isolation und Kennzeichnung durch den „Gelben Stern" führten die Folgen der Verfolgung der nichtjüdischen Bevölkerung deutlich vor Augen.

Der wohl größte Nutznießer der Ausplünderung war der nichtjüdische Einzelhandel, der vor allem von der gesetzlich erzwungenen Auflösung jüdischer Betriebe und von der Abgabe von Wertgegenständen profitierte, was sich anhand der Verwertung von Edelmetall- und Schmuckgegenständen beispielhaft verdeutlichen lässt. Als Sammel- und Verteilungsstelle des jüdischen Besitzes dienten die kommunalen Leihämter, die zwar einen beträchtlichen Teil der Wertgegenstände

---

[1] Art. I § c1, Art. II § 6, Art. III § 11 und Art. IV § 14 der „Verordnung über den Einsatz des jüdischen Vermögens" vom 3. 12. 1938; RGBl. I (1938), S. 1709 ff.

[2] „Durchführungsverordnung zur Ersten Verordnung zur Ausschaltung der Juden aus dem Wirtschaftsleben" vom 23. 11. 1938; RGBl. I (1938), S. 1642.

[3] Erster Teil, Kapitel 1–4 der vorliegenden Untersuchung.

[4] Bajohr, Prozess, S. 17; ders., Verfolgung, S. 629.

an Zentralstellen in Berlin abgeben mussten, erhebliche Anteile des jüdischen Vermögens aber auch an die städtischen Einzelhandelsverbände veräußerten. Die kommunalen Pfandleihanstalten gaben beispielsweise Vermögenswerte mit einem Wert unter 150 Reichsmark an die Mitglieder der Wirtschaftsgruppen weiter, wie die Wirtschaftsgruppe Metallwaren, die Fachgruppe Schmuckwarenindustrie, die Fachgruppe des Juwelier-, Gold- und Silberschmiedehandwerks oder an die Zweckgemeinschaft Gebrauchtwarenhandel.[5] Im Münchner Leihamt gab die jüdische Bevölkerung Wertsachen in Höhe von etwa zwei Millionen Reichsmark ab.[6] In Nürnberg lieferten Juden bis Mai 1940 im Leihamt am Unschlittplatz 750 Kilogramm Gebrauchtsilber, 6000 Kilogramm Schmelzsilber und etliche Juwelen- und Schmuckgegenstände ab.[7]

Nachdem die Leihämter ohnehin als „Risikospanne" Verwaltungs- oder Bearbeitungsgebühren bis zu 30 Prozent des Wertes der jüdischen Wertgegenstände einbehielten, konnte der Einzelhandel die Ware teilweise zu einem Viertel des Normalpreises erwerben. Einzelne Münchner Händler, darunter vor allem Schmuckwaren- und Antiquitätenhändler, Uhrmacher oder Trödler, kauften in München Gegenstände aus jüdischem Besitz in Höhe von mehreren hunderttausend Reichsmark.[8] Auch Scheideanstalten, etwa die Frankfurter Degussa oder die Pforzheimer Firma Wieland, profitierten durch die Einschmelzung von Silbergegenständen. In Nürnberg hatten diese im September 1939 ein Gesamtgewicht von circa sechs Tonnen.[9] Bereits einen Monat später bestätigte die Degussa dem Leihamt die Übernahme von 7516 Kilogramm Silber im Wert von 130653 Reichsmark.[10] Die Flut jüdischer Silber- und Schmuckgegenstände führte bereits im Mai 1939 zu einer Übersättigung des Marktes, die es den Leihämtern bei den Versteigerungen unmöglich machte, vernünftige Preise zu erzielen. Bei höheren Beträgen, so ein entnervter Mitarbeiter des Leihamts Nürnberg, gehe unter den Händlern ein „permanentes Gefeilsche um die Preise" los.[11]

Nicht nur im Rahmen der erzwungenen Abgabe von Besitz, auch durch die massenhafte Emigration der jüdischen Bevölkerung nach dem Novemberpogrom von 1938 profitierten nichtjüdische Unternehmen, darunter Reisebüros mit speziellen Konzessionen, die Reisepassagen für Juden auf wiederum speziell lizenzierten Schifffahrtslinien buchen konnten. Auch Omnibus-Unternehmer und andere Verkehrsgesellschaften warben mit großen Plakaten für die „Auswanderervermittlung".[12]

---

[5] Rundschreiben des RWM an die kommunalen Pfandleihanstalten vom 21. 3. 1939 und 23. 3. 1939; StadtAN/Rechtsamt/C 61/23.

[6] Schreiben des bayerischen Landesamts für Vermögensverwaltung, 1947/48; StadtAN/ Rehtsamt/C 61/30.

[7] Schreiben des OB Nürnberg an den RWM vom 8. 5. 1940; ebd.

[8] Bericht des bayerischen Landesamts für Vermögensverwaltung, Außenstelle München Stadt, 1947/48; StadtAN/Rechtsamt/C 61/30.

[9] Schreiben der Degussa an das Leihamt Nürnberg vom 13. 5. und 4. 9. 1939; StadtAN/ Rechtsamt/C 61/27.

[10] Schreiben der Degussa an das Leihamt Nürnberg vom 24. 10. 1939; ebd.

[11] Schreiben des Leihamts an das Rechnungsprüfungsamt vom 22. 5. 1939; StadtAN/Rechtsamt/C 61/23.

[12] Schreiben der Vereinigten Schifffahrtsgesellschaften vom 25. 2. 1938; Schreiben des

Schließlich war es vor allem das Versteigerergewerbe, das ab Herbst 1938 einen enormen Auftragsanstieg erlebte. In München verfügten vor allem alteingesessene Geschäfte über die notwendigen Konzessionen. Die Anzahl der durchgeführten Versteigerungen führte bereits im Mai 1941 zu einer Auftragsüberlastung, die eine ordnungsgemäße Geschäftstätigkeit – auch wegen der vollkommen überfüllten Speicherräume – fast unmöglich machte.[13] Derartige Versteigerungen fanden nicht in den Hinterzimmern statt, im Gegenteil, die massenhafte Übernahme jüdischen Vermögens war öffentlich. Nicht nur nichtjüdische Gewerbetreibende, auch „Auswanderungsvermittlungen" ebenso wie Versteigerer warben verstärkt ab Anfang 1941 für ihre Dienstleistungen durch Plakate oder Zeitungsannoncen um einen breiten Kundenstamm.

Neben dem Einzelhandel bemühten sich vermehrt weitere private Interessenten um den Erwerb jüdischen Vermögens. Die nahezu vollständige Isolierung und Ausplünderung der jüdischen Bevölkerung korrespondierte offensichtlich vielerorts mit der Annahme, als „guter Volksgenosse" selbstverständliches Anrecht auf Berücksichtigung bei der Vermögensumverteilung zu haben. Entsprechend häufig waren sowohl in den beiden bayerischen Großstädten als auch in der ländlichen Region Unterfrankens Erwerbsgesuche.

Besonders deutlich wird dies bei den Schreiben, die nach der „Holzaktion" in Nürnberg bei den dortigen Parteigliederungen einliefen und das vielfache Interesse an dem besonders günstigen Erwerb jüdischen Vermögens dokumentieren. Begehren weckte in Nürnberg etwa die Aussicht auf den günstigen Erwerb eines Kraftwagens aus ehemals jüdischem Besitz. Ein Tief- und Gleisbauunternehmer wollte bei dem Verkauf „jüdischer Wägen" aufgrund eines Mobilitätsengpasses seiner Firma Berücksichtigung finden.[14] Ein anderer Bewerber interessierte sich für einen modernen Sechs- oder Achtzylinder in Höhe von bis zu 5000 Reichsmark, auf den er als Parteigenosse ein Anrecht zu haben glaubte.[15] Mit seinem langen Anfahrtsweg zum Arbeitsplatz argumentierte ein Erwerbstätiger aus dem Nürnberger Umland, ein weiterer schließlich mit seinen sieben Kindern und einer schweren Kriegsverletzung.[16]

Zahlreiche Kaufinteressenten wandten sich darüber hinaus an die regionalen Herrschaftsträger, um von der ebenfalls seit 3. Dezember möglichen Zwangsveräußerung von Grundstücken in jüdischem Besitz zu profitieren.[17] Mit ähnlichen Begründungen, wie sie im Zuge der „Holzaktion" vorgebracht wurden, rangen etwa die Bewerber um die zahlreich vorhandenen landwirtschaftlichen Grundstücke der jüdischen Viehhändler bei den dortigen Genehmigungsinstanzen.[18] Auch

---

Reichsinnenministers vom 16. 6. 1938; Schreiben des Polizeipräsidenten München vom 22. 1. 1938 und 2. 8. 1941; StadtAM/Gewerbeamt/Ordner Auswanderungswesen.

[13] Schreiben der Polizeidirektion München vom 12. 5. 1941 und die weiteren Dokumente in: StadtAM/Gewerbeamt/Ordner Versteigerergewerbe.

[14] Schreiben an die DAF vom 13. 12. 1938; StAN/NS-Mischbestand/DAF/10.

[15] Schreiben einer lithographischen Kunstanstalt vom 29. 11. 1938; ebd.

[16] Schreiben vom 7. 12. 1938 und 14. 12. 1938; ebd.

[17] „Verordnung über den Einsatz des jüdischen Vermögens", RGBl. I (1938), S. 1709–1712.

[18] Die Grundstücksverkäufe schlagen sich u. a. in den Akten des Gaus Mainfranken nieder, etwa in Bezug auf die Vorgänge in Alzenau; StAW/Gau Mainfranken/291.

hier waren es die „Leistungen für die Volksgemeinschaft", mit denen die Interessenten und Bewerber ihre Argumente untermauerten. Hierzu gehörte die „richtige" politische Einstellung genauso wie die „kinderreiche" Familie. Ganz generell bewarb sich der „Reichsbund der Kinderreichen Deutschlands zum Schutz der Familie e.V." um den Erwerb jüdischer Immobilien, die an die eigenen Mitglieder weitergegeben werden sollten.[19] In einigen Fällen führten die Bewerberlisten der Kreiswirtschaftsberater ein gutes Dutzend Namen auf, obgleich der jüdische Inhaber nach wie vor das Haus bewohnte.[20]

Die Zwangslage der Betroffenen war den Erwerbern dabei durchaus bewusst, denn sie bezahlten für die Grundstücke im Normalfall nicht den handelsüblichen Verkehrswert, der sich nach der Rentabilität der Immobilie richtete, sondern den sogenannten mäßigen Verkehrswert speziell für Anwesen aus „jüdischem Besitz", der, so führte es ein Dezernat der Stadt München aus, „um 10% unter dem normalen Verkehrswert verläuft".[21] Für den „mäßigen Verkehrswert" verkaufte in der bayerischen Landeshauptstadt die Witwe des inzwischen verstorbenen Arztes Dr. Karl B. im Juni ihr Familiengrundstück an einen Erwerber, der so das erste Mal in den Genuss eines Eigenheims gelangte.[22] Im selben Jahr mussten auch die Textilhändler Max H. und Sally E. verkaufen, bei denen der Erwerber gegenüber den zuständigen Verwaltungsbehörden mehrfach den Preis zu drücken versuchte.[23]

Das Ausmaß des durch die Verordnung hervorgerufenen Besitzwechsels macht das Zahlenmaterial von zwei Beispielen deutlich. Die Verordnung betraf in München etwa 4000 jüdische Haushalte, denen zahlreiche Immobilien gehörten. Im Rahmen eines äußerst komplexen Veräußerungsprozederes, an dem, mit zeitlicher Staffelung, die „Arisierungsstelle" der Partei, die Stadt München, der Regierungspräsident und die Finanzverwaltung beteiligt waren, wechselten mehrere hundert Grundstücke den Besitzer.[24] Von den etwa 400 „arisierten" Grundstücken in

---

[19] Schreiben des „Rassenpolitischen Amts" an die Ortsgruppe der NSDAP vom 7. 12. 1938 und die Bewerbungen des „Reichsbundes der Kinderreichen"; StAW/NSDAP/1255.

[20] Schreiben des Kreiswirtschaftsberaters vom 15. 5. 1939; StAW/Gau Mainfranken/793.

[21] Schreiben des Dezernates 3 an das Dezernat 2 vom 8. 2. 1941; StadtAM/Kommunalreferat Jüdisches Vermögen/154.

[22] Schreiben des Schätzungsamts der Stadt München vom 2. 1. 1940 und Schreiben Wegners vom 13. 1. 1942; StadtAM/Kommunalreferat Jüdisches Vermögen/232.

[23] Schreiben an die Stadt München vom 23. 11. 1940; StadtAM/Kommunalreferat Jüdisches Vermögen/123; zu den anderen Einzelfällen siehe Kaufvertrag vom 24. 3. 1939; Schreiben des Finanzamts München-Süd vom 6. 4. 1939; StadtAM/Kommunalreferat Jüdisches Vermögen/233.

[24] Die Ermittlung von exaktem Datenmaterial ist schwierig. Für Januar 1940 gab die Stadt München 800 veräußerte Grundstücke an; Schreiben der Stadt vom 15. 2. 1940; StadtAM/Kommunalreferat Jüdisches Vermögen/123. Im April 1938 hatte der Wert der „jüdischen" Grundstücke noch 60 Mio. RM betragen. Nach Ulrike Haerendel wurde der Löwenanteil des Grundbesitzes 1939 abgewickelt, wobei es sich insgesamt um 1100 jüdische Grundstücke gehandelt habe; Haerendel, Schutzlosigkeit, S. 107 ff. Zu den Kompetenzstreitigkeiten und dem komplexen Prozedere der Enteignung und Verwertung von Grundbesitz auch Kuller, Finanzverwaltung und „Arisierung", S. 191 ff.; Seitz, Grundstücksarisierungen; Gruner, Grundstücke.

Nürnberg im Rahmen der „Holzaktion" hatte die Partei bereits Ende 1938 und Anfang 1939 einen Großteil veräußert.[25] Angesichts der großen Anzahl von Profiteuren und der Öffentlichkeit des Raubzuges, die das Regime auch nicht zu unterbinden trachtete, spricht einiges für eine zunehmende Verwurzelung des „Volksgemeinschaftsgedankens" in der Bevölkerung und deren selbstverständlichem Umgang mit der Ausplünderung einer verfolgten Minderheit.[26] Eine solche Annahme korrespondiert mit der mehrfach festgestellten „moralischen Indifferenz", wie sie auch für andere Regionen des Reiches festgestellt worden ist.[27]

Es war allerdings nicht der Großteil der Bevölkerung, der in den drei Untersuchungsräumen als Erwerber auftrat, vor Pauschalurteilen ist daher Vorsicht geboten. Zumindest bis zur Deportation in den Jahren 1941 und 1942 ist der tatsächliche Beteiligungsgrad der Bevölkerung nur schwer nachzuzeichnen. Es darf nicht übersehen werden, dass die grundsätzliche Verteilungshoheit, wie oben bereits angedeutet, den Institutionen von Partei und Staat zukam, die Auswahl der Käufer und Vermittler unterlag daher deren Auswahlkriterien, wie etwa bei den Konzessionen für Händler, die durch die Vermittlung jüdischen Vermögens Gewinn machen wollten. In München wurden die Versteigerer regelmäßig kontrolliert. Den Zuschlag erhielten nur die Kaufleute, die in sachlicher und politischer Hinsicht als „zuverlässig" galten und auch dann nur für einen bestimmten Bezirk und festgelegte Warengruppen.[28]

Die enormen Gewinne, die durch das brutale Vorgehen gegen die Nürnberger Juden im Rahmen der „Holzaktion" für die Veräußerer und Vermittler anfielen, vereinnahmten nahezu ausschließlich Makler und Treuhänder, die hauptamtlich bei der Deutschen Arbeitsfront gearbeitet hatten oder nach wie vor dort tätig waren.[29] Auch gegen Schifffahrtslinien, die keine Genehmigung für den Transport jüdischer Emigranten besaßen, gingen die Behörden konsequent vor.[30] Einer vom Regime intendierten breiten Korrumpierung der „Volksgenossen" mit jüdischem Vermögen, wie sie von Götz Aly behauptet wird, steht darüber

---

25 Bericht über die „Arisierungen" in Nürnberg vom 3. 7. 1945; OFD Nürnberg/WGM/66.
26 Die Versteigerungsannoncen sind etwa im „Völkischer Beobachter" (Münchner Ausgabe) vom 11. 5. 1938, S. 6; 6. 5. 1941, S. 8; 19. 5. 1941, S. 8; 15. 12. 1941, S. 6; 8. 1. 1942, S. 6 enthalten; die Plakatwerbung ist dokumentiert im Schreiben des Polizeipräsidenten München vom 10. 12. 1937; StadtAM/Gewerbeamt/Ordner Auswanderungswesen.
27 Bajohr, „Arisierung" in Hamburg, S. 336; Herbert, Vernichtungspolitik, S. 65; zur Berichterstattung über die Haltung der Bevölkerung ab Herbst 1938 vgl. Longerich, „Davon haben wir nichts gewusst", S. 119 ff.; zum steigenden Kreis der Profiteure Bajohr, Verfolgung, S. 644; zu den Profiteuren siehe auch Rummel/Rath, Reich, S. 58.
28 „Gesetz über das Versteigerergewerbe" vom 12. 2. 1938; RGBl. I (1938), S. 202 ff.; „Verordnung zur Durchführung des Gesetzes über das Versteigerungsgewerbe" vom 30. 10. 1938; RGBl. I (1938), S. 1091 ff.; Schreiben des RWM an den RdF vom 19. 4. 1940; Schreiben des RdF vom 11. 7. 1939; „Entwurf über die Richtlinien zur Verwertung von beweglichem Vermögen" vom 10. 3. 1942; BAB/R 2/56072.
29 Vgl. hierzu die umfassenden Ermittlungen der Gestapo-Prüfungskommission; StAN/ Staatspolizeistelle Nürnberg-Fürth/Arisierungsakten/42.
30 Schreiben des Auswandereramts an das Polizeipräsidium Nürnberg vom 20. 2. 1937; StadtAM/Gewerbeamt/Ordner Auswanderungswesen.

hinaus die Behandlung der nichtjüdischen Erwerber durch die Verwaltungsbehörden entgegen. Der NS-Staat scheute zumindest de jure nicht davor zurück, die „arischen" Käufer gegebenenfalls zur Kasse zu bitten. Sichtbarsten Ausdruck fand die Kontrolle der „Arisierung" und Enteignung in den Abgaben für „Entjudungsgewinne". Bereits mit der „Verordnung über den Einsatz jüdischen Vermögens" war die Erhebung einer sogenannten Arisierungsgewinnsteuer möglich, die in Höhe von 70 Prozent des Differenzbetrages von Schätz- und tatsächlichem Kaufpreis erhoben werden konnte.[31] Im Juni 1940 erließ Göring darüber hinaus die „Verordnung über die Nachprüfung von Entjudungsgeschäften", die eine rückwirkende Überprüfung der Veräußerungen und eine Abgabe im Falle „unangemessener Vermögensvorteile" vorsah.[32] In München war es das Schätzungsamt der Kommune, das grundsätzlich die Übernahmeverträge im Hinblick auf mögliche Ausgleichszahlungen kontrollierte, die Zahlungen vom nichtjüdischen Erwerber aber offenbar nur selten verlangte.[33] Während die Einziehungspraxis der Münchner Stadtverwaltung offenbar mit derjenigen regionaler Herrschaftsträger in anderen Regionen korrespondierte[34], gingen die Regierungsbehörden in Unterfranken strikter gegen die nichtjüdischen Profiteure vor. Hier zog der Regierungspräsident die Ausgleichsabgabe – meist in Höhe von mehreren tausend Reichsmark – konsequent von den Käufern ein.[35] Auch in Nürnberg, wo Regierungspräsident und Finanzämter für die Erhebung verantwortlich waren, wurde die Ausgleichsabgabe verlangt, sogar dann, wenn die nichtjüdischen Erwerber aufgrund der Mehrkosten von den Verträgen zurücktreten mussten.[36]

Ausgleichsabgaben und „Spenden" gegenüber nichtjüdischen Erwerbern wurden zudem, wie bereits geschildert, durch die regionalen Parteistellen einkassiert.[37] Die ausufernde „Spendenvereinnahmung" der Gauleitungen Oberbayern, Franken und Unterfranken erregte im Mai 1940 sogar das Missfallen des Finanzministeriums. Nach Meinung der Ministerialbeamten stand die Vereinnahmung von Ausgleichsabgaben nur dem Staat zu, der diese in jedem Fall und ohne Rücksicht auf die Person des Erwerbers auch einzutreiben habe.[38] Die Funktionäre des Staats- und Parteiapparates sahen die Ausplünderung als berechtigte „Wiedergutmachung" für ihre Leistungen gegenüber der „Bewegung" an. Die unter dem

---

[31] „Verordnung über den Einsatz des jüdischen Vermögens", Art. V, Abs. 1; RGBl. I (1938), S. 1709.

[32] Bajohr, „Arisierung" in Hamburg, S. 277 f.

[33] Vgl. etwa die zahlreichen Beispiele in StadtAM/Kommunalreferat Jüdisches Vermögen/50 bzw. 69, 127, 332 etc.

[34] Bajohr, „Arisierung" in Hamburg, S. 280 f.

[35] Zahlreiche Einzelfälle können dies belegen, etwa Schreiben des Regierungspräsidenten an das Finanzamt Bad Kissingen vom 30. 3. 1940 und 25. 4. 1940, Schreiben des Finanzamts Bad Kissingen an einen Notar vom 18. 4. 1940; StAW/Finanzamt Bad Kissingen/Verwaltungsschriftgut/9.

[36] Zur Erhebung siehe etwa die Feststellung des Finanzamts Nürnberg-Ost über die „Entjudung" am 7. 3. 1939; StAN/Staatspolizeistelle Nürnberg-Fürth, Arisierungsakten/58; Schreiben des Regierungspräsidenten vom 7. 7. 1939; StAN/Finanzamt Nürnberg-Ost/ 5220–5232.

[37] Siehe hierzu Erster Teil, Zweites Kapitel, II. und IV. der vorliegenden Untersuchung.

[38] Schreiben des Referats V/3, RdF, an einen MinRat im Hause vom 9. 5. 1940; BAB/R2/553.

Stichwort der „Korruption" zusammengefasste materielle Entlohnung verdienter „Parteigenossen" als Wesenselement des NS-Herrschaftssystems lässt sich für alle drei Untersuchungsräume ohne weiteres nachweisen und ist in Bezug auf die drei untersuchten Gauleitungen bereits ausführlich geschildert worden.[39] Hierzu gehörten die umfassenden Raubzüge im Zuge der „Holzaktion" und der Angehörigen der Münchner „Arisierungsstelle" genauso wie etwa der persönliche Profit des unterfränkischen Gauwirtschaftsberaters Vogel, der im März 1941 ein Grundstück aus jüdischem Besitz erwarb.[40] Zwar waren derartige, selbst nach Maßstäben der NS-Gesetzgebung illegale Raubzüge aufgrund der strukturellen Gegebenheiten der Finanzverwaltung dort vergleichsweise selten anzutreffen, die Selbstverständlichkeit, mit der im Einzelfall auch Angehörige des staatlichen administrativen Apparates das Vermögen von noch im Reich befindlichen Juden als beliebig verfügbare Umverteilungsmasse behandelten, verdeutlicht allerdings das Beispiel des Angestellten der Devisenstelle Hermann G. Der Beamte war für die Liquidation eines jüdischen Bankhauses verantwortlich, dessen Auflösung das Vermögen zahlreicher nichtjüdischer Kleinsparer gefährdete. Um entsprechende Geldsummen vereinnahmen zu können, wandte sich Hermann G. an einen Mitarbeiter der „Arisierungsstelle" und an dessen Vorgesetzten Hans Wegner. Er bot diesen Provisionszahlungen an, wenn sie von jüdischem Vermögen entnommene Geldsummen für die Liquidationsmasse zur Verfügung stellten.[41] Nachdem die „Arisierungsstelle" von 52 Juden 81 000 Reichsmark abgepresst hatte, sprach Hermann G. im September 1942 von einem „sehr netten Erfolg". Er gab sich jedoch weiter zuversichtlich, „dass wir noch einiges hereinbekommen. Wegen der Augsburger Juden habe ich kürzlich bei mir einmal in der Kartei nachgesehen. Ich hoffe, dass wir noch recht viel zusammenkriegen." Besonderes Augenmerk schenkte er dem Vermögen zweier „arischer" Ehefrauen von Juden, die er für ihre Männer haftbar machen wollte. „In beiden Fällen", so die Ausführungen des Beamten, „handelt es sich um Vermögen von einigen Hunderttausend. Man könnte also ziemlich zulangen."[42] Mit ähnlichen Methoden regelten die Mitarbeiter der „Arisierungsstelle" und Hermann G. die Finanzierung des Barackenlagers Milbertshofen und die Instandsetzung von Wohnungen vertriebener und deportierter Juden.[43]

Die NS-Regierung reagierte auf die regional initiierte Umverteilungspolitik zwiespältig. Auf der einen Seite war die Dynamik „von unten" bei der Verfolgung durchaus erwünscht und notwendig. Sie konnte darüber hinaus, wie im oben geschilderten Fall, ideologisch durchaus begründbaren Zielen dienen. Schließlich gehörte die Bereicherung an jüdischem Vermögen zu eigenen Zwecken auch zur

---

[39] Auf die Bedeutung der Korruption im NS-Staat hat v. a. Frank Bajohr nachdrücklich hingewiesen; Bajohr, Parvenüs, S. 190; ders., Skandal.

[40] Schreiben des GWB an den OB Würzburg vom 31. 3. 1941; StAW/Gau Mainfranken/792.

[41] Mitarbeiter der „Arisierungsstelle" an Wegner, 19. 1. 1943; StAM/Staatsanwaltschaften/ 19608/2.

[42] Hermann G. an den Mitarbeiter der „Arisierungsstelle", 3. 9. 1942; ebd.

[43] Vernehmungsniederschrift Siegfried N.s vom 29. 4. 1949; StAM/Staatsanwaltschaften/ 19608/1; Vernehmung eines Mitarbeiters der „Arisierungsstelle" vom 29. 5. 1949; ebd.

häufig geübten Praxis der Spitzenfunktionäre von Partei und Staat.[44] Auf der anderen Seite waren die korrupten Verhaltensweisen der Gauleiter und ihrer Entourage eine Form regionaler Interessensdurchsetzung, die zumindest die Gefahr eines Machtverlustes in sich barg. Denn sie konnte die Durchsetzungsfähigkeit der NS-Gesetze und Verordnungen in Zweifel ziehen und damit die Vormachtstellung der Reichsregierung untergraben und widersprach, wenn es sich um persönliche Bereicherungsfeldzüge handelte, auch der Generallinie der Propaganda, die den „Gemeinnutz" als oberste Zielsetzung propagierte. Bei besonders krassen Korruptionsfällen auf regionaler Ebene ging die Reichsregierung zwar gegen die Delinquenten vor, meist blieb die Enteignung jüdischen Vermögens durch Staats- und Parteifunktionäre aber ungesühnt.[45]

Wer also tatsächlich als Adressat der Umverteilungspolitik von der „Fürsorglichkeit des Regimes" überzeugt werden sollte, blieb häufig im Unklaren, was wiederum sowohl mit der tolerierten und vielfach auch durch die Regimespitze geförderten Korruption[46], als auch mit der unscharfen Begriffsdichotomie von „Eigennutz" und „Gemeinwohl" zusammenhing. Fest steht, dass den Stimmungsberichten einiger NS-Institutionen zufolge ein nicht unerheblicher Teil des „Volkskörpers" in der Region von den Plünderungsaktionen zugunsten der Gaukassen wenig hielt und sich offenbar eher als Vernachlässigter denn als Begünstigter der Fürsorgebemühungen des Regimes ansah und die Bereicherungsmethoden bisweilen scharf verurteilte. Am lautesten äußerte sich die Kritik auf Seiten der Bevölkerung gegenüber den Vorgängen im Gau Franken, die mit dem Sturz des dortigen Gauleiters endete.[47] Unmutsäußerungen waren aber auch in München und Unterfranken zu hören.[48] So erhielt etwa die Gauleitung der NSDAP Mainfranken im März 1942 zwei Gedichte eines anonymen Verfassers, die die Bereicherung an jüdischem Vermögen zugunsten einzelner Profiteure unverhohlen kritisierten. Unter der Überschrift „Die Judenbadewanne" wandte sich der Autor in einem seiner spöttischen Verse gegen die „Arisierung": „Bei Nacht und Nebel ließ er sie wohl holen, früher sagte man das ist gestohlen"; um gleichzeitig ein Charakterprofil des „Ariseurs" mitzuliefern: „Wir wünschen alles Gute Dir, sollst werden hundert Jahre als schier und nehmen jeden Tag ein Pfund wohl zu. Ein Durst musst kriegen wie die größte Kuh, damit als Kaffeetasse brauchst sodann, die Judenbadewanne dann." Kaum weniger offen fiel die Kritik am nichtjüdischen

44 Bajohr, Parvenüs, S. 105 ff.
45 Neben dem Sturz des Gauleiters Streicher schritt die Parteispitze auch gegen die Machenschaften des „Arisierungsbeauftragten" Christian Weber ein, der allerdings persönlich nicht zur Verantwortung gezogen wurde; Vorgänge in IfZ/Fa/74/Christian Weber. Auch gegen den Beamten der Devisenstelle Hermann G. gingen Reichs- und Gauschatzmeister vor; Vernehmung Hans Wegners am 18. 11. 1949; StAM/Staatsanwaltschaften/19608/1. Zu geduldeten und nichtgeduldeten Formen von Korruption und Amtsmissbrauch Bajohr, Skandal, S. 63 f.
46 Zur klassischen Definition vgl. Bajohr, Skandal, S. 62 und die dort zitierte Literatur; zum Begriff der Korruption und der Kritik an der herkömmlichen Definition siehe Stykow, Mésalliance; Bluhm/Fischer, Einleitung.
47 Kuller/Drecoll, Volkszorn.
48 Im Hinblick auf München vgl. den bereits mehrfach abgedruckten Beschwerdebrief eines nichtjüdischen Kaufmannes vom April 1938; Seidel, Gemeinde, S. 48.

Erwerber im zweiten Gedicht, „Die Judenbank" aus: „Auf seiner Judenbank so wunderschön, es ist eine Freude ihm wohl zu zusehn. Doch", so beschreiben die Verse die Folgen der Korrumpierung durch jüdisches Vermögen, „von jedem Atemzug den er macht dabei, muss er dicker werden einen Centtimeter oder zwei, damit er eines Tages um seinen dicken Bauch, als Gürtel nehmen muß seinen koscheren Judengartenschlauch."[49] Die in den Gauen geäußerten Klagen über die Bereicherungsfeldzüge einzelner Parteigenossen, dies gilt es allerdings hervorzuheben, stellten nur in seltenen Ausnahmefällen die Judenverfolgung an sich als Unrecht dar, eine Interpretation, wie sie in einigen Zeilen der beiden Gedichte durchaus anklingt. Im Normalfall stand hingegen nicht die rassische Diskriminierung, sondern vielmehr ausschließlich deren brutale Umsetzung am Pranger.

Insgesamt hinterlässt die Haltung des sozialen Umfelds der Betroffenen und die Rolle privater Profiteure einen zwiespältigen Eindruck. Dass zahlreiche nichtjüdische Deutsche in allen drei Untersuchungsregionen aus der Judenverfolgung Vorteile zogen, ist unstritig und stimmt mit den Ergebnissen zahlreicher anderer Studien überein.[50] Gleichzeitig werden auch die Schwierigkeiten deutlich, quantifizierbare Aussagen über Art und Umfang des Profits auf Seiten *der* Bevölkerung zu treffen. Die Skepsis deckt sich mit der von verschiedener Seite geäußerten Kritik an dem Versuch, das NS-System mit Begriffen wie „Umverteilungsgemeinschaft" oder „Regime der sozialen Wärme" zu charakterisieren.[51]

Der Einzelfall veranschaulicht allerdings die Bedeutung des sozialen Umfelds, das Wirkung und Verlauf des wirtschaftlichen Verfolgungsprozesses genauso verstärken wie abmildern und verzögern konnte. Der Vergleich der Regionen und Erwerbszweige verdeutlicht dabei drei beziehungsrelevante Faktoren, die gleichzeitig auch die Grenzen der Handlungsspielräume jüdischer Erwerbstätiger mitabsteckten. Hierbei handelte es sich zunächst um den Faktor Zeit, der nicht nur Art und Umfang der Verfolgung, sondern auch den Charakter der Bindungen an die nichtjüdische Bevölkerung maßgeblich beeinflusste. Darüber hinaus führte die Branche zu unterschiedlichen Relationen von Betroffenen und sozialem Umfeld und übte auch nachhaltigen Einfluss auf den Kreis und die Anzahl der Profiteure aus. Von entscheidender Bedeutung war schließlich der Ort der Entziehung. Er bildet zahlreiche Spezifika ab, die das Leben der jüdischen Bevölkerung und das Beziehungsgeflecht zu ihrem sozialen Umfeld determinierten. Hierzu gehören die Charakteristika der regionalen Parteigliederungen genauso wie die jeweilige Dichte der jüdischen Bevölkerung oder deutliche Unterschiede zwischen ländlichem und städtischem Lebensraum.[52]

---

[49] Die Gedichte „Judenbadewanne" und „Judenbank" sind angefügt an ein Schreiben der Gestapo vom 14. 3. 1942; StAW/Gau Mainfranken/7. Offenbar bezogen sich die Schmähschriften auf den Ortsgruppenleiter von Urspringen, Weigand; ebd.

[50] Bajohr, Verfolgung; ders., Prozess; Meinl, Vermögen; Dreßen, „Aktion 3"; Gellately, Hitler, S. 14 und 356 ff.

[51] Zu den Einwänden gegen Alys Volksstaat siehe Hachtmann, Knallfrösche; Buchheim, Rechenfehler; Kuczynski, Legende; Ebbinghaus, Fakten.

[52] Zu den drei Faktoren siehe auch Bajohr, Prozess, S. 17 ff.

II. Wirkung und Wahrnehmung der Ausplünderung 1938–1941/42

Vor allem die Übergriffe von Seiten der Parteigliederungen, aber auch die zunehmend feindselige Haltung von Teilen der Bevölkerung, die Berufsverbote sowie die umfassende Ausplünderung machten ein Überleben für die jüdische Bevölkerung im „Dritten Reich" spätestens seit Herbst 1938 kaum noch möglich. Selbst die wenigen jüdischen Ärzte und Rechtsanwälte, die zur Versorgung der jüdischen Bevölkerung weiterarbeiten durften, konnten dies nur noch als „Krankenbehandler" oder „Konsulenten".[53] Den deutlichsten Ausdruck fand die damit verbundene Diskriminierung in der „Berufsausübungserlaubnis", in der die jüdischen Ärzte wegen ihrer besonderen „rassischen" Merkmale unterschreiben mussten, sich weder als Arzt zu bezeichnen, noch Krankheitserreger zu züchten, Impfstoffe oder Seren herzustellen oder syphilisdiagnostische Blutuntersuchungen vorzunehmen.[54]

Die durch die „Ausschaltung" aus dem Beruf hervorgerufene Isolation der Juden trieben Nationalsozialisten auch im sozialen Bereich voran. Juden mussten ab 1939 einen zweiten Vornahmen – Israel oder Sarah – tragen, durften keine Schlaf- und Speisewagen betreten, durch den „Judenbann" zahlreiche Grünanlagen, öffentliche Plätze oder Hotels nicht mehr nutzen, nicht mehr ins Kino oder Theater gehen und nicht mehr mit öffentlichen Verkehrsmitteln fahren. Nach Ausbruch des Krieges 1939 durften sie schließlich auch keine Milch-, Ei- oder Fleischprodukte sowie zahlreiche Gemüsesorten mehr erwerben. Schließlich wurde ihnen sogar auch noch das Halten von Haustieren, unter anderem auch von Singvögeln untersagt.[55]

Fragt man angesichts einer derart zynischen und brutalen Diskriminierungs- und Isolationspolitik des NS-Regimes nach der Wahrnehmung der Ausplünderung durch die Betroffenen, so ist die Bündelung der unterschiedlichen Verfolgungserfahrungen bei den Überlebenden nach dem Krieg zu berücksichtigen. Sie äußerte sich in einem Trauma mit multiplen Ursachen, das als Anpassungsstörung oder „posttraumatic stress disorder" zu psychischen Schäden zahlreicher Betroffener führte.[56] Oftmals waren es Hafterfahrung und Gewalt, die sich als dominante Erinnerung in das Gedächtnis einbrannten, zumal körperliche Schäden zeitlebens sichtbar und erfahrbar blieben, während der Neuaufbau einer wirtschaftlichen Existenz die Folgen der beruflichen Verfolgung zumindest oberflächlich zu

---

[53] § 2 der „Vierten Verordnung zum Reichsbürgergesetz"; RGBl. I (1938), S. 969.
[54] Musterschreiben zur Gestattung der Betätigung als „Krankenbehandler" vom bayerischen Innenministerium an die Regierungen vom 28. 10. 1938; StAN/Staatl. Gesundheitsamt Schwabach/131. Die „Krankenbehandler" mussten zusätzlich einen Davidsstern auf ihrem Praxisschild anbringen und auf allen förmlichen Schreiben deutlich machen, dass sie nur zur Behandlung von Juden zugelassen waren; ebd.
[55] Hilberg, Vernichtung, S. 160 ff.
[56] Die psychischen Folgen der Verfolgung betonen Hadtmann, Traumatisierung, S. 145 f.; Hertz, Trauma, S. 206; Faust, Gesundheit; Stoffels, Terrorlandschaften; Baeyer/Häfner/ Kisker, Psychiatrie.

kompensieren in der Lage war. So kann es auch nicht verwundern, dass in den Jahren 1938 bis 1941 die Erfahrungen der Betroffenen von den körperlichen Übergriffen und Plünderungen während der „Kristallnacht" und der daran meist unmittelbar anschließenden Haft im Konzentrationslager Dachau geprägt waren. Die drastischen physischen Folgen der Inhaftierung und Lagerhaft verdeutlicht etwa das Beispiel des Münchner jüdischen Arztes Dr. Ludwig T. Dr. T., der in der Nacht des 9. November 1938 verhaftet und unmittelbar danach nach Dachau verschleppt wurde, musste dort sofort nach der Ankunft die ganze Nacht ohne Unterwäsche am Appellplatz stehen und wurde dabei auch noch mit Tritten in den Unterleib traktiert.[57] Die Schwere der dadurch hervorgerufenen Schäden im Nierenbereich veranlassten den behandelnden Arzt im Entschädigungsverfahren zu der Annahme, es handele sich bei dem jüdischen Mediziner Dr. Ludwig T. um einen Betrüger. Die abgegebene Urinprobe enthielt seiner Meinung nach Harnwerte, mit denen man schlichtweg nicht lebensfähig sei.[58]

Viele Emigranten und Überlebende erachteten ihr eigenes Schicksal angesichts des unsagbaren Leids in den Konzentrations- und Vernichtungslagern zudem als zu banal, um der Nachwelt in Erinnerung gerufen zu werden, ihr eigenes Überleben galt ihnen als nicht zu erklärender Zufall, ein Phänomen, für das der Psychiater William Niederland den Begriff des „Überlebenden-Syndroms" geprägt hat.[59] Das Beispiel der Viehhändlergattin Jettchen L. aus Hammelburg zeigt die unmittelbare Verknüpfung der Erfahrung von Gewalt und Besitzverlust. Die Angriffe durch verschiedene Funktionsträger der Partei und kommunalen Verwaltung waren mit dem Raub ihres Viehs und ihres Ernteertrages verbunden und führten zu einer für sie lebensbedrohlichen und wohl auch aussichtslosen Situation. Sie gab an: „Ich wurde für Sonntag den 5. März mit meinem Ehemann in die Wohnung des Bürgermeisters gerufen. Wir gingen auch hin. Als ich in das Zimmer kam, war neben Weippert und dem Bürgermeister ein weiterer Herr anwesend, der nach der Judenaktion mich in meinem Anwesen derart behandelt hatte, daß ich gemeint habe, ich bekäme einen Schlaganfall. Ich habe den Herrn nicht gekannt und höre erst jetzt aus Ihrem Munde, daß es der Kreisbauernführer war. Bei der Judenaktion im November hat mich der Kreisbauernführer beim Verkaufe der Kühe derart behandelt, daß ich jetzt bei seiner Ansicht wirklich erschrocken bin, da ich gedacht habe, jetzt geht es wieder so wie damals. Ich habe bestimmt gedacht, ich müsse sterben. Ich war in den vergangenen Wochen einmal in Würzburg bei der Geheimen Staatspolizei, wo mir erklärt wurde, daß ich mein Anwesen nicht eher verkaufen brauche, als bis ich einen anderen Platz habe. Das habe ich aber erst gesagt, als ich von dem anwesenden Kreisbauernführer angeschrieen worden bin. Er erklärte mir, ich werde verhaftet, weshalb ich zu meinem Mann

---

57 Aussage des Zeugen Prof. Dr. F. am 2. 4. 1952 während des Entschädigungsverfahrens; BLEA/BEG/7041.
58 Durch eine Laboruntersuchung stellte sich dann jedoch die Echtheit der Urinprobe heraus. Brief des Generalkonsulats der Schweiz an das BLEA mit der Diagnose von Dr. G. vom 26. 10. 1955; BLEA/BEG/7041. Ein ähnliches Schicksal ereilte Max C., der nach der Inhaftierung an chronischer Herzschwäche und Nervenzerrüttung litt. Brief seiner Frau an das BLEA vom 24. 9. 1957; BayHStAM/EG/92969.
59 Niederland, Folgen, S. 231 f.; Teicher/Brainin/Ligeti, Überlegungen, S. 54.

sagte, wir gehen fort. Ich habe doch noch meine 79 Jahre alte Mutter bei mir und habe nichts zu nagen und zu beißen, weil mir das ganze Korn, das ich gebaut habe, die Kühe und was sonst noch drum und dran hängt, weggenommen wurde. Für meine beiden Kühe, das gesamte Korn, das ich gebaut habe, sowie für Heu, Stroh, Kartoffeln und die Runkelrüben wurde mir der Betrag von 500,00 Mk. gegeben. Ich kann mir keinen Leib [sic] Brot backen, weil das ganze Korn mir weggenommen worden ist. Die Leute geben mir aber auch nichts, weil sie sich fürchten, einem Juden etwas zu geben. Mir wurde s.Zt. ein Schein zur Unterschrift vorgelegt, den ich unterschreiben mußte, ohne dass mir bekannt gemacht wurde, was darauf steht. Durch diese Behandlung von Seiten des Kreisbauernführers war ich am fragl. Sonntag so aufgeregt, als ich diesen Mann wieder sah. Ich habe ja gar nicht gewußt, wer dieser Mann war oder ist. Ich habe und bekomme keinen Tropfen Milch und auch sonst nichts. Hoffentlich sind wir bald verhungert."[60]

Besonders auffällig ist bei den wenigen noch vorhandenen Schilderungen eine deutlich gesteigerte Bezugnahme auf Verfolgungsmaßnahmen der Finanzverwaltung. Dies gilt nicht nur für die Überwachung und Entziehung von Emigrantenvermögen, sondern auch für die neu erlassenen Sicherungsverfügungen und die antisemitischen Sondersteuern, durch die der Fiskus zunehmend ins Zentrum staatlicher Kriminalität gegen die inländische jüdische Bevölkerung geriet. Die Finanzbehörden waren nun integraler Bestandteil eines gewaltigen staatlichen Verwaltungsapparates, dessen Bestrebungen auf die vollständige Separierung und Vertreibung der gesamten jüdischen Bevölkerung zielte und diese meist zu ohnmächtigen Zuschauern beim Prozess der Liquidierung ihres eigenen Vermögens werden ließ. Ernst Fraenkel bezeichnet den so hervorgerufenen Zustand als „bürokratisierte Rechtlosigkeit" und meint damit die Einsicht, dass auch die vermeintlich rechtskonform agierenden Behörden des Normenstaates jetzt endgültig ihr Handeln nach den ideologischen Vorgaben des Regimes ausgerichtet hätten.[61] Bedingt durch die veränderte Rolle der Finanzverwaltung bei der Judenverfolgung änderte sich ab 1938 offenbar auch das Erleben der Betroffenen. Sie brachten die Finanzverwaltung entsprechend deren neuem Aufgabenprofil nun weit mehr mit der gegen sie gerichteten antisemitischen Politik in Verbindung, als dies noch in den ersten Jahren der NS-Herrschaft der Fall gewesen war.

Wie bereits gezeigt, beschleunigte vor allem die „Judenvermögensabgabe" den Verelendungsprozess. Dementsprechend häuften sich die Eingaben der Betroffenen auf Erlass der Abgabe bei den Finanzämtern. Für die in München verbliebene jüdische Bevölkerung verdichteten sich die Auswirkungen der vorangegangenen Diskriminierungen sowie der Übergriffe im Rahmen des Pogroms zusammen mit der Ausplünderung durch die „Judenvermögensabgabe" zu einem tiefgreifenden traumatischen Erlebnis.

So schrieb etwa der jüdische Arzt Dr. Julius Spanier aus München am 14. November 1939 an das Finanzamt München-Süd: „Ich habe als V. Rate der Judenvermögensabgabe den Betrag von M. 3850 zu bezahlen. Nach den bestehenden Aus-

---

[60] Schreiben der Gendarmeriestation Hammelburg an den Oberstaatsanwalt Schweinfurt vom 11. 4. 1939; StAW/LRA Hammelburg/3555.
[61] Widmung in Fraenkel, Doppelstaat, S. 5.

führungsbestimmungen kann der Herr Finanzpräsident bei einem Betrage unter M. 5000 die Zahlung der V. Rate ermäßigen oder erlassen. Diese Vergünstigung möchte ich mit gegenwärtigem Schreiben für meine Person erbitten. Ich bin 32 Jahre verheiratet, bin in wenigen Monaten 60 Jahre alt und habe 35 Jahre lang in einem aufreibenden Berufe als Arzt Tag und Nacht ohne Unterschied der Person mich dem Wohle der Menschen gewidmet. Meine Ersparnisse, von Inflationen und sonstigen Zufällen wiederholt aufs schwerste gemindert, sind der Erfolg äußerster Sparsamkeit, und Entsagung. Ich habe 20 Jahre lang in leitender Stellung als Säuglingsfürsorgearzt uneigennützig, ja unter großen persönlichen Opfern dem Gemeinwohl gewidmet, habe 15 Jahre lang als Schularzt das Wohlsein der Kinder beaufsichtigt und jahrelang auf meine Kosten die Wohltat der Schülerspeisung zukommen lassen. Ich habe den Krieg 1914/1918 in Heimat und Felde mitgemacht. Ich habe jahrelang Familienangehörige unterstützen müssen und muß noch heute einen durch die Verhältnisse verarmten Schwager und dessen Frau monatlich unterhalten. Jahrelang habe ich pflichtgemäß meine Beiträge bei der Bayr. Ärzteversorgung geleistet und habe nach Entzug der ärztlichen Praxis nur einen Teil des einbezahlten Betrages zurückerstattet erhalten. Dies alles gibt mir Veranlassung, mein Gesuch um Ermässigung, resp. Erlaß der V. Rate der Vermögensabgabe zu erbitten. Zum Schluß möchte ich noch erwähnen, dass sich mein Vermögen nicht um den Betrag der Judenvermögensabgabe, sondern um weitere M. 5000 verringert hat, die ich unterstützungshalber an einen nahen Verwandten abgeben mußte."[62]

Während einige Betroffene die permanente Bedrohung und Verarmung zum Anlass genommen hatten, Deutschland endgültig den Rücken zu kehren, so kann die Argumentation von Dr. Spanier und zahlreicher anderer Verfolgter gedeutet werden, gab es offenbar auch die gegenteilige Reaktion: Die soziale und politische Ghettoisierung sowie die seit 1933 einsetzende Pauperisierung verstärkte den Anpassungsdruck und die daraus resultierende Hervorhebung der Zugehörigkeit zur deutschen Gesellschaft. Einige der Betroffenen definierten ihre soziale und gesellschaftliche Stellung nicht nur durch ihre Leistungen für das Vaterland an der Front des Ersten Weltkrieges, sondern auch durch ihre Arbeitskraft, ihre ärztliche Standesehre oder ihre sozialen Leistungen. Das Leistungsprinzip, so waren die der Rassenideologie zuwiderlaufenden Vorstellungen, mache sie auch weiterhin zu nützlichen und wertvollen Mitgliedern der deutschen Gesellschaft[63]; eine folgenschwere Fehleinschätzung ihrer prekären Lage.[64] Denn damit verkannten sie

---

[62] Brief Dr. Julius Spaniers an das Finanzamt München-Süd vom 14. 11. 1939; StAM/Finanzamt/19127.

[63] In Bezug auf die verheerenden Zustände im Warschauer Ghetto ist diese Haltung als „Counterrationality" bezeichnet worden. Dan Diner bezeichnet die Rationalität der Betroffenen, die sich auch nach der Machtergreifung vor allem in den Ghettos der besetzten Gebiete weiter nach dem Leistungsprinzip richtete, als „Counterrationality". Die Vorstellung der verfolgten Juden, durch Leistung wichtig und unersetzbar für eine Gesellschaft zu sein, war nach Diner gerade wegen der aussichtslosen Situation für die Betroffenen, die einzige Möglichkeit, noch Hoffnung zu schöpfen und ungeachtet der Umstände im Ghetto weiterhin überleben zu können; vgl. Diner, Conceivable, S. 117 ff.

[64] Als generelles Phänomen beschrieben bei Friedländer, Jahre, S. 35.

das Wesen der „Volksgemeinschaft" und das gesellschaftspolitische Fundamentalziel des Nationalsozialismus. Es überstieg offensichtlich das Vorstellungsvermögen von weiten Teilen der jüdischen Bevölkerung, dass alle ihre Leistungen und damit ein Gutteil ihrer sozialen, gesellschaftlichen und wirtschaftlichen Fundierung wegen „rassischer" Kriterien negiert wurden. Dabei schloss gerade die Definition der NS-Ideologie von Berufs- und Arbeitstätigkeit soziale oder gar allgemeinnützige Leistungen von Juden prinzipiell aus.

Wie weit der Verelendungsprozess für diejenigen voranschritt, die sich nicht zu einer Emigration durchringen oder diese wegen der hohen bürokratischen Hürden nicht mehr durchführen konnten, dafür bieten die Vermögenserklärungen eindrucksvolle Beispiele, die unmittelbar vor der bevorstehenden Deportation an die Gestapo abgegeben werden mussten.[65] Die hier veranlagten Angaben umfassten nicht nur Konten, Versicherungen oder Immobilien, sondern auch alle Arten von Einrichtungsgegenständen und Textilien, wie etwa Socken, Geschirrtücher oder Tischdecken. Kurz vor seiner Deportation am 10. November 1941 setzte sich zum Beispiel das verbliebene Vermögen des Textilhändlers Leo G. aus München nur noch aus drei Lampen und einem Kühlschrank zusammen. Sein Sohn verfügte noch über 25 Reichsmark.[66] „Um die unzähligen, in letzter Zeit auftretenden Schulden mittelloser Juden abdecken zu können", so die offizielle Begründung von Fiskus und Partei, etablierten in München das Oberfinanzpräsidium, die Überwachungsabteilung der Devisenstelle und der „Treuhänder gemäß Beschluss des Regierungspräsidenten" 1942 einen „Ausgleichsfond zur Abgeltung von Forderungen arischer Volksgenossen an mittellose Juden". Derartige Beträge legte Wegner für die in den Sammellagern konzentrierten oder bereits deportierten Juden, die noch Vermögenswerte besaßen, meist in dreistelliger Höhe fest. Unter der Kontrolle der Fiskalverwaltung oblag die Verfügung über diese Werte der „Arisierungsstelle".[67]

Auch die Überwachungs- und Entziehungspraktiken von Zollfahndungs- und Devisenstellen rückten nach 1938 vermehrt ins Zentrum des Blickfeldes der Betroffenen. Es handelt sich hier um einen der wenigen Bereiche, in denen ausführlichere Schilderungen der Verfolgten über die Praxis der einzelnen Beamten vorhanden sind. Dies liegt wohl vor allem daran, dass die jüdischen Emigranten bei der Verpackung und Verladung von Umzugsgut in direkten Kontakt mit den Beamten der Devisenstelle kamen und dass die zu transferierenden Wertgegenstände oftmals die einzige verbliebene Möglichkeit eröffneten, überhaupt Vermögen ins Ausland mitzunehmen. Gerade bei der Behandlung von Umzugsgut der Auswanderer wird deutlich, wie sich die Einstellung der einzelnen Beamten zur jüdischen Bevölkerung in zwischenmenschlichen Begegnungen und Gesten offenbarte. So schilderte etwa der Textilhändler Ludwig R., der noch im März 1941 in die USA auswandern konnte, die Verpackung und Verladung seines Umzugsgutes im Bei-

---

[65] Die Vermögensverzeichnisse sind in dem Bestand der „Vermögensverwertungsstelle" des OFP München nahezu vollständig erhalten geblieben.

[66] Vermögenserklärung Leo G.s vom 10. 11. 1941; OFD Nürnberg/B I/514–517.

[67] Schreiben des „Treuhänder gem. Beschluss des Regierungspräsidenten" an den OFP München vom 9. 7. 1942 im Falle von Arthur D.; OFD Nürnberg/B III/362.

sein von Beamten der Devisenstelle München. Die Beamten hätten das Gepäck durchsucht, keine Einwände vorgebracht und die Koffer gingen dann über Stuttgart nach Lissabon.[68] Die Erfahrungen der Tochter eines Münchner Textilhändlers waren ebenfalls durchaus gut. In ihren Erinnerungen schilderte sie das Verhalten eines Beamten, der ihr Umzugsgut kontrollierte. Dieser habe sich nicht nur anständig verhalten, er habe sogar mit Absicht weggeschaut, als die Familie nicht genehmigte Wertsachen in die Kisten packte.[69] Ganz anders erlebte hingegen die Arztgattin Charlotte Stein-Pick die Überwachung des Umzugsgutes durch einen Beamten der Zollfahndungsstelle. Bereits auf der Dienststelle seien sie ständigen Diskriminierungen ausgesetzt gewesen. Als besonders schikanös empfand Frau Stein-Pick die Aussortierung ihres „Kulturgutes". Ständig sei es ihr zur Auflage gemacht worden, Teppiche oder Accessoires aus ihrer Wohnung zu veräußern. Altdeutsche Möbel seien kurzerhand unter Denkmalschutz gestellt worden und durften daher nicht mehr verkauft werden. Sie habe die Dinge an Trödler abgeben müssen, die lächerliche Preise bezahlt hätten. Diskriminierend habe sich vor allem der Beamte benommen, der das Umzugsgut überwachte. Er habe sich Möbelstücke für den eigenen Bedarf ausgesucht und an diese „Geschenke" sein wohlwollendes Verhalten gekoppelt. Zusätzlich zu einem opulenten Mal mit Rotwein habe er 500 Reichsmark als Stillhaltegeld verlangt.[70] Der Inhaber des Volkskunsthauses Wallach beschrieb nach dem Krieg Zollbeamte, die sich aus dem Lift das genommen hätten, was ihnen gefiel, um es dann als Gebühren und Abgaben zu deklarieren.[71] Schließlich erinnerte sich auch der Rechtsanwalt Kurt Bing in Nürnberg an die Verfolgung durch Zollfahndung und Devisenstelle, denen er eine besondere Bedeutung im Ausschaltungsprozess beimaß.[72] Besonders eindrucksvoll sind die Folgen bürokratischer Verfolgung bei dem 1938 nach Haifa ausgewanderten jüdischen Unternehmer Alfred Heller alias Dr. Seligmann aus München dokumentiert. In seinen 1990 erschienenen Erinnerungen beschreibt er die Erfahrungen bei der Vorbereitung der Emigration in der bayerischen Landeshauptstadt: „Die Gestapo, die Polizei, das Paßamt, die Auswanderungs-Beratungsstelle, das Stadtrentamt, die Vermögensverwertungsstelle, das Devisenamt, die Devisenüberwachungsstelle und das Zollamt – alle diese Ämter beschäftigten sich mit dem Auswanderer, alle sie beschäftigten den Auswanderer wochenlang, monatelang. Und alle hatten Neben- und Unterstellen, hatten ihre Stadien und Verfahrensarten. Da waren Anträge, Gesuche, Listen, Erklärungen zu schreiben, Formulare auszufüllen. Wer sich bis zu dem Gewaltigen in

---

68 Schreiben Ludwig R.s an die OFD München vom 5. 11. 1958; OFD Nürnberg/Münchner Keller/BA 2410.
69 Meros, Träumen, S. 17.
70 Stein-Pick, Heimat, S. 76 f.
71 History of Wallach, S. 38; LBI Berlin/MM/79; Erinnerungen von E.B.H., der sich ebenfalls an die Leibesvisitationen und das Vorgehen gegen Devisenschieber erinnerte; E.B.H.: Munich 1933–1938; LBI Berlin/MMII/18.
72 Erinnerungen Kurt Bings, S. 38 ff.; StadtAN/F5/QNG/494/1.

einem Büro durchgestoßen und durchgewartet, war in zwei Minuten wieder draußen. Unbefriedigt, unwillig, abgespeist. Die Abrechnung machte größte Schwierigkeiten, die Werte schmolzen wie Schnee an der Sonne. Was in den Jahrzehnten aufgebaut und zusammengetragen, ging in Augenblicken verloren. Da waren die gesetzlichen Abgaben, die Reichsfluchtsteuer, die sogenannte ‚Grünspan-Abgabe'. Es war eine kaum verhüllte Vermögenskonfiskation, die nur Juden betraf und von der nun ein fünftes erhoben wurde. Dr. Seligmann zahlte, und zahlte Gebühren für möglicherweise nachträglich anfallende Gas- und Elektrizitätsrechnungen, und eine ebenso wenig weiter erklärbare Fremdenverkehrsabgabe. Zahlte die Vermögensaufnahme, und die Schätzung des Umzugsgutes, und die nicht genossene Auswanderungsberatung, und auch die Kosten für die nie gesehene Bilanz."[73]

Die Folgen fiskalischer Verfolgung gingen offenbar weit über finanzielle Einbußen hinaus. Zumindest betonen Sozialpsychologen die immateriellen Schäden durch den Verlust von Besitz, hervorgerufen durch dessen identitätsstiftende Wirkung. Folgt man dieser Annahme, so verursachte der Verlust von Eigentum auch deshalb bleibende Nachwirkungen, da „Dinge, die nicht mehr vorhanden sind, es aber einmal waren, gleichwertig oder übermächtig neben dem stehen, was realiter vorhanden ist".[74]

Die Beschreibungen von Alfred Heller, der kurz vor seiner Auswanderung noch einmal seine kurz vor der Veräußerung stehenden Räumlichkeiten betrat, verweisen auf die psychosozialen Folgen des Besitzverlustes: „Es war so merkwürdig, dieser eigene Ausverkauf, der nun schon nicht mehr ein Abstoßen des Überflüssigen, der eine wirkliche Liquidierung der ganzen Vergangenheit, ein Flüssigmachen des noch vorhandenen war – um daraus das Leben zu erhalten, bis die Ausreise möglich wäre. Immer größer wurde die Leere der Wohnung, immer geringer die erzielten Preise; immer größer der Unterschied zwischen Wert und Preis und immer dringender die Geldnot."[75]

Die Arztgattin Charlotte Stein-Pick erinnerte sich ebenfalls an die durch die Abgaben vor der Emigration hervorgerufene Situation, was ein abschließendes Zitat verdeutlichen soll: „Unerbittlich wurden die altvertrauten Räume ausgeleert, unerbittlich starrten uns bald die kahlen Wände an, in denen sich mein Leben seit frühester Kindheit abgespielt hatte. Obwohl es eine große Aufgabe war, immer wieder damit umzuziehen, es war solch ein Trost und eben ein Stückchen der alten Heimat, diese lieben, gewohnten Dinge an uns zu haben in fremdem Land. Unser Heim gab uns Kraft und Stärke, die Schwierigkeiten der ersten Jahre zu überwinden, und noch heute, da unser Leben in ruhigeren Bahnen verläuft, fühlen wir uns geborgener, umgeben von unseren alten Möbeln, Bildern und Zinn. Zehn Mark durfte jeder von uns mitnehmen, zehn lächerliche Mark und alles, was der Hände Arbeit von Vater und Mann geschaffen hatte blieb zurück. Als Bettler stieß man uns in die Fremde. Aber bei diesem Abschied blieb ein Stück unserer Seele in der

---

[73] Heller, Auswanderung, S. 18–21.
[74] Welzer, Vorhanden/Nicht-Vorhanden, S. 289.
[75] Heller, Auswanderung, S. 23.

Heimat hängen und wird nun ewig mit all den vielen anderen Seelchen, denen es so erging wie den unseren, rastlos und suchend umherziehen."[76]

III. Reaktionen

Selbst angesichts der weitreichenden Folgen der Ausplünderung und des immer perfekter funktionierenden Unterdrückungsapparates war jüdisches Leben in Bayern nicht nur auf die fast vollständige Verarmung, Entrechtung und Isolation reduziert. Bemerkenswert ist vielmehr der auch in den letzten Jahren jüdischen Lebens im NS-Staat vielfach dokumentierte Überlebenswille, der sich in vielen Formen und Schattierungen ausdrückte. Deutlichsten Niederschlag finden hierbei die Versuche der Vermögensrettung ins Ausland. Sie verweisen neben der Vielfalt der Reaktionen der Betroffenen auch auf die Hilfestellungen eines Teils der nicht-jüdischen Bevölkerung, die sich der antisemitischen Politik des Regimes entgegensetzte. Der in München-Schwabing lebende Arzt Dr. Berthold B. etwa organisierte zusammen mit dem Münchner Zahnarzt Dr. H. und einem dänischen Konsul im Sommer 1938 den Transfer von Wertgegenständen über Diplomatengepäck. So transferierten die Mediziner über den dänischen Generalkonsul mehrmals Geldscheine, Goldstücke, Edelmetall oder Briefmarken in die Schweiz. Über Zürich konnten so im Ausland lebende Juden mit entsprechenden Wertgegenständen versorgt werden.[77]

Dabei handelte es sich offensichtlich um keinen Einzelfall. Bereits im Januar hatte der Finanzminister die Oberfinanzpräsidenten darauf aufmerksam gemacht, dass wiederholt Wahlkonsuln wegen Devisenvergehen straffällig geworden seien.[78] Hierauf verweisen auch die bereits geschilderten Schulungen der Beamten über Versuche der „illegalen" Vermögensrettung.[79]

Zu den angestrebten Versuchen der Vermögensrettung trugen auch personelle Netzwerke und Verbindungen bei. So gelang es der Familie der Gattin eines Münchner jüdischen Arztes, den Inhabern der Löwenbräu AG, beträchtliche Vermögenswerte zu transferieren. Dank der internationalen Bedeutung ihres Unternehmens und der guten Kontakte der Familie erreichten sie ein Koppelungsgeschäft mit dem Reichswirtschaftsministerium, das nicht nur den Transfer von Geld und Waren, sondern auch die Zurückstellung ihres Ausbürgerungsverfahrens ermöglichte.[80]

Fast unwirklich mutet schließlich das erfolgreiche Bemühen der Eltern des renommierten Münchner Arztes Ludwig B. an, von der Zahlung verschiedener Sondersteuern befreit zu werden. Sie hatten unmittelbar nach dem erfolglosen

---

[76] Stein-Pick, Heimat, S. 79–81.
[77] Ermittlungsbericht der Zollfahndung Friedrichshafen vom 7. 6. 1938; BAB/R 2/5926.
[78] Schreiben des RdF an die Oberfinanzpräsidien vom 28. 1. 1938; ebd.
[79] Ermittlungsverfahren gegen den Pferdehändler Siegmund S., der Edelsteine ins Ausland geschmuggelt hatte; Beschluss des Ermittlungsrichters vom 22. 9. 1938; StAW/Gestapo/ 14436.
[80] Munding, „Arisierung", S. 26 ff.

Putschversuch der Nationalsozialisten im November 1923 den verletzten Hermann Göring versorgt und konnten daher nicht nur eine erhebliche Reduzierung ihrer „Judenvermögensabgabe", sondern auch den Erlass der „Reichsfluchtsteuer" erreichen.[81]

Insgesamt gelangten erhebliche Geld- und Warenbestände an den strengen Devisenregelungen vorbei ins Ausland. In Antwerpen nahm der Zustrom von „Fluchtkapital" im Jahr 1938 derartige Ausmaße an, dass der Kurs der Reichsmark auf den Niedrigstand von 3,5 Franc gedrückt wurde. Allein den Wert der nach Belgien gebrachten Reichsbanknoten schätzte das Auswärtige Amt auf mehrere Milliarden Reichsmark.[82] Auch in Bezug auf das Einwanderungsland USA wies das Devisenfahndungsamt eindringlich auf Päckchen mit unauffälligem Inhalt hin, die aber oftmals erhebliche Wertgegenstände enthalten würden.[83]

Die spektakulären Einzelfälle dürfen allerdings nicht darüber hinwegtäuschen, dass der größte Teil der jüdischen Bevölkerung nicht über derartige Verbindungen verfügte und sich der Gefahr des „illegalen" Vermögenstransfers nur äußerst selten aussetzte. Für den erfolgreichen Kapitaltransfer nennenswerter Summen ins Ausland waren in der Regel Barvermögen und internationale Kontakte notwendig. Während daher einigen der traditionell international agierenden Nürnberger Hopfenhändlern die Umgehung fiskalischer Zwangsmaßnahmen gelang, da sie für ihre Unternehmen im Ausland als Vertreter weiterarbeiteten und so die noch offenen Exportaußenstände vereinnahmen konnten[84], verfügten weder die breite Masse des mittelständischen Einzelhandels noch die jüdischen Viehhändler in der ländlichen Region über entsprechende Möglichkeiten. Darüber hinaus waren derartige Strategien mit enormen Risiken verbunden. So wurde der oben genannte dänische Wahlkonsul nach einer vorhergehenden körperlichen Durchsuchung festgenommen und verlor seine Stellung. Der beteiligte Arzt Dr. Berthold B. konnte von den geretteten Vermögenswerten selber nicht mehr profitieren. Auch ihn verhaftete und verhörte die Zollfahndung in ihren Diensträumen München, wo der Mediziner im Laufe der Untersuchungen Selbstmord beging.[85]

Die prinzipiell fehlenden Möglichkeiten des Kapitaltransfers machten sich auch in den stetig steigenden Zahlen rückwandernder jüdischer Emigranten bemerkbar, der die Bayerische Politische Polizei allerdings seit Anfang 1935 einen Riegel vorschieben wollte, indem sie den Grenzübertritt von vorneherein verhinderte beziehungsweise männliche Emigranten unmittelbar nach Betreten deutschen Bodens nach Dachau und Frauen ins Konzentrationslager Moringen verschleppte.[86]

Aus zwei weiteren Gründen ist hinsichtlich quantifizierender Angaben über den „illegalen Kapitaltransfer" Vorsicht geboten. Sie entsprachen erstens dem von der nationalsozialistischen Propaganda entworfenen Zerrbild, das immer wieder

---

[81] Mahl, Hofmöbelfabrik.
[82] Schreiben des Deutschen Generalkonsulats an das AA vom 28. 6. 1938; BAB/R 2/56075.
[83] Schreiben des Devisenfahndungsamts an den RdF vom 30. 1. 1939; BAB/R 2/56065.
[84] Bericht der Devisenstelle Nürnberg vom 22. 4. 1938; OFD Nürnberg-Bund/11054.
[85] Ermittlungsbericht der Zollfahndungsstelle Friedrichshafen vom 7. 6. 1938; BAB/R 2/ 5926; Schreiben des OFP Württemberg an den RdF vom 17. 6. 1938; ebd.
[86] Schreiben der Bayerischen Politischen Polizei vom 21. 3. 1935; StAN/LRA Ansbach/Abgabe 1961/2224.

auf „kriminelle jüdische Kniffe und Methoden" aufmerksam machte.[87] Obwohl
von den Behörden in der Öffentlichkeit als „typisch jüdisch" gebrandmarkt,
waren Reichsmarkschmuggel und Devisenvergehen zweitens ein Phänomen, das
sich nicht auf jüdische Emigranten beschränkte. Kapitalschmuggel in großem Stil
wurde in Nürnberg von „Volksgenossen" durchgeführt, die Geldnoten am Körper oder mit Postsendungen ins Ausland verbrachten.[88] Auch die internationale
Presse beschäftigte sich mit dem Phänomen des Schmuggels und der daraus resultierenden Baisse an der deutschen Börse, führte dieses Phänomen aber nicht auf
verfolgte Juden, sondern auf Industrielle und Parteigrößen zurück, die aus Angst
vor Vermögensverlusten im Rahmen eines Krieges ihr Vermögen ins Ausland zu
retten trachteten.[89]

Weniger spektakulär waren die von der Vermögenslage und sozialen Stellung
unabhängigen Versuche, die durch das NS-Regime verhängten Berufsverbote und
Boykotte zu umgehen. Sie spiegeln nicht nur den Mut jüdischer Gewerbetreibender, sondern vor allem auch deren verzweifelte Situation wider. Hierzu zählte die
Gründung von „Scheinfirmen" genauso wie die Verwendung falscher Angaben
auf Briefköpfen. Im September 1938 beklagte sich die Bayerische Politische Polizei gegenüber dem Bezirksamt Freising über Schreiben jüdischer Firmen, die
einen deutschen Charakter suggerieren würden.[90] Auch die Gendarmeriestation
Gunzenhausen meldete Fälle, in denen sich jüdische Firmen weiterhin als „arisch"
bezeichneten und Kunden die Waren zum Stadtausgang lieferten, offensichtlich
um den Eindruck zu erwecken, es sei nichts in einem jüdischen Geschäft gekauft
worden.[91]

Strategien gegen die Verfolgung durch den NS-Staat zeigten sich schließlich
auch in kleineren Gesten des Widerstands, die den Überlebenswillen und die
Kampfbereitschaft der Betroffenen nicht weniger eindrucksvoll unter Beweis stellen. Der Münchner Textilhändler Hermann L. versuchte sich etwa gegen die Willkür der Devisenstelle zur Wehr zu setzen. Er kämpfte hierbei um die Freigabe eines Betrages von 11 800 Reichsmark auf einem gesicherten Konto, den die Finanzverwaltung für die anfallende „Judenvermögensabgabe" einbehalten wollte. „Ich
erkläre ihnen nochmals", so der Textilhändler, „dass ich keinen Heller illegal nach
dem Ausland verbracht habe und dass ich hier von der Unterstützung meines
amerik. Bruders ganz bescheiden lebe. Ich bin auf jeden Pfennig des mir wider-
rechtlich zurückgehaltenen Vermögens angewiesen und darf wohl annehmen, dass

---

[87] Artikel „Der Schwindel des vergesslichen Juden" im „Stuttgarter NS-Kurier" 47 vom
28. 1. 1939 und Schreiben der Zollfahndungsstelle Stuttgart an die dortige Justizpresse-
stelle vom 14. 2. 1939; BAB/R 2/56072.
[88] Schreiben des OFP Nürnberg an den RdF vom 28. 10. 1938; BAB/R 2/56075.
[89] Hierbei handelte es sich um Artikel in der „London Times" und dem „Daily Express";
Pressestelle des RdF Nr. 358/38 und 359/38; BAB/R 2/56075.
[90] Schreiben der Gestapo an das Bezirksamt Freising vom 10. 9. 1938; StAM/LRA/116523;
exemplarisch zur Gründung von Tarnfirmen siehe den Fall der Hopfenhandlung Martin
W.; StAN/WB III/a/4511.
[91] Schreiben der Gendarmeriestation Gunzenhausen an das Bezirksamt vom 29. 11. 1936;
StAN/LRA Gunzenhausen/Abgabe 1961/4603.

Sie sich mit meinen, Ihnen gegebenen Aufschlüssen zufrieden geben und mir den Rest meines Vermögens frei geben."[92]

Eines weiteres der allerdings nur selten überlieferten Beispiele ist das des Inhabers eines Münchner Bekleidungsgeschäfts, Emil Katz, der als wütende Reaktion auf antisemitische Schmierereien ein Plakat am Schaufenster seines Geschäfts platzierte: „Ihr Anstreicher! Warum opfert Ihr Eure Nachtruhe, um anzuschreiben, daß ich Jude sei. Ich habe das noch nie geleugnet und meine Giesinger Kunden wissen es auch. Diese wissen aber auch, daß ich mir in den 15 Jahren, in welchen ich das Geschäft habe, noch nie habe etwas zu schulden kommen lassen. Ich habe keinen Grund ‚abzuhauen', denn seit Jahrhunderten sind meine Väter Deutsche und ich habe mit meinen beiden Brüdern mein Leben für mein Vaterland Deutschland eingesetzt. Ihr jungen Herrn ‚Anstreicher' waret noch nicht einmal in den Windeln gelegen. Da habe ich an der Westfront und in der Hölle von Verdun mehr wie einmal dem Tod ins Auge gesehen [...] und so dabei mitgewirkt, daß Eure Mütter Euch in Ruhe zur Welt bringen können. Allein kann ich gegen Euch nichts ausrichten, aber leistet erst einmal das für Deutschland, was ich geleistet habe und ich glaube nicht, daß ihr noch den Mut habt, mir solche Schande anzutun."[93]

Immerhin konnte Emil Katz mit seinem Plakat einen heftig debattierenden Menschenauflauf vor seinem Geschäft provozieren. Der Geschäftsmann nutzte die Gunst der Stunde, um die Anwesenden mit seinen Kriegsverdienstorden von seinen Leistungen für das Vaterland zu überzeugen. Das Plakat wurde dann zwar beschlagnahmt, aber – hier stellt das Schicksal des Münchner Unternehmers eine Ausnahme dar – ohne weitere Folgen für Emil Katz. Ihm gelang im Jahr 1937 die Emigration in die USA.[94]

Bemerkenswert ist darüber hinaus das Verhalten einiger jüdischer Viehhändler Unterfrankens, die die angeordneten Preise im Zuge der Zwangsenteignung nicht ohne weiteres zu akzeptierten bereit waren. Der Widerstand jüdischer Viehhändler schlägt sich besonders in den Verhandlungen über die Veräußerung der Grundstücke nieder. So weigerte sich etwa der bereits genannte Viehhändler Max S. aus Völkersleier bis 1942, dem Verkauf einer weiteren Parzelle seines Landbesitzes zuzustimmen. Weder der Landrat noch die Kreisbauernschaft hatten es offenbar vermocht, Max S. den Verkauf aufzuzwingen. Noch am 10. April 1942 notierte der Landrat in der „Akte S.", dieser würde immer noch ablehnen, Verhandlungen über die Veräußerung seines Grundbesitzes zu führen. Letztlich blieb die Weigerung des jüdischen Viehhändlers jedoch erfolglos. Wie der Landrat in der gleichen Notiz vermerkte, müsse der Viehhändler ohnehin mit seiner baldigen Evakuierung rechnen. Nach der Deportation „in den Osten" wurde der Besitz dann an die Gemeinde Völkersleier verkauft.[95]

---

[92] Schreiben Hermann L.s an das Finanzamt München-West vom 13. 2. 1939; OFD Nürnberg/BA/1000.

[93] StAM/Polizeidirektion/14314; auch abgedruckt in Seidel, Gemeinde, S. 45.

[94] Seidel, Gemeinde, S. 47.

[95] Aktennotiz des Landrats vom 10. April 1942; StAW/LRA Hammelburg/3552.

Ähnliches galt für die Frau des jüdischen Viehhändlers Nathan H. aus Westheim. Im Juni 1939 notierte der Landrat: „Die Jüdin H. erklärt, sie habe laut Finanzamtsbescheid RM 5200 Vermögensabgabe zu leisten. Von der Kreisbauernschaft habe sie eine Aufforderung zur Veräußerung ihres Grundbesitzes in Westheim um 4100 RM erhalten. Sie leiste jedoch nicht eher ihre Unterschrift zu diesem Veräußerungsgeschäft, bis ein von ihr beim Finanzamt Hammelburg eingereichtes Gesuch um Ermäßigung der Abgabe auf Grund einer von ihr bei der Regierung eingereichten Vermögensveränderungsanzeige verbeschieden sei."[96] Bis zur Auswanderung der Familie in die USA und der darauffolgenden vollständigen Vermögensentziehung wehrte sich das Ehepaar gegen die Veräußerung seines Grundbesitzes.[97]

Aber selbst wenn es gelang, Vermögenswerte ins Ausland zu retten, dies sei abschließend noch einmal betont, blieb die Trennung von der Heimat oftmals für lange Zeit der überwältigende Eindruck. Als besondere Schikane empfand Else Thurnauer Baer aus Nürnberg die fehlenden Möglichkeiten, Kulturgut mit ins Ausland zu nehmen. Dennoch gelang es ihr, eine Porzellanuhr in die USA retten, die seither ihr Lieblingsstück geblieben war: „The bell is a lovely companion for sleepless nights." Sie erinnerte sie freilich auch Zeit ihres Lebens an ihre alte Heimat, der sie als wurzellose Emigrantin auf immer getrennt gegenüberstand.[98]

---

[96] Notiz des Landrats Hammelburg vom 19. 6. 1939; StAW/LRA Hammelburg/3551.
[97] Schreiben der Kreisbauernschaft Hammelburg an den Landrat Hammelburg vom 24. 7. 1939; ebd.; vgl. auch die Weigerung des Viehhändlers Karl A., die Übernahmebedingungen zu akzeptieren; Briefwechsel zwischen dem Landrat und der Kreisbauernschaft Hammelburg, im Juli und August 1939; StAW/LRA Hammelburg/3551.
[98] Lebenslauf von 1996; Else Thurnauer Baer Collection; LBINY/ME/1246.

Zusammenfassung

Wie gestaltete sich der Prozess der Ausplünderung der jüdischen Bevölkerung in Bayern? Welche Täter und Akteure trieben ihn maßgeblich voran, wie und mit welchen Motiven interagierten sie und welche Regionalspezifika lassen sich dabei erkennen?

Zunächst gilt es hervorzuheben, dass die wirtschaftliche „Ausschaltung" der Juden einer der zentralen Bereiche der antisemitischen Verfolgung war, der nicht nur mit der Ausgrenzung und Stigmatisierung, sondern auch mit der Ausplünderung der Opfer aufs engste verknüpft war. So erklärt sich auch das weitreichende Interaktionsgeflecht mit zahlreichen Kategorien von Beteiligten: Hierzu gehörten die verschiedenen Gliederungen der NSDAP genauso wie die schnell gleichgeschalteten Kommunalverwaltungen mit dem Sicherheits- und Polizeiapparat. Tief verstrickt in die Massenverbrechen waren auch die traditionellen Bürokratien – allen voran die Finanzverwaltung mit ihren regionalen Ämtern – sowie Ministerien und Sonderbeauftragte der Reichsregierung. Dazu gehörten schließlich auch private Interessenten und Profiteure verschiedener Art.

Die zahlreichen Konkurrenz- und Kooperationsmuster, die das enorme Spektrum an Tätern und Akteuren hervorbrachte, verweisen bereits auf das Erkenntnisinteresse, das der vorliegenden Untersuchung zugrunde lag. Neben dem spezifischen Wirkungsanteil des Fiskus konnte der Blick auf die anderen am Raubzug und der Entrechtung beteiligten Institutionen und Personen vor allem zwei markante Punkte deutlich vor Augen führen: Erstens das Zusammenspiel verschiedener Herrschaftsträger und Bevölkerungskreise im Verfolgungsprozess, dessen Spezifika Einsichten in Funktionszusammenhänge des NS-Herrschaftssystems erlaubten, die weit über lokale Zusammenhänge hinausweisen. Zweitens ermöglichte die komparative Analyse verschiedener Untersuchungsräume, auch regionale Charakteristika des NS-Verfolgungssystems vergleichend einander gegenüberzustellen, die gerade bei der Ausplünderung der Juden deutlich zur Geltung kamen.

Betrachtet man zunächst die Rolle der NSDAP-Gliederungen bei der wirtschaftlichen „Ausschaltung", so wird deren Bedeutung als Motor der Verfolgung deutlich. Dass vor allem sie es waren, die die Ausplünderung und Ausgrenzung bereits vor und dann vor allem unmittelbar nach der „Machtergreifung" vorantrieben, hing mit der enormen Schubkraft der „Parteirevolution von unten" zusammen. Sie entlud sich in Boykottaktionen und körperlichen Übergriffen gegen die jüdische Bevölkerung und zielte nicht zuletzt auf die berufliche Existenzvernichtung der Opfer ab. Die hohe Bedeutung, die der wirtschaftlichen Verfolgung frühzeitig und auf dem gesamten Feld der Gaupolitik zukam, erklärt sich aus den mit der „Stellung der Juden" im Wirtschaftsleben verbundenen antisemitischen Stereotypen, die ein hohes Zustimmungspotenzial zu entfalten vermochten. Die Ideologie diente darüber hinaus auch als Klammer für andere Zielsetzungen. Vor allem für die Gauleiter war die Ausplünderung der Juden Mittel zur Ausweitung des eigenen Kompetenzbereiches. Zunächst nutzten sie den Raub und die Entrechtung, um ihre Cliquen mit jüdischem Vermögen zu korrumpieren und dauerhaft an sich zu binden. Darüber hinaus versuchten sie mit den „Arisierungs"-Erlösen ihr eigenes und das Image ihrer Gaue aufzupolieren, indem sie Teile des geraubten Vermögens in prestigeträchtige, infrastrukturelle Maßnahmen zugunsten der Region steckten. Neben der ökonomischen Verwendung der Ausplünderungserlöse stärkte die Vorreiterrolle bei der „Entjudung" der Wirtschaft die Position der Gauleiter in der Machtkonkurrenz innerhalb der Gaue, war daneben aber auch Unterpfand für ihre verbesserte Stellung im Gesamtreich.

Fragt man nach der regionalspezifischen Prägung der wirtschaftlichen Verfolgung, so ist also auf die Einzelpersönlichkeit des Gauleiters und ihrer Entourage zu verweisen. In den beiden Zentren der „Bewegung", München und Nürnberg, mit ihren Gauleitern Wagner und Streicher, kennzeichneten äußerst brutale Übergriffe und hemmungslose Bereicherungen den Verfolgungsprozess. Bei der mit der wirtschaftlichen „Ausschaltung" der jüdischen Bevölkerung befassten Parteielite spielten verschiedene Motive eine Rolle. Auffallend häufig gehörten hierzu allerdings ideologische Linientreue, Bewährung in der Vergangenheit, Loyalität zum Gauleiter genauso wie die finanzielle Abhängigkeit von der NSDAP.

In Mainfranken nutzte Gauleiter Hellmuth die Ausplünderungsgewinne zwar auch für den Gau und die Partei, im Vergleich zu den beiden Gauhauptstädten spielte sein Netzwerk aber in der ländlichen Region Bad Kissingen/Hammelburg eine eher untergeordnete Rolle. Regionalspezifische Unterschiede bei der wirtschaftlichen Verfolgung waren aber nicht nur der unterschiedlichen Prägung der Gaue und ihrer Leiter geschuldet, sondern auch Differenzen zwischen urbanen und ländlichen Lebensräumen. Dies lag zunächst an den unterschiedlichen in die Verfolgung involvierten Akteuren, hing aber auch mit anderen Faktoren wie der Bevölkerungsdichte der jüdischen Bevölkerung oder mit Spezifika ihrer Erwerbsstruktur zusammen.

Wie sehr die nationalsozialistische Herrschaft auf diesem Politikfeld als ein primär durch den Gauleiter geführter Personenverbund funktionierte, verdeutlichen die Langzeitwirkungen der „Parteirevolution von unten" in München und Nürnberg. Auch ab 1938, als die Gauapparate im Rahmen der vollständigen Ausplünderung der jüdischen Bevölkerung in ein gesetzlich geregeltes Genehmigungsverfahren eingebunden wurden, führte die administrativ steuernde Funktion nur partiell zu Struktur- oder Personalveränderungen. Vergleicht man die 1938/39 in beiden Städten etablierten „Arisierungsstellen", so zeigt sich die Kontinuität in Zielsetzung, Verfolgungspraxis und Personal. Die Gauleiter setzten auch nach 1938 noch eine gauspezifische „Arisierungspolitik" durch, die von ihrer starken Stellung und ihren Netzwerken abhängig blieb. Bürokratische Strukturen oder neue Eliten spielten in den Parteiinstitutionen kaum eine Rolle. Innerhalb des für die wirtschaftliche Verfolgung verantwortlichen Personenkreises blieben Werte wie unbedingte Loyalität, Bewährung in der Vergangenheit und ideologische Linientreue ausschlaggebend.

Auch der Vergleich mit Unterfranken zeigt die Abhängigkeit des wirtschaftlichen Verfolgungsprozesses von regionalen Machtkonstellationen noch nach 1938 deutlich. Hier gebärdete sich Gauleiter Hellmuth bei der wirtschaftlichen Verfolgung zurückhaltender und überließ die Federführung weitgehend dem dortigen Gauwirtschaftsberater Vogel. Während dessen Kollege in München aufgrund der Dominanz der „Gauleiterclique" nur eine untergeordnete Rolle spielte und auch Gauwirtschaftsberater Otto Strobl in Franken durch die zahlreichen Interventionen Streichers und die tragende Rolle der DAF über nur eingeschränkte Handlungsspielräume verfügte, spann der promovierte Volkswirt und Wirtschaftsprüfer Vogel in Unterfranken ein auf seine Person ausgerichtetes Netz aus Genehmigungsinstanzen, Sonderbeauftragten und Sachverständigen. Mit seiner führenden Funktion erlebte die Ausplünderung einen erheblichen Professionalisierungs- und Systematisierungsschub.

Das häufig verwendete Bild der „wilden Arisierungen" im gesetzesfreien Raum in der Zeit von 1933–1938 sollte also nicht den Eindruck erwecken, eine vollkommen willkürliche und unkontrollierte Verfolgungspraxis sei danach einer zentral gesteuerten und bürokratisch organisierten „Ausschaltung" gewichen. Dennoch darf die Betonung der regionalen Dynamik nicht über die zahlreichen Gemeinsamkeiten hinwegtäuschen. Dies gilt vor allem für Ähnlichkeiten, die bei einem reichsweiten Vergleich der Herrschaftspraxis festzustellen sind. Die Bedeutung der Personalpolitik für den Machterhalt der Gauleiter, die eines ihrer wesentlichen Politikziele darstellte, ihre Funktion als Sprecher und Prediger der antisemitischen Ideologie, das Hochhalten lokaler und unter anderem auf die Judenverfolgung gegründeter Gautraditionen waren Wesensmerkmale regionaler Herrschaftspraxis mit überregionaler Gültigkeit und sind daher wohl weniger als gautypisch, denn als typisch für die Durchsetzung politischer Macht auf Gauebene im hierarchisch gegliederten Führerstaat zu werten.

Nach dem Ende der außen- und wirtschaftspolitischen Rücksichtnahmen in den Jahren 1937 und 1938 bestimmten machtstrategische Gesichtspunkte das Verhältnis von Zentrum und Region. Als nun auch vermehrt Angehörige der Führungsspitze der Partei danach trachteten, die Erlöse aus der Ausplünderung für die Staatskasse zu sichern, entwickelte sich ein fragiles System mühsam ausbalancierter Interessen. Aufbauend auf dem gemeinsamen ideologischen Fundament brach es nur in Ausnahmefällen durch konsequente Intervention Berlins zusammen, wie etwa im Falle des Sturzes Julius Streichers in Nürnberg. Die Umstände, die zur Absetzung des fränkischen Gauleiters führten, sind zudem ein Hinweis auf regionale Interaktionssysteme im Verfolgungsprozess. Nicht nur die Gauleiter und ihre Spitzenfunktionäre waren auf diesem Politikfeld aktiv. Zahlreiche andere Institutionen wie Stadt- und Regionalverwaltung, die Bayerische Politische Polizei oder Gendarmeriestationen beteiligten sich an der „Ausschaltung" der jüdischen Bevölkerung genauso wie am Bereicherungswettlauf um deren Vermögen.

In der Kommunalverwaltung in München und Nürnberg wirkte sich die „Parteirevolution von unten" ebenfalls nachhaltig aus. Lokale Funktionsträger der NSDAP drängten zum einen frühzeitig in die Schlüsselpositionen der Regierungs- und Kommunalverwaltung, sie etablierten zum anderen Parallelverwaltungen und traten durch eigenmächtige Aktionen in Konkurrenz zu den staatlichen Autoritäten vor Ort. Unter der Federführung besonders verdienter und linientreuer „Alter Kämpfer" trieben die beiden Stadtverwaltungen vor allem die Kennzeichnung und den Boykott jüdischer Wirtschaftstätiger voran. Sie taten dies allerdings mit der behördlichen Autorität und den administrativen Mitteln einer Kommunalverwaltung, die sich den brutalen „radau-antisemitischen" Übergriffen und Boykotten im März und April 1933 anschloss. Unter dem Dach gemeinsamer ideologischer Überzeugungen etablierten die lokalen Parteigrößen damit frühzeitig ein Interaktionssystem aus unterschiedlichen Verfolgungsmaßnahmen und -institutionen, wobei vor allem Personalunionen und Ämterhäufungen die einzelnen Verknüpfungspunkte stabilisierten.

Teil des regionalen Herrschaftsgefüges im wirtschaftlichen Verfolgungsprozess und zentral in die Stigmatisierung jüdischer Betriebe eingebunden waren neben den Gliederungen der NSDAP und der Kommunalverwaltung auch die Industrie- und Handelskammern (IHK). Ähnlich wie die Stadtverwaltung auch, vollzog etwa die IHK München schnell die Gleichschaltung und besetzte die Spitzenpositionen mit überzeugten Nationalsozialisten, die ihre regionalen Aktivitäten durch Ämterhäufung und gute Beziehungen zur Spitze der Partei absichern konnten. Die enge Einbindung der Handelskammer in den Verfolgungsprozess und die rasche Gleichschaltung und Neubesetzung der Führungsetage mit einflussreichen Nationalsozialisten bedeutete aber nicht einen Verlust von Wirtschaftskompetenz zugunsten ideologischer Linientreue, im Gegenteil. Mit den neuen Spitzenfunktionären der IHK schalteten sich Fachleute als „Arisierungs"-Funktionäre der NSDAP und Kommunalverwaltung in die wirtschaftliche Ausplünderung ein, die neben ihren Ämtern in Wirtschaftsverbänden und in der NSDAP auch über Spitzenpositionen in der Privatwirtschaft verfügten. Im Gegensatz zum oftmals blinden Aktionismus und Fanatismus der Parteigliederungen zeigte sich hier die „Revolution" im nationalsozialistischen Sinne mit einem ganz anderen Gesicht: Die Kammer behielt ganz offensichtlich die Funktionstüchtigkeit der regionalen Wirtschaft im Auge und richtete daher ihr Handeln weiterhin an ökonomischen Effizienzkriterien aus.

Mit ihrer exponierten Stellung bei der „Arisierung" war die Kammer freilich auch in das Kompetenzgerangel bei der Entziehung und Verwertung jüdischen Vermögens involviert. Es würde jedoch in die Irre führen, wollte man die prägende Rolle der IHK nur auf ihre Durchsetzungsfähigkeit innerhalb polykratischer Strukturkonflikte zurückführen. Die verschiedenen regionalen Interessen prallten zwar häufig aufeinander, die Konfrontation führte aber nicht zwangsläufig zu Streitereien; vielmehr waren die Beteiligten auch in der Lage, sie erfolgreich auszubalancieren, wobei die Industrie- und Handelskammer eine wichtige Rolle spielte – deutlich sichtbar etwa beim Münchner „Arbeitskreis für Judenangelegenheiten". Auf anderer Ebene konnten mögliche Konflikte auch durch Personalunionen überbrückt werden. Kein grundsätzlicher Zielkonflikt mit der Partei und den Vorgaben des Regimes prägte die Vorgehensweise der Kammer, wohl aber das Bemühen, den Aktionismus und die ideologischen Impulse der lokalen Parteifunktionäre abzufedern und in geordnete und ökonomisch verträgliche Bahnen zu lenken.

Art und Umfang der binneninstitutionellen Interaktion blieben auch in diesem Bereich stark von der lokalen Prägung des NS-Herrschaftsgefüges abhängig. Die fehlende institutionelle Verankerung des Gauleiters im staatlichen Herrschaftsgefüge führte etwa bei der Organisation der „Arisierung" in Nürnberg zu einer

Durchsetzung der Parteiinteressen mit Brachialgewalt auf Kosten staatlicher Genehmigungsbehörden. Im Gegensatz zu München war die IHK seit Ende November 1938 aus dem Entscheidungsprozess faktisch ausgeschlossen, die „Arisierungen" wurden letztlich unter Federführung der DAF durchgeführt, und auch nach Streichers Sturz kam der Kammer durch die Etablierung der Gestapo als Genehmigungsinstanz keine entscheidende Bedeutung mehr zu.

In der unterfränkischen Region, abseits der Zentren der „Bewegung" mit ihrem genauso fanatischen wie mächtigen Führungspersonal, gab es ebenfalls Unterschiede in Zeitpunkt und Verlauf der wirtschaftlichen Verfolgung. Ohne weiteres lassen sich derartige Differenzen auf der Akteursebene feststellen. Schnittstelle der beruflichen „Ausschaltung" im ländlichen Bereich war das Bezirksamt. Vergleichbar den Aufgaben der städtischen Gewerbeämter war es für Ausstellung und Verlängerung von Gewerbelegitimationskarten verantwortlich. Zwar begann die Verdrängung der jüdischen Erwerbstätigen hier mit zeitlicher Verzögerung, Differenzen blieben aber im Wesentlichen auf das „wann" beschränkt, bei dem „wie" zeigen sich hingegen Ähnlichkeiten mit dem radikalen und eigenmächtigen Vorgehen der Städte. Ungeachtet der unübersichtlichen Gesetzeslage und der schwierigen Kompetenzverteilung finden sich in der ländlichen Region keine Hinweise auf Konflikte zwischen der Regierungsbehörde und der Parteiinstitution. Die entsprechenden normativen Grundlagen wurden vielmehr als Basis der Zusammenarbeit genutzt und erhöhten damit den Druck auf die betroffenen Viehhändler. Fragt man nach regionalen Initiativen bei der NS-Judenverfolgung und nach Interaktionsmustern der an der „Ausschaltung" beteiligten Akteure, so wird deutlich, dass wesentliche Charakteristika des regionalen Herrschaftsgeflechts bei der wirtschaftlichen Verfolgung über die Grenzen der Gauhauptstädte hinaus Gültigkeit beanspruchen konnten. Gerade das Mischungsverhältnis aus bürokratischen Verfahrensweisen, polizeilicher Hoheitsgewalt und Aktionismus der lokalen NSDAP-Funktionäre ermöglichten auch hier eine schnelle und konsequente „Ausschaltungspolitik". Auch jenseits der NS-Metropolen stießen regionale Interaktionsgefüge anfänglich in Lücken, die fehlende gesetzliche Bestimmungen und unzureichende Konzeptionen der Reichsregierung zur wirtschaftlichen Verfolgung der Juden beziehungsweise eine von taktischer Zurückhaltung geprägte Politik Berlins hinterlassen hatten.

Damit bestätigen sich aktuelle Forschungsergebnisse, die nicht mehr von einer Trennung und einem Konkurrenzverhältnis zwischen staatlicher Verwaltung und NSDAP ausgehen. Vielmehr dürfen die verbindenden Elemente, entstanden unter anderem durch die zahlreichen Personalunionen und personalen Netzwerke, nicht übersehen werden. Darüber hinaus reproduzierten sich polykratische Konflikte offensichtlich nicht zwangsläufig auf regionaler Ebene. Unter dem gemeinsamen Dach der ideologischen Zielsetzungen entstanden vielmehr auch regional initiierte Kooperationsmuster, die das durch die unklare Gesetzgebung hervorgerufene Kompetenzenchaos abfedern und ihrerseits die Reichsregierung zu einer Verschärfung der antisemitischen Politik veranlassen konnten. Schließlich gewann die antisemitische Ideologie bei der wirtschaftlichen Verfolgung der jüdischen Bevölkerung die Bedeutung eines Stimulators und einer Klammer für verschiedene Verfolgungsmotive. Sie führte bereits seit Frühjahr 1933 zu zielgerichtet eingesetzter körperlicher Gewalt, zu Boykotten, Ausplünderung, Ausgrenzung und Mord. Angesichts der zahlreichen Kooperationsmuster auf regionaler Ebene ist die schreckliche Konsequenz der wirtschaftlichen Verfolgung mit dem Modell einer durch Führungsrivalitäten hervorgerufenen „kumulativen Radikalisierung" auf regionaler Ebene nicht hinreichend zu erklären.

In das Interaktionsgefüge bei der wirtschaftlichen Verfolgung war der Fiskus an zentraler Stelle eingebunden. Die Finanzverwaltung griff tief in die Lebensverhältnisse der jüdischen Bevölkerung ein. Durch Festsetzung und Einziehung von Steuern, Überwachung und Sicherung, Beschlagnahmung und Verwertung von Vermögenswerten etablierte sie sich als größter Profiteur der Entziehung jüdischen Eigentums. In allen drei Untersuchungsräumen verdeutlicht die Entziehungspraxis der Finanzverwaltung die parallele Geltung primär an Effizienzkriterien ausgerichteter Normen und funktionalistischen Gesichtspunkten häufig widersprechender ideologischer Leitvorgaben bei der wirtschaftlichen Verfolgung der jüdischen Bevölkerung. An der vorrangigen Ausrichtung der Steuerpolitik mit dem Ziel der vollen Kassen konnte kein Zweifel bestehen. Im Bereich der Fiskalpolitik beließ es die NS-Regierung daher weitgehend bei der Geltung bereits bestehender Normen, um monetär begründete Zielsetzungen mit einer reibungslos funktionierenden Verwaltung erreichen zu können. Personalstruktur und grundlegende Funktionsmechanismen hatte das NS-Regime auch im Wesentlichen unberührt belassen und damit gewollt oder ungewollt der nur langsamen Veränderungsfähigkeit und dem Beharrungsvermögen der administrativen Apparate Rechnung getragen. Die Reichsregierung konnte sich dabei nicht nur auf eingespielte Überwachungs- und Entziehungsroutinen, sondern auch auf etablierte Verhaltensmuster der Beamten verlassen. Die nahezu bruchlose Kontinuität über 1933 hinweg zeigte sich in der Personalpolitik besonders deutlich. Die Beibehaltung der „administrativen Normalität" über die Zäsur von 1933 hinaus und die Orientierung an klassischen fiskalischen Zielvorgaben, die sich mit den Stichworten „Utilitarismus" und „Effizienz" treffend beschreiben lassen, kennzeichnet die Entziehungspraxis gegenüber der inländischen jüdischen Bevölkerung. Die Finanzverwaltung konnte und wollte auf die steuerliche Leistungsfähigkeit der Verfolgten nicht verzichten, wollte also deren Ertragskraft eher nutzen als unterminieren. Die Zweckgebundenheit der Dienststellen an der fiskalischen Zielsetzung der Haushaltskonsolidierung nahm beispielsweise bei der Behandlung der in der Hopfenbranche üblichen Schmiergelder in Nürnberg fast skurrile Formen an.

Auf der Grundlage des geltenden Normengefüges gab es allerdings auch in der Finanzverwaltung frühzeitig Tendenzen, sich an der „Ausschaltung" der inländischen jüdischen Bevölkerung zu beteiligen und so zum Bestandteil des arbeitsteiligen Verfolgungsprozesses zu werden. Durch die hohen Strafen und die dadurch bedingte Kriminalisierung jüdischer Viehhändler kam den Finanzämtern Bad Kissingen und Hammelburg damit auch eine Schrittmacherfunktion im wirtschaftlichen „Ausschaltungsprozess" der inländischen jüdischen Bevölkerung zu.

Gleichzeitig wird hier die Durchsetzungsfähigkeit zentraler Steuerungselemente sichtbar. Tendenzen antisemitisch motivierter Überwachungs- und Entziehungsroutinen gegenüber der inländischen jüdischen Bevölkerung, wie sie in Bad Kissingen/Hammelburg aufgezeigt wurden, finden sich nur dort, wo es entsprechende Vorgaben des Reichsfinanzministeriums gab. Erst unterhalb dieser Ebene, bei Stundungen und Erlassen wird die regionale Prägung der Handlungen erkennbar, die sich generell durch Härte auszeichneten, sich im Einzelfall, der Steuergesetzgebung entsprechend, aber auch positiv für die Betroffenen auswirken konnte.

Die Einziehungspraxis der Finanzverwaltung ist nicht nur in Anbetracht der besonderen Machtstellung der Gauleiter in München und Nürnberg und der dort außergewöhnlich stark ausgeprägten antisemitischen Dynamik der Parteibasis bei der Judenverfolgung bemerkenswert. Sie überrascht umso mehr, als Gauleiter Streicher offensichtlich auch die Finanzbeamten in seinem Sinne zu indoktrinieren trachtete. Teilbereiche der Finanzverwaltung stellten ein von der Praxis der Parteigliederungen weitgehend unbeeinflusstes System dar. Der traditionellen Verwaltung inhärente Strukturen wie ein hoher Professionalisierungsgrad, routinierte Abläufe sowie eine primär zweckrationale Ausrichtung prägten die Überwachung und Entziehung mehr als der Einfluss regionaler Parteifunktionäre. Diese Ausprägung der Enteignungspraxis der Finanzverwaltung verrät allerdings nichts über dahinterstehende Motive, diente der monetäre Erfolg der NS-Regierung doch letztlich nur der Verwirklichung der utopischen und „rassisch" begründeten Zielsetzungen der nationalsozialistischen Ideologie.

Den Kontinuitäten über die Zäsur von 1933 hinweg stellten sich auf der anderen Seite aber auch schnell ideologisch bedingte Brüche entgegen. Hatten klassische fiskalische Zielsetzungen die durch das „Steueranpassungsgesetz" 1934 hervorgerufenen tiefen Risse in den Grundfesten traditioneller Steuergesetzgebung noch weitgehend überlagert, kamen die neuen Leitvorgaben durch die drastische Verschärfung der Devisen- und „Reichsfluchtsteuergesetzgebung" rasch zur Geltung. Im Sinne eines funktionierenden administrativen Apparates behielt das NS-Regime zwar auch hier eingespielte bürokratische Verfahrensabläufe bei, veränderte aber das dem Verwaltungshandeln zugrundeliegende politische Programm früh und umfassend. Wie schnell die Institutionen der Finanzverwaltung bereit waren, auf der neuen normativen Grundlage zu arbeiten, wenn diese mit Effizienzkriterien deckungsgleich war, verdeutlicht die rasche und konsequente Ausplünderung der jüdischen Emigranten. Die Reichsregierung konnte sich hierbei nicht nur auf die Durchsetzungsfähigkeit des hierarchisch ausgerichteten bürokratischen Apparates verlassen, sondern auch auf die „brauchbare Illegalität"[1] der Beamten vor Ort, die im Einzelfall Impulse von oben nach Maßgabe regionaler Verhältnisse im Sinne einer effizienten Verwaltung verschärften oder abfederten. In diesem Bereich zeigt sich die Einbindung der Finanzverwaltung in die regionalen Interaktionsgefüge bei der wirtschaftlichen Verfolgung der Juden deutlich. Angesichts der Agitation Julius Streichers setzte etwa in Nürnberg die Emigration der jüdischen Bevölkerung vergleichsweise früh ein. Um auf die damit zusammenhängende Gefahr der „Vermögensverschiebung" von „Nichtariern" und die lokalen Besonderheiten der Auswanderung reagieren zu können, trafen die zuständigen Abteilungen des Landesfinanzamts, die Zollfahndung, die Polizeidirek-

---

1 Luhmann, Funktionen, S. 306.

tion, die Industrie- und Handelskammer, die Finanzämter und auch die Devisenstellen bereits im September 1933 eine umfassende Kooperationsvereinbarung. Damit war man gerade im Hinblick auf die Zusammenarbeit mit der Bayerischen Politischen Polizei reichsweiten Regelungen über zwei Jahre voraus.

Lokalspezifische Prägung erhielt die Entziehungspraxis der Finanzverwaltung aber vor allem durch Impulse von außen – etwa durch die schnellere Vertreibung der jüdischen Bevölkerung in Nürnberg oder den Einfluss der Gendarmeriestationen auf die jüdische Bevölkerung in Unterfranken. Eingebunden in ein engmaschiges Überwachungsnetz nahm die Finanzverwaltung derartige Anstöße auf und konnte im Einzelfall nun auch ihrerseits entsprechende Überwachungsroutinen verschärfen. Sie orientierte sich aber weiterhin an den weitgefassten Normen der Devisengesetzgebung, formte die Impulse der NSDAP oder der Bayerischen Politischen Polizei also bürokratisch um. Im Gegensatz zu den Willkürakten regionaler Parteigliederungen und ungeachtet durchaus existierender Handlungsspielräume blieben die Überwachungs-, Sicherungs- und Entziehungsroutinen damit ein gleichförmiger und weitgehend zentral gesteuerter Prozess, der regionalen Willkürakten anderer Akteure einen Riegel vorschieben konnte und Unterschiede in den Verfahrensweisen weitgehend einebnete.

Für die Deutung der scheinbar dualistisch geprägten fiskalischen Überwachungs- und Entziehungsroutinen ist besonders Ernst Fraenkels Modell des „Doppelstaats" von Interesse, das die parallele Wirksamkeit maßnahmen- und normenstaatlicher Prinzipien innerhalb der verschiedenen Institutionen des NS-Regimes beschreibt. In der Betonung der an funktionalistischen Kriterien ausgerichteten NS-Politik, die dafür ideologische Vorgaben zumindest zeitweise beiseite zu lassen bereit war, liegt die Stärke des Ansatzes. Die unterschiedliche Verfahrensweise der Finanzverwaltung gegenüber der inländischen jüdischen Bevölkerung und jüdischen Emigranten in München und Nürnberg demonstriert die Eigenbeschränkung des Maßnahmenstaates zugunsten der Effizienzorientierung im Sinne steuerlicher Leistungsfähigkeit. In dem Versuch, die grundlegenden Charakteristika der NS-Herrschaft auf diese zwei Strukturmerkmale zu reduzieren, liegt allerdings die Problematik des Ansatzes begründet. Denn Fraenkel geht zwar von der prinzipiellen Vorherrschaft maßnahmenstaatlicher Prinzipien bei der Judenverfolgung und deren legalistischer Verschleierung aus, definiert den Normenstaat aber letztlich immer vom liberalen Rechtssystem der Weimarer Republik her. Die analytische Trennung beider Sphären verleitet dazu, ihr komplexes Mischungsverhältnis genauso zu übersehen wie die neue Definition von Norm, die aus ihrer Verbindung entstand.

Die administrativen Verfahrensweisen der Finanzverwaltung blieben bis 1938 im Wesentlichen gleich, vorhandene Neuerungen basierten auf bereits etablierten Routinen. Auf die sich radikal verändernden Vorgaben der politischen Umwelt reagierte sie aber mit einem hohen Maß an Adaptionsbereitschaft. Die Verarbeitung der neuen politischen Programmformulierung nach traditionellen bürokratischen Spielregeln ermöglichte die Koppelung ideologischer und funktionalistischer Gesichtspunkte und machte damit die effiziente Ausplünderung der jüdischen Bevölkerung überhaupt erst möglich. Die unterschiedliche Verarbeitung ideologischer Impulse durch verschiedene Herrschaftsträger mit unterschiedlichen Systemvoraussetzungen stellte mithin den eigentlichen Unterschied zwischen Maßnahmen- und Normenstaat dar. Fragt man nach den grundlegenden Charakteristika des Normenstaates, so ist die ideologisch bedingte Transformation der Norm und die dadurch hervorgerufene veränderte Verwaltungspraxis gegenüber dem Publikum besonders hervorzuheben. Die Annahme der Fortexistenz liberaler rechtsstaatlicher Prinzipien erscheint als Gradmesser hingegen unzureichend.

Gemeinhin gilt das Jahr 1938 als der Beginn der umfassenden staatlich kontrollierten Verfolgung und markiert eine zweite Phase der NS-„Judenpolitik", die mit der beruflichen Verdrängung und Ausplünderung ihren Anfang nahm und letztlich in die vollständige Vertreibung und Vernichtung der Opfer mündete. Auch wenn der Einfluss der Gauleiter auf den Raubzug in Bayern bis zur Deportation der jüdischen Bevölkerung 1940–1942 nie vollständig zurückgedrängt wurde, so brachten die Jahre 1937/38 auch für den Fiskus als Verfolger einschneidende Veränderungen mit sich. Interaktion und Eskalation, mit diesem Begriffspaar lässt sich der Prozess der wirtschaftlichen Verfolgung ab diesem Zeitraum treffend charakterisieren. Die Rolle der Finanzverwaltung bei der steuerlichen Diskriminierung und der „Arisierung" des Eigentums der Opfer war dabei teilweise durch Eigeninitiative oder bereitwillige Kooperation, teilweise aber auch durch spannungsreiches Festhalten an herkömmlichen Verwaltungsroutinen geprägt.

Auswirkungen auf die Entziehungspraxis des Fiskus hatte nun vor allem das Verhältnis zu den Gauleitern der NSDAP. Vor allem nach dem Pogrom im November 1938 kennzeichnete eine Brutalität mit bis dahin nicht gekannten Ausmaßen die Judenverfolgung, und es begann ein nahezu ungebremster Bereicherungswettlauf um das Vermögen der Opfer, der durch die selbstherrlichen Raubzüge der Gauleiter deutliche regionalspezifische Züge trug. In Unterfranken einigten sich Fiskus und Gauleitung letztlich auf ein gemeinsames Vorgehen, die Einbindung beider Institutionen in personelle Netzwerkstrukturen bestätigt daher die Tragfähigkeit regionaler Kooperationsgeflechte bei der wirtschaftlichen Verfolgung. Anders stellte sich die Situation in München dar. Hier gab es weit mehr Differenzen mit dem Gauleiter und den brutalen Antisemiten der „Arisierungsstelle", alles in allem war man allerdings auf beiden Seiten bereit, offene Brüche zugunsten einer konfliktfreien Koexistenz weitgehend zu vermeiden. In Nürnberg kennzeichneten hingegen tiefgreifende polykratische Konfliktstrukturen das spannungsreiche Verhältnis zwischen Fiskus und Gauleitung. Kompetenzstreitigkeiten zwischen Devisenfahndungsamt und Reichsfinanzministerium und die daraus resultierende Verschärfung der Verfolgung spiegelten sich dort auf regionaler Ebene wider. In jedem Fall hatten die neuen Interaktionsmuster mit den anderen an der „Arisierung" beteiligten Stellen erhebliche Auswirkungen auf die Entziehungspraxis der Finanzbeamten. Immer deutlicher tritt bei ihnen die Tendenz zutage, den eigenen Kompetenzbereich weit über den gesetzlichen Rahmen zur Verfolgung antisemitischer Zielsetzungen auszuweiten und den Verfolgungsprozess zu verschärfen. Die explizit antisemitischen Äußerungen von Finanzbeamten verweisen darüber hinaus auf die breite Adaption der ideologischen Zielvorgaben des Regimes und damit auf die Transformation der handlungsleitenden Normen.

Die Ausdehnung von Ermessensspielräumen lässt sich aber nur in Teilbereichen beobachten, gegenüber Generalisierungen ist daher Vorsicht geboten. In anderen Kontexten, etwa der Einziehung von Sondersteuern und Abgaben oder der Handhabung von Sicherungserlassen, war die fiskalische Verfolgung den Kontinuitäten administrativer Spielregeln verbunden, die sich vom Vorgehen der regionalen Parteigliederungen bei der wirtschaftlichen Verfolgung unterschied.

Besonders bemerkenswert erscheint die Fähigkeit der Finanzverwaltung in allen drei Untersuchungsräumen bis 1941/42, sich letztlich in allen Fällen gegen andersgelagerte Interessen der übrigen Institutionen der Partei und des Staates auf dem Wege des Konfliktaustrags oder der Kooperation durchzusetzen. In diesem Zusammenhang ist noch einmal auf die Bedeutung eingespielter Routinen zu verweisen. Ihre weitgehende Beibehaltung ermöglichte der Ministerialbürokratie, die Ausplünderung der Juden der zentralen Steuerung zu unterwerfen und selbst den größten monetären Gewinn aus ihr zu ziehen. Das Mischungsverhältnis aus zentraler administrativer Steuerung und Flexibilität der Beamten im Umgang mit dem Normengerüst führte daher auch nicht zu einer Atomisierung, sondern einer gleichbleibend starken Stellung der öffentlichen Verwaltung bei der wirtschaftlichen Verfolgung.

Für die Verfolgten bündelten sich die administrativ gesteuerte Verfolgung des Fiskus und die anderen Formen der Ausplünderung und Entrechtung in einem Erlebniszusammenhang. Sie erfuhren die zahllosen Angriffe und Diskriminierungen von Staatsbeamten und Parteigenossen, aber auch von Nachbarn und Kollegen als Einkreisung, aus der ein Entrinnen schwer und nach Kriegsbeginn so gut wie ausgeschlossen war. Die Wirkung der Ausplünderung auf die Verfolgten, deren Wahrnehmung und die Handlungsweisen ihres sozialen Umfeldes bezeichnen das letzte Untersuchungsfeld, das der Studie zugrunde liegt. Dass zahlreiche nichtjüdische Deutsche in allen drei Untersuchungsräumen aus der Judenverfolgung Vorteile zogen, ist unstrittig und stimmt mit den Ergebnissen zahlreicher anderer Untersuchungen über verschiedene Regionen des NS-Staates überein. Entsprechend gering war das Unrechtsbewusstsein der Profiteure im Rahmen der Wiedergutmachungsverfahren. Entlarvend ist etwa das Schreiben des Schuldners eines jüdischen Hopfenhändlers, der nun gezwungen war, die ausstehenden Summen zu begleichen. Der Nürnberger Bürger verleugnete die Rechtmäßigkeit der Forderungen, denn ansonsten, so die Argumentation, hätte sich der Hopfenhändler als „gerissener Geschäftsmann" ja mit Sicherheit schon früher gerührt. „Zu unseren Lasten kann es daher auf keinen Fall gehen; denn man muß auf einen Gerechtigkeitssinn rechnen können bei den deutschen Gerichten. Wer hätte jemals daran gedacht, daß es einmal ein Rückerstattungsgesetz geben würde."[2]

Die Bedeutung des sozialen Umfelds lässt sich allerdings nicht auf den Profit oder die Mittäterschaft reduzieren. Es konnte Wirkung und Verlauf des wirtschaftlichen Verfolgungsprozesses genauso verstärken wie abmildern und verzögern. Die Notwendigkeit zur Differenzierung offenbart sich zunächst bei den unterschiedlichen Verhaltensweisen des städtischen und ländlichen Umfeldes. Besonders deutlich zeigt sie sich darüber hinaus bei den verschiedenen Erwerbs-

---

2 Schreiben an die WB III vom 17. 2. 1955; StAN/WB III/a/858.

zweigen der jüdischen Bevölkerung, die auch deshalb als Leitkategorien den zweiten Teil der vorliegenden Arbeit strukturieren: etwa im Hinblick auf das besonders intensive Arzt-Patienten-Verhältnis auf der einen und der extrem antisemitisch aufgeladenen Atmosphäre gegen jüdische Viehhändler auf der anderen Seite. Der These, die Bevölkerung habe aus wirtschaftlichen Gründen den gesellschaftlichen Kontakt zu Juden aufrechterhalten, ist daher nicht vorbehaltlos zuzustimmen. Vielmehr gilt es, je nach Region und Berufsgruppe der Verfolgten zu differenzieren. Wie der Vergleich der verschiedenen Untersuchungsräume und Professionen zeigt, konnten auch konfessionelle Prägungen frühzeitige und brutale Ausschreitungen gegen Juden mit einem hohen Beteiligungsgrad der Bevölkerung nicht immer verhindern, vor allem dann nicht, wenn – wie in mehreren oberbayerischen Gemeinden der Fall – materielle Anreize zur Teilnahme an den Plünderungen einluden. Generell ist allerdings die überregionale Bedeutung ökonomischer Faktoren für das vielschichtige und im Falle der Dominanz jüdischer Erwerbstätiger auch weitreichende Beziehungsgeflecht zu betonen, die sowohl zu fortdauernden Bindungen wie auch zu einer forcierten Ausschlusspraxis führen konnten.

Durch die endgültige Vertreibung der Juden aus dem Berufsleben und die nahezu vollständige Kontrolle über ihr Vermögen, die spätestens ab dem Jahr 1938 einsetzten, veränderte sich die Situation grundlegend. Denn mit der umfassenden Ausplünderung stieg auch die Zahl der Nutznießer stark an. Neben der Bedeutung der direkten Erwerber wuchs vor allem die der mittelbaren Profiteure, die als Spediteure, Versteigerer, Schätzer oder Notare an der Judenverfolgung verdienten. Es war allerdings nicht der Großteil der Bevölkerung, der in den drei Untersuchungsräumen als Erwerber auftrat, vor Pauschalurteilen ist daher auch hier Vorsicht geboten. Zumindest bis zur Deportation in den Jahren 1941 und 1942 ist der tatsächliche Beteiligungsgrad der Bevölkerung nur schwer nachzuzeichnen. Die grundsätzliche Verteilungshoheit hielten die Institutionen von Staat und Partei in den Händen; vor allem Letztgenannte nutzte die wirtschaftliche Verfolgung zur Finanzierung der kostspieligen Zielsetzungen ihrer Spitzenfunktionäre. Einer vom Regime intendierten breiten Korrumpierung der „Volksgenossen" mit jüdischem Vermögen, wie sie von Götz Aly behauptet wird, steht darüber hinaus die oftmals harte Behandlung der nichtjüdischen Erwerber durch die Verwaltungsbehörden entgegen, die sich in der Eintreibung der sogenannten Ausgleichsabgabe durch die staatlichen Verwaltungsbehörden deutlich manifestierte.

Derartige regionalspezifische und erwerbsabhängige Unterschiede beeinflussten natürlich auch die Wirkung der Verfolgung auf die Verfolgten und deren Wahrnehmung. Zahlenmaterial – wie etwa Einkommensentwicklungen oder Emigrationsstatistiken – deuten hierauf genauso hin wie die Reaktionen der Verfolgten, die in Versuchen der Vermögensrettung ins Ausland ihren deutlichsten Niederschlag fanden. Maßgeblich für die Durchführbarkeit der Verteidigungsstrategien waren vor allem die berufliche Tätigkeit und die damit verbundenen finanziellen Handlungsspielräume der Betroffenen. Die spektakulären Einzelfälle international agierender Unternehmer dürfen daher auch nicht darüber hinwegtäuschen, dass der größte Teil der jüdischen Bevölkerung über keine entsprechenden Verbindungen verfügte und sich der Gefahr des „illegalen" Vermögenstransfers nur äußerst selten aussetzte. Während einigen der traditionell international agierenden Nürnberger Hopfenhändlern die Umgehung fiskalischer Zwangsmaßnahmen gelang, da sie für ihre Unternehmen im Ausland als Vertreter weiterarbeiteten und so die noch offenen Exportaußenstände vereinnahmen konnten, verfügten weder die breite Masse des mittelständischen Einzelhandels noch die jüdischen Viehhändler in der ländlichen Region über entsprechende Möglichkeiten. Die Folgen waren letztlich verheerend: In einem fremden gesellschaftlichen und kulturellen Umfeld mussten die Emigranten häufig als soziale Härtefälle und Bittsteller ihr Dasein fristen. Die im Reich Verbliebenen verloren jeden Heller und Pfennig, bevor sie administrativ abgewickelt ihrer eigenen Ermordung entgegensehen mussten.

Insgesamt verdeutlicht der Vergleich der Regionen und Erwerbszweige drei für das Verfolgungsschicksal relevante Faktoren, die damit auch die Grenzen der Handlungsspielräume jüdischer Erwerbstätiger absteckten. Hierbei handelte es sich zunächst um den Faktor Zeit, der nicht nur Art und Umfang der Verfolgung, sondern auch den Charakter der Bindungen an die nichtjüdische Bevölkerung maßgeblich beeinflusste. Darüber hinaus führte die Branche zu unterschiedlichen Relationen von Betroffenen und sozialem Umfeld und hatte maßgeblichen Einfluss auf den Kreis und die Anzahl der Profiteure. Von entscheidender Bedeutung war schließlich der Ort der Entziehung. Er bildet zahlreiche Spezifika ab, die das Leben der jüdischen Bevölkerung und das Beziehungsgeflecht zu ihrem sozialen Umfeld determinierten. Hierzu gehören die Charakteristika der regionalen Parteigliederungen genauso wie die jeweilige Dichte der jüdischen Bevölkerung oder deutliche Unterschiede zwischen ländlichem und städtischem Lebensraum.[3]

Fragt man angesichts der schnell einsetzenden Diskriminierung, Gewalt und Isolation nach der Wahrnehmung der Ausplünderung, so ist die Bündelung der unterschiedlichen Verfolgungserfahrungen bei den Überlebenden nach dem Krieg zu berücksichtigen. Sie äußerte sich in einem Trauma mit multiplen Ursachen, das als Anpassungsstörung oder „posttraumatic stress disorder" zu psychischen Schäden zahlreicher Betroffener führte. Oftmals waren es Hafterfahrung und Gewalt, die sich als dominante Erinnerung in das Gedächtnis einbrannten, zumal körperliche Schäden zeitlebens sichtbar und erfahrbar blieben, während der Neuaufbau einer wirtschaftlichen Existenz die Folgen der beruflichen Verfolgung zumindest oberflächlich zu kompensieren in der Lage war. Ungeachtet der oftmals nachrangigen Stellung der wirtschaftlichen Verfolgung in den Erinnerungsberichten lassen sich einige prägnante Erfahrungen erkennen, die als besonders drastische Erlebnisse zahlreicher Opfer in den Quellen ihren Niederschlag gefunden haben.

Gravierende Auswirkungen hatte vor allem der teilweise intendierte aber häufig auch nicht geplante funktionale Zusammenhang der Gewaltausbrüche und Diskriminierungen der Partei und der bürokratischen Vermögensentziehung der Finanzverwaltung, der letztlich die rasche und konsequente Ausplünderung der Juden ermöglichte. Zahlreiche Beispiele verdeutlichten die Verbindung von der durch die legislative Verfolgung hervorgerufenen strukturellen und der primär aus

---

3 Vgl. zu den drei Faktoren auch Bajohr, Prozess, S. 17 ff.

den Boykotten und körperlichen Übergriffen resultierenden situativen Gewalt gegen Juden. Beide Formen der Gewalt prägten bereits früh Erfahrung und Erwartung der Verfolgten nachhaltig. Durch die berufliche „Ausschaltung", Stigmatisierung und Kriminalisierung ihrer sozialen Stellung und der Früchte ihrer Leistungen beraubt, litten sie in der Gegenwart unter der Angst vor zunehmender Isolation und vollständiger Verarmung. Der Verlust des Berufes führte bei den Auswandernden auch bei ihrer zukünftigen Existenz in den Einwanderungsländern häufig zu Isolation und wirtschaftlichen Notlagen.

Für Verfolger und Verfolgte gleichermaßen war der entscheidende Wendepunkt auf der Zeitachse dann der Herbst des Jahres 1938. In den ersten Jahren der NS-Herrschaft stand vor allem die Verdrängung aus dem Beruf im Vordergrund der wirtschaftlichen Verfolgung, entsprechend wichtig wurde das Verhalten von Kunden, Patienten oder Kollegen. Die vollständige Negierung der beruflichen und die flächendeckend wirksame drastische Einengung der privaten Gestaltungsmöglichkeiten durch den Staat setzte dann ab Ende 1938 ein. Bei den wenigen noch vorhandenen Schilderungen ist denn auch eine deutlich gesteigerte Bezugnahme auf die Verfolgungsmaßnahmen der Finanzverwaltung ab 1938 besonders auffällig. Dies gilt nicht nur für die Überwachung und Entziehung von Emigrantenvermögen, sondern auch für die neu erlassenen Sicherungsverfügungen und die antisemitischen Sondersteuern. Finden die eher leisen fiskalischen Entziehungsformen in den Erinnerungszeugnissen der Betroffenen für den Zeitraum 1933–1938 kaum Erwähnung, so geriet der Fiskus danach auch in den Augen der Verfolgten zunehmend ins Zentrum staatlicher Kriminalität gegen die inländische jüdische Bevölkerung. Die Finanzbehörden waren nun integraler Bestandteil eines gewaltigen staatlichen Verwaltungsapparates, dessen Bestrebungen auf die vollständige Separierung und Vertreibung der gesamten jüdischen Bevölkerung zielte, und diese meist zu ohnmächtigen Zuschauern beim Prozess der Liquidierung ihres eigenen Vermögens werden ließ.

Abkürzungen

AA	Auswärtiges Amt
ADEFA	Arbeitsgemeinschaft deutsch-arischer Fabrikanten der Bekleidungsindustrie
AdPK	Akten der Parteikanzlei
AG	Aktiengesellschaft
Art.	Artikel
BA	Bezirksamt
BAB	Bundesarchiv Berlin
BayHStAM	Bayerisches Hauptstaatsarchiv
BDC	Berlin Document Center
BEG	Bundesentschädigungsgesetz
BGB	Bürgerliches Gesetzbuch
BGBl.	Bundesgesetzblatt
BLEA	Bayerisches Landesentschädigungsamt
BPP	Bayerische Politische Polizei
Bubiag	Braunkohlen- und Brikett-Industrie AG
BVP	Bayerische Volkspartei
BWA	Bayerisches Wirtschaftsarchiv
D.	Delo (Akte)
Dass.	Dasselbe
DAF	Deutsche Arbeitsfront
DATAG	Deutsche Allgemeine Treuhand AG
Dego	Deutsche Golddiskontbank
Ders.	Derselbe
Dies.	Dieselbe
DevGes.	Devisengesetzgebung
Dir.	Direktor
DNVP	Deutschnationale Volkspartei
Dok.	Dokument
EG	Entschädigungsgesetz
Fa.	Firma
FinA	Finanzamt
FinPräs	Finanzpräsident
Gestapa	Geheimes Staatspolizeiamt
Gestapo	Geheime Staatspolizei
GG	Grundgesetz

GmbH	Gesellschaft mit beschränkter Haftung
GuG	Geschichte und Gesellschaft
GWB	Gauwirtschaftsberater
GWSt	Gesetz über den Widerruf von Einbürgerungen und die Aberkennung der deutschen Staatsangehörigkeit
Hg.	Herausgeber
HJ	Hitlerjugend
IfZ	Institut für Zeitgeschichte
IHK	Industrie- und Handelskammer
IMT	International Military Tribunal
IRSO	Jewish Restitution Successor Organisation
Jg.	Jahrgang
Juva	Judenvermögensabgabe
KPD	Kommunistische Partei Deutschlands
KV	Kriegsverbrecher
KZ	Konzentrationslager
L.	List (Blatt)
LBIB	Leo Baeck Institut Berlin
LBINY	Leo Baeck Institut New York
LFA	Landesfinanzamt
LG	Landgericht
LRA	Landratsamt
MF	Bayerisches Finanzministerium
MinDir.	Ministerialdirektor
MInn	Bayerisches Innenministerium
MinPräs	Bayerischer Ministerpräsident
MinRat	Ministerialrat
ML	Bayerisches Landwirtschaftsministerium
MWi	Bayerisches Wirtschaftsministerium
NARA	National Archives and Records Administration
Nbg.	Nürnberg
NPL	Neue Politische Literatur
NS	Nationalsozialismus
NSBO	Nationalsozialistische Betriebszellenorganisation
NSDAP	Nationalsozialistische Deutsche Arbeiterpartei
NS-Hago	Nationalsozialistische Handels- und Handwerksorganisation
NSKK	Nationalsozialistisches Kraftfahrkorps
NSV	Nationalsozialistische Volkswohlfahrt

OB	Oberbürgermeister
o.D.	ohne Datum
OFD	Oberfinanzdirektion
OFP	Oberfinanzpräsidium/Oberfinanzpräsident
OFPM	Oberfinanzpräsident München
OFPN	Oberfinanzpräsident Nürnberg
OFPW	Oberfinanzpräsident Würzburg
OHG	Offene Handelsgesellschaft
o. J.	ohne Jahr
OLG	Oberlandesgericht
OMGUS	Office of Military Government for Germany
OMGBY	Office of Military Government for Bavaria
o. O.	ohne Ort
Op.	Opis (Findbuch)
OPG	Oberstes Parteigericht
ORR	Oberregierungsrat
OStI	Obersteuerinspektor
Pg.	Parteigenosse
Pol.Dir.	Polizei-Direktion
RdErl.	Runderlass
RdF	Reichsminister der Finanzen
RdI	Reichsminister des Innern
RDir.	Regierungsdirektor
RdJ	Reichsminister der Justiz
RE	Restitution
Rfl.	Reichsfluchtsteuer
RGBl.	Reichsgesetzblatt
RGVA	Rossijskij gosudarstvennyj voennyj archiv (Sonderarchiv beim Staatlichen Militärarchiv, Moskau)
RM	Reichsmark
RR	Regierungsrat
RSHA	Reichssicherheitshauptamt
RStBl.	Reichssteuerblatt
RWM	Reichswirtschaftsminister
SA	Sturmabteilung der NSDAP
SD	Sicherheitsdienst der SS
SoA	Sonderarchiv
Sopade	Vorstand der Sozialdemokratischen Partei Deutschlands im Exil
SPD	Sozialdemokratische Partei Deutschlands
SpK	Spruchkammerakten
SS	Schutzstaffel der NSDAP

StadtABK	Stadtarchiv Bad Kissingen
StadtAM	Stadtarchiv München
StadtAN	Stadtarchiv Nürnberg
StAM	Staatsarchiv München
StAN	Staatsarchiv Nürnberg
StAnpG	Steueranpassungsgesetz
Staudi	Steueraußendienst
StAW	Staatsarchiv Würzburg
StI	Steuerinspektor
StK	Bayerische Staatskanzlei
US	United States
VfZ	Vierteljahrshefte für Zeitgeschichte
VV	Vermögensverwertung
VVM	Vermögensverwertungs-GmbH München
WABW	Wirtschaftsarchiv Baden-Württemberg
WB	Wiedergutmachungsbehörde
ZAA	Zentrales Anmeldeamt
ZBLG	Zeitschrift für Bayerische Landesgeschichte
ZfG	Zeitschrift für Geschichtswissenschaft

Quellen und Literatur

Ungedruckte Quellen

1. Bayerisches Hauptstaatsarchiv (BayHStAM)

EG/BEG Entschädigungsakten „rassisch" Verfolgter
MA Außenministerium
MF Finanzministerium
MInn Innenministerium
MK Bayerisches Staatsministerium für Unterricht und Kultus
ML Landwirtschaftsministerium
MWi Staatsministerium für Wirtschaft und Verkehr
OMGUS Legal Division
Reichsstatthalter Epp
Spruchkammerakten
StK Staatskanzlei

2. Bayerisches Landesentschädigungsamt (BLEA)

BEG/EG Einzelfallakten „rassisch" Verfolgter

3. Bayerisches Wirtschaftsarchiv (BWA)

Einzelfallakten der Industrie- und Handelskammer

4. Bestände des ehemaligen Berlin Document Center im BAB (BDC)

Oberstes Parteigericht der NSDAP
Partei-Korrespondenz
Reichsärztekammer

5. Bundesarchiv Berlin (BAB)

NS-5-I Deutsche Arbeitsfront
NS 6 Parteikanzlei der NSDAP
NS 19 Reichsführer SS
NS 20 kleine Erwerbungen der NSDAP
R 2 Reichsfinanzministerium
R 55 Reichsministerium für Volksaufklärung und Propaganda
R 58 Reichssicherheitshauptamt
R 1501/1 Reichsinnenministerium
R 3001 Reichsjustizministerium
R 3101 Reichswirtschaftsministerium
R 3601 Reichsministerium für Ernährung und Landwirtschaft

6. Institut für Zeitgeschichte (IfZ)

Da Druckschriften
Fa Kopiensammlung

Gm Gerichtsakten
Gs Gerichtsakten
MA Mikrofilmsammlung

7. Leo Baeck Institut Berlin (LBIB)

Nachlässe

8. Leo Baeck Institut New York (LBINY)

Nachlässe

9. National Archives and Records Administration College Park (NARA)

T 580 Captured Files (Microfilms)

10. Oberfinanzdirektion Nürnberg (OFD)

BA Emigrantenvermögen
B I Erste Deportationswelle
B I † Vor der Deportation verstorben
B II Zweite Deportationswelle
B III Dritte Deportationswelle
B III † Vor der Deportation verstorben
B IV Vierte Deportationswelle
B V Fünfte Deportationswelle
B V † Vor der Deportation verstorben
B Rf Vermögen von Reichsfeinden

11. Rossijskij gosudarstvennyj voennyj archiv (RGVA, ehemaliges Sonderarchiv Moskau)

Fond 500c Reichssicherheitshauptamt

12. Staatsarchiv München (StAM)

Finanzämter
Gestapo
LRA Landratsämter
NSDAP
OFD Oberfinanzdirektion
Pol.Dir. Polizeidirektion
Privatarchiv Nr. 20, Kanzlei Roquette
Sondergericht
SpK Spruchkammerakten
Staatsanwaltschaften
WB Wiedergutmachungsbehörde

13. Staatsarchiv Nürnberg (StAN)

Anklagebehörde beim Sondergericht Nürnberg
Finanzämter
KV Nürnberger Kriegsverbrecherprozess Anklagedokumente
Mischbestand NSDAP

OFD Oberfinanzdirektion
Polizeidirektion Nürnberg-Fürth
Regierung von Ober- und Mittelfranken
Sammlung Streicher
SpK Spruchkammerakten
Staatliches Gesundheitsamt Schwabach
Staatsanwaltschaften
Staatspolizeistelle Nbg.-Fürth, Arisierungsakten
WB Wiedergutmachungsbehörde

14. Staatsarchiv Würzburg (StAW)

Bezirksamt Bad Kissingen
Finanzamt Bad Kissingen
Gestapo-Akten
Gestapoleitstelle
Kreisleitung Aschaffenburg-Alzenau
Kreisleitung Brückenau-Hammelburg
Landratsämter
NSDAP Gau Mainfranken
Sammlung Schumacher
Spruchkammerakten
Staatsanwaltschaften
WB Wiedergutmachungsbehörde

15. Stadtarchiv Bad Kissingen (StadtABK)

Stadtratsprotokolle

16. Stadtarchiv München (StadtAM)

Amt für öffentliche Ordnung
Gewerbeamt
Kommunalreferat Jüdisches Vermögen
Krankenhaus Schwabing
Personalakten
Polizeidirektion
Wohlfahrt
Mikrofilme Yad Vashem

17. Stadtarchiv Nürnberg (StadtAN)

C 7 Hauptregistratur
C 18/I Personalamt/Allgemeine Akten
C 20/V Bauakten
C 21/III Einwohnerregister und -karteien
C 22/II Gewerbeabmeldungen
C 36/I Stadtarchiv/Allgemeine Akten
C 52/I Kriegsschädenamt/Allgemeine Akten/Gewerbeschadensakten
C 61(2) Rechtsamt
C 63 Steueramt
E 10 Nachlässe
F 5 Quellen und Forschungen zur Geschichte Nürnbergs
F 6 Akten der Amerikanischen Militärregierung in Bayern (OMGBY)
F 14 Dokumente zum jüdischen Leben in Nürnberg und Franken

18. Wirtschaftsarchiv Baden-Württemberg (WABW)

Verzeichnis jüdischer Gewerbetreibender

Zeitungen und Zeitschriften

Allgemeine Viehhandelszeitung
Bayerische Ärztezeitung
Bayerische Israelitische Gemeindezeitung
Berliner Tageblatt
Der Stürmer
Deutsches Ärzteblatt
Fränkische Zeitung
Mainfränkische Zeitung
Manchester Guardian
Münchner Ärztliche Anzeigen
Münchner Neueste Nachrichten
Nürnberger Nachrichten
Rolling Stone
Sonntag Morgen Post
Völkischer Beobachter (Berliner und Münchner Ausgabe)
Zeitschrift des Bayerischen Statistischen Landesamtes

Amtliche Drucksachen

Bayerischer Staatsanzeiger
Bayerisches Jahrbuch, hg. von Ernst Ferdinand Müller. 52 Jg. (1941)
Münchner Jahrbuch. Ein Hand- und Nachschlagebuch für Büro, Kontor und Haus nebst Kalender, hg. von Wilhelm Morgenroth u. a. Jg. 43–50 (1932–1939)
Reichsarbeitsblatt
Reichsarbeitsblatt II (Nichtamtlicher Teil)
Reichsgesetzblatt
Reichssteuerblatt
Statistisches Handbuch der Hauptstadt der Bewegung für die Jahre 1927–1937, hg. vom Hauptverwaltungsamt und Städtischem Amt im Auftrag von Reichsleiter Karl Fiehler. München 1938
Verzeichnis der deutschen Ärzte und Heilanstalten. Reichsmedizinalkalender für Deutschland, Teil II., hg. von H. Lautsch/H. Dornedden, 58. Jahrgang. Leipzig 1937

Gedruckte Quellen

Aralk (Pseudonym): Die Rettung der Söhne, in: Limberg, Margarete/Rübstaat, Hubert (Hg.): Sie durften nicht Deutsche sein. Jüdischer Alltag in Selbstzeugnissen 1933–1938. Frankfurt am Main u. a. 1990, S. 230–233.

Bauer, Elvira: Ein Bilderbuch für Groß und Klein. Trau keinem Fuchs auf grüner Heid und keinem Jud bei seinem Eid. Nürnberg 1936.
Behrend-Rosenfeld, Else R.: Ich stand nicht allein. Leben einer Jüdin in Deutschland 1933–1944. München 1988.

Best, Werner: Neugründung des Polizeirechts, in: Jahrbuch der Akademie für Deutsches Recht 4 (1937), S. 132–138.

Buchner, Hans: Dämonen der Wirtschaft. Gestalten und dunkle Gewalten aus dem Leben unserer Tage. München 1928.

Darré, Richard Walther: Neuadel aus Blut und Boden. München 1930.

Darré, Richard Walther: Das Bauerntum als Lebensquell der nordischen Rasse. München 1929.

Deutschlandberichte der Sozialdemokratischen Partei Deutschlands (Sopade) 1934–1940. Fünfter Jahrgang 1938, hg. von Klaus Behnken. Frankfurt am Main 2001.

Feder, Gottfried: Der Deutsche Staat auf nationaler und sozialer Grundlage. München 1931.

Feder Gottfried: Das Pogramm der NSDAP und seine weltanschaulichen Grundlagen. Murnau 1929.

Feder, Gottfried: Das Manifest zur Brechung der Zinsknechtschaft des Geldes. München 1919.

Fritsch, Theodor: Handbuch der Judenfrage. Eine Zusammenstellung des wichtigsten Materials zur Beurteilung des jüdischen Volkes. Hamburg 1919.

Fröhlich, Elke (Hg.): Joseph Goebbels. Tagebücher. Sämtliche Fragmente, 4 Bde. München 1977–1984.

Hadrich: Das voraussichtliche Angebot von Ärzten in den kommenden Jahren, in: Deutsches Ärzteblatt 21 (1934), S. 568 f.

Hadrich: Die nichtarischen Ärzte in Deutschland, in: Deutsches Ärzteblatt 51 (1934), S. 1243–1245.

Heiber, Helmut/Longerich, Peter (Bearb.): Akten der Parteikanzlei der NSDAP. Rekonstruktionen eines verlorengegangenen Bestandes, 4 Bde. und 4 Registerbände. München u. a. 1983/1992.

Heller, Alfred: Dr. Seligmanns Auswanderung. Der schwierige Weg nach Israel. München 1990.

Hersh, Renate: Die drei Ohren Gottes. Eine jüdische Emigrantin erinnert sich an ihre Jugend im Isartal. Schäftlarn 1995.

Hiemer, Ernst: Der Giftpilz. Ein Stürmerbuch für Alt und Jung. Nürnberg 1938.

Hitler, Adolf: Mein Kampf, Bd. 2, Die nationalsozialistische Bewegung. München 1933.

Hitler. Reden, Schriften, Anordnungen, Februar 1925 – Januar 1933, hg. vom Institut für Zeitgeschichte, bearbeitet von Katja Klee, Christian Hartmann und Klaus A. Lankheit, 17 Bde. München u. a. 1992–2003.

Jäckel, Eberhard (Hg.): Hitler. Sämtliche Aufzeichnungen 1905–1924. Stuttgart 1980.

Kahn, Liselotte: Die jüdische Nase meines Mannes, in: Limberg, Margarete/Rübstaat, Hubert (Hg.): Sie durften nicht Deutsche sein. Jüdischer Alltag in Selbstzeugnissen 1933–1938. Frankfurt am Main u. a. 1990, S. 61–74.

Kolb, Bernhard: Die Juden in Nürnberg 1839–1945 (Teil 4), S. 2, URL: http://home.t-online.de/home/RIJONUE/kolb04.html (3. 4. 2004).

Krauß, Hans: Mainfrankens tausendjährige Not und Erlösung, in: Das Buch der deutschen Gaue. Fünf Jahre nationalsozialistische Aufarbeitung. Bayreuth 1938, S. 295–304.

Kulka, Otto Dov/Jäckel, Eberhard (Hg.): Die Juden in den geheimen NS-Stimmungsberichten 1933–1945. Düsseldorf 2004.

Meros, Ruth: „Protestiert habe ich erst später in meinen Träumen." Aus dem Leben einer jüdischen Münchnerin, in: Landeshauptstadt München (Hg.): Jüdisches Leben in München. Lesebuch zur Geschichte des Münchner Alltags. Geschichtswettbewerb 1993/1994. München 1995, S. 11–21.

Ostrowski, Siegfried: Vom Schicksal jüdischer Ärzte im Dritten Reich. Ein Augenzeugenbericht aus den Jahren 1933–1939, in: Bulletin des Leo-Baeck-Instituts 6 (1963), S. 313–353.

Das Parteiprogramm: Wesen, Grundsätze und Ziele der NSDAP, hg. u. erl. von Alfred Rosenberg. München 1941.

Preiß, Hans: Franken, in: Das Buch der deutschen Gaue. Fünf Jahre nationalsozialistische Aufarbeitung. Bayreuth 1938, S. 287–294.

Roßmaier, Alois: München-Oberbayern. München 1941 (= Die deutschen Gaue seit der Machtergreifung, hg. von Paul Meier-Benneckenstein).

Das Schwarzbuch. Tatsachen und Dokumente. Die Lage der Juden in Deutschland, hg. vom Comité des Délégations juives. Paris 1934.

Schwerin von Krosigk, Lutz: Staatsbankrott. Frankfurt/Zürich 1974.

Spies, Gerty: Erinnerungen an Dr. Julius Spanier, in: Lamm, Hans (Hg.): Vergangene Tage. Jüdische Kultur in München. München 1982, S. 130–135.

Stein-Pick, Charlotte: Meine verlorene Heimat. Bamberg 1992.

Tätigkeits- und Abschlußbericht des Treuhänders gemäß Beschluß des Regierungspräsidenten in München und des Beauftragten des Gauleiters zum 30. Juni 1943. Im Auftrag von Hans Wegner, bearbeitet von Michael Meister. München 1943. Abgedruckt in: Stadtarchiv München (Hg.): „… verzogen, unbekannt wohin." Die ersten Deportationen von Münchner Juden im November 1941. München/Zürich 2000, Dokument 22 [ohne Seitenangabe].

Die Tagebücher von Joseph Goebbels, hg. von Elke Fröhlich, Teil I, Aufzeichnungen 1923–1941, Bd. 3/II (März 1936 – Februar 1937). München 2001.

Die Tagebücher von Joseph Goebbels, hg. von Elke Fröhlich, Teil II, Diktate 1941–1945, Bd. 5 (Juli – September 1942). München 1995.

Verhandlungen des Bayerischen Landtags. Stenographische Berichte. 51. Sitzung vom 27. 6. 1929. München 1929.

Wagner, Gerhard: Die Nürnberger Judengesetze. Nationalsozialistische Rassen und Bevölkerungspolitik, in: Schriften der Bewegung, Heft 1, 1938, S. 7–23.

Walk, Joseph (Hg.): Das Sonderrecht für die Juden im NS-Staat. Eine Sammlung der gesetzlichen Maßnahmen und Richtlinien – Inhalt und Bedeutung. Heidelberg/Karlsruhe 1981.

Zimmermann, Hans: Der Traditionsgau München-Oberbayern, in: Das Buch der deutschen Gaue. Fünf Jahre nationalsozialistische Aufarbeitung. Bayreuth 1938, S. 315–322.

Literatur

Aalders, Gerald: Geraubt. Die Enteignung jüdischen Besitzes im Zweiten Weltkrieg. Köln 2000.

Adam, Uwe Dietrich: Judenpolitik im Dritten Reich. Düsseldorf 1972.

Adler, Hans G.: Der verwaltete Mensch. Tübingen 1974.

Adler-Rudel, Shalom: Jüdische Selbsthilfe unter dem Naziregime 1933–1939. Im Spiegel der Reichsvertretung der Juden. Tübingen 1974.

Albrow, Martin: Bürokratie. München 1972.

Aly, Götz: Hitlers Volksstaat. Raub, Rassenkrieg und nationaler Sozialismus. Frankfurt am Main 2005.

Aly, Götz: „Endlösung". Völkerverschiebung und Mord an den europäischen Juden. Frankfurt am Main 1995.

Aly, Götz/Heim, Susanne: Vordenker der Vernichtung. Auschwitz und die deutschen Pläne für eine europäische Neuordnung. Hamburg 1991.

Andree, Christian: Die Ausschaltung jüdischer Mediziner aus der Universität Breslau und die Gleichschaltung der Ärzteschaft durch den Reichsärzteführer Gerhard Wagner, in:

Bossle, Lothar (Hg.): Nationalsozialismus und Widerstand in Schlesien. Sigmaringen 1989, S. 105–120.

Arbogast, Christiane: Herrschaftsinstanzen der württembergischen NSDAP. Funktion, Sozialprofil und Lebenswege einer regionalen NS-Elite 1920–1960. München 1998.

Aronson, Shlomo: Reinhard Heydrich und die Frühgeschichte von Gestapo und SD. Stuttgart 1971.

Auerbach, Hellmuth: Regionale Wurzeln und Differenzen der NSDAP 1919–1923, in: Möller, Horst/Wirsching, Andreas/Ziegler, Walter (Hg.): Nationalsozialismus in der Region. München 1996, S. 65–85.

Baader, Gerhard: Politisch motivierte Emigration deutscher Ärzte, in: Berichte zur Wissenschaftsgeschichte 7 (1984), S. 67–84.

Bachmann, Christoph: Blut und Boden – Zur Herrschafts- und Verwaltungsgeschichte des Reichsnährstands in Bayern, in: Rumschöttel, Hermann/Ziegler, Walter (Hg.): Staat und Gaue in der NS-Zeit. Bayern 1933–1945. München 2004, S. 621–650.

Baeyer, Walter Ritter von/Häfner, Heinz/Kisker, Karl Peter: Psychiatrie der Verfolgten. Psychopathologische und gutachterliche Erfahrung an Opfern der nationalsozialistischen Verfolgung und vergleichbarer Extrembelastungen. Berlin/Göttingen/Heidelberg 1964.

Baird, Jay W.: Das politische Testament Julius Streichers, in: VfZ 26 (1978), S. 660–693.

Bajohr, Frank: Der folgenlose Skandal. Korruptionsaffären im Nationalsozialismus, in: Sabrow, Martin (Hg.): Skandal und Diktatur. Formen öffentlicher Empörung im NS-Staat und in der DDR. Göttingen 2004, S. 59–76.

Bajohr, Frank: Interessenkartell, personale Netzwerke und Kompetenzausweitung: Die Beteiligten bei der „Arisierung" und Konfiszierung jüdischen Vermögens, in: Hirschfeld, Gerhard/Jersak, Tobias (Hg.): Karrieren im Nationalsozialismus. Funktionseliten zwischen Mitwirkung und Distanz. Frankfurt am Main/New York 2004, S. 45–55.

Bajohr, Frank: „Unser Hotel ist judenfrei." Bäder-Antisemitismus im 19. und 20. Jahrhundert. Frankfurt am Main 2003.

Bajohr, Frank: Parvenüs und Profiteure. Korruption in der NS-Zeit. Frankfurt am Main 2001.

Bajohr, Frank: „Arisierung" als gesellschaftlicher Prozess. Verhalten, Strategien, und Handlungsspielräume jüdischer Eigentümer und „arischer" Erwerber, in: Fritz Bauer Institut (Hg.): „Arisierung" im Nationalsozialismus. Volksgemeinschaft, Raub und Gedächtnis. Frankfurt am Main 2000, S. 15–30.

Bajohr, Frank: Verfolgung aus gesellschaftlicher Perspektive. Die wirtschaftliche Existenzvernichtung der Juden und die deutsche Gesellschaft, in: GuG 26 (2000), S. 629–656.

Bajohr, Frank: „Arisierung" in Hamburg. Die Verdrängung der jüdischen Unternehmer 1933–1945. Hamburg 1998.

Bajohr, Frank: Gauleiter in Hamburg, in: VfZ 43 (1995), S. 267–295.

Banken, Ralf: Das nationalsozialistische Devisenrecht als Steuerungs- und Diskriminierungsinstrument 1933–1945, in: Bähr, Johannes/Banken, Ralf (Hg.): Wirtschaftssteuerung durch Recht im Nationalsozialismus. Studien zur Entwicklung des Wirtschaftsrechts im Interventionsstaat des „Dritten Reichs". Frankfurt am Main 2006, S. 121–236.

Bankier, David (Hg.): Probing the Depths of German Antisemitism. German Society and the Persecution of the Jews, 1933–1941. New York/Oxford/Jerusalem 2000.

Bankier, David: Die öffentliche Meinung im Hitler-Staat. Die „Endlösung" und die Deutschen. Eine Berichtigung. Berlin 1995.

Barkai, Avraham: Volksgemeinschaft, „Arisierung" und der Holocaust, in: Herzig, Arno/Lorenz, Ina (Hg.): Verdrängung und Vernichtung der Juden unter dem Nationalsozialismus. Hamburg 1992, S. 133–152.

Barkai, Avraham: Die deutschen Unternehmer und die Judenpolitik im „Dritten Reich", in: GuG 15 (1989), S. 227–247.

Barkai, Avraham: Vom Boykott zur „Entjudung". Der wirtschaftliche Existenzkampf der Juden im Dritten Reich 1933–1943. Frankfurt am Main 1988.

Barkai, Avraham: „Schicksalsjahr 1938". Kontinuität und Verschärfung der wirtschaftlichen

Ausplünderung der deutschen Juden, in: Pehle, Walter H. (Hg.): Der Judenpogrom 1938. Von der „Reichskristallnacht" zum Völkermord. Frankfurt am Main 1988, S. 94–117.

Barkai, Avraham: Das Wirtschaftssystem des Nationalsozialismus. Frankfurt am Main 1988.

Barkai, Avraham: Der wirtschaftliche Existenzkampf der Juden im Dritten Reich (1933–1938), in: Das Parlament Nr. 31, 2. 8. 1986, S. 43.

Barth, Heinrich J./Klinke, Christiane/Schmidt, Klaus: Der große Hopfenatlas. Nürnberg 1994.

Bathe, Horst/Kumpf, Johann Heinrich: Die Mittelbehörden der Reichsfinanzverwaltung und ihre Präsidenten 1919–1945. Eine Dokumentation. Brühl 1999.

Bauer, Richard u. a. (Hg.): München – „Hauptstadt der Bewegung". Bayerns Metropole und der Nationalsozialismus. München 1993.

Bauer, Yehuda: Die dunkle Seite der Geschichte. Die Shoa in historischer Sicht. Interpretationen und Re-Interpretationen. Frankfurt am Main 2001.

Bauer, Yehuda: Overall Explanations, German Society and the Jews or: Some Thoughts about Context, in: Bankier, David (Hg.): Probing the Depths of German Antisemitism. German Society and the Persecution of the Jews, 1933–1941. New York/Oxford/Jerusalem 2000, S. 3–18.

Baumann, Angelika/Heusler, Andreas: Einleitung, in: Dies. (Hg.): München arisiert. Entrechtung und Enteignung der Juden in der NS-Zeit. München 2004.

Baumann, Angelika/Heusler, Andreas (Hg.): München arisiert. Entrechtung und Enteignung der Juden in der NS-Zeit. München 2004.

Baumann, Zygmunt: Dialektik der Ordnung. Die Moderne und der Holocaust. Hamburg 1992.

Beck, Hans-Jürgen/Walter, Rudolf: Jüdisches Leben in Bad Kissingen. Bad Kissingen 1990.

Bendix, Reinhard: Über die Macht der Bürokratie, in: Mayntz, Renate (Hg.): Bürokratische Organisation. Köln/Berlin 1971, S. 359–365.

Bensheim, H.: Die KZ-Neurose rassisch Verfolgter, in: Nervenarzt 31 (1960), S. 25–32.

Benz, Arthur: Normanpassung und Normverletzung im Verwaltungshandeln, in: Ders./Seibel, Wolfgang (Hg.): Zwischen Kooperation und Korruption. Abweichendes Verhalten in der Verwaltung. Baden Baden 1992, S. 31–58.

Benz, Wolfgang: Die Deutschen und die Judenverfolgung. Mentalitätsgeschichtliche Aspekte, in: Büttner, Ursula (Hg.): Die Deutschen und die Judenverfolgung im Dritten Reich. Hamburg 1992, S. 51–65.

Benz, Wolfgang: Zum Verhältnis NSDAP und staatlicher Verwaltung im Dritten Reich, in: Büttner, Ursula (Hg.): Das Unrechtsregime. Hamburg 1986, S. 203–218.

Berliner Geschichtswerkstatt (Hg.): Am Wedding haben sie gelebt. Lebenswege jüdischer Bürgerinnen und Bürger. Berlin 1998.

Bielefeld, Ulrich: Gewalt, Nachbarschaft und Staat. Eine Soziologie lokaler Gewalt, in: Mittelweg 36, 13 (2004), Heft 5, S. 5–22.

Birkwald, Ilse: Die Finanzverwaltung im Dritten Reich, in: Leesch, Wolfgang/Birkwald, Ilse/Blumberg, Gerd: Geschichte der Finanzverfassung und -verwaltung in Westfalen seit 1815. Münster 1994, S. 235–275.

Bischoff, Frank/Höötmann, Hans-Jürgen: Erschließung von Entschädigungsakten im Staatsarchiv Münster, in: Der Archivar 51 (1998), Heft 3, S. 426–440.

Blaich, Fritz: Die „Grundsätze nationaler Steuerpolitik" und ihre Verwirklichung, in: Ders. u. a. (Hg.): Probleme der nationalsozialistischen Wirtschaftspolitik. Berlin 1976, S. 99–117.

Blessing, Werner K: Diskussionsbeitrag: Nationalsozialismus unter „regionalem Blick", in: Möller, Horst/Wirsching, Andreas/Ziegler, Walter (Hg.): Nationalsozialismus in der Region. München 1996, S. 48–56.

Bluhm, Harald/Fischer, Karsten (Hg.): Sichtbarkeit und Unsichtbarkeit der Macht. Theorien politischer Korruption. Baden-Baden 2002.

Blumberg, Gerd: Etappen der Verfolgung und Ausraubung und ihre bürokratische Apparatur, in: Kenkmann, Alfons/Rusinek, Bernd (Hg.): Verfolgung und Verwaltung. Die wirtschaftliche Ausplünderung der Juden und die westfälischen Finanzbehörden. Münster 1999, S. 15–40.

Blumberg, Gerd: Die Zollverwaltung und die Devisenstelle im Dritten Reich, in: Leesch,

Wolfgang/Birkwald, Ilse/Blumberg, Gerd: Geschichte der Finanzverfassung und Verwaltung in Westfalen seit 1815. Münster 1998, S. 289–350.

Böhle, Ingo: Private Krankenversicherung (PKV) im Nationalsozialismus. Unternehmens- und sozialgeschichtliche Studie unter besonderer Berücksichtigung der Deutschen Krankenversicherung AG (DKV). Frankfurt am Main 2003.

Bokovoy, Douglas: Verfolgung und Vernichtung 1933–1945, in: Ders. (Hg.): Versagte Heimat. Jüdisches Leben in der Münchner Isarvorstadt 1914–1945. München 1994, S. 223–258.

Bokovoy, Douglas/Meining, Stefan (Hg.): Versagte Heimat. Jüdisches Leben in Münchens Isarvorstadt. München 1994.

Bopf, Britta: „Arisierung" in Köln. Die wirtschaftliche Existenzvernichtung der Juden 1933–1945. Köln 2004.

Botur, Andre: Privatversicherung im Dritten Reich: zur Schadensabwicklung nach der Reichskristallnacht unter dem Einfluss nationalsozialistischer Rassen- und Versicherungspolitik. Baden Baden 1995.

Brahm Garcia, Enrique I.: Eigentum und Enteignung im Dritten Reich. Steinbach 1985.

Broszat, Martin: Der Staat Hitlers. München 1995.

Broszat, Martin: Reichszentralismus und Parteipartikularismus. Bayern nach dem Neuaufbau-Gesetz vom 30. Januar 1934, in: Büttner, Ursula (Hg.): Das Unrechtsregime. Internationale Forschung über den Nationalsozialismus. Hamburg 1986, S. 178–202.

Broszat, Martin/Fröhlich, Elke: Bayern in der NS-Zeit, Bd. II, Teil A: Herrschaft und Gesellschaft im Konflikt. München/Wien 1979.

Broszat, Martin/Fröhlich, Elke/Wiesemann, Falk (Hg.): Bayern in der NS-Zeit. Soziale Lage und politisches Verhalten der Bevölkerung im Spiegel vertraulicher Berichte. München/Wien 1977.

Brucher-Lembach, Andrea: … wie Hunde auf ein Stück Brot. Die Arisierung und der Versuch der Wiedergutmachung in Freiburg. Freiburg 2004.

Brückner, Eva: „Und ich bin heil da rausgekommen". Gewalt und Sexualität in der Berliner Arbeiternachbarschaft zwischen 1916/1917 und 1958, in: Lindenberger, Thomas/Lüdtke, Alf (Hg.): Physische Gewalt. Studien zur Geschichte der Neuzeit. Frankfurt am Main 1995, S. 337–365.

Brunner, Robert: Sachor, oder Heinrich Cohen, Löwengrube 23, in: Landeshauptstadt München (Hg.): Jüdisches Leben in München. Lesebuch zur Geschichte des Münchner Alltags. Geschichtswettbewerb 1993/1994. München 1995, S. 109–127.

Bruns-Wüstefeld, Alex: Lohnende Geschäfte. Die „Entjudung" der Wirtschaft am Beispiel Göttingens. Hannover 1997.

Buchheim, Christoph: Die vielen Rechenfehler in der Abrechnung Götz Alys mit den Deutschen unter dem NS-Regime, in: Sozial.Geschichte 3 (2005), S. 67–76.

Büttner, Ursula: Die deutsche Bevölkerung und die Judenverfolgung 1933–1945, in: Dies. (Hg.): Die Deutschen und die Judenverfolgung im Dritten Reich. Hamburg 1992, S. 67–88.

Burrin, Phillipe: Warum die Deutschen? Antisemitismus, Nationalsozialismus, Genozid. Berlin 2004.

Cahnmann, Werner J.: German Jewery. Its History and Sociology. New Brunswick/Oxford 1989.

Cahnmann, Werner J.: Die Juden in München 1918–1943, in: Lamm, Hans (Hg.): Vergangene Tage. Jüdische Kultur in München. München 1982, S. 31–78.

Center for Advanced Holocaust Studies/United States Holocaust Memorial Museum: Confiscation of Jewish Property in Europe 1933–1945. New Sources and Perspectives. Washington 2003.

Corni, Gustavo: Richard Walther Darré – Der „Blut-und-Boden"-Ideologe, in: Smelser, Ronald/Syring, Enrico/Zitelmann, Rainer (Hg.): Die braune Elite, Bd. I. Darmstadt 1999, S. 15–27.

Daub, Ute: Zur Vertreibung und Vernichtung der jüdischen Ärzteschaft in Frankfurt am

Main zwischen 1933 und 1945, in: Bareuther, Herbert (Hg.): Medizin und Antisemitismus. Münster 1998, S. 49–73.

Deich, Friedrich: Jüdische Mediziner in München, in: Lamm, Hans (Hg.): Von Juden in München. München 1958, S. 244–251.

Deutinger, Stephan: Die bayerischen Regierungspräsidenten, in: Rumschöttel, Hermann/Ziegler, Walter (Hg.): Staat und Gaue in der NS-Zeit. Bayern 1933–1945. München 2004, S. 379–417.

Diefenbacher, Michael/Endres, Rudolf: Stadtlexikon Nürnberg. Nürnberg 1999.

Diefenbacher, Michael/Fischer-Pache, Wiltrud (Hg.): Mitten in Nürnberg. Jüdische Firmen, Freiberufler und Institutionen am Vorabend des Nationalsozialismus. Nürnberg 1998.

Diehl-Thiele, Peter: Partei und Staat im Dritten Reich. Untersuchungen zum Verhältnis von NSDAP und allgemeiner Staatsverwaltung 1933–1945. München 1971.

Diner, Dan: Gedächtnis und Restitution – oder die Begründung einer europäischen Erinnerung, in: Düwell, Susanne/Schmidt, Matthias (Hg.): Narrative der Shoa. Repräsentationen der Vergangenheit in Historiographie, Kunst und Politik. Paderborn u. a. 2002, S. 71–76.

Diner, Dan: Beyond the Conceivable. Studies on Germany, Nacism, and the Holocaust. Berkeley/Los Angeles/London 2000.

Dirk, Walter: Antisemitische Kriminalität und Gewalt: Judenfeindschaft in der Weimarer Republik. Bonn 1999.

Drecoll, Axel: Die „Entjudung" der Münchner Ärzteschaft 1933–1941, in: Baumann, Angelika/Heusler, Andreas (Hg.): München arisiert. Entrechtung und Enteignung der Juden in der NS-Zeit. München 2004, S. 70–87.

Drecoll, Axel: Finanzverwaltung und Judenverfolgung. Die Rolle des Fiskus bei der Entziehung, Verwaltung und Verwertung jüdischen Vermögens, dargestellt am Beispiel jüdischer Ärzte Münchens, in: Bar-Chen, Eli/Kauders, Anthony D. (Hg.): Jüdische Geschichte. Alte Herausforderungen, neue Ansätze. München 2003, S. 143–166.

Drecoll, Axel/Schleusener, Jan/Winstel, Tobias: Nationalsozialistische Verfolgung der jüdischen Ärzte in Bayern. Die berufliche Entrechtung durch die Vierte Verordnung zum Reichsbürgergesetz von 1938. München 1998.

Dreßen, Wolfgang: Betrifft: „Aktion 3". Deutsche verwerten jüdische Nachbarn. Berlin 1998.

Drexler, Sigmund/Kalinski, Sigmund/Mausbach, Hans: Ärztliches Schicksal unter der Verfolgung 1933–1945 in Frankfurt am Main und in Offenbach. Frankfurt am Main 1990.

Düwell, Kurt: Gauleiter und Kreisleiter als regionale Gewalten des NS-Staats, in: Möller, Horst/Wirsching, Andreas/Ziegler, Walter (Hg.): Nationalsozialismus in der Region. München 1996, S. 162–174.

Ebbinghaus, Angelika: Fakten oder Fiktionen: Wie ist Götz Aly zu seinen weitreichenden Schlussfolgerungen gekommen?, in: Sozial.Geschichte 3 (2005), S. 29–45.

Ebert, Monika: Zwischen Anerkennung und Ächtung. Medizinerinnen der Ludwig-Maximilians-Universität in der ersten Hälfte des 20. Jahrhunderts. Neustadt an der Aisch 2003.

Echternkamp, Jörg: Im Kampf an der inneren und äußeren Front, in: Die deutsche Kriegsgesellschaft 1939–1945. Erster Halbband: Politisierung, Vernichtung, Überleben, hg. vom Militärgeschichtlichen Forschungsamt. München 2004, S. 1–94.

Eibach, Joachim: Verfassungsgeschichte als Verwaltungsgeschichte, in: Ders./Lottes, Günther (Hg.): Kompass der Geschichtswissenschaft. Ein Handbuch. Göttingen 2002, S. 142–151.

Eibach, Joachim/Lottes, Günther (Hg.): Kompass der Geschichtswissenschaft. Ein Handbuch. Göttingen 2002.

Eiber, Ludwig: Polizei, Justiz und Verfolgung in München 1933 bis 1945, in: Münchner Stadtmuseum (Hg.): München. „Hauptstadt der Bewegung". München 1993, S. 235–244.

Eizenhöfer, Doris: Die Stadtverwaltung Frankfurt am Main und die „Arisierung" von Grundbesitz, in: Mecking, Sabine/Wirsching, Andreas (Hg.): Stadtverwaltung im Nationalsozialismus. Systemstabilisierende Dimensionen kommunaler Herrschaft. Paderborn u. a. 2005, S. 299–324.

Ellwein, Thomas: Der Staat als Zufall und als Notwendigkeit. Die jüngere Verwaltungsentwicklung am Beispiel Ostwestfalen-Lippe. Opladen 1997.

Esenwein-Rothe, Ingeborg: Die Wirtschaftsverbände 1933–1945. Berlin 1965.

Faatz, Martin: Vom Staatsschutz zum Gestapo-Terror. Politische Polizei in Bayern in der Endphase der Weimarer Republik und der Anfangsphase der nationalsozialistischen Diktatur. Würzburg 1995.

Falter, Jürgen W.: Hitlers Wähler. München 1991.

Faust, Volker: Psychosoziale Gesundheit. Von Angst bis Zwang, URL: http://www.psychosoziale-gesundheit.net/ (6. 3. 2007).

Faust, Volker: Anpassungsstörungen, URL: http://www.psychosoziale-gesundheit.net/psychiatrie/anpassungsstoerung.html (29. 1. 2005).

Felber, Ulrike u. a.: Ökonomie der Arisierung, Teil 2: Wirtschaftssektoren, Branchen, Falldarstellungen. Wien/München 2004.

Feldman, Gerald D.: Die Allianz und die deutsche Versicherungswirtschaft 1933–1945. München 2001.

Felix, Günther: Scheinlegalität und Rechtsbeugung – Finanzverwaltung, Steuergerichtsbarkeit und Judenverfolgung im „Dritten Reich", in: Steuer und Studium 5 (1995), S. 197–204.

Felix, Günther: Der Reichsfinanzhof im „Dritten Reich", die jüdischen Deutschen und die unbegrenzte Auslegung, in: Betriebsberater 19 (1993), S. 1297–1303.

Fichtl, Franz u. a.: „Bambergs Wirtschaft Judenfrei". Die Verdrängung der jüdischen Geschäftsleute in den Jahren 1933 bis 1939. Bamberg 1998.

Fisch, Stefan: Verwaltungskulturen – geronnene Geschichte?, in: Die Verwaltung 33 (2000), Heft 3, S. 303–323.

Fischer, Albert: Hjalmar Schacht und Deutschlands „Judenfrage". Der „Wirtschaftsdiktator" und die Vertreibung der Juden aus der deutschen Wirtschaft. Köln 1995.

Fleiter Rüdiger: Stadtverwaltung im Dritten Reich. Verfolgungspolitik auf kommunaler Ebene am Beispiel Hannovers. Hannover 2006.

Forstner, Thomas: Die Beamten des bayerischen Innenministeriums im Dritten Reich. Loyale Gefolgsleute oder kritische Staatsdiener?. St. Ottilien 2002.

Fraenkel, Ernst: Der Doppelstaat, hg. von Alexander von Brüneck. Hamburg ²2001.

Frank, Claudia: Der „Reichsnährstand" und seine Ursprünge. Struktur, Funktion und ideologische Konzeption. Hamburg 1988.

Franke, Christoph: Die Rolle der Devisenstellen bei der Enteignung der Juden, in: Stengel, Katharina (Hg.): Vor der Vernichtung. Die staatliche Enteignung der Juden im Nationalsozialismus. Frankfurt/New York 2007, S. 80–93.

Friedenberger, Martin: Fiskalische Ausplünderung. Die Berliner Steuer- und Finanzverwaltung und die jüdische Bevölkerung 1933–1945. Berlin 2008.

Friedenberger, Martin u. a. (Hg.): Die Reichsfinanzverwaltung im Nationalsozialismus. Darstellung und Dokumente. Bremen 2002.

Friedenberger, Martin: Die Rolle der Finanzverwaltung bei der Vertreibung, Verfolgung und Vernichtung der deutschen Juden, in: Ders. u. a. (Hg.): Die Reichsfinanzverwaltung im Nationalsozialismus. Darstellung und Dokumente. Bremen 2002.

Friedenberger, Martin: Das Berliner Finanzamt Moabit-West und die Enteignung der Emigranten des Dritten Reiches 1933–1942, in: Zeitschrift für Geschichtswissenschaft 8 (2001), S. 677–694.

Friedländer, Saul: Das Dritte Reich und die Juden. Die Jahre der Vernichtung 1939–1945. München 2006.

Friedländer, Saul: Das Dritte Reich und die Juden. Die Jahre der Verfolgung 1933–1939. München 1998.

Friedrich, Jörg: „Die Wohnungsschlüssel sind beim Hausverwalter abzugeben". Die Ausschlachtung der jüdischen Hinterlassenschaft, in: Wollenberg, Jörg (Hg.): „Niemand war dabei und keiner hat's gewusst". Die deutsche Öffentlichkeit und die Judenverfolgung 1933–1945. München/Zürich 1989, S. 188–203.

Fritz Bauer Institut (Hg.): „Arisierung" im Nationalsozialismus. Volksgemeinschaft, Raub und Gedächtnis. Frankfurt am Main 2000.

Füllberg-Stollberg, Claus: Sozialer Tod – Bürgerlicher Tod – Finanztod. Finanzverwaltung und Judenverfolgung im Nationalsozialismus, in: Stengel, Katharina (Hg.): Vor der Vernichtung. Die staatliche Enteignung der Juden im Nationalsozialismus. Frankfurt/New York 2007, S. 31–60.

Füllberg-Stollberg, Claus: Die Rolle der Oberfinanzbehörden bei der Vertreibung der Juden. Familie Seligmann aus Ronnenberg bei Hannover, in: Zeitenblicke 3 (2004), Nr. 2, URL: http://www.zeitenblicke.historicum.net/2004/02/index.html (2. 11. 2004).

Geist, Johann Friedrich/Küvers, Klaus: „Tatort Berlin, Pariser Platz. Die Zerstörung und „Entjudung" Berlins", in: Düwel, Jörn/Gutschow, Niels/Schneider, Jochen (Hg.): 1945. Krieg – Zerstörung – Aufbau. Architektur und Stadtplanung 1940–1960. Berlin 1995, S. 55–118.

Gellately, Robert: Backing Hitler. Consent and Coercion in Nazi Germany. Oxford u.a. 2001.

Gellately, Robert: Die Gestapo und die deutsche Gesellschaft. Zürich 1994.

Gellately, Robert: An der Schwelle der Moderne. Warenhäuser und ihre Feinde in Deutschland, in: Alter, Peter (Hg.): Im Banne der Metropolen. Berlin und London in den zwanziger Jahren. Göttingen 1993, S. 131–157.

Genschel, Helmut: Die Verdrängung der Juden aus der Wirtschaft im Dritten Reich. Göttingen u.a. 1966.

Geschichtswerkstatt Neuhausen (Hg.): Spuren jüdischen Lebens in Neuhausen. Antisemitismus und seine Folgen. München 1995.

Gössel, Klaus-Dieter: Beamtentum im Nationalsozialismus, in: Friedenberger, Martin u.a. (Hg.): Die Reichsfinanzverwaltung im Nationalsozialismus. Darstellung und Dokumente. Bremen 2002, S. 95–142.

Goldhagen, Daniel Jonah: Hitlers willige Vollstrecker. Ganz gewöhnliche Deutsche und der Holocaust. Berlin 1996.

Goschler, Constantin/Ther, Philipp (Hg.): Eine entgrenzte Geschichte. Raub und Rückerstattung jüdischen Eigentums in Europa, in: Dies. (Hg.): Raub und Restitution. „Arisierungen" und Rückerstattung des jüdischen Eigentums in Europa. Frankfurt am Main 2003, S. 9–25.

Gotto, Bernhard: Dem Gauleiter entgegenarbeiten? Überlegungen zur Reichweite eines Deutungsmusters, in: John, Jürgen/Möller, Horst/Schaarschmidt, Thomas (Hg): Die NS-Gaue. Regionale Mittelinstanzen im zentralistischen Führerstaat. München 2007, S. 80–99.

Gotto, Bernhard: Nationalsozialistische Kommunalpolitik. Administrative Normalität und Systemstabilisierung durch die Augsburger Stadtverwaltung 1933–1945. München 2006.

Gotto, Bernhard: Polykratische Selbststabilisierung. Mittel- und Unterinstanzen in der NS-Diktatur, in: Hachtmann, Rüdiger/Süß, Winfried (Hg.): Hitlers Kommissare. Sondergewalten in der nationalsozialistischen Diktatur. Göttingen 2006, S. 28–50.

Graml, Hermann: Reichskristallnacht. Antisemitismus und Judenverfolgung im Dritten Reich. München 1998.

Grau, Bernhard: Entschädigungs- und Rückerstattungsakten als neue Quelle der Zeitgeschichtsforschung am Beispiel Bayerns, in: Zeitenblicke 3 (2004), Nr. 2, URL: http://www.zeitenblicke.historicum.net/2004/02/grau/index.html (18. 2. 2005).

Greenville, John A. S.: Juden, „Nichtarier" und „Deutsche Ärzte". Die Anpassung der Ärzte im Dritten Reich, in: Büttner, Ursula (Hg.): Die Deutschen und die Judenverfolgung im Dritten Reich. Hamburg 1992, S. 191–206.

Grieser, Utho: Himmlers Mann in Nürnberg. Der Fall Benno Martin. Eine Studie zur Struktur des Dritten Reiches in der „Stadt der Reichsparteitage". Nürnberg 1974.

Gruner, Wolf: Öffentliche Wohlfahrt und Judenverfolgung. Wechselwirkung lokaler und zentraler Politik im NS-Staat (1933–1942). München 2002.

Gruner, Wolf: Die Grundstücke der „Reichsfeinde". Zur „Arisierung" von Immobilien durch Städte und Gemeinden 1938–1945, in: Fritz Bauer Institut (Hg.): „Arisierung" im

Nationalsozialismus. Volksgemeinschaft, Raub und Gedächtnis. Frankfurt am Main 2000, S. 125–156.

Gruner, Wolf: Die NS-Judenverfolgung und die Kommunen. Zur wechselseitigen Dynamisierung von zentraler und lokaler Politik 1933–1941, in: VfZ 48 (2000), S. 75–126.

Gruner, Wolf: Die öffentliche Fürsorge und die deutschen Juden 1933–1942. Zur antijüdischen Politik der Städte, des deutschen Gemeindetages und des Reichsinnenministeriums, in: ZfG 45 (1997), Heft 7, S. 599–606.

Grunwald, Heide: Max Uhlfelder, in: Landeshauptstadt München (Hg.): Jüdisches Leben in München. Geschichte des Münchner Alltags. Geschichtswettbewerb 1993/1994. München 1995, S. 128–133.

Gutmann, Israel: Enzyklopädie des Holocaust. Die Verfolgung und Ermordung der europäischen Juden, Bd. I. München/Zürich 1998.

Hachtmann, Rüdiger: „Neue Staatlichkeit" – Überlegungen zu einer systematischen Theorie des NS-Herrschaftssystems und ihrer Anwendung auf die mittlere Ebene der Gaue, in: John, Jürgen/Möller, Horst/Schaarschmidt, Thomas (Hg): Die NS-Gaue. Regionale Mittelinstanzen im zentralistischen Führerstaat. München 2007, S. 56–79.

Hachtmann, Rüdiger/Süß, Winfried (Hg.): Hitlers Kommissare. Sondergewalten in der nationalsozialistischer Diktatur. Göttingen 2006.

Hachtmann, Rüdiger: Die Deutsche Arbeitsfront. Ein Evaluierungsbericht aus dem Jahr 1936, in: VfZ 53 (2005), S. 43–78.

Hachtmann, Rüdiger: Öffentlichkeitswirksame Knallfrösche – Anmerkungen zu Götz Alys „Volksstaat", in: Sozial.Geschichte 3 (2005), S. 46–66.

Hadtmann, Gertrud: Psychische Traumatisierung und Retraumatisierung. Sind die Folgen eines Traumas heilbar?, in: Stoffels, Hans (Hg.): Terrorlandschaften der Seele. Beiträge zur Theorie und Therapie von Extremtraumatisierungen. Regensburg 1994, S. 145–154.

Häntzschel, Hiltrud: „Flucht vor Hitler". Zur Emigration aus München, in: Hajak, Stefanie/ Zarusky, Jürgen (Hg.): München und der Nationalsozialismus. Menschen. Orte. Strukturen. Berlin 2008.

Haerendel, Ulrike: Von der Mustersiedlung zur „arisierten" Stadt. Wohnungsmarkt, Wohnungspolitik und Wohnungsraub in München, in: Hajak, Stefanie/Zarusky, Jürgen (Hg.): München und der Nationalsozialismus. Menschen. Orte. Strukturen. Berlin 2008, S. 227–248.

Haerendel, Ulrike: Der Schutzlosigkeit preisgegeben: Die Zwangsveräußerung jüdischen Immobilienbesitzes und die Vertreibung der Juden aus ihren Wohnungen, in: Baumann, Angelika/Heusler, Andreas (Hg.): München arisiert. Entrechtung und Enteignung der Juden in der NS-Zeit. München 2003, S. 105–126.

Haerendel, Ulrike: Kommunale Wohnungspolitik im Dritten Reich. Siedlungsideologie, Kleinhausbau und „Wohnraumarisierung" am Beispiel Münchens. München 1999.

Haerendel, Ulrike: Das Rathaus unterm Hakenkreuz. Aufstieg und Ende der „Hauptstadt der Bewegung" 1933–1945, in: Bauer, Richard (Hg.): Geschichte der Stadt München. München 1992, S. 369–393.

Hahn, Fred: Lieber Stürmer! Leserbriefe an das NS-Kampfblatt 1924–1945. Stuttgart 1978.

Hahn, Susanne: Die Verfolgung, Vertreibung und Vernichtung jüdischer Ärzte nach 1933 in Deutschland, dargestellt am Beispiel der Stadt Leipzig, in: Goldenbogen, Nora u. a. (Hg.): Medizin und Judentum. Dresden 1994, S. 7–14.

Hajak, Stefanie: Letzte Adresse: Lindwurmstr. 125. Die Zerstörung der Israelitischen Kultusgemeinde Münchens, in: Dies./Zarusky, Jürgen (Hg.): München und der Nationalsozialismus. Menschen. Orte. Strukturen. Berlin 2008, S. 133–150.

Hambrecht, Rainer. Der Aufstieg der NSDAP in Mittel- und Oberfranken 1925–1933. Nürnberg 1976.

Hamburger Institut für Sozialforschung (Hg.): Verbrechen der Wehrmacht. Dimensionen des Vernichtungskriegs 1941–1944. Ausstellungskatalog. Hamburg 2002.

Hamburger Institut für Sozialforschung (Hg.): Vernichtungskrieg. Verbrechen der Wehrmacht 1941–1944. Ausstellungskatalog. Hamburg 1996.

Hanke, Peter: Zur Geschichte der Juden in München zwischen 1933 und 1945. München 1967.

Hanko, Helmut M.: Die „Hauptstadt der Bewegung" zwischen Partei und Staat, in: Broszat, Martin/Fröhlich, Elke/Grossmann, Anton (Hg.): Bayern in der NS-Zeit, Bd. III: Herrschaft und Gesellschaft im Konflikt, Teil B. München/Wien 1981, S. 345–366.

Hanko, Helmut M.: Kommunalpolitik in der „Hauptstadt der Bewegung" 1933–1935, in: Bayern in der NS-Zeit, in: Broszat, Martin/Fröhlich, Elke/Grossmann, Anton (Hg.): Bayern in der NS Zeit, Bd. III: Herrschaft und Gesellschaft im Konflikt, Teil B. München/Wien 1981, S. 392–442.

Hanko, Helmut M.: Nationalsozialistische Personalpolitik als Mittel der Gleichschaltung und Disziplinierung. Eine Fallstudie zur Durchführung des Berufsbeamtengesetzes, in: Broszat, Martin/Fröhlich, Elke/Grossmann, Anton (Hg.): Bayern in der NS Zeit, Bd. III: Herrschaft und Gesellschaft im Konflikt. München/Wien 1981. Teil B, S. 370–430.

Haupt, Heinz-Gerhard/Kocka, Jürgen: Historischer Vergleich: Methoden, Aufgaben, Probleme. Eine Einleitung, in: Dies. (Hg.): Geschichte und Vergleich. Ansätze und Ergebnisse international vergleichender Geschichtsschreibung. Frankfurt/New York, 1996, S. 10–40.

Hayes, Peter: Big Business and „Aryanization" in Germany, 1933–1939, in: Benz, Wolfgang (Hg.): Jahrbuch für Antisemitismusforschung 3 (1994), S. 254–281.

Hecht, Cornelia: Deutsche Juden und Antisemitismus in der Weimarer Republik. Bonn 2003.

Heidorn, Joachim: Legitimität und Regierbarkeit. Studien zu den Legitimitätstheorien von Max Weber, Niklas Luhmann, Jürgen Habermas und der Unregierbarkeitsforschung. Berlin 1982.

Heinz, Hans-Joachim: Bürckels Gaupartikularismus, München und Berlin 1933–1939, in: Fenske, Hans (Hg.): Die Pfalz und Bayern 1816–1956. Speyer 1998, S. 213–235.

Heinz, Hans-Joachim: NSDAP und Verwaltung in der Pfalz. Allgemeine innere Verwaltung im Spannungsfeld nationalsozialistischer Herrschaftspraxis 1933–1939. Mainz 1994.

Henning, Friedrich-Wilhelm: Die nationalsozialistische Steuerpolitik. Programm, Ziele und Wirklichkeit, in: Schremmer, Eckart (Hg.): Steuern, Abgaben und Dienste vom Mittelalter bis zur Gegenwart. Referate der 15. Arbeitstagung der Gesellschaft für Sozial- und Wirtschaftsgeschichte vom 14. bis 17. April 1993 in Bamberg. Stuttgart 1994, S. 197–211.

Herbert, Ulrich: Vernichtungspolitik. Neue Antworten und Fragen zur Geschichte des „Holocaust", in: Ders. (Hg.): Nationalsozialistische Vernichtungspolitik 1933–1945. Neue Forschungen und Kontroversen. Frankfurt am Main 1998, S. 9–66.

Herbert, Ulrich: Best. Biographische Studien über Radikalismus, Weltanschauung und Vernunft 1903–1989. Bonn 1996.

Herbert, Ulrich: „Generation der Sachlichkeit". Die völkische Studentenbewegung der frühen zwanziger Jahre, in: Ders. (Hg.): Arbeit, Volkstum, Weltanschauung. Über Fremde und Deutsche im 20. Jahrhundert. Frankfurt am Main 1995, S. 31–58.

Herbst, Ludolf (Hg.): Die Commerzbank und die Juden 1933–1945. München 2004.

Herbst, Ludolf: Der totale Krieg und die Ordnung der Wirtschaft. Die Kriegswirtschaft im Spannungsfeld von Politik, Ideologie und Propaganda 1939–1945. Stuttgart 1982.

Herrlich, Mario: Schicksale jüdischer Ärzte nach 1933 in Chemnitz, in: Goldenbogen, Nora u. a. (Hg.): Medizin und Judentum. Dresden 1994, S. 42–46.

Hertz, Dan: Trauma und Nostalgie. Neue Aspekte des Bewältigungsverhaltens, in: Stoffels, Hans (Hg.): Terrorlandschaften der Seele. Beiträge zur Theorie und Therapie von Extremtraumatisierungen. Regensburg 1994, S. 206–214.

Herzig, Arno: Historie und Shoa, in: Ders./Lorenz, Ina (Hg.): Verdrängung und Vernichtung der Juden unter dem Nationalsozialismus. Hamburg 1992, S. 13–28.

Heusler, Andreas: Styler alias Stiehler – Profit eines „Ariseurs", in: Baumann, Angelika/Heusler, Andreas (Hg.): München arisiert. Entrechtung und Enteignung der Juden in der NS-Zeit. München 2003, S. 198–217.

Heusler, Andreas: Fahrt in den Tod, in: Stadtarchiv München (Hg.): „… verzogen, unbekannt wohin." Die ersten Deportationen von Münchner Juden im November 1941. München/Zürich 2000, S. 13–24.

Heusler, Andreas/Weger, Tobias: „Kristallnacht": Gewalt gegen Münchner Juden im November 1938. München 1998.

Hilberg, Raul: Die Quellen des Holocaust. Entschlüsseln und Interpretieren. Frankfurt am Main 2002.

Hilberg, Raul: Täter, Opfer, Zuschauer. Die Vernichtung der Juden 1933–1945. Frankfurt am Main 1996.

Hilberg, Raul: Die Vernichtung der europäischen Juden, Bd. 1. Frankfurt am Main 1990.

Himstedt, Jürgen: Grußwort, in: Kenkmann, Alfons/Rusinek, Bernd (Hg.): Verfolgung und Verwaltung. Die wirtschaftliche Ausplünderung der Juden und die westfälischen Finanzbehörden. Münster 1999, S. 9 f.

Hildebrand, Klaus: Das vergangene Reich. Deutsche Außenpolitik von Bismarck bis Hitler. 1871–1945. Stuttgart 1995.

Hildebrand, Klaus: Monokratie oder Polykratie? Hitlers Herrschaft und das Dritte Reich, in: Hirschfeld, Gerhard/Kettenacker, Lothar (Hg.): Der „Führerstaat": Mythos und Realität. Göttingen 1981, S. 73–97.

Hirschfeld, Gerhard/Jersak, Tobias (Hg.): Karrieren im Nationalsozialismus. Funktionseliten zwischen Mitwirkung und Distanz. Frankfurt am Main/New York 2004.

Hirschfeld, Gerhard/Kettenacker, Lothar (Hg.): Der „Führerstaat": Mythos und Realität. Göttingen 1981.

Hochstetter, Dorothee: Motorisierung und Volksgemeinschaft. Das Nationalsozialistische Kraftfahrkorps (NSKK) 1931–1945. München 2005.

Hockerts, Hans Günter: War der Nationalsozialismus eine politische Religion? Über Chancen und Grenzen eines Erklärungsmodells, in: Hildebrand, Klaus (Hg.): Zwischen Politik und Religion. Studien zur Entstehung, Existenz und Wirkung des Totalitarismus. München 2003, S. 45–71.

Hockerts, Hans Günter/Kuller, Christiane: Nach der Verfolgung. Wiedergutmachung nationalsozialistischen Unrechts in Deutschland? Göttingen 2003.

Höschle, Gerd: Die deutsche Textilindustrie zwischen 1933 und 1939. Staatsinterventionismus und ökonomische Rationalität. Wiesbaden 2004.

Hoffmann, Christhard: Verfolgung und Alltagsleben der Landjuden im nationalsozialistischen Deutschland, in: Richarz, Monika/Rürup, Reinhard (Hg.): Jüdisches Leben auf dem Lande. Tübingen 1997, S. 373–398.

Hofmann, Hanns Hubert/Hemmerich, Hermann: Unterfranken. Geschichte seiner Verwaltungsstrukturen seit dem Ende des Alten Reiches 1814 bis 1980. Würzburg 1981.

Hofmann, Klaus: Die Verdrängung der Juden aus dem öffentlichen Dienst und selbständigen Berufen in Regensburg 1933–1939. Frankfurt am Main 1993.

Hohmann, Joachim S.: Landvolk unterm Hakenkreuz. Agrar- und Rassenpolitik in der Rhön. Ein Beitrag zur Landesgeschichte Bayerns, Hessens und Thüringens, 2 Bde. Frankfurt am Main 1992.

Holz, Klaus: Nationaler Antisemitismus. Wissenssoziologie einer Weltanschauung. Hamburg 2001.

Homburg, Heidrun: Warenhausunternehmen und ihre Gründer in Frankreich und in Deutschland oder: eine diskrete Elite und mancherlei Mythen, in: Jahrbuch für Wirtschaftsgeschichte 1 (1992), S. 183–219.

Horwitz, Morton J.: Eigentum und Person, in: Sugarmann, David/Siegrist, Hannes (Hg.): Eigentum im internationalen Vergleich (18.–20. Jahrhundert). Göttingen 1999, S. 33–44.

Hüttenberger, Peter: Nationalsozialistische Polykratie, in: GuG 2 (1976), S. 417–442.

Hüttenberger, Peter: Die Gauleiter. Studie zum Wandel des Machtgefüges in der NSDAP. Stuttgart 1969.

Jäckle, Renate: Die Ärzte und die Politik: 1930 bis heute. München 1988.

Jäckle, Renate: Schicksale jüdischer und „staatsfeindlicher" Ärzte nach 1933 in München. München 1988.

James, Harold: Die Deutsche Bank im Dritten Reich. München 2003.

James, Harold: Die Deutsche Bank und die „Arisierung". München 2001.

James, Harold: The Deutsche Bank and the Nazi Economic War against the Jews. Cambridge 2001.

Janetzko, Maren: Die Verdrängung jüdischer Unternehmer und die „Arisierungen" jüdischen Vermögens durch die Stadtverwaltung Augsburg und Memmingen, in: Mecking, Sabine/Wirsching, Andreas (Hg.): Stadtverwaltung im Nationalsozialismus. Systemstabilisierende Dimensionen kommunaler Herrschaft. Paderborn u. a. 2005, S. 277–298.

Janetzko, Maren: „Arisierung", in: Akkumulation. Informationen des Arbeitskreises für kritische Unternehmens- und Industriegeschichte 16 (2002), S. 3–7.

Jann, Werner: Verwaltungskulturen im internationalen Vergleich. Ein Überblick über den Stand der empirischen Forschung, in: Die Verwaltung 33 (2000), Heft 3, S. 325–349.

Jochem, Gerhard: Mitten in Nürnberg. Jüdische Firmen, Freiberufler und Institutionen am Vorabend des Nationalsozialismus. Nürnberg 1998; vgl. auch die ständig aktualisierte Fassung des Buches unter URL: http://home.t-online.de/home/RIJONUE/gewerbe.html (30. 4. 2004); vgl. zudem http://home.t-online.de/home/RIJONUE/hopfenha.html (25. 5. 2004).

John, Jürgen: Die Gaue im NS-System, in: John, Jürgen/Möller, Horst/Schaarschmidt, Thomas (Hg): Die NS-Gaue. Regionale Mittelinstanzen im zentralistischen Führerstaat. München 2007, S. 22–55.

John, Jürgen/Möller, Horst/Schaarschmidt, Thomas (Hg): Die NS-Gaue. Regionale Mittelinstanzen im zentralistischen Führerstaat. München 2007.

Jordan, Stefan (Hg.): Lexikon Geschichtswissenschaft. Hundert Grundbegriffe. Stuttgart 2002.

Junz, Helen B.: Where Did All the Money Go? Pre-Nazi Era Wealth of European Jewry. O.O. 2001.

Kanther, Michael A.: Finanzverwaltung zwischen Staat und Gesellschaft: die Geschichte der Oberfinanzdirektion Köln und ihrer Vorgängerbehörden 1824–1992. Köln 1993.

Kaplan, Marion: Einleitung, in: Dies. (Hg.): Geschichte des jüdischen Alltags in Deutschland. Vom 17. Jahrhundert bis 1945. München 2003, S. 9–17.

Kaplan, Marion (Hg.): Geschichte des jüdischen Alltags in Deutschland. Vom 17. Jahrhundert bis 1945. München 2003.

Kaplan, Marion: Der Mut zum Überleben. Berlin 2001.

Kater, Michael H.: Ärzte als Hitlers Helfer. Hamburg/Wien 2000.

Kater, Michael H.: An Historical and Contemporary View of Jewish Doctors in Germany, in: Michalczyk, John J. (Hg.): Medicine Ethics and the Third Reich. Historical and Contemporary Issues. Kansas 1994, S. 161–166.

Kauffmann, Hans/Weber, Klaus: Creifelds Rechtswörterbuch. München 1997.

Kaufmann, Franz-Xaver: Sozialpolitik und Sozialstaat. Soziologische Analysen. Opladen 2002.

Kenkmann, Alfons: „Verwaltungsnomaden", Verweigerer und Vollstrecker: Handlungsoptionen in der Finanzverwaltung, in: Stengel, Katharina (Hg.): Vor der Vernichtung. Die staatliche Enteignung der Juden im Nationalsozialismus. Frankfurt/New York 2007, S. 127–139.

Kenkmann, Alfons: „Pater Divisius" – ein Finanzbeamter zwischen Weltwirtschaftskrise, Weltanschauung und Wiedergutmachung, in: Hirschfeld, Gerhard/Jersak, Tobias (Hg.): Karrieren im Nationalsozialismus. Funktionseliten zwischen Mitwirkung und Distanz. Frankfurt am Main/New York 2004, S. 57–71.

Kenkmann, Alfons/Rusinek, Bernhard (Hg.): Verfolgung und Verwaltung. Die wirtschaftliche Ausplünderung der Juden und die westfälischen Finanzbehörden. Münster 1999.

Kershaw, Ian: Der NS-Staat. Geschichtsinterpretationen und Kontroversen im Überblick. Hamburg 2001.

Kershaw, Ian: Hitler, 2 Bde. Stuttgart 2000.

Kershaw, Ian: Der Hitler-Mythos. Stuttgart 1999.

Kershaw, Ian: "Working towards the Führer". Reflections on the Nature of the Hitler Dictatorship, in: Contemporary European History 2 (1993), S. 103–118.

Kershaw, Ian: Antisemitismus und Volksmeinung. Reaktionen auf die Judenverfolgung, in:

Broszat, Martin/Fröhlich, Elke (Hg.): Bayern in der NS Zeit, Bd. II: Herrschaft und Gesellschaft im Konflikt. München/Wien 1979, S. 291–308.

Kingreen, Monika: Raubzüge einer Stadtverwaltung. Frankfurt am Main und die Aneignung „jüdischen Besitzes", in: Nolzen, Armin/Gruner, Wolf (Hg.): Bürokratien. Initiative und Effizienz. Berlin 2001, S. 17–50.

Klenner, Jochen: Das Verhältnis von Partei und Staat 1933–1945. München 1974.

Klugmann, Hermann: Wiesenbronn wird antijüdisch, in: Limberg, Margarete/Rübstaat, Hubert (Hg.): Sie durften nicht Deutsche sein. Jüdischer Alltag in Selbstzeugnissen 1933–1938. Frankfurt am Main 1990, S. 150–152.

Koselleck, Reinhart: Zur historisch-politischen Semantik asymmetrischer Gegenbegriffe, in: Ders. (Hg.): Vergangene Zukunft. Zur Semantik geschichtlicher Zeiten. Frankfurt am Main 1979, S. 211–259.

Koselleck, Reinhart (Hg.): Vergangene Zukunft. Zur Semantik geschichtlicher Zeiten. Frankfurt am Main 1979.

Kramer, Nicole: Kein Sonderfall: Die Firma Sigmund Feuchtwanger, in: Baumann, Angelika/Heusler, Andreas (Hg.): München arisiert. Entrechtung und Enteignung der Juden in der NS-Zeit. München 2004, S. 87–104.

Kratzsch, Gerhard: Die ‚Entjudung‘ der mittelständischen Wirtschaft im Regierungsbezirk Arnsberg, in: Herzig, Arno (Hg.): Verdrängung und Vernichtung der Juden in Westfalen. Münster 1994, S. 91–114.

Kratzsch, Gerhard: Der Gauwirtschaftsapparat der NSDAP. Menschenführung – „Arisierung" – Wehrwirtschaft im Gau Westfalen-Süd. Münster 1989.

Kröner, Hans Peter: Die Emigration von Medizinern unter dem Nationalsozialismus, in: Bleker, Johanna/Jachertz, Norbert (Hg.): Medizin im Dritten Reich. Köln 1989, S. 38–46.

Kroeschel, Karl: Die nationalsozialistische Eigentumslehre. Vorgeschichte und Nachwirkung, in: Stolleis, Michael/Simon, Dieter (Hg.): Rechtsgeschichte im Nationalsozialismus. Beiträge zur Geschichte einer Disziplin. Tübingen 1989, S. 43–62.

Krohn, Claus-Dieter u. a. (Hg.): Handbuch der deutschsprachigen Emigration 1933–1945. Darmstadt 1998.

Kroll, Frank-Lothar: Utopie als Ideologie. Geschichtsdenken und politisches Handeln im Dritten Reich. Paderborn u. a. 1998.

Kuczynski, Thomas: Die Legende vom nationalen Sozialismus, in: Sozial.Geschichte 3 (2005), S. 77–85.

Kudlien, Fridlof: Ärzte als Anhänger der NS-„Bewegung", in: Ders. (Hg.): Ärzte im Nationalsozialismus. Köln 1985, S. 17–34.

Kühne, Thomas: Der nationalsozialistische Vernichtungskrieg und die „ganz normalen" Deutschen. Forschungsprobleme und Forschungstendenzen der Gesellschaftsgeschichte des Zweiten Weltkriegs, Teil 1, in: Archiv für Sozialgeschichte 39 (1999), S. 486–580.

Kümmel, Werner Friedrich: Vom „unnütz verlogen Volk" zum „volksfremden" Denken. Polemik gegen jüdische Ärzte im Wandel der Geschichte, in: Bareuther, Herbert (Hg.): Medizin und Antisemitismus. Münster 1998, S. 31–47.

Kümmel, Werner Friedrich: „Die Ausschaltung". Wie die Nationalsozialisten die jüdischen und die politisch missliebigen Ärzte aus dem Berufe verdrängten, in: Bleker, Johanna/Jachertz, Norbert (Hg.): Medizin im Dritten Reich. Köln 1989, S. 30–37.

Kümmel, Werner Friedrich: Die Ausschaltung rassisch und politisch missliebiger Ärzte, in: Kudlien, Fridlof (Hg.): Ärzte im Nationalsozialismus. Köln 1985, S. 56–81.

Kulka, Otto Dov: The German Population and the Jews. State of Research and New Perspectives, in: Bankier, David (Hg.): Probing the Depths of German Antisemitism. German Society and the Persecution of Jews 1933–1941. Jerusalem u. a. 2000, S. 271–281.

Kuller, Christiane: „Erster Grundsatz: Horten für die Reichsfinanzverwaltung". Die Verwertung des Eigentums der deportierten Juden, in: Kundrus, Birthe/Meyer, Beate (Hg.): Die Deportation der Juden aus Deutschland. Pläne-Praxis-Reaktionen 1938–1945. Göttingen 2004, S. 160–179.

Kuller, Christiane: Finanzverwaltung und „Arisierung" in München, in: Baumann, Angelika/Heusler, Andreas (Hg.): München „arisiert". Entrechtung und Enteignung der Juden in der NS-Zeit. München 2004, S. 176–196.

Kuller, Christiane: Finanzverwaltung und Judenverfolgung. Antisemitische Fiskalpolitik und Verwaltungspraxis im nationalsozialistischen Deutschland, in: Zeitenblicke 3 (2004), Nr. 2, URL: http://www.zeitenblicke.historicum.net/2004/02/kuller/index.html (18. 2. 2005).

Kuller, Christiane/Drecoll, Axel: Inszenierter Volkszorn, ausgebliebende Empörung und der Sturz Julius Streichers. Reaktionen auf die wirtschaftliche Ausplünderung der deutschen Juden, in: Sabrow, Martin (Hg.): Skandal und Diktatur. Formen öffentlicher Empörung im NS-Staat und in der DDR. Göttingen 2004, S. 77–101.

Kuller, Christiane: Dimensionen nationalsozialistischer Verfolgung, in: Dies./Hockerts, Hans Günter (Hg.): Nach der Verfolgung. Wiedergutmachung nationalsozialistischen Unrechts in Deutschland? Göttingen 2003, S. 35–60.

Kumpf, Johann Heinrich: Der Reichsfinanzhof und seine Rechtsprechung in steuerlichen Angelegenheiten von Juden, in: Friedenberger, Martin u. a. (Hg.): Die Reichsfinanzverwaltung im Nationalsozialismus. Bremen 2002, S. 143–185.

KZ-Gedenkstätte Neuengamme (Hg.): Entgrenzte Gewalt. Täterinnen und Täter im Nationalsozialismus. Bremen 2002.

Laak, Dirk van: Die Mitwirkenden bei der „Arisierung". Dargestellt am Beispiel der rheinisch-westfälischen Industrieregion 1933–1940, in: Büttner, Ursula (Hg.): Die Deutschen und die Judenverfolgung im Dritten Reich. Hamburg 1992, S. 231–257.

Ladwig-Winters, Simone: Wertheim – ein Warenhausunternehmen und seine Eigentümer: ein Beispiel der Entwicklung der Berliner Warenhäuser bis zur „Arisierung". Münster 1997.

Lässig, Simone: Nationalsozialistische „Judenpolitik" und jüdische Selbstbehauptung vor dem Novemberpogrom. Das Beispiel der Dresdner Bankiersfamilie Arnold, in: Pommerin, Rainer (Hg.): Dresden unterm Hakenkreuz. Köln/Weimar/Wien 1998, S. 129–191.

Landeshauptstadt München (Hg.): Jüdisches Leben in München. Lesebuch zur Geschichte des Münchner Alltags. Geschichtswettbewerb 1993/1994. München 1995.

Laube, Stefan: „Nach einer Mitteilung unserer Geschäftsstelle vom 20. Mai soll Herr Oppenheimer Jude sein". Über den Umgang mit Lebensversicherungspolicen im Dritten Reich, in: VfZ 51 (2003), S. 339–361.

Leesch, Wolfgang: Geschichte der Finanzverfassung und -verwaltung in Westfalen seit 1815, in: Ders./Birkwald, Else/Blumberg, Gerd: Geschichte der Finanzverfassung und -verwaltung in Westfalen seit 1815. Münster 1994, S. 1–233.

Leesch, Wolfgang/Birkwald, Else/Blumberg, Gerd: Geschichte der Finanzverfassung und -verwaltung in Westfalen seit 1815. Münster 1994.

Lefèvre, Andrea: Die Enteignung der Familie Abt. Ein ganz legaler Beutezug im Spiegel der Akten des Oberfinanzpräsidenten, in: Berliner Geschichtswerkstatt (Hg.): Am Wedding haben sie gelebt. Lebenswege jüdischer Bürgerinnen und Bürger. Berlin 1998, S. 139–159.

Leibfried, Stephan/Tennstedt, Florian: Sozialpolitik und Berufsverbote im Jahre 1933. Die Auswirkungen der nationalsozialistischen Machtergreifung auf die Krankenkassenverwaltung und die Kassenärzte, Teil I und II, in: Zeitschrift für Sozialreform 25 (1979), Heft 4, S. 129–153; S. 211–238.

Leibfried, Stephan: Stationen der Abwehr. Berufsverbote für Ärzte im Deutschen Reich 1933–1938 und die Zerstörung des sozialen Asyls durch die organisierten Ärzteschaften des Auslands, in: Bulletin des Leo-Baeck-Instituts 62 (1962), S. 3–39.

Lenz, Rudolf: Karstadt: ein deutscher Warenhauskonzern (1920–1950). Stuttgart 1995.

Lepsius, Rainer M.: Interessen, Ideen und Institutionen. Opladen 1990.

Lepsius, Rainer M.: Interessen und Ideen. Die Zurechnungsproblematik bei Max Weber, in: Ders.: Interessen, Ideen und Institutionen. Opladen 1990, S. 31–43.

Ley, Michael: „Zum Schutze des deutschen Blutes …" „Rasseschande"-Gesetze im Nationalsozialismus. Mainz 1997.

Ley, Michael: Genozid und Heilserwartung. Zum nationalsozialistischen Mord am europäischen Judentum. Wien 1993.

Lindenberger, Thomas: Straßenpolitik. Zur Sozialgeschichte der öffentlichen Ordnung 1900–1914. Bonn 1995.

Lindenberger, Thomas/Lüdtke, Alf: Physische Gewalt. Studien zur Geschichte der Neuzeit. Frankfurt am Main 1995.

Lipstadt, Deborah E.: Beyond Belief. The American Press and the Coming of the Holocaust 1933–1945. New York 1986.

Longerich, Peter: „Davon haben wir nichts gewusst!" Die Deutschen und die Judenverfolgung 1933–1945. München 2006.

Longerich, Peter: Politik der Vernichtung. Eine Gesamtdarstellung der nationalsozialistischen Judenverfolgung. München/Zürich 1998.

Lorentz, Bernhart: Die Commerzbank und die „Arisierung" im Altreich, in: VfZ 50 (2002), S. 237–286.

Loth, Wilfried: Verwandlungspolitik. NS-Eliten in der westdeutschen Nachkriegsgesellschaft. Frankfurt am Main u. a. 1998.

Ludwig, Johannes: Boykott, Enteignung, Mord. Die „Entjudung" der deutschen Wirtschaft. München 1992.

Lüdtke, Alf: Thesen zur Wiederholbarkeit. „Normalität" und Massenhaftigkeit von Tötungsgewalt im 20. Jahrhundert, in: Sieferle, Rolf Peter/Breuninger, Helga (Hg.): Kulturen der Gewalt in der Geschichte. Frankfurt/New York 1998, S. 15–24.

Lüdtke, Alf: Eigen-Sinn. Fabrikalltag, Arbeitererfahrungen und Politik vom Kaiserreich bis in den Faschismus. Hamburg 1993.

Lüdtke, Alf: Was ist und wer treibt Alltagsgeschichte?, in: Ders. (Hg.): Alltagsgeschichte: zur Rekonstruktion historischer Erfahrungen und Lebensweisen. Frankfurt am Main/New York 1989, S. 9–47.

Luhmann, Niklas: Opportunismus und Programmatik in der öffentlichen Verwaltung, in: Ders.: Politische Planung. Aufsätze zur Soziologie von Politik und Verwaltung. Opladen 1975, S. 165–180.

Luhmann, Niklas: Politische Planung. Aufsätze zur Soziologie von Politik und Verwaltung. Opladen 1975.

Luhmann, Niklas: Politikbegriffe und die „Politisierung" der Verwaltung, in: Demokratie und Verwaltung. 25 Jahre Hochschule für Verwaltungswissenschaften Speyer. Berlin 1972, S. 212–228.

Luhmann, Niklas: Legitimation durch Verfahren. Neuwied am Rhein 1969.

Luhmann, Niklas: Theorie der Verwaltungswissenschaften. Köln/Berlin 1966.

Luhmann, Niklas: Funktionen und Folgen formaler Organisation. Berlin 1964.

Luhmann, Niklas: Wahrheit und Ideologie, in: Der Staat. Zeitschrift für Staatslehre, öffentliches Recht und Verfassungsgeschichte 1 (1962), S. 431–448.

Mahl, Tobias: Die Hofmöbelfabrik B. in München. „Arisierung" und Wiedergutmachung. München 2002 (unveröffentlichte Magisterarbeit).

Mallmann, Klaus-Michael/Paul, Gerhard (Hg.): Karrieren der Gewalt. Nationalsozialistische Täterbiographien. Darmstadt 2004.

Marrenbach, Nicole: Memoiren Münchner Juden als Quelle für die „Arisierungs"-Forschung, in: Zeitenblicke 3 (2004), Nr. 2, URL: http://www.zeitenblicke.historicum.net/2004/02/marrenbach/index.html (18. 2. 2005).

Martin, Thomas: Aspekte der politischen Biographie eines lokalen NS-Funktionärs. Der Fall Christian Weber, in: Zeitschrift für bayerische Landesgeschichte 57 (1994), S. 435–484.

Mason, Timothy W.: Sozialpolitik im Dritten Reich. Opladen 1978.

Matthäus, Jürgen/Mallmann, Klaus-Michael (Hg.): Deutsche, Juden, Völkermord. Der Holocaust als Geschichte und Gegenwart. Darmstadt 2006.

Matzerath, Horst: Bürokratie und Judenverfolgung, in: Büttner, Ursula (Hg.): Die Deutschen und die Judenverfolgung im Dritten Reich. Hamburg 1992, S. 105–129.

Maurer, Trude: Vom Alltag zum Ausnahmezustand. Juden in der Weimarer Republik und im Nationalsozialismus, in: Kaplan, Marion (Hg.): Geschichte des jüdischen Alltags in Deutschland. Vom 17. Jahrhundert bis 1945. München 2003, S. 348–473.

Maurer, Trude: Kunden, Patienten, Nachbarn und Freunde. Beziehungen zwischen Juden und Nichtjuden in Deutschland 1933–1938, in: GWU 54 (2003), S. 154–166.

Mayntz, Renate: Soziologie der öffentlichen Verwaltung. Heidelberg/Karlsruhe 1978.

Mayntz, Renate: Max Webers Idealtypus der Bürokratie und die Organisationssoziologie, in: Dies.: Bürokratische Organisation. Köln/Berlin 1971, S. 27–35.

Mecking, Sabine/Wirsching, Andreas: Stadtverwaltung als Systemstabilisierung? Tätigkeitsfelder und Handlungsspielräume kommunaler Herrschaft im Nationalsozialismus, in: Mecking, Sabine/Wirsching, Andreas (Hg.): Stadtverwaltung im Nationalsozialismus. Systemstabilisierende Dimensionen kommunaler Herrschaft. Paderborn u.a. 2005, S. 1–19.

Mecking, Sabine/Wirsching, Andreas (Hg.): Stadtverwaltung im Nationalsozialismus. Systemstabilisierende Dimensionen kommunaler Herrschaft. Paderborn u.a. 2005.

Mecking, Sabine: Finanzverwaltung. Ausgrenzung, Ausplünderung, Verfolgung, Verwertung, Rückerstattung. Didaktische Mappe zu dem Thema Ausgrenzung und wirtschaftliche Ausplünderung der Juden und die Finanzverwaltung. O.O., o.J.

Mehl, Stefan: Das Reichsfinanzministerium und die Verfolgung der deutschen Juden 1933–1943. Berlin 1990.

Meinl, Susanne: Ganz normale Finanzbeamte? Die Verwalter und Verwerter „jüdischen" Besitzes, in: Stengel, Katharina (Hg.): Vor der Vernichtung. Die staatliche Enteignung der Juden im Nationalsozialismus. Frankfurt/New York 2007, S. 140–160.

Meinl, Susanne/Zwilling, Jutta: Legalisierter Raub. Die Ausplünderung der Juden im Nationalsozialismus durch die Reichsfinanzverwaltung in Hessen. Frankfurt am Main 2004.

Meinl, Susanne: „Das gesamte bewegliche und unbewegliche Vermögen der in Deutschland aufhältlichen Angehörigen des jüdischen Volkstums ist beschlagnahmt." Antisemitische Wirtschaftspropaganda und völkische Diktaturpläne in den ersten Jahren der Weimarer Republik. Anhang: Gegenüberstellung und Verfassungsentwürfe, in: Fritz Bauer Institut (Hg.): „Arisierung" im Nationalsozialismus. Volksgemeinschaft, Raub und Gedächtnis. Frankfurt am Main 2000, S. 31–58.

De Mendelssohn, Peter: Der Zauberer. Das Leben des deutschen Schriftstellers Thomas Mann, Bd. 3. Frankfurt am Main 1992.

Metzger, Ulrike/Weingarten, Joe: Einkommensteuer und Einkommensteuerverwaltung in Deutschland. Opladen 1989.

Misera, Hans-Ullrich: Organisationsveränderung in der Verwaltung. Verwaltungswissenschaftlich untersucht am Beispiel der inneren Organisation der Finanzämter 1919 bis 1992. Frankfurt am Main u.a. 1993.

Modert, Gerd: Motor der Verfolgung – Zur Rolle der NSDAP bei der Entrechtung und Ausplünderung der Münchner Juden, in: Baumann, Angelika/Heusler, Andreas (Hg.): München arisiert. Entrechtung und Enteignung der Juden in der NS-Zeit. München 2004, S. 145–175.

Möller, Horst/Wirsching, Andreas/Ziegler, Walter (Hg.): Nationalsozialismus in der Region. München 1996.

Mönninghoff, Wolfgang: Enteignung der Juden. Wunder der Wirtschaft, Erbe der Deutschen. Hamburg/Wien 2001.

Mohr, Gundi: Praktiken der „Arisierung". Die wirtschaftliche „Entjudung" durch den nationalsozialistischen Staat, in: Tribüne 28 (1989), Heft 111, S. 147–158.

Moll, Martin: Steuerungsinstrument im „Ämterchaos"? Die Tagungen der Reichs- und Gauleiter der NSDAP, in: VfZ 49 (2001), S. 215–273.

Mommsen, Hans: Cumulative Radicalisation and Progressive Self-destruction as Structural Determinants of Nazi Dictatorship, in: Kershaw, Ian/Moshe, Lewin (Hg.): Stalinism and Nazism: Dictatorship in Comparison. Cambridge 1997, S. 75–87.

Mommsen, Hans/Obst, Dieter: Die Reaktion der deutschen Bevölkerung auf die Verfolgung der deutschen Juden 1933–1943, in: Mommsen, Hans/Willems, Susanne (Hg.): Herrschaftsalltag im Dritten Reich. Studien und Texte, Düsseldorf 1988, S. 374–427.

Mommsen, Hans: Die Realisierung des Utopischen: Die „Endlösung der Judenfrage" im „Dritten Reich", in: GuG 9 (1983), S. 381–420.

Mommsen, Hans: Hitlers Stellung im nationalsozialistischen Herrschaftssystem, in: Hirschfeld, Gerhard/Kettenacker, Lothar (Hg.): Der „Führerstaat": Mythos und Realität. Göttingen 1981, S. 43–72.

Mommsen, Hans: „Nationalsozialismus oder Hitlerismus?, in: Bosch, Michael (Hg.): Persönlichkeit und Struktur in der Geschichte. Düsseldorf 1977, S. 61–71.

Mommsen, Hans: Beamtentum im Dritten Reich. Stuttgart 1966.

Müller, Arnd: Geschichte der Juden in Nürnberg 1146–1945. Nürnberg 1968.

Müller, Oliver Sven: Nationalismus in der deutschen Kriegsgesellschaft 1939 bis 1945, in: Das Deutsche Reich und der Zweite Weltkrieg, Bd. 9/2: Die deutsche Kriegsgesellschaft 1939 bis 1945. Ausbeutung, Deutungen, Ausgrenzung. München 2005, S. 9–92.

Münkel, Daniela: NS-Agrarpolitik vor Ort. Das Fallbeispiel Niedersachsen 1933–1945, in: Langthaler, Ernst/Redl, Josef (Hg.): Reguliertes Land. Agrarpolitik in Deutschland, Österreich und der Schweiz 1930–1960. Innsbruck/Wien/Bozen 2005, S. 38–45.

Münkel, Daniela: Nationalsozialistische Agrarpolitik und Bauernalltag. Frankfurt am Main/ New York 1996.

Munding, Anne: „Arisierung" und Wiedergutmachung in München im Falle von Dr. Hermann S./Löwenbräu. München 2003 (unveröffentlichte Magisterarbeit).

Mußgnug, Dorothee: Die Reichsfluchtsteuer 1931–1953. Berlin 1993.

Nachschlagewerke zur Geschichte des Dritten Reiches. Personen, Gaue und Kreise der NSDAP, URL: http://www.literad.de/regional/kissingen.html (11. 4. 2004); http://www.literad.de/regional/hammelburg.html (11. 4. 2004).

Nedelmann, Birgitta: Gewaltsoziologie am Scheideweg. Die Auseinandersetzung in der gegenwärtigen und Wege der künftigen Gewaltforschung, in: Trotha, Trutz von (Hg.): Soziologie der Gewalt. Opladen 1997, S. 59–85.

Neigenfind, Mathias: Die Kreiswirtschaftsberater der NSDAP – Zuständigkeiten, Aufgabenverständnis und wirtschaftslenkende Maßnahmen in Arnsberg, Brilon und Meschede, in: Westfälische Forschungen 53 (2003), S. 379–409.

Neumann, Franz: Behemoth. Struktur und Praxis des Nationalsozialismus 1933–1944. Köln/ Frankfurt am Main 1977.

Nicosia, Francis R: Hitler und der Zionismus. Das Dritte Reich und die Palästina-Frage 1933–1939. Leoni am Starnberger See 1989.

Niederland, William G.: Folgen der Verfolgung. Das Überlebenden-Syndrom. Seelenmord. Frankfurt am Main 1980.

Niethammer, Lutz: Oral History, in: Kowalczuk, Ilko-Sascha (Hg.): Paradigmen deutscher Geschichtswissenschaft. Berlin 1994, S. 189–210.

Noakes, Jeremy: „Viceroys of the Reich"? Gauleiters 1925–1945, in: McElligot, Antony/ Kirk, Tim (Hg.): Working towards the Führer. Manchester 2003, S. 118–152.

Nolzen, Armin: Charismatic Legitimation and Bureaucratic Rule. The NSDAP in the Third Reich. 1933–1945, in: German History 23 (2005), Nr. 4, S. 494–518.

Nolzen, Armin: Funktionäre in einer faschistischen Partei. Die Kreisleiter der NSDAP. 1932/33 bis 1944/45, in: Kössler, Till (Hg.): Vom Funktionieren der Funktionäre. Essen 2004, S. 37–75.

Nolzen, Armin: Die NSDAP, der Krieg und die deutsche Gesellschaft, in: Die deutsche Kriegsgesellschaft 1939–1945. Erster Halbband: Politisierung, Vernichtung, Überleben, hg. vom Militärgeschichtlichen Forschungsamt. München 2004, S. 99–193.

Nolzen, Armin: „Totale Organisation". Die Geschichte der NSDAP im nationalsozialistischen Herrschaftssystem, in: Zeitgeschichte in Hamburg 2004, S. 64–76.

Nolzen, Armin: The Nazi Party and its Violence against the Jews. 1933–1939. Violence as a Historiographical Concept, in: Yad Vashem Studies XXXIII (2003), S. 245–285.

Nolzen, Armin/Gruner, Wolf: Editorial, in: Dies. (Hg.): Bürokratien. Initiative und Effizienz. Berlin 2001, S. 7–15.

Nolzen, Armin: Martin Broszat, der „Staat Hitlers" und die NSDAP. Einige Bemerkungen zur funktionalistischen Interpretation des Dritten Reiches, in: Revue d'Allemagne et des Pays de Langue allemande 32 (2000), Heft 1, S. 433–450.

Ophir, Baruch Z./Wiesemann, Falk: Die jüdischen Gemeinden in Bayern 1918–1945. Geschichte und Zerstörung. München u. a. 1979.

Pätzold, Kurt: Julius Streicher „… he was a good person", in: Ders./Weißbecker, Manfred (Hg.): Stufen zum Galgen. Lebenswege vor den Nürnberger Urteilen. Leipzig 1996, S. 264–296.

Pätzold, Kurt (Hg.): Verfolgung, Vertreibung, Vernichtung. Dokumente des faschistischen Antisemitismus 1933–1942. Frankfurt am Main 1984.

Paul, Gerhard: Von Psychopathen, Technokraten des Terrors und „ganz gewöhnlichen" Deutschen. Die Täter der Shoa im Spiegel der Forschung, in: Ders. (Hg.): Die Täter der Shoa. Fanatische Nationalsozialisten oder ganz normale Deutsche? Göttingen 2002, S. 13–92.

Paul, Gerhard/Mallmann, Klaus-Michael (Hg.): Die Gestapo im Zweiten Weltkrieg. „Heimatfront" und besetztes Europa. Darmstadt 2000.

Paul, Gerhard/Mallmann, Klaus-Michael (Hg.): Die Gestapo. Mythos und Realität. Darmstadt 1995.

Pawellek, Stefan: Die badische Finanzverwaltung 1919–1952. Ihre Geschichte unter besonderer Berücksichtigung der Entwicklung im Reich und in der Bundesrepublik. Rheinfelden 1986.

Peukert, Detlev J. K.: Rassismus und „Endlösungs"-Utopie. Thesen zur Entwicklung und Struktur der nationalsozialistischen Vernichtungspolitik, in: Kleßmann, Christoph (Hg.): Nicht nur Hitlers Krieg. Der Zweite Weltkrieg und die Deutschen. Düsseldorf 1989, S. 71–82.

Peukert, Detlev J. K.: Volksgenossen und Gemeinschaftsfremde. Anpassung, Ausmerze und Aufbegehren unter dem Nationalsozialismus. Köln 1982.

Picht, Barbara: Jüdische Ärzte, Juristen und Künstler, in: Bokovoy, Douglas/Meining, Stefan (Hg.): Versagte Heimat. Jüdisches Leben in Münchens Isarvorstadt. München 1994, S. 261–302.

Plum, Günter: Wirtschafts- und Erwerbsleben, in: Benz, Wolfgang (Hg.): Die Juden in Deutschland 1933–1945. Leben unter nationalsozialistischer Herrschaft. München 1996, S. 268–313.

Pohl, Dieter: Nationalsozialistische Judenverfolgung in Ostgalizien 1941–1944. München 1996.

Pohl, Dieter: Von der „Judenpolitik" zum Judenmord. Der Distrikt Lublin des Generalgouvernements 1939–1944. Frankfurt am Main 1993.

Popitz, Heinrich: Phänomene der Macht. Tübingen ²1999.

Prollius, Michael von: Die „Kultur des Krieges". Zur Struktur, Ausprägung und Wirkung der nationalsozialistischen „Organisationskultur", in: ZfG 53 (2005), Heft 5, S. 389–404.

Pross, Christian: Die Machtergreifung am Krankenhaus, in: Ders./Winau, Rolf (Hg.): Nicht misshandeln. Das Krankenhaus Moabit. Berlin 1984, S. 180–205.

Przyrembel, Alexandra: „Rassenschande". Reinheitsmythos und Vernichtungslegitimation im Nationalsozialismus. Göttingen 2003.

Rappl, Marian: „Unter der Flagge der Arisierung … um einen Schundpreis zu erraffen". Zur Präzisierung eines problematischen Begriffs, in: Baumann, Angelika/Heusler, Andreas (Hg.): München arisiert. Entrechtung und Enteignung der Juden in der NS-Zeit. München 2004, S. 17–30.

Rappl, Marian: „Arisierungen" in München. Die Verdrängung der jüdischen Gewerbetreibenden aus dem Wirtschaftsleben der Stadt 1933–1939, in: Zeitschrift für bayerische Landesgeschichte 63 (2000), S. 123–184.

Rebentisch, Dieter: Führerstaat und Verwaltung im Zweiten Weltkrieg. Stuttgart 1989.

Rebentisch, Dieter: Die Staatssekretäre im Staatsministerium des Innern 1933–1945. Anmerkungen zu Struktur und Wandel der Ministerialbürokratie, in: Michalka, Wolfgang (Hg.): Der Zweite Weltkrieg. Analysen, Grundzüge, Forschungsbilanz. München/Zürich 1989, S. 260–274.

Rebentisch, Dieter: Einleitung, in: Ders./Teppe, Karl (Hg.): Verwaltung contra Menschenführung. Studien zum politisch-administrativen System. Göttingen 1986, S. 7–32.

Rebentisch, Dieter/Teppe, Karl (Hg.): Verwaltung contra Menschenführung. Studien zum politisch-administrativen System. Göttingen 1986.

Reibel, Carl-Wilhelm: Die Parteizentrale der NSDAP in München. Administrative Lenkung und Sicherung der Diktatur, in: Hajak, Stefanie/Zarusky, Jürgen (Hg.): München und der Nationalsozialismus. Menschen. Orte. Strukturen. Berlin 2008, S. 87–122.

Reibel, Carl-Wilhelm: Das Fundament der Diktatur: Die NSDAP-Ortsgruppen 1932–1945. Paderborn u. a. 2002.

Reichardt, Sven: Faschistische Kampfbünde. Gewalt und Gemeinschaft im italienischen Squadrismus und in der deutschen SA. Köln/Weimar/Wien 2002.

Reichardt, Sven: Vergemeinschaftung durch Gewalt. Das Beispiel des SA-„Mördersturmes 33" in Berlin-Charlottenburg zwischen 1928 und 1932, in: KZ-Gedenkstätte Neuengamme (Hg.): Entgrenzte Gewalt. Bremen 2002, S. 20–36.

Retallack, James (Hg.): Sachsen in Deutschland. Politik, Kultur und Gesellschaft. 1830–1918. Dresden 2000.

Reuveni, Gideon: Juden und Geld. Mythos und Historiographie, in: Bar-Chen, Eli/Kauders, Anthony D. (Hg.): Jüdische Geschichte. Alte Herausforderungen, neue Ansätze. München 2003, S. 47–58.

Rheingans, Stefan: Ab heute in arischem Besitz. Die Ausschaltung der Juden aus der Wirtschaft, in: Keim, Anton (Hg.): Als die letzten Hoffnungen verbrannten. 9./10. November 1938. Mainzer Juden zwischen Integration und Vernichtung. Mainz 1988, S. 53–66.

Robinson, Hans: Justiz als politische Verfolgung. Die Rechtsprechung in „Rasseschandefällen" beim Landgericht Hamburg 1936–1943. Stuttgart 1977.

Roser, Hubert: NS-Kommunalpolitik und regionale Verwaltung im Konflikt. Kommunen und Landkreise in Baden und Württemberg 1933–1939. Mannheim 1996.

Roth, Claudia: Parteikreis und Kreisleiter der NSDAP unter besonderer Berücksichtigung Bayerns. München 1997.

Roth, Karl-Heinz: Dreifache Ausbeutung der Fremdarbeiter. Eine Dokumentation über Ökonomie und Politik des Lohnersparnistransfers in der „europäischen Großraumwirtschaft". 1940–1944, in: Mitteilungen/Dokumentationsstelle zur NS-Sozialpolitik 1 (1985), S. 69–75.

Ruck, Michael: Die deutsche Verwaltung im totalitären Führerstaat 1933–1945, in: Heyen, Volkmar (Hg.): Die öffentliche Verwaltung im totalitären System. Baden-Baden 1998, S. 1–48.

Ruck, Michael: Zentralismus und Regionalgewalten im Herrschaftsgefüge des NS-Staates, in: Möller, Horst/Wirsching, Andreas/Ziegler, Walter (Hg.): Nationalsozialismus in der Region. München 1996, S. 99–122.

Rüther, Martin: Ärztliches Standeswesen im Nationalsozialismus 1933–1945, in: Jütte, Robert (Hg.): Geschichte der deutschen Ärzteschaft. Köln 1997, S. 143–193.

Rummel, Walter/Rath, Jochen: „Dem Reich verfallen" – „den Berechtigten zurückzuerstatten". Enteignung und Rückerstattung jüdischen Vermögens im Gebiet des heutigen Rheinland-Pfalz 1938–1953. Koblenz 2001.

Rumschöttel, Hermann/Ziegler, Walter (Hg.): Staat und Gaue in der NS-Zeit. Bayern 1933–1945. München 2004.

Rusinek, Bernd-A: Nationalsozialismus, Judenverfolgung und „Bürokratie", in: Kenkmann/Rusinek (Hg.): Verfolgung und Verwaltung. Münster 1999, S. 138–150.

Rusinek, Bernd-A.: Gesellschaft in der Katastrophe. Terror, Illegalität, Widerstand – Köln 1944/45. Essen 1989.

Sabrow, Martin (Hg.): Skandal und Diktatur. Formen öffentlicher Empörung im NS-Staat und in der DDR. Göttingen 2004.

Sachsse, Rolf: „Dieses Atelier ist sofort zu vermieten." Von der „Entjudung" eines Berufsstandes, in: Fritz Bauer Institut (Hg.): „Arisierung" im Nationalsozialismus. Volksgemeinschaft, Raub und Gedächtnis. Frankfurt am Main 2000, S. 269–286.

Sandkühler, Thomas: Von der „Gegnerabwehr" zum Judenmord. Grenzpolizei und Zollgrenzschutz im NS-Staat, in: Beiträge zur Geschichte des Nationalsozialismus 16 (2000), S. 95–154.

Sandkühler, Thomas: „Endlösung" in Galizien. Der Judenmord in Ostpolen und die Rettungsinitiativen von Berthold Beitz 1941–1944. Bonn 1996.

Schaarschmidt, Thomas: Regionalität im Nationalsozialismus – Kategorien, Begriffe, in: John, Jürgen/Möller, Horst/Schaarschmidt, Thomas (Hg): Die NS-Gaue. Regionale Mittelinstanzen im zentralistischen Führerstaat. München 2007, S. 13–21.

Schäfer, Friedrich: Das Eindringen des Nationalsozialismus in das Alltagsleben einer unterfränkischen Kleinstadt dargestellt am Beispiel Hammelburgs für die Jahre 1922–1935 unter besonderer Berücksichtigung der Lokalpresse. Würzburg 1994.

Schauer, Rolf E.: Die Gesetzgebung des Nationalsozialismus als Mittel der Machtpolitik. Frankfurt am Main u. a. 2003.

Schleusener, Jan: Vom Kunsthändler zum Kaffeebauer. Ausschaltung und Emigration am Beispiel Bernheimer, in: Zeitenblicke 3 (2004), Nr. 2, URL: http://www.zeitenblicke.historicum.net/2004/02/schleusener/index.html (18. 2. 2005).

Schmid, Hans-Dieter: „Finanztod". Die Zusammenarbeit von Gestapo und Finanzverwaltung bei der Ausplünderung der Juden in Deutschland, in: Paul, Gerhard/Mallmann, Klaus-Michael (Hg.): Die Gestapo im Zweiten Weltkrieg. „Heimatfront" und besetztes Europa. Darmstadt 2000, S.141–154.

Schmid, Hans-Dieter: Die Zusammenarbeit von Gestapo und Finanzverwaltung bei der Ausplünderung der Juden in Deutschland, in: Paul, Gerhard/Mallmann, Klaus-Michael (Hg.): Die Gestapo im Zweiten Weltkrieg. Darmstadt 2000, S. 141–154.

Schmieder, Julia: Das Kaufhaus Uhlfelder, in: Baumann, Angelika/Heusler, Andreas (Hg.): München arisiert. Entrechtung und Enteignung der Juden in der NS-Zeit. München 2004, S. 127–144.

Schmidt, Christoph: Zu den Motiven „alter Kämpfer" in der NSDAP, in: Peukert, Detlev/Reulecke, Jürgen (Hg.): Die Reihen fast geschlossen. Beiträge zur Geschichte des Alltags unterm Nationalsozialismus. Wuppertal 1981, S. 21–43.

Schmidt, Monika: „Arisierungspolitik" des Bezirksamtes, in: Metzger, Karl Heinz u. a. (Hg.): Kommunalverwaltung unterm Hakenkreuz. Berlin-Wilmersdorf 1933–1945. Berlin 1992, S. 169–228.

Schneider, Michael: Nationalsozialismus und Region, in: Archiv für Sozialgeschichte 40 (2000), S. 423–439.

Schönknecht, Eberhard: Die Ausbildung in der Reichsfinanzverwaltung von 1933–1945, in: Friedenberger, Martin u. a. (Hg.): Die Reichsfinanzverwaltung im Nationalsozialismus. Darstellung und Dokumente. Bremen 2002, S. 186–243.

Schöpf, Andreas: Fritz Reinhardt, in: Friedenberger, Martin u. a. (Hg.): Die Reichsfinanzverwaltung im Nationalsozialismus. Darstellung und Dokumente. Bremen 2002, S. 253–259.

Schöpf, Andreas: Rolf Grabower, in: Friedenberger, Martin u. a. (Hg.): Die Reichsfinanzverwaltung im Nationalsozialismus. Darstellung und Dokumente. Bremen 2002, S. 273–278.

Schott, Franziska: Die Ausschaltung der Juden aus dem Münchner Wirtschaftsleben, in: Landeshauptstadt München (Hg.): Jüdisches Leben in München. Lesebuch zur Geschichte des Münchner Alltags. Geschichtswettbewerb 1993/1994. München 1995, S. 149–161.

Schulte, Jan Erik: Die Konvergenz zwischen Normen- und Maßnahmenstaat: Das Beispiel des SS-Wirtschafts-Verwaltungshauptamts 1925–1945, in: Gruner, Wolf/Nolzen, Armin (Hg.): „Bürokratien". Berlin 2001, S. 151–188.

Schultheis, Herbert: Die Juden in Mainfranken 1933–1945. Unter besonderer Berücksichtigung der Deportation der Würzburger Juden. Bad Neustadt an der Saale 1980.

Schwanitz, Dietrich: Das Shylock-Syndrom oder die Dramaturgie der Barbarei. Frankfurt am Main 1997.

Schwarz, Helmut: Der grüne Segen. Hopfenhandel in Nürnberg, in: Koch, Christian/Täuberich, Hans-Christian (Hg.): Bier in Nürnberg-Fürth. Nürnberg 1987, S. 136–153.

Seeger, Andreas: Vom bayerischen „Systembeamten" zum Chef der Gestapo. Zur Person und Tätigkeit Heinrich Müllers (1900–1945), in: Paul, Gerhard/Mallmann, Klaus-Michael (Hg.): Die Gestapo. Mythos und Realität. Darmstadt 1995, S. 255–267.

Seibel, Wolfgang: Theoretische und methodologische Perspektiven der Analyse „abweichenden" Verwaltungshandelns, in: Benz, Arthur/Seibel, Wolfgang (Hg.): Zwischen Kooperation und Korruption. Abweichendes Verhalten in der Verwaltung. Baden-Baden 1992, S. 327–367.

Seidel, Doris. Die jüdische Gemeinde in München 1933–1945, in: Baumann, Angelika/Heusler, Andreas (Hg.): München arisiert. Entrechtung und Enteignung der Juden in der NS-Zeit. München 2004, S. 31–53.

Seidler, Eduard: Kinderärzte 1933–1945. Entrechtet – geflohen – ermordet. Bonn 2000.

Seitz, Korbinian: Grundstücksarisierungen in München. Fallstudien zur Übernahme jüdischen Eigentums durch lokale Profiteure. München 2005 (unveröffentlichte Magisterarbeit).

Selig, Wolfram: „Arisierung" in München. Die Vernichtung jüdischer Existenz 1937–1939. Berlin 2004.

Selig, Wolfram: Leben unterm Rassenwahn. Vom Antisemitismus in der „Hauptstadt der Bewegung". Berlin 2001.

Selig, Wolfram: Vom Boykott zur „Arisierung". Die „Entjudung" der Wirtschaft in München, in: Mensing, Björn/Prinz, Friedrich (Hg.): Irrlicht im leuchtenden München? Der Nationalsozialismus in der „Hauptstadt der Bewegung". Regensburg 1991, S. 178–202.

Sieferle, Rolf Peter/Breuninger, Helga (Hg.): Kulturen der Gewalt. Ritualisierung und Symbolisierung von Gewalt in der Geschichte. Frankfurt am Main/New York 1998.

Smith, Helmut W.: Lokalgeschichte. Überlegungen zu Möglichkeiten und Grenzen eines Genre, in: Retallack, James (Hg.): Sachsen in Deutschland. Politik, Kultur und Gesellschaft. 1830–1918. Dresden 2000, S. 239–252.

Sofsky, Wolfgang: Die Ordnung des Terrors. Das Konzentrationslager. Frankfurt am Main 2002.

Sofsky, Wolfgang: Traktat über die Gewalt. Frankfurt am Main 2001.

Staatsarchiv Würzburg (Hg.): Wege in die Vernichtung. Die Deportation der mainfränkischen Juden. Würzburg 2003.

Stadtarchiv München (Hg.): Biographisches Gedenkbuch der Münchner Juden 1933–1945. München 2003.

Stadtarchiv München (Hg.): „… verzogen, unbekannt wohin". Die ersten Deportationen von Münchner Juden im November 1941. Zürich 2000.

Stanley, H./Udy, Jr: Bürokratische und rationale Elemente in Webers Bürokratiekonzeption, in: Mayntz, Renate (Hg.): Bürokratische Organisation. Köln/Berlin 1971, S. 62–68.

Steinert, Marlis: Hitlers Krieg und die Deutschen. Stimmung und Haltung der Deutschen Bevölkerung im Zweiten Weltkrieg. Düsseldorf u. a. 1970.

Stephan, Michael: Steuer-, Devisen- und Einziehungsakten als neue Quellen der Zeitgeschichtsforschung, in: Zeitenblicke 3 (2004), Nr. 2, URL: http://www.zeitenblicke.historicum.net/2004/02/stephan/index.html (18. 2. 2005).

Stiefel, Dieter (Hg.): Die politische Ökonomie des Holocaust. München/Wien 2001.

Stoffels, Hans: Terrorlandschaften der Seele. Beiträge zur Theorie und Therapie von Extremtraumatisierungen. Regensburg 1994.

Stykow, Petra: Mésalliance à trois: Politische Korruption als Beziehungsphänomen, in: Bluhm, Harald/Fischer, Karsten (Hg.): Sichtbarkeit und Unsichtbarkeit der Macht. Theorien politischer Korruption. Baden-Baden 2002, S. 87–113.

Süß, Winfried: Der „Volkskörper" im Krieg. Gesundheitspolitik, Gesundheitsverhältnisse und Krankenmord im nationalsozialistischen Deutschland 1939–1945. München 2003.

Szabó, Anikó: Vertreibung, Rückkehr, Wiedergutmachung. Göttinger Hochschullehrer im Schatten des Nationalsozialismus. Göttingen 2000.

Szejnmann, Claus-Christian W.: Theoretisch-methodische Chancen und Probleme regionalgeschichtlicher Forschungen zur NS-Zeit, in: Ruck, Michael/Pohl, Heinrich (Hg.): Regionen im Nationalsozialismus. Bielefeld 2003, S. 43–57.

Szejnmann, Claus-Christian W.: „Verwässerung oder Systemstabilisierung? Der Nationalsozialismus in Regionen des Deutschen Reichs", in: NPL 48 (2003), S. 208–250.

Tarrab-Maslaton, Martin: Rechtliche Strukturen der Diskriminierung der Juden im Dritten Reich. Berlin 1993.

Teicher, Samy/Brainin, Elisabeth/Ligeti, Vera: Psychoanalytische Überlegungen zur Pathologie der Wirklichkeit, in: Stoffels, Hans (Hg.): Terrorlandschaften der Seele. Beiträge zur Theorie und Therapie von Extremtraumatisierungen. Regensburg 1994, S. 54–72.

Thamer, Hans Ulrich: Monokratie-Polykratie. Historiographischer Überblick über eine kontroverse Debatte, in: Houwink ten Cate, Johannes/Otto, Gerhard (Hg.): Das organisierte Chaos: „Ämterdarwinismus" und „Gesinnungsethik": Determinanten nationalsozialistischer Besatzungsherrschaft. Berlin 1999, S. 21–34.

Tyrell, Albrecht: Gottfried Feder – Der gescheiterte Programmatiker, in: Smelser, Ronald/ Syring, Enrico/Zitelmann, Rainer (Hg.): Die braune Elite, Bd. I. Darmstadt 1999, S. 28– 40.

Uhlig, Heinrich: Die Warenhäuser im Dritten Reich. Köln/Opladen 1956.

Ullmann, Hans-Peter: Der deutsche Steuerstaat. Geschichte der öffentlichen Finanzen vom 18. Jahrhundert bis heute. München 2005.

Verse-Hermann, Angelika: Die „Arisierungen" in der Land- und Forstwirtschaft 1938–1942. Stuttgart 1997.

Voß, Reimer: Steuern im Dritten Reich. München 1995.

Walk, Joseph: Das Sonderrecht für die Juden im NS-Staat. Eine Sammlung der gesetzlichen Maßnahmen und Richtlinien. Inhalt und Bedeutung. Heidelberg 1996.

Weber, Max: Gesamtausgabe, hg. von Horst Baier u. a., Bd. I/19: Die Wirtschaftsethik der Weltreligionen. Konfuzianismus und Taoismus, hg. von Schmidt-Glintzer, Heldwig. Tübingen 1989.

Weber, Max: Wirtschaft und Gesellschaft. Grundriss der verstehenden Soziologie. Tübingen 1980.

Weckbecker, Arno: Phasen und Fälle der wirtschaftlichen „Arisierung" in Heidelberg 1933– 1942, in: Giovanni, Norbert/Bauer, Johannes/Mumm, Hans Martin (Hg.): Jüdisches Leben in Heidelberg. Heidelberg 1992, S. 143–152.

Weigand, Beate: Antisemitismus auf Abruf. Das Deutsche Ärzteblatt und die jüdischen Mediziner 1918–1933. Freiburg 2001.

Weingarten, Joe: Finanzverwaltung und Gesetzesvollzug. Anforderungen, Probleme und Vorgehen der Steuerverwaltung bei der Anwendung steuerrechtlicher Normen. Opladen 1993.

Welzer, Harald: Vorhanden/Nicht-Vorhanden. Über die Latenz der Dinge, in: Fritz Bauer Institut (Hg.): „Arisierung" im Nationalsozialismus. Volksgemeinschaft, Raub und Gedächtnis. Frankfurt am Main 2000, S. 287–308.

Welzer, Harald: Männer der Praxis. Zur Sozialpsychologie des Verwaltungsmassenmordes, in: Ders. (Hg): Nationalsozialismus und Moderne. Tübingen 1993, S. 105–125.

Wendt, Bernd Jürgen: Der „Holocaust" im Widerstreit der Deutungen, in: Herzig, Arno/Lorenz, Ina (Hg.): Verdrängung und Vernichtung der Juden unter dem Nationalsozialismus. Hamburg 1992, S. 29–74.

Wiesemann, Falk: Juden auf dem Lande: die wirtschaftliche Ausgrenzung der jüdischen Viehhändler in Bayern, in: Peukert, Detlev/Reulecke, Jürgen (Hg.): Die Reihen fast geschlossen. Beiträge zur Geschichte des Alltags unterm Nationalsozialismus. Wuppertal 1989, S. 381–396.

Wildt, Michael: „Wir wollen in unserer Stadt keine Juden sehen". Antisemitismus und Volksgemeinschaft in der deutschen Provinz, in: Mittelweg 36, 13 (2004), Heft 5, S. 84–102.

Wildt, Michael: Gewaltpolitik. Volksgemeinschaft und Judenverfolgung in der deutschen Provinz 1932–1935, in: Werkstatt Geschichte 35 (2003), S. 23–43.

Wildt, Michael: Die politische Ordnung der Volksgemeinschaft. Ernst Fraenkels „Doppelstaat" neu betrachtet, in: Mittelweg 36, 12 (2003), Heft 12, S. 45–61.

Winau, Rolf: Jüdische Ärzte in Berlin, in: Pross, Christian/Winau, Rolf (Hg.): Nicht misshandeln. Das Krankenhaus Moabit. Berlin 1984, S. 51–60.

Winstel, Tobias: Verhandelte Gerechtigkeit. Rückerstattung und Entschädigung für jüdische NS-Opfer in Bayern und Westdeutschland. München 2006.

Winstel, Tobias: Über die Bedeutung der Wiedergutmachung im Leben der jüdischen NS-Verfolgten. Erfahrungsgeschichtliche Annäherungen, in: Hockerts, Hans Günter/Kuller, Christiane (Hg.): Nach der Verfolgung. Wiedergutmachung nationalsozialistischen Unrechts in Deutschland? Göttingen 2003, S. 199–228.

Wirsching, Andreas: Nationalsozialismus in der Region. Tendenzen der Forschung und methodische Probleme, in: Möller, Horst/Wirsching, Andreas/Ziegler, Walter (Hg.): Nationalsozialismus in der Region. München 1996, S. 25–46.

Witek, Hans: „Arisierungen" in Wien. Aspekte nationalsozialistischer Enteignungspolitik 1938–1940, in: Talos, Emmerich/Hanisch, Ernst/Neugebauer, Wolfgang (Hg.): NS-Herrschaft in Österreich 1938–1945. Wien 1998, S. 199–216.

Woitkowski, Hans-Peter: Graf Schwerin von Krosigk, in: Friedenberger, Martin u. a. (Hg.): Die Reichsfinanzverwaltung im Nationalsozialismus. Darstellung und Dokumente. Bremen 2002, S. 246–252.

Wojak, Irmtrud/Hayes, Peter: Einleitung, in: Fritz Bauer Institut (Hg.): „Arisierung" im Nationalsozialismus. Volksgemeinschaft, Raub und Gedächtnis. Frankfurt am Main 2000, S. 7–13.

Wollenberg, Jörg: Enteignung des „raffenden" Kapitals durch das „schaffende" Kapital. Zur Arisierung am Beispiel von Nürnberg, in: Ders. (Hg.): „Niemand war dabei und keiner hat's gewusst." Die deutsche Öffentlichkeit und die Judenverfolgung 1933–1945. München/Zürich 1989, S. 158–187.

Wunder, Bernd: Geschichte der Bürokratie in Deutschland. Frankfurt am Main 2000.

Wunder, Bernd: Neuere Literatur zur Verwaltungsgeschichte des Dritten Reiches, in: Ellwein, Thomas u. a. (Hg.): Jahrbuch zur Staats- und Verwaltungswissenschaft, Bd. 5, 1991, S. 269–280.

Wurm, Siegfried: Die finanzielle Vernichtung der Juden im Dritten Reich. Berlin 1999.

Ziegler, Dieter: Die Verdrängung der Juden aus der Dresdner Bank 1933–1938, in: VfZ 47 (1999), Heft 2, S. 187–216.

Ziegler, Walter: Bayern – ein Land, sechs Gaue, in: John, Jürgen/Möller, Horst/Schaarschmidt, Thomas (Hg): Die NS-Gaue. Regionale Mittelinstanzen im zentralistischen Führerstaat. München 2007, S. 254–262.

Ziegler, Walter: Das Selbstverständnis der bayerischen Gauleiter, in: Rumschöttel, Hermann/ Ziegler, Walter (Hg.): Staat und Gaue in der NS-Zeit. Bayern 1933–1945. München 2004, S. 77–128.

Ziegler, Walter: Gaue und Gauleiter im Dritten Reich, in: Möller, Horst/Wirsching, Andreas/ Ziegler, Walter (Hg.): Nationalsozialismus in der Region. München 1996, S. 139–159.

Ziegler, Walter: Die nationalsozialistischen Gauleiter in Bayern. Ein Beitrag zur Geschichte Bayerns im Dritten Reich, in: Zeitschrift für bayerische Landesgeschichte 58 (1995), S. 427–460.

Ziegler, Walter: NS-Akteure: „Alte Kämpfer" in und aus München, in: Bauer, Richard (Hg.): München – „Hauptstadt der Bewegung". München 1993, S. 219–234.

Zimmermann, Michael: Eine Deportation nach Auschwitz. Zur Rolle des Banalen bei der Durchsetzung des Monströsen, in: Gerstenberger, Heide/Schmidt, Dorothea (Hg.): Normalität oder Normalisierung? Geschichtswerkstätten oder Faschismusanalyse. Münster 1987, S. 84–96.

Personenregister

Die zahlreichen durch Abkürzung des Nachnamens anonymisierten Personen haben hier selbstverständlich keine Berücksichtigung gefunden.

Aufochs, Kurt 36, 280

Backe, Herbert 59, 89
Baer, Else Thurnauer 313
Beckh, Ernst 108
Benjamin, Erich 147, 284, 286, 290
Benjamin, Lilly 290
Best, Werner 189f., 192
Bing, Kurt 307
Blümich, Walter 171
Brand, Alois 71
Buchner, Hans 56, 97–99, 102, 106

Dandl, Otto Ritter von 168
Darré, Walter 62
Denzler 79
Dippold, Hans 45, 79
Dötsch, Matthäus 69, 71
Doll, Hans 37
Dziewas, Gotthold 71

Emmert, Georg 49, 75, 77, 79–81, 234
Epp, Franz von 34, 52

Feder, Gottfried 20, 26
Feineis, Wilhelm 86
Fekl 76, 108
Fiehler, Karl 52, 72, 93–97, 99, 101, 103
Finsterwald, Willi 112
Frank, Hans 62
Frick, Wilhelm 60, 64f.
Fritsch, Theodor 20
Funk, Walther 67, 71, 76

Gemperlein, Michael 86
Giesler, Paul 73, 83
Goebbels, Joseph 45f., 62, 83f.
Göller, Sigwart 37
Göring, Hermann 47, 67f., 72, 74f., 84, 90, 188–192, 211, 235, 287, 310
Grabower, Rolf 169
Gürtner, Franz 61, 64, 84

Haberkern, Georg 76
Happ, Georg 57
Hasslinger, Kurt 58, 86
Hedding, Otto 172f., 175

Heinritz, Hermann 56
Heller, Alfred 307f.
Hellmuth, Otto 42f., 45, 56, 58, 170, 316
Helmreich, Karl 103
Heß, Rudolf 65, 84, 97
Heydrich, Reinhard 84, 141, 147, 189, 191
Hilferding, Rudolf 140
Hiller (SA-Führer Wolfratshausen) 258
Himmler, Heinrich 34, 62, 84
Hindenburg, Paul von 64
Hitler, Adolf 20, 26, 44, 51, 56, 62, 64, 67, 82, 168f., 188, 192, 283, 298
Höllerich, Rudolf 82
Hösch 79
Hofmann, Georg 45
Holz, Anna 48
Holz, Karl 45, 47–50, 62, 76–79, 83f., 233
Huth, Eduard 87
Hutzler, Fritz 79

Katz, Emil 312
Kaufmann, Karl 54
Köglmaier, Max 93
Köhler, Ludwig 75f.
König, Hans 47, 79, 83
Kolb, Bernhard 39
Krakenberger, Hans Walter 278
Krakenberger, Martha 278
Krakenberger, Otto 278
Kügle, Friedrich Andreas 69

Lang, Josef Mario 108
Langguth, Michael 55
Leinfelder, Peter 69
Leissing, Eugen 48f., 76f.
Ley, Robert 62
Liebl, Willy 83f., 107, 280
Lösender 65
Luber, Erwin 34

Mann, Thomas 141
Marschler, Willy 58
Martin, Benno 79f., 83f., 235
Meisinger, Josef 82
Meister, Michael 104
Mirre, Ludwig 168, 191
Mörtel, Albert 75f.

Müller, Friedrich Walter 32, 109
Mugler, Franz Richard 53

Nägle, Max 86
Nagel, Georg 79–81, 233 f.
Neurath, Konstantin Freiherr von 67
Niederland, William 286, 303
Nippold, Otto 71

Obernitz, Hans Günter von 77

Peßler, Georg 49, 75
Pfäffle, Otto 98–100
Pietzsch, Albert 98, 100
Pilger, Hans 130
Pissl, Ludwig 168
Popp, Ludwig 55, 87–89

Rauch, Hans 105, 172 f., 175, 228
Reinhardt, Fritz 129, 133 f., 139, 141, 150, 162–165, 211, 238
Renner, Karl 56
Renteln, Adrian von 33, 62
Riedel, Heinrich 87–89
Ritter, Friedrich 48 f., 76 f., 82
Röhm, Ernst 34
Rohmer, Gustav 45
Rosenberg, Alfred 20, 26, 185
Rühm, Julius 107
Rüth, Raimund 55

Sandreuther, Hans 234
Schacht, Hjalmar 33, 36, 46, 60–62, 64 f., 67, 188
Schäfer, Fritz 76
Schätzler, Johann-Heinrich 49, 75, 78, 82
Schaub, Georg 108
Schickedanz, Gustav 281 f.
Schletter 202
Schoenekäs, Karl 76
Schröder, Matthias 75 f., 79
Schrott, Ludwig 53, 71
Schulz (Kreisobmann der DAF in Nbg.) 75
Schwarz, Franz Xaver 70–72, 82–84
Schwerin von Krosigk, Johann Ludwig Graf 64

Seldte, Franz 284
Siebert, Ludwig 34 f., 59 f., 87, 89, 113, 171
Spanier, Julius 95, 216, 284, 304 f.
Sprenger, Jakob 62
Stein-Pick, Charlotte 307–309
Stiehler, Herbert 276
Straßer, Gregor 20, 26
Streicher, Julius 33, 35, 37–39, 42–51, 56, 62 f., 75–85, 90, 108, 152, 181, 233, 235, 266, 277–279, 300, 316 f., 319, 321
Strobl, Otto 56, 76 f., 82, 108, 317
Stuckart, Wilhelm 65, 119
Stumfall, Johann 229, 234
Stumpf, Adolf 55 f.

Treutlein, Georg 168, 170, 220

Uhlfelder, Max 105, 276

Veith 258
Vilsmaier, Richard 103, 106
Vogel, Hans 56, 58 f., 85–90, 238 f., 299, 317

Wagener, Otto 98, 101
Wagner, Adolf 34, 39, 42 f., 45, 51 f., 56, 60, 62, 71, 73 f., 83, 85, 93, 95, 98, 185, 316
Wagner, Gerhard 62, 64
Wahl, Karl 45
Wallach, Julius 276
Wallach, Moritz 276, 307
Weber, Christian 52, 93, 103 f., 300
Wegner, Hans 53, 70–73, 83, 204, 224, 228–232, 296, 299 f., 306
Weippert 303
Weissensee, Christian 169
Westermeyer, Richard 53
Wiblishauser, Hermann 58, 88 f.
Wohltat, Helmut 132
Wolf, Heinrich 79, 108
Wolf, Kurt 69
Wurzbacher, Philipp 38, 48, 50

Zarden, Arthur 169
Zehran, Erich 209, 220, 233–235
Zeppei 127
Zimmermann, Hans 83 f.